À la mémoire de Milford Graves.

Milford Graves, *Cosmic Energy*, 2020. Collection privée Latifa Echakhch. Courtesy The Estate of Milford Graves et Fridman Gallery, New York.

In memory of Milford Graves.

Milford Graves, *Cosmic Energy*, 2020. Latifa Echakhch private collection, Courtesy The Estate of Milford Graves and Fridman Gallery, New York.

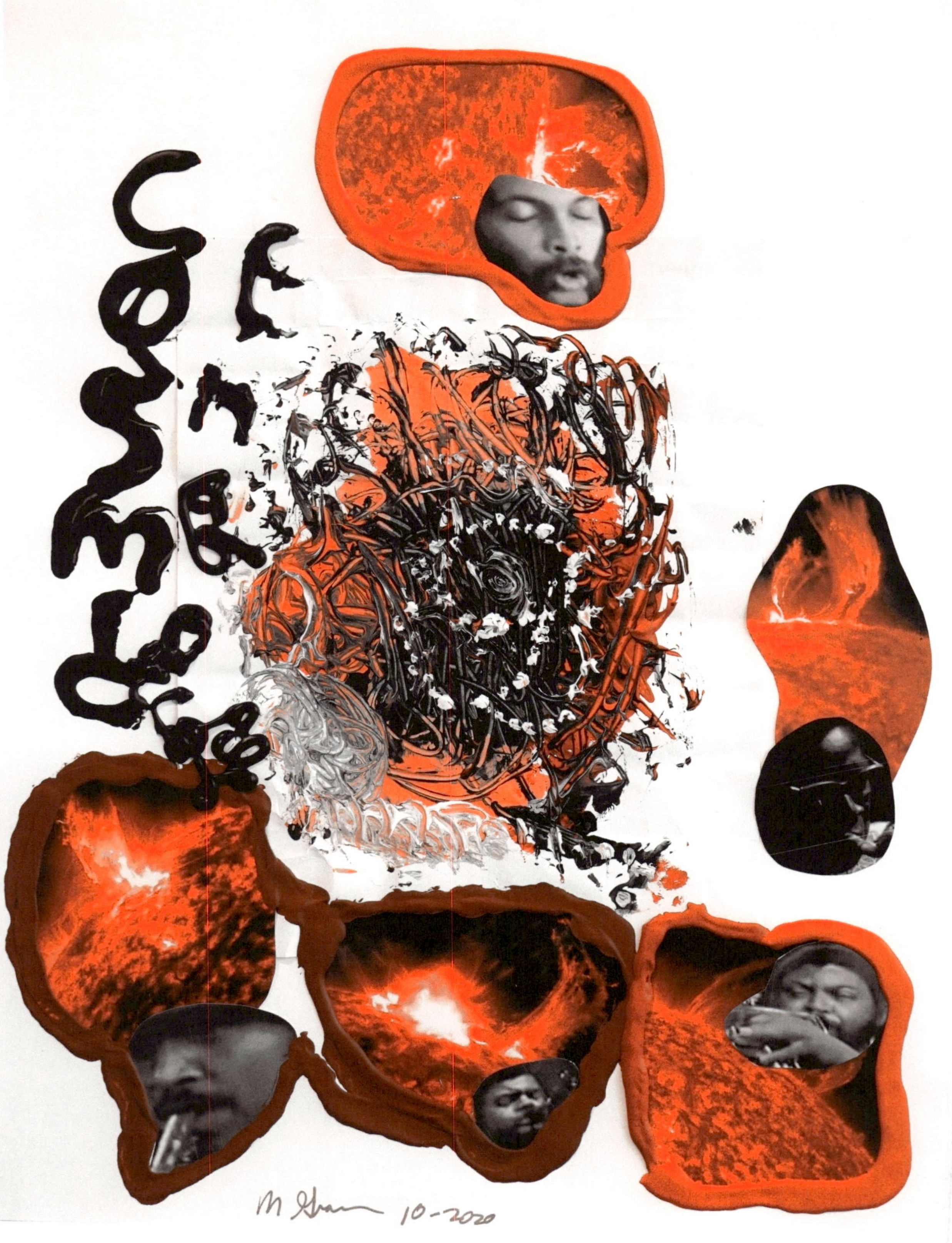

Latifa Echakhch
Le Concert

Pavillon suisse
La Biennale di Venezia 2022
59e Exposition internationale d'art

# Latifa Echakhch
# The Concert

Swiss Pavilion
La Biennale di Venezia 2022
59th International Art Exhibition

Sternberg Press

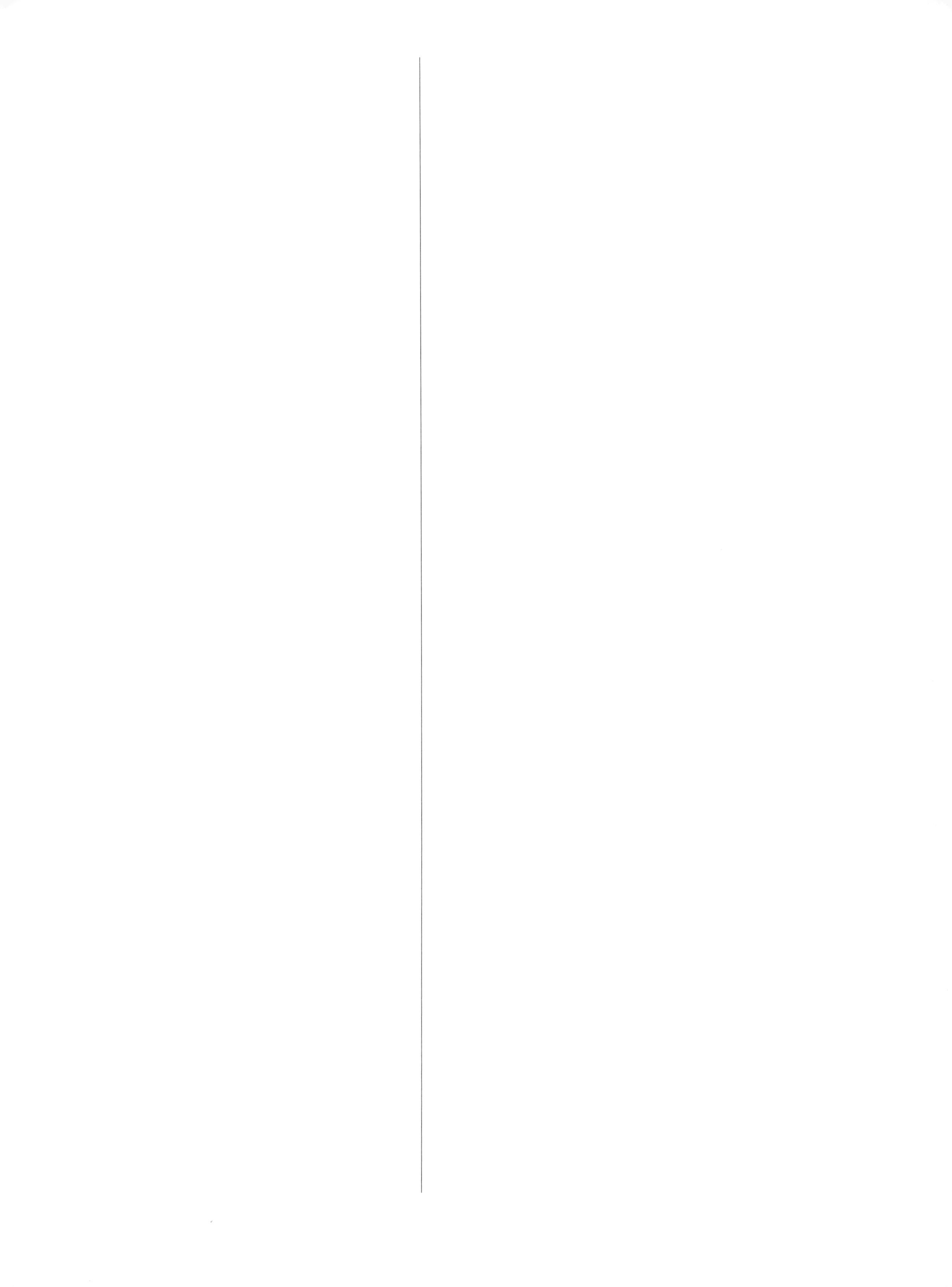

Sommaire



# Contents

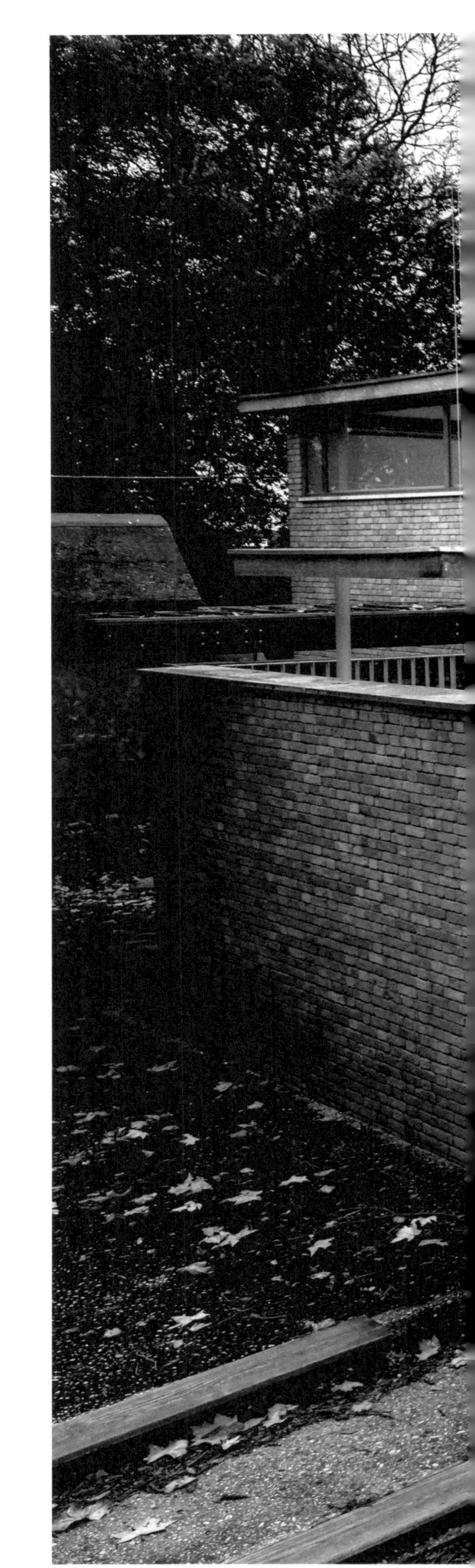

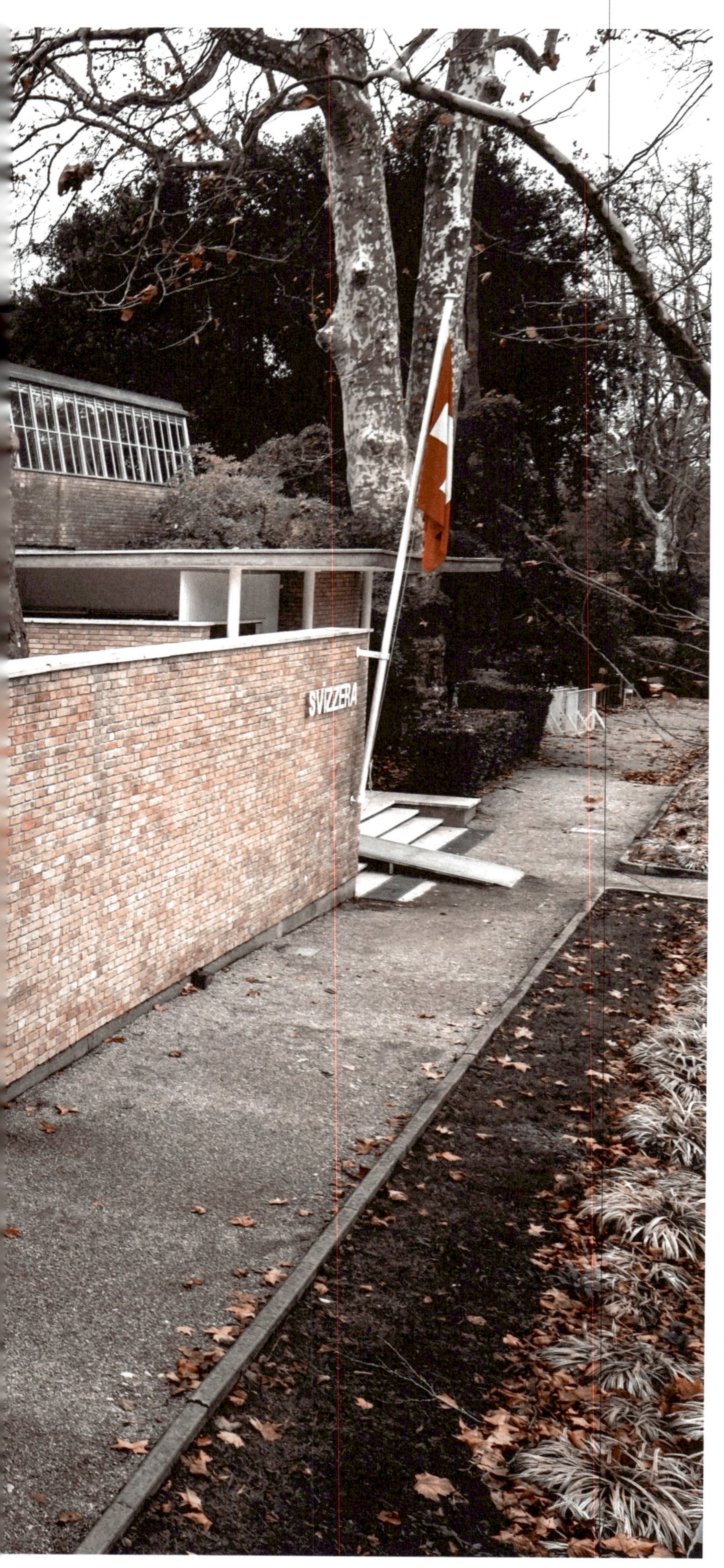
SVIZZERA

Avant-propos
Madeleine Schuppli

# Foreword
# Madeleine Schuppli

La présente publication paraît à l'occasion de l'exposition de Latifa Echakhch au Pavillon suisse de la Biennale d'art de Venise de 2022. Ce livre ne veut toutefois pas se réduire à un catalogue documentant et interprétant l'exposition : il compose, avec l'exposition dans le pavillon et un disque vinyle réalisé pour l'occasion, un trio dont les différentes parties se complètent et forment un ensemble à plusieurs niveaux.

L'exposition « Le Concert » est l'aboutissement de vastes recherches et discussions interdisciplinaires que l'artiste et son équipe artistique ont menées tout au long de la conception. Le vinyle fait quant à lui découvrir divers sons, parfois enregistrés directement dans le pavillon. Le livre reflète enfin le réseau interdisciplinaire polyphonique, et véritable caisse de résonance, que Latifa Echakhch a mis sur pied.

À cause de la pandémie, la Biennale d'art a été repoussée d'une année. Latifa Echakhch a ainsi bénéficié d'un temps plus long de préparation, ce qui ne l'a toutefois pas poussée à modifier son projet. Au contraire, elle en a profité pour l'approfondir avec son équipe. L'artiste a réfléchi à son travail avec une application et une précision rigoureuses, pour le perfectionner encore. L'attention apportée au contenu se reflète dans l'installation du pavillon ainsi que dans la présente publication dont le concept a été élaboré avec un grand soin. L'artiste a également réussi à gagner plusieurs auteurs de haut niveau dont les textes insèrent « Le Concert » dans un large champ de réflexion. Les sources d'inspiration sont dévoilées, tandis que la recherche artistique devient tangible dans des contextes de connaissances aux multiples facettes – de la médecine à l'histoire de l'art en passant par la psychologie, la sociologie et la théorie de la musique. Nous tenons à remercier sincèrement ici tous les auteurs des textes ; notre gratitude s'adresse également aux créateurs exceptionnels du bureau zurichois *Norm* qui ont été des partenaires de travail remarquables.

L'exposition joue sur les harmonies et les dissonances, sur les émotions contradictoires de l'espoir, de la plénitude et de la disparition. Les sculptures en bois, employant un vocabulaire populaire, font partie d'une expérience orchestrée et englobante qui offre aux spectateurs une perception du temps et de leurs propres corps à différents niveaux. Bien qu'intitulée « Le Concert », l'exposition ne s'accompagne d'aucun son spécifique. Mais ce n'est qu'une contradiction apparente parce que dans son essence « Le Concert » est très proche de la musique. Les éléments de base de la musique sont essentiels pour l'installation : le concept de l'œuvre est en effet une sorte de partition qui la structure rythmiquement dans le temps. Les visiteurs deviennent les *spectateurs* d'un concert qui pourront vivre une expérience émotionnelle d'immersion totale. Et même le silence devient *audible*, car chaque espace a sa propre sonorité : les espaces eux-mêmes se transforment en instruments.

This publication appears on the occasion of Latifa Echakhch's exhibition in the Swiss Pavilion at the 2022 Venice Art Biennale. However, the book goes beyond the scope of an accompanying catalogue documenting and interpreting the display. The exhibition in the Pavilion, together with this publication and a specially produced record, form a trio whose individual parts complement each other and make up a multilayered whole.

The exhibition *The Concert* is the result of extensive interdisciplinary research and discussions undertaken by the artist and the artistic-curatorial team she put together. The record contains sounds recorded, in part, directly in the Pavilion. Finally, the book reflects the polyphonic interdisciplinary network that Latifa Echakhch has created and consulted as a sounding board.

The Art Biennale was postponed for a year due to the pandemic, providing Latifa Echakhch with a longer preparation period which resulted not in changing the project but rather in spending the time working with her team to deepen it. The artist reflected on her work, further honing it with great care and precision. This precision of content is mirrored in the installation in the Pavilion as well as in this publication, the concept of which has been developed with great attention and meticulousness. In this way, the artist has succeeded in winning over a whole range of top-class authors whose texts place *The Concert* in a broad field of reflection. Sources of inspiration are revealed and artistic research takes concrete form in multifaceted knowledge contexts, which range from medicine through psychology, sociology and music theory, to art history. Here, we would like to express our sincere thanks for all texts and at the same time to the outstanding designers of the Norm graphic design group in Zurich, who proved to be ideal working partners.

The exhibition plays with harmonies and dissonances, with mixed feelings of anticipation, fulfillment, and disappearance. The wood sculptures recalling popular vocabulary are part of an orchestrated and comprehensive experience that affords viewers a perception of time and body on several levels. That the exhibition is entitled "The Concert" but has no specific sound is only ostensibly a contradiction, because in its essence *The Concert* is very close to music. The elementary things that make up music are fundamental to the installation: the concept of the artistic work is a kind of score that rhythmically structures the work within

L'exposition « Le Concert » a été sélectionnée par un jury mandaté par *Pro Helvetia*. Nous remercions sincèrement ses membres, soit Laurence Bonvin (présidence), Riccardo Lisi, Federica Martini, Yvette Mutumba et Rein Wolfs pour leurs discussions précises et leurs choix avisés. Outre la qualité du projet proposé, la composition de l'équipe a su convaincre le jury. L'artiste a en effet choisi comme proches collaborateurs le musicien et compositeur Alexandre Babel ainsi que le commissaire d'exposition Francesco Stocchi. Maud Châtelet est ensuite venue compléter l'équipe en tant que coordinatrice du projet. Anne Weckström, conceptrice lumière, a elle rejoint le quatuor un peu plus tard. Comme les partenaires de l'artiste ont joué un rôle déterminant pour le projet, nous aimerions adresser nos sincères remerciements à Alexandre, Francesco, Maud et Anne.

Nous sommes également reconnaissants du soutien et du partenariat des galeries Dvir Gallery, Kamel Mennour, Kaufmann Repetto et Pace Gallery qui représentent Latifa Echakhch.

Un grand merci également à nos collègues vénitiens, le manager du pavillon Tommaso Rava et l'architecte Alvise Draghi, pour leur présence constante et leur aide lors de la mise en place de l'installation qui a posé des défis techniques. Soulignons aussi le fait que de grandes parties de l'exposition ont été réalisées avec des matériaux recyclés de la précédente Biennale d'architecture. Cette récupération a été possible grâce à la collaboration du réseau vénitien innovant *Rebiennale* que nous remercions également.

Au sein de *Pro Helvetia* à Zurich, j'adresse mes sincères remerciements à l'équipe de la Biennale et au chef de projet Sandi Paucic, à la responsable de projet Rachele Giudici Legittimo et à l'assistante Anita Magni qui ont toutes et tous soutenu le projet avec un grand engagement en même temps qu'une étonnante facilité. Nous avons en outre été épaulés par notre service de communication interne, composé de Chantal Hirschi, Ines Flammarion, Silvia Fleck, Tania Luchena, et par notre agence partenaire de longue date *Pickels PR* avec Caroline Widmer et Zeynep Seyhun.

Nous exprimons finalement nos chaleureux remerciements à Latifa Echakhch pour son concept artistique subtil et exigeant qui a impressionné le jury dès le début et qui enthousiasmera également le public à Venise. L'artiste veut offrir aux *spectateurs* du concert une expérience physique, émotionnelle et intellectuelle unique. Une expérience qui n'est pas seulement dans le temps de l'exposition mais qui se poursuivra après avoir quitté le pavillon. Et c'est là le cadeau que nous offre Latifa avec son œuvre.

Traduit de l'allemand par Isabelle Farquet Da Silva Ferreira

time. Viewers become concert-goers who are exposed to an immersive emotional experience. And even silence is ultimately "audible", for each space has its own sonority–the spaces themselves can be instruments.

*The Concert* was selected by the expert jury commissioned by Pro Helvetia from among six invited proposals. Our thanks go to jury members Laurence Bonvin (chair), Riccardo Lisi, Federica Martini, Yvette Mutumba, and Rein Wolfs for their focused discussion and successful choice! Apart from the quality of the project, it was the composition of the team that convinced the jury members: the artist chose the musician and composer Alexandre Babel as well as the curator Francesco Stocchi as her closest collaborators. Maud Châtelet came to the core team as project coordinator, joined a bit later by lighting designer Anne Weckström. The artist's companions played a role that cannot be overestimated, and I would like to express my sincere thanks to Alexandre, Francesco, Maud, and Anne.

Our heartfelt thanks also for their uncomplicated and cooperative support go to the galleries Dvir Gallery, Kamel Mennour, Kaufmann Repetto, and Pace Gallery, which represent Latifa Echakhch.

Our Venetian colleagues, pavilion manager Tommaso Rava and architect Alvise Draghi, deserve our gratitude for their constant presence and support in implementing the technically challenging installation of the exhibition. A particular highlight is the fact that essential parts of the exhibition were made of materials recycled from the previous Architecture Biennale. This was possible thanks to the cooperation with the innovative Venetian network, "rebiennale," to which we are also indebted.

At Pro Helvetia in Zurich, my sincere thanks go to the Biennale Team with project head Sandi Paucic, project manager Rachele Giudici Legittimo, assistant Anita Magni, all of whom steered the project with great commitment and at the same time amazing ease. We were also supported by our internal communication department, with Chantal Hirschi, Ines Flammarion, Silvia Fleck, Tania Luchena, and our longstanding partner agency Pickels PR with Caroline Widmer and Zeynep Seyhun.

Finally, a big vote of thanks also goes to Latifa Echakhch for her subtle yet ambitious artistic concept, which impressed the jury from the outset and will equally enthuse the audience in Venice. The artist provides the "concert-goers" with a unique physical, emotional and intellectual experience. *The Concert* is an experience that lingers not only in the moment but also after leaving the Pavilion, and that is the gift that Latifa gives us all with her work.

Translated from German by Nigel Cave

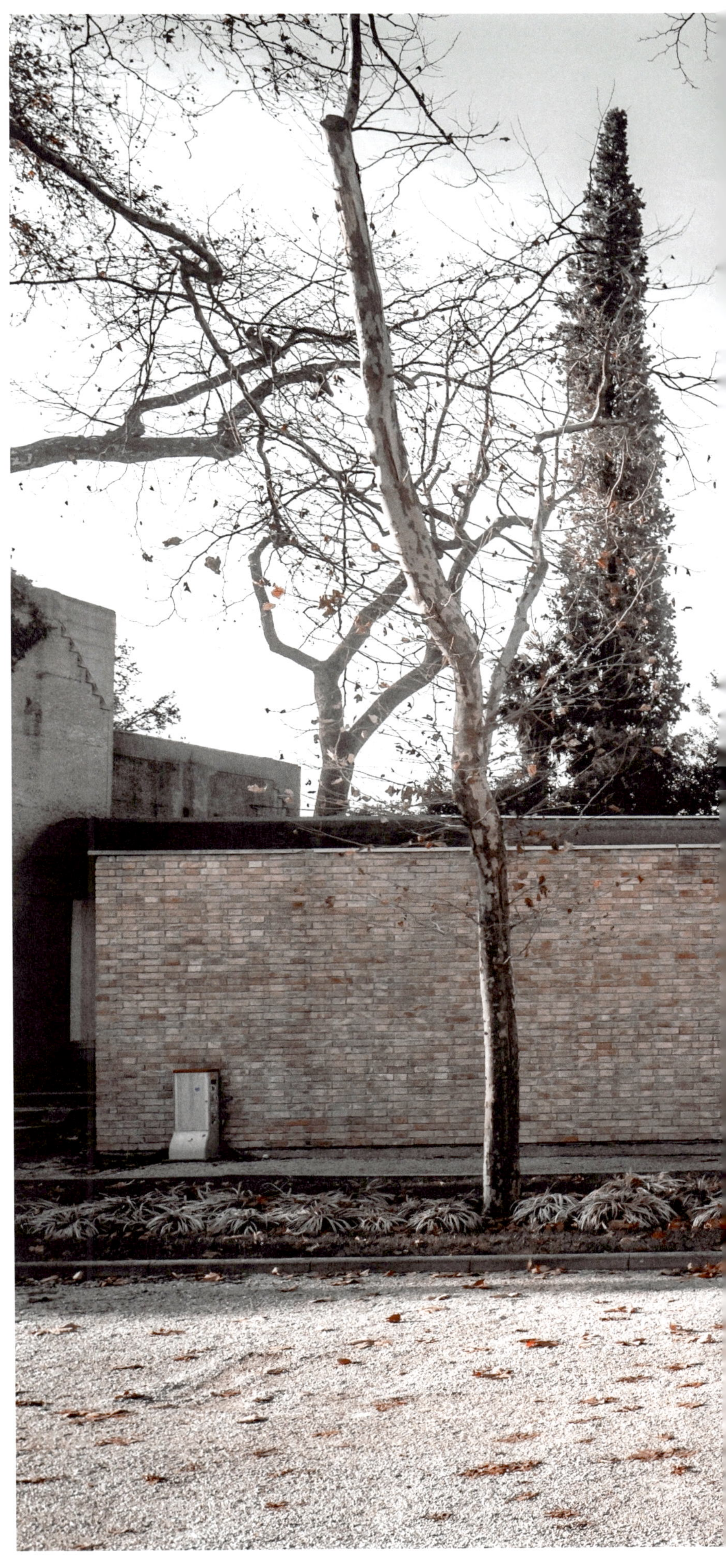

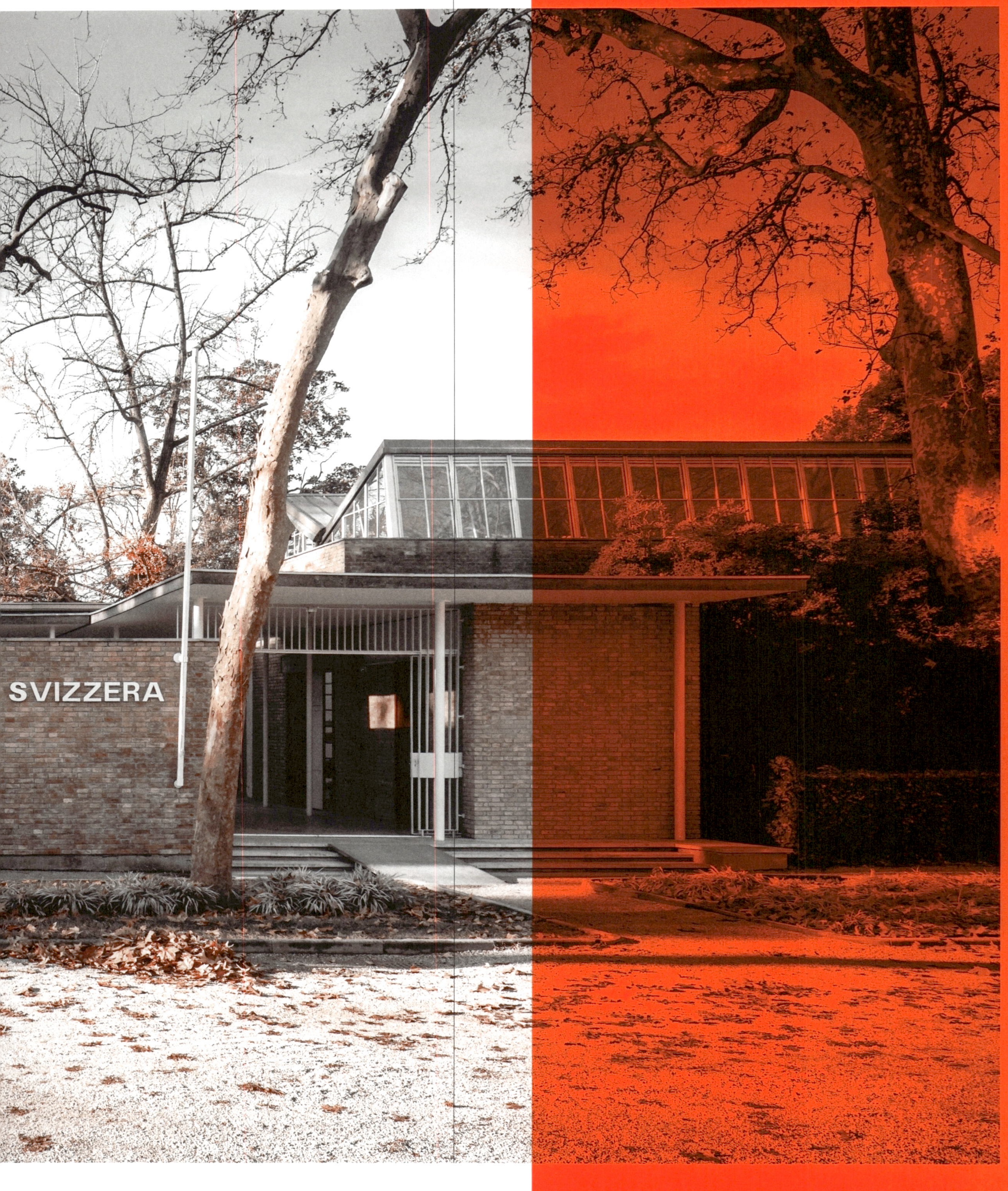
SVIZZERA

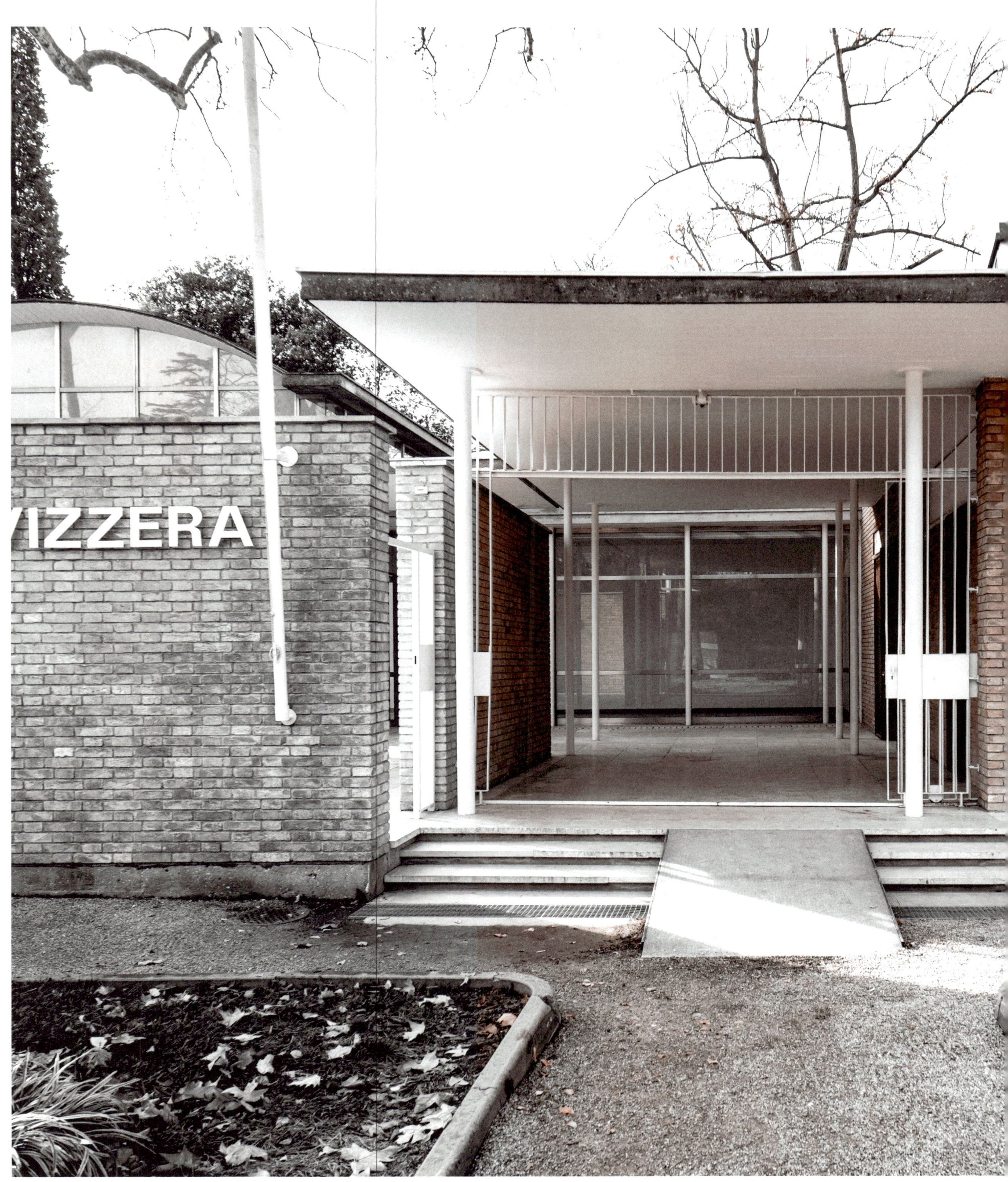
IZZERA

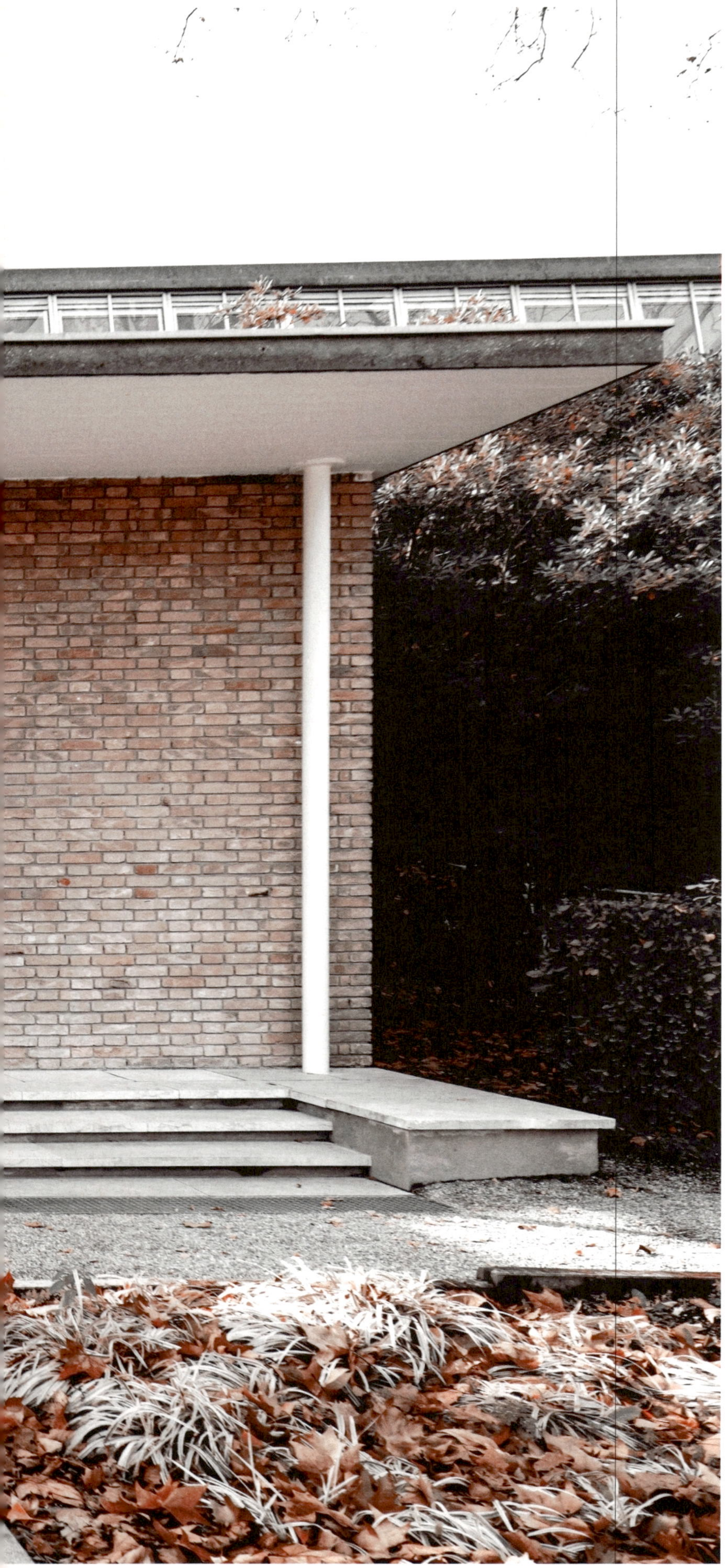

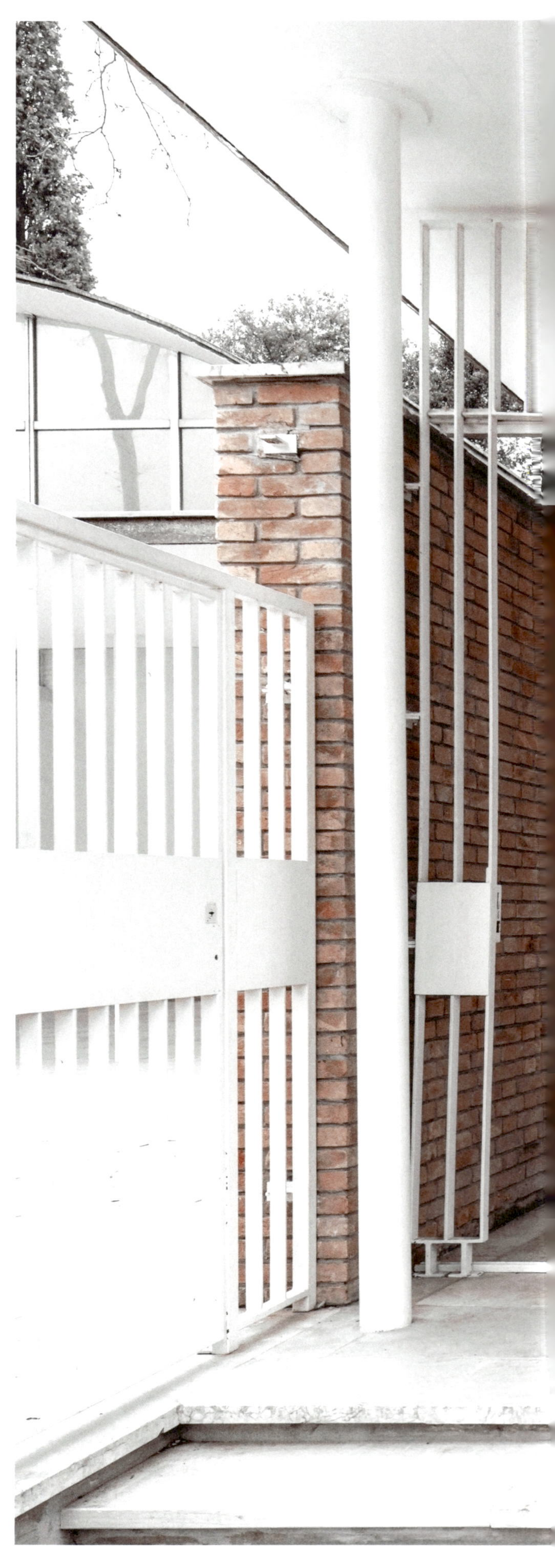

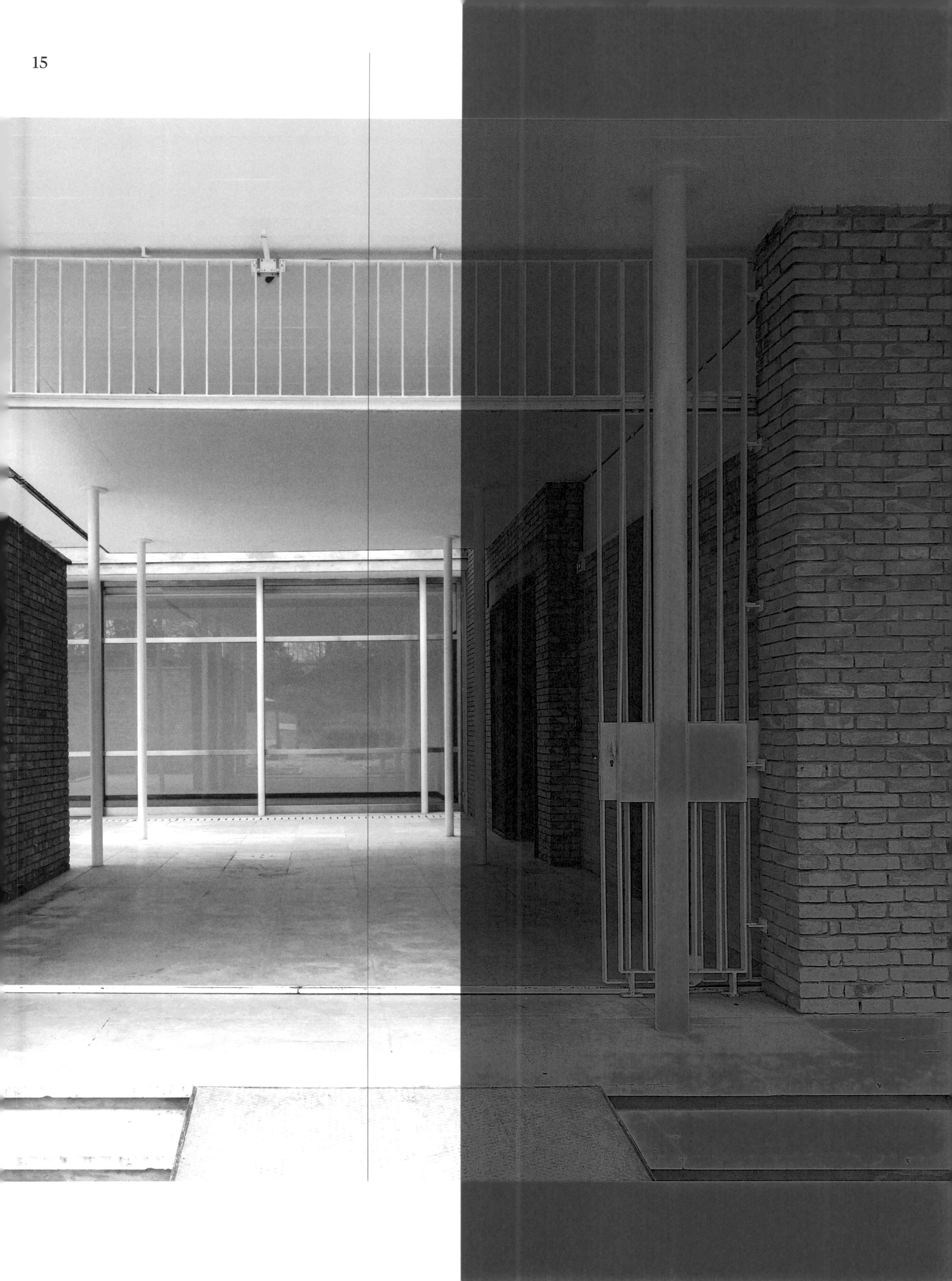

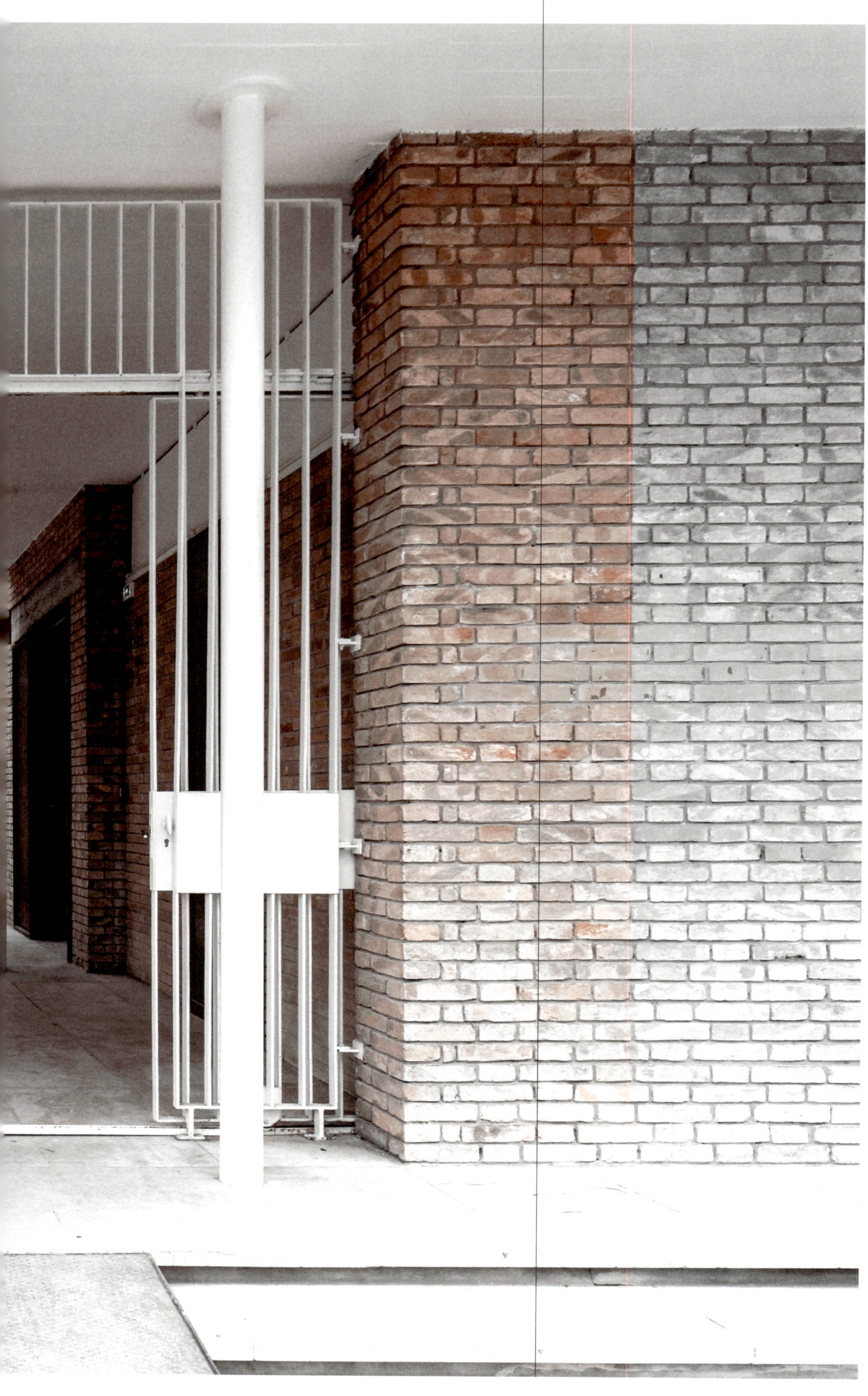

Le Concert
Latifa Echakhch

La rencontre avec une question

Au début de tout projet, j'ouvre sur la même question :
Quand je ferme les yeux, qu'est-ce que je vois, qu'est-ce que je ressens ?
Quels sont les restes de sensations du monde.
Cette flânerie, lorsque je mets tout en pièces, j'y croise toujours la résistance de mes affects, de mes espoirs même, d'un sentiment de beauté qui survivrait malgré tout.
Une résistance, plus qu'une réminiscence.
Ce qui reste contient son verbe, et non juste un état.
Quand je ferme les yeux, qu'est-ce que je vois, qu'est-ce que j'entends ?

Lorsque l'on m'a invitée à faire ce projet, il y a eu cette fois comme un carambolage de projections. La première formulation que j'ai eue était que je voulais que les gens ressortent de l'exposition comme ils ressortiraient après un concert, avec les battements du cœur modifiés, et la mémoire pleine de fragments qui se reconstituent dans des variations.
Je ne pouvais sentir que l'après, pas seulement l'après geste, mais l'après, après... après les œuvres, après l'exposition. Que reste-t-il quand on quitte les lieux.

> Nuit et Musique. L'oreille, organe de la peur, n'a pu se développer aussi amplement qu'elle l'a fait que dans la nuit ou la pénombre des forêts et des cavernes obscures, selon le mode de vie de l'âge de la peur, c'est-à-dire du plus long de tous les âges humains qu'il n'y ait jamais eu : à la lumière, l'oreille est moins nécessaire. D'où le caractère de la musique, art de la nuit et de la pénombre[1].
> — Friedrich Nietzsche

Quelques mois avant cela j'avais rencontré Alexandre Babel, un musicien tout ce qu'il y a de plus sérieux, me suis-je dit la première fois. Nous faisions partis du jury de la résidence La Becque en Suisse et devions analyser les dossiers des artistes, notamment sonores. C'était peut-être la première fois que je devais donner un avis sur des productions sonores. Auparavant, pour moi, il était juste question de ce que j'appréciais, ou ce qui me dérangeait, mais je n'ai jamais eu à émettre un jugement, et donc une réflexion responsable dessus. Je l'ai donc écouté avec de l'intérêt, et beaucoup appris.
Quand je me suis rendu compte un soir que l'on avait des goûts communs très éloignés de ce que j'imaginais être

1 Friedrich Nietzsche, *Aurore, Réflexions sur les préjugés moraux*, trad. par Henri Albert, Mercure de France, 1901. Livre Quatrième p. 260.

# The Concert
# Latifa Echakhch

## Encountering the Question

At the start of any project, I always approach it with the same question:
What do I see when I close my eyes, what do I feel?
What is left of my feelings of the world.
When I take apart everything during this perceptual stroll I always cross paths with the resistance of my affect, of my hopes even, to a feeling of beauty that would survive despite it all.
A resistance, rather than a reminiscence.
What's left holds within it not just a state of being, but a verb.
When I close my eyes, what do I see, what do I feel?

When I was invited to do this project, I experienced a sort of pile-up of images. The first version I visualized was, I wanted people to leave the exhibition as they would a concert, with accelerated heart rates and their heads full of fragments that reconstitute themselves in the form of variations.
I could feel only the afterward, not just what happened after, but the afterward, after ... after the artworks, after the exhibition. What's left when you leave the venue.

> Night and music. The ear, the organ of fear, could have evolved as greatly as it has only in the night and twilight of obscure caves and woods, in accordance with the mode of life oft he age of timidity, that ist o say the longest human age there has ever been: in bright daylight the ear is less necessary. That is how music acquires the character of art of night and twilight.[1]
> — Friedrich Nietzsche

Several months earlier, I had met the musician Alexandre Babel—and I told myself, on that first meeting, I would never find a more serious musician. As members of the selection jury of Switzerland's La Becque residency, he and I were tasked with analyzing the submissions of multiple artists, and in particular of sound artists. It may have been the first time that I had to share an opinion on

1 Friedrich Nietzsche, *Daybreak: Thoughts on the prejudices of morality*, trans. R.J. Hollingdale (Cambridge: Cambridge University Press, 1997) 143.

tout droit sorti du conservatoire de musique, comme Ryoji Ikeda, Mika Vainio, Terre Thaemlitz... je me suis dit que l'on pouvait mieux s'entendre et dialoguer.

La deuxième année de jury, une première question avait émergé : comment c'est pour lui quand il prépare une œuvre, dans ses projections, dans ses écritures musicales ? Comment est-ce que fonctionne un musicien ?

C'était la première question d'une longue série qui a rythmé nos deux années de travail.

## L'incarnation

J'ai posé à Alexandre la question de l'incarnation, qu'est-ce que cela fait d'être un ou plusieurs musiciens qui jouent sur scène en ayant en face de soi tous ces gens qui bougent au rythme et au son qu'on est en train de donner.

C'est un phénomène qui est vraiment fascinant, on reconnaît et on se reconnaît dans l'autre aussi. On s'imagine chanter à la place du chanteur, on s'imagine jouer de la batterie, on se voit en train de faire du clavier et on s'entend taper sur les peaux et les cymbales, et c'est presque magique ce transfert-là, c'est comme si par l'oreille passait toute une extension du corps du musicien, et de ses mouvements que nous pourrions faire nous-mêmes. Le musicien représenterait, si l'on peut dire, une figure presque christique :

Ceci est mon corps et je fais bouger le vôtre.

Ceci est le son que je produis et en l'entendant vous devenez ce son.

C'est quelque chose qui est vraiment fort.

Quand j'écoute de la musique, je suis extrêmement tendue, comme quand je regarde une pièce de danse ou quand je regarde une œuvre d'art.

Cette tension est une attention qui est très poussée, ce n'est pas dû à une forme d'affect, mais à un jeu de projection : j'ai besoin de me mettre dans la peau de la personne qui fait ce que l'on voit.

Cela se produit assez naturellement, je suis le danseur qui danse, je suis le musicien qui joue, et je suis le sculpteur qui sculpte.

> Ainsi peut-on retrouver, modifiée selon le mouvement de la dialectique historique, une certaine *musica pratica*. À quoi sert de composer, si c'est pour confiner le produit dans l'enceinte du concert ou la solitude de la répétition radiophonique ? Composer, c'est, du moins tendanciellement, *donner à faire*, non pas donner à entendre, mais donner à écrire : le lieu moderne de la musique n'est pas la salle, mais la scène où les musiciens transmigrent, dans un jeu souvent éblouissant, d'une source sonore à une autre : c'est nous qui jouons, il est vrai encore par procuration ; mais on peut imaginer que – plus tard ? – le concert soit exclusivement un atelier, duquel rien, aucun rêve ni aucun imaginaire, en un mot aucune « âme », ne déborderait et où tout le faire musical serait absorbé dans une praxis *sans reste*. C'est cette utopie qu'un certain Beethoven, qui n'est pas joué, nous apprend à formuler – ce en quoi il est possible de pressentir en lui un musicien d'avenir[2].
> — Roland Barthes

2 Roland Barthes, « Musica pratica », in *L'Obvie et l'Obtus, Essais critiques III*, Paris, Points, 1992, p. 235.

sound productions. Previously, I'd only had to deal with what I liked, or what annoyed me; I'd never had to offer judgment, with a responsible thought process to back it up. So I listened to him with great interest, and learned a great deal.

When I realized one evening that we had common tastes in music—people like Ryoji Ikeda, Mika Vainio, Terre Thaemlitz, far removed from what I imagined was the kind of music that came straight out of conservatories ... I thought we might get along and talk.

In the course of the jury's second year, a principal question had emerged: What's it like for Babel when he is preparing one of his works, his conceptions of it, his musical scores? How does a musician function? It was the first in a long series of questions that syncopated our two years of working together.

## Embodiment

I asked Alexandre about the "embodiment" of music: how does it feel to be a musician, or several musicians, playing on a stage while facing all these people moving to the rhythms and sounds one is in the process of making?

It's a truly fascinating phenomenon, you recognize yourself and you recognize yourself in others as well. You imagine yourself taking over the singer's role, you imagine yourself playing percussion, you see yourself playing the keyboard, you hear yourself tapping on bongos and cymbals, that transference is almost magical, it's as if the ear extended outside of the musician's body, outside of movements we could accomplish ourselves. The musician becomes, if you can put it this way, an almost Christlike figure:

This is my body, and I make your body move.

This is the sound I produce and in hearing it you become that sound. It's an extremely powerful thing.

When I listen to music I'm extremely tense, like when I'm watching a dance performance or when I observe an artwork.

This tension is an extreme form of attention, it's not due to a type of affect but to a process of projection: I have to put myself in the skin of the person who's making what I'm seeing.

It happens quite naturally, I am the dancer who dances, I am the musician who plays, I am the sculptor who sculpts.

> Hence we can rediscover, modified according to the movement of historical dialectics, a certain *music practica*. What is the use of composing if it merely confines the product in the enclosure of the concert or the solitude of radio reception? To compose is, at least by tendency, to offer for *doing*, not for hearing but for writing: the modern site of the music is not the concert hall bu the stage, where the musicians transmigrate, in an often dazzling interplay, from one auditive source to another: it is we who are playing, still vicariously, it is true; but we can imagine that—eventually?—the concert will be exclusively a studio, a workshop, an atelier from which nothing—no dream,

Nos premières discussions avec Francesco Stocchi et Alexandre ont tout de suite été très influencées par l'œuvre de Milford Graves, son travail virtuose sur le rythme, la batterie et les percussions, mais surtout ses recherches sur le lien entre la musique et les battements du cœur.

J'ai aussi découvert les collaborations de Graves avec Carlo Ventura sur la mélodie cellulaire (*Cell Melodies*). Toute son œuvre est fascinante et m'a beaucoup influencée dans mes recherches.

J'ai questionné un jour Chaos Clay (Maïté Chénière - aka Mighty) sur ce que c'est que la musique ? « Est-ce que c'est un flux qui est devant toi ? Comment est-ce que tu la prends et tu l'envisages ? Comment est-ce que tu l'objectalises », et iel m'avait répondu tout simplement comme une évidence indiscutable : « Je suis la musique que je joue. »

Et c'est la même phrase qu'a employée Alvin Curran lors de notre discussion quelques semaines plus tard. Par cette affirmation la musique cessa d'être un objet pour moi.

À partir de là j'ai compris que ce que je pouvais envisager en termes de production musicale n'était pas de la création, je me suis dit que tout ce qu'il fallait que je fasse c'est reconnaître les sons, que je les reconnaîtrai quand je les entendrai et, à partir de ce moment-là, je pourrai recomposer ou composer quelque chose qui existe déjà, un flux qui existe déjà.

C'est comme si la musique qui n'existait pas encore était déjà là quelque part inscrite et qu'elle attendait juste d'être reconnue et donnée à entendre.

Je me suis mise à écouter toutes sortes de choses et, quand le son s'est vraiment révélé à moi, je me suis retrouvée à faire un exercice que je n'arrivais pas du tout à faire avant. Donc je n'avais pas compris ce qu'on appelle l'écoute active et je me suis mise à vraiment percevoir les sons environnants comme étant une masse de données sensorielles, et que je pouvais voyager à l'intérieur même de cette perception et la reconnaissance de ces sons, de ces intervalles, de ces ajouts à devenir extrêmement fluide, même le son urbain devenait extrêmement fluide, même les sons incongrus arrivaient exactement au bon moment, et c'est à partir de là, vraiment, que la question du son est radicalement entrée dans ma vie.

J'ai commencé à développer une écoute qui me permettait de prélever ce qui était partageable.

## Les proclamations des oiseaux

Très tôt le matin, sur mon balcon, j'avais l'habitude d'observer le parc en face de chez moi, ses grands arbres, le lac et les montagnes en fond de scène. Je le voyais parfois comme une grande abstraction et parfois un paysage impressionniste qui se composait de lumière et de couleurs. Un jour j'ai commencé à le percevoir de façon sonore, je me suis mise à écouter les oiseaux se relayer les uns après les autres avec leurs petits chants, leurs phrases, et leurs petits motifs sonores, ils s'adressaient et se répondaient les uns aux autres.

Il y avait quasi toujours le même ordre : chaque personnage arrivait, chacun son tour, avec le même enchaînement, et prononçait sa phrase. Je retrouvais tous les matins aux alentours de 5 h 34 la même combinaison de chants d'oiseaux.

Au début j'entendais cela comme de la musique, comme des chants composés, je me suis plongée dans les compositions de Messiaen puis dans son *Traité de rythme, de couleur et d'ornithologie*.

Puis j'ai découvert que ces messages fonctionnaient comme des indications d'espace, une cartographie du parc :

no image-repertoire, in a word no "soul"—will overflow and where all musical doing will be absorbed into a praxis with nothing left over. It is this utopia which a certain Beethoven, one not played, teaches us to formulate—whereby it is possible to foresee in him a musician still to come.[2]
— Roland Barthes

Our first discussions with Francesco Stocchi and Alexandre were, from the start, influenced by the works of Milford Graves, his virtuoso work on rhythm, drumming and percussions, but above all his research on the links between music and heartbeat.

I also discovered his Graves' collaborations with Carlo Ventura on cellular melody. I found all his work both fascinating and innovative.

I once asked Chaos Clay (Maïté Chénière—aka Mighty), what is music? "Is it a flow that lies before you? How do you take it, how do you visualize it? How do you objectify it," and they answered, very simply, as if the evidence were irrefutable: "I am the music that I play." It's the same term Alvin Curran used in our conversation several weeks later. And through this affirmation, music ceased to be a mere object for me.

Starting with this, I understood that all I could imagine in terms of musical production would not be creation; I told myself, all I had to do was recognize sounds, that I would recognize them when I heard them and from this moment forth I could recompose or compose something that already exists, a flow that already exists. It's as if music that did not yet exist was already present somewhere, inscribed somewhere, and it was only waiting to be recognized and listened to.

I started listening to all sorts of things and when sound was truly revealed to me, I found myself doing an exercise that I had never managed to do before. In fact, I had not understood what is known as "active listening" and I started truly perceiving the surrounding sounds as a mass of sensory data; seeing that I could travel even within this perception and recognition of these sounds, of these intervals, of these inclusions, to become extremely fluid; even urban sounds became extremely fluid, even incongruous sounds came at precisely the right moment, and it's from here, truly, that the question of sound radically entered my life.

And I began to develop a discipline of listening that allowed me to pick out everything that could be shared.

## The Proclamations of Birds

On my balcony, very early in the morning, I used to look at the park opposite my house: its great trees, with the lake and mountains as backdrop. Sometimes I saw it as a big abstract image, and

2 Roland Barthes, "Musica pratica," in *The Responsibility of Forms: critical essays on music, art, and representation*, trans. Richard Howard (New York: Hill & Wang, 1985), 265-266.

on pouvait en les écoutant savoir à quel endroit se positionnait chaque oiseau, et se tenait suffisamment loin pour ne pas entrer en conflit avec les autres.

C'étaient des proclamations de territoire.

Chaque matin aux alentours de 5 h 34 cela recommençait. C'était un cycle quotidien, l'apparition du soleil suivi du réveil des oiseaux. J'imaginais une immense peuplade d'oiseaux sur toute la surface de la planète se réveillant au fur et à mesure que les rayons du soleil passaient. Je me disais que c'était ainsi depuis la nuit des temps.

Depuis la nuit des temps, à chaque fois que le soleil se lève et réveille les oiseaux, ils se mettent à délimiter leur espace, par leur chant, chacun son tour, mètre par mètre, tout autour de la planète.

Je me disais qu'on ne percevait qu'un fragment de ce cycle qui se déroulait devant nous sans qu'on le décide.

> Au commencement, selon les aborigènes australiens, il n'y avait que la terre qui renfermait, souterrainement, toutes les choses et tous les êtres. Ce matin du premier jour, le soleil naquit et, sous l'effet de sa chaleur, les ancêtres se réveillèrent et sortirent, déjà vieux, de la terre. Ils étaient Serpent, Oiseau, Chèvrefeuille… Il se levèrent en nombre et se mirent à marcher sur la terre. En marchant, ils créaient-nommaient ou nommaient-créaient – il s'agit d'une seule et même opération – toutes les choses sur leur chemin. Il se répandirent sur toute la terre, créèrent en chantant ou chantèrent en créant toutes les choses de la terre. Puis ils s'en retournèrent dans leur souterrain, laissant derrière eux tout un réseau de chants-pistes ou de pistes-chant, dont les membres de leurs clans sont héritiers. L'Australie est ainsi couverte d'un réseau de pistes qui en font virtuellement […] une partition musicale. Ces pistes ne sont pas tracées sur le sol comme des sentiers ou des chemins, et elles restent invisible à l'étranger. Il y a des points de repères – un rocher, une colline, un point d'eau, un banc de sable… – qui sont des sites sacrés, liés à autant d'épisodes mythologiques, et le chant au poème conduit de site en site, en mesurant la distance qui les séparent. Le chant est itinéraire et l'itinéraire est chant[3].
> — Jean-Paul Martin

Le vent est né d'une contradiction

Une autre fois j'étais dans les montagnes de Vals, encore une fois sur un balcon, comme dans une salle d'opéra, je regardais le paysage et j'écoutais le vent souffler très fort. Je le sentais arriver depuis très loin dans la vallée, et souffler à travers ce grand couloir devant lui, rien ne l'arrêtait, il arrivait d'un endroit et se précipitait de plus en plus vite droit devant lui, il bousculait les feuilles des arbres, il dérangeait les oiseaux. Et ne pouvant le suivre dans sa fuite en avant, je n'assistais qu'à un fragment de son passage. Une multitude de fragments sur plusieurs heures.

Je me disais aussi que le vent était né d'une contradiction, d'une gêne, d'un inconfort. Entre deux éléments qui étaient opposés, qui ne pouvaient pas s'entendre dans le même espace. Une attraction négative qui tout à coup déchaîne les éléments, et crée ce vent qui va à son tour entraîner tout sur

3 Jean-Paul Martin, « Bruce Chatwin : écriture contemporaine *et retour au referent* » *Theorie, litterature, enseignement* no. 6, p. 50 51.

sometimes as an impressionist landscape composed of light and colors. One day I started to perceive it as a soundscape, I started listening to the birds exchanging their little songs, their phrases, their wee sound motifs between them, one after the other, they were addressing and answering each other.

It was almost always in the same order: each character showed up, in turn, with the same musical sequence, and uttered its phrase. Every morning, around 5:34, I found the same combination of bird songs. At first I heard this as music, like songs that had been written, I dove into Messiaen's musical works and then into his *Treatise on Rhythm, Color, and Ornithology.*

Then I discovered that these messages worked as spatial indicators, as a cartography of the park: by listening to them you could tell where the birds situated themselves, each keeping at sufficient distance from the others to avoid conflict.

They were proclamations of territory.

Every morning around 5:34 it began again. It was a daily cycle, sunrise followed by the birds' awakening. I imagined a vast population of birds on the planet's whole surface progressively waking up as the sun's rays passed over them. I told myself it was thus from the dawn of time.

Since the dawn of time, and every time the sun rises and wakes the birds, they start to mark their own space with song, each in turn, yard by yard, all around the planet. I told myself that we were able to perceive but one fragment of this cycle that unfurled haphazardly before us.

> In the beginning, according to the Indigenous Australians, there was only Earth that held in its subterranean vaults all things and all beings. On the morning of the first day the sun was born and as they were touched by warmth the ancestors woke up and, already old, rose out of the earth. They were Snake, Bird, Honeysuckle … They stood in great numbers and began to walk the Earth. Walking, they created-named or named-created—it was one and the same operation—everything they came across. They went all over the earth, creating while singing or singing while creating all things on Earth. Then they went back to their caves, leaving behind them a whole network of song-trails, or trail-songs, which the members of their clans inherited. Thus, Australia is covered with a network of trails that virtually make of the continent … a musical score. These trails are not marked on the ground like paths or roadways, and they are invisible to strangers. There are reference points: a rock, a hill, a spring, a sand-bar; which are sacred sites, linked to corresponding mythological episodes, and the song/poem leads one from site to site, measuring out the distance between. The song is the itinerary and the itinerary is the song.[3]
> — Jean-Paul Martin

3 Jean-Paul Martin, "Bruce Chatwin : écriture contemporaine *et retour au référent,*" *Théorie, littérature, enseignement* no. 6 (1988), 50-51.

son passage, il souffle dans la vallée, bouscule les feuilles des arbres, perturbe les oiseaux.

Un condensateur électrique, la création d'une galaxie, un battement de cœur… Je me disais que beaucoup de choses étaient nées d'une contradiction.

C'est ainsi que j'ai compris un des fondements de ma manière de travailler : la raison pour laquelle j'avais besoin de deux éléments contradictoires pour créer un équilibre. À chaque fois que je regardais les pièces que je réalisais, je n'arrivais pas à trouver la beauté sans voir la gravité d'un autre côté. Je ne comprenais pas ce que c'était que la joie sans voir la tristesse, et tout tenait par ces dualités très contradictoires.

> Le temps et les lieux du vent
> Une musique qui commence puis voyage le long de la rivière pour en rejoindre d'autres, qui tourne et voyage dans une autre direction, qui voyage vers d'autres, et qui se termine quand une autre chanson est prête à commencer son voyage.
>
> Des mélodies simples entendues pour ce qu'elles sont. La conscience des présences réciproques.
>
> Devenir de plus en plus conscient de notre MUSIQUE. Sortir pour entendre la flûte dans le vent. Stimuler la MUSIQUE de l'autre. Dès que possible, nous sommes à l'écoute pour accueillir ces chansons.
>
> La musique devient simple comme le vent — elle voyage partout. Nous nous écoutons mutuellement[4].
> — Maryanne Amacher

> Le monde n'est pas contradictoire. C'est là sa caractéristique la plus générale et la moins douteuse. S'il était contradictoire, il ne serait pas l'ordre qui permet de penser le réel comme un tout, il ne serait pas la structure commune à laquelle appartiennent toutes choses. Un seul « être » est contradictoire, et c'est la fin du monde.
>
> De fait, les « êtres » de ce monde ne sont pas contradictoires : *aucun* n'est à la fois A et non A. Si Socrate est sage, alors il n'est pas non sage, si l'homme n'est pas immortel, alors il est mortel, s'il est vrai que César franchit le Rubicon, alors il est faux qu'il ne le franchisse pas, etc.
>
> Mais est-ce le cas de tout le monde ? Oui, forcément. D'une part étant donné ce qu'est un être, d'autre part étant donné ce qu'est un monde. Si la non-contradiction est entendue comme une loi ontologique, alors tout être y est soumis. Un être S n'est pas possible s'il possède à la fois deux attributs contradictoires, P et non P. Un être contradictoire n'existe pas puisqu'il n'est pas même possible. Mais peut-être existe-t-il d'autres mondes où ce même Socrate, qui est sage dans notre monde, n'est pas sage, ou encore un monde où César, ce même César qui, dans notre monde franchit le Rubicon, ne franchit pas le Rubicon. Peut-être. Mais c'est précisément pourquoi c'est un *autre* monde si l'on entend par-là une structure de coappartenance[5].
> — Francis Wolff

4 Maryanne Amacher, « Five text pieces », in *Selected writings and interviews*, Brooklyn, NY, Blank Forms Editions, 2020, p. 89. (Trad. Gauthier Lesturgie)

5 Francis Wolff, « De la contradiction, les trois langage-mondes », in *Dire le monde*, Paris, PUF, 2004, p 35.



## Wind Is Born of a Contradiction

Another time I was in the mountains surrounding Vals, in Switzerland, standing yet again on a balcony; it was like an opera set, I was watching the landscape and listening to the wind blowing hard. I felt it coming from very far down in the valley, rushing down that long corridor before it, nothing could stop it, it came from one place and threw itself forward, headlong, faster and faster, it shoved aside leaves, it upset the birds. And not being able to follow the wind in its forward rush I could only witness a fragment of its passage. A multitude of fragments over several hours. I told myself that the wind was born of a contradiction, an awkwardness, a discomfort. Between two opposed elements, that couldn't hear themselves in the same space. A negative attraction that suddenly lets loose the elements and creates this wind that in turn will drag along everything in its path, it blows in the valley, jostles leaves, disrupts the birds.

An electrical condenser, the creation of a galaxy, a heart's beat … I told myself that many things were born of contradiction.

In this way I understood one of the foundations of my practice: the reason I needed two contradictory elements to craft a balance. Every time I looked at the pieces I was working on, I couldn't find beauty without having gravity on the other side. I didn't understand what it could be to have joy without sorrow, and everything was held together by these two very contradictory dualities.

> Time and the Wind Places
> Music that starts and travels along the river to others, that turns and travels in another direction, that travels on to others, and finishes when another song is ready to start up being traveling.
>
> Simple melodies heard for what they are.
> Awareness of each other's presences.
>
> Becoming more and more aware of our MUSIC.
>
> Going out hearing flute through wind. Quickening each other's MUSIC. We are listening whenever we can to receive these songs.
>
> Music becoming simple as the wind—traveling everywhere. We are listening to each other.[4]
> — Maryanne Amacher

> The world is not self-contradictory. That is it's most general characteristic, and the one least dubious. If it were self-contradictory it would not be the order that allows us to see reality as a whole, it would not be the common structure to which all things belong. Only one "being" is contradictory, and that is the end of the world.
>
> In fact, this world's "beings" are not contradictory: none is at the same time "A" and "not-A." If Socrates is wise then he

4 Maryanne Amacher, "Five text pieces," in *Selected writings and interviews* (Brooklyn, NY: Blank Forms Editions, 2020), 89.

Qu'est-ce que c'est le *son-vitesse-lumière* ? C'est l'idée que le son, et donc cette capacité qu'on a, cet organe qu'on a qui nous rend sensible à différentes pressions de l'air, ce qui se passe c'est que lorsqu'on transcrit ce phénomène vibratoire dans un autre espace qui est l'espace électrique, à ce moment-là on a la possibilité d'un traitement qui se fait à des vitesses bien plus grandes, qui correspondent d'ailleurs aux vitesses de nos influx nerveux, et ça me permet de faire le lien entre ce que peut être un son et ce que peut être un orage électrique, que nous appelons la pensée. Je pense que la pensée n'est rien d'autres que des orages électriques qui se répandent parmi nos neurones, qui s'agglutinent, qui s'envoient des signaux, qui se correspondent et qui s'emboîtent, dans certaines arithmétiques heureuses et tout d'un coup qui nous permettent des formulations et un rapport de contrôle avec nos impressions perçues par les sens et qui font que nous avons une centration, et que nous sommes dans l'espace et en compréhension, et que nous pouvons tenir droit, en équilibre, voir les choses, marcher devant elles ou fuir si elles sont hostiles. Ça c'est de la pensée. Et pour aller plus loin encore dans ces orages électriques nerveux, rien de mieux que la musique électroacoustique, perçue acousmatiquement, dans des espaces complexes qui seraient multiphoniques[6].
— François Bayle

Gestes et sentiments polyphoniques

En écoutant les morceaux de musique utilisant la polyphonie je comprenais que je fonctionnais exactement de la même manière : je compresse plusieurs temps de lecture, la lecture de plusieurs gestes, plusieurs émotions en un seul instant, celui où on est face à l'œuvre. J'assemble une polyphonie de gestes et de sens qui se compressent en un seul, visible à ce moment-là.

C'est en discutant avec Félicia Atkinson, peut-être une année après le début de mes recherches, qu'elle m'a dit que j'avais une pratique artistique qui était déjà ancrée, personnelle et singulière, et que ça ne pouvait être que comme cela avec la musique. Qu'il y avait un fond de tempérament dans ce que je partagerais, qui est, qui sera, et qui restera le même, ce sera juste la forme qui changera, et cette forme, qu'elle soit musicale, sonore ou non encore définie, se déplacera et existera selon son médium.

Les sonorités apparaissent puis se construisent à moi comme des énergies, des scintillements à charge lumineuse changeante, qu'il faut moduler, déplacer, écarter, rapprocher.

J'aime penser que la notion de perspective qu'on prête aux yeux est aussi envisageable à travers l'écoute.

Choisir, alors, de créer, dans un monde de musique ou lors d'un concert, différentes profondeurs et dimensions, mais surtout des zones de perdition, des

6 François Bayle, *Entretiens avec François J. Bonnet*, « François Bayle (5/5) : J'ai essayé d'être un homme, plutôt qu'un compositeur » in *Les grands entretiens*, France Musique, 6 novembre 2020 https://www.radiofrance.fr/francemusique/podcasts/les-grands-entretiens/francois-bayle-5-5-j-ai-essaye-d-etre-un-homme-plutot-qu-un-compositeur-4467656

is not un-wise, if humans are not immortal then we are mortal, if Caesar truly crossed the Rubicon then it's not true that he didn't cross it, etc.

But is this true for everyone? Of course, given on the one hand what a "being" is, and on the other what it means to be a world. If non-contradiction is extended to become an ontological law, then everything comes under its purview. The "being" 'S' cannot exist if it possesses two contradictory attributes at the same time. A self-contradictory being can't exist since it's not even possible for it to exist. But maybe other worlds exist in which Socrates, wise in our world, is not wise in that one; or yet another world in which Caesar—that same Caesar who crossed the Rubicon in this world—doesn't cross it in that other world. Maybe. But that's precisely why it is another world, if by world we mean a coherent, self-consistent structure.[5]
— Francis Wolff

What is *sound-speed-light* [French: *son-vitesse-lumière*]? It's the idea that sound, and the capacity we have via this organ which allows us to feel differences in air pressure, what happens is that when we transcribe a vibratory phenomenon into another space, which is the electrical space, at that moment we have the possibility of a process that will happen at far greater speeds; speeds, in fact, at which our own nerve-impulses work, and this allows me to see a link between a given sound and the electrical storm, which we call thought. I think that thought is nothing other than electrical storms that spread among our neurons, which in turn clump together, which send each other signals, correspond and fall into step in various happy arithmetics that suddenly allow for formulations, a ratio of control with our impressions received by our senses, and which result overall in our having a centralizing focus, and that we are in space and in understanding, and that we are able to stand upright, balanced, to see things, to walk before them, or flee if they prove hostile. This is thought. And when venturing even further into these electrical storms of the nervous system, nothing is better than electro-acoustical music, perceived acousmatically, inside spaces which are complex and multiphonic.[6]
— François Bayle

## Polyphonic Gestures and Feelings

While listening to musical compositions that employed polyphony, I understood that I work in exactly the same way: I compress several stretches of reading, the reading of various acts, several emotions, into a single instant, the instant at which one stands

5 Francis Wolff, "De la contradiction, les trois langage-mondes," in *Dire le monde* (Paris: PUF, 2004), 35.

6 François Bayle, "J'ai essayé d'être un homme, plutôt qu'un compositeur," interview by François J. Bonnet, *Les grands entretiens*, France Musique, November 6, 2020, https://www.radiofrance.fr/francemusique/podcasts/les-grands-entretiens/francois-bayle-5-5-j-ai-essaye-d-etre-un-homme-plutot-qu-un-compositeur-4467656.

centres de typhons où les distances et les gravités se confondent et désorientent, voire inquiètent[7].

Écouter me permet de voir *autre chose*, et inversement. Il se crée un déplacement. Tout est en mouvement et en relation. En écoutant, je m'autorise à contempler plus longtemps que d'habitude la branche qui bouge dans le jardin, à faire des détours en marchant, à jouer avec mon appréhension du temps et de l'espace. En écoutant, je marche mentalement dans les lieux que j'ai quittés il y a longtemps. Je voyage, grâce aux sons, *là où je ne suis plus quand je n'y suis plus*. Je me détache[8].
— Félicia Atkinson

L'atomisation du son

Dans une discussion avec Stephen O'Malley où je lui disais que j'avais réfléchi à la question de l'étirement des sonorités, il m'a expliqué que *étirement* n'était pas vraiment le mot à utiliser, en fait c'était plutôt une atomisation du son : comme si l'on découpait le son de façon tellement infime, et que par cette multitude de micro fragments à l'intérieur, on le rendait immense, presque infini, et ça m'a bouleversée comme découverte.

Ce rapport de l'écoute au son, de contemplation, je l'ai toujours entretenu. Je me souviens que j'avais l'habitude d'entendre, plusieurs fois par jour, alors que j'habitais près de l'aéroport de Nice, les quelques avions qui s'envolaient. Je cherchais alors à discriminer des variations dans ce vrombissement. L'oreille a cette capacité à naviguer dans une masse sonore, et je cherchais, dans ses continuums, une musique. Les paysages sonores de la région niçoise étaient inépuisables. L'une de mes premières œuvres, *Elemental*, a été composé à partir d'enregistrement que je réalisais avec un petit magnétophone Stellavox. J'avais enregistré des bruits de mer, de vent, de pluie, d'éboulement de terre. Et c'est dans le studio de Pierre Henry que j'ai repris ces éléments pour composer ce premier *Elemental*.
[...]
Tout est intervalle, on est toujours dans un entre-deux. Et dans cet intervalle, entre deux états, s'expriment sans cesse des variations invisibles, des transitions imperceptibles. Tous les entre-deux sont fondamentaux, comme l'illustrent par exemple les six états intermédiaires du *Bardo Thödol*, le livre tibétain des morts. Les espaces intermédiaires sont, dans ma musique, comme l'estran qui se transforme au gré des évolutions progressives, lentes et continues, et qui arrive par vagues, comme la marée[9].
— Éliane Radigue

Nos oreilles agissent comme un instrument, elles réagissent à la musique en émettant leurs propres tonalités qui s'ajoutent à la musique environnante, tel un nouvel instrument qui se joint à l'orchestre. La neuroanatomie

7 Félicia Atkinson « Dans le patio », *Spectres N°01 – Composer l'écoute* (Shelter Press, 2019),p. 100.

8 *Ibid.*, p. 100.

9 Éliane Radigue, « Le temps n'a pas d'importance », *Spectres N°01 – Composer l'écoute*, p. 54-55.

face to face with the work in question. I assemble a polyphony of acts and perceptions that compress into a single one within that moment.

It was while conversing with Félicia Atkinson, perhaps a year after I began my research, that she told me I had an artistic practice which was already anchored, personal, unique, and that it could not be otherwise with music; that there would be a temperamental baseline in what I might share and that is, will be, will always stay the same; only its form will change and that form, whether musical, auditory, or not yet defined, will move and exist as a function of its medium.

Sounds appear and then they construct themselves for me as energies, scintillations with an ever-changing luminous intensity that has to be modulated, displaced, distanced, brought nearer. I like to think that the notion of perspective, which we owe to the eyes, can also be applied to listening.
Meaning that one would choose to create, in a piece of music or at a concert, different depths and dimensions, but above all zones of perdition, the eyes of hurricanes where distance and gravitational pull merge, disorienting and even distressing.[7]

Listening allows me to see *something else*, and vice versa. It creates a shift. Everything is in movement and in relation. When listening I allow myself to contemplate a branch that sways in the garden for longer than usual, to make detours when walking, to play with my apprehension of time and space. When listening I mentally walk through places I left a long time ago. Thanks to sound, I voyage *to where I am no longer, when I am no longer there*. I come unstuck from things.[8]
— Félicia Atkinson

## The Atomization of Sound

In the course of a discussion with Stephen O'Malley in which I told him I'd been thinking of the question of acoustical stretching, he explained that *stretching* wasn't really the term to use, rather, it was an atomisation of sound: as if by dicing sound so infinitely fine, and through those micro-fragments within we rendered it immense, almost infinite; and this discovery blew me away.

This contemplative listening relationship to sound is something I've always cultivated. I remember how, when I lived near the Nice airport, throughout the day I used to listen to the few planes that flew out of there, trying tp make out the variations in their rumbling. The ear has the ability to navigate within a

7 Félicia Atkinson, "On the Patio: The Voice, Doubt, Perspective and Immersion," in *Specters N°01 – Composing Listening* (Shelter Press, 2019), 94.

8 Ibid., 94.

réagit et donne forme aux traces les plus subtiles de l'information acoustique. Nous entendons des tonalités autres que les tonalités acoustiques données qui prennent forme à l'intérieur de nos oreilles, à mesure que la membrane vibre en réponse aux tonalités acoustiques reçues.

Dans la musique telle que nous la connaissons, ces réponses tonales ont été réprimées. Elles mènent une existence subliminale, refoulée dans les timbres complexes de la musique. Nous n'avons pas conscience de leur réalité ni d'en être, en tant que personnes qui écoutent, les créateurs. L'expérience de notre propre fonctionnement nous échappe. Je veux diffuser cette musique, la libérer de son existence subliminale. Je souhaite faire de la musique qui soit orientée au-delà du traitement et du contrôle de l'information acoustique, qui pénètre dans le réseau du système nerveux, dans et vers ce que nous faisons de cette information sur le plan perceptif[10].

— Maryanne Amacher

## L'espace de l'atelier mental

Un des concerts qui m'a le plus marquée ces dernières années a été une performance de la composition *other states horizon* de Wojtek Blecharz que j'ai pu voir au festival Les Amplitudes à La Chaux-de-Fonds. La performance était organisée dans un temple protestant, et il y avait devant et autour de nous une disposition d'orchestre, mais qui était complètement éclatée. À la fois dans l'espace : chaque instrumentiste était dispatché d'un endroit à l'autre de la salle, mais la temporalité même de cette composition orchestrale était étirée et éclatée dans le temps : tout commençait par un violon, ça s'enchaînait avec un autre instrument puis un autre instrument puis un autre instrument et jusqu'à de petites enceintes portatives diffusant des sons de la nature, et plusieurs entrelacements de sons. Nous arrivions au fur et à mesure à avoir la totalité d'une pièce pour orchestre. J'ai été bouleversée, non seulement par ce que je venais d'entendre, mais également par le mécanisme et le dispositif mis en place dans ce qu'il m'était donné d'entendre.

J'ai pu demander à Wojtek Blecharz si c'était la première fois qu'il écoutait lui-même cette pièce dans son intégralité. Effectivement c'était la première fois qu'il l'entendait complètement. Je lui donc demandé comment il avait fait, pendant toutes les phases préparatoires, jusqu'à cet instant-ci ?

Il m'a expliqué qu'il avait tout simplement décomposé des feuilles de partition pour chaque instrument. Chaque partition était disposée sur les murs de son espace de travail, et il a ensuite joué et rejoué mentalement chaque instrument, l'un après l'autre. Donc nous avons là une question de projection mentale de l'espace avant qu'il soit donné à percevoir. Nous avons un enchaînement de la temporalité musicale qui se joue dans l'espace qu'il est en train de construire mentalement. Ça, c'était quelque chose de vraiment remarquable pour moi.

Une paire d'oreilles située dans un environnement acoustique parfait. Nos oreilles sont abreuvées de sons : rester immobile, ne pas respirer, se comporter comme

10 Maryanne Amacher, « Interview with Eliot Handelman », in *Selected writings and interviews*, p. 281. (Trad. Gauthier Lesturgie)

sound mass and, within the continuum of this rumbling, I looked for the music. The sonic landscapes of the Nice region were inexhaustible. One of my first works, *Elemental*, was composed from recordings I made with a little Stellavox tape recorder. I had recorded sounds of the sea, the wind, rain, and landslides. And it was in Pierre Henry's studio that I used these elements to compose the first *Elemental*.

[...]

I consider fundamental to my work: the exploration of intermediate states. Everything is an interval, we are always in-between. And in this interval, between two states, there is a continual expression of invisible variations, imperceptible transitions. All in-betweens are fundamental—as illustrated, for example, by the six intermediate states of the *Bardo Thödol*, the *Tibetan Book of the Dead*. In my music, intermediate spaces are like a shoreline transformed by progessive, slow, and continuous changes that come in waves, like the tide.[9]

— Éliane Radigue

Our ears act as an instrument in responding to music, sounding their own tones in addition to the music in the room, like another instrument joining the orchestra. Neuro-anatomy responds and gives shape to the most subtle traces of acoustic information. We hear tones other than the given acoustic tones taking their shape inside our ears, as the membrane vibrates in response to the given acoustic tones.

In music as we know it, such tone responses have been repressed. They have a subliminal existence, suppressed within the complex timbers of music. We're not aware that they exist, or that we're actually creating them as listeners. The experience of our own processing isn't available to us. I want to release this music, bring it out of subliminal existence. I want to make music that is directed past the processing and control of acoustic information, and that goes into the network of the nervous system, (in)to what we do with this information perceptually.[10]

— Maryanne Amacher

## Mental Workshop Space

One of the concerts that most influenced me during the last few years was a performance of Wojtek Blecharz's "*other states_horizon*" which I was able to attend at the Amplitudes Festival at La Chaux-de-Fonds. The performance took place in a Protestant church and the orchestra was set up around and in front of us, but was completely dispersed. Dispersed simultaneously in space—each player was sent from one location to another within the hall—but also in its very temporality, since time in this orchestral composition

9 Éliane Radigue, "Time is of no importance," in *Specters N°01 - Composing Listening* (Shelter Press, 2019), 50-51.

10 Maryanne Amacher, "Interview with Eliot Handelman," in *Maryanne Amacher, Selected writings and interviews* (New York: Blank Forms Editions, 2021), 281.

dans l'enceinte d'un temple. Pour moi, ça ne devrait pas être comme ça. Le son est un matériau tellement dynamique ! J'aime quand on entend à peine quelque chose ou lorsque le son au contraire nous immerge, quand il n'est audible que du côté droit ou au-dessous de nous. Pour moi, notre manière d'incarner le son est essentielle. *Ocean is not enough* évoque l'attente d'une personne qui ne viendra jamais. J'ai voulu restituer cette atmosphère de l'espérance, de l'attente ; comme lorsque l'on est assis le soir à son bureau, la fenêtre ouverte, et que l'on entend les bruits qui viennent de l'extérieur. Chaque bruit fait naître l'espoir qu'une personne arrive. On pourrait presque entendre ses pas dans la cour, mais là encore on se rend compte que cette personne ne viendra jamais. On le sait, mais on continue à attendre. Ce sentiment est également présent dans la narration musicale ellemême. Lorsque huit musiciens disséminés dans le public commencent à jouer, on peut penser qu'il s'agit de bruits hasardeux, ces sonorités à peine audibles provenant de différents endroits de la salle résonnent comme une perturbation, comme le froissement d'un paquet de friandises que l'on essaye d'ouvrir. Mais au bout d'un moment, l'auditoire se rend compte qu'il s'agit en fait de musique. Au moment où il s'en rend compte, celle-ci s'arrête. Il commence à attendre le son, dans le silence et l'obscurité, chaque sonorité déclenche un espoir[11].
— Wojtek Blecharz

Parcours du pavillon

Quand j'ai abordé le travail sur le pavillon j'ai commencé par anticiper le parcours du visiteur.

Je voulais que l'entrée donne directement le sentiment d'arriver à la fin de quelque chose. Ce procédé nous retourne car il va à l'encontre de nos attentes : nous arrivons par l'envers du décor, comme si nous avions déjà manqué quelque chose. Et cette forme de déception, de sentiment d'avoir raté quelque chose qui est déjà dans le passé nous plonge dans une petite mélancolie.

En avançant pour comprendre ce qui s'est passé en ce lieu, nous réalisons petit à petit que nous marchons déjà dans l'installation. Puis on identifie dans la cour des restes de sculptures ; on voit qu'elles ont été brûlées, et plus on avance et plus on se rend compte qu'elles sont de moins en moins brûlées. Dans le parcours, les sculptures émergent de plus en plus grandes et entières, cela donne l'impression de les voir naître à partir de leurs propres cendres dans la grande salle, et, au fur et à mesure de notre traversée, elles deviennent de plus en plus grandes, elles sont immenses. Je voulais que les sculptures soient presque aussi grandes que l'espace, comme si cet endroit était trop petit pour accueillir cet événement présupposé.

Tous les vitrages du bâtiment sont recouverts d'un film orange comme pour montrer dans ces fenêtres sur l'extérieur une espèce de moment-clé où l'on figerait le passage du jour à la nuit, et de la nuit au jour, selon le sens que l'on parcourt.

J'ai trouvé cette teinte de l'orangé simplement en fermant les yeux un jour de soleil, c'est la couleur que je voyais quand

11 Wojtek Blecharz, « The sound is not enough, Interview with Zofia Maria Cielatkowska », *Contemporary Lynx*, 2015. (Trad. Gauthier Lesturgie) https://contemporarylynx.co.uk/wojtek-blecharz-the-sound-is-not-enough

was stretched and exploded; everything began with a violin, which was picked up by another instrument, then another, all the way to small, portable areas in which sounds from nature were broadcast, and then there were multiple interweavings of sound. Step by step we came to the totality of an orchestral composition. I was overwhelmed, not only by what I had just heard, but also by the mechanisms and systems set up in what I'd just heard.

I was able to ask Wojtek Blecharz whether this was the first time he himself had heard the piece in its entirety. Sure enough, it was the first time he'd heard the whole thing. So I then asked him how he'd managed the task, through all the preparatory stages, up to and including this moment?

He explained that he simply shuffled the score of every movement for each instrument. The scores were hung around the walls of his workspace, and he then mentally played and replayed each instrument, one after the other. Thus what we have here is a question of mentally projecting space before presenting it to perception. We have sequencing, we have musical timing that plays out within the mental space where it is being built. This felt quite remarkable to me.

> [A] pair of ears located in a perfectly acoustic environment. Our ears are fed with sounds and we shouldn't move, we shouldn't breathe. We should behave like in a temple. For me it doesn't work like that. Sound is such a dynamic material! I like when we can barely hear something or when we are immersed in sound, when the sound is audible only on the right side or below us. How we embody sound is really important to me. "Ocean is not enough" is about waiting for someone who is never going to come. I wanted to recreate that atmosphere of expectation, waiting; like when you sit in the evening at your desk, the window is open, and you can hear all the evening noises coming from the outside. Each noise triggers a hope that someone is coming. You can almost hear somebody's steps in your yard, but once again you realize that this person is never going to show up. You know that, but you are still waiting. It is also included in the narrative of music. When eight musicians hidden in the audience start to play, people think that this is random, those barely audible noises coming from different spots of the hall sound as a disturbance, as if someone was unwrapping candy. But after a while listeners realize that this is actually music. The moment they realize that, the music ends. They start to wait for the sound, in silence and darkness, each sound triggers hope.[11]
> — Wojtek Blecharz

11 Wojtek Blecharz, "The sound is not enough, interview with Zofia Maria Cielatkowska," in *Contemporary Lynx 2015*, https://contemporarylynx.co.uk/wojtek-blecharz-the-sound-is-not-enough.

je fermais mes paupières. J'essayais de me rapprocher le plus possible de cet orangé-là : à la fois une couleur de soleil couchant et juste celle du voile de ma peau.

> Dans la vie des hommes il arrive aussi quelque chose de semblable. Certes, dans son cours inexorable, l'existence, qui semblait à ses débuts si disponible, si riche de possibilités, perd peu à peu son mystère et éteint un à un ses feux. Elle finit par n'être plus qu'une histoire, insignifiante et désenchantée comme toute histoire. Mais un jour, soudain – peut-être pas le dernier, le pénultième –, elle retrouve un moment son enchantement, elle paie d'un coup sa désillusion. Ce qui a perdu son mystère est alors vraiment et de manière irréparable mystérieux, vraiment et de manière irréparable, indisponible. Le feu qui peut seulement être raconté, le mystère qui s'est tout entier consumé en une histoire, nous coupe maintenant la parole, se referme pour toujours en une image[12].
> — Giorgio Agamben

## Les sculptures du pavillon

La partie la plus difficile et la plus longue a vraiment été le choix des sculptures. Je voulais quelque chose qui soit très populaire, et il est apparu à un moment que la représentation des figures humaines était peut-être la plus proche et la plus intéressante par rapport au projet.

Nous venions de sortir de plusieurs mois de confinement durant la pandémie. Nous avions regardé les autres corps de loin, sur des écrans vidéo, tout cela avait créé un manque physique. Le manque des simples interactions amicales du quotidien les a rendues plus puissantes : autrefois on se serrait la main, on se faisait la bise et maintenant nous nous laissons aller à de grandes accolades lorsqu'on se voit.

Je voulais quelque chose qui reflète l'humanité et sa représentation même, tels les géants de carnaval, ou les grandes sculptures de bois qu'on érige en bûcher.

Ce sont des figures très étranges et très étrangères. Avec le sentiment que c'était l'être humain en général que j'aurais aimé représenter. Et le processus de fabrication est quelque chose de collectif, à plusieurs mains, comme lorsque l'on prépare de tels événements dans les villages. Brûler des figures humaines permet d'exorciser l'humanité et de la faire renaitre de ses cendres fertilisantes.

Je me disais aussi que d'avoir ces éléments de corps, de main, d'oreille, de tête, je me disais qu'on pouvait créer toutes sortes d'histoire avec. À partir de chaque élément, chaque focus éclairant les parties de ces corps, nous pouvons écrire et réécrire plusieurs histoires différentes et jouer une multitude de variations avec ce vocabulaire à disposition.

Les étapes de projection de l'exposition ont été assez simples, j'avais vu assez vite à quoi allait ressembler le pavillon, j'avais déjà imaginé l'ensemble, la durée, l'atmosphère, j'avais imaginé les lumières qui allaient parcourir et rythmer l'espace. J'avais imaginé plus ou moins cette zone de paysage peu éclairée et fragmentée.

Je voulais que se fixent dans nos rétines des fragments d'images, et qu'ils s'inscrivent ainsi dans notre mémoire comme les seules choses que l'on aura réellement pu voir de la grande salle.

12 Giorgio Agamben, *Le feu et le récit*, trad. par Martin Rueff, Paris, Rivages, 2015, p 16-17.

## The Route Through the Pavilion

When I began working on the pavilion, I started by anticipating the route a visitor might take. I wanted the entry to immediately impart the feeling of arriving at the end of something. This procedure turns us around because it goes against our expectations: we arrive at the back of the set as if we had already missed something. And this kind of let-down, the feeling of having missed out on something already in the past, plunges us into a state of light melancholy.

As we proceed, trying to understand what happened in this place, we slowly realize that we are already walking through the installation. Then, in the courtyard, we are able to identify remnants of sculptural works: we see they've been burned, and the farther we go the more we realize they are less and less burned. As we continue on our path, bigger and more complete sculptures emerge, giving us the impression of seeing them born from their own ashes in the big exhibition room; and as we continue on, they become bigger and bigger, they are immense. I wanted the sculptures to be almost as big as the space, as if this place was too small to accommodate the event planned for it.

All the glazing on the building is covered with an orange film as if to demonstrate on exterior windows a sort of key moment in which we fix the passage from day to night, and from night to day, depending on the direction of our transit.

I discovered this orange-y shade by simply closing my eyes on a sunny day, it was the color I saw when I closed my eyelids. I tried to get as close as I could to that shade, which was both the color of the sunset and that on my veil of skin.

> Something similar also happens in the lives of men. Without a doubt, in its inexorable course, existence—which initially seemed so available, so rich with possibilities—little by little loses its mystery, one by one puts out its fires. It is, in the end, only a story, insignificant and disenchanted like any other. Until one day—perhaps not the last, but the second to last—existence finds again for an instant its enchantment and all of a sudden atones for its disappointment. What has lost its mystery is now truly and irreparably mysterious, truly and absolutely unavailable. The fire, which can only be told, the mystery, which was integrally violated in a story, now leaves us speechless and shuts itself away forever in an image.[12]
> — Giorgio Agamben

## Sculptures in the Pavilion

The longest, hardest part really was choosing the sculptures. I wanted something very accessible, and at one point it seemed that the representation of human figures was perhaps the closest and

12 Giorgio Agamben, *The Fire and the Tale*, trans. Lorenzo Chiesa (Stanford, CA: Stanford University Press, 2017).

Et c'est pour ça que j'ai complètement délégué cette partie de la mise en scène à Alexandre Babel et Anne Weckström. L'un et l'autre sont pertinents dans leur domaine, Alexandre pour sa connaissance de la composition et sa faculté de collaboration avec d'autres musiciens, et Anne pour ses mises en scène de lumière que j'avais pu voir pour le groupe de drone metal Sunn O))) et avec des groupes de musique metal tels que Mayhem ou Electric Wizard.

Je savais qu'ils allaient trouver le meilleur moyen de faire la chose la plus simple et la plus évidente possible tout en confrontant leurs deux univers très particuliers. Il ne pourrait en ressortir que quelque chose d'infiniment radical et romantique.

> Mais il faut aller plus loin et inverser, nous semble-t-il, dans tous ses détails l'explication de Frazer. Pour Frazer, les feux de joie sont des fêtes relatives à la mort des divinités de la végétation, en particulier de la végétation des forêts. On peut alors se demander pourquoi les divinités de la végétation tiennent une si énorme place dans l'âme primitive. Quelle est donc la première fonction *humaine* des bois : est-ce l'ombrage ; est-ce le fruit si rare et si chétif ? N'est-ce pas plutôt le feu ? Et voici le dilemme : fait-on les feux pour adorer le bois, comme le croit Frazer ou brûle-t-on le bois pour adorer le feu, comme le veut une explication plus profondément animiste[13] ?
> — Gaston Bachelard

La réduction du concert

Est-ce que finalement j'étais en train de réduire ce projet de concert à sa fonction minimum, à sa fonction première de partage : s'il n'y avait rien d'autre à un concert que de la musique entre des gens, rien d'autre qu'un moment vécu ensemble en tant que public, en tant que multitude sensible et mouvante au même rythme, au même instant ? Je fais partie de la foule, et sa forme et ses mouvements deviennent absolument désirables, parce que je peux m'y fondre en tant qu'individu, parce que j'appartiens dorénavant à une grande machinerie sensible.

J'étais moi-même en train de réfléchir à un dispositif avec ces *sound systems* de fortune que j'ai beaucoup observés lors d'événements musicaux en extérieur. Le caractère bricolé, avec des matériaux bon marché, me fascinait. La foule devenait autonome, économiquement et politiquement aussi.

Francesco Stocchi m'avait parlé de ses recherches sur les *sound systems*, qu'il a maintes fois expérimentés. Sa pratique de DJ de musique dub était l'une des raisons qui m'avait motivée à l'inviter à travailler sur le projet.

Alors que je pensais au départ que nous allions nous concentrer sur ces formes musicales, et ces qualités sonores, notamment la perte de précision lors du transfert des supports, lors des étapes de production, et de l'usage des reverb et échos qui accentue l'effet de suspension du tempo manquant de la musique dub, nous avons trouvé ici, dans ces sound systems, exactement la forme esthétique de notre territoire commun.

13 Gaston Bachelard, « Le complexe de Novalis », chapitre V, in *La psychanalyse du feu*, Folio-Essais, 1985, p. 65.

most interesting way of addressing the project. We had just come out of several months of lockdown during the pandemic. We had been looking at the bodies of others from afar, on video screens, all of it created a physical wanting. The lack of simple, daily, friendly interactions had made these all the more powerful: previously we shook hands, kissed cheeks, now we let ourselves go in great big hugs when we meet one another.

I wanted something that would reflect humanity and its very representations, like carnival giants, or those great wooden sculptures that are set atop bonfires.

These are strange figures, figures of strangers; imbued with the sense that what I would really have liked to represent was the human being in general. And the construction process is collective, requiring many hands, as when similar events are prepared in villages. To burn human figures allows us to exorcise humanity and allow it to be reborn from the fecund ashes.

And I told myself that having access to these elements, body, hand, ears, head—I told myself that with them we could craft all sorts of stories. Starting with each element, each focus casting light on different parts of the bodies, we could write and rewrite several different stories and play a multitude of variations with this vocabulary.

The stages involved in planning the exhibition have been fairly simple, I saw quite quickly what the pavilion would look like, I'd already imagined the whole, the allotted time, the atmosphere, I'd imagined the lights that would run through and add rhythm to the space. I had more or less imagined this fragmented, minimally lit area of landscape.

I wanted fragments of images to be fixed in our retinas, I wanted them as a result to engrave themselves in our memory as the only things we'd really been able to see in the big exhibition room. That's why I completely delegated this part of the production to Alexandre Babel and Anne Weckström. Each are relevant by virtue of their specialties, Alexandre for his knowledge of composition and his habit of collaborating with other musicians, and Anne for her light montages, which I was able to observe with the drone-metal group Sunn O))) and other metal groups such as Mayhem or Electric Wizard.

I knew that they would find the best way to make the simplest and most obvious thing possible even as they addressed their two very individual universes. Only something infinitely radical and romantic could come of it.

> But we must go even further, it seems, and reverse Frazer's explanation in every detail. For Frazer, the bonfires are ceremonies connected with the death of the vegetation divinities, particularly the forest vegetation. One may then wonder why these gods of vegetation should hold such an enormous place in the primitive mind. What then is the first human function of the woods: is it shade; is it the rare and sickly fruit? Is it not rather the fire? And here is the dilemma: do they make fires in order to worship the woods, as Frazer believes, or do they burn

Désinvestir la quête d'une essence du son, désamorcer ses enjeux, c'est aussi quitter l'image d'un son-territoire pour retrouver le son comme modalité temporelle. À la gouvernance figée du son-territoire s'oppose l'économie dynamique des situations sonores, chaque fois différentes. L'abandon du projet essentialiste du son semble la condition *sine qua non* d'une réappropriation de l'écoute, trop souvent réduite à une fonction de vérification heuristique du régime de discours qui la conduit.

Bien sûr, tout parle depuis un régime de discours et rien de sauvage, d'immédiat, ne peut être directement communiqué et partagé. Aussi, faire abdiquer le projet essentialiste, instaurer le son en disparate, c'est aussi assumer que le son se démultiplie en fonction de ses « applications » et que le son dont on parle n'est jamais rien d'autre que la représentation qu'on s'est fait d'un son entendu, *déjà oublié*.

Le son n'a pas de nature, le son est un devenir. Il n'y a donc pas d'essence à viser, mais seulement des interstices dans lequel le son se *démarque*. Il est et sera toujours inatteignable. Enfin, si « tout ce qui est atteint est détruit » alors le son, en tant que toujours autre, porte la belle promesse d'être indestructible, et l'écoute qui le vise, inépuisable[14].

— François J. Bonnet

## La scène de Vienne

Ce qu'il y a de très beau dans les pièces de Gisèle Vienne, c'est une espèce de sentiment très direct que l'on ressent quand on regarde ses œuvres.

Dans *Crowd* je saisissais de manière frontale et sans détour ce lien direct entre ce que l'artiste avait dû ressentir en construisant cette image d'après une free party, et ce qu'elle est en train de nous donner à voir. Dans la manière qu'elle a de découper les temps et les gestes j'avais l'impression de me retrouver sur une immense table de montage : on pouvait faire, refaire, redéfaire et recomposer les rushs de nos souvenirs de cette scène-là, de cet instant donné, au milieu d'un nulle part. Avec ce travail de montage, j'avais l'impression d'aller d'un endroit à l'autre d'une mémoire, de mettre des arrêts sur image, avec une multitude de variations.

La réussite réside dans ce qui nous est donné à voir : tout semble fluide, reconnaissable, chaque personnage nous semble familier, on y reconnaît notre entourage, mais dans le fait de pouvoir nous projeter nous-mêmes dans leur corps. C'est ça que j'ai trouvé très beau, c'est ce travail-là qui appartient au global et à l'archétypal.

Cette espèce de fascination, parce que c'est aussi une réminiscence de notre jeunesse, qu'on peut avoir pour ces générations de jeunes gens qui sont en train de vivre un moment cathartique, fonctionne dans le même temps comme un double effet de miroir et de miroir sans tain. La jeunesse portant en elle sa machinerie révolutionnaire, paradoxale, violente et désirante.

Tout se joue ici : le sens profond de toutes les crises existentielles du monde qui se déploient devant nos yeux de façon très directe et iconique.

Les figures tragiques de ce rite païen, ce serait la représentation de la figure tragique par excellence, celle-là même

14 François J. Bonnet, « La résistance sonore », in *Les mots et les sons – un archipel sonore*, Éclats-poche, 2022, p. 221-222.

the wood in order to worship the fire, as a more profoundly animistic explanation would have it.[13]
— Gaston Bachelard

## Reducing the Performance

In the end, was I trying to reduce this performance project to its smallest function, to its primal function which was to share; was there nothing more to a concert than music lived among people, nothing else than a moment shared as audience, as a multitude open to, moving to, the same rhythm in the same instant?

I am part of the crowd and its form and motions become absolutely desirable because as an individual I can melt into them, because from now on I belong to one grand machinery of sensation.

I was in the process of thinking up some mechanism that would incorporate the kind of jury-rigged *sound systems* I'd often seen at outdoor musical events. The do-it-yourself, cut-rate character of those systems fascinated me. The crowd was becoming self-sufficient, economically speaking and politically too.

Francesco Stocchi had told me of his research on Sound Systems, which were the subject of multiple experiments on his part. His work as a dub-music DJ was a motivating factor for me when I invited him to participate in this project. Initially I thought we'd be concentrating on musical forms—on acoustical qualities, in particular the drop in precision that happens when you switch platforms over various stages of production, not to mention the use of reverb and echoes which increase the effect of absence elicited by withholding the fourth beat in dub music—what we found here, in these *sound systems*, was the aesthetic format that precisely defined our common territory.

To no longer invest in the search for an essence of sound, to devalue it as a question, is also to leave behind the image of a territory-sound so as to rediscover sound as a temporal modality. To the fixed governance of territory-sound is opposed the dynamic economy of sonorous situations, different in every case. The abandonment of the essentialist project of sound seems to be the condition sine qua non of a reappropriation of listening, which has too often been reduced to a function of heuristic verification for the regime of discourse that controls it.

Of course everything speaks according to a regime of discourse, and nothing savage and immediate can be directly communicated or shared. Thus, to renounce the essentialist project, to accept sound as disparate, is also to accept that sound is multiplied as a function of its 'applications', and that sound of which we *speak* is never anything but the representation we make of a sound that has been heard ands is *already gone*.

13 Gaston Bachelard, Gaston Bachelard, *The Psychoanalysis of Fire*, trans. Allan C. M. Ross (Boston: Beacon Press, 1964), 33.

dont on lit les histoires depuis la nuit des temps, depuis les tragédies grecques, c'est toujours la même qui se rejoue : un bouleversement, une contradiction, une révolution intime ; anéantir, et feindre l'oubli pour pouvoir vivre après ça.

> Ce travail a commencé il y a six ans avec *Le Sacre du printemps* : j'avais beaucoup appris auprès de Dominique Brun sur le développement de sa reconstitution, en m'intéressant plus particulièrement à cette œuvre du point de vue de son lien avec les sociologues de l'époque. Le fait, en particulier, de réinterpréter une fête païenne russe sur le plateau du Théâtre des Champs-Élysées m'intéresse beaucoup : ce déplacement me semble très signifiant quant au rôle à inventer, par une société laïque, pour un art affranchi de la religion [...] Très sincèrement et très profondément, j'ai l'impression d'avoir une mission sociale : si je fais des pièces comme les miennes, ce n'est certainement pas pour choquer, mais c'est pour servir la et les communauté(s) parfois très différentes auprès desquelles le travail est présenté[15].
> — Gisèle Vienne

> Gisèle Vienne a admirablement décrit ce qu'elle cherche à produire. Évoquant les pièces pour orchestre d'Anton von Webern, dans lesquelles le principe de la *Klangfarbenmelodie* est appliqué avec la plus grande rigueur, elle définit ainsi la manière dont la « phrase scénique » se construit sur le plateau : « Chez ce compositeur, une phrase musicale n'est pas jouée par un instrument, mais par un enchaînement, harpe puis violon puis violoncelle [...] Je pense l'écriture scénique de cette façon : le son, l'objet, le texte sont pour moi différents instruments, et une phrase scénique, ce n'est pas un acteur qui prononce une tirade, c'est un enchaînement, un corps qui tombe, un objet qui apparaît, un éclairage particulier [...] C'est cette accumulation d'indices qui constitue pour moi une phrase. » Cette manière de « phraser » donne à ses spectacles, indépendamment de la musique, leur *gestus*, leur tempo si caractéristique, leur temporalité proprement musicale : si le début installe une lenteur quasi cérémoniale, comme pour laisser le temps aux indices de se mettre en place et aux spectateurs de « s'accorder », la suite fait advenir toute sorte d'accidents rythmiques - ralentissement, suspens, accélérations brutales, explosions chaotiques - l'ensemble procédant moins par la construction d'un développement thématique que par les glissements tectoniques des différentes strates, un peu comme dans la musique spectrale[16].
> — Bernard Vouilloux

## Les mouvements des yeux

Quand j'ai commencé à imaginer les mouvements du corps des visiteurs dans l'espace de l'exposition, j'ai réalisé qu'il y aurait aussi les mouvements de tête, et des yeux.

Cela créera beaucoup de mouvements allant de gauche à droite et de droite à gauche et de haut en bas, etc. autour de l'orchestration écrite par Alexandre.

15 Gisèle Vienne, « Entretien, propos recueillis par David Sanson », in Dossier de presse, *Crowd*, Festival d'Automne, avril 2017.

16 Bernard Vouilloux, *Gisèle Vienne, Plateaux Fantasmatiques*, Shelter Press, 2020, p. 21.

> Sound has no nature, sound is a becoming. There is therefore no essence to be sought, but only interstices within which sound is unmarked or evades its mark. It is and always will be unattainable. In the end, if 'everything that is attained is destroyed' the sound, qua always-other, promises to remain indestructible—and the listening that targets it, inexhaustible.[14]
> — François J. Bonnet

## Vienne's Staging

What is beautiful in Gisèle Vienne's plays is a kind of very direct emotion that arises within as one observes her works.

In *Crowd* I grasped, full-on and without deviation, the direct link between what the artist must have felt in building this image based on a free party, and what she's offering to the audience. I had the impression, in her way of cutting up time and motion, that I was on an immense film-editing table: you could make, remake, re-cut and recompose the rushes of our memories of that scene, that particular instant, in the middle of a great nowhere. Through this editing process I got the impression of going from one memory-place to another, of marking pauses on the image, in a multitude of variations.

Success lies in what is given us to see: everything appears fluid, recognizable, each character seems familiar to us, we recognize our own surroundings if only in the very fact of being able to project ourselves into their bodies. That's what I found very beautiful, this kind of work that belongs to the global, the archetypal.

This form of fascination works simultaneously as a dual effect of reflecting- and one-way-mirrors, because it's also a reminiscence of our own youth which we can apply to these generations of young people living a cathartic moment: youth carrying within itself its own machinery of revolution; paradoxical, violent, desirous.

Everything is in play here: the profound meaning of all the world's existential crises deployed before our eyes in a way that is very direct and iconic.

All the tragic characters of this pagan rite would be represented within a quintessential tragic figure, the same one whose stories we've read from the beginning of time, from the Greek tragedies onward, it's always the same being played and played again: a carrying-away, a contradiction, an intimate revolution: to obliterate, and feign to forget, in order to carry on living down the road.

> This work started six years ago with *Le Sacre du Printemps:* I'd learned a lot from Dominique Brun about how that work's reconstitution came about, and was particularly interested from the perspective of its links with sociologists of the time. The fact that a Russian pagan festival was being played out on the

14 François J. Bonnet, *The Order of Sounds, A Sonorous Archipelago*, trans. Robin Mackay (Falmouth: Urbanomic, 2016), 325-326.

Cela me faisait penser aux techniques des thérapies EMDR (*eye movement desensitization and reprocessing*) développées par Francine Shapiro. Je me suis demandé si ce procédé pouvait arriver à des effets se rapprochant des mêmes choses.

Avec la convocation d'une image traumatique chez le patient, la thérapie travaille grâce à un rythme réparti en deux pôles, qu'ils soient oculaires, sonores, par des vibrations.

Ce système peut décharger affectivement la mémoire que l'on a d'un événement traumatique.

> Bien que le rôle du mouvement oculaire ait fait l'objet d'une documentation conséquente en lien avec les processus cognitifs les plus élevés et avec la fonction corticale (Amadeo & Shagass, 1963; Antrobus, 1973, Antrobus, Antrobus & Singer, 1964; Gale & Johnson, 1984; Leigh & Zee, 1983, Monty, Fisher & Senders, 1978; Monty & Senders, 1976; Ringo, Sobotha, Diltz & Bruce, 1994), et qu'il ait été en effet préalablement identifié comme étant corrélé à un changement du contenu cognitif (Antrobus, Antrobus & Singer, 1964), son usage en EMDR est fondé sur une observation fortuite que j'ai faite en mai 1987. Un jour, comme je me promenais, je remarquai que les pensées perturbantes que j'avais disparaissaient soudain. Je réalisai aussi que lorsque ces pensées me revenaient à l'esprit, elles n'étaient pas aussi bouleversantes et ne m'apparaissaient pas aussi valides qu'auparavant. Mes expériences antérieures m'avaient appris que les pensées perturbantes tournent généralement en « boucle » entre elles ; c'est-à-dire qu'elles reviennent sans arrêt, encore et encore jusqu'à ce que consciemment vous fassiez quelque chose pour les arrêter ou les changer. Ce qui attira mon attention ce jour-là fut que les pensées qui me tourmentaient, disparaissaient et changeaient sans effort conscient.
>
> Fascinée, je commençai à faire très attention à ce qui se passait. Je remarquai que quand ces pensées me venaient à l'esprit, mes yeux spontanément commençaient à bouger très rapidement dans un mouvement de va-et-vient vers le haut en diagonale. À nouveau les pensées disparaissaient, et quand je les faisais revenir à mon esprit, leur charge négative était grandement réduite. C'est alors que je commençai à faire bouger mes yeux délibérément tout en me concentrant sur une variété de pensées et de souvenirs perturbants, et je découvris que ces pensées disparaissaient aussi et perdaient de leur charge[17].
>
> — Francine Shapiro

Si on pouvait désinvestir affectivement un souvenir, une expérience traumatisante, afin de ne plus en être étouffé ou bloqué, je me suis demandé si on pouvait aussi inverser le procédé : est-ce qu'on pouvait charger une autre image mémoire, un autre affect, sur nos souvenirs.

Je suis revenue aux recherches de Juliette Volcler sur la façon dont le son nous manipule. Car, bien sûr, le son nous manipule, que ce soit dans l'industrie du divertissement, de la consommation capitaliste ou tout simplement de la guerre.

17 Francine Shapiro, *Manuel d'EMDR, Principes, protocoles, procédure*, InterÉditions, 2020, p. 9.

> stage of the Théâtre des Champs-Élysées interested me very much: this displacement, in the context of what role a secular society might invent for art freed from religion, seemed to me significant [...] Sincerely and deeply, I feel that I have a societal mission: if I create plays like these it is certainly not to shock people, but rather to serve the community and often very diverse communities to which they are presented.[15]
>
> — Gisèle Vienne

> Gisèle Vienne has admirably described what she's trying toproduce. Referring to Anton von Webern's orchestral pieces, in which the principle of *Klangfarbenmelodie* is applied with the utmost rigor, she defines the way in which the "scenic phrase" builds itself on stage: "With this composer the musical phrase isn't played by an instrument but by a relay, of harp then violin then cello [...] I think of scene-writing in this fashion: sound, object, text for me are different instruments and a scenic phrase is not an actor uttering a tirade, it's a sequence, of a body that falls, an object that appears, a particular lighting [...] It's this accumulation of clues that, for me, constitutes a phrase." This way of "phrasing" imparts to her performances, independently of the music, the *gestus*, the very characteristic tempo, their uniquely musical temporality: while the beginning might establish a quasi-ceremonial slowness, as if to allow time for the cues to work and for spectators to "tune in," the scenes that follow make all sorts of rhythmic accidents happen—further slowing down, suspense, brutal accelerations, chaotic explosions—the whole proceeds less through the build-up of thematic development than through the tectonic slippage of different strata, a bit like spectral music.[16]
>
> — Bernard Vouilloux

## Eye Movements

When I started to imagine the body movements of visitors in the exhibition space I realized that there would also be head- and eye-movements.

This would in turn give rise to many left-to-right, right-to-left, up-and-down etc. movements in response to Alexandre's orchestration. It made me think of the EMDR (eye movement desensitization and reprocessing) therapeutic techniques developed by Francine Shapiro. I asked myself if this process might have similar effects to what I sought.

As the patient confronts a traumatic image, the therapy works through a vibratory rhythm distributed between two poles, either ocular or acoustic. This technique can take the emotional charge out of the memory one holds of a traumatic event.

15 Gisèle Vienne, "'Crowd,' Entretiens, propos recueillis par David Sanson," press release, Festival d'Automne April 2017.

16 Bernard Vouilloux, *Gisèle Vienne, Plateaux Fantasmatiques* (Shelter Press, 2020), 21.

La musicalité du mouvement

Vraiment l'approche qui m'a servie pour conclure cette question-là c'est l'approche de Germaine Dulac. J'ai beaucoup aimé ses analyses du cinéma où elle dit que le cinéma doit se libérer de la littérature parce que sinon il devient un sous-genre littéraire. Le cinéma c'est autre chose que juste raconter des histoires, l'impact affectif des images mouvantes est beaucoup plus complexe, et très différent de celui que l'on peut avoir avec des mots et le langage. C'est très différent, et Dulac utilise pour cela tout un parallèle avec la musique, elle l'a expérimenté plusieurs fois, et on le retrouve dans plusieurs de ses écrits que je vais vous citer.

Je me suis rappelé ce que j'éprouvais en regardant les films de Stan Brakhage, Jonas Mekas, Len Lye, de Derek Jarman et d'autres, où les enchaînements visuels et leur rythmique me faisaient vibrer la rétine et le cœur.

> Dans *La Roue*, nous dit Germaine Dulac, l'image a « la valeur d'un son ». Elle poursuit en étendant cette idée aux autres paramètres visuels : « Comme un musicien travaille le rythme et les sonorités d'une phrase musicale, le cinéaste se mit à travailler le rythme des images et leur sonorité ». L'image comme son, la sonorité des images : faut-il entendre par là qu'il y a une musicalité de l'image, du cinéma, au sens où musicalité veut dire ce qui possède un caractère sensible de type musical, comme une voix musicale, une chaîne hi-fi musicale, une phrase ou un vers musicaux. Pour comprendre la chose, en effet, il convient de rappeler quelles sortes de correspondances Kandinsky, dans le cadre de l'analogie entre peinture et musique, prétend établir entre couleur et son :
>
> *Le rouge qu'on ne voit pas, mais que l'on conçoit de la manière la plus abstraite, éveille, néanmoins, une certaine représentation toute intérieure, à la fois précise et imprécise, d'une sonorité intérieure.*
>
> La sonorité du cinéma n'est pas un son qui s'extérioriserait à partir de l'image, comme permettra de l'obtenir la sonorisation du film, mais la résonance que le visuel a dans notre esprit. Germaine Dulac généralise donc cette propriété à l'ensemble des paramètres du film :
>
> *Le mouvement cinégraphique, les rythmes visuels correspondant aux rythmes musicaux, qui donnent au mouvement général sa signification et sa force, faits de valeurs analogues aux valeurs harmoniques devaient se parfaire, si j'ose dire, des sonorités constituées par l'émotion contenue dans l'image elle-même*[18].
>
> — Dominique Château

L'état ultime de la musique est dans sa mémoire même.

Je me souviens du jour où il m'a fallu beaucoup de courage pour oser dire à Alexandre que je pressentais que la musique n'existait pas quand on l'écrit ou quand on la joue. Que l'état ultime de la musique ce serait quand on se la remémore, une fois que le silence se fait, et que les bribes de sons dans notre

18 Dominique Château, « Le rôle de la musique dans la définition du cinéma comme art : à propos de l'avant garde des années 20 », in *Cinémas*, volume 3, n° 1, automne 1992, p 86-87.
(Citations : Kandinsky, *Du spirituel dans l'art*, 1911, Paris, Denoël/Gonthier, 1969, p. 94. Germaine Dulac, « Les esthétiques, les entraves, la cinégraphie intégrale », in *L'Art cinématographique, tome II* Paris, Librairie Félix Alcan, 1927, p. 44.)

> Although the role of eye movement has been well documented in connection with higher cognitive processes and cortical function (Amadeo & Shagass, 1963; Antrobus, 1973; Antrobus, Antrobus, & Singer, 1964; Gale & Johnson, 1984; Leigh & Zee, 1983; Monty, Fisher, & Senders, 1978; Monty & Senders, 1976; Ringo, Sobotka, Diltz, & Bruce, 1994), and indeed had previously been identified as correlated with a shift in cognitive content (Antrobus, Antrobus, & Singer, 1964), its use in EMDR is based on a chance observation I made in the spring of 1987. While walking one day, I noticed that some disturbing thoughts I was having suddenly disappeared. I also noticed that when I brought these thoughts back to mind, they were not as upsetting or as valid as before. Previous experience had taught me that disturbing thoughts generally have a certain "loop" to them; that is, they tend to play themselves over and over until you consciously do something to stop or change them. What caught my attention that day was that my disturbing thoughts were disappearing and changing without any conscious effort.
>
> Fascinated, I started paying very close attention to what was going on. I noticed that when disturbing thoughts came into my mind, my eyes spontaneously started moving very rapidly back and forth in an upward diagonal. Again the thoughts disappeared, and when I brought them back to mind, their negative charge was greatly reduced. At that point I started making the eye movements deliberately while concentrating on a variety of disturbing thoughts and memories, and I found that these thoughts also disappeared and lost their charge. My interest grew as I began to see the potential benefits of this effect.[17]
>
> — Francine Shapiro

If only we could emotionally disinvest from a memory, a traumatic experience, so as to no longer be blocked or stifled by it. I wondered also if we could reverse the process: could we charge our memories with another memory/image, another affect?

I returned to Juliette Volcler's research on how we are manipulated by sound. Because, of course, sound manipulates us, whether through the entertainment industry, through capitalist consumerism, or simply through war.

On the Musicality of Motion

The approach that truly helped me figure out the question is that of Germaine Dulac. I very much appreciated her analyses of the art of film, in which she states that film must free itself from literature because otherwise it becomes a mere literary sub-genre. Movies are very different from the simple act of telling stories, the

17 Francine Shapiro, *Eye movement desensitization and reprocessing: basic principles, protocols, and procedures* (Guildford Publication, 2001), 7.

mémoire se retrouvent réédités, étirés, fragmentés et atomisés.

Plusieurs jours après, j'ai à nouveau réfléchi et assumé cette pensée, et c'est ce qui a servi de base de discussion avec François J. Bonnet. Donc je l'ai appelé, je lui ai parlé de cette intuition et il n'a pas été profondément choqué, c'est donc que j'étais sur le bon chemin.

C'est à ce moment-là que j'ai commencé à m'émanciper des écrits que j'étais en train de parcourir, même si les directions étaient passionnantes, et que chacune pouvait me servir pour avancer, je sentais que c'était vers un autre endroit que je me dirigeais, même si je ne le connaissais pas encore.

J'avais attendu tellement d'années pour réfléchir et étudier cette question sur la musique, et tout ça pour arriver au point de réaliser que la musique n'existe que quand elle n'est plus là, c'était étrange pour moi.

### Le devenir désert de l'architecture

Lors de la présentation intitulée *Italian Radicals : de la ville au désert (Pettena, Superstudio, Sottsass)*, donnée par Emanuele Quinz à l'EHESS de Paris dans le cadre du séminaire organisé par Emanuele Coccia et Barbara Carnevali (*Le design comme esthétique sociale. Le laboratoire italien 1950-2020*), il a tenu un fil de réflexion sur l'architecture radicale et le désert en commençant d'abord par les images très iconiques des explosions et de feu d'habitations dans *Zabriskie Point* d'Antonioni : il s'est ensuite appuyé sur les œuvres de Gianni Pettena et de Superstudio pour questionner cette forme radicale de l'architecture et son évolution vers la forme du désert. Pour conclure sur la dernière œuvre réalisée par le collectif, *La Moglie di Lot* qui consistait en une exposition de cinq sculptures en sel représentant des figures architecturales minimales, faisant partie de leur glossaire de forme, reliées à un système de tuyaux d'où coulait l'eau de la lagune, et qui les dissolvait peu à peu. C'était la dernière pièce qu'ils avaient réalisée ensemble, en 1978, à la Biennale de Venise.

> Pour ceux qui, comme nous, sont convaincus que l'architecture est l'un des rares moyens de rendre visible l'ordre cosmique sur terre, de mettre de l'ordre et surtout, d'affirmer la capacité de l'homme à agir selon la raison, il relève d'une « utopie modérée » que d'émettre l'hypothèse d'un avenir proche où toute architecture serait produite par un seul acte, par un « dessin » (disegno) unique capable de clarifier une fois pour toutes les raisons qui ont poussé l'homme à élever des dolmens, des menhirs, des pyramides, à tracer des villes carrées, circulaires, stellaires et enfin à tracer, comme *ultima ratio*, une ligne blanche dans le désert[19].
> — Superstudio

> Les déserts ne sont pas le vide [...] au contraire, tous ces espaces sont déjà des architectures, non pas les miennes, mais celles de ceux qui les ont habités. *Monument Valley* n'est pas une série de rochers monumentaux, c'est la vallée de l'époque des Navajos qui y vivaient encore [...] Ces espaces sont déjà habités, déjà acquis comme architectures, car ce n'est que lorsque le nomade ne trouve pas d'architecture naturelle qu'il la construit lui-même,

19 Superstudio, « Discorso per immagini », *Domus* n° 481, décembre 1969.

emotional impact of the moving image is far more complex, and very different from the impact we might register from words and language. It's very different, and to demonstrate, Dulac compares all this in parallel with music, she experimented with it several times, and we can find examples in several of her texts as cited below.

I thought back to what I felt while watching the films of Stan Brakhage, Jonas Mekas, Len Lye, Derek Jarman, and others, in which the sequences and rhythm of images caused my retinas and my heart to vibrate.

> In *La Roue*, says Germaine Dulac, an image holds "the value of a sound." She continues by extending that idea to other visual parameters: "Just as a musician works on the rhythm and sonorities of a musical phrase, the filmmaker started to work on the rhythm and sound quality of images." Image as sound, the sonority of images: should we take this to mean there is a musicality in the image, in film, in the sense that "musicality" means whatever holds a perceptible musical characteristic, such as a musical voice, a musical hi-fi system, a musical phrase or strophe? In truth, to understand this we should remember the kinds of correspondences Kandinsky tries to establish between color and sound in the context of an analogy between painting and music:
>
> "The red we don't see but which one conceives of in the most abstract way awakens, nevertheless, a certain internal representation, , both precise and imprecise, of interior sonority."
>
> The sonority of cinema is not a sound that breaks out from the image, which happens when adding the soundtracks, but in a resonance the visual element summons in our own consciousness. Germaine Dulac extends that property to all of its parameters of film:
>
> "Cinematographic motion and the visual rhythms corresponding to musical rhythms, which impart to the film's overall movement its meaning and force built of values analogous to harmonic values, would—if I can go that far—perfect themselves by assuming sonorities made of emotions contained in the image itself."[18]
> — Dominique Château

## Music's Ultimate State Lies Within Memory Itself

I remember the day I was had to get up my courage to dare tell Alexandre that I sensed that music did not exist when one writes or plays it: that the end-state of music would be when one remembers it, once silence has fallen, and that the snippets of sounds in

18 Dominique Château, "Le rôle de la musique dans la définition du cinéma comme art : à propos de l'avant garde des années 20," in *Cinémas* 3, no. 1 (Autumn, 1992), 86-87. (Citations : Kandinsky, *Du spirituel dans l'art*, 1911, Paris, Denoël/Gonthier, 1969, p. 94. Germaine Dulac, "Les esthétiques, les entraves, la cinégraphie intégrale," in *L'Art cinématographique, tome II*, Paris, Librairie Félix Alcan, 1927, p. 44.).

> il construit la grotte, sinon il reconnaît toujours l'architecture dans ce que la nature lui fournit[20].
> — Superstudio

Ça m'a rappelé bien évidemment le projet que nous étions en train de construire, et j'ai aussitôt appelé Emanuele Quinz pour lui parler de mon enthousiasme quand je l'avais entendu, et je lui ai parlé du projet. C'était une surprise pour moi car je voulais vraiment le convoquer sur ce projet à propos d'autres notions, et je me suis ainsi retrouvée à discuter avec lui de sa thèse en musicologie, et de lui parler de ce qui m'était venu à l'esprit pendant la conférence, c'est-à-dire les écrits de Frances A. Yates sur les arts de la mémoire. Je lui ai dit que c'était un peu ça, le projet de construire des architectures dites de mémoire, c'est-à-dire des architectures conçues pour se rappeler des choses, des textes, des récits, des architectures mnémotechniques, et je me demandais si cette projection de l'utilité du lieu dans sa fonction active pour la mémoire pouvait être une approche intéressante de l'anticipation musicale.

> Un peu plus tard, on avertit Simonide que deux jeunes gens l'attendaient à l'extérieur et désiraient le voir. Il quitta le banquet et sortit, mais il ne put trouver personne. Pendant son absence, le toit de la salle du banquet s'écroula, écrasant Scopas et tous ses invités sous les décombres ; les cadavres étaient à ce point broyés que les parents venus pour les emporter et leur faire des funérailles étaient incapable de les identifier. Mais Simonide se rappelait les places qu'ils occupaient à table et il put ainsi indiquer aux parents quels étaient leurs morts. Castor et Pollux, les jeunes gens invisibles qui avaient appelé Simonide, avaient généreusement payé leur part du panégyrique en attirant Simonide hors du banquet juste avant l'effondrement du toit. Et cette aventure suggéra au poète les principes de l'art de la mémoire, dont on dit qu'il fut l'inventeur. Remarquant que c'était grâce au souvenir des places où les invités s'étaient installés qu'il avait pu identifier les corps, il comprit qu'une disposition ordonnée est essentielle à une bonne mémoire[21].
> — Frances A. Yates

> L'art de la mémoire (*ars memorativa*), mnémotechnie ou « mémoire artificielle » se fonde sur des procédés mentaux dont la finalité pratique est de faciliter le rappel des souvenirs dans l'esprit ou âme (*psychè*), de telle sorte que la conservation psychique du passé soit latente et donc disponible à une réactualisation consciente. Le mot « art » est à comprendre ici selon sa double origine grecque (*technè*) et latine (*artuein*) : disposer de sa mémoire, c'est lui appliquer certaines méthodes de mise en ordre qui maximiseront son usage futur. Les procédés mnémotechniques, comme l'explique l'historienne dans la préface, visent à « imprimer » dans la mémoire des lieux (*loci*) et des images (*imagenes*). Les traces ou empreintes immatérielles, les vestiges (*vestigia*) inconscients sont les matériaux originaires des actes de remémoration. Ils sont comme des monuments mnésiques qui réactua-

20 Superstudio, « Dal deserto revisitato alla città invisibile », in *Radicals, Architectura e design 1960–1975*, catalogue de l'exposition commissariée par Gianni Pettena pour le Pavillon italien, Biennale d'architecture de Venise, 1996.

21 Frances A. Yates, *L'art de la mémoire*, Paris, Gallimard « Bibliothèque des histoires », 1987, p. 13.

our memory find themselves re-edited, stretched out, fragmented and atomized.

I reexamined that line of thought and took responsibility for it, and it was the basis of the discussion with François J. Bonnet. So, I called him, discussed that intuition with him, and he wasn't profoundly shocked, meaning I was on the right track.

It was in that moment that I began to free myself from the texts I was in the process of reading, though they went in directions I found fascinating, even if each could be useful to my progress; I felt that I was heading for a very different place, though I might not yet know where it lay.

I had waited so many years to think about and study this question about music, all to get to the point where I realized that music only exists when it's no longer there—it felt strange to me.

## Architecture's Desert Future

In the context of a presentation titled *Italian Radicals : de la ville au désert (Pettena, Superstudio, Sottsass)* (Italian Radicals: From the City to the Desert) at EHESS (École des Hautes Études en Sciences Sociales) in Paris, as part of a seminar organized by Emanuele Coccia and Barbara Carnevali, (*Le design comme esthétique sociale. Le laboratoire italien 1950–2020* (Design as a Social Aesthetic. The Italian laboratory), Emanuele Quinz explored a line of thought concerning radical architecture and the desert, starting with the highly iconic images of exploding and burning houses in Antonioni's *Zabriskie Point*. He then critically examined this radical style of architecture and its evolution toward a desert form. He concluded with the collective's final work, *La Moglie di Lot*, which was an exhibition containing five sculptures made of salt, representing minimalist architectural figures, each belonging to their own glossary of form, hooked up to a system of pipes from which flowed the waters of the lagoon, which slowly dissolved them. It was the last piece they produced together, in 1978, at the Venice Biennale.

> For those, like us, who are convinced architecture is one of the rare ways to render the cosmic order visible on Earth, to impose order and above all to affirm humanity's capacity to act rationally—it's a "moderate utopia" to accept the hypothesis of a near-future in which all architecture would be produced through a single action, by a unique "drawing" (*disegno*) that could clarify once and for all every reason that prompted humans to erect dolmens, menhirs, pyramids; to plan cities that are square, circular, star-shaped; to draw, as *ultima ratio*, a white line in the desert.[19]
> — Superstudio

19 Superstudio, "Discorso per immagini," *Domus* n° 481 (December 1969).

lisent les traces matérielles, affectives ou cognitives du passé dans le flux des pensées conscientes. Une telle définition exige d'emblée deux remarques. Tout d'abord, la dimension artificielle de la mémoire est étudiée en termes de localisation : l'activité psychologique de remémoration suppose, de manière relativement métaphorique, des supports topographiques (et donc artificiels) spécifiques. Ensuite, la mémorisation, comme processus méthodique intrinsèquement psychologique, possède indirectement une valeur rhétorique singulière, dans la mesure où elle interagit étroitement avec l'imagination : c'est un tel rapport entre la mémoire et l'imagination qui ouvrira des possibilités de conceptualisation métaphysique, morale et esthétique, toujours selon les trois périodes distinguées par l'historienne[22].
— Aurélien Dru

Les cellules de lieu

Dans mes recherches, j'ai découvert les études en neurologie d'Eric R. Kandel sur les cellules de lieu où il nous démontre qu'un des premiers mécanismes des êtres vivants pour se rappeler de quelque chose est la reconnaissance d'un lieu, suivi du lien à un élément affectif qui se joue dans ce lieu et qui permet de le figer dans la mémoire à long terme.

Je me suis dit que c'était là l'élément manquant pour relier les questions de projection et d'anticipation, c'est-à-dire de l'espace qui permet d'ancrer la mémoire.

Je revenais à la première phrase que j'avais formulée quand j'ai invité Francesco Stocchi et Alexandre Babel sur ce projet : Je veux que les gens ressortent comme après un concert, avoir les battements du cœur modifiés, et la mémoire pleine de fragments qui se reconstituent dans des variations.

C'est vraiment à ce moment-là que j'ai compris où je voulais en venir avec ce projet : ne pas concevoir seulement une exposition mais en concevoir sa propre mémoire. Je prends le rôle du curateur de la mémoire que les gens auront de cette exposition.

Je suis énormément attachée à la pré-monstration dans le dispositif d'installation que je donne à voir au public, et là ça me permettait d'aller beaucoup plus profondément par rapport à cet après-événement. On était non seulement dans l'après-événement, mais on était dans l'après, après, après.

> Quand le père du père de mon père avait une tâche difficile à accomplir, il se rendait à un certain endroit dans la forêt, allumait un feu et il se plongeait dans une prière silencieuse. Et ce qu'il avait à accomplir se réalisait. Quand, plus tard, le père de mon père se trouva confronté à la même tâche, il se rendit à ce même endroit dans la forêt et dit : « Nous ne savons plus allumer le feu, mais nous savons encore dire la prière. » Et ce qu'il avait à accomplir se réalisa.
>
> Plus tard, mon père [...] lui aussi alla dans la forêt et dit : « Nous ne savons plus allumer le feu, nous ne connaissons plus les mystères de la prière, mais nous connaissons encore l'endroit précis dans la forêt où cela se passait et cela doit suffire. » Et cela fut suffisant [...] Mais quand, à mon tour, j'eus à faire face à la même tâche,

22 Aurélien Dru, *L'Art de la mémoire de Frances A. Yates*, Master Recherche Histoire de la philosophie, École normale supérieure de Lyon, 2018, p. 1. https://halshs.archives-ouvertes.fr/halshs-01847732/document

> Deserts are not emptiness [...] on the contrary, all these spaces are already architectures, not mine but belonging to those who inhabited them. Monument Valley is not just a series of monumental rocks, it's the ancient valley of the Navajos, who live there still [...] These spaces are already inhabited, already absorbed as architectures, since nomads only build their own architectures when they can't find a suitable one in nature, they build their own caves, and otherwise always recognize architecture in whatever nature supplies.[20]
> — Superstudio

Of course this reminded me of the project we were constructing together, and I instantly called Emanuele Quinz to tell him of the enthusiasm I felt upon hearing his presentation, and I talked to him about this project. It came as a surprise to me because I had really wanted to bring him into the project to pursue other ideas, and now found myself discussing his musicology thesis with him, as well as what came to my mind during the conference, which is to say Frances A. Yates' writings on memory arts. To some extent that's what it was, I told him: a project to build architectures labeled as memory architectures, in other words architectures conceived of in order to remember objects, texts, narratives, mnemotechnical architectures; and I asked myself if this projection of a locale's usefulness in terms of its active function within memory might not be an interesting way of examining how music is anticipated, how it is thought of beforehand.

> A little later, a message was brought to Simonides that two young men were waiting outside who wished to see him. He rose from the banquet and went out but could find no one. During his absence the roof of the banqueting hall fell in, crushing Scopas and all the guests to death beneath the ruins; the corpses were so mangled that the relatives who came to take them away for burial were unable to identify them. But Simonides remembered the places at which they had been sitting at the table and was therefore able to indicate to the relatives which were their dead. The invisible callers, Castor and Pollux, had handsomely paid for their share in the panegyric by drawing Simonides away from the banquet just before the crash. And this experience suggested to the poet the principles of the art of memory of which he is said to have been the inventor. Noting that it was through his memory of the places at which the guests had been sitting that he had been able to identify the bodies, he realised that orderly arrangement is essential for good memory.[21]
> — Frances A. Yates

20 Superstudio, "Dal deserto revisitato alla città invisibile," in *Radicals, Architectura e design 1960-1975*, a catalogue curated by Gianni Pettena for the Italian Pavilion at the 1996 Architectural Biennale in Venice.

21 Frances A. Yates, *Selected Works, Vol. III: The Art of Memory* (London: Routledge, 1966-1999), 1-2.

je suis resté à la maison et j'ai dit : « Nous ne savons plus allumer le feu, nous ne savons plus dire les prières, nous ne connaissons même plus l'endroit dans la forêt, mais nous savons encore raconter l'histoire[23]. »
— Jean-Luc Godard

Comme nous ne disposons d'aucun organe sensoriel dédié à l'espace, la représentation de l'espace est une capacité par quintessence de type cognitif : c'est le problème du liage perceptif au sens large. Le cerveau doit combiner des données entrantes provenant de plusieurs modalités sensorielles différentes afin d'en dégager une représentation interne complète qui ne dépende pas exclusivement d'une seule de ces entrées.

Le cerveau stocke en général l'information spatiale dans un grand nombre de régions et sous des formes très différentes, les propriétés de chaque représentation variant selon le but qui lui est assigné. Ainsi, pour certaines représentations de l'espace, le cerveau emploie typiquement des coordonnées égocentriques (centrées sur le récepteur) en encodant, par exemple, la position relative de la lumière par rapport à la fovéa ou l'origine spatiale d'une odeur ou d'un toucher par rapport au corps. Il est également fait appel à la représentation égocentrique chez l'homme ou le singe pour se tourner vers un bruit soudain par un rapide coup d'œil vers l'endroit considéré, chez la drosophile pour éviter une odeur associée à des sensations déplaisantes, ou chez l'aplysie pour engendrer son réflexe de rétraction branchial. Pour d'autres comportements en revanche, comme la mémoire de l'espace chez la souris ou chez l'homme, il est nécessaire d'encoder la position relative de l'organisme par rapport au monde extérieur ainsi que les interrelations qui relient les objets externes entre eux. Pour ces missions, le cerveau utilise des coordonnées allocentriques (centrées sur le monde extérieur)[24].
— Eric Kandel

Les écrits d'Eric R. Kandel étaient aussi remarquables pour moi dans le sens où, quand on définit cette question de l'espace par rapport à la mémoire, on arrive à reconnaître un endroit pour créer un affect afin de figer la mémoire de ce souvenir-là.

Je me suis étrangement demandé si, finalement, nous les artistes n'étions pas destinés à ne faire rien d'autre que construire des espaces dans lesquels chacun retrouverait des sentiments qu'il connaît déjà.

J'arrive exactement à ce moment-là à une notion qui m'est très chère, un des fondements de mon engagement : l'artiste n'a rien d'exceptionnel. Il ne crée rien, dans le sens où ce n'est pas un génie, mais c'est seulement un *percepteur* de sentiments et de regards sur le monde, et il choisit de les redonner de la manière la plus juste et aiguisée possible, afin de les partager avec autrui, le public.

Parce que bien entendu, ici, il ne s'agit pas d'autre chose que de la question du partage.

Je me suis demandé si la musique telle qu'on pourrait la définir, l'envisager ou la projeter n'était pas autre chose qu'un flux de sons, de tonalités, d'intervalles qu'on connaît déjà et qui nous constituent – qu'on avait peut-être déjà entendus

23 Jean-Luc Godard, *Hélas pour moi*, 1993, film.

24 Eric Kandel, *À la recherche de la mémoire, une nouvelle théorie de l'esprit*, Paris, Odile Jacob, 2007, p. 313-314.

The art of memory (*ars memorativa*)—mnemonics or "artificial memory"—is based on mental processes the practical aim of which is to facilitate the recall of memories in the conscience or soul (*psychè*), such that the psychic conservation of the past becomes latent and thus available for conscious reactivation. Here, one should understand the term "art" by its double origin in the Greek (*technè*) and the Latin (*artuein*): to fully use one's memory means applying various organizing methods that will optimize its future use. As explained by the historian in her preface, mnemonics seeks to "imprint" places (*loci*) and images (*imagenes*) in memory. Non-material traces or imprints, unconscious artifacts (*vestigia*) are the raw material of such acts of recall. They are like mnemonic monuments reactivating, within the flow of conscious thoughts, material, emotional or cognitive traces of the past. Such a definition necessitates immediate two remarks. First, one studies the artificial dimension of memory in terms of localization: the psychological act of recall somewhat metaphorically implies specific topographical (and thus artificial) aids. Next, as an intrinsically psychological method, recall indirectly possesses unique rhetorical value, to the extent that it closely interacts with the imagination: it is this kind of relationship between memory and imagination that will open up the possibility of metaphysical, moral and aesthetic conceptualization, always within the three periods outlined by the historian.[22]
— Aurélien Dru

## Place Cells

In the course of my own research I discovered Eric R. Kandel's neurological studies on place cells, in which he proves that one of the first mechanisms a living being uses to remember anything is first by recognizing a place, followed by linking to an emotional element occurring in that place, which in turn allows the event to fix itself in long-term memory—I told myself, here was the missing element that would connect the issues of projection and anticipation, in other words, of the space needed to anchor long-term memory.

I came back to the first sentence I formulated when I invited Francesco Stocchi and Alexandre Babel to take part in this project: I want people to exit the exhibition as they would a concert, with accelerated heart rates, and their heads full of fragments that reconstitute themselves in the form of variations.

It was really in that moment that I understood where I wanted to go with this project: to not only design an exhibition but design its very memory. I am taking on the role of curator of the memory people will have of this exhibition. I am tremendously attached

22 Aurélien Dru, "L'Art de la mémoire de Frances A. Yates," research for a masters degree in the history of philosophy, École Normale Supérieure de Lyon, 2018, 1. https://halshs.archives-ouvertes.fr/halshs-01847732/document.

dans la petite enfance, qu'on avait entendus dans notre environnement de vie, comme ces bruits d'avion ou ces sirènes dans les ports, dans ces disques que nos parents écoutaient, dans ces concerts, dans les magasins, chez nos amis. Est-ce que finalement on ne rejouerait pas simplement à cet ensemble de sons et d'espaces entre les sons qui nous semblent familiers.

Au départ c'était pour pouvoir discuter avec Alexandre

Au départ je voulais étudier ces questions du sonore, de la musique, de l'écriture musicale et de la rythmique seulement pour pouvoir discuter avec Alexandre.

L'idée c'était d'être une bonne interlocutrice pour pouvoir lui permettre d'avancer sur ce projet. Mais plus j'avançais, plus je me suis complètement laissée plonger dans ses questions et dans ce mécanisme-là.

Même si ma motivation de départ dans ce projet était de pouvoir mettre de côté mes acquis d'artiste visuelle pour pouvoir appréhender l'exposition sous un angle complètement nouveau, je me suis retrouvée à utiliser des mécanismes musicaux, non pour me remettre en cause totalement, mais pour avoir une approche complètement différente sur mon travail.

Car en mettant Alexandre dans la situation d'être privé de son instrument de musique, et en l'observant travailler, c'était finalement un processus que moi-même j'étais en train de faire mentalement.

J'en étais venue à me dire que si je m'ôtais aussi à moi-même tous mes outils habituels, j'arriverais en travaillant le son à partager ces mêmes sentiments avec le public.

> Les techniques variationnelles réitératives reposent sur une affirmation consciente de la façon dont le temps de la musique peut devenir le sujet d'un traitement musical davantage préoccupé par ses propres complexités internes que par le contrôle dramatique. Glenn Gould qualifie l'œuvre de Strauss de globalement extatique, mais au regard de ce dont j'ai discuté ici, je crois qu'il s'agit d'une musique radicalement, magnifiquement élaborée, dont les plaisirs et les découvertes dépendent du lâcher prise, de la non-affirmation d'une identité centrale autoritaire, de l'élargissement de la communauté des personnes qui écoutent et de celles qui jouent au-delà du temps consacré, au-delà de la durée extrêmement concentrée qu'offre l'occasion de la performance. Dans la perspective d'une œuvre telle que *Metamorphosen*, la musique devient ainsi un art qui ne relève pas en premier lieu ou exclusivement du pouvoir auctorial et de l'autorité sociale, mais plutôt un mode de pensée à travers ou avec la diversité intrinsèque des pratiques culturelles humaines, avec générosité, sans coercition et, oui, dans une perspective utopique, si par utopie nous entendons : terrestre, possible, réalisable, connaissable[25].
> — Edward W. Said

25 Edward W. Said, « Melody, Solitude, and affirmation », in *Musical elaborations*, New York, Columbia University Press, 1991. p. 104-105. (Trad. Gauthier Lesturgie)

to the pre-monstration in the installation process I present to an audience, and here it allowed me to go much deeper where this after-event was concerned. Not only were we in the after-event, but we were in the after, after, after.

> When the father of my father's father had a hard task to accomplish, he went to a certain place in the forest, lit a fire and retreated into silent prayer. And what he had to do was accomplished. When, later, my father's father found himself confronted with the same task he went to the same place in the forest and said, "We no longer know how to light the fire, but we still know how to pray." And what he had to accomplish took place.
>
> Later my father [...] also went into the forest and said, "We no longer know how to light the fire, we're no longer familiar with the mysteries of prayer, but we still know the exact place in the forest where all this happened and that will have to be enough." And it was enough [...] But when in turn I was faced with the same task I stayed home and said, "We no longer know how to light the fire, we no longer know how to pray, we can't even find that place in the forest, but we still know how to tell the story."[23]
> — Jean-Luc Godard

> Because we do not have a sensory organ dedicated to space, the representation of space is a quintessentially cognitive sensibility: it is the binding problem writ large. The brain must combine inputs from several different sensory modalities and then generate a complete internal representation that does not depend exclusively on any one input. The brain commonly represents information about space in many areas and many different ways, and the properties of each representation vary according to its purpose. For example, for some representations of space the brain typically uses *egocentric* coordinates (centered on the receiver), encoding, for example, where a light is relative to the fovea or where an odor or touch comes from with respect to the body. Egocentric representation is also used by people or monkeys for orienting to a sudden noise by making an eye movement to a particular location, by *Drosophila* in avoiding of an odor with unpleasant associations, or by *Aplysia* in generating its gill-withdrawal reflex. For other behaviors, like memory for space in the mouse or in people, it is necessary to encode the organism's position relative to the outside world and the relationship of external objects to one another. For these purposes the brain uses *allocentric* coordinates (centered on the world).[24]
> — Eric R. Kandel

23 Jean-Luc Godard, *Hélas pour moi*, film, 1993.

24 Eric R. Kandel, *In Search of Memory: The Emergence of a New Science of Mind* (New York: W.W. Norton & Company, 2006), 177–178.

Notes personnelles :

Les recherches que j'ai faites sur la découverte du son et de la musique, de l'anticipation, de son écriture, et également sur l'étude des espaces et de la mémoire, m'ont fait rechercher dans mon enfance les éléments qui apparaitraient comme structurant ma façon de travailler.

> Le *Maqām*, lui, n'est, vis-à-vis du paramètre temporel, soumis à aucune organisation, c'est-à-dire qu'il ne possède ni schéma rythmique fixe et périodique ni mètre invariable. Certes le rythme caractérise-t-il bien le style de l'exécutant et dépend-t-il de son interprétation et de sa technique instrumentale, mais il ne définit jamais le *Maqām* en tant que tel. Voilà l'une des raisons pour lesquelles du point de vue européen, on considère parfois le *Maqām* comme une musique d'improvisation dépourvue de forme ; ce jugement se base surtout sur l'absence de thèmes bien définis permettant, au cours du morceau, d'en tirer des développements et des variations, et aussi sur le fait que le musicien arabe n'utilise pas de partition ; pour l'auditeur profane, le *Maqām* semble n'avoir ni commencement ni fin[26].
> — Habib Hassan Touma

Lorsque j'étais enfant, je regardais les restes des spectacles, et je trouvais cela merveilleux. Mon père travaillait au Casino Grand Cercle d'Aix les bains, dans les Alpes françaises, comme plongeur et aide-cuisinier. Il m'emmenait parfois assister à des spectacles lorsque cela correspondait à ses jours de congés, et nous avions le privilège d'être au balcon. Je regardais ces pièces, des opérettes, des concerts, et mon père me disait que tout ce que je voyais, je pouvais le faire. « Je peux te mettre trois clous à tes chaussures et tu pourras faire des claquettes toi aussi. ». Et je me mettais à me projeter dansant et chantant sur scène.

À chaque fin de spectacle, pendant qu'il allait visiter ses collègues, je trainais sur la scène désertée de ses acteurs, éclairée d'une lumière crue qui anéantissait toute la magie qui s'était déroulée, plus tôt, devant nos yeux. Les objets en plâtre recouverts de peinture couleur bronze abîmé, les structures en bois trop fin, les paillettes grossières, les décors peints d'un seul côté seulement, c'était tellement étrange, car avec toute ces fragilités et l'air d'y croire, je sentais que je comprenais là ce qu'était un espace scénique.

> En règle générale, la cérémonie de *gnaoui* se déroule dans l'espace d'une nuit. Raison pour laquelle on la désigne par le terme *lila* (la nuit). Son rituel comporte trois grandes phases : *l'ada*, les *kûyû*, les *m'louk*.
>
> L'*ada* (la coutume) est une procession musicale très animée. Une sorte de préliminaire à la phase de la transe vouée aux *m'louk*. Son contenu n'est pas forcément thérapeutique ; il est tout simplement un voyage dans leur mémoire négro-africaine. C'est à juste titre qu'ils appellent ce spectacle consacré à la mémoire *Wlad Bambara* (« Les fils de Bambara »). Dans ce jeu préliminaire, les musiciens de la troupe évoquent les anciens maîtres, les saints de l'islam, des personnages au noms africains, la vie des esclaves, la nostalgie des origines, les animaux, les génies et les totems africains, etc. Mais ils ne vont pas plus loin.

26 Habib Hassan Touma, « Le phénomène du *Maqam* », in *La Musique arabe*, Paris, Buchet-Chastel, 1996, p. 51.

Eric R. Kandel's writings were remarkable to me in the sense that when we define this question of space in relation to memory, we can recognize the place where an affect can be built to fix there recall of that memory.

I strangely wondered: are we artists not solely destined to build places in which each person might rediscover feelings she or he already knows?

And precisely at this point I get to a notion that is dear to me, one of the foundations of my own vocation: there's nothing exceptional about the artist. The artist creates nothing, in the sense that she or he is not a genius but a *perceiver* of feelings and views of the world, and chooses to give them back in the sharpest and most accurate way possible in order to share them with others, with the audience.

Because obviously what's at issue here is nothing else than the question of how to share.

I asked myself if music, as we define, imagine or project it, might be nothing other than a flow of sounds, tonalities, and intervals that we already know and of which we are constituted—which we might already have heard in early infancy, which we'd heard in our life environment, like the noise of airplanes or ships' horns in the harbor, in the records our parents played, in concerts, at department stores, at the houses of friends. In the final analysis, might we not simply be replaying that set of sounds, and spaces between sounds, with which we are familiar?

## Initially It Was to Enable Discussions with Alexandre

Initially, I only wanted to study these questions of sonority, of music, of musical scores and rhythm patterns, in order to discuss them with Alexandre.

The idea was to be a worthy interlocutor who might allow him to go further within this project. But the deeper I got into it, the more I let myself dive completely into these questions and into the musical mechanisms.

Though my motivation at the start of the project was to be able to put aside my visual-artist's prejudices in order to apprehend the exhibition from a completely new angle, I found myself using musical mechanisms, not to question everything about myself, but to garner an utterly different approach to my own work.

Because putting Alexandre in a situation where he was deprived of his musical instrument, and watching him work, was finally a process that I myself was trying to accomplish mentally.

I had gone so far as to posit that if I stripped myself of my usual tools, I might get to the point where, by working on sounds, I could share these same feelings with the audience.

> The reiterative variational techniques are sustained by a conscious affirmation of how musical time can become the subject of a musical treatment more concerned with its own internal complexities than with dramatic control. Glenn Gould calls

> Le caractère sacré et hermétique de la suite du rituel les oblige à s'arrêter après le *Ftouh Rahha* (la partie vouée à la sacralisation de l'espace).
>
> […] Finalement, tout dans cette ambiance où la musique est au cœur de tout, se confond à travers danses, chants, rythmes, tambours, ésotérisme, dissociation identitaire, dédoublement de la personnalité, lévitation, possession morbide ou contrôlée, procession, thérapie psychique, anamnèse, métempsycose, divinités, génies… tout s'imbrique au cœur d'une catharsis des plus étourdissantes et les plus spectaculaires[27].
> — Antoine Manda Tchebwa

J'étais tombée dans l'enfance sur un disque de chants d'oiseaux, dans la collection de vinyles de mon père. Je trouvais cela tellement étrange que l'on puisse enregistrer ces chants au lieu de composer de la musique, je n'ai jamais osé lui demander pourquoi il avait ça.

Quand je travaillais les maquettes pour les figures des sculptures, m'est venue soudain en discutant avec Maud Châtelet cette autre histoire de mon enfance. Quand j'étais petite, mon père me disait souvent que le Maroc était derrière les montagnes des Alpes qui m'entouraient. Et je faisais souvent ces rêves où je voyais des figures de Touaregs assis entre eux, autour d'une discussion silencieuse, des hommes géants, grands comme des montagnes. Lorsque j'avais l'argile entre les doigts, réalisant presque machinalement ces figures, cela m'a sauté aux yeux. Et encore maintenant quand je regarde ces géants de bois silencieux.

Nous écoutions beaucoup de musique assis à la table de la cuisine, de tous les genres, de la musique populaire, de la musique traditionnelle arabe, du classique occidental, en silence, sans essayer de comprendre. Il m'a fallu tant de chemins pour parvenir jusqu'au souvenir de mon son originel.

C'est à mon père Omar Chekhche que je dédie
cette exposition.

27 Antoine Manda Tchebwa *L'Afrique en musiques, tome 1 Rapport au sacré, à la divinité, à la nature*, Paris, L'harmattan, 2012, p. 101.

> Strauss's work generally ecstatic, but in the context of what I have been discussing in here, it is, I believe, radically, beautifully elaborative, music whose pleasures and discoveries are premised upon letting go, upon not asserting a central authorizing identity, upon enlarging the community of hearers and players beyond the time taken, beyond the extremely concentrated duration provided by the performance occasion. In the perspective afforded by such a work as "*Methamorphosen*," music thus becomes an art not primarily or exclusively about authorial power and social authority, but a mode for thinking through or thinking with the integral variety of human cultural practices, generously, non-coercively, and yes, in a utopian cast, if by utopian we mean worldly, possible, attainable, knowable.[25]
> — Edward W. Said

## Personal Notes:

Research on the discovery of sound and music, of how it's anticipated, how it's written, as well as on the study of space and memory, led me to research those elements in my childhood that appeared to structure my own work practice.

> The *maqām*, on the other hand, is not subject to any fixed organization with respect to time. It has neither an established, regularly recurring bar scheme nor an unchanged meter. A certain rhythm does sometimes identify the style of a performer, but this is dependent upon his performance technique and is never characteristic of the *maqām* as such.
>
> This lack of fixed meter explains why foreign listeners unfamiliar with this music have sometimes regarded *maqām* performance as formless improvisation. For the inexperienced ear, a *maqām* performance appears to have neither beginning nor end.[26]
> — Habib Hassan Touma

When I was a child, I witnessed the aftermath of many performances and found this wonderful. My father worked as dishwasher and kitchen help in the Grand Cercle casino at Aix-les-Bains, in the French Alps. He took me to see the casino shows whenever he had a day off, and we enjoyed the privilege of sitting in the balcony. I watched those plays, operettas, concerts, and my father told me that everything I saw I could do myself. "I can put three nails in your shoes and you can tap dance too." And I saw myself dancing and singing on stage.

When the show was over my father went off to see colleagues and I hung around the stage, which was empty of actors and illuminated with raw lights that destroyed all the magic that earlier had taken place before our eyes. Plaster objects covered in worn

25 Edward W. Said, *Musical Elaborations* (New York: Columbia University Press, 1991), 104-105.

26 Habib Hassan Touma, *The Music of the Arabs*, trans. Laurie Schwartz (Portland, Oregon: Amadeus Press, 1996).

bronze-colored paint, structures built of overly thin wood, crude gold-leaf, sets decorated on one side only: it was so strange because, in the midst of my own fragility, my suspension of disbelief, I felt I understood what constituted a theatrical space.

> As a general rule the ceremony of *gnaoui* takes place over the course of one night. Which is why one uses the term *lila* (night) to refer to it. The ritual has three main phases: the *ada*, the *kûyû*, the *m'louk*.
>
> The *ada* (custom) is a spirited musical procession. A sort of preliminary to the transe phase, dedicated to *m'louk*. Its contents are not necessarily therapeutic, but simply a voyage through their Black-African memory. The name of this show dedicated to the memory of *Wlad Bambara* ("the Sons of Bambara") is well-chosen. In the preliminary set, the troupe's musicians evoke the ancient masters, the saints of Islam, African characters, the lives of slaves, the nostalgia for home, animals, djinni and African totems, etc. But they go no further. The sacred, hermetic nature of the rest of the rite forces them to stop after the *Ftouh Rahha* (the part dedicated to consecrating the space) [...]
>
> Finally, everything in this ambiance whose heart is music blurs together through dance, chants, rhythms, drums, esotericism, dissolution of identity, multiple personalities, levitation, morbid or controlled possession, psychic therapy, memories of past life, metempsychosis, gods, djinni ... everything meshes at the heart of a most spectacular and awe-inspiring catharsis.[27]
> — Antoine Manda Tchebwa

As a child, among my father's collection of vinyl discs, I came across a record of bird songs. I found it so strange that someone had bothered to record these songs, instead of composing music, that I never dared ask him why he had it.

In the process of creating models for my sculptural figures, another story from childhood came suddenly to mind while talking with Maud Châtelet. When I was little, my father often told me that Morocco lay behind these mountains, these Alps that surrounded us. And I often had dreams in which I saw the figures of Tuaregs sitting amongst those peaks, in silent congress: giant men, as big as the mountains. The image came to my eyes even as my fingers held the clay, almost mechanically crafting my figures. I see them still when I look upon these silent wooden giants.

As we sat around the kitchen table we listened to a lot of music, of all kinds, pop, traditional Arab, Western classical: listening silently without trying to understand. I've had to tread so many paths to return to the memory of my original sound.

I dedicate this exhibition to my father, Omar Chekhche.

Translated from French by Georges M. Foy

---

27 Antoine Manda Tchebwa, *L'Afrique en musiques*, vol. 1, "Rapport au sacré, à la divinité, à la nature" (Paris: L'Harmattan, 2012), 101.

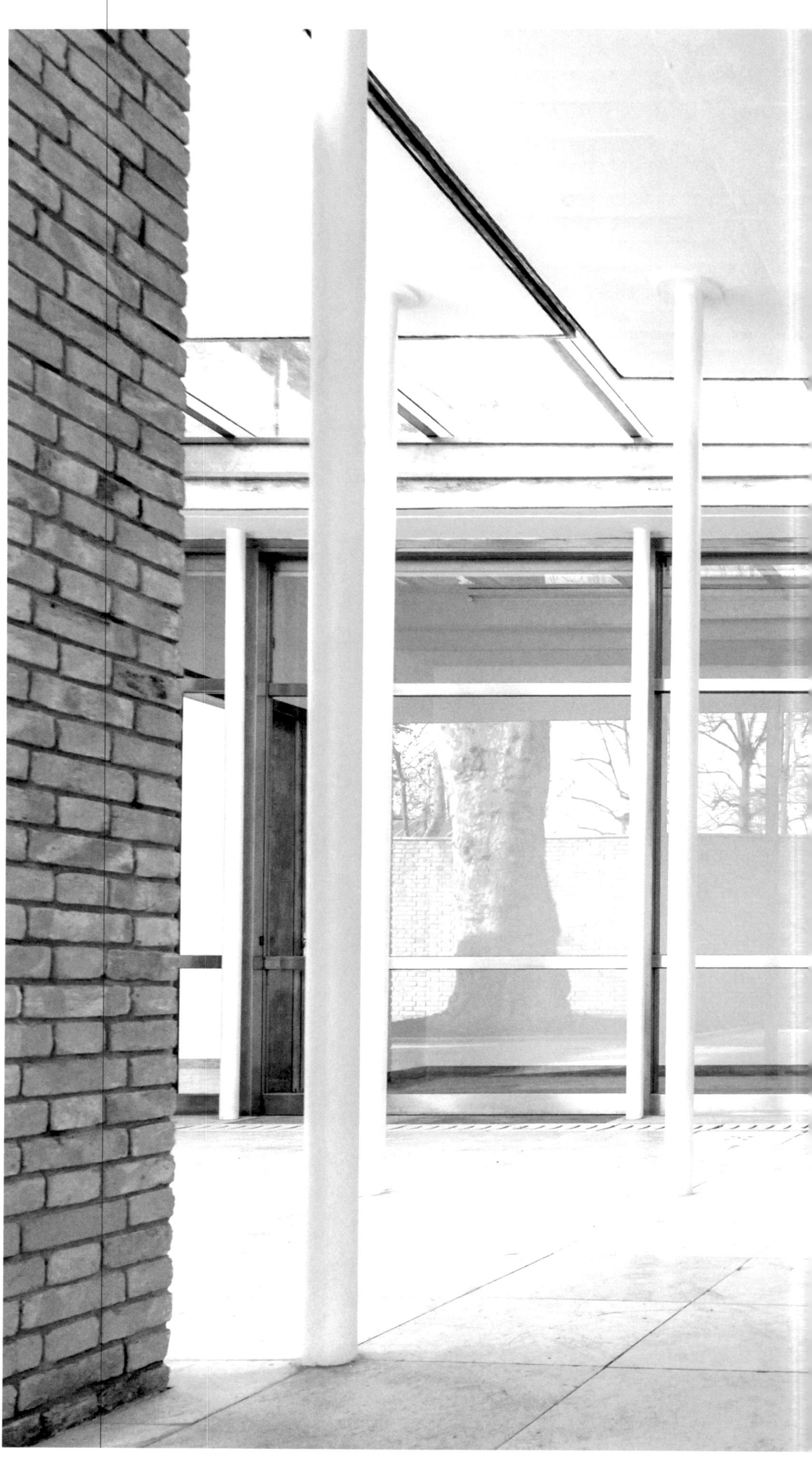

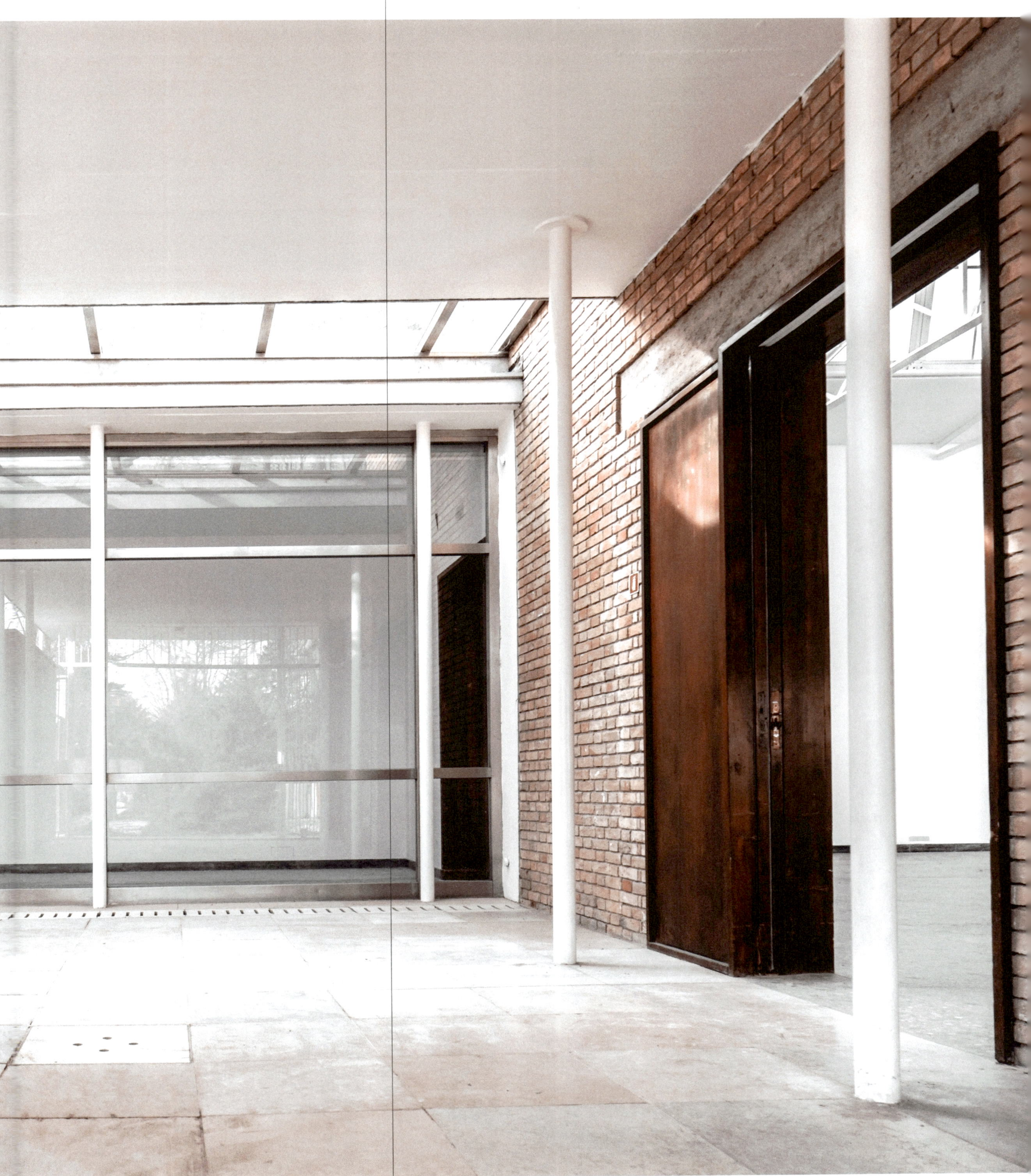

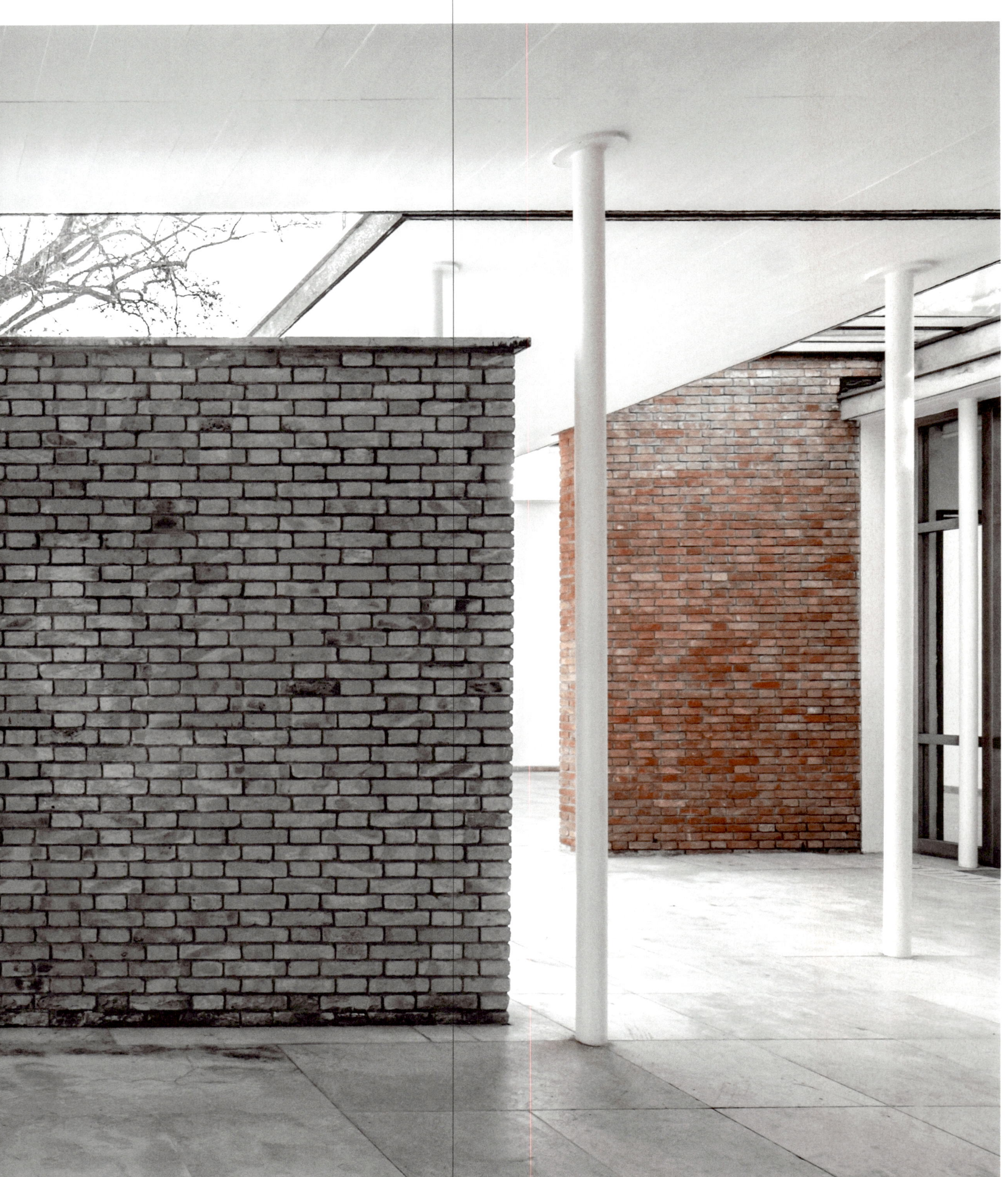

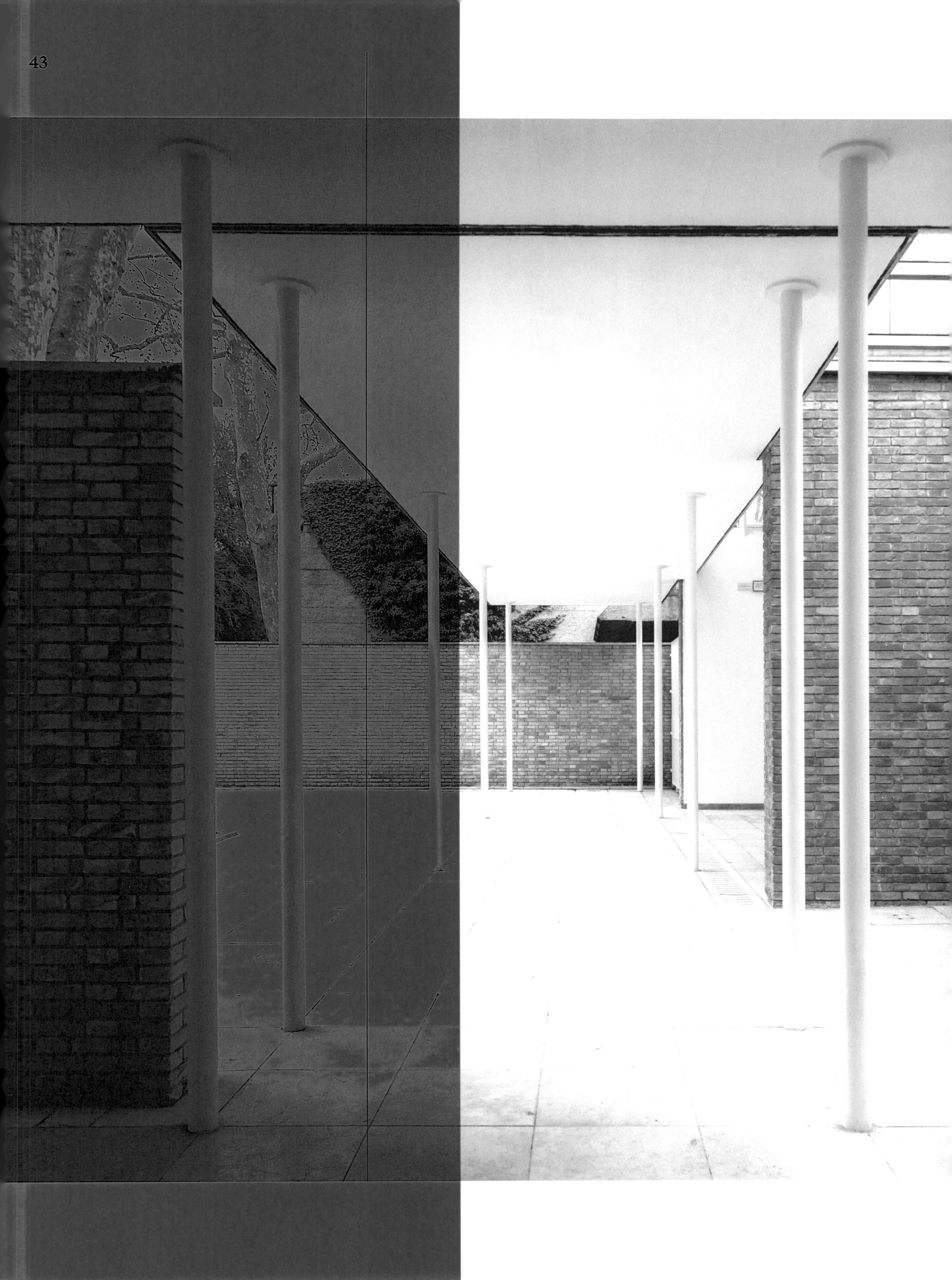

# Musique évaporée
## François J. Bonnet

### Force et domestication d'un cours d'eau

Une force. Une énergie. Un fluide qui creuse, qui agrège des faisceaux, qui unit des capillaires. Un courant qui se forme, qui s'entretient. Des masses qui se composent, luttent et déferlent, qui charrient terres, racines et rochers. Une rivière qui s'épanouit, qui saigne la glèbe pour se frayer un chemin, qui s'établit en réservoirs lacustres pour mieux se déverser en contrebas. Tout un réseau, tout un effort, une seule force qui épouse mille avatars, qui mobilise mille particules. Un lit se forme, architecture négative et composite creusée dans les épaisseurs minérales, parsemée de remblais sédimentaires, striée de saillances rocheuses et de pierres devenues luisantes à force de polissage. Une végétation hygrophile s'agrège et s'épanouit, des arbres baignent leurs racines. Des êtres peuplent ce bandeau aquatique. Des berges, des grèves, des plages émergent pour mieux le dessiner. Des ponts l'enjambent, des canaux le déroutent, des barrages le contraignent. On le sillonne à l'aide d'embarcations qui épousent sa trajectoire ou au contraire la fendent en sens opposé. Des règles de circulation s'établissent, des cités se construisent sur ses rivages. Un tel axe devient pourvoyeur de richesses, facilite le commerce, permet des usages. On le cartographie, on le régularise. On l'habite. On le raconte. On le nomme. De force, il est devenu objet…

### Proust, Radigue, la musique et la mer.

La mer, écrit Marcel Proust, nous enchante comme la musique « qui ne porte pas comme le langage la trace des choses, qui ne nous dit rien des hommes, mais qui imite les mouvements de notre âme[1] ». La mer, poursuit Proust plus loin, « qui dans le monde créé correspond à la musique, puisque ne nous montrant rien de matériel, et n'étant point à sa manière descriptive, […] semble le chant monotone d'une volonté ambitieuse et défaillante[2] ». Les métaphores maritimes de la musique (et musicales de la mer), chez Proust, ne sont pas motivées par une sensibilité romantique identifiant la majesté de l'art musical au grandiose de l'étendue sans fin de la mer. Elles sont beaucoup plus littérales. Elles conduisent le parallèle d'une entité proprement indescriptible (la mer) avec un art manifestant une pensée qui cherche à s'extraire d'un discours, qu'il soit fondateur (la composition comme discipline) ou prescripteur (la musique

1 Marcel Proust, *Les Plaisirs et les Jours*, 1896, Paris, Folio, 1993, p. 210.

2 *Ibid.*, p. 242.

# Evaporated Music
## François J. Bonnet

### Force and Domestication of Water Flow

A force. An energy. A fluid that plows on, amalgamating the channels, uniting the runnels. A current that forms, urging itself on. Masses that draw together, struggle and surge, which sweep along earth, roots, rocks. A river fanning out, carving a path by gouging through the glebe before settling into lacustrine reservoirs the better to pour down the slopes below. An entire network, an endeavor, a unique force adopting a thousand different avatars, mobilizing a thousand particles. A bed forms—a negative, composite architecture dug out of the thickness of the mineral, strewn with sedimentary backfill, scored with rocky projections and stones shiny from polishing. Water-loving vegetation congregates and blooms; trees soak their roots. Beings populate this aquatic strip. Banks, shores, beaches emerge, clarifying its lines. Bridges span it, canals divert it, dams constrain. It is furrowed by vessels that follow its trajectory, or, on the contrary, cleave it in the opposite direction. Circulation policies are established; cities are built on its shores. This axis becomes a purveyor of wealth, facilitating trade and given over to various uses. It is mapped, regulated. Inhabited. Stories are told about it. Names are bestowed. By force, it has become an object …

### Proust, Radigue, Music, and the Sea

The sea, writes Marcel Proust, enchants us like music, "which, unlike language, does not bear the trace of things and tells us nothing of men, but rather imitates the shiftings of our souls."[1] The sea, Proust continues further on, "which, for the created world, corresponds to music, since it presents us with nothing material and is not in its own manner descriptive, … seems like the monotonous chant of an ambitious yet ineffectual will."[2] Proust's maritime metaphors for music (and musical metaphors for the sea) are not driven by some romantic sensibility that identifies the majesty of the art of music with the grandiose, endless expanse of the

1 Marcel Proust, *Les Plaisir et les Jours* [1896] (Paris: Folio, 1993), 210.

2 Ibid., 242.

comme objet socio-culturel, c'est-à-dire comme objet codé). On restreint souvent la conception proustienne de la musique aux manifestations musicales qui lui étaient contemporaines, et à leur fonction émotionnelle. Mais ces deux aspects, l'un comme l'autre, mais chacun à sa manière, sont des *repliements* de ce qui est perçu comme musique dans le monde connu, conventionnel, de la société des hommes et des parcours de vie. « Swann, écrit encore Proust, tenait les motifs musicaux pour de véritables idées, d'un autre monde, d'un autre ordre, idées voilées de ténèbres, inconnues, impénétrables à l'intelligence, mais qui n'en sont pas moins parfaitement distinctes les unes des autres[3]. » Il y a quelque chose de bien plus fondamental dans cet énoncé, quelque chose dont Proust lui-même ne pouvait peut-être d'ailleurs pas totalement entrevoir les manifestations à venir, bien plus ultramondaines que la musique de Wagner ou de Beethoven qui, bien que l'une ou l'autre ait marqué une rupture importante dans le cheminement de la musique, prolongeait toutefois chacune une tradition d'écriture basée sur une syntaxe connue et réglée.

Ce n'est, semble-t-il, que des décennies plus tard qu'une œuvre issue du *phylum* musical occidental aura pu opérer une réduction suffisante pour manifester pleinement la musique affranchie de la « trace des choses » que Proust évoquait. C'est bien plus, en effet, chez une compositrice comme Éliane Radigue, par exemple, qu'on pourrait chercher à appréhender la métaphore maritime proustienne. C'est bien la réalité sensible, énergétique et formelle de la mer convoquée par Proust qui résonne et se déploie dans le grand cycle *Occam Océan* radiguien, cycle infini de la recombinaison du particulier dans le tout, de la sédimentation lisse du temps musical dans celui de l'expérience de vie, cycle d'abolition dialectique, d'abandon du langage codé de l'écriture instrumentale pour une libération, par l'instrument, du potentiel expressif indescriptible du sonore...

### *Johatsu*

Au Japon, le terme *johatsu* (littéralement, « évaporation ») fait référence, depuis les années 1960, aux personnes qui disparaissent du jour au lendemain. Les raisons qui motivent ces « évaporés » sont multiples, mais elles sont presque tout le temps déterminées par des difficultés sociales qui paraissent insurmontables : licenciement, dettes, échec scolaire. Plutôt que de jeter une ombre sur la respectabilité de sa famille à cause d'une défaillance personnelle ou d'un échec face aux attentes et aux exigences du corps social, l'évaporé préfère disparaître sans laisser de trace et se réinventer quelque part ailleurs, souvent dans un quartier fantôme, vivant hors du système et de ses registres, grâce à des travaux non déclarés, des logements précaires. Il se fond alors, la plupart du temps, dans une communauté de parias, vivant, à travers l'anonymat de la ville, dans une sorte de purgatoire parallèle, poursuivant une existence déclassée et expiatoire. Il existe un lieu de prédilection, dit-on, pour ces évaporés, en tous les cas dans les premiers jours de leur disparition : les sources chaudes (*onsen*). Les *onsen* occupent une place spéciale dans la culture japonaise. Ce sont des espaces à l'écart de l'agitation quotidienne. Ils offrent une bulle de sérénité, confortant le corps et l'esprit. Si les évaporés semblent aimantés par de tels lieux,

3 Marcel Proust, *Du côté de chez Swann*, 1913, in *À la recherche du temps perdu I*, Paris, Gallimard, Bibliothèque de la Pléiade, 1987, p. 343.

ocean. They are much more literal. The parallel they draw is between an entity that is strictly speaking indescribable (the sea) and an art that produces thoughts that seek to extricate themselves from discourse, whether foundational (composition *qua* discipline) or prescriptive (music as a sociocultural object, that is, as an encoded object). Proust's conception of music is often thought of as applying only to manifestations of it contemporary with the writer and to their emotional functions. Yet, these two aspects both of them, but each in their own way, are withdrawals from what is perceived as music in the known, conventional world of society and during the course of human life. "Swann," Proust writes further, "had regarded musical motifs as actual ideas, of another world, of another order, ideas veiled in shadow, unknown, impenetrable to the human mind, but none the less perfectly distinct from one another, unequal among themselves in value and significance."[3] There is something much more fundamental in this statement, something whose future manifestations Proust himself perhaps could not have foreseen fully, something far more otherworldly than the music of Wagner or Beethoven, which, although both marked a turning-point in the history of music, nevertheless prolonged a tradition of writing based on a familiar and regulated syntax.

It would appear that only decades later did a work from the Western musical *phylum* manage to achieve sufficient reduction to allow it to generate a music freed from the "trace of things" Proust referred to. Indeed, we are in the works of a composer such as Éliane Radigue, for instance, more likely to be able to perceive Proust's maritime metaphor. It is indeed the perceptible, energized and formal reality of the sea summoned by Proust that resonates and unfolds in her great opus, *Occam Océan*—an infinite cycle in which the particular is recombined into the whole, of the seamless sedimentation of musical time in that of life experience—a cycle of dialectical sublation, of the abandonment of the coded language of instrumental writing for a liberation, by the instrument, of the indescribably expressive potential of sound ...

### *Johatsu*

In Japan, the term *johatsu* (literally, "evaporation") has, since the 1960s, designated people who vanish overnight. The reasons that motivate these "evaporated" individuals are many, but they are almost always determined by what seem to them an insurmountable social difficulty: dismissal, debts, educational failure, etc. Rather than sully the respectability of their family because of a misstep on their part or because they failed to live up to the expectations and demands of society generally, the "evaporated" prefer to disappear without a trace, reinventing themselves somewhere else,

3 Marcel Proust, *Swann's Way*, trans. C Scott-Moncriff, D. J. Enright, and T. Kilmartin (New York: Random House, 2013), 420.

c'est que ces derniers revêtent un rôle spécial, devenant le lieu d'une renaissance, les lavant de leur passé. L'*onsen*, alors, devient le cadre d'un rituel de renouveau, l'écrin d'une transfiguration.

## L'arrière-fable du musical

Suivant l'intuition de Michel Foucault qui distingue, dans chaque forme de récit, la fable de la fiction – la première étant l'histoire contée, ou racontée, la seconde étant quant à elle, précisément, la ou les manières de raconter cette histoire – on pourrait tout autant chercher à distinguer dans le « récit » musical ce qui relève de la fable et ce qui s'apparente à la fiction. Que pourrait constituer un tel récit musical ? La musique, elle-même, ne sait convoyer une histoire. Dans ses formes les plus narratives, elle a recours au texte, au livret, ou tout du moins à un argument. Sa forme, parfois, illustre une histoire, un événement, mais elle ne le révèle pas. Par exemple, si l'on écoute *Dans les steppes d'Asie centrale* d'Alexandre Borodine, on ne pourra jamais entendre, par la simple expression musicale, le passage dans une contrée désertique d'une caravane escortée de soldats russes. D'ailleurs, l'exposition alternée des thèmes propres à chacun des protagonistes évoque bien plutôt une rencontre et un croisement qu'une compagnie avançant dans la même direction. Quoiqu'il en soit, nul cheval, chameau, soldat ou marchand ne se révèle par la musique même. La musique ne raconte pas d'histoire. Elle ne fait pas fable. En revanche, elle est le théâtre de puissants courants fictionnels. Des manières de dire, de se dire, de se raconter. Aussi, il y a tout un réseau de discours qui se tisse autour de la musique, comme autant de fils qui établissent une trame signifiante autour d'une histoire qui ne se dit pas. Ce réseau, c'est l'espace du commentaire, dans son sens le plus radical, c'est-à-dire celui qui désigne, *in fine*, une communion mentale. Le commentaire, en effet, a toujours une fonction double, à la fois tourné vers l'objet qu'il interprète, mais visant également tout interlocuteur potentiel avec lequel il peut ou pourra se coupler. Le commentaire *travaille* l'objet pour le modifier et *travaille* les interlocuteurs pour modifier leur perception du commentateur. C'est dans cette double détente que se déploie toute communauté de pensée, toute culture. Mais, on l'a dit, ce n'est jamais la fable de la musique qui est visée par les courants fictionnels, étant toujours absente, mais bien, plutôt, une *arrière-fable*, pour emprunter encore à Foucault, c'est-à-dire cette voix blanche du musical qui énonce, à son corps défendant, les règles qui l'ont constituée et qui fluctuent en fonction des cultures et des époques. Mais ce squelette ne dit hélas rien de ce que la musique *peut*. Il ne révèle que les techniques, les tactiques et les procédures qui ont contribué à sa manifestation. Le squelette paramétrique sur lequel se tend la toile fictionnelle de la musique, telle une toile d'araignée, n'est pas la musique…

## Mer croisée

Parfois, sur certaines pointes, sur certains caps, la mer offre un spectacle déroutant qu'on appelle « mer croisée ». Il correspond à un état de mer où deux systèmes de vagues de directions opposées se croisent et interfèrent, créant une sorte de « damier » de vagues. La morphologie traditionnelle de la mer se trouve alors modifiée. La navigation en mer croisée est délicate et dangereuse. Sur un spectre de vagues

often in some far-flung neighborhood, living outside the system and its codes, thanks to blackmarket jobs and living in temporary accommodations. Most of the time they become absorbed into a pariah community, existing in the anonymity of the city, in a kind of parallel purgatory, living a degraded and expiatory existence. It is said that the evaporated, at least in the early days of their disappearance, have a predilection for a certain place: hot springs (*onsen*). *Onsen* occupy a special place in Japanese culture. They are places far from the hustle and bustle of everyday life. They are a haven of serenity offering solace to body and mind. If the evaporated seem attracted to such places it is because they fulfill a special role, as a place of rebirth where they can cleanse themselves of their past. The *onsen*, then, is the setting for a ritual of renewal, the site of a transfiguration.

## Behind the Fable in Music

Following the intuition of Michel Foucault who distinguished, for each form of narrative, fable from fiction—the former being the story told or retold, the second being more precisely the manner or manners in which the tale is related—one might try to differentiate in the musical "narrative" what belongs to the fable from what is closer to its fiction. What might constitute such a musical "narrative"? Music, of itself, cannot convey a story. In its most narrative forms, it has recourse to a text, to a libretto, or at least to a topic. Its form, sometimes, illustrates a story, an event; but it will not proclaim it. For example, listening to Alexander Borodin's piece *In the Steppes of Central Asia*, one will never be able to actually hear, expressed simply in the music, a caravan escorted by Russian soldiers tramping through some desert land. Moreover, the alternating exposition of themes specific to each of the protagonists evokes an encounter, an intersection, rather than a company advancing in one and the same direction. In any case, the music itself presents no horse, camel, soldier or merchant. Music does not tell a story. It does not indulge in fables. Nonetheless, it is the theater of powerful fictional currents. Of ways of telling, of telling itself, of narrating itself. Also, there is a whole network of discourse which weaves itself around the music, like myriad threads forming a tapestry of meaning around the unspoken story. This network is the space of commentary, in its most radical sense—that is to say, that which designates, *in fine*, an intellectual communion. Commentary has, indeed, always fulfilled a dual function; at once turned towards the object it interprets, but also designed for a potential interlocutor with whom it might conjoin. The commentary *works at* the object so as to modify it and *works through* its interlocutors to modify their perception of the commentator. It is within this dual action that any community of thought, any culture, unfolds. But, as we said, fictional currents can never be concerned with the fable of the music since this is absent, but rather, to borrow again from Foucault, with the *arrière-fable*, with what lies behind the fable—that is to say, the white voice of what is musical

apparaissent alors des harmoniques croisées, polyphonie menaçante d'une mer sous influence double, tentative de striures temporaires de la surface fluide de la mer...

Musique évaporée

Qu'est-ce qui, en musique, *fait* musique ? Comment réduire la musique ? Comment retrancher tout ce qui ne lui appartient pas, en propre, mais se manifeste à travers elle ? Face à l'écueil double de l'essentialisme et du radicalisme, paraît se détacher un interstice possible, étroit et incertain, celui qui saurait déceler un *propre* pour la musique qui ne s'assimilerait ni à une essence qui précèderait son existence - toujours déjà là, pour ainsi dire - ni à une origine commune, à une racine à laquelle toute musique possible, à l'origine, aurait puisé. Le champ musical est vaste, ses manifestations sont innombrables. Aucune fonction, aucune règle ne saurait établir l'étalon musical. La musique s'est toujours hybridée. Au texte, à la parole, à l'acoustique, aux techniques... Aux idéologies, aussi, et aux appareils et dispositifs de pouvoir et d'autorité. Elle s'est oubliée. Et, trop souvent, les tentatives de réveiller l'endormie l'éloignent encore plus loin de ce qu'elle peut... Elle s'évapore.

that enunciates, even unwillingly, the rules that constitute it, rules that fluctuate depending on culture and era. But, alas, this skeleton states nothing about what music *can do*. It only reveals the techniques, tactics and procedures that contribute to its manifestation. The parametric armature over which the fictional web of music stretches, like a spider's web, is not music ...

## A Cross Sea

Sometimes, at certain points, near certain capes, the sea offers the disconcerting spectacle known as a "cross sea." It corresponds to a state of the sea in which two wave systems from opposite directions intersect and interfere, creating a kind of "checkerboard" of waves. The phenomenon transforms the traditional morphology of the sea. Sailing through a cross sea is challenging and dangerous. On the spectrum of waves there appear overlapping harmonics, a threatening polyphony of a sea subjected to contending forces that throw temporary striations over its fluid surface ...

## Evaporated Music

What, in music, makes it music? How can music be *distilled*? How can we cut out all that is simply manifested through it and does not truly belong to it in its own right? Faced with the double obstacle of essentialism and radicalism, a potential interstice seems to becomes visible, if narrow and uncertain, through which might be discerned the particularity of music—assimilated neither to an essence preceding its existence (always already there, so to speak), nor to a common origin, to a root from which all possible music sprung at its very beginning. The field of music is boundless; its manifestations innumerable. No function, no rule can establish a standard for music. Music has always been hybridized. With text, words, with acoustics or techniques ... With ideology, too, and with the expedients and subterfuges of power and authority. It has forgotten itself. And, all too often, attempts to awaken the sleeper alienate it still further from what it might be ... It evaporates.

Translated from French by David Radzinowicz

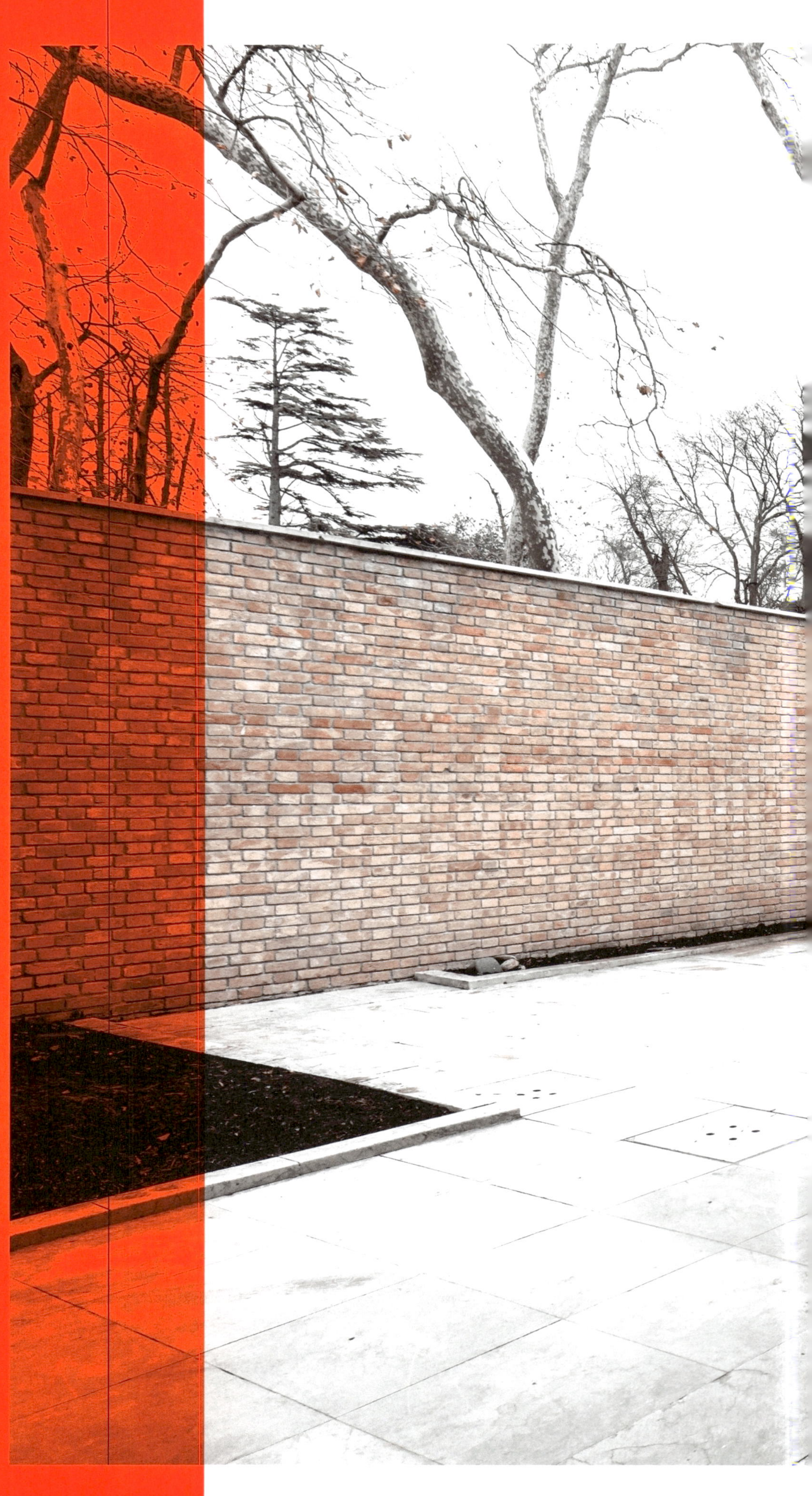

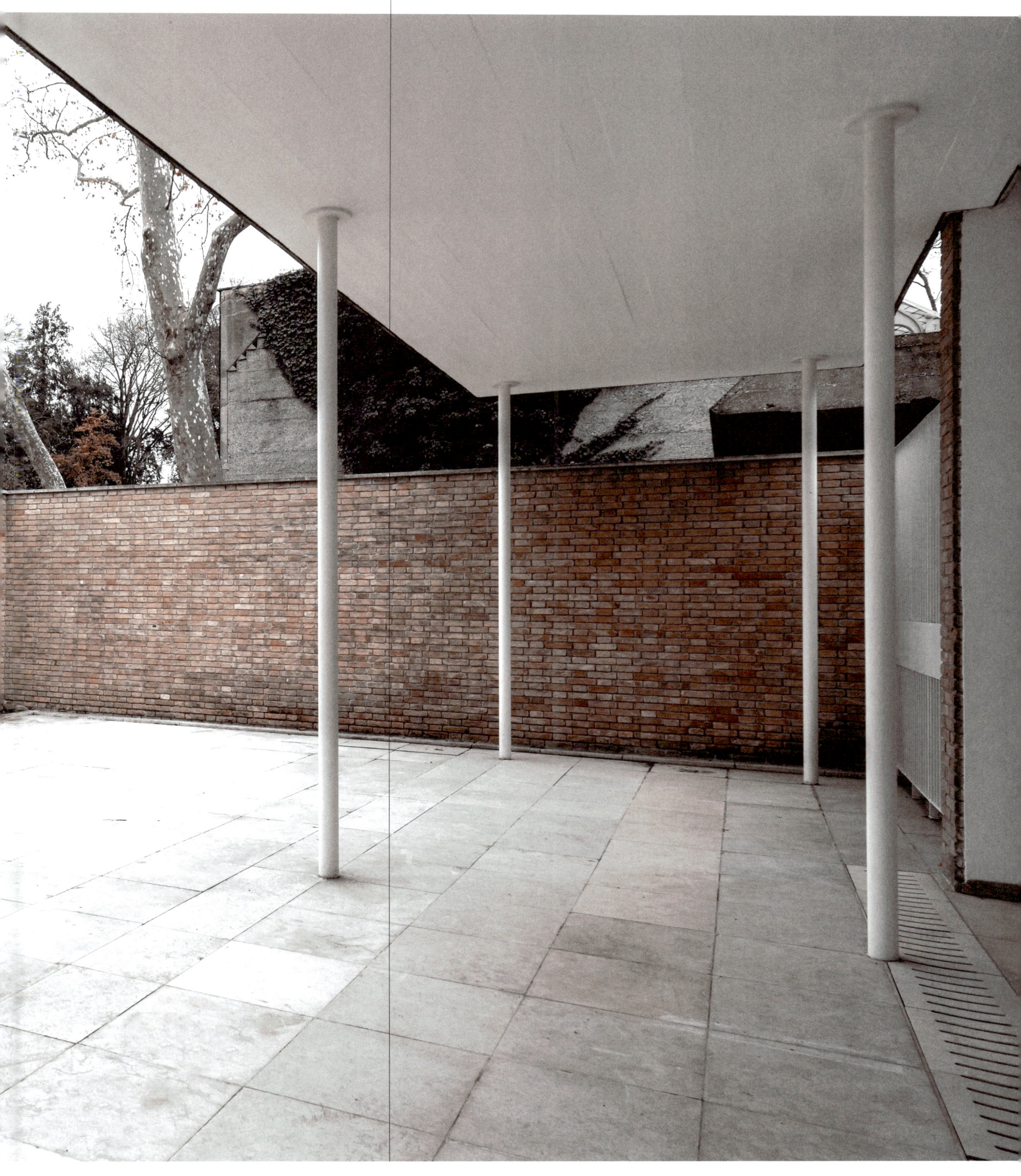

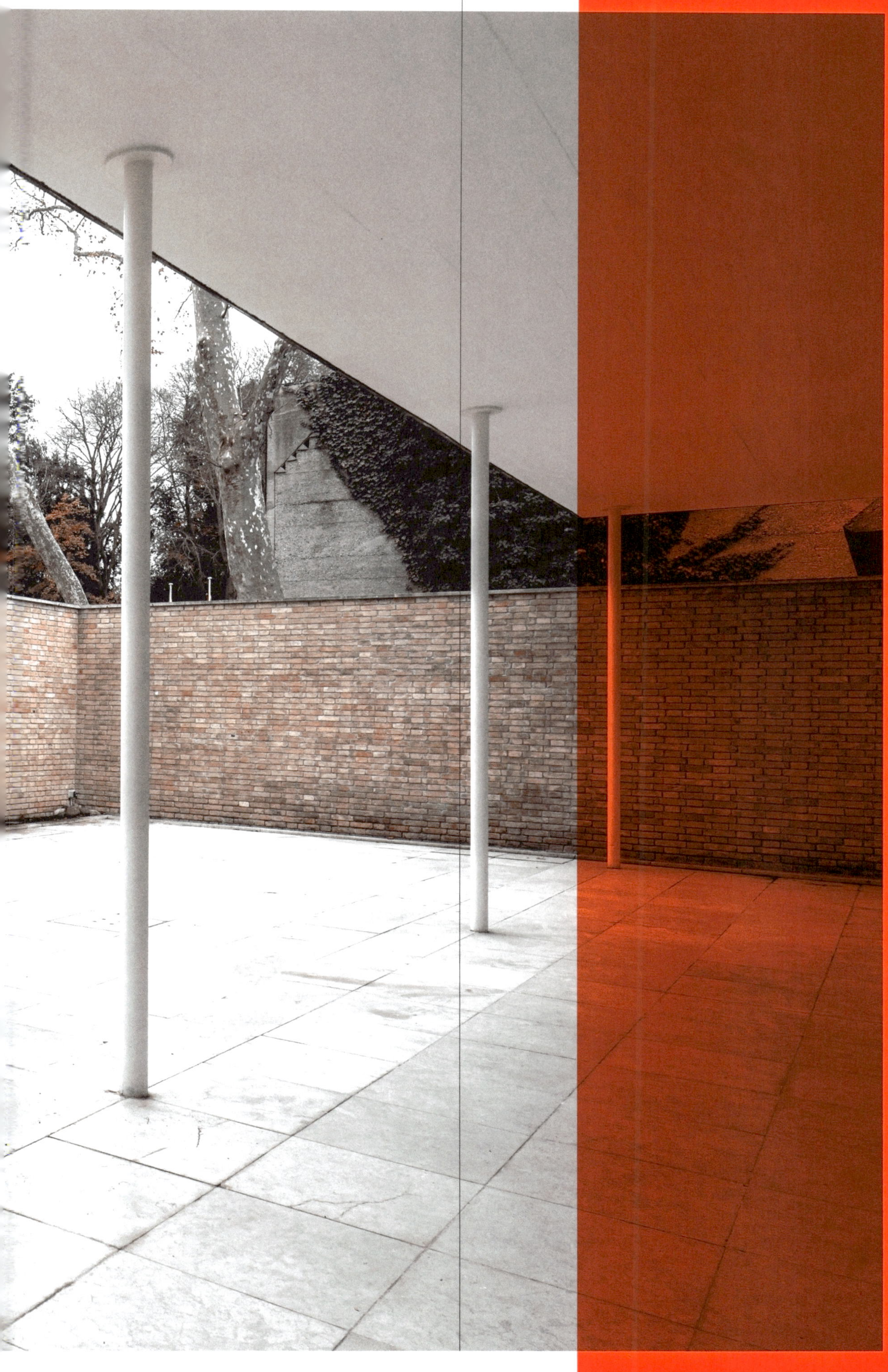

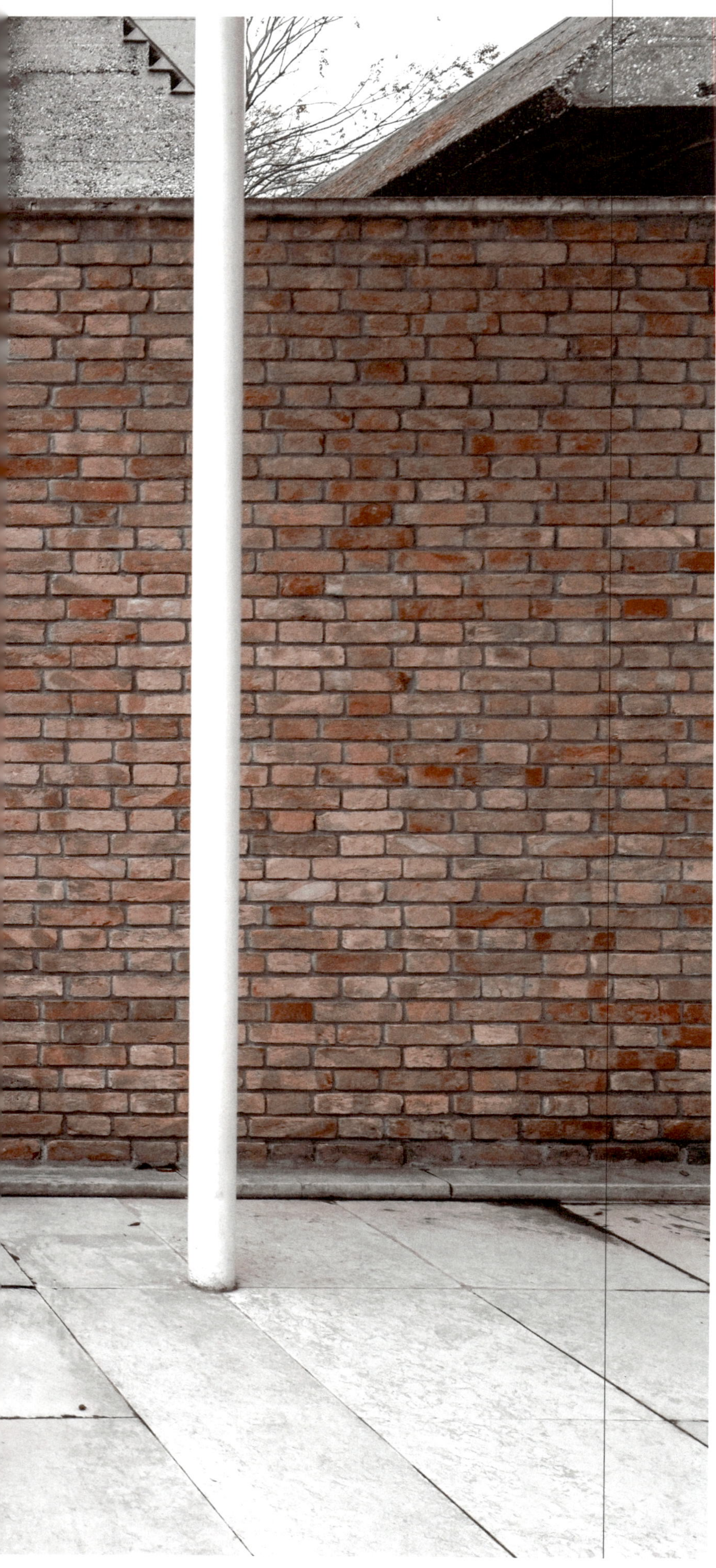

## En quête du bruit originaire
## Emanuele Quinz

*Nicht mehr für Ohren...: Klang,*
*der, wie ein tieferes Ohr,*
*uns, scheinbar Hörende, hört.*
*Umkehr der Räume. Entwurf*
*innerer Welten im Frein*[1]...
— Rainer Maria Rilke

Il faut faire du monde entier une musique[2] !
— John Cage

Ce qui nous arrive par l'oreille n'est jamais figé [...]
Ce qui arrive à l'oreille est constamment influencé par son passé, son futur, sa situation présente[3].
— Max Neuhaus

I.

Dans un texte excentrique, écrit en 1919, Rainer Maria Rilke part d'un souvenir de jeunesse pour évoquer une image troublante, qui ne cesse de le hanter. La scène de départ se déroule pendant un cours de physique où Rilke, encore étudiant, découvre le phonographe. Fixées sur un cylindre de cire, les voix resurgissent dans le silence : phénomène, qui, même si l'on se familiarise avec sa mécanique, demeure « tout aussi surprenant, proprement bouleversant d'une fois à l'autre[4] ». En revenant plus tard sur cette expérience, Rilke la considère comme un moment fondateur où il s'est trouvé pour la première fois « en présence d'un lieu nouveau de réalité, encore infiniment fragile – le son, indépendant, extrait de nous et conservé au-dehors, qui devait rester inoubliable ».

D'abord enfoui dans les strates de la mémoire, ce souvenir n'arrête pas de resurgir. Quinze ans plus tard, il se superpose à la fascination que Rilke ressent, lorsqu'il étudie l'anatomie, pour le crâne humain, dont la « fonction capitale » est de « prendre sous sa protection la plus ferme l'organe le plus

1 Rainer Maria Rilke, *Gong* (1925). (*Son qui n'est plus pour l'oreille, / oreille plus profonde qui / nous écoute, faux écouteurs. /Conversion d'espaces...*), trad. de l'allemand par Philippe Jaccottet, in *Oeuvres*, vol. 2, Paris, Seuil, 1972, p. 459.

2 John Cage, *Pour les oiseaux. Entretiens avec Daniel Charles* (1976), Paris, L'Herne, 2002, p. 250.

3 Max Neuhaus, in *Une conversation entre Max Neuhaus & Ulrich Loock* (1990), in *Les pianos ne poussent pas sur les arbres*, textes réunis et présentés par Daniel Balit et Matthieu Saladin, Dijon, Les presses du réel, 2019, p. 133.

4 Rainer Maria Rilke, *Bruit originaire* (*Urgeräusch*, 1919), trad. de l'allemand par C. Mouchard et H. Hartjie, in *Lettres à un jeune poète, Proses*, Paris, Le livre de poche, 1989. Les citations suivantes sont tirées de cette traduction.

# In Search of Primal Sound
# Emanuele Quinz

*"Nicht mehr für Ohren...: Klang,*
*der, wie ein tieferes Ohr,*
*uns, scheinbar Hörende, hört.*
*Umkehr der Räume. Entwurf*
*innerer Welten im Frein..."*[1]
— Rainer Maria Rilke

"The entire world must be made into music!"[2]
— John Cage

"What goes in the ear is never fixed [...]
What goes in the ear is constantly influenced by its past, its future, its current need."[3]
— Max Neuhaus

I.

In an unusual text, from 1919, the poet Rainer Maria Rilke writes of a troubling image, stemming from a childhood memory, that has never ceased to haunt him. The image's first scene takes place in a physics lesson during which Rilke, as a student, for the first time lays eyes on a phonograph. Voices engraved in a wax cylinder surge out of the silence: a phenomenon that even after one understands the mechanics of it "on every reception of it, remained astonishing, indeed truly staggering."[4] Reflecting later on this experience, Rilke sees it as a foundational moment in which, for the first time, he found himself at "a new and incredible point in the texture of reality, from which something far greater than ourselves, yet indescribably immature, seemed to be appealing to us as if seeking help. At the time and all through the intervening years I

1 Rainer Maria Rilke, *Gong* [1925]: "No longer for ears...: sound / which, like a deeper ear, / hears us, who only seem / to be hearing. Reversal of spaces," *The Selected Poetry of Rainer Maria Rilke*, trans. Stephen Mitchell (New York, Random House, 1989), 283.

2 John Cage, *For the Birds, John Cage in conversation with Daniel Charles* [1976] (Boston-London, Marion Bryars, 1981), 204.

3 Max Neuhaus, "A Conversation Between Max Neuhaus and Ulrich Loock," in *Elusive Sources and "Like" Spaces* (Torino: Galleria Giorgio Persano, 1990), np.

4 Rainer Maria Rilke, "Primal Sound" [*Urgeräusch*, 1919], in Rainer Maria Rilke, *Selected Works, vol. I, Prose*, trans. G. Craig Houston (New York: New Directions, 1961), 51–56. The quotes that follow throughout are from that translation.

exposé de tous qui, ainsi hermétiquement enfermé, pourrait exercer des effets sans limite ». Et c'est alors, dans les dérives d'un regard distrait et inopiné au crâne qui traîne dans son appartement parisien, dans la pénombre vibrante des bougies, qu'une image surgit : que se passerait-il si l'on posait la pointe d'un phonographe sur la suture sagittale de l'os frontal, si « on l'engageait sur une trace qui ne provint pas de la traduction graphique d'un son, mais qui fût une chose existante par soi, une chose naturelle » ? L'image, troublante, évoque un son, que le poète appelle « bruit originaire » (*Urgeräusch*), dont la nature énigmatique lui échappe et l'attire en même temps. Dès lors, les vannes sont ouvertes, l'imagination – que Rilke définit comme « une particularité rythmique » – multiplie les visions dans un caléidoscope vertigineux : non seulement le crâne, « cette boîte singulière, fermée à l'espace investi par le monde », mais aussi d'autres surfaces matérielles, d'autres tracés inscrits dans la chair des choses, des corps et du monde pourraient ainsi être lus par la pointe du phonographe, pour laisser émerger des voix, pour « les sentir, métamorphosées, s'imposer dans un autre domaine du sensible » ?

Après un autre saut de quinze ans, l'image revient, cette fois évoquée par l'étude de la poésie arabe. Elle ne pose alors plus seulement la question d'une circulation entre des ordres hétérogènes de réalité – le matériel et l'éthéré, le visuel et le sonore, le naturel et le mécanique, le corporel et le mnémonique – mais se rattache au questionnement pressant d'une définition de l'art dans son rapport avec l'horizon complexe de la sensorialité. Si la poésie européenne apparaît submergée et subjuguée par « le sens de la vue, surchargé d'univers », la poésie arabe met à contribution tous les cinq sens, « comme cinq leviers ». En élargissant la focale, Rilke explique :

> « Si l'on représente par un cercle le champ d'expérience du monde dans son ensemble, y compris les domaines qui nous dépassent, on est aussitôt frappé de voir combien plus grandes sont les zones obscures, figurant ce qui est inaccessible à nos sens, mesurées aux parties lumineuses bien plus petites, qui correspondent à l'éclairage sensoriel. »

Alors « le risque est, pour le poète, de prendre conscience des abîmes qui séparent chaque ordre de l'existence sensible des autres : en vérité, ces abîmes ont assez de largeur et de force d'attraction pour arracher à nos prises la plus grande partie du monde – et qui sait de combien d'autres mondes. »

Et, dans le jeux de récurrences et persistances fantasmatiques que Rilke multiplie, comme dans un *stream of consciousness* qui se plie et se déplie afin de dégager une perspective théorique, le cercle se clôt : le souvenir de jeunesse, l'image du phonographe, de la « mystérieuse machine » capable de donner voix aux tracés des corps, aux vibrations de la matière vivante, réapparaît, comme une métaphore puissante de la capacité de l'art à « établir la liaison, en fin de compte urgente, entre des domaines si étrangement séparés ».

II.

Peu connu, le texte de Rilke a été inclus et commenté par Friedrich Kittler dans son ouvrage *Gramophone, Film, Typewriter* (1986). En mettant l'image troublante proposée par Rilke à l'épreuve des connaissances de la physiologie, la psychiatrie et l'ingénierie de l'époque, Kittler l'interprète comme le point de départ d'une nouvelle esthétique qui, par le transfert d'une

believed that that independent sound, taken from us and preserved outside of us, would be unforgettable."

This recollection, at first buried among the strata of memory, will reappear. Fifteen years later, it layers itself on top of a later experience that occurs when, while studying anatomy, Rilke becomes fascinated with the human skull, the "utmost achievement" of which is to "make just in this part a special effort to render a decisive service by providing a most solid protection for the most daring feature of all. "It is then—out of drifting, unanticipated views of a human skull among other possessions appearing from the vibrant, candlelit penumbra of his Paris apartment, that this image comes to Rilke: What would happen if you touched a phonograph stylus to the sagittal suture of the skull's frontal bone, if you found yourself tracing something that did not come from the graphical translation of sound, but that existed, fully organically, on its own." This troubling image evokes a sound that the poet calls "primal sound" (*Urgeräusch*), the enigmatic nature of which both evades and attracts him. From that moment forth the floodgates of Rilke's imagination—which he defines as a "rhythmic peculiarity"—are opened, multiplying dizzy images as in a kaleidoscope: images not only of the skull, "that particular structure" [...] for which "our own body is the outside world," but of other material surfaces, other grooves carved into the flesh of objects, of bodies, of the world: could all, in this way, be read by the phonograph's stylus to allow voices to emerge: to "feel them, metamorphized, imposing themselves on a separate domain of the senses?"

The image returns after another fifteen-year hiatus, summoned this time by Arab poetry. It no longer comes in the form of a proposed interaction between different orders of reality—material and ethereal, visual and auditory, corporeal and mnemonic—but attaches itself urgently to the idea of defining art in relation to the complex horizon of the senses. While European poetry seems submerged and subjugated to "sight, overladen with the world," Arab poetry exploits all five senses as if "acted upon by all five levers." Widening his focus, Rilke explains:

> "If the world's whole field of experience, including those spheres which are beyond our knowledge, be represented in a complete circle, it will be immediately evident that when the black sectors, denoting that which we are incapable of experiencing, are measured against the lesser, light sections, correspond to that which is illuminated by the senses, the former are very much greater."

Therefore the risk, for the poet, "lies in his awareness of the abysses which divide the one order of sense experience from the other: in truth they are sufficiently wide and engulfing to sweep away from before us the greater part of the world, who knows how many worlds?" And the circle is closed in a game of recurrence and persisting fantasms that Rilke repeatedly conjures, as in a stream of consciousness folded and unfolded that one might summon from it a theoretical perspective: the childhood memory, the image of the phonograph, that "mysterious machine" able to give voice to

réalité sensible à l'autre, révèle la nature intermédiaire de l'art. En même temps, il souligne comment, dans ce transfert, les supports, tout en gardant un lien avec leurs sources, assument une forme d'autonomie. Le tracé et la voix sont « des écritures sans sujet » : « Il n'est plus nécessaire d'attribuer un auteur à chaque trace, serait-ce même Dieu[5]. »

L'image de l'aiguille du gramophone « placée sur des concrétions anatomiques purement aléatoires » décrit un lien entre la matérialité physique des corps et celle des événements médiatiques et, en même temps, relève l'indifférence de ce « bruit originaire » qui se convertit en « l'exact contraire de son propre médium – en ce bruit blanc qu'aucune écriture ne peut enregistrer[6] ». Car – et dans cette intuition réside l'importance fondamentale de la contribution de Kittler à une théorie générale des médias – si, d'une part « l'acoustique émerge de la physiologie, la technique de la nature[7] », de l'autre « une acoustique en contrôle une autre[8] ». En d'autres termes : « Les médias techniques, dont les informations empruntent des canaux physiques, fonctionnent avec un bruit de fond intrinsèque[9] ». Ce bruit n'est pas seulement le brouillage du signal dû à la matérialité même des machines et des corps, mais la persistance inéliminable de la vibration du monde, le bruissement de la vie, qui résonne à travers les corps, et qui fait résonner les corps dans l'espace.

Pour Kittler, la vision de Rilke a « l'acuité d'un diagnostic, [...] à cette époque fondatrice, lorsque les trois premiers médias techniques – phonographe, cinéma et machine à écrire – distinguèrent pour la première fois les domaines de l'acoustique, de l'optique et de l'écriture[10] ». La nouvelle esthétique qu'elle introduit s'accomplit à travers l'usage expérimental des machines ou, comme le dirait plus tard Moholy-Nagy, fait d'un « instrument de reproduction, un instrument de production[11] ». Par ce détour technologique, la perspective de l'art se trouve radicalement déplacée : son mandat n'est plus de représenter ou d'imiter les formes de la nature, ou d'exprimer les péripéties sentimentales d'un sujet humain mais, au contraire, de saisir et de transmettre le « bruit originaire » du monde, la voix des choses qui habitent l'espace qui nous entoure.

Pour appuyer son analyse, Kittler rappelle le méconnu *Essai technique et esthétique sur la machine parlante*, publié en 1924 par le dramaturge autrichien Rudolf Lothar. Dans son texte, Lothar ébauche une nouvelle théorie du spectacle, où les apports de la phonographie prolongent les illusions du théâtre en démultipliant les effets de présence. Même si la dimension sonore lui permet de complexifier l'expérience scénique et relativiser la dominance du visuel, son approche reste encore centrée sur le texte et sur une dramaturgie traditionnelle qui décrit un monde limité à l'humain. Cependant, lorsqu'il explique comment l'œuvre de l'art se prolonge dans la mémoire, Lothar semble introduire une perspective plus

5 Friedrich Kittler, *Gramophone, Film, Typewriter* (*Grammophon, Film, Typewriter*, Brinkman & Bose, Berlin, 1986), trad. de l'allemand par Frédérique Vargoz, préface d'Emmanuel Alloa, postface d'Emmanuel Guez, Dijon, Les presses du réel, 2017, p. 102. Dans l'ouvrage de Kittler, le texte de Rilke est présenté (p. 95-99) dans la traduction de R. Colombat, in Œuvres en prose, Paris, Gallimard, 1993, p. 635 *sq*.

6 *Ibid.*, p. 103.

7 *Ibid.*, p. 102.

8 *Ibid.*, p. 109.

9 *Ibid.*

10 *Ibid.*, p. 110.

11 Lazlo Moholy-Nagy, « Neue Gestaltungen in der Musik. Möglichkeiten des Grammophons », *Der Sturm*, n° 14, 1923, p. 103 (cit. in *ibid*, p. 105).

outlines of bodies, to the vibrations of living matter; all reappear like a mighty metaphor for art's capacity to "establish the connection so urgently needed between the different provinces now so strangely separated from one another."

## II.

Friedrich Kittler included, and commented on, this relatively unknown text of Rilke's in his book *Gramophone, Film, Typewriter* (1986). Evaluating the troubling image proposed by Rilke in the light of contemporary physiology, psychiatry, and engineering, Kittler sees it as the starting point for a new aesthetic that reveals the intermediary role played by the arts as transferring agent between one sensory reality and another. At the same time, he underlines how, in the process of this transference, the underlying grooves, or recorded data, take on a degree of autonomy even as they maintain a link with their sources. Recordings and the voice are "subject-less writings"–'It is no longer necessary to assign an author to every trace, not even God.'[5] This image of a gramophone needle "set [on] ... random anatomical lines" describes a link between the materiality of a body and that of mediated events; at the same time, it highlights the indifference of this "primal sound" that turns itself into "the very opposite of his own medium–the white noise no writing can store"[6]. If–and in this intuition we find the fundamental contribution of Kittler's theory to a general theory of media–if on the one hand "acoustics arises from physiology, technology from nature,"[7] on the other hand "one acoustics controls the other."[8] In other words, "Technological media operate against a background of noise because their data travel along physical channels."[9] This noise is not only the result of signals blurred by the very physical properties of bodies and machines, but by the ineluctable persistence of the world's vibrations, the sounds of life that resonate through all physical bodies and cause them to resonate, in turn, in space.

For Kittler, "Rilke's astute diagnosis only applies to the founding age when the three ur-media: phonograph, film, and typewriter; first differentiated acoustics, optics, and writing."[10] The aesthetic they introduce works through the experimental use of machines, or as Moholy-Nagy would say later, turns "an instrument of reproduction into an instrument of production."[11] The artistic perspective is radically displaced by this technological detour; no longer is its mandate to represent or imitate nature's forms, or to

5 Friedrich A. Kittler, *Gramophone, Film, Typewriter* [1986], trans. Geoffrey Winthorp-Young and Michael Wutz (Stanford, CA: Stanford University Press, 1999), 44.

6 Ibid., 45.

7 Ibid., 44.

8 Ibid., 49.

9 Ibid., 45.

10 Ibid., 50.

11 Lazlo Moholy-Nagy, "Neue Gestaltungen in der Musik. Möglichkeiten des Grammophons," *Der Sturm* 14, no.7 (1923): 103 (cit. in ibid., 46).

complexe, évoquant une stratification entre ce que Rilke appelle « les ordres de réalités » hétérogènes :

> « Les disques n'ont jamais autant d'effets que lorsqu'ils sont étroitement couplés avec des souvenirs. Rien ne parvient à faire surgir les souvenirs mieux qu'une voix humaine. Peut-être parce que rien ne s'oublie plus vite qu'une voix. Le souvenir en soi ne meurt cependant pas en nous – sa couleur, son caractère sombrent dans notre subconscient où ils attendent leur résurrection[12]. »

Mais au contraire de Lothar, tout en soulignant l'importance des jeux de résonnances de l'écoute dans la mémoire et l'imagination, Rilke n'hésite pas à détacher l'écoute esthétique de la musique du son de la composition[13] et, en même temps, à déplacer l'art de l'attention au sujet comme monde vers le monde comme sujet. De cette manière, il ouvre la voie à un *art des bruits*.

III.

Le manifeste *L'Art des bruits* est publié par le peintre futuriste Luigi Russolo en 1913 :

> « La vie antique ne fut que silence. C'est au XIXe siècle seulement, avec l'invention des machines, que naquit le Bruit… […] Chaque manifestation de notre vie est accompagnée par le bruit. Le bruit nous est familier. Le bruit a le pouvoir de nous rappeler à la vie. Le son, au contraire étranger à la vie, toujours musical, chose à part, élément occasionnel, est devenu pour notre oreille ce qu'un visage trop connu est pour notre œil. Le bruit, jaillissant confus et irrégulier hors de la confusion irrégulière de la vie, ne se révèle jamais entièrement à nous et nous réserve d'innombrables surprises[14]… »

Confronter l'expérience de Rilke aux expérimentations contemporaines des futuristes italiens permet d'entrevoir des points communs, et de saisir les racines d'un tournant esthétique et artistique riche d'échos qui, au lieu de s'éteindre, retentissent de plus en plus proches et actuels.

Inaugurant l'ère des avant-gardes, le futurisme s'impose comme un mouvement global qui, à partir d'une véhémente pulsion vers le renouvellement, s'engage sur tous les fronts de la création en visant une « transformation radicale de la sensibilité ». Diffracté dans une multitude de manifestes et d'œuvres hétérogènes, apparaît en contrejour le projet unitaire de « rentrer dans la vie[15] », de « s'introduire dans l'essence de la matière[16] ». Une stratégie qui implique, selon le

12 Rudolph Lothar, *Die Sprechmaschine. Ein technisch-aesthetischer Versuch*, Leipzig, Feuer-Verlag, 1924, p. 58 (cit. in Kittler, *op. cit.*, p. 103).

13 Kittler explique (p. 104) : « L'aiguille posée sur cette suture du crâne ne produit que des bruits. Et à l'écoute de signes qui ne proviennent pas de la traduction graphique d'un son, mais sont des lignes anatomiques aléatoires, aucun corps n'a besoin d'être visuellement imaginé. C'est le corps lui-même qui produit du bruit. Et l'impossible réel a lieu. »

14 Luigi Russolo, *L'Art des Bruits* (*L'Arte dei Rumori*, 1913), textes établis et présentés pas Giovanni Lista, Paris, Allia, 2013, p. 9-22.

15 Balla, Boccioni, Carrà, Russolo, Severini, *Manifeste des peintres futuristes* (*La pittura futurista. Manifesto tecnico*, 1910), in *Futuristie. Manifestes, documents, proclamations*, textes établis et présentés pas Giovanni Lista, Lausanne, L'Âge d'Homme, 1973, p 165.

16 Filippo Tommaso Marinetti, *Manifeste technique de la littérature futuriste* (*Manifesto tecnico della letteratura futurista*, 1912), in *Ibid.*, p. 145.

express the emotional wanderings of a human subject; rather, it must seize and transmit the world's "primal sound," the voice of those objects that inhabit the spaces around us.

In support of this analysis, Kittler cites the little-known *Essai technique et esthétique sur la machine parlante* (Technical and Aesthetic Essay on the Talking Machine), published in 1924 by the Austrian playwright Rudolf Lothar. In this text, Lothar comes up with a new theory of dramatic arts in which the phonograph prolongs theatrical illusions by downgrading the effects of immediate presence. Though the acoustical dimension allows him to deepen the experience of each scene and to relativize the visual sphere's dominance, Lothar's approach is still centered on text, and on traditional drama which describes a purely human world. And yet, when he explains how the art's influence is extended by memory, Lothar seems to introduce a more complex perspective evoking a stratification that separates what Rilke calls heterogeneous "orders of reality":

> "The more it is linked to our memories, the stronger the record's effect will be. Nothing excites memory more strongly than the human voice, maybe because nothing is forgotten as quickly as a voice. Our memory of it, however, does not die–its timbre and character sink into our subconscious where they await their revival."[12]

But while underlining the importance of auditory resonances in memory and imagination, Rilke (unlike Lothar) does not hesitate to detach the aesthetic appreciation of music from the composition's sounds;[13] at the same time, he turns the art of apprehending the subject as a world, toward that of apprehending the world as a subject. In this way he opens the door to an *art of sounds*.

III.

The Futuristic painter Luigi Russolo publishes the manifesto *The Art of Noises* in 1913:

> "In older times life was completely silent. In the nineteenth century, with the invention of machines, Noise was born. […] Every manifestation of life is accompanied by noise. Noise is therefore familiar to our ears and has the power of immediately reminding us of life itself. But sound is alien to life, is always musical and a thing unto itself, an occasional and not an essential element, and it has become for our ears what a too familiar face is to our eyes. Noise, instead, comes to us in a confused and

12 Rudolph Lothar, *Die Sprechmaschine. Ein technisch-aesthetischer Versuch* (Leipzig: Feuer-Verlag, 1924) 58 (cit. in Kittler, *Gramophone, Film, Typewriter*, see note 5; 45).

13 Kittler explains: "Replaying the skull's coronary suture yields nothing but noise. And there is no need to add some hallucinated body when listening to signs that are not the result of the graphic translation of a note but rather random anatomical lines. Bodies themselves generate noise. And the impossible real transpires." Ibid., 46.

Luigi Russolo, « L'arte dei rumori. Manifesto futurista » in *Direzione del Movimento Futurista*, 1913.

Luigi Russolo, "L'arte dei rumori: Manifesto futurista," in *Direzione del Movimento Futurista*, 1913.

# L'ARTE DEI RUMORI

## Manifesto futurista

**Caro Balilla Pratella, grande musicista futurista,**

A Roma, nel Teatro Costanzi affollatissimo, mentre coi miei amici futuristi Marinetti, Boccioni, Carrà, Balla, Soffici, Papini, Cavacchioli, ascoltavo l'esecuzione orchestrale della tua travolgente **Musica futurista,** mi apparve alla mente una nuova arte che tu solo puoi creare: l'Arte dei Rumori, logica conseguenza delle tue meravigliose innovazioni.

La vita antica fu tutta silenzio. Nel diciannovesimo secolo, coll'invenzione delle macchine, nacque il Rumore. Oggi, il Rumore trionfa e domina sovrano sulla sensibilità degli uomini. Per molti secoli la vita si svolse in silenzio, o, per lo più, in sordina. I rumori più forti che interrompevano questo silenzio non erano nè intensi, nè prolungati, nè variati. Poichè, se trascuriamo gli eccezionali movimenti tellurici, gli uragani, le tempeste, le valanghe e le cascate, la natura è silenziosa.

In questa scarsità di *rumori,* i primi *suoni* che l'uomo potè trarre da una canna forata o da una corda tesa, stupirono come cose nuove e mirabili. Il *suono* fu dai popoli primitivi attribuito agli dèi, considerato come sacro e riservato ai sacerdoti, che se ne servirono per arricchire di mistero i loro riti. Nacque così la concezione del suono come cosa a sè, diversa e indipendente dalla vita, e ne risultò la musica, mondo fantastico sovrapposto al reale, mondo inviolabile e sacro. Si comprende facilmente come una simile concezione della musica dovesse necessariamente rallentarne il progresso, a paragone delle altre arti. I Greci stessi, con la loro teoria musicale matematicamente sistemata da Pitagora, e in base alla quale era ammesso soltanto l'uso di pochi intervalli consonanti, hanno molto limitato il campo della musica, rendendo così impossibile l'armonia, che ignoravano.

Il Medio Evo, con gli sviluppi e le modificazioni del sistema greco del tetracordo, col canto gregoriano e coi canti popolari, arricchì l'arte musicale, ma continuò a considerare il suono *nel suo svolgersi nel tempo*, concezione ristretta che durò per parecchi secoli e che ritroviamo ancora nelle più complicate polifonie dei contrappuntisti fiamminghi. Non esisteva *l'accordo;* lo sviluppo delle parti diverse non era subordinato all'accordo che queste parti potevano produrre nel loro insieme; la concezione, infine, di queste parti era orizzontale, non verticale. Il desiderio, la ricerca e il gusto per l'unione simultanea dei diversi suoni, cioè per *l'accordo* (suono complesso) si manifestarono gradatamente, passando dall'accordo perfetto assonante e con poche dissonanze di passaggio, alle complicate e persistenti dissonanze che caratterizzano la musica contemporanea.

L'arte musicale ricercò ed ottenne dapprima la purezza, la limpidezza e la dolcezza del suono, indi amalgamò suoni diversi, preoccupandosi però di accarezzare l'orecchio con soavi armonie. Oggi l'arte musicale, complicandosi sempre più, ricerca gli amalgami di suoni più dissonanti, più strani e più aspri per l'orecchio. Ci avviciniamo così sempre più al *suono-rumore*.

**Questa evoluzione della musica è parallela al moltiplicarsi delle macchine,** che collaborano dovunque coll'uomo. Non soltanto nelle atmosfere fragorose delle grandi città, ma anche nelle campagne, che furono fino a ieri normalmente silenziose, la macchina ha oggi creato tanta varietà e concorrenza di rumori, che il suono puro, nella sua esiguità e monotonia, non suscita più emozione.

Per eccitare ed esaltare la nostra sensibilità, la musica andò sviluppandosi verso la più complessa polifonia e verso la maggior varietà di timbri o coloriti strumentali, ricercando le più complicate successioni di accordi dissonanti e preparando vagamente la creazione del **rumore musicale.** Questa evoluzione verso il « suono - rumore » non era possibile prima d'ora. L'orecchio di un

chef de file Filippo Tommaso Marinetti, la nécessité pour l'art d'abandonner le solipsisme du *Je*, de la conscience-point terminal, en le remplaçant par l'immédiate transitivité de l'intuition : de la réflexion comme repli conceptuel, analytique, à l'automatisme des réflexes physiques, aux effets de réverbération ; de la perspective psychologique à la stimulation physiologique.

> « [...] détruire systématiquement le *Je* littéraire parce qu'il s'éparpille dans la vibration universelle [...], ausculter à travers les objets en liberté et les moteurs capricieux, la respiration, la sensibilité et les instincts des métaux, des pierres, du bois, etc. Remplacer la psychologie de l'homme, désormais épuisée, par l'obsession lyrique de la matière[17]. » « La poésie des forces cosmiques détrône ainsi la poésie de l'humain[18]. »

C'est dans les manifestes des peintres du premier futurisme que se dessine la morphologie du cosmos futuriste :

> « Tout bouge, tout court, tout se transforme rapide-ment. Un profil n'est jamais immobile devant nous, mais il apparaît et disparait sans cesse. Étant donnée la persistance

17 *Ibid.*, p. 136.

18 Marinetti, *La splendeur géometrique et mécanique et la sensibilité numérique* (*Lo splendore geometrico e meccanico e la sensibilità numerica*, 1914), in *Ibid*, p.148.

> irregular way from the irregular confusion of life; it never reveals itself entirely to us and keeps innumerable surprises in reserve."[14]

Contrasting Rilke's experiences with the contemporaneous experiments of Italian Futurists allows us to detect common elements between them, as well as the roots of a rich aesthetic and artistic development that, far from fading, creates echoes that are increasingly close and relevant to our time.

Inaugurating the era of avant-gardes, Futurism establishes itself as a global movement that, vehemently striving for renewal, engages on every creative front by aiming for a "radical transformation of sensibility." A coherent drive to "reenter into life"[15] and "break into the essence of matter"[16] takes shape against the diffuse backdrop of a plethora of manifestos and heterogeneous works. It's a strategy that, according to leading spokesman Filippo Tommaso Marinetti, implies that art must abandon the terminal point of consciousness, the solipsistic "I," in favor of an immediate

14 Luigi Russolo, *The Art of Noises* [1913], in *Futurism. An Anthology*, eds. Lawrence Rainey, Christine Poggi, Laura Wittman (New Haven & London: Yale University Press, 2009), 133, 137.

15 Balla, Boccioni, Carrà, Russolo, Severini, "Futurist Painting: Technical Manifesto" [1910], in *Futurism. An Anthology*, eds. Lawrence Rainey, Christine Poggi, Laura Wittman (New Haven & London: Yale University Press, 2009), 65.

16 Filippo Tommaso Marinetti, "Technical Manifesto of Futurist Literature" [1912], in *Futurism. An Anthology*, eds. Lawrence Rainey, Christine Poggi, Laura Wittman (New Haven & London: Yale University Press, 2009), 122.

de l'image sur la rétine, les objets en mouvement se multiplient, se déforment, en se poursuivant comme des vibrations précipitées, dans l'espace qu'ils parcourent[19]. »

Univers cinétique, cinématique, ou mieux *cinématographique*, où les dynamiques de la présence se gravent dans la chair de la matière, se superposent aux jeux de réactivation et projection de la mémoire : « L'espace n'existe plus », prolongé par une constellation de figurations éclatées, « symboles persistants de la vibration universelle[20] ».

En visant l'activation des composantes physiques de ses supports, au-delà (ou, plutôt, en deçà des codes et des syntaxes), l'art ne se définit plus comme un moyen d'expression, mais comme une caisse de résonnance, ou d'amplification qui, comme le phonographe de Rilke, permet aux voix qui animent l'univers d'émerger – des êtres vivants aux machines, des espaces planétaires aux villes industrielles. Les lettres, les lignes, les bruits qui s'assemblent dans les œuvres n'agissent pas seulement comme des signes mais s'y condensent comme des traces de présences, d'irradiations énergétiques, de matières actives. Par conséquent, en forçant les frontières des formats traditionnels, et faisant de l'œuvre l'espace d'inscription de forces plus que de formes, l'art devient polysensoriel, simultané, synesthésique, se mélange à la vie et s'impose comme expérience totale.

Dans leur exaltation incendiaire, les futuristes ne négligent pas la dimension technologique de leur révolution. Les transformations techniques de la société moderne se posent à la fois comme cause et effet de la sensibilité en voie de mutation, et dictent à l'art l'impératif d'une démarche expérimentale. Mais, si les potentiels des nouveaux moyens d'enregistrement de l'image, de la photographie au cinéma, donnent lieu à des expériences radicales, produisant une constellation de visions qui brouillent la perspective et dynamisent la perception, pour la dimension sonore Russolo privilégie des modes de production mécaniques. Ses *Intonarumori*, présentés avec éclat dans des concerts dans les années 1920, apparaissent vite anachroniques, au moment où se diffusent les premiers instruments électroniques, comme les ondes Martenot.

Dans les années 1930, quand le futurisme n'est plus un mouvement d'avant-garde mais plutôt de propagande, Marinetti publie le manifeste *La radia* (1933) où il prône « un art nouveau qui commence où cessent le théâtre, le cinématographe et la narration[21] ». Par l'amplification et la diffusion du son à distance, il envisage « une immensification de l'espace » : « Non plus visible ni cadrable, la scène devient universelle et cosmique. » En continuité avec les proclamations visionnaires du début, il s'agit de mettre en œuvre – par la technique, et par l'art comme technique – une « captation, amplification et transfiguration de vibrations émises par les êtres vivant » (mais aussi par les morts), et également « de vibrations émises par la matière » : « Comme aujourd'hui nous écoutons le chant de la forêt et de la mer, demain nous serons séduits par les vibrations d'un diamant ou d'une fleur... » Comme le phonographe pour Rilke, la radio apparaît à Marinetti comme une « mystérieuse machine », non pas comme un simple support mécanique qui fixe et diffuse des ondes,

19 Balla, Boccioni, Carrà, Russolo, Severini, *op. cit.*, p. 163.

20 *Ibid.*

21 Filippo Tommaso Marinetti, Pino Masnata, « La Radia, Manifesto Futurista dell'Ottobre 1933 », La *Gazzetta del Popolo*, Turin, 22 Septembre 1933. Les citations suivantes sont tirées du même texte (trad. E. Quinz.)



transitivity of intuition: of thought as a retreat, both analytical and conceptual, toward the autonomy of the physical reflex, toward the effects of reverberation: from psychological perspective to physiological stimulation.

> "We want to destroy systematically the literary "I" in order to scatter it into the universal vibration and reach the point of expressing infinitely minuscule enti- ties and molecular movements"[17]. "Capture the breath, the sensibility, and the instincts of metals, stones, woods, and so on, through the medium of free objects and capricious motors. Substitute, for human psychology now exhausted, the lyrical obsession with matter".[18] "Thus the poetry of cosmic forces supplants the poetry of the human"[19]

The morphology of the Futurist cosmos is sketched out in the manifestos of the painters of early Futurism:

> "Indeed, all things move, all things run, all things are rapidly changing. A profile is never motionless before our eyes, but constantly appears and disappears. On account of the persistency of an image upon the retina, moving objects constantly multiply themselves, change shape, succeeding one another, like rapid vibrations, in the space which they traverse."[20]

It's a kinetic, cinematic, or rather *cinematographic* universe in which the dynamics of presence etch themselves into the tissue of matter, overlaying memory's games of reactivation and projection: "space no longer exists" drawn into a constellation of exploded networks, "persistent symbols of universal vibration."[21]

Art, by aiming to activate the physical components of its sources and techniques beyond (or rather beneath) its codes and syntaxes, no longer defines itself as a means of expression but rather as a resonating drum, or as an amplification that, like Rilke's phonograph, allows the voices animating the universe–from living creatures to machines, from planetary space to industrial cities–to emerge. The letters, lines, sounds that gather in works of art function not only as signs but are condensed therein as traces of presence, of irradiated energies, of active matter. As a result, by breaking through the frontiers of traditional formats, and by turning the work of art into a space in which forces, rather than forms, are etched, art itself becomes polysensorial, simultaneous, synesthetic, mixing itself into life as a full and complete experience.

The Futurists, in all their fiery exaltation, do not neglect the technological dimension of their revolution. The technical trans-

17 Filippo Tommaso Marinetti, "Geometrical and Mechanical Splendor and the Numerical" [1914], in *Futurism. An Anthology*, eds. Lawrence Rainey, Christine Poggi, Laura Wittman (New Haven & London: Yale University Press, 2009), 176.

18 Marinetti, see note 16; 122.

19 Marinetti, see note 17; 176.

20 Balla, Boccioni, Carrà, Russolo, Severini, see note 15; 64.

21 Balla, Boccioni, Carrà, Russolo, Severini, see note 15; 65.

mais comme une sorte de mémoire artificielle qui dépasse et, en même temps, déplace les limites de la perception humaine, en s'innervant dans une étendue qui est à la fois physique et métaphysique, transcendance éthérée et immanence terrienne. En suspens entre connexion médiumnique et utopie médiatique, entre vibration extatique et vision esthétique, Marinetti projette ainsi l'apparition d' « un pur organisme de sensations radiophoniques », capable de relier une fois pour toutes l'humain au cosmique.

Même au travers de leur instabilité incandescente, il est possible d'entrevoir dans la constellation des manifestes futuristes l'ébauche d'une transformation radicale de perspective, en résonnance avec la vision de Rilke. Trois points sont à retenir : d'abord, l'art (nouveau) ne peut émerger qu'au-delà des frontières de l'art (traditionnel). C'est la voie des avant-gardes qui introduisent un tournant expérimental dans l'art, visant le dépassement du répertoire codifié des formes pour s'attaquer aux forces, pour atteindre l'horizon énigmatique et vibrant de la vie. Ensuite, mobilisée pour plonger dans cet horizon, l'introduction des bruits reconnecte la dimension sonore à l'espace. Contre la musique, art du temps, émerge un art de l'espace sonore. Enfin, par le même mouvement, le bruit définit l'espace de l'art comme un environnement, un espace vivant, habité par des présences, activé par des actions. Un espace où chaque chose a sa voix.

IV.

La même dimension d'ouverture cosmique sera reprise par Edgar Varèse qui, comme les futuristes, rêve « de faire de la musique avec tous les sons possibles[22] ». Mais à la naïve production mécanique futuriste, basée sur des processus de simple accumulation et assemblage, il oppose une méthode de rigoureuse expérimentation qui ne renonce pas à ce qu'il appelle la « synthèse compositionnelle ». Ce n'est pas la dimension figurative, l'évocation directe des sources par les bruits, qui gêne Varèse dans les expériences futuristes. Car, pour lui, « tout est figuratif[23] » : les bruits et les sons sont toujours pris dans des enchaînements à la fois formels et symboliques, dans une trame complexe d'interdépendances. Bien au contraire, la relation du son avec l'environnement représente sans doute un des plus importants points de contact avec la poétique futuriste :

> « Depuis que la musique existe, c'est du son. Le son, comme l'homme, est une chose qui ne peut que vivre, exister que dans le domaine atmosphérique. Quand l'homme a entendu le bruit du premier choc, un son frappait son oreille. Or nous avons tendance à limiter la musique à ce qui est exprimé sur le papier, par les symboles très imparfaits et très arbitraires que sont les notes[24]. »

22 Edgard Varèse, *Écrits*, Paris, Christian Bourgois, 1983, p. 70. Sur les rapports entre Varèse et les futuristes, voir Fred Prieberg, *Musica ex machina. Über das Verhältnis von Musik und Technik*, Berlin-Frankfurt-Wien, Verlag Ullstein, 1960.

23 Georges Charbonnier, *Entretiens avec Edgar Varèse*, Paris, Éditions Pierre Belfond, 1970, p. 65.

24 *Ibid.*, p. 35.

formations within modern society are both cause and effect of changing sensibilities, and impose on art a process of experimentation. While the potential of new means of recording images, from photography to the moving picture, offer opportunities for radical experiments and produce a constellation of visions that blur perspective and energize perception, Russolo nevertheless prioritizes mechanical means of production for the auditory dimension. His *intonarumori*, which are featured in celebrated 1920s concerts, soon appear anachronistic in a time when the first electronic instruments, such as the ondes Martenot, become widely available.

In the 1930s when Futurism, no longer an avant-garde movement, has turned into a form of propaganda, Marinetti publishes a manifesto called *La radia* (1933) in which he advocates for "a new art that begins where theater and film and narration leave off."[22] He imagines "Immense enlargement of space": "the scene no longer visible or frameable now becomes universal and cosmic." In line with his earliest visionary proclamations, he writes of activating through technical means, and through art-as-technology, an "interception amplification and transfiguration of vibrations emitted by living beings by living spirits" (but also by dead ones), as well as "vibrations emitted by matter just as today we listen to the song of the woods and the sea tomorrow we will be seduced by the vibrations of a diamond or a flower." Like the phonograph for Rilke, radio for Marinetti appears to be a "machine of mystery": not merely a simplistic mechanical tool to define and transmit electronic waves, but a sort of artificial memory that simultaneously exceeds and extends the limits of human perception by innervating a space both physical and metaphysical, ethereal transcendance and earthly immanence. Suspended somewhere between a psychic connection and a media-utopia, between ecstatic vibration and aesthetic vision, Marinetti foresees the appearance of "a pure organism of radiophonic sensations" able to link, once and for all, the human and the cosmic.

Even through their incandescent instability, it is possible to see within the constellation of Futurist manifestos the beginnings of a radical transformation of perspective that resonates with Rilke's vision. One must keep in mind three salient points: first, (new) art can only emerge beyond the frontiers of (traditional) art. This is the path chosen by avant-garde movements that introduce an experimental trend in art, seeking to go beyond the codified repertoire of forms and shapes to take on basic forces; to reach the enigmatic, vibrant horizon of life. Next, mobilized to plunge into this horizon, the introduction of noise reconnects the aural dimension to the space. In contrast with music–the art of time–an art of soundscape emerges. Finally, as part of the same movement, noise defines the artistic space as an environment, as a living space inhabited by presence, ignited by actions. A space where every object has its own voice.

22 Filippo Tommaso Marinetti, Pino Masnata, *La Radia* (*La Radia, Manifesto Futurista dell'Ottobre 1933*), in ibid., 292–295. The quotes that follow for Martinetti are from this translation.

Edgar Varèse, *Ionisation*, 1929-1931.
Fondation Paul Sacher, Bâle, CH

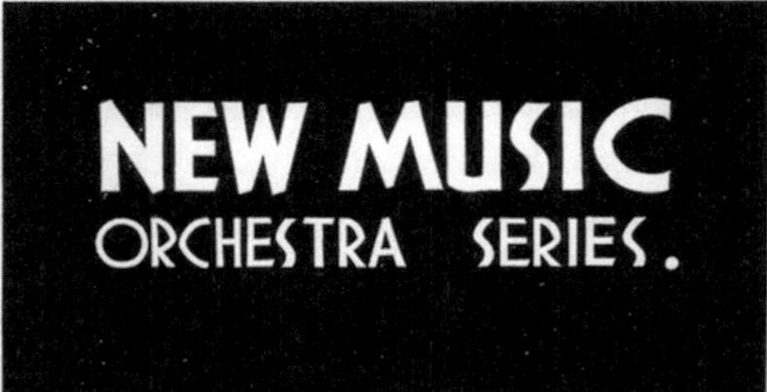


Dans ses œuvres, où il fait un usage massif de percussions et introduit l'électronique, Varèse, comme Russolo, déplace l'attention de l'étude des formes à l'interrogation des forces, des densités, des intensités, avec l'objectif de capter les irradiations de « l'énergie cosmique ». Comme Russolo, Varèse définit l'art sonore comme une relation au monde, à la nature, et non simplement comme un jeu de langage ou de codes arbitraires. Et, comme Russolo, refusant toute vision idéalisée, arcadique ou romantique de la nature comme un milieu sauvage et intact, il l'envisage à la fois comme *macrocosme* – l'univers dans ses nébuleuses configurations d'astres et de vides sidéraux – et comme *microcosme*, « le milieu dans lequel les gens vivent, et les choses à travers lesquelles ils réagissent[25] », comme un horizon naturel-artificiel qui s'étend aux métropoles modernes et industrielles et aux mécaniques complexes des machines.

Mais alors que dans leurs créations les futuristes déchaînent des masses indociles de bruits avec le seul but d'évoquer des ambiances urbaines frénétiques et dérangeantes, Varèse n'hésite pas à soumettre la matière sonore à de complexes machinations pour en transformer l'essence – comme dans la quête de Rilke d'un bruit originaire.

Au moment où il remplace l'*Art des bruits* par ce qu'il appelle « l'Art des sons organisés », Varèse concrétise sa stratégie à travers des opérations de molécularisation, d'atomisation et d'*ionisation* de la matière sonore. Pour utiliser les termes des philosophes Gilles Deleuze et Félix Guattari, la démarche de Varèse se pose comme « une machine musicale de consistance », dont la « sobriété calculée[26] » des structures et des processus arrive à transformer le chaos.

25 *Ibid.*, p. 40.

26 Gilles Deleuze, Félix Guattari, *Mille Plateaux*, Paris, Les Éditions de Minuit, 1980, p. 423-425.

Edgar Varèse, *Ionisation*, 1929-1931.
From the Paul Sacher Foundation, Basel.

## IV.

The same aspect of cosmic openness will be taken up by Edgar Varèse who, like the Futurists, dreams "of making music with all sounds possible."[23] But instead of the Futurists' brand of naïve mechanical production based on simple processes of accumulation and assembly, he advocates a rigorous experimental method that does not abjure what he calls "compositional synthesis." It's not the figurative dimension, the direct evocation of a source by the sound it makes in Futurist experiences that bothers Varèse, since for him "everything is figurative"[24]–noise and sounds are always tied, in a complex web of interdependencies, to chain reactions both formal and symbolic. Quite the contrary: the relationship between sound and environment doubtless represents one of the most important points Varèse has in common with Futurist poetics:

> "Ever since music existed, it was sound. Sound, like man, is something that has no choice but to live, to exist in the atmosphere. When man heard the first noise from the first shock of an object hitting another object, sound touched his ears. Nevertheless, we tend to limit music to what can be expressed on paper, through the very imperfect, very arbitrary symbols that are musical notes."[25]

In works where he massively relies on percussion and also introduces electronic sound, Varèse, like Russolo, shifts his study of forms toward interrogating forces, densities, and intensities, with the aim of capturing the irradiations of a "cosmic energy." Like Russolo, Varèse defines sound-art as a relationship with the planet, with nature, rather than simply as a game of linguistics or arbitrary codes. Also like Russolo, he refuses all idealized, arcadian or romantic visions of nature as an intact wild space, seeing it instead as both *macrocosm*–the universe in all its nebulous configurations of astral bodies and interstellar space–and as a *microcosm*, "the environment in which people live, as well as the objects through which they react",[26] a natural/artificial horizon that extends to modern industrial metropoles and beyond, to the complex gearings of machines. However, while Futurists seek through their creations to set loose the unruly mass of wild noise with the sole aim of summoning the frenetic, upsetting environments of a city, Varèse has no qualms about running aural material through complex devices in order to transform their very essence–as in Rilke's quest for "primal sound."

At the same time as he replaces the *Art of noises* with what he calls "art of organized sounds," Varèse substantifies his theories

23 Edgard Varèse, *Écrits* (Paris: Christian Bourgois, 1983), 70. For the relationship between Varèse and the Futurists see Fred Prieberg, *Musica ex machina. Über das Verhältnis von Musik und Technik* (Berlin-Frankfurt-Vienna: Verlag Ullstein, 1960).

24 Georges Charbonnier, *Entretiens avec Edgar Varèse* (Paris: Éditions Pierre Belfond, 1970), 65.

25 Ibid., 35.

26 Ibid., 40.

Ainsi, dans *Déserts* (1954), œuvre pour orchestre et bandes magnétiques, le compositeur demande à Pierre Henry de remixer les sons enregistrés dans l'espace urbain et une usine de Philadelphie pour impulser leur transformation : les interpolations produisent un effet de « désert », une vibration raréfiée où les évènements sonores s'espacent progressivement et les rythmes cassés étirent la temporalité dans une tension hallucinée, en anticipant la spatialisation qui, grâce aux développements des technologies de diffusion, ne tardera pas à transformer ultérieurement l'esthétique sonore : de la musique au son, de la composition à l'environnement.

V.

Lorsqu'elles tracent la généalogie de l'émancipation du bruit dans l'histoire de la musique occidentale, les analyses canoniques incluent parmi les protagonistes, aux côtés des futuristes et de Varèse, Pierre Schaeffer, John Cage et Raymond Murray Schafer[27]. À ces noms, il faudrait ajouter au moins Max Neuhaus, Pauline Oliveros et Alvin Lucier. Chez tous ces compositeurs, la stratégie d'élargissement du périmètre sonore est souvent liée à un moment spécifique, à un événement qui est de l'ordre de la révélation, relaté dans des récits qui ne sont pas sans rappeler celui de Rilke. Ce n'est pas un hasard que l'attention au bruit soit éveillée par une découverte souvent inattendue, qui brouille les certitudes et ouvre une percée sur un horizon insoupçonné. Et, comme pour Rilke, cette fulguration ne cesse d'œuvrer dans la mémoire et dans l'imagination, comme une étincelle qui, oscillant entre réaction et projection, entre hantise et spéculation, n'arrête pas d'activer des synapses.

Ainsi, Pierre Schaeffer, quand il raconte l'expérience qui l'a conduit à celle qu'il appellera « la musique concrète », n'hésite pas à élever la chronique de son expérience personnelle au statut de mythe fondateur :

> « Depuis Pan et sa flûte, l'arc musical des Pygmées, les cordes de Pythagore, le son n'avait jamais été coupé de sa source, ni du temps de son éphémère existence, ni de l'événement dont il n'est que le sous-produit.
> Depuis Edison et Charles Cros, la cire maladroite d'un cylindre fixe un son si déformé qu'on ne reconnaît guère son importance, si ce n'est celle d'un jouet scientifique. Depuis la haute-fidélité, ce même son surgit des microsillons avec une telle netteté qu'on oublie le miracle. On ferme les yeux, l'imaginaire suffit : c'est une copie conforme. Entre le cylindre insuffisant et microsillon trop parfait s'introduit un incident : le graveur ferme le sillon sur lui-même et fait prisonnier 1/78 de minute, une petite seconde : dans ce filet du temps se débat le poisson qui, longuement, recommence la même respiration, avant d'expirer d'ennui, privé du flux du temps et des autres créatures sonores qui, l'environnant, lui donnaient du sens.
> Cet incident est la trouvaille même, rejetée ou inaperçue, ou bien recueillie et déchiffrée. Elle apprend ceci : que le son, désormais détaché de ses sources, de ses causes, peut exister en tant que tel [...] Découverte analogue

27 Un cas pour tous : Jean-Jacques Nattiez, qui affirme que « toute la musique du XX^e^ siècle se caractérise par un déplacement de la limite entre musique et bruit » (*Musicologie Générale et Sémiologie*, Paris, Christian Bourgois, 1987, p. 71-72).

by molecularizing, atomizing and *ionizing* sound's raw material. In the language of philosophers Gilles Deleuze and Félix Guattari, Varèse's method represents "a musical machine of consistency" which through the "calculated sobriety"[27] of structures and processes manages to transform chaos.

In "*Déserts*" (1954), a composition for orchestra and recording tapes, the composer requires Pierre Henry to remix sounds recorded in the streets and in a Philadelphia factory in order to power their transformation: the various interpolations create a "desert" effect, a rarefied vibration in which auditory events are progressively spaced out, and broken rhythms via a hallucinatory tension stretch time itself. The work prefigures a spatialization that, thanks to imrprovements in transmission technology, will soon transform auditory aesthetics: from music to sound, from composition to the environment.

V.

Canonical anthologies that trace the genealogy of sound's emancipation through the history of Western music include, along with Varèse and the Futurists, Pierre Schaeffer, John Cage, and Raymond Murray Schafer.[28] To this list we should add, at least, the names of Max Neuhaus, Pauline Oliveros, and Alvin Lucier. In the case of all these composers, the strategy of widening the auditory perimeter is often linked to a specific moment in time, to an event that feels more like a revelation and is described in anecdotes not unlike Rilke's. It's hardly a coincidence that an awareness of sound or noise should be awakened by an unexpected discovery that blurs certainties and opens a line of sight toward an unsuspected horizon. And as with Rilke, this bolt of lightning continues to act on memory and imagination like a spark that, by oscillating between reaction and projection, between haunting and speculation, constantly fires up the synapses.

Thus Pierre Schaeffer, while describing the experience that led him to what he calls "concrete music," does not hesitate to elevate the story of his personal experience to the status of founding myth:

> "Ever since Pan and his pipe, the Pygmies' musical bow, the strings of Pythagoras, sound has never been severed from its source, nor from the time of its ephemeral existence, nor from the event of which it is the by-product. After Edison and Charles Cros the rough wax of a recording cylinder locks in a sound so deformed that no one recognizes its significance. After high fidelity comes along, that same sound rises so clearly from the recording's grooves that the miracle of its creation is forgotten.

27 Gilles Deleuze, Félix Guattari, A *Thousand Plateaus: Capitalism and Schizophrenia* [1980], trans. Brian Massumi (Minneapollis-London: University of Minnesota Press, 1987), 343, 344.

28 One representative example: Jean-Jacques Nattiez, who affirms that "All 20th century music is characterized by a shift in the borders between music and noise," in *Musicologie Générale et Sémiologie* (Paris: Christian Bourgois, 1987), 71–72.

et aussi effrayante que celle de la culture des tissus se reproduisant et bourgeonnant par eux-mêmes, coupés de leur origine naturelle et de leur environnement. Le chercheur, un peu conscient, qui trouve cela, ne fait pas que se réjouir : il tremble d'avoir franchi un seuil redoutable [...]. C'est bien ce qui arrive, il est vrai dans un temps où la musique, désintégrée par la série, n'avait rien à perdre. Peu importe ce qu'en font les contemporains : il reste une recherche fondamentale. À vrai dire commencée chez Pythagore : ses disciples, en situation " acousmatique", écoutaient des sons dont l'origine était voilée. La trouvaille, de mécanique et manipulatoire qu'elle était, se retourne alors vers l'auteur, devient spirituelle et consciente. C'est l'écoute qui est en jeu. Écoutions-nous vraiment de la musique ou la regardions-nous ? un travail de l'oreille commence[28]... »

En opposition à la démarche d'Eimert et de ses collègues, qui dans les mêmes années esquissaient au *Studio de Cologne* les premiers pas de la musique électronique, créant des sons synthétiques grâce à des oscillateurs électriques de fréquences ou des générateurs d'impulsion, Schaeffer travaille avec des matériaux dérivés. À la synthèse de sons artificiels, il oppose l'analyse des sons naturels ou enregistrés. Dans le *Studio d'essai pour l'expérimentation radiophonique* qu'il fonde en 1944, il cumule des bandes sonores, qu'il coupe et remonte à l'aide d'un tourne disque. Ainsi naissent les premières Études (*aux Chemins de Fer, aux Tourniquets, aux Casseroles*) diffusées par la radio en 1948, sous le titre *Concert de bruits*. Il annote :

« À force d'accumuler des sons ayant valeur d'indice, ces indices finissent par s'annuler, ne plus évoquer le décor ou les péripéties d'une action, mais s'articuler pour eux-mêmes, former entre eux des chaînes sonores, bien entendu, hybrides. Quoique des fragments de mots ou de phrases puissent s'y trouver contenus (comme des inclusions végétales dans des minéraux), il va sans dire qu'ils y sont détournés, sinon de leur sens, du moins de leur emploi. Une sorte de musique sonore, à défaut de musique, est créée *ex abrupto*[29]. »

Dès les débuts de ses recherches, Schaeffer constate que tout phénomène sonore a « une âme, à la fois naturelle et culturelle, sauvage et civilisée », et que « tout ce qui est bruitage évoque un événement, tandis que le moindre son instrumental se réclame de la musique[30] ». Le chercheur ressent alors l'impression de « se retrouver dans un monde contradictoire, de se voir pris entre deux abîmes », les sons de ses compositions demeurent suspendus entre *séquences dramatiques* et *séquences musicales* :

« La séquence dramatique contraint l'imagination. On assiste à des événements, départ, arrêt. On voit. La locomotive se déplace, la voie est déserte ou traversée. La machine peine, souffle, se détend - anthropomorphisme[31]. »

Par conséquent, pour obtenir une séquence musicale, il rend

28 Pierre Schaeffer, *Discours rapide*, in *De l'expérience musicale à l'expérience humaine*, « La Revue musicale » Paris, Richard-Masse, 1971, p. 41-44.

29 Pierre Schaeffer, *À la recherche d'une musique concrète*, Paris, Seuil, 1952, p. 19.

30 *Ibid.*

31 *Ibid.*

We close our eyes, imagination fills the gap: it's a perfect copy. An incident occurs between the rough wax cylinder and the overly perfect micro-groove: the stylus shuts the groove on itself and imprisons 1⁄78 th of a minute, a tiny second: within this web of time a sound-fish wriggles, drawing desperate breaths until finally–deprived of the flow of time and of the other neighboring, sounding creatures that once gave its life meaning–it dies of boredom."

"This is the very incident of discovery, whether rejected or overlooked, or recorded and decoded. It teaches us this: that sound, now severed from its source and cause, can exist by and of itself [...] It's a discovery that is analogous to, and just as frightening as, the discovery of organic tissues which, cut off from their natural origins and environment, reproduce and flourish alone. Any conscious researcher discovering this does not merely rejoice: he trembles from having taken a fearsome step forward [...] This is exactly what happens, though at a time when music, broken into linear series, has nothing to lose anyway. Never mind what others in this time frame will do with it, this remains a fundamental line of research. In fact, it was Pythagoras who started it all. His disciples, listening "acousmatically," heard sounds whose source was veiled. The discovery, though mechanical and manipulative, is returned to the author and becomes spiritual and conscious. Hearing itself is in play. Were we really listening to music, or looking at it? The work of the ear begins ..."[29]

Unlike Eimert and his colleagues, who during those same years were taking the first steps toward electronic music at the Cologne Studio by creating synthetic sounds with electronic frequency oscillators or generators, Schaeffer works with second-hand material. Instead of synthesizing artificial input he uses a breakdown of natural or recorded sounds. In the *Studio d'essai pour l'expérimentation radiophonique* (Studio for Radiophonic Experimentation) which he founded in 1944, he collects recordings that he then edits on a record player. This is the genesis of the first "Études (aux Chemins de Fer, aux Tourniquets, aux Casseroles)" (Études (for Railroad, for Tourniquets, for Saucepans)), broadcast in 1948 with the title "Symphony of Noises." He notes:

"By accumulating more and more clue-bearing sounds, the clues end up canceling each other out, not summoning the background or the evolution of a given act but articulating themselves, linking up with each other in auditory, obviously hybrid, chains. While fragments of words or sentences might end up within (like bits of vegetable matter in a mineral), it goes without saying that they are diverted, if not from their meaning, at

29 Pierre Schaeffer, "Discours rapide," in *De l'expérience musicale à l'expérience humaine, La revue musicale* (Paris: Richard-Masse, 1971), 41–44.

nécessaire de couper le cordon ombilical, de libérer le bruit de son lien avec la source, de sa fonction descriptive ou figurative. C'est grâce à un geste technique, la méthode dite du « sillon fermé[32] » que Schaeffer arrive à isoler un son ou un fragment du flux sonore et, à travers sa répétition, à l'émanciper de ses connexions causales et anecdotiques : « Répétez deux fois le même fragment sonore : il n'y a plus événement, il y a musique[33]. » À la technique du sillon fermé s'associe celle que Schaeffer appelle, en reprenant un terme de la tradition pythagoricienne, une « situation acousmatique[34] », capable d'induire une « écoute réduite » qui, faisant intentionnellement et artificiellement abstraction de la cause et du sens d'un son, peut l'envisager « pour sa texture, sa matière, sa couleur ». Cette méthode calque et en même temps renverse paradoxalement la perspective de l'image de Rilke. Car, si Rilke s'intéresse à la capacité des machines d'exhiber la voix des choses qui composent le monde, afin d'opérer des transferts intersensoriels suggestifs et de remuer les gisements inépuisables de la mémoire, et imagine donc un art où le sonore est relation avec le monde, Schaeffer ne cesse d'exercer, à l'aide de la technologie, des césures, en visant « une architecture construite directement sur la logique du matériau lui-même, dont le sens est dans ses proportions internes[35]. »

VI.

À son tour, John Cage, dans un entretien avec Daniel Charles, s'approche de la vision de Rilke :

> « Regardez ce cendrier. Il est dans un état de vibration. Nous en sommes sûrs, et le physicien peut nous le prouver. Mais nous ne pouvons entendre ces vibrations. Quand je suis rentré dans la chambre anéchoïque, j'ai pu m'entendre moi-même. Eh bien, je veux à présent, au lieu de m'écouter moi-même, écouter ce cendrier. Pour cela, je ne vais pas le frapper, comme je le ferais d'un instrument à percussion. Je vais écouter sa vie intérieure. J'y parviendrai grâce à une technologie appropriée, qui n'aura sûrement pas été montée pour cela. Mais en même temps, j'exalterai cette technologie : je lui donnerai pleine liberté pour s'exprimer, pour développer ses possibilités[36]. »

Émaillés d'anecdotes qui, comme des *koans* zen, assument l'exemplarité de la parabole, les textes théoriques de John Cage déploient une constellation de références qui relient les expériences des avant-gardes européennes aux philosophies orientales. Dans un récit, devenu une pierre angulaire de

32 Comme l'explique Michel Chion : « L'expérience du sillon fermé consistait, en un temps où cette musique se faisait sur le disque souple, à refermer un fragment enregistré sur lui-même (comme peut le faire, par accident une rayure), créant ainsi une phénomène périodique prélevé, au hasard ou de façon préméditée, dans la continuité d'un événement sonore ». Avec la diffusion des magnétophones, le sillon fermé a été remplacé par la boucle de bande magnétique » (*Guide des objets sonores. Pierre Schaeffer et la recherche musicale*, Paris, Buchet/Chastel, INA 1983, p. 20).

33 Schaeffer, *À la recherche d'une musique concrète*, *op.cit.*, p. 21.

34 « *Acousmatique* (mot dérivé du grec ancien) se dit d'un bruit que l'on entend sans voir les causes dont il provient. Ce mot a été repris par Pierre Schaeffer « pour désigner une expérience aujourd'hui très courante, mais assez peu reconnue dans ses conséquences, qui consiste à écouter par la radio, le disque, le téléphone, le magnétophone, etc., des sons dont la cause est invisible. » (Chion, *op. cit.*, p. 18.)

35 Pierre Schaeffer, *Traité des objets musicaux*, Paris, Seuil, 1966, p. 86.

36 Cage, *Pour les oiseaux*, *op. cit.*, p. 271.

> least from common usage. Absent music, a form of auditory music is created *ex abrupto*."[30]

From the very beginnings of his research Schaeffer realizes that every auditory phenomenon possesses "a soul, simultaneously natural and cultural, savage and civilized," and that "everything which makes noise evokes an event, while the smallest instrumental sound claims kinship with music."[31] At this point the researcher gets the impression that he "finds himself in a contradictory world, sees himself trapped between two abysses," the sounds of his compositions suspended between *dramatic sequences* and *musical sequences*:

> "The dramatic sequence constrains the imagination. One is present at events, beginning, end-point. One looks on. The locomotive moves off, the track is empty or not. The machine strains, pants, relaxes–anthropomorphism."[32]

Therefore, to come up with a musical sequence one must cut the umbilical cord, to free noise from its connection to source, from its descriptive or figurative function. It's thanks to a technical gimmick, the method called "closed groove,"[33] that Schaeffer manages to isolate a given sound or fragment of soundtrack and, by repeating it, emancipate the causal and anecdotal connections: "Repeat twice the same fragment of sound: there's no longer an event, there is music."[34] The closed-groove technique is associated with one that Schaeffer, harking back to Pythagorian tradition, calls an "acousmatic situation"[35] capable of inducing "reduced listening." This in turn, as it intentionally and artificially abstracts itself from source and meaning of a given sound, can apprehend "its texture, its composition, its color." The method traces and at the same time, paradoxically, turns upside down Rilke's image. While Rilke is interested in the ability of machines to give voice to the objects populating the world in order to create suggestive transfers between the senses and to stir up the bottomless wells of memory–thus imagining a form of art in which the auditory enjoys a close relationship with the outside world–Schaeffer never ceases to create caesurae with the aid of technology, aiming for "an architecture built directly on the logic of the material itself, whose meaning lies in its internal proportions."[36]

30 Pierre Schaeffer, *À la recherche d'une musique concrète* (Paris: Seuil, 1952), 19.

31 Ibid.

32 Ibid.

33 As explained by Michel Chion, "The closed-groove experiment, in an era when music was recorded on soft vinyl, consisted of closing a recorded fragment in on itself (as an accidental scratch might), thus creating a periodic phenomenon lifted, randomly or on purpose, from the continuity of an acoustic event." With the spread of tape-recorders the closed groove was replaced by the looped tape. *Guide des objets sonores. Pierre Schaeffer et la recherche musicale* (Paris, Buchet/Chastel: INA 1983), 20.

34 Schaeffer, *À la recherche d'une musique concrète*, see note 30; 21.

35 "Acousmatic is a term derived from ancient Greek meaning a sound one hears without observing the source. The term was adopted by Pierre Schaeffer 'to indicate an experience that is very common today, but whose consequences are rarely understood, that consists of listening–via radio, record, telephone, tape recorder, etc.–to sounds with no visible provenance.'" (Chion, see note 33; 18).

36 Pierre Schaeffer, *Traité des objets musicaux* (Paris: Seuil, 1966), 86.

Le compositeur John Cage lors de son concert à l'occasion de l'inauguration de la National Arts Foundation, Washington DC, USA, 1966.
Photo. Rowland Scherman, Getty Images

Composer John Cage during his concert held at the opening of the National Arts Foundation, Washington DC, USA, 1966.
Photo by Rowland Scherman, from Getty Images.

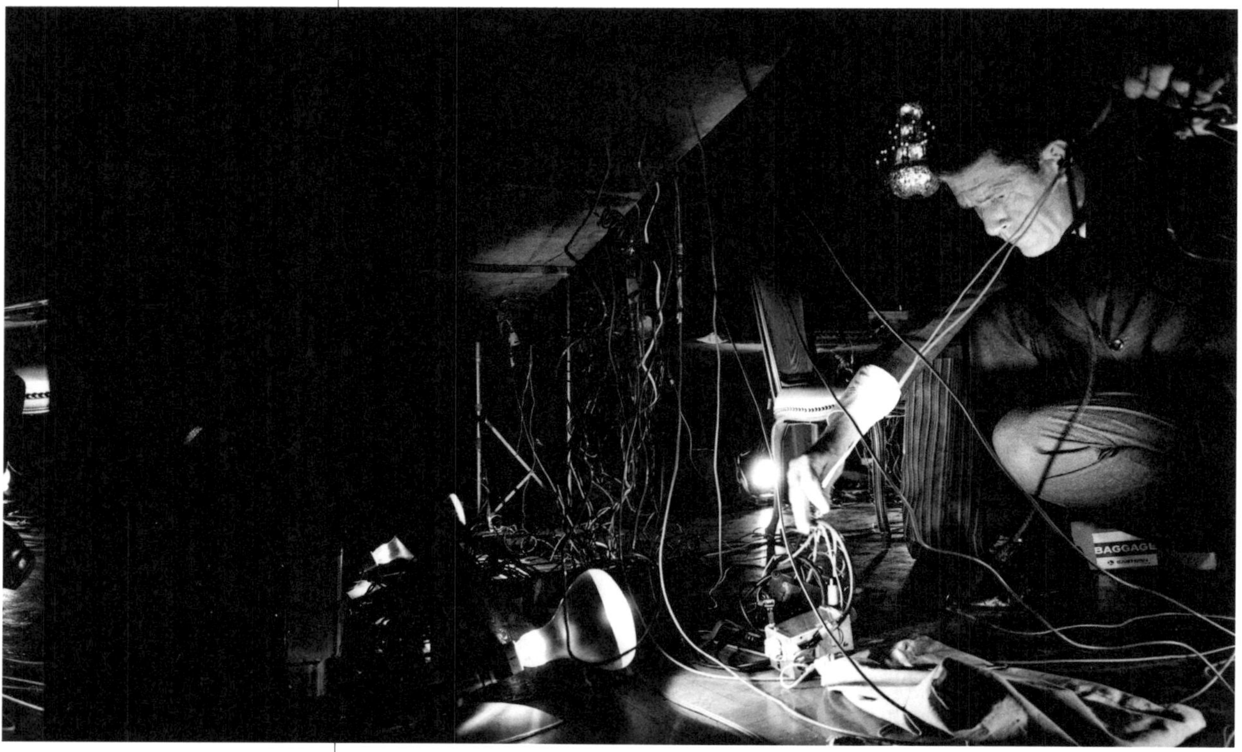

l'histoire de la musique contemporaine, de la visite à la chambre anéchoïque de l'université d'Harvard, le compositeur raconte qu'il veut faire l'expérience du silence absolu. En s'immobilisant pour concentrer son attention sur l'écoute, il perçoit les bruits de son propre corps, en comprenant que le silence n'est pas vide mais *transparence* : « Si l'activité s'arrête, on voit immédiatement que le reste du monde ne s'est pas arrêté[37]. » C'est à partir de ce moment fondateur que Cage commence à concevoir l'art comme une stratégie de la transparence (sonore) ou, en reprenant les termes de D.T. Suzuki, de l'*interpénétration* et de la *non-obstruction*. Une stratégie qui impose le dépassement de la musique dans ses formes traditionnelles, ainsi que de toute intentionnalité ou expressivité, de toute grille compositionnelle ou considération qualitative, pour limiter l'action de l'artiste au déploiement d'un dispositif purement quantitatif (que Cage appelle, de manière très pragmatique, *utility*) permettant le libre surgissement des sons qui composent l'environnement : seulement quand l'homme se tait, quand il arrête d'imposer sa voix ou sa musique, les sons peuvent émerger, et retrouver leur liberté.

Si des paramètres comme la définition d'une situation et d'une durée constituent des *utilities* fondamentales pour laisser place à cette émergence, les technologies d'amplification peuvent contribuer – comme l'exemple du cendrier l'explique – à révéler « la vie intérieure » des objets. Plus que d'une forme de naturalisme, l'attitude de Cage relève d'un *panthéisme sonore*, partant du présupposé que « chaque chose a son esprit et chaque chose produit un son[38] ». C'est dans cette perspective que Cage s'intéresse aux microphones de

37 John Cage in Richard Kostelanetz, *Conversations avec John Cage*, trad. de l'anglais et présenté par Marc Dachy, Paris, Éditions des Syrtes, 2000, p. 106.

38 *Ibid.*, p. 97.

## VI.

John Cage, in turn, starts to approach Rilke's vision. In a conversation with Daniel Charles, he says:

> "Look at this ashtray. It's in a state of vibration, we're sure of that, and the physicist can prove it to us. But we can't hear those vibrations. When I went into the anechoic chamber, I could hear myself. Well, now instead of listening to myself, I want to listen to this ashtray. But I won't strike it as I would a percussion instrument. I'm going to listen to its inner life thanks to a suitable technology, which surely will not have been designed for that purpose. But at the same time, I'll be enhancing that technology since I'll be recognizing its full freedom to express itself, to develop its possibilities."[37]

John Cage's theoretical texts–enriched with anecdotes which, like a Zen koan, inhabit the parable's inner meaning–deploy a constellation of references that link the experiences of the European avant-garde to Eastern philosophies.

In a story that has become a cornerstone of modern musical history, the composer tells of his visit to Harvard University's anechoic chamber to experience absolute silence. Keeping quite still in order to concentrate, he hears nothing but the sounds of his

37 John Cage, *For the Birds, John Cage in conversation with Daniel Charles* [1976] (Boston: Marion Bryars, 1981), 220–221.

contact, qu'il utilise notamment dans *Cartridge Music* (1960) ou dans *Child of Tree* (1975) et *Branches* (1976) où il explore des « matériaux végétaux amplifiés » (*amplified plant materials*). Si le phonographe pouvait conduire Rilke à imaginer une sorte de miroir technologique capable de secréter du corps humain une voix inhumaine, les technologies constituent pour Cage des outils qui lui permettent d'ausculter les échos des autres voix, au-delà de l'humain.

Car, pour Cage, « les sons ne sont pas de l'ordre d'un résultat[39] » : au fond, le bruit originaire du monde, dont la technique permet de saisir des vibrations, ne saurait jamais être fixé dans une forme, ni transcrit dans un texte ou enfermé dans un objet, car il demeure *processus*. Il n'est pas *essence*, mais *existence*.

VII.

Dans son célèbre *The Tuning of the World* (1976), Raymond Murray Schafer propose la notion de *paysage sonore (soundscape)* à la fois comme « l'environnement des sons », l'ensemble d'éléments sonores « considérés comme faisant partie du cadre de vie[40] » d'un individu ou d'une communauté, et comme une nouvelle typologie d'œuvre sonore, basée sur une stratégie environnementale qui s'oppose au modèle de la composition traditionnelle.

La réflexion de Murray Schafer se fonde sur la distinction des modes de fonctionnement de la perception sonore par rapport à la perception visuelle. Si Rilke avait souligné comment la poésie occidentale était marquée par la prédominance d'une culture visuelle, Murray Schafer étend la visée de ce constat à l'horizon social et, dans le sillage de Marshall McLuhan, confirme comment, grâce aux technologies de diffusion et de reproduction du son, le sujet contemporain découvre au travers de la dimension sonore une relation perceptive avec l'environnement, singulière, à la fois plus dense et plus profonde :

> « L'espace auditif est très différent de l'espace visuel. Nous sommes toujours au bord de l'espace visuel - nous nous penchons pour regarder à l'intérieur. Mais nous sommes toujours au centre de l'espace auditif - nous tendons l'oreille vers l'extérieur[41]. »

La définition de *soundscape* découle de cette position « au centre de l'espace auditif » : l'univers sonore s'étale comme un horizon acoustique immersif, circulaire ou même sphérique. À l'encontre de cette dimension inclusive, celle que Murray Schafer appelle « la musique absolue », la tradition musicale occidentale, privilégie un dispositif d'émission et réception frontal. En se fondant historiquement sur un processus progressif d'abstraction et de mise à distance, elle a procédé, d'une part, à la mise en place des situations d'écoute protégées et ritualisées et, de l'autre, à la réduction de la complexité vibrante de l'environnement, donnant l'avantage de la linéarité d'un flux structuré comme un texte. Si la convergence de frontalité et de linéarité a permis à la musique de s'institutionnaliser dans une perspective codifiée qui re-

39 Cage, *Pour les oiseaux*, *op. cit.*, p. 288.

40 Raymond Murray Schafer, *Le Paysage Sonore* (*The Tuning of the World*, 1976), Paris, J.C. Lattès, 1979, p. 376.

41 Raymond Murray Schafer, *Je n'ai jamais vu de son*, in Claude Schryer, « Art et environnement sonore », *Possibles*, n° 4, Montréal, automne, 1996, np.



own body, and understands from this that silence is not a void but a transparency: "when activity comes to a stop, what is immediately seen is that the rest of the world has not stopped."[38] From this foundational moment on, Cage begins to conceive of art as a strategy of transparency or, going back to D.T. Suzuki's terms, of *interpenetration* and *non-obstruction*. It's a strategy that demands leaving behind all traditional forms of music, as well as all intentionality or expressivity, any compositional grid or consideration of quality, to limit the artist to deploying purely quantitative instrumentation (for which Cage uses the pragmatic term "utility"), thus permitting the free emergence of environmental sounds. It's only when humans shut up, when they stop imposing their voice or their music, that true sounds can emerge and regain their freedom. If parameters such as the definition of a situation and a duration constitute fundamental *utilities* that allow this emergence to happen, amplification technologies can contribute–as the ashtray example suggests–to reveal the "inner life" of objects. Cage's attitude is more than a form of naturalism but rather an *auditory pantheism* based on the supposition that "everything has a spirit and everything sounds."[39] It's through this perspective that Cage becomes interested in contact- (or piezo-) microphones; he uses them most notably in *Cartridge Music* (1960), *Child of Tree* (1975)) and *Branches* (1976) to explore "amplified plant materials." If the phonograph was able to lead Rilke to imagine a kind of technological mirror that could press out of the human body an inhuman voice, then later technology, for Cage, furnished tools that allowed him to auscultate echoes from other voices, voices beyond the human.

Because, for Cage, "Sounds are not the same as results":[40] Basically, the world's primal sound, whose vibrations we can pick up thanks to various technologies, can never be locked down to a given form nor transcribed in a text nor imprisoned in an object, because it is always a process. It is not essence, but existence.

VII.

Raymond Murray Schafer, in his celebrated *Soundscape: The Tuning of the World* (1976), proposes the notion of "soundscape" as both an "environment of sounds"–the sum total of auditory elements considered as belonging to the framework of life"[41] for an individual or a community–and as a new typology of sound-work based on an environmental viewpoint that must be opposed to the traditional model of musical composition.

Schafer's thought is based on the distinction of the ways in which sound perception functions in relation to visual perception. Rilke emphasized the predominance of a visual culture in Western

38 John Cage in Richard Kostelanetz, *Conversing with John Cage* [1987] (London-New York: Routledge, 2003), 70.

39 Ibid., 61.

40 Cage, *For the Birds*, see note 37; 233.

41 Raymond Murray Schafer, *The Soundscape. The Tuning of the World* (Rochester: Destiny Books, 1977), 376.

quiert une écoute attentive et, comme l'appelait Adorno, *structurelle*[42], l'impératif des pratiques sonores expérimentales est de renouer avec l'environnement, reconnecter l'art avec le monde, avec les voix qui le font vibrer. En mobilisant une attention flottante et atmosphérique, écouter devient une façon d'habiter l'environnement.

Pour décrire le *soundscape*, Murray Schafer superpose des dimensions spatiales et temporelles : des rapports de persistance, d'intermittence, de proximité et distance, mais aussi des trajectoires de rapprochement et d'éloignement. En opposition à la notion d'*objet* (sonore et musical), encore fortement défendue dans les mêmes années par Pierre Schaeffer, Murray Schafer privilégie celle d'évènement sonore, donnée acoustique concrète, non mesurable, toujours « liée à l'ensemble qui la dépasse[43] ».

Comme pour Russolo, Varèse, Schaeffer et Cage, pour Murray Schafer le développement des technologies d'enregistrement marque un point de bascule dans l'histoire. Si d'une part elles permettent de conserver et documenter les sons, de l'autre elles influencent en profondeur le processus de mémorisation[44] qui est à la base de l'écoute musicale. Comme en avait eu l'intuition Rilke, l'amplification et la reproduction, la transmission à distance permettent à l'art d'opérer un virage – qui par un même mouvement élargit l'horizon de l'écoute et en charge la portée. Élargissant la focale au-delà de l'art, Murray Schafer s'attache à analyser le rôle que ces technologies de communication sonore exercent dans la vie quotidienne, et stigmatise la substitution progressive des sons naturels par les sons artificiels, technologiques, avec le risque d'extinction d'un certain nombre d'événements sonores, mais surtout de la diffusion d'effets d'aliénation[45] :

> « Au départ, chaque son était original. Il ne se produisait qu'à un seul moment et dans un seul lieu à la fois, indissolublement lié au mécanisme qui le produisait. [...] Les sons, impossibles à reproduire, étaient uniques, inimitables [...]. Depuis l'invention des techniques électro-acoustiques de transmission et de conservation, tout son, si infime soit-il, peut être envoyé dans tous les coins du monde ou gardé sur disque pour les générations futures. Nous avons dissocié le son de sa source, nous l'avons arraché à son orbite naturelle, nous lui avons donné une existence amplifiée et indépendante[46]. »

De la même manière, la dislocation médiatique des sons dans l'espace et dans le temps en change le statut : les sons ont perdu leur *aura*, ils vivent de multiples existences artificielles, ils peuvent être reproduits et répétés à l'infini, être partout. De plus en plus dotés d'une agentivité propre, ils assument une forme d'autonomie, de résistance, voire d'hostilité.

42 Cf. Theodor W. Adorno, *Introduction à la sociologie de la musique* (*Einleitung in die Musiksoziologie*, 1962), trad. de l'allemand par Vincent Barras et Carlo Russi, Genève, Contrechamps, 2009.

43 Murray Schafer, *Le paysage sonore*, *op.cit.*, p. 375.

44 Cf. *ibid.*, p. 166 et *sq.*

45 Murray Schafer appelle *schizophonie* la séparation d'un son de sa source, et la situation de production originaire par sa reproduction et transmission électro-acoustique.

46 *Ibid.*, p. 134.

poetry; Murray Schafer extends the reach of that insight to the social horizon and, following Marshall McLuhan, confirms how sound recording and broadcasting technologies allow modern subjects to discover, in the auditory dimension, a perceptive relationship with their environment–a unique relationship, both denser and deeper:

> "Auditory space is very different from visual space. We are always at the edge of visual space, looking in with the eye. But we are always at the centre of auditory space, listening out with the ear."[42]

The definition of soundscape follows from this position "in the center of the auditory space": here the auditory universe spreads out like an immersive acoustic horizon, circular or even spherical. As opposed to this inclusive dimension, the dimension that Murray Schafer calls "absolute music", that is to say, Western musical tradition, focuses on frontal transmission and reception. By basing itself historically on a process of progressive abstraction and distancing, Western tradition sets up, on the one hand, highly ritualized and protected auditory situations, and on the other a reduction in the environment's vibrational complexity that in turn favors linearity in a flow structured like text. While the convergence of frontality and linearity has allowed music to be institutionalized in a coded perspective that requires listening which is concentrated and, as Adorno termed it, *structural*,[43] the prime directive of experimental auditory practice is to reconnect with the environment, once more link art with the world, with the voices that set the world to vibrating. Thus the act of listening, by activating a focus both drifting and atmospheric, becomes a way to inhabit the environment.

In order to describe the "soundscape," Murray Schafer invokes superposed spatial and temporal dimensions that imply relationships of persistence, intermittence, proximity and distance, but also trajectories of lesser and greater separation. To the notion of *object* (auditory and musical), which is strongly supported by Pierre Schaeffer, Murray Schafer prefers *sound event*, which is "not abstractable from the time-and-space continuum [...], related to a whole of greater magnitude than itself."[44]

For Murray Schafer, as for Russolo, Varèse, Schaeffer and Cage, the development of recording technologies marks a tipping point in history. While on one hand such techniques allow the conservation and documentation of sound, on the other they also deeply influence the process of memorization[45] that forms the basis of musical listening. Amplification, reproduction, and long-distance transmission–as Rilke intuited–allow art to change course, and at the same time open up and extend the listening horizon. Widening

42 Raymond Murray Schafer, "I have never seen a sound" [1996], *Canadian Acoustics*, vol. 37, n.3, 2009, 32.

43 Theodor W. Adorno, *Introduction to the Sociology of Music* [1962], trans. E. B. Ashton (New York: Seabury, 1976).

44 Murray Schafer, *The Soundscape. The Tuning of the World*, see note 41; 274.

45 See ibid., 113 and ff.

R. Murray Schafer, *The Tuning of The World*. Toronto (CAN) : McClelland and Stewart, 1977. Photo. Bjarne Tokerud

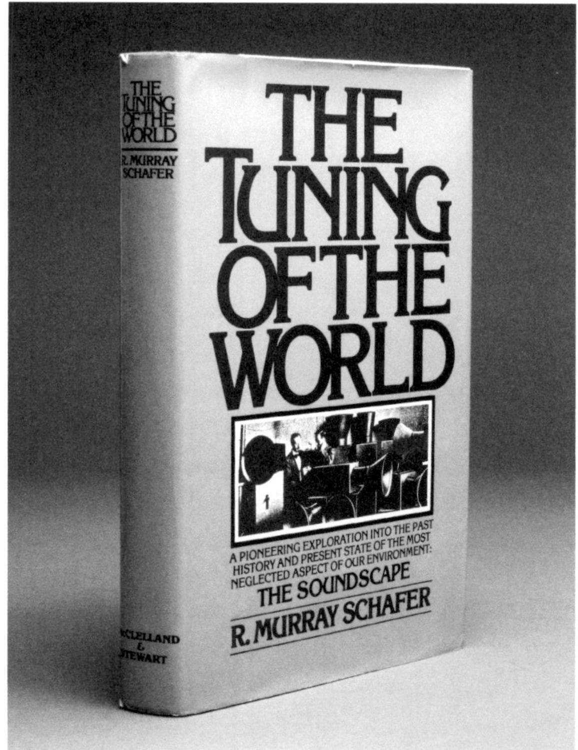


Alors, nous met en garde Murray Schafer, au moment où, grâce aux technologies, émerge de manière nette l'importance du son et la force de son impact, il devient impératif d'éviter l'écueil d'une prolifération massive, d'une pollution extrême où toutes les voix, à peine libérées, s'effacent dans un bruit blanc assourdissant.

Le rôle de l'art n'est plus alors celui d'articuler les sons, mais d'amplifier le silence. Car le silence est « l'élément le plus chargé de virtualité[47] ». Comme l'avait déjà expliqué Cage, finalement le silence n'est qu'un microphone ouvert capable d'amplifier le bruit originaire qui persiste souterrainement.

À la fin de son ouvrage, en reprenant les rêveries des anciens utopistes, Murray Schafer lâche la bride à son imagination et esquisse le dessin de sa *Ville Lumineuse* : les « jardins *sonifères* » s'étendent sous le soleil, les sons des oiseaux se fondent avec les tintements des harpes éoliennes, avec les gargouillements des jeux d'eau. Au fond, abrité par une dense végétation, se dresse un temple où « l'homme las viendra chercher la pureté de l'ultime musique, celle de l'envers de ce monde, le silence, au centre duquel lui parviendront les accents de la musique des sphères[48] ».

47 *Ibid.*, p. 351.

48 *Ibid.*, p. 345.

R. Murray Schafer, *The Tuning of The World*. Toronto, CAN, McClelland and Stewart, 1977. Photo by Bjarne Tokerud.

the focus beyond art, Murray Schafer concentrates on analyzing the role these communication technologies play in daily life, and stigmatizes the progressive replacement of the natural soundscape with artificial and technologically based sounds, which in turn risks the extinction of a certain number of sound events, but most of all risks a spread in effects of alienation:[46]

> "Originally all sounds were originals. They occurred at one time in one place only. Sounds were then indissolubly tied to the mechanisms that produced them. [...] Every sound was uncounterfeitable, unique. [...] Since the invention of electroacoustical equipment for the transmission and storage of sound, any sound, no matter how tiny, can be blown up and shot around the world, or packaged on tape or record for the generations of the future. We have split the sound from the maker of the sound. Sounds have been torn from their natural sockets and given an amplified and independent existence."[47]

In the same way, the mediated dislocation of sound in space and time changes its status: sounds have lost their *aura*, they inhabit multiple artificial existences, they can be reproduced and repeated *ad infinitum*, they can be everywhere. As they take on more and more agency they also assume a form of autonomy, of resistance, even of hostility. In which case, Murray Schafer warns, at the very moment when the importance of sound and the force of its impact emerge out of basic matter, it becomes imperative to avoid the pitfalls of massive proliferation, of an extreme pollution that might happen when all voices, newly liberated, are erased in a deafening white noise.

The role of art is no longer to articulate sound, but to amplify silence. For silence is "a condition of life."[48] As Cage has already explained, in the end, silence is but an open microphone able to amplify the primal sound that perdures underground.

At the end of his work, Murray Schafer goes back to the dreams of ancient utopian thinkers and, giving his imagination full rein, sketches the blueprint of his *Sounding City*: "soniferous gardens" stretch out under the sun, birdsong mingles with notes from an aeolian harp, with the babble of waterworks. A temple, densely shaded by vegetation, rises in the background; there, "the weary may come seeking nothing but the simplicity of the ultimate music on the other side of this world, the silence at the center of which may be heard the ringing of the great orbs of the Music of the Spheres."[49]

46 Murray Schafer calls the separation of sound from source *schizophonia;* he terms the state of reproducing and transmitting primal sound "electroacoustics."

47 Murray Schafer, *The Soundscape. The Tuning of the World*, see note 41; 90.

48 Raymond Murray Schafer, *The Soundscape. The Tuning of the World*, see note 41; 258.

49 Ibid., 252.

VIII.

Même s'ils intègrent les bruits comme des éléments de la composition, Russolo, Varèse et Schaeffer ne mettent pas en question les formes traditionnelles de l'œuvre musicale. En revanche, Cage et Murray Schafer, en refusant la dimension close de l'œuvre comme texte, déplacent l'attention vers l'expérience immersive de l'écoute. En introduisant de manière explicite la notion d'environnement en tant qu'espace sonore concret, ils l'opposent à la musique en tant que système abstrait. Pour Cage, l'art des sons ne se définit plus comme un langage codifié, mais comme une attitude d'écoute, intensive et inclusive, qui ne s'adresse plus aux jeux des formes mais qui s'ouvre aux entités qui composent l'horizon qui nous entoure, dans leur singularité et leur multiplicité : « L'art devient la manière même dont nous vivons notre environnement[49]. » De la même manière, en débordant une vision purement phénoménologique ou esthétique, Murray Schafer envisage le *soundscape* du point de vue écologique et esthétique comme un milieu vivant où se superposent des composantes naturelles et culturelles : l'environnement est toujours un habitat, le lieu d'une cohabitation, et les sons qui le composent sont comme des voix qui nous interpellent. Désormais émancipé des limites imposées par la tradition, l'art sonore embrasse l'environnement comme un champ relationnel où se croisent les traces audibles d'une pluralité de présences. La trame de ces relations ne dessine plus un contrepoint polyphonique, mais un dialogue pluriel.

Ainsi, dans la progression de ces approches historiques, une contre-histoire s'esquisse : l'émancipation du bruit ne conduit pas seulement au dépassement de l'objet musical par l'environnement sonore, mais également à un retour du *sujet*. Si l'écoute est toujours située, l'environnement n'est jamais vide, au contraire il est toujours habité, il n'est pas seulement l'étendue physique qui nous encercle, mais aussi le monde auquel nous appartenons : un *horizon social* dans lequel non seulement les êtres humains ont une voix, mais aussi les autres êtres vivants, et même les choses.

En même temps, une définition de l'art s'esquisse : un art de moins en moins de la composition, et de plus en plus de *l'implication*. Une implication qui fait converger dans le prisme de l'expérience espace et temps, perception, projection et mémoire. Et qui, dans la quête du bruit originaire, cherche les racines d'un contact qui nous relie au monde et aux autres.

IX.

Au-delà de la musique, la philosophie a commencé aussi à s'intéresser à l'écoute. Dans la perspective d'un dépassement de la dialectique entre objet et sujet, des modèles d'interprétation ont été proposés qui, en contrepoint à la dominante de l'image, ont mis l'accent sur la dimension inclusive du son. Dans ces analyses, à l'interdépendance qui caractérise la condition du vivant dans le monde correspond une tension esthétique qui, pour paraphraser Rilke, vise non seulement à « établir la liaison entre des domaines séparés » mais aussi entre des sujets hétérogènes. Dans ce contexte théorique, face à un *art de l'apparence*, le son s'impose comme l'instrument d'*un art de l'appartenance*.

49 John Cage, *Pour les oiseaux*, *op. cit.*, p. 182.



VIII.

Though they include extraneous sounds as elements of composition, Russolo, Varèse, and Schaeffer do not question the validity of traditional forms of music. However, Cage and Murray Schafer, by refusing the closed, textual format of musical composition, shift attention toward the immersive experience of listening. By explicitly introducing the idea of surrounding environment as a concrete auditory space they challenge the idea of music as abstract system. For Cage, the art of sounds can no longer be defined as encoded language but as an attitude of listening, intensive and inclusive, that instead of focusing on the game of forms opens itself to entities comprising, in their singularity and multiplicity, the entire horizon: "the work become the way itself in which we live in our environment."[50] Similarly, Murray Schafer, by moving beyond a purely phenomenological or aesthetic vision, sees the soundscape as ecological and aesthetic, a living medium in which natural and cultural elements are layered over each other: environment is always a habitat, a place for cohabitation, and the sounds of which it is made are voices calling us. Sound-art, now freed from the bonds of tradition, embraces the environment as a field of relationships in which the audible tracks of multiple presences cross and connect. This web of relationships no longer weaves polyphonic counterpoint, but a multifarious dialogue.

A counter-history thus emerges from this progression of historical points of view: the emancipation of sound not only ends up with the sound environment surpassing the musical object, but also leads to a return of the *subject*. While the act of listening is always situated, the environment is never empty; on the contrary, it is always inhabited–it is not merely the physical area that encircles us but also the entire world to which we belong, a *social horizon* within which not only humans but also other living creatures, and even objects, possess a voice. At the same time, another definition of art takes shape: an art that is less and less about composition, and more and more about *implication*. An implication that forces the convergence of space and time in the prism of experience, perception, projection and memory. An implication that, while searching for primal sound, seeks the roots of contact with other people and with the world.

IX.

Beyond music, philosophy has also started to develop an interest in listening and sound. With the aim of getting past the dialectics of subject/object, various interpretative models have been proposed which, in counterpoint to the domination of the image, place emphasis on the inclusive dimension of sound. A correspondence

50 John Cage, *For the Birds, John Cage in conversation with Daniel Charles* [1976] (Boston: Marion Bryars, 1981), 152.

Comme pour la généalogie de l'art sonore, que nous n'avons qu'effleuré, nous nous limiterons à rappeler rapidement quelques références fondamentales. D'abord, la théorie de la « ritournelle » que Gilles Deleuze et Félix Guattari présentent au cœur de leur *Mille Plateaux* (1980). Ils établissent une correspondance entre l'émission sonore et le « processus de territorialisation » : une stratégie d'appropriation et de marquage d'un espace qui œuvre comme un processus de subjectivation, en définissant le sujet à l'intérieur de cet espace ou, plus précisément, en définissant le sujet « au travers de cet espace ». Dans le théâtre conceptuel complexe que Deleuze et Guattari déploient dans leur ouvrage, le territoire apparaît quand les composantes d'un milieu d' « intensives » deviennent « intentionnelles », quand elles « cessent d'être directionnelles pour devenir dimensionnelles, quand elles cessent d'être fonctionnelles pour devenir expressives[50] ». Par conséquent, le territoire « est essentiellement marqué par des indices[51] ».

Les réflexions de Deleuze et Guattari peuvent être mises en résonance avec un célèbre essai que Roland Barthes consacre à l'écoute. En partant de la considération que l'écoute ne se réduit pas à un « phénomène physiologique », à l'enregistrement d'informations sonores par l'appareil auditif, mais constitue « un acte psychologique[52] », Barthes en distingue trois strates ou niveaux : d'abord une écoute indicielle (alerte), où l'évènement sonore est perçu en tant qu'indice d'une présence, et renvoie directement à la source qui l'a produit, en permettant d'une part de la situer dans l'espace, de l'autre de la caractériser, de l'identifier ; ensuite une écoute sémiotique (déchiffrement) où les sons sont appréhendés comme des signes, à l'intérieur de l'horizon du langage, d'un code, et composent un message ou un texte ; enfin une écoute, qu'on pourrait définir comme *relationnelle*, qui ouvre sur une constellation à géométrie variable de dimensions affectives et symboliques.

Si la musique s'est toujours concentrée sur la deuxième strate de l'écoute, celle du déchiffrement, l'art sonore tend en revanche à mettre en avant les deux premières, en situant le son dans un espace non seulement complexe et dynamique mais aussi partagé avec d'autres sujets, habité par d'autres présences, façonné par d'autres intentions.

En faisant référence au contexte des pratiques sonores, Deleuze et Guattari identifient le processus de « territorialisation », d'appropriation spatiale, avec le terme de « ritournelle ». Opérant « une réorganisation des fonctions, un regroupement des forces », la ritournelle dessine « un cercle autour d'un centre fragile et incertain », introduit un germe d'organisation dans un espace limité et protégé, découpé du flux indéterminé du chaos. La ritournelle détermine « une articulation territoriale[53] ».

50 Deleuze, Guattari, *Mille Plateaux, op.cit.*, p. 387.

51 *Ibid.*, p. 386.

52 Roland Barthes, « Écoute » in *L'Obvie et l'Obtus*, Paris, Seuil, 1982, p. 217.

53 Deleuze, Guattari, *op. cit.*, respectivement, p. 394, 382, 383 : « En un sens général, on appelle ritournelle tout ensemble de matières d'expression qui trace un territoire, et qui se développe en motifs territoriaux, en paysages territoriaux (il y a des ritournelles motrices, gestuelles, optiques, etc.). En un sens restreint, on parle de ritournelle quand l'agencement est sonore ou "dominé" par le son [...] » (p. 397). Nous avons développé l'analyse de cette notion dans « *Strategie della vibrazione, sull'estetica musicale di Deleuze e Guattari* », in E. Quinz, Roberto Paci-Dalò (éds.), *Millesuoni, Deleuze, Guattari e la musica elettronica*, Napoli, Cronopio, 2006, p. 17-40, et dans *Le cercle invisible. Environnements, systèmes, dispositifs*, Dijon, Les presses du réel, 2017, p. 235, *sq*.

happens in the context of these studies between the interdependence characterizing the condition of life in the world, and an aesthetic tension that, to re-present Rilke, seeks to "establish a relationship between separate domains" and between heterogeneous subjects as well. Within this theoretical context, sound takes its place as the instrument of the *art of belonging*, as opposed to that of *appearing*.

As we did in the context of the genealogy of sound-arts–which we barely touched upon–we will limit ourselves here to a quick overview of several fundamental references.

First, the theory of "refrain" (*ritournelle*) that Gilles Deleuze and Félix Guattari present in the heart of their *A Thousand Plateaus* (1980). Here they establish a correspondence between the emission of sound and the "territorialization process": a strategy of marking and appropriating territory that works as a process of subjectification by defining the subject within that space or, more exactly, by defining the subject "through that space." Territory, in the conceptual theater that Deleuze and Guattari set up in their work, appears when the elements of a set of "intensives" become "intentionals": when they "cease to be directional, becoming dimensional instead, when they cease to be functional to become expressive."[51] Territory, as a result, "by essence marked by *indexes*."[52]

The reflections of Deleuze and Guattari can be placed in resonance with a famous essay on listening by Roland Barthes. Starting with the premise that listening is not just a "physiological phenomenon," or a mere recording of information by an auditory instrument, but constitutes "a psychological act,"[53] Barthes outlines therein three strata or levels: first, *index* (or alert) *listening*, in which the sound-event is perceived as a clue to presence and sends one directly back to the source, which in turn allows one to situate that presence in space as well as to identify and characterize it; then, a *semiotic listening* (deciphering) in which sounds are apprehended as signs within the limits of a language or code and compose a message or text; finally, a listening that one might term *relational*, that opens the listener to a shifting constellation of affective and symbolic dimensions.

If music is always concentrated on the second, "deciphering" stratum of listening, sound-art by contrast tends to focus on the first two by situating sound in a space that is not only complex and dynamic but also shared with other subjects, inhabited by other presences, fashioned by other intentions.

In the context of a praxis of sound, Deleuze and Guattari identify the "territorialization" process of spatial appropriation with the term *refrain* (*ritournelle*). The refrain, by working "a reorganization of functions and a regrouping of forces," "draw a circle around that uncertain and fragile center," and introduces a seed

51 Deleuze, Guattari, *A Thousand Plateaus: Capitalism and Schizophrenia* [1980], trans. Brian Massumi (Minneapolis: University of Minnesota Press, 1987), 315.

52 Ibid., 314.

53 Roland Barthes, "Écoute", in *L'obvie et l'obtus: essais critiques III* (Paris: Seuil, 1982), 217.

En synthèse, dans la théorie de la ritournelle, l'émission sonore est présentée comme une force (sonore) de subjectivation qui active un champ de relations. Le processus de territorialisation correspond à l'instauration d'un foyer de subjectivité à l'intérieur du flux indéterminé du chaos. Le sujet (ou, dans le vocabulaire deleuzien, la « singularité ») se définît en produisant l'énonciation et, dans ce même mouvement, l'énonciation construit sa relation au monde. Non seulement le sujet délimite le territoire, mais le territoire définit le sujet.

En même temps, en tant qu'instance définitoire, le territoire implique une séparation, une altérité. Territorialiser un espace signifie en même temps marquer des frontières. Tracer un cercle signifie inclure, et en même temps exclure. Il ne s'agit pas seulement d'exorciser, de maintenir à distance les forces du chaos, mais aussi de se démarquer d'autres territoires, de constituer à l'intérieur d'un univers nébuleux et pluriel un noyau d'identité, de détermination. Une cartographie de distances est une cartographie des altérités, des différences, qui s'étaie sous la forme d'une perception rythmique : « La distance critique n'est pas une mesure, c'est un rythme[54]. » Dans la même figuration qui relie l'émission à l'écoute, à une stratégie de la territorialisation, correspond une *stratégie de l'individuation* : l'environnement sonore est parcouru, en quête d'indices, de traces de l'action d'un sujet territorialisant. Comme le suggère Barthes, l'écoute devient une « sismographie de la présence ».

Plus tard, Guattari introduit dans le raisonnement un autre élément important, la dimension de l'*affect* : les différentes présences, les territoires ne sont pas seulement individués « par rapport à des systèmes de références extrinsèques telles que des coordonnées énergético-spatio -temporelles, ou des coordonnées sémantiques bien cataloguées [...] On en prend connaissance non par représentation mais par contamination affective[55] ».

(En revenant à Rilke : Les résurgences des visions du crâne et de la quête du bruit originaire relèvent du même ordre, d'une contamination ou contagion nébuleuse et pourtant poignante : force suggestive, le son ne cesse de creuser son sillage en le « for intérieur », imposant au sujet, tour à tour, un « devenir crâne »[56], un « devenir sillon », un « devenir phonographe » : le travail de l'art n'est qu'une suite de devenirs qui investissent le sujet et le transforment. Ce n'est pas seulement le son qui, par l'action de la technique, émerge comme voix « métamorphosée » pour « s'imposer dans un autre domaine du sensible », mais le sujet lui-même, qui par l'action du son, accède à sa propre métamorphose.)

## X.

Dans cette direction, plus proches de nous, Alvin Lucier, Pauline Oliveros et Max Neuhaus ont ouvert d'autres perspectives fertiles.

Si, avec ses installations aux seuils de la perception, Max Neuhaus explore le son comme moyen pour appréhender

54 Deleuze, Guattari, *op. cit.*, p. 393.

55 Félix Guattari, *Chaosmose*, Paris, Galilée, 1992, p. 129-130.

56 Cf. Georges Didi-Huberman, *Être crâne. Lieu, contact, pensée, sculpture* (Paris, Les Éditions de Minuit, 2000), où l'auteur développe, en se basant sur la pratique sculpturale de Giuseppe Penone, une analyse des relations entre matière et pensée, qui passe par une démarche processuelle de « connaissance par contact » (p. 71) ou de « conversions topiques » (p. 74), basées sur la technique de l'empreinte.

of organization within a limited and protected space cut off from the indeterminate flux of chaos. The refrain determines "territorial assemblage."[54]

To sum up, within the refrain theory, an emission of sound presents itself as an auditory force of subjectification that activates a field of relationships. The territorialization process corresponds to the installation of a locus of subjectivity within the indeterminate flux of chaos. The subject (or in Deleuzian vocabularity, the "singularity") defines itself through enunciation and, in the same motion, enunciation constructs its own relationship with the world. Not only does the subject outline the territory, but the territory defines the subject.

At the same time, territory, as a definitional event, implies separation, otherness. To territorialize a space means at the same time to mark its frontiers. To draw a circle excludes even as it includes. One does not only exorcise, keep the forces of chaos at arm's length, but one also maps other territories, and constitutes within a nebulous and multifarious universe a kernel of identity and determination. An atlas of distances is a cartography of othernesses, of differences, that reinforces itself in the form of a rhythmic perception: "Critical distance is not a meter, it is a rhythm."[55] The framework that ties transmission to reception, to a strategy of territorialization, corresponds to a *strategy of individuation*: signs of action, created by the territorializing subject while searching for clues, run through the environment of sounds. As Barthes suggests, listening becomes a "seismography of presence."

Later on, Guattari introduces into his argument another important element, the dimension of *affect*: the different presences and territories are not only individuated "in relation to extrinsical reference systems such as energetic-spatio-temporal coordinates, or well-catalogued semantic coordinates [...] We become conscious of them not by their representation but through affective contamination."[56]

Coming back to Rilke: The resurgence of his visions of a skull and his quest for primal sound are of the same order, of contamination or of a nebulous, yet poignant, contagion: sound, as a suggestive force, never ceases to plough its furrow in one's "inner conscience," thus, in turn, imposing on the subject a "skull-becoming,"[57] a "groove-becoming, " a "phonograph-becoming": the job of art is nothing but a suite of becomings that invest and

54 Deleuze, Guattari, see note 51; respectively, 320, 311, 312. "In a general sense, *we call a refrain any aggregate of matters of expression that draws a territory and develops into territorial motifs and landscapes* (there are optical, gestural, motor, etc., refrains). In the narrow sense, we speak of a refrain when an assemblage is sonorous or "dominated" by sound [...]" (323). We have developped an analysis of this notion in "Strategie della vibrazione, sull' estetica musicale di Deleuze e Guattari," in, *Millesuoni, Deleuze, Guattari e la musica elettronica*, eds. Emanuele Quinz and Roberto Paci-Dalò (Naples: Cronopio, 2006), 17-40: also in *Le cercle invisible. Environnements, systèmes, dispositifs* (Dijon: Les presses du réel, 2017), 235ff.

55 Deleuze, Guattari, see note 51; 320.

56 Félix Guattari, *Chaosmose* (Paris: Galilée, 1992), 129-130.

57 Cf. Georges Didi-Huberman, *Être crâne. Lieu, contact, pensée, sculpture* (Paris: Les Éditions de Minuit, 2000), in which the author, basing himself on the sculptural practice of Giuseppe Penone, analyzes the relationship between matter and thought through a process of "knowledge by contact" (71) or "topical conversions (74), all founded on sculptural techniques.

Alvin Lucier interprétant *Sferics* (1981), installation sonore et enregistrements de perturbations ionosphériques pour antennes cadres, magnétophone et système de lecture, Middletown, Connecticut, USA, fin des années 1980. Courtesy Alvin Lucier et Tilton Gallery, New York

Alvin Lucier performing *Sferics* (1981), sound installation and recordings of ionospheric disturbances for large-loop antennas, tape recorder, and playback system, Middletown, Connecticut, USA, late 1980s. Courtesy of Alvin Lucier and Tilton Gallery, New York.

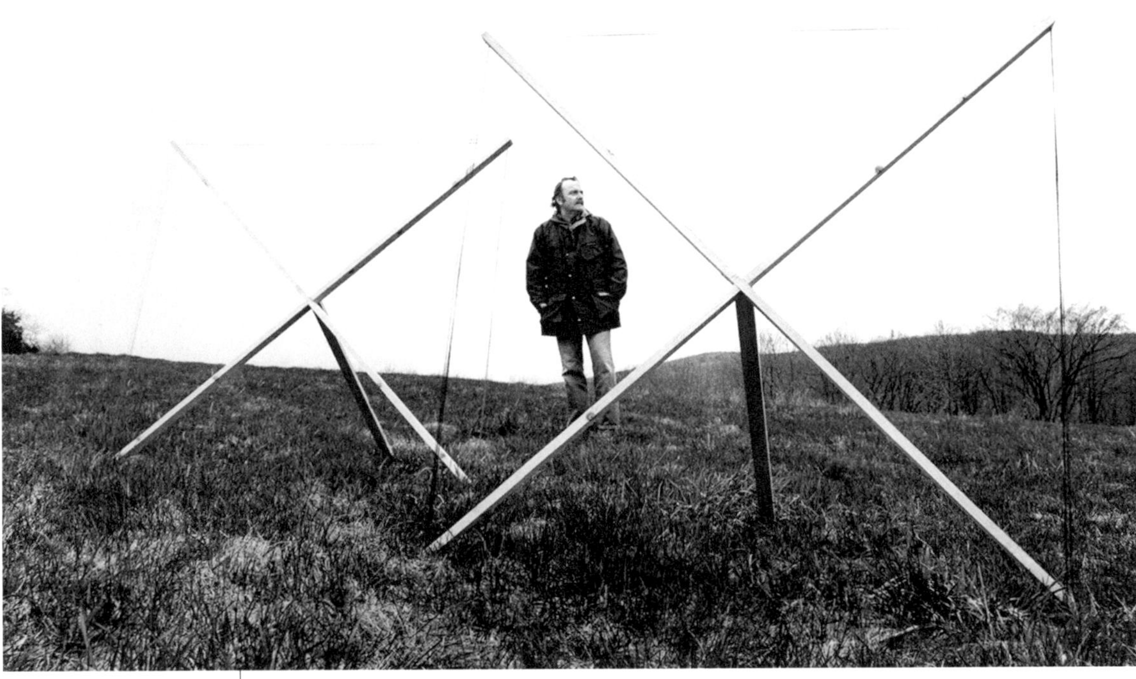

l'espace qui nous entoure, Oliveros privilégie un mode d'expérimentation performatif qui se déploie comme un processus méditatif. Dès 1958, lorsque, dans une sorte d'épiphanie, elle se rend compte que son magnétophone enregistre des sons qu'elle ne perçoit pas, elle se donne « la tâche apparemment impossible de tout écouter en permanence[57] », et ne cesse d'imaginer des dispositifs pour que l'écoute se fasse de plus en plus *profonde* (*Deep Listening*), pour qu'elle devienne conscience et attention, à fois esthétique et éthique, au monde dans sa complexité dynamique.

De la même manière, dans ses captations des traces sonores des phénomènes naturels et ses études performatives, Lucier utilise les technologies de l'enregistrement pour déployer une sorte de sismographie sonore qu'il étend des ondes électromagnétiques produites par les éclairs (*Whistlers*, 1967 ; *Sferics*, 1981) à la diffraction des ondes sur les corps et de la résonnance acoustique des espaces (*I am sitting in a room*, 1970). Dans *Outlines of Persons and Things* (1975), disposant dans l'espace microphones et haut-parleurs, il calque la longueur des ondes sinusoïdales diffusées sur la taille des objets et des personnes participant à la performance. Ainsi, « il dessine les silhouettes sonores desdits corps, tandis que la partition offre la possibilité aux interprètes d'une part de se mouvoir lentement, faisant incidemment apparaître des sortes de fantômes sonores par le déplacement des diffractions, et d'autre part de surligner l'écoute des contours à l'aide de microphones directionnels reliés à un second système de

57 Pauline Oliveros, *Software for People, Collected Writings 1963-1980*, Baltimore, Smith Publications, 1984, p. 182.

transform the subject. It is not only a sound that by virtue of a technical action emerges as "metamorphized" voice to "impose itself in another domain of the sensible," but the subjects themselves who, through the action of sound, arrive at their own metamorphosis.

## X.

In the same vein as Cage and the others, but closer in time, Alvin Lucier, Pauline Oliveros, and Max Neuhaus have opened up additional fertile perspectives.

If Max Neuhaus, working at the borders of perception, explores sound as a means of apprehending the space that surrounds us, Oliveros emphasizes a type of performative experimentation that can be deployed as a meditative process. Starting in 1958 when, in a form of epiphany, she realizes her magnetophone is recording sounds she cannot physically hear, she assigns herself "the seemingly impossible task of listening to everything all the time,"[58] never ceasing to imagine devices that allow more and more intense listening (Deep Listening) in order to become both conscience and watch-keeper, simultaneously aesthetic and ethical, of the world in all its complex dynamics.

In similar fashion, Lucier, in his readings of sound-traces of natural phenomena and through his performative studies, uses

58 Pauline Oliveros, *Software for People, Collected Writings 1963–1980* (Baltimore: Smith Publications, 1984), 182.

Pauline Oliveros dans le studio du San Francisco Tape Music Center avec des synthétiseurs modulaires *Buchla 100-series*, USA, 1966. Photo. David Bernstein, courtesy The Pauline Oliveros Trust

Pauline Oliveros in the studio at the San Francisco Tape Music Center with Buchla 100-series modular synthesizers, USA, 1966. Photo by David Bernstein, courtesy of The Pauline Oliveros Trust.

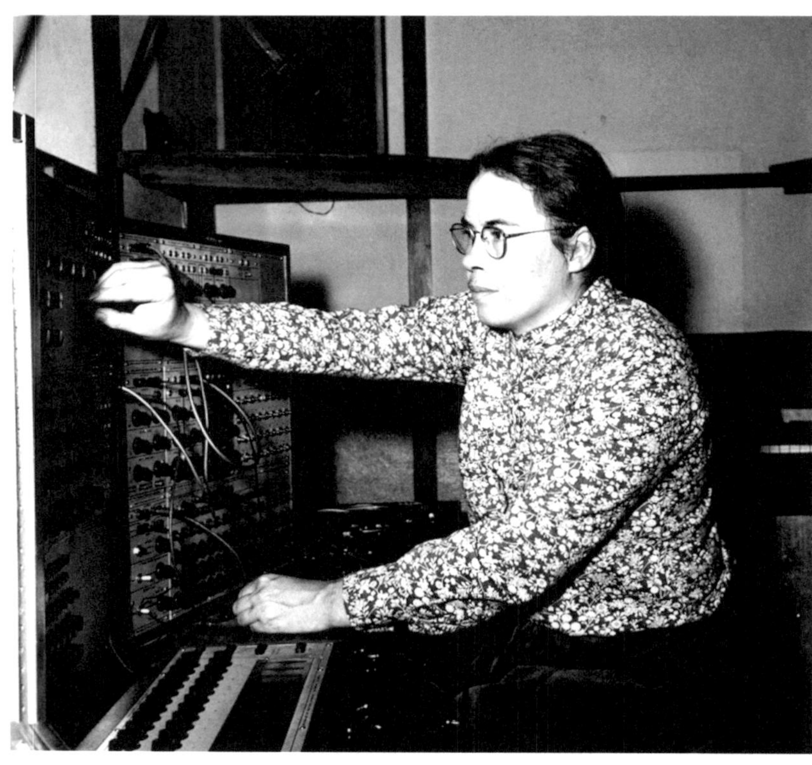

haut-parleurs amplifiés[58] ». Dans *(Hartford) Memory Space* (1970), les interprètes arpentent en amont de la performance le lieu où ils se produisent, et en mémorisent les caractéristiques par divers moyens (relevés, enregistrements, mémoire) pour les reproduire ensuite avec leurs instruments.

Chacun à sa manière, ces compositeurs nous suggèrent que, distillé par les machines et filtré par le prisme complexe de l'écoute et de la mémoire, le bruit originaire n'est que l'inconscient du monde que l'art nous restitue.

XI.

Après cette longue dérive, revenons, pour conclure, au texte de Rilke. Deux points méritent encore d'être soulignés.

L'image qui hante Rilke décrit un protocole spécifique : le sillon que l'aiguille du phonographe va lire n'est pas issu d'une intention artistique, mais est au contraire un *tracé réel*, que Rilke appelle « naturel » – en l'occurrence la fente sagittale d'un crâne humain. Si l'enregistrement et l'amplification constituent de purs faits techniques, la connexion entre ces « deux ordres de réalité » apparaît arbitraire et intentionnelle : le geste de pointer la machine sur ce fragment de réalité – au lieu de choisir le sillon qui répond à « la traduction graphique d'un son » – relève d'une *projection* de l'imagination et devient un *projet* de l'art. Le résultat de ce processus est inconnu.

Ce protocole constitue une exemplification saisissante de la *démarche expérimentale* qui, à partir des avant-gardes

58 Matthieu Saladin, *Alvin Lucier*, en ligne https://brahms.ircam.fr/alvin-lucier#parcours. Cf. aussi *Id.*, « Laisser les phénomènes être eux-mêmes : l'expérimentation naturaliste d'Alvin Lucier », *Analyse musicale*, « Musique et environnement », n° 76, mai 2015.

recording technologies to deploy a sort of sound-seismography that he extends to lightning-generated electromagnetic waves and the acoustic resonance of spaces (*I am sitting in a room*, 1970). In *Outlines of Persons and Things* (1975), through an arrangement of microphones and loudspeakers in a performance space, he traces the sinusoidal wavelengths of sound in relation to the size of objects and the participating audience. Thus, "He draws the sonic silhouettes of these bodies while the music makes it possible for performers to, on the one hand, move slowly and incidentally generate, through the change in diffraction patterns, a number of sonic ghosts; on the other hand he highlights sound at the contours thanks to directional microphones linked to a second set of amplified loudspeakers."[59] In *(Hartford) Memory Space* (1970), performers move back and forth above the performance space, memorizing its characteristics by diverse means (notes, recordings, memory) to reproduce them later with their instruments.

These composers, each in his or her own way, suggest that primal sound, distilled by machines and filtered through the complex prism of listening and memory, is no more nor less than the world's unconscious returned to us by art.

59 Matthieu Saladin, *Alvin Lucier*, https://brahms.ircam.fr/alvin-lucier#parcours. See "Laisser les phénomènes être eux-mêmes: l'expérimentation naturaliste d'Alvin Lucier," *Analyse musicale*, Musique et environnement, 76 (May 2015).

marquera un tournant radical dans les pratiques de l'art, dont les effets sont encore visibles – que Cage résumait avec une formule désarmante dans sa simplicité : « Un acte qui ne doit pas être jugé ultérieurement en termes de succès ou d'échec, mais simplement comme un acte dont le résultat est inconnu[59]. »

Au moment où, devenant expérimental, il déplace l'attention du résultat au processus, à la production et à l'écoute comme ouverture à l'inconnu, l'art ne se dégage pas de la forme ou de l'esthétique mais les déplace au-delà de l'intention subjective, au-delà des codes et du langage, dans l'horizon nébuleux où chaque chose a sa voix, où règne le bruit originaire. En devenant expérimental, l'art sort de soi pour plonger dans la vibration de la vie. Par ce mouvement, il ne change pas seulement ses procédures mais assume un autre mandat, plus radical, plus exaltant aussi : *l'art comme condition expérimentale de la vie*.

Dans son étrange circularité, le récit de Rilke anticipe ce paradoxe, que le tournant expérimental rendra évident, que pour trouver l'art il faut sortir de l'art. C'est au-delà du cercle magique de l'art, dans les connexions incongrues d'une machine avec l'anatomie ou avec la prosodie arabe, que l'image surgit. C'est dans l'amnésie de l'art, de ses formes fixées par la tradition, de ses prescriptions et de ses rituels cristallisés et souvent en ruine, que s'opère une anamnèse énigmatique qui laisse entrevoir les strates souterraines de l'inconscient du monde. Mais – et c'est là le deuxième point fondamental – cette amnésie doit être provoquée – et justement par l'art. Il s'agit du paradoxe que Cage ne cessera pas de rappeler : pour laisser surgir l'indéterminé, il faut déployer un processus rigoureusement déterminé.

De la même manière, pour laisser émerger la voix de la matière, il faut une technique, voire une technologie. Rilke l'avait compris en se demandant, à la fin de son texte, comment les nouveaux dispositifs d'observation ou d'enregistrement du réel, employés par les sciences expérimentales, comme le microphone ou le télescope, « tant d'instruments qui déplacent nos sens vers le haut ou vers le bas », pouvaient aider à étendre le cercle du sensible, et en même temps décentrer la perspective de l'art, en l'éloignant de la focale restreinte de l'horizon humain. De ce geste de déplacement, ce n'est pas une forme qui est générée, mais une vibration qui relie, dans une progression vertigineuse, le son au sillon, le sillon au tracé, le tracé au corps, le corps à la mémoire, la mémoire au son… un écho, qui a la force d'une contagion, et qui ne cesse de s'amplifier dans la caisse de résonance du temps et qui, par « la particularité rythmique » de l'imagination, ne cesse de se disséminer dans le réel, laissant cet enchaînement resurgir, se recomposer quand on l'attend le moins, s'entremêler aux trames du quotidien, traverser différents « domaines du sensible », et qu'il devienne image et symbole, et même *poésie*.

59 John Cage, *Experimental Music: Doctrine* (1955), in *Silence. Lectures and Writings*, Middletown CT., Wesleyan University Press, 1961, p. 13.

## XI.

Let us conclude this long excursion by returning to Rilke's text. Two further points are worth underlining.

The image that haunts Rilke describes a specific protocol: the groove that the phonograph's stylus will read comes not from an artistic intention but rather from a concrete delineation, which Rilke terms "natural": the sagittal suture of a human skull. While recording and amplification constitute pure technical facts, the link between these "two orders of reality" appears arbitrary and intentional: the act of aiming the machine at this fragment of reality–instead of choosing the groove that corresponds with "the graphic translation of a sound"–is lifted from a projection of the imagination to become a project of art. The result of this process is unknown.

This protocol is a striking example of the *experimental process* that, starting with the avant-gardes, will mark a radical turning-point in artistic practice, one whose effects are still visible–which Cage sums up in a disarmingly simple phrase: "An act … should not be later judged in terms of success or failure, but simply as an act the result of which is unknown."[60]

At the very moment when art becomes experimental and shifts attention from result to process–to production and listening as an opening up to the unknown–it does not remove itself from form or aesthetic considerations but transports them beyond subjective intent, beyond codes and language, to the nebulous horizon where each object has its own voice, and which is the realm of primal sound. In becoming experimental, art steps out of itself to plunge into life's vibration. By doing so it not only switches processes but takes on another mandate, more radical but more exalted also: *art as the experimental condition of life.*

In all its strange circularity, Rilke's story anticipates the paradox (which the swerve toward experimentation makes obvious) that to find art one must step outside of art. It's beyond art's magic circle, in the incongruous connections between a machine and anatomy, or in Arabic prosody, that the image appears. It's in amnesia–the forgetting of art, of its traditional forms, of its prescriptions, of its crystalized and often ruined rituals–that an *anamnesia* (a remembering through story) occurs, to allow a glimpse of the subterranean strata of the world's unconscious. And yet–this is the second fundamental point–the amnesia has to be provoked, and it has to be provoked by art itself. Here is the paradox that Cage constantly repeats: To allow the indeterminate to appear, one must employ a process that is in itself rigorously determined.

In similar fashion, one requires a technique, or even a technology, to allow voice to emerge from matter. Rilke understood this: he asked himself, at the end of his text, how new devices employed by experimental sciences to observe or record reality, such as the

60 John Cage, "Experimental Music: Doctrine" [1955], in *Silence. Lectures and Writings* (Middletown, CT: Wesleyan University Press, 1961), 13.

microphone or telescope, “so many devices which increase the range of the senses upward and downward,” could help expand the circle of the sensible and at the same time de-center art’s perspective by distancing it from the limited aperture of the human horizon. Out of this displacement comes, not form, but a vibration that in vertiginous progression connects sound to groove, groove to outline, outline to body, body to memory, memory to sound ... an echo with the power of contagion that never ceases to amplify itself through the sounding board of time and which, by the “rhythmic peculiarity” of the imagination, never stops disseminating itself into the real–thus allowing this chain reaction to return, rebuild itself when one least expects it, braid itself into the web of the quotidian, pass through different “domains of the sensible,” to become at last an image, a symbol, and even poetry.

Translated from French by Georges M. Foy

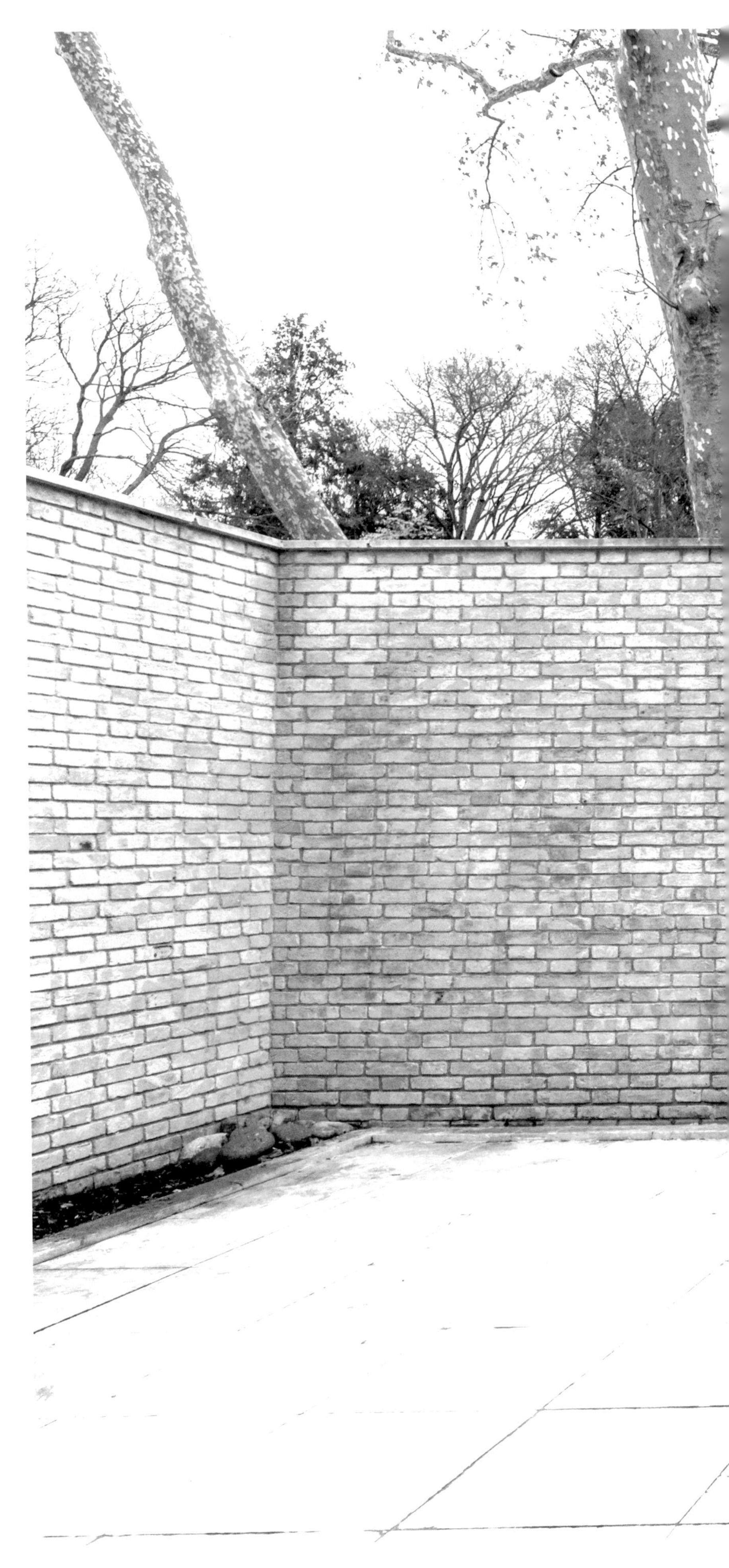

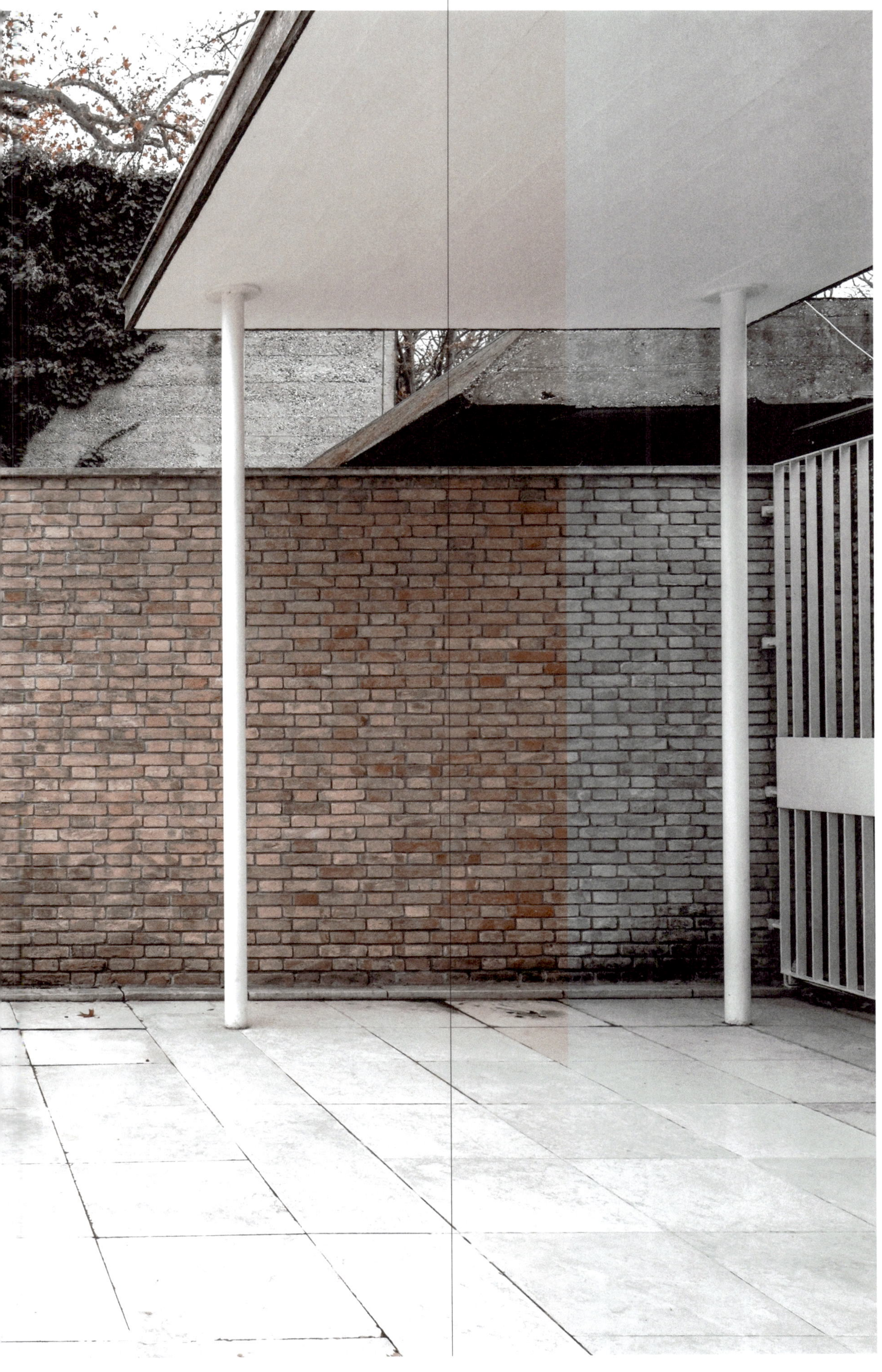

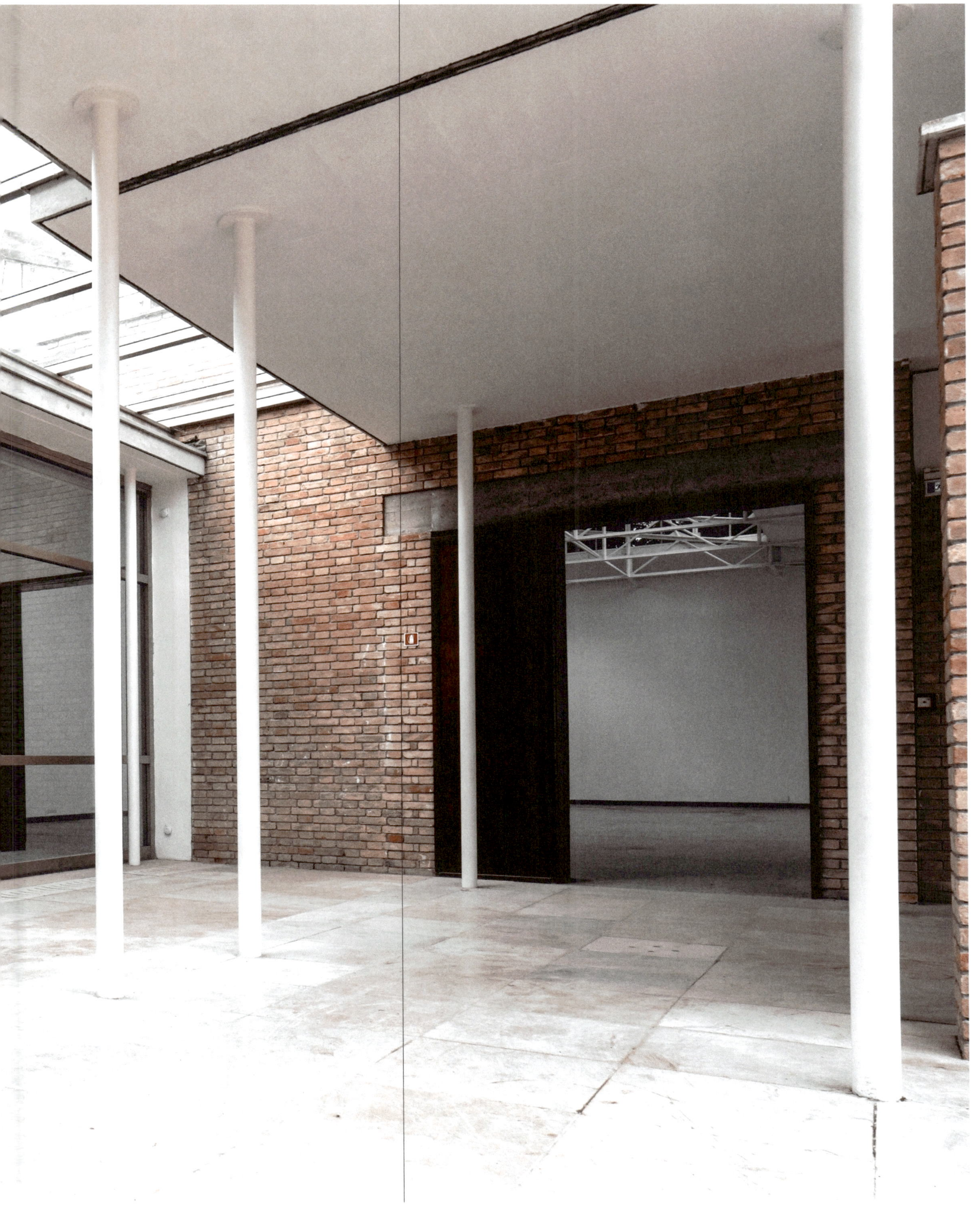

## En avançant par congruence : Introduction à Alvin Curran Maxime Guitton

Les mots d'Alvin Curran se lisent comme on écoute sa musique. Non pas tant parce que ses prises de parole seraient des commentaires de son œuvre, mais pour la raison que sa pensée est éminemment musicale. Dans ses jaillissements, ses accélérations, ses bégaiements, ses silences même, elle procède par variations d'intensité, associations, glissements et montages d'idées, selon une scansion reconnaissable entre toutes. La pensée d'Alvin Curran, qu'elle se métabolise en textes, en entretiens ou en conférences, s'énonce essentiellement en temps réel, de manière spontanée, tout en avançant par congruence, selon une quête du mot juste, de la formule simple qui vient ponctuer et ramasser le développement qui la précède. Une pensée musicale qui ne cache jamais son amour réel des mots.

Si sa manière d'ordonnancer le flux de pensée évoque irrésistiblement le geste de l'improvisateur, sinon du collagiste, il est plus certain encore que la parole de Curran se tient à l'écart des discours savants tout autant que sa musique se montre rétive aux catégorisations, chapelles et écoles. Intuitive, souvent visionnaire, sa parole est par ailleurs toujours prompte à rappeler l'endroit depuis lequel elle s'énonce : celui de la pratique. Cette parole d'artiste n'est d'ailleurs jamais aussi à l'aise que lorsqu'elle se fait l'écho des bons mots d'autres artistes : on ne sera donc pas surpris que les paroles de Cornelius Cardew ou Giuseppe Chiari soient convoquées dans cet entretien.

Peu encline à la théorie, la pensée de Curran ne s'emploie pas moins à produire du sens et tracer des lignes de fuite, selon des échelles temporelles longues (de la préhistoire au temps présent), à partir d'objets musicaux multiples et complexes, un peu à la manière d'une histoire globale. C'est qu'Alvin Curran manifeste un souci réel et une conscience aiguë de l'histoire à laquelle il appartient, des apories du modernisme dont il est issu, des angles morts d'une culture occidentale qui l'a fabriqué, comme de l'héritage offert par l'avant-garde musicale à laquelle il a pleinement pris part. Or, et c'est mon hypothèse, pareille entreprise, pareille quête de simplicité (encore un parallèle avec la trajectoire musicale de Curran) n'est possible qu'au prix d'une connaissance intime de l'Histoire. En d'autres termes, si la parole d'Alvin Curran est capable de telles épiphanies et d'éclairer notre rapport contemporain à la matière sonore de manière aussi déliée, c'est parce que son auteur a d'abord épousé et parfaitement digéré une culture musicale dominante, classique et savante, avant de la déconstruire et d'œuvrer depuis plus de cinquante ans à l'écriture d'autres mondes.

# Progressing by Congruence: Introduction to Alvin Curran Maxime Guitton

Reading the words of Alvin Curran is like listening to his music. Not because he takes the floor to comment on his own work, but because his way of thinking is eminently musical. In its jolts, accelerations, hesitations and even silences, it proceeds by fluctuations in intensity, associations, shifts and montages of ideas, to the beat of a highly distinctive tempo. Be it metabolised into texts, interviews or conferences, his thought is essentially expressed in real time, spontaneously, progressing by congruence, in a search for the right word, for the simplest formula to punctuate and sum up the preceding development. It is a musical thought that does not make a secret of his genuine love for words.

If his way of organising a stream of thoughts inevitably evokes the attitude of an improviser, if not of a collage maker, there is no doubt that his words steer away from scholarly discourse, just as his music refuses to be confined to any category, coterie, or school. Intuitive and often visionary, his words always remind us of where they are coming from: the realm of practice. Moreover, they sound at their most confident when they echo the *bon mots* of other artists: we should therefore not be surprised if the words of Cornelius Cardew or Giuseppe Chiari come up in this interview.

Little inclined to theory, Curran's thought nevertheless strives to produce meaning and to outline long historical perspectives (from prehistory to the present), starting from multiple and complex objects, in the style of a global historical account. Curran is indeed genuinely concerned with and deeply aware of the historical time to which he belongs: the aporias of modernism, the blind spots of the Western culture that made him what he is, as well as the legacy of the musical avant-garde in which he has been fully engaged. My conjecture is that this endeavour, this quest for simplicity (also paralleled in Curran's musical journey) requires an intimate knowledge of History. To put it another way, if the words of Alvin Curran are capable of such epiphanies, of shedding light with such freedom on our contemporary relationship to sound, it's because their author began by embracing and assimilating to perfection the dominant musical culture (classical and erudite) before deconstructing it and devoting himself, as he has been doing for over fifty years, to the writing of other worlds.

Translated from French by Daniela Almansi

# La musique est facile, mais elle est nôtre
Latifa Echakhch et Alvin Curran
En conversation

LATIFA ECHAKHCH (LE) — Ma première question pourrait tout simplement porter sur le commencement. De quelle manière cette disposition au son, cette dimension sonore, a-t-elle surgi dans votre vie ?

ALVIN CURRAN (AC) — La question que vous me posez, celle de la place du son dans ma vie, est tellement vaste que je ne sais pas par où commencer. Il me semble néanmoins qu'il serait plus juste et plus honnête de commencer par l'enfance. Je conserve encore aujourd'hui des souvenirs très forts de moments passés à écouter, allongé sur mon lit, le soir. Deux souvenirs de deux sons particulièrement importants me reviennent à l'esprit. Souvenirs qui ont inspiré ma musique, ma vie et presque tout ce qui influence mon parcours esthétique et artistique.

Il s'agit de sons très primitifs, très simples. Le premier est le son des cornes des bateaux provenant du port, situé non loin de là où je vivais, à Providence (Rhode Island), une petite ville au sud de Boston. Ce son charrie avec lui une vaste histoire de navigation et de chasse à la baleine, et de tout ce qui a trait à la mer. Ces navires faisaient résonner un son sorti d'une corne, « Tuut », à tout bout de champ. Quoi qu'il en soit ce sont des souvenirs très puissants, très sérieux, qui ont pris une grande importance dans ma musique puisque j'ai parcouru le monde en enregistrant des cornes de bateaux et des cornes de brume. Ces merveilleux sons maritimes font désormais partie intégrante de mon langage musical.

Le deuxième son est également un son lié aux transports. De ma position, allongé dans mon lit, je pouvais distinguer que les sons de la mer provenaient du sud. À l'est, il y avait une très grande gare de triage où l'on assemblait les trains qui allaient de Providence et de Boston jusqu'à New York et Washington. On y assemblait également les trains de marchandises, pas des trains de voyageurs mais des trains pour le transport de marchandises, de matériaux et d'autres choses encore.

La nuit, on entendait ainsi ces trains s'assembler. Les trains étaient poussés les uns vers les autres, jusqu'à les faire se heurter, produisant des déflagrations, des énormes boum. D'impressionnants bruits métalliques qui résonnaient dans la nuit avec leurs accents aigus et mystérieux. On pourrait dire encore une fois que ces disruptions nocturnes très sonores m'ont accompagné tout au long de ma vie. J'ai même effectué plusieurs voyages pour enregistrer sur place des trains assemblés se rapprocher et se heurter les uns aux autres, puis se raccrocher. Du véritable *heavy metal*.

Je dois également dire que j'ai grandi dans une famille très simple. Mes parents n'avaient pas suivi d'études universitaires. Ils venaient de milieux ouvriers. Mon père, en particulier, était un musicien né. Il jouait de tout, et surtout il chantait. Il y avait tout le temps de la musique à la maison,

# Music Is Easy, but It's Ours
Latifa Echakhch and Alvin Curran
In Conversation

LATIFA ECHAKHCH (LE) — Maybe the first question could be something as simple as how it starts. How this ability or this dimension of sound arrives to your life?

ALVIN CURRAN (AC) — The question you asked me of sound in my life is so big that I would not know where to begin. But I think a more accurate, correct place would be to begin in my childhood. And I have to this day very strong memories of lying in bed at night and listening. And there are two memories of two important sounds that come to mind that have influenced my music, my life, and almost everything about my aesthetic and artistic direction.

And those sounds are very primitive and simple sounds. One was the sound of ship horns coming from the port not far from where I lived in Providence, Rhode Island, which is just a small city south of Boston. And it has a whole history of shipping and whaling and everything that has to do with the sea, and the sounds of these ships playing a horn, "Toot," whatever, coming, going. I don't know. These are very powerful, important memories which have come to have a great significance in my own music because I've gone around the world recording ship horns and foghorns and these wonderful maritime sounds that have become part of my musical language.

And the second sound was also a sound of transport. I could say that from my position, lying in bed, that to the south, were coming the sounds of the sea. To the east, there was a very large train yard where they would compose the trains that would go from both Providence and Boston to New York and to Washington. And they would also especially compose the transport, shipping trains, not passenger trains, but trains for shipping goods and materials and other things.

And at night you would hear these trains being brought together. And the way they did that was that they would push the train, one train toward another, until it hit. And it made these enormous, big booms. These big, clanging, metallic booming sounds that rang through the night with their sharp mysterious accents. You could say these interruptions in the night of these very loud sounds was something that, again, has remained with me all of my life. I even went on various recording field trips to record trains doing just that, being brought together when they smash into each other, and then they hook them together. Yes, real "heavy metal."

un mélange de musique populaire américaine et de musique folklorique juive yiddish d'Europe de l'Est.

Mon père jouait de nombreux instruments, mais il était surtout tromboniste et chanteur. Lorsque j'étais encore jeune garçon, je l'accompagnais le dimanche, il jouait dans des théâtres de « vaudeville » où la première moitié du spectacle était dévolue à différents artistes qui présentaient des numéros de jonglerie, de magie, de comique, de chant ou parfois même de danse.

Une série de jeunes artistes se succédaient pendant une heure. Puis, l'heure suivante, on projetait un film. Pendant la première heure, les artistes étaient accompagnés par ce que nous appelons un « *big-band* », avec des cordes, des saxos, des trompettes et des trombones, un piano, une basse et une batterie. Je m'asseyais à côté de mon père qui jouait, et il me disait simplement « Donne-moi le morceau numéro 37 » ou « Tourne la page, tourne la page ». Ainsi, j'avais déjà une expérience de la scène, du théâtre dès mon plus jeune âge ; j'aidais à faire de la musique, même si je ne faisais que tourner des pages pour la section des trombones de l'orchestre. Tout cela pour dire que j'ai découvert plus tard que les sons naturels qui me fascinaient lorsque j'étais enfant, autant que les sons musicaux, étaient une grande source d'inspiration pour moi. Car les sons de la nature elle-même, les animaux, les humains, les machines, la météo, la radio, etc., créent jour après jour leur propre symphonie, une musique ininterrompue. J'ai ensuite découvert la musique, à la fois dans la grande tradition classique et populaire lorsqu'adolescent, j'ai commencé à me prendre pour un pianiste de jazz. Un de mes amis proches, le poète Clark Coolidge qui écrit encore aujourd'hui, était une personne fantastique, et lui-même musicien – qui plus est un grand batteur. Nous nous sommes passionnés pour les débuts du jazz : je parle du vieux jazz de Louis Armstrong et de la grande musique traditionnelle de Dixieland qui, depuis le vingtième siècle, a fortement influencé la musique du monde entier jusqu'à aujourd'hui.

Dans ma famille, l'étude du piano, comme la religion ou le service militaire, était obligatoire. Chaque enfant devait étudier le piano pour être un bon citoyen, une bonne personne. Dès l'âge de cinq ans, comme beaucoup d'enfants, je suis devenu pianiste... Je ne me doutais pas que je resterais pianiste toute ma vie, que cet instrument domestique des classes éduquées deviendrait, en un sens, ma profession et ma vie.

Comme on entraîne un cheval à sauter, à galoper et à se tenir sur deux jambes, on nous a appris à vénérer la musique de Bach, Mozart, Beethoven, Schubert et Schumann, comme des maîtres sacrés de la vie sonore.

Sans pouvoir vraiment comprendre pourquoi. Qui étaient ces pères de tous les sons musicaux ; où étaient les mères ?

Quoi qu'il en soit, j'étais un enfant physiquement immergé en permanence dans un bain sonore, avant la télévision et même avant les 33 tours. Ces sons provenaient de nombreuses sources différentes : de la radio, des groupes et des orchestres, de la musique populaire américaine et de la musique classique européenne, de mon frère qui jouait constamment du piano, de mon père qui chantait et jouait du trombone, de la synagogue et de la météo, de l'environnement. Un son naturel pur coulait sans arrêt directement dans mes oreilles sans aucune médiation ; toutes ces leçons de musique étaient étonnantes et passionnantes.

Pour répondre à votre question, à savoir le sens du son dans ma vie, je dirais que tout cela a commencé le jour de ma naissance et est demeuré depuis un centre d'intérêt unique au cœur de mon existence. Le son est mon livre

And then I have to say that I grew up in a very simple family. My parents had no university educations. They were coming from essentially working-class backgrounds. My father, in particular, was a natural musician. He played everything. And above all, he sang. There was music in the house all the time, a mix of popular American music and Jewish folk music of Yiddish-speaking Jews from Eastern Europe.

My father played many instruments but was primarily a trombonist and singer. As a young boy, I would accompany him on Sunday, where he would play in "vaudeville" theaters where the first half of the show are different artists doing juggling and different kinds of, sometimes magic, stand-up comedy, sometimes singing, sometimes dancing.

They would have a series of these young artists doing this for maybe one hour. And then the next hour they would show a movie. During the first hour, the musical accompaniment for the performers was what we call a "big-band," with strings, saxes, trumpets and trombones, piano, bass, and drums. And I would sit there next to my father, who would be playing. And he would just tell me "give me piece number 37" or "Turn the page, turn the page." So as a young boy, I already had experience on stage, in the theater helping to make some kind of music, even if only turning pages in the trombone section of the band.

This is simply to say that both the natural sounds, which fascinated me as a child, and the musical sounds, because the natural sounds of nature itself, you know, animals, humans, machines, the weather, the radio etc., just making its own symphony, day in and day out, an unending music, which I later discovered to be a very important source of musical inspiration for myself. And then the music, music, both in the great classical tradition and in the popular music where, as a teenager, I began to fancy myself as a jazz pianist. One of my close friends, a poet, Clark Coolidge–who's still writing today, a fantastic person and also a musician himself–he's a great drummer. We became enamored of the early Jazz. I'm speaking of the old Jazz of Louis Armstrong and the great traditional Dixieland music that, since the twentieth century, has so influenced the music around the world today.

In my family, studying the piano was akin to religion, or military service, it was mandatory. All the children had to study piano, to be a proper citizen, to be a proper person. From the age of five, I, like many children, became a pianist ... little did I know that I would remain a pianist for my whole life, that this home instrument of the educated classes would, in a sense, become my profession/life.

As one trains a horse to jump, and gallop and stand on two legs, we were trained to revere the sounds of Bach and Mozart and Beethoven, Schubert, Schumann, as some kind of holy masters of sonic life.

Not quite being able to understand why. Who were these fathers of all musical sound; where were the mothers?

In any case, as a kid I was physically engaged with sound all the time, before TV and even LP records. Sounds coming from

Alvin Curran sur le *laghetto* du parc de la Villa Borghese, Rome, IT, 1979. Photo. DR

Alvin Curran on the *laghetto* of the Villa Borghese gardens, Rome, IT, 1979. Photo ARR.

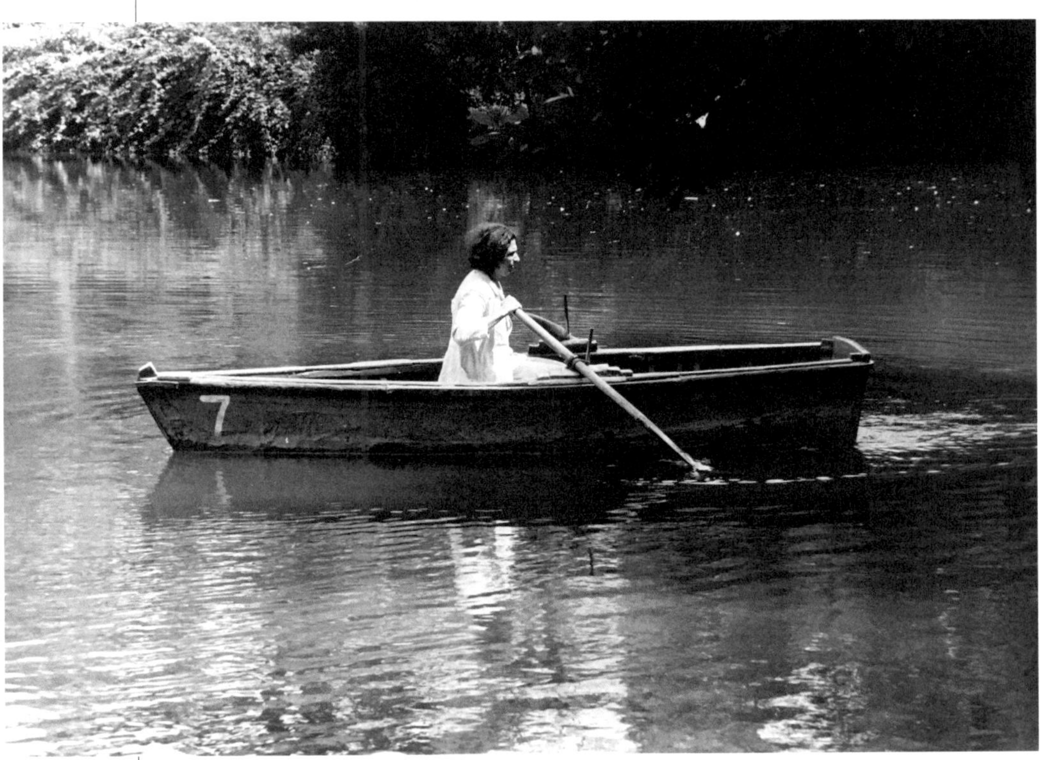

premier, ma nourriture, mon souffle. Partout où il y a un beau son, je vais, je l'écoute et j'emmagasine son énergie. Cela explique peut-être pourquoi, plus tard, dans mes formes artistiques les plus personnelles, j'ai intégré des sons de toutes sortes – humains, animaux, mécaniques, météorologiques, chimiques – provenant de tous les recoins de notre planète. Un peu de tout si vous voulez. Je veux dire que j'ai réalisé des bandes sonores entières à partir d'une boîte de soupe Campbell en la mettant sur la cuisinière, en la faisant bouillir lentement et en l'écoutant, « Blob, blob, blob », composer sa propre petite symphonie.

LE — C'est une petite symphonie mais, en même temps, c'est un son qui nous est familier.

AC — C'est un son que nous connaissons.

LE — L'ébullition d'une soupe épaisse, c'est une musique qui appartient à tout le monde.

AC — À tout le monde. Bien sûr. C'est un truisme absolu, parce que la musique et, bien entendu, le son dans son état non formaté appartient absolument à tout le monde. Il n'y a aucun doute là-dessus. J'ai une amitié très enthousiaste pour un compositeur de Florence. Il s'appelle Giuseppe Chiari. Et Chiari est, historiquement, un artiste Fluxus. Un de ses grands talents était d'écrire des aphorismes. L'un d'eux dit : « *La musica è facile, ma è nostra* », « La musique est facile, mais c'est la nôtre ». C'est brillant.

LE — Parce que « *Ma è nostra* » veut dire aussi « c'est à nous » : cela évoque également une notion de responsabilité, d'une certaine manière.

AC — C'est vrai. Une responsabilité, quasi anthropologique.

LE — Vous devez l'entendre différemment.

AC — Oui. Mais aussi dire « *La musica è facile* » est une négation complète de tout l'enseignement musical du monde occidental, peut-être même d'autres parties du monde où apprendre la musique est très douloureux. C'est un processus

many different sources: from the radio, from bands, and orchestras, from American popular and European classical music, from my brother constantly practicing the piano, my father singing and playing trombone, from the synagogue and from the weather, the environment. Pure natural sound flowing non-stop directly into my ears without any mediation; all amazing, thrilling music lessons.

So, to answer your question: the meaning of sound in my life, I would say, begins the day I was born and has remained a unique focus in my life. Sound is my main book, my nourishment, my breath. Wherever there is beautiful sound, I go there and listen and store its energy. This perhaps explains why, later in my very personal art forms, I incorporate sounds of all kinds–human, animal, mechanical, meteorological, chemical–from every corner of our planet. You name it. I mean, I've made entire soundtracks by taking a can of Campbell's soup and putting it on the stove, heating it to a slow-boil and listening to it "Blub, blub, blub," making its own beautiful little symphony.

LE — It's a little symphony, but, at the same time, it's a sound that we know.

AC — It's a sound we know.

LE — The boiling of a thick soup, it's a music that belongs to everybody.

AC — To everybody. Of course. Well, this is an absolute truism, because music and, of course, sound in its unformed state belongs absolutely to everyone. There's no question about that. I have a very inspired friendship with a composer from Florence. His name is Giuseppe Chiari. And Chiari is, historically, a Fluxus artist. One

Performance d'Alvin Curran et Simone Forti, Teatro Spazio Zero, Rome, IT, 24 avril 1982. Photo. Giovanni Cozzi

Performance by Alvin Curran and Simone Forti, Teatro Spazio Zero, Rome, IT, April 24, 1982. Photo by Giovanni Cozzi.

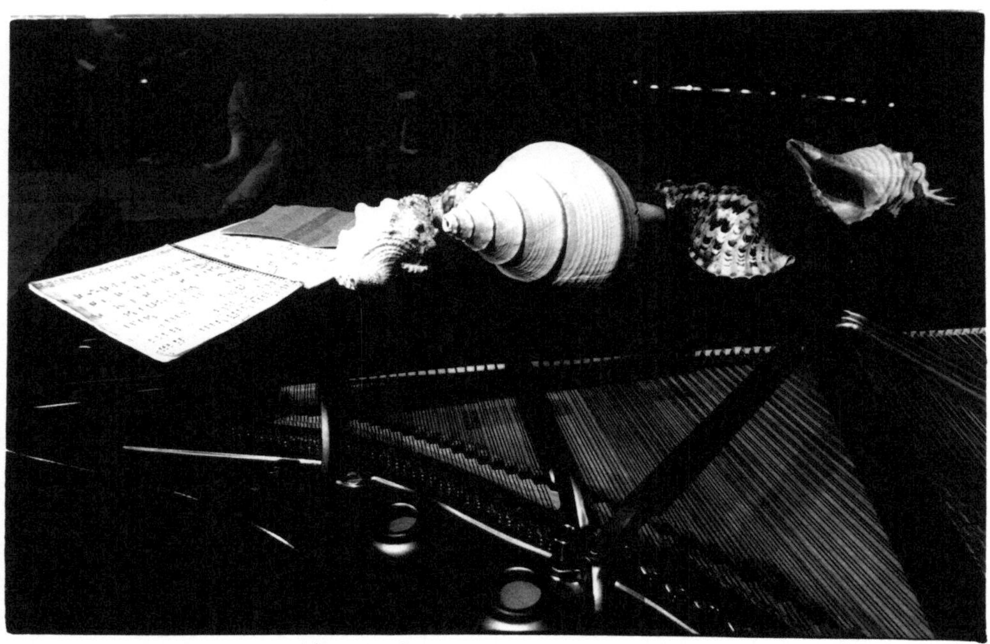


fait de douleur, de souffrance, surtout en Europe. Vous devez souffrir. Même les professeurs vous frappaient les mains si vous ne jouiez pas correctement les touches. Et je trouve cela douloureux d'y penser alors qu'en fait, la musique est tellement facile, et la musique est à nous. Elle appartient à tout le monde. Nous, Homo sapiens, sommes des animaux musicaux. Nous sommes tous des musiciens.

Je n'étais pas forcément destiné à passer toute ma vie immergé dans le son, mais c'est ce qui s'est produit. Ma famille, comme tant d'autres familles, me rêvait médecin, comme mon frère, ou du moins m'imaginait exercer une profession respectable. Eh bien, j'ai essayé, mais j'ai rapidement abandonné les études de biologie et de chimie à celles et ceux qui, comme ma femme, sont devenus des médecins remarquables. J'ai plongé directement dans la musique et j'y suis resté. Enfant, et même étudiant, je ne comprenais pas très bien ce que signifiait être compositeur puisque je n'ai commencé à composer qu'à l'âge de dix-huit ans lorsque j'ai commencé mes études de musique. Mais j'ai vite compris qu'il y avait une correspondance magique entre le fait d'écrire des notes sur le papier et de les entendre jouées par d'autres musiciens. Le plaisir communicatif de cet échange était excitant, promettant que je pourrais un jour « dire quelque chose » simplement à travers mon imagination et mes constructions sonores.

Il me paraît très important d'expliquer cela à ce stade, même si je commençais à entrer dans cette profession « sacrée » – je dis sacrée parce que c'est un peu comme d'étudier la religion pour devenir prêtre. Les prêtres sont en quelque sorte capables, à travers leurs propres sons et gestes, de rendre la douleur de la vie plus tolérable, voire agréable et compréhensible. Je pense que c'est le rôle de la plupart des religions de vous donner le sentiment qu'il y a de l'espoir, que la vie n'est pas que souffrance, qu'il peut y avoir de la beauté, de la magie et des choses merveilleuses, ici et ailleurs, même

of his great skills was that he would write these aphorisms. One of them says, "La musica è facile, ma è nostra," "Music is easy, but it's ours." This is brilliant.

LE — Because "Ma è nostra," means also that "it's ours," means also a question of responsibility, in a way.

AC — Right. Responsibility, as in anthropological responsibility.

LE — You have to handle it in a different way.

AC — Yeah. But also to say "La musica è facile" is a complete negation of everything in music teaching and, for the most part, of the Western world, and maybe even other parts of the world where to learn music is very painful. It's a process of pain, suffering, especially in Europe. You have to suffer. Even, teachers would hit your hands if you didn't play the keys right. And I find this painful to think about when, in fact, music is so easy, and music is ours. It belongs to everybody. We, Homo Sapiens, are musical animals. We are all musicians.

It wasn't a destiny that I would spend my entire life immersed in sound, but I have. My family, like so many families, thought I should be a doctor, like my brother, or at least enter some other respectable profession. Well, I tried that, and I quickly left the biology and chemistry studies to those, like my wife, who have become fantastic doctors. I dove straight into music and stayed there. I didn't quite understand as a child, and even as an early student, what it meant to be a composer because I didn't begin to compose anything until I began my first studies in music at the age of eighteen. But I quickly saw there was some magical correspondence in my writing notes on paper and hearing them played back by other musicians. The pleasure of this communi-

dans l'au-delà supposé ou dans les cycles de vie sans fin que de nombreuses religions ont inventés. À notre époque, le son lui-même est devenu son propre moyen de transport « sacré » – appelons-le une forme d'hyper transcendantalisme, accessible à tous, partout et à tout moment.

Le musicien, dans presque toutes les cultures, est une sorte de gardien de l'expression spirituelle, sachant que le son a ce pouvoir magique de nous attirer dans ses dimensions intemporelles et immatérielles. J'ai récemment vu un merveilleux film qui met en scène la culture aborigène. Il s'agit d'un film moderne et narratif dont la bande sonore est composée de musique indigène locale. Vous savez probablement que la plupart des sons musicaux aborigènes sont produits en frappant deux morceaux de bois par de simples mouvements tout en chantant et vocalisant un « Ahhh ». Une simplicité totale, une spiritualité profonde, une musique humaine instantanée.

Dans ces immenses espaces, une personne debout sur un rocher dans un désert au milieu de nulle part en Australie centrale qui fait de la musique – c'est très impressionnant. En tant qu'artiste, ou quoi que je sois d'autre – compositeur, musicien – cette fusion sonore extrême entre l'espace et le son musical produit intentionnellement dans le temps – que nous appelons musique –, cette connexion intime des éléments les plus simples avec des objets sonores, avec les personnes qui les utilisent et les espaces où ils sont utilisés, est toujours impressionnante. Et n'oublions pas nos maîtres occidentaux comme Josquin, Monteverdi, Bach, Mozart, Beethoven, Schumann, Schönberg, Webern, Stravinski, qui ont vécu et travaillé dans un environnement plus confortable, celui de l'art musical et des êtres humains qui le produisent – un art si faussement simple à travers lequel les êtres humains transmettent leur imagination via des particules d'air en mouvement.

Je suis quelqu'un qui a vécu une époque extraordinaire sur le plan musical et culturel, la seconde moitié du XXe siècle et le début du XXIe siècle. Une époque où toutes les musiques du monde sont devenues disponibles en permanence, partout. En musique, rien de tel ne s'était jamais produit. Aujourd'hui, de jeunes gens se qualifient eux-mêmes « artistes sonores » et le concept même de *son* est un élément dominant de la culture occidentale. Il semble y avoir un accord mondial sur le fait que le son est un fantastique système de transport, réel ou imaginaire.

Certes, il n'y a rien ; le son est invisible, immatériel. Nous, les humains, ne pouvons pas connaître ses origines, ni savoir d'où viennent ces particules d'air vibrantes, de quelles formules atomiques ou chimiques elles proviennent. Nous savons seulement que nos oreilles, nos cerveaux et nos corps perçoivent ces événements vibratoires... Bon, laissons là tous ces aspects scientifico-philosophiques. Je ne sais pas comment je suis arrivé là. C'est comme si j'étais entré dans... j'étais comme... j'ai juste ouvert la porte de ma maison pour faire une belle promenade et je me suis retrouvé dans une situation complexe, incroyable, inaudible.

Mais je ne dis pas qu'il faut annuler cela. Je dis que j'aimerais aller ailleurs.

LE — Oui.

AC — Mais vous m'avez emmené là, et vous m'avez emmené là parce que vous m'avez posé une question très profonde, « quel est le sens du son dans votre vie ? ». Et pour être honnête, la vraie réponse à cette question est : « Je ne sais pas. » C'est la réponse la plus honnête. Je n'en sais rien. Mais je n'ai pas le pouvoir de faire quoi que ce soit d'autre que de continuer à chercher et à rechercher ce que le son peut faire,

cative exchange was thrilling, promising that I could someday actually "say something" through my simple sound-imaginings/constructions.

But I think it's very important for me to say at this point, even though I was beginning to enter into this "sacred" profession–I say sacred because it's kind of like studying for the priesthood in religion–where the priests are somehow able, through their own sounds and gestures able, to make the pain of life more tolerable, even pleasurable, understandable. I think that's what the job of most religions are, to give you a sense that there is hope, that all of life is not only suffering, that there can actually be beauty, magic, and marvelous things, both here and then, even in the supposed afterlife or unending life cycles of that many religions have invented. In our times, sound itself has become its own "sacred" form of transport–let's call it a form of hyper-transcendentalism, available to anyone, anywhere, at any time.

The musician, in nearly every culture, is a kind a guardian of spiritual expression, knowing that sound has this magical power of being able to draw us into its timeless, immaterial dimensions. I just recently saw this marvelous film which features Aboriginal culture. It's a modern, narrative film with a soundtrack of local indigenous music. You probably know that most Aboriginal musical-sound is made by striking two pieces of wood in simple pulses while singing/vocalizing an "Ahhh." Total simplicity, profoundly spiritual, instant human music.

In these immense spaces, a person standing on a rock, in a desert in the middle of nowhere in central Australia, making music; this is very impressive. As an artist, or whatever I am–a composer, musician–this utmost sonic fusion of space and intentionally produced musical sound-in time-like what we call music– this intimate connection with the most simple elements of sounding objects, the people who use them, and the spaces where they are used, are indeed impressive. And let's not forget our own Western masters like Josquin, Monteverdi, Bach, Mozart, Beethoven, Schumann, Schoenberg, Webern, Stravinsky, living and working in more comfortable surroundings the art of music and the humans who make it–an art so deceptively simple where human beings transmit their imagination on moving particles of air.

I am someone who has lived in an amazing time–the second half of the twentieth century and beginning of the twenty-first century–musically and culturally speaking. It is a time when all of the musics of the world became available all the time, everywhere. In music, nothing like this has ever happened. Now young people call themselves "sound-artists" and the concept of SOUND itself is a dominant focus in Western culture. There seems to be a worldwide agreement about what a fantastic system of transport–both real and imaginary–sound actually is.

True, there is nothing there; sound is invisible, immaterial. You cannot know its origins, or where these vibrating particles of air are coming from, from what atomic or chemical formulas, to us humans. We only know that our ears and brains and bodies perceive these vibrational events ... Okay, let's leave all of this

Alvin Curran, *Maritime Rites*, Chicago, USA, 1984. Photo. DR

Alvin Curran, *Maritime Rites*, Chicago, USA, 1984. Photo ARR.

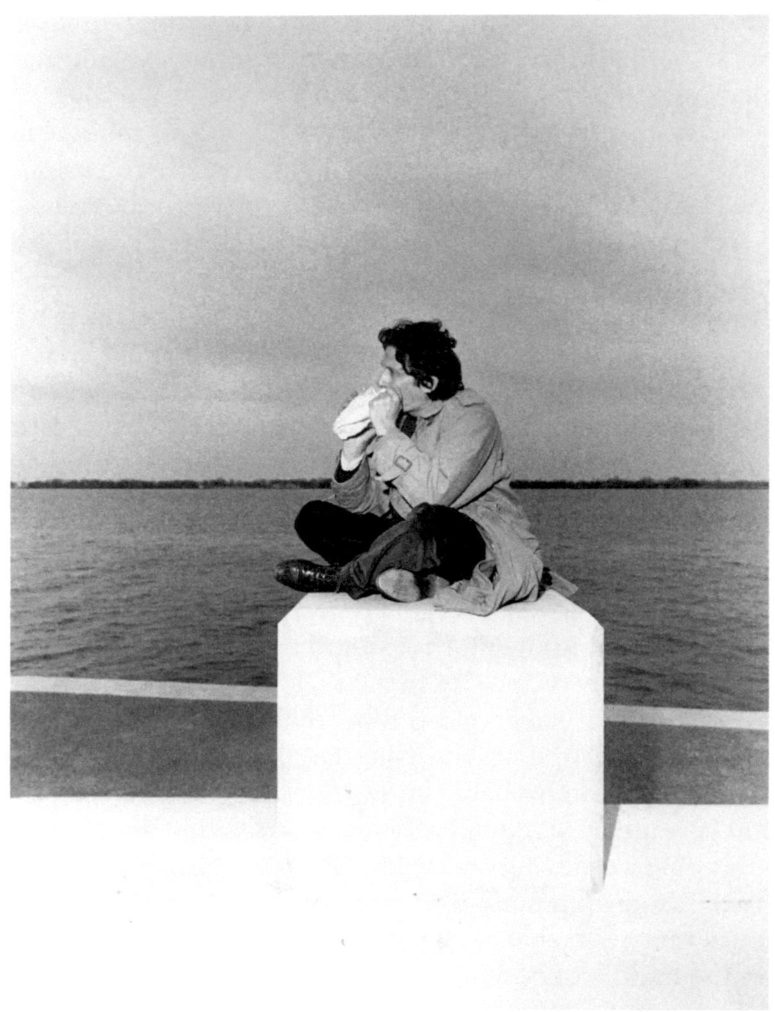

parce que c'est une forme de magie, et qu'il a parfois le pouvoir, en fin de compte, de transcendance. Il peut être un moyen de transport simple et efficace.

LE — À propos de transport, vous mentionnez la musique autochtone. J'ai découvert un peu l'art autochtone par le biais de la Fondation Opale, à Lens, en Suisse. Avant, je ne le regardais que de manière esthétique. Puis j'ai commencé à comprendre tout ce qui concerne les lignes de chant. Et j'ai commencé à saisir qu'il s'agissait de la description d'un paysage, qu'il était nommé au moment même où vous le voyez et où vous le partagez avec le public. Soudain, pour moi, c'est devenu quelque chose de véritablement lié à l'espace, mais cela m'a donné la sensation que la musique était profondément liée au paysage et à l'espace.

AC — Oui. Absolument. Tout à fait.

LE — Vous m'avez dit tout à l'heure que le rôle d'un artiste est de transporter, pouvez-vous préciser cela ?

AC — En gros, selon Guiseppe Chiari, « *La musica è facile* » [la musique est facile, et c'est la nôtre]. Quelqu'un avait demandé un jour à Cornelius Cardew : « Pourquoi faites-vous la musique que vous faites ? » La question n'avait peut-être pas été mûrement réfléchie par la personne qui l'a posée, mais c'était néanmoins une bonne question.

Cardew a simplement répondu : « Parce que ça me rend heureux. » Ça peut sembler être une blague, mais ça ne l'est

scientific-philosophical stuff. I don't know how I got there. It's like I walked into ... I was like, I just opened the door to my house to take a nice walk and I got into some complicated, unbelievable, inaudible situation.

But I'm not saying to cancel that. I'm saying that I would like to go somewhere else.

LE — Yes.

AC — But you took me there, and you took me there because you asked me a very profound question, "[what is] the meaning of sound in your life?" And to be truthful, the real answer to that is: I don't know. That is the honest answer. I don't know. But I have no power to do anything about it other than to continue to search and seek what sound can do, because it is a form of magic, and it does have the power, ultimately, of transcendence at times. It can be a form of simple and efficient transport.

LE — About transportation, when you mention Aboriginal music, I discovered a little about Aboriginal art, through the Foundation Opale, in Lens, Switzerland. Before, I only looked at it aesthetically. And then I started to understand all the things about Song Lines. And I began to understand that it was the description

Alvin Curran dans son studio, Via Dell'Orso, Rome, IT, 1980.
Photo. Adriano Mordenti

Alvin Curran in his studio, Via Dell'Orso, Rome, IT, 1980.
Photo by Adriano Mordenti.

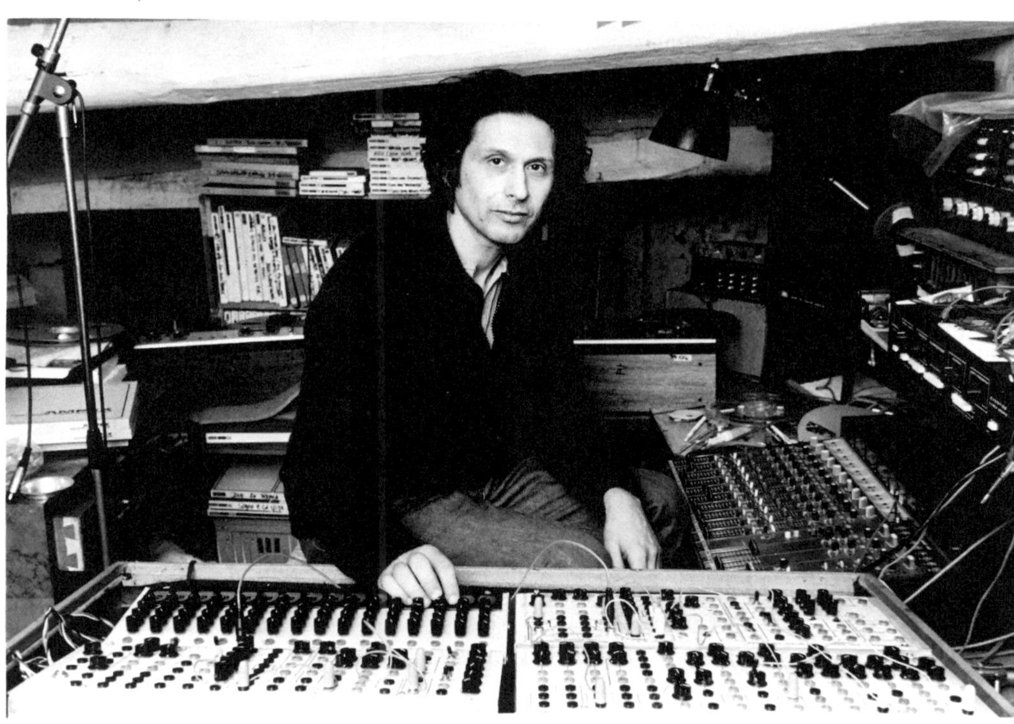

pas. C'est une réponse très, très profonde. Et c'est une réponse profonde puisque, comme je l'ai dit plus tôt, la plupart des compositeurs occidentaux sont incapables de l'admettre. Oui, il est véritablement crucial que la musique soit agréable, que le son puisse être une expérience agréable. Cela peut, bien entendu, représenter une expérience désagréable, mais la plupart du temps, nous, les humains, faisons de la musique et l'écoutons simplement parce qu'elle peut nous faire du bien !

Ce que nous appelons généralement musique, dans le monde occidental autant que dans le reste du monde, est considéré comme une activité humaine qui, en fait, malgré toutes ses autres utilisations – comme faire pleuvoir, faire pousser les récoltes, faire en sorte que les gens soient féconds, aient des enfants, ou enterrer les morts, gagner des guerres, nous faire danser, et tout ce que la musique est censée faire – est largement ressentie, tant dans sa fabrication que dans son écoute, comme une expérience agréable, un art agréable. Le musicien sait cela aussi bien qu'un autre.

Quiconque étudie l'art de créer du son, de rendre un son organisé ou désorganisé sait, ou devrait savoir, que cet art est un art du plaisir pur. Comme on le sait de manière universelle, la musique peut non seulement nous apporter de la joie mais aussi de l'euphorie et même de l'extase, comme le pratiquent couramment de nombreuses cultures dans le monde.

LE — Ce qui m'intéresse aussi, lorsque vous parlez de son primal, c'est la synchronisation et le transport. Il s'agit du son et du train.

AC — Revenons donc à cette idée du son comme moyen de transport, en particulier le son organisé. Je dis « son organisé », car c'est ce qu'est la musique. La musique est une forme de son qui est arrangé selon différentes idées, différentes règles, différentes pratiques, différents instruments, selon la culture qui l'organise.

J'utilise le son parce que je sais que, dans le meilleur des

of a landscape, it is named at the same moment that you are seeing it and sharing it with the audience. And suddenly, for me, it was like something really related to space, but it gave me the sensation that music is deeply related to the landscape and to the space.

AC — Yeah. Absolutely. Absolutely.

LE — You told me earlier that the role of an artist is to *transport*, can you talk about that?

AC — Basically, according to Guiseppe Chiari, "La musica è facile" (music is easy, and it is ours). And then I remember quoting Cornelius Cardew, who was said to have said in an interview when someone asked him, "Why do you make the music you make?" A journalistic question that maybe was not clearly thought out by the person who asked that question, but nonetheless a good question. "Why do you make the music you make?"

And Cardew simply said, "Because it makes me happy." Now that might sound like a joke, but it's not. It's a very, very profound answer. And it's a profound answer that, as I said earlier, that most Western composers would not even admit. Yes, it is so fundamental that music is pleasurable, that sound can be a pleasurable experience. It can, of course, be an unpleasant experience, but for the most part, we humans make music and listen to it simply because it can make us feel good!

What we generally call music, both in the Western world and in the rest of the world, is thought to be a human activity that, in fact, for all its other uses–like to make rain, make the crops grow, make people be fruitful, have children, or bury the dead, win wars, make us dance or whatever the music is supposed to do–it is

Musica Elettronica Viva, Rome, IT, 1977.
Photo. Roberto Masotti, Lelli e Masotti Archivio

Musica Elettronica Viva, Rome, IT, 1977.
Photo by Roberto Masotti, from Lelli e Masotti Archivio.

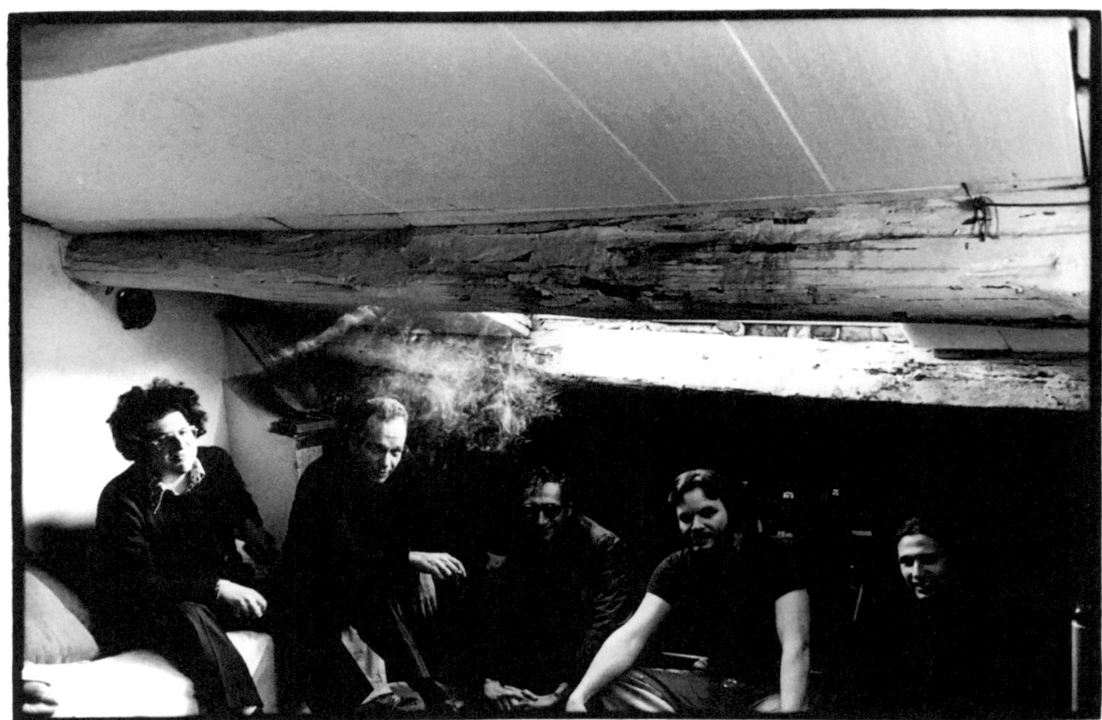

cas, non seulement il s'agit de quelque chose qui me procure un plaisir personnel mais que, dans certaines circonstances, il peut transporter un individu, un autre être humain, dans des lieux différents de ceux où il se trouve à ce moment-là. Cela peut se produire dans des moments où l'auditeur, ou le créateur, « deviennent » les sons qu'ils produisent ou entendent – lorsqu'ils n'ont plus de perception de soi.

Et cette capacité ou qualité de la musique organisée, du son produit intentionnellement, à transporter quelqu'un dans un lieu inconnu ou dans un paysage imaginaire, est une expérience que je n'invente pas du tout. Si vous interrogez les gens après qu'ils ont écouté une symphonie de Brahms, ils vous diront : « Eh bien, je me suis d'abord trouvé ici, puis j'ai été transporté là-bas. Et puis dans le mouvement lent, oh, je flottais tout simplement. Et puis je me suis retrouvé à marcher dans ce champ. Et puis les choses se sont ouvertes. Et puis soudain, il y a eu ce bruit d'écrasement et quelque chose d'autre s'est produit. Et je me suis retrouvé dans un autre endroit complètement différent, courant à la vitesse de la lumière, avec ces instruments qui martelaient et jouaient une musique rapide et forte… » Des expériences que des auditeurs ordinaires, n'importe qui, vous raconteront, et s'ils les ont appréciées, ils auront trouvé cela très beau.

Mais ce qu'ils répètent tous, c'est qu'ils ont fait un voyage, un voyage sonore ; ils ont été transportés, ou ils se sont transportés eux-mêmes. Et je ne parle pas ici uniquement d'une symphonie de Brahms. Dans la musique classique indienne, les aficionados assistent à des concerts qui durent trois, quatre, cinq, six heures, ils apportent leur nourriture et leur boisson, ils s'assoient ou s'allongent et écoutent pendant des heures. J'ai été témoin d'événements musicaux en Afrique – une célébration familiale au retour de la Mecque –, les musiciens semblaient jouer sans interruption pendant 24 heures… Peu importe alors que les sons rappellent les histoires de la *Bhagavad Gita*, les mythes grecs ou la vie de Maho-

widely felt, both in its making or listening, to be a pleasurable experience, a pleasurable art. The musician knows that well, as does everyone.

The person who studies the art of making sound, making organized sound or disorganized sound knows, or should know, that this art is an art of pure pleasure. As known universally, music can not only bring us joy, but euphoria and even ecstasy as commonly practiced in many cultures around the world.

LE — Also, what is interesting for me is that when you talk about primal sound, it's about synchronization and transportation. It's about sound and the train.

AC — So, let's go back to this idea of sound as a medium of transport, in particular, organized sound. I say "organized sound," which is what music is. Music is some form of sound which is organized according to different ideas, different rules, different practices, different instruments, according to the culture that organizes it.

And again, I will have to step into very turbulent waters because I am not a philosopher, or music historian, I'm a practitioner, I use sound because I know that, in the best of cases, not only is it something that gives me pleasure personally, but that in certain circumstances it can, in fact, transport an individual, another human being, into places other than where that person finds themselves in that moment. This can happen in moments when the listener, or maker "become" the sounds they are making or hearing – when there is no longer any perception of self.

And this capacity, this quality of organized music, of organized, intentionally produced sound to transport someone to some un-

met. Ce sont simplement les qualités transcendantales du son qui, dans certaines conditions, peuvent, comme nous l'avons dit, vous transporter dans des lieux inconnus, peuvent, en fait, vous transformer dans le son que vous donnez à entendre ou que vous écoutez… Ainsi, d'une certaine manière, vous disparaissez : vous devenez le son !

Je répète : le son me procure du plaisir. Le son m'emporte. Je suis transporté. Alors, le son, je le deviens. Après cela, je ne sais pas ce qu'il se passe, ce qu'il faut attendre ou expliquer, ce lieu, cet état de transfert, qui est très fréquent chez les musiciens interprètes.

Si vous, en tant que chanteur, violoniste ou trompettiste, prenons n'importe quel instrument, une percussion, lorsque vous commencez à produire ces vibrations de manière directe, parfois à l'intérieur de votre corps et ensuite avec votre corps, pour moi il n'y a aucun doute qu'il y aura des moments où vous perdrez la conscience du monde extérieur et ne percevrez et ne ressentirez plus que l'acte même, c'est-à-dire la production du son au moment où vous le produisez. Et c'est là que vous devenez le son.

Des milliers de livres ont été écrits sur les qualités mystiques du son : il n'y a rien de nouveau. Je ne dis rien de nouveau ici, mais pour en revenir à notre question initiale : pourquoi je fais ce genre de choses ? C'est ma vie, je fais de la musique, je le fais professionnellement, je suis rémunéré pour mon travail. Oui, je fais cela pour mettre du pain sur ma table… C'est un autre aspect de l'art musical où l'art et la vie ne font qu'un.

Je vais donc me taire ici pour la simple raison que je ne suis pas un intellectuel éloquent. Je ne suis qu'un animal musical, et je ne connais avec certitude que les choses que j'ai expérimentées. Honnêtement, je ne peux pas spéculer sur ce que le son fait aux gens, je veux dire à d'autres personnes que moi. Ce que je sais, c'est que j'ai fait de la musique toute ma vie, et que j'en éprouve un grand plaisir, celui aussi de pouvoir offrir mes sons à d'autres personnes.

Ce don, cette qualité que l'on sait pouvoir produire, juste un « Taaaaaaaaah », et je ne suis pas chanteur ! Je dis juste qu'il suffit de produire un unique son long pour que ce son puisse transmettre quelque chose d'inexplicable, peut-être même quelque chose d'enrichissant et de plaisant dans la vie d'une autre personne, alors voilà pourquoi je fais de la musique.

LE — [rires] Je suis ce son que vous produisez.

AC — [rires]

Je m'excuse de ne pas être un intellectuel de haute volée. Je ne peux pas vous donner de notes de bas de page, ni de liste de livres à lire. Mais je peux vous faire part d'une grande partie de mon expérience. Et la meilleure chose que je puisse vraiment faire, c'est de vous donner ma musique, ce que je sais faire. Et c'est quelque chose que je connais vraiment, parce qu'on ne peut pas tricher, on ne peut pas faire semblant. Vous ne pouvez pas être malhonnête à cet endroit. Il doit s'agir d'une connaissance profonde, véritablement profonde, d'une connaissance de soi.

En tant que personne, vous pouvez être quelqu'un d'horrible mais aussi un pourvoyeur de grande musique. Nous savons bien que certains individus qui, dans la vie, ne sont pas des gens très sympathiques, ont réalisé par ailleurs des choses extraordinaires.

Les arts musicaux, en particulier, ont cette qualité de connexion… Tout d'abord, il ne peut y avoir de musique sans auditeur, même s'il s'agit de vous-même et encore mieux s'il s'agit de nombreuses autres personnes. C'est moi qui positionne le tissu conjonctif entre moi et les autres, un tissu qui

known place or through some imaginary landscape, is in fact, an experience which I'm not inventing at all. But when you ask the people after they have sat through a Brahms Symphony, something simple, something even simpleminded, and they would say "Well, first I found myself here, and then I was taken there. And then in the slow movement, oh, I was just floating. And then I found myself walking in this field. And then things opened up. And then suddenly there was this crashing sound and something else happened. And I found myself in another completely different place, running at the speed of light, with these instruments pounding and playing fast and loud music" … simple responses that ordinary listeners, anyone will tell you they experienced and if they enjoyed it, they found it was so beautiful.

But what they all repeat is that they took a trip, a sonic journey; they were transported, or they transported themselves. And I'm not speaking now just of a Brahms Symphony. In Indian classical music, aficionados will attend concerts that last for three, four, five, six hours, and they bring their food and their drink, and they sit or lie down and listen for hours. I have witnessed musical events in Africa–a celebration of a family who returned from Mecca–the musicians seemed to play continuously for 24 hours.… So whether the sounds recall the stories in the Bhagavad Gita or Greek myths, or the life of Mohammed matters not. It is simply the transcendent qualities of sound that, in certain conditions, can–as said earlier–transport you to unknown places, can, in fact, transform you in the sound you are making or listening to.… So, in a way, you disappear; you become the sound!

To repeat: sound gives me pleasure. Sound carries me away. I get transported. Then, sound–I just become it. After that, I don't know what happens, what to expect or explain, this place/state of transference, which is very common with performing musicians.

If you, as a singer or as a violinist or a trumpet player, any instrument, percussion, when you begin to make those vibrations directly, sometimes inside of your body, and then with your body, to me there's no question that there will be moments when you basically lose awareness of the outside world and are only perceiving and feeling the very act you have made that is that production of sound in the moment in which you make it. And that's where you become sound.

There have been tons of books written on the mystical qualities of sound; this is nothing new. I'm not saying anything new here, but to go back to our original question: why I do this stuff? … It is my life, I make music, I do it professionally, I am paid for my work. Yes, I do this to put bread on my table.… This is another aspect of the music-making art where art and life become one and the same.

So, I'm going to shut myself up here for the simple reason that I am not an articulate intellectual. I am only a musical animal, and I only know those things for sure that I've experienced. I honestly can't speculate about what sound does to people, I mean to people other than myself. What I do know is that I've been making music all my life, and I take great pleasure in this and in the act of being able to give my sounds to other people.

nous relie par une bande invisible constituée d'ondes sonores présentes dans l'air. C'est une connexion très importante, qui tient à notre capacité en tant qu'humains à partager ce flux magique d'invention sonore. J'invente quelque chose, je vous le donne, vous l'entendez, et vous me renvoyez quelque chose en retour qui me pousse à continuer d'inventer et à réinventer de nouveau... Une communication sonore ordinaire mais pure, c'est tout ce dont il s'agit.

La musique rapproche les gens. Elle devient un art qui rassemble les gens, qu'il s'agisse d'un mendiant jouant une chanson dans la rue ou de dizaines de milliers de personnes à un concert de rock... le son musical a des pouvoirs magnétiques. Et le nombre de personnes qui l'écoute peut amplifier encore davantage ce magnétisme, créer un état où les individus disparaissent, transformés pourtant en une seule machine d'écoute massive.

LE — Ce genre de chose ne se produit pas si, par exemple, vous rencontrez un jeune enfant, un jeune japonais qui compte en italien, cela ne rassemble pas tout le monde. Mais c'est quelque chose que vous enregistrez.

AC — Oui, absolument, c'est du son naturel pur... des sons qui arrivent tout seuls. Beaucoup sont devenus les fondements et le vocabulaire de ma propre musique - la composition et l'improvisation.

LE — Quand je l'entends à présent, cela me semble une chose simple, juste le bon ton.

AC — Le bon ton, c'est vrai ! Le ton d'une musique qui attend de se produire.

LE — Mais ce n'est pas un concept ou quelque chose de similaire, ce sont des fragments que vous attrapez, et vous composez avec eux. Quand vous rencontrez un chien dans la rue, quand vous entendez un prisonnier qui soudain crie depuis sa prison, ce n'est pas un concert - mais dans l'enregistrement c'est le bon ton.

AC — C'est tout à fait vrai. J'ai réalisé des enregistrements de prisonniers qui appellent depuis la prison leurs parents qui sont en face, sur la colline [Gianicolo]. Je peux vous le montrer depuis notre fenêtre. Ils avaient l'habitude de s'appeler, de se héler. Ils ne le font plus... Mais ces « tons purs », ces morceaux de poésie sonore quotidienne, comme vous dites, sont vraiment les pierres angulaires de mon langage musical ; quiconque les entend, les entend.
[pause]

AC — J'ai une idée, à propos de l'obsession mondiale actuelle pour le son. Je dis « obsession ». C'est vraiment intéressant parce que c'est très significatif qu'il y ait un mouvement créatif, surtout venant de l'intersection entre la musique rock, la musique rap avec l'électronique classique, l'electronica [dance] et la musique expérimentale en général ; bien que mondial, ce phénomène est surtout reconnu parmi les artistes bruitistes japonais qui se sont créé une place merveilleuse et riche dans le monde de la musique - appelons-la la musique du son pur. Elle dérive des idées révolutionnaires de Pierre Schaeffer et des premières technologies d'enregistrement : Schaeffer a compris que les sons naturels (les bruits, les personnes, les machines, les animaux, les ambiances) étaient une source pure de musique - et il a appelé cette composition innovante sur bande magnétique la « musique concrète ».

Aujourd'hui, cela a évolué, avec nos technologies numériques, vers un monde musical caractérisé par le bruit, un style musical souvent radical du début du XXI^e^ siècle. Le bruit, tout simplement ! L'addition écrasante de fréquences et de sons, qui se rapproche d'une forme de mélange de toutes les fréquences audibles, produisant ainsi du bruit pur.

WOW !

That gift, that quality that you know you can produce, just a Taaaaaaaaah, and I'm not a singer, I'm just saying, just making a single long tone and that one tone can convey something inexplicable, possibly something enriching and pleasurable into another person's life, that is why I make music.

LE — [*laughs*] I am this sound that you are producing.

AC — [*laughs*] I'm excusing myself for not being a very high intellectual and I can't give you footnotes or a reading list of books. But I can give you a lot of my experience. And the best thing I can really do is, I can give you my music, that I can do. And that is something I really know about, because you cannot cheat, you cannot fake. You cannot be dishonest there. It has to be something of a profound, deep knowledge; self-knowledge.

As a person you can be a horrible person and also be a great giver of great music. We know this about individuals who in life are not such nice people, but they've done such amazing things.

The musical arts in particular, have this quality of connectivity.... First of all, you cannot have music without a listener, even if it's yourself and better if it's many other people. It is I who place the connective tissue between myself and the others-a tissue which connects us via invisible band of sound waves in the air. This is a very important connection, our ability as humans to share this magical flow of sonic invention: I invent something. I give it to you, you hear it, and you send something back to me again in a loop, which makes me continue to reinvent and invent again.... Banal but pure pure sonic communication, that's all it is.

Music brings people together. It becomes an art of bringing people together, whether a beggar playing a song on the street or tens of thousands of people at a rock-concert ... musical sound has magnetic powers. And the number of people listening can amplify this magnetism even more, creating a state where individuals disappear, transformed yet into a single massive listening machine.

LE — That kind of thing doesn't happen if, for example, you meet a young child, a Japanese-young-child counting in Italian, and it doesn't bring all people together. But it's something that you record.

AC — Yeah, absolutely, this is pure natural sound ... sounds that just happen by themselves. Many have become the foundations and vocabulary of my own music-music composition and improvisation.

LE — When I hear it now, it's a simple thing, that is just the right tone.

AC — The right tone, correct! The tone of a music waiting to happen.

LE — But this is not like a concept or something, but its fragment that you catch, and you compose with them. When you have a dog in the street, when you have a prisoner screaming from his prison, and suddenly, that's not a concert-but in the recording it's the right tone.

AC — That's absolutely true, I have recordings of prisoners, both prisoners calling from the prison and relatives of prisons on the [Gianicolo] Hill. I can show it to you from our window. They used

Alvin Curran dans son appartement romain, IT, 2018.
Photo. Maxime Guitton

Alvin Curran in his Rome apartment, IT, 2018.
Photo by Maxime Guitton.

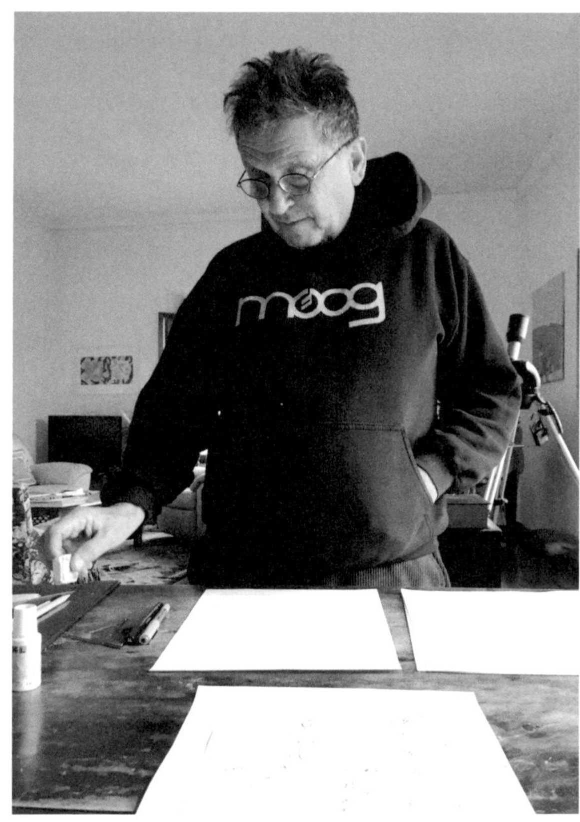


to call in, call out. They don't do it anymore ... but these "pure tones," these every-day-pieces-of-sonic-poetry, as you say, are really the cornerstones of my musical language; whoever hears them, hears them.

[*pause*]

AC — I just have this one idea: it's about the current worldwide obsession with sound. I say "obsession." It's really interesting because it's very significant that there is a creative movement, especially coming from the intersection of rock music, rap music with classical electronic, electronica (dance) and experimental music in general; while global, it is especially known among the Japanese noise artists who have created a wonderful rich place in the music world–let's call it the music of pure sound. It derives from the revolutionary ideas of Pierre Schaeffer and early recording technology: Schaeffer understood that natural sounds (noises, people, machines, animals, ambiences) were a pure source of music–he called this innovative composition on magnetic tape "*Musique Concrète*."

Today, this has evolved, along with our digital technologies, into a musical world featuring Noise–an often radical, early twenty-first-century musical style. Just Noise! The overwhelming additions of frequencies and sounds, that approaches some form of all audible frequencies mixed together, hence producing pure noise.

WOW!

Alvin Curran, *People Often Ask Me What Music I Listen To*, manuscrit d'une conférence inédite, 1982. Photo. Maxime Guitton

Alvin Curran, *People Often Ask Me What Music I Listen To*, manuscript of an unissued lecture, 1982. Photos by Maxime Guitton.

(unpublished lecture)

4C

"People often ask me what music I listen to." The answer is: "not very much," (I don't own a record player, radio or television set) none the less, I have heard a modest quantity of music in 43 years. From memory I have compiled a list of composers compositions, places, sounds (in no particular order) which have remained an integral part of me.

My father's trombone. My mother's stride piano. Spike Jones. Old men humming and buzzing while dav'nin (praying) in the Synagogue. Art Tatum in Newport. Kosugi in a bag in Rome. Steve Lacy. The MEV Studio (Rome). Cornelius Cardew. Cantor Jacob Hohenemser. Kontarski plays Franco Evangelisti. The Dagar Brothers. The Band of America. Clark Coolidge's first drum set (black and yellow). Boat Horns at night in the Port of Providence. Billie Holiday. "Easy Livin." Bartok. Memphis Slim. Elliott Carter. Duke Ellington. Josquin des Prés. Peanuts Hucko. Charles Ives. Gesualdo. Leroy Vinnegar. Prelude: Act III, Lohengrin. The Scratch Orchestra. Chopin. John Cage and David Tudor singing. Thelonius Monk (at the Five Spot). "Sweet Betsy From Pike." Bismallah Khan. Brahms. Guy Lombardo. Aunt Adele playing the cornet from her porch on the 4th of July. Providence Train Yard at night. The Beatles. Louis Armstrong. Simone Forti. Teddy Wilson. Webern. Monteverdi. Fats Waller. Alban Berg. Lester Lanin. Giuseppe Chiari. Terry Riley. Bud Powell. Guillaume de Marchaut. Ellis Larkins. Maryanne Amacher. Misja Mengelberg. Phil Napoleon. Horace Silver. Rzewski. Fog Horns (Narragansett Bay). Ivan Vandor's tenor sax. Earl Hines. Phil Glass. John Coltrane. Giacinto Scelsi. Varese. Charlie Parker. ~~Gesualdo.~~ Harold Arlen. Lee Konitz. Beethoven. Clifford Brown. Stravinsky. Braxton. IND subway at 72nd st. NYC. T.R. Mahalingam. Cecil Taylor. Chinese New Years (NYC '79). Alan Bryant. The Living Theater. Temple Emanuel Choir-Martin Curran tenor soloist. "Darktown Strutter's Ball." "Giant Steps." "As Time Goes By." Schumann Lieder. George Gershwin. Tibetan Monks. Jimmy Hendrix. Lester Young. "Alterations" (Bim Huis). Loons in Maine. Korean court orchestra. Ella Fitzgerald (Newport '52). Frescobaldi (on the radio '81). Lenny Tristano. Sardinian Goat Bells. George Lewis in Florence. Winter Woods in Vermont. Gunther "baby" Sommer. Giovanni Paolo II saying "merry Christmas" in Swahili. Die Winterreise." Jack Teagarden. Garret List. Frank Sinatra. Nam June Paik. Johnny Cash. Conlon Nancarrow. Edith Schloss. Ron Nelson. MEV (Musica Elettronica Viva 1966-81) Mozart. "I Can't Get Started." Pauline Oliveros. Malcolm Goldstein. Joannie Mitchell. The Brown University Band. Robert Ashley. Charlie Morrow. Michiko Hirayama. Evan Parker. Harry Carney. Steve Reich. Annea Lockwood's "Glass Music". Roswell Rudd. "Georgia On My Mind." The Amsterdam Zoo. Carl Orff. Charlemagne Palestine. Archie Shepp. Joan LaBarbara. Chet Baker. Nono. Berio. Nuova Consonanza. Gerry Mulligan. Starling Migration (rome '81). Cicadas in Maremma. Laurie Anderson. Leroy Anderson. Phil Niblock. Phil Corner. Don Cherry. Earle Brown. Cardini. Verdi Othello. Morton Feldman at the Rome Opera. Miles Davis at Storeyville. New Years in Gabon. Serge Chaloff. Pete Seeger. Max Eastley. "Red River Valley" Shenendoah, Billy Boy, Il Barbiere di Siviglia. Karl Maria von Weber. Prima Materia. ("I am Sitting in a Room" Alvin Lucier.) Mahler. "Moonlight in Vermont." Malagasy Republic (madagascar). Nunzio Zambello, Neapolitan Poet. Kindertotenlieder. Altenberglieder. Lou Cedrone, Band and Accordian. Marty Curran Orchestra - Music for Every Occassion. A Grange Hall in Wickford, R.I. Eddie Wittstein Orch. The Catskills. Southern Railway yard, Winston Salem. "Out of this World, Come Rain or Come Shine, When Sunny Gets Blue, Sophisticated Lady, Woodn'You, Mood Indigo, I Got It Bad, Ida Lupino, Joy Spring, I Should Care, Body and Soul, Foggy Day, Darn That Dream, Green Dolphin St. Naima, God Bless the Child, The Duke, Don't Get Around Much Anymore, Daahoud, Con Alma, Angel Eyes, Alone Together, All the Things You Are." "the Fantastiks" AMM with Tilbury and Cardew, Ed and Lou. Satie. Yves Montand/Debussy, Ravel. Tamia. Salvation Army Band. Sardinian Launeddas. Louis Andriessen. Paul Rutherford. Jon Phetteplace. Lotte Lenya. Kurt Weil. Zenakis. Darmstadt. "Der Blaue Engel." John Philip Souza. Haendel. FIG -Femenist Improvisation Group. The People Band. The Spontaneaous Music Ensemble. Chief Rabbi of Peking. Court Singers of Niger. A Roman Street musician playing a bay-leaf. The Chicago Arts Ensemble nude in Amougies. Richard Teitelbaum in a Javanese Gamelan orch. Harry Partch. Mary Lou Williams Marlene Dietrich. Franz Bruggen. Fischer-Dieskau. Jimmy Garrison. Jon Gibson. Dave McKenna. Oscar Pettiford. Albert Ayler. Broadus Earle. Charlie Mingus. The Inkspots. Jon Adams. Spot's last Haftorah.

Culturellement, nous sommes surchargés dans notre cosmos médiatique sans limite par la culture numérique depuis les années 1980 et 1990 environ. Nos technologies numériques ont permis à tout le monde, partout, d'accéder à la musique de toutes les époques, à tout moment. Cela n'a jamais été possible auparavant dans l'histoire de l'humanité. Et c'est ce qu'on pourrait appeler un changement majeur dans la donne : la musique de toutes les époques, disponible à tout moment !

Vous pouvez aujourd'hui écouter une chanson folklorique kurde, une symphonie de Beethoven, des chanteuses de gorge inuites, des jodleurs suisses, le chant polyphonique des Pygmées Aka, un tango argentin, Louis Armstrong et Ella Fitzgerald, les Beatles et le bruit produit par Keiji Heino, pratiquement en même temps !

Comme on dit, « Whaou ! »

Similarly, we are overloaded culturally in our unbounded media-cosmos–in the digital culture since about 1980, 1990. Our digital technologies have enabled everyone everywhere to access the music of all time, at any time. This has never been possible before in human history. And this is what we could call a major game changer: the music of all time available all the time!

You can listen to a Kurdish folk song, a Beethoven symphony, Inuit women throat singers, Swiss yodelers, the polyphonic singing of the Aka Pygmies, an Argentine tango, Louis Armstrong and Ella Fitzgerald, the Beatles, and the noise of Keiji Heino practically all at once!

As we say: "Whoah!"

The Soft Machine. Meredith Monk. Velvet Underground. Cappuchin Monks (Ara Coeli -Rome)
Sylvano Bussotti. Carla Bley. Vittorio Gelmetti. Mr. and Mrs Arthur Einstein -first piano
teachers. James Johnson -second piano teacher. Caspar - my dog who sang. Kagel. Donatoni.
Castiglioni. The Classical/Central High School Band.-Eddy Mc Cabe dir.- Martin
Fischer. Arlan Coolidge. Yuji Takahashi. E.E. Cummings. The Narragansett Indians (in spirit).
Philly Joe Jones. "Orfeo Negro." Slam Stewart. "Four" "I Remember Clifford" Bernies Tune
Blue Monk, Round Midnight." K and J. Kenton. Gil Evans. David Behrman. Joe Celli.
Milford Graves. Pete Rugolo. Sun Ra. Paul Desmond. Nicolo Castiglioni. Antonello Salis.
Pierre Boulez. Leo Smith. Wolves in the Abruzzi Mts. Nina Simone. Roscoe Mitchell. Eugenio Colombo.
Shelley Mann. Ezra Pound. Joe Morello. Micheal Nyman. Giancarlo Menotti. MEV2. MJQ.
"Celito Lindo," "Tennessee Waltz," "Goodnight Irene." Derek Bailey. Linton Kwesi Johnson. Purcell
Dowland. Morley. Micheal Parsons." Der Rosenkavalier." Dallapiccola. Ralph Shapey.
Buel Neidlinger. Steve Potts. "Gesang der Junglinge." The Brooklyn Bridge. Ray Charles.
"The Original Amateur Hour." Berlioz. Aaron Copland. Ferde Grofé. George Antheil. Ella
Fitzgerald. Venice at night. Jed Curtis at the Red Garter in Florence. Hugh Davies.
Jerry Hunt. Maria Monti. Robert Moran. Antonello Neri. Willem de Ridder. Michel Waisvisc.
Moniek Toebosch. Bessie Smith. Salimat Ali Khan. Orlando di Lasso. New Years at Battery
Park. Leonard Bernstein. Count Basie. Benedetto Marcello. Messiaen. Honegger.
Tristan Honsinger. Katie Duck. Sean Bergin. "Just a Closer Walk with Thee." "Sweet Lorraine."
"Ida." "After You've Gone." Bob Brookmeyer. Big Bill Broonzy. "on Top of Old Smokey"
Cole Porter. Hoepoes, peacocks, nightingales, mockingbirds, orioles and the London Zoo.
Jerome Kern. Elvis Presley. Maggie Nichols. Ille Strazza. Coleman Hawkins.
Fog Horn on Governors Island. Wilson Pickett. Perre Schaeffer. Han Bennink. Ligeti.
Muhal Abrams. Ornette. Roberto Laneri. Sidney Bechet. Leoncavallo. Ansermet. Prokofiev.
Murolo. Maderna. Giovanni Gabrielli. Dufay. Myra Hess. Astor Piazzola . John Sebastian.
George M. Cohan. Pandit Pranath. Harold Budd.
New Phonics Art Ensemble. Salvatore Martirano. La Serra di Lerici. The R.I. Philharmonic
Orchestra. Roberto Leydi. Mel Powell. Schubert. "Canti di Capricorno" -Scelsi. Pergolesi.
The Beatles, Hoagy Carmichael. Christian Wolff. Paul Lovens. Mike Sahl. Tony Scott
Demetrio Stratos. The percussion Ensemble of Rebbibia Prison (rome) led by Toni Esposito.
The Town Band of Bomarzo.

Rome 2.1.82

ALVIN CURRAN / MUSICHE
VIA DELL'ORSO, 28
00186 ROMA, ITALY

C'est un tout nouveau paradigme. Et quiconque fait de la musique aujourd'hui, né dans ce nouveau monde, doit s'adapter à cette situation sans précédent. On ne peut pas commencer à spéculer sur la manière dont cela va évoluer, sur la façon dont cela va modifier nos cultures musicales, nos habitudes de création musicale et d'écoute dans un avenir proche et lointain.

Bien sûr, ces tendances sont aussi des développements culturels fondés sur l'argent à l'échelle mondiale, sur la croissance économique, le profit, des tendances déterminantes, qu'elles soient réelles ou imaginaires. C'est du business. Il s'agit de faire de l'argent et de rendre les gens heureux, ou de leur faire croire qu'ils le sont.

This is a whole new paradigm. It's a whole new paradigm. And anyone making music today is born into this new world, must adapt themselves to this unprecedented situation. And one cannot begin to speculate how this will evolve, how this will change our music cultures, music making, and listening habits in the near and distant future.

Of course, these trends are also cultural developments based on money on a global scale–on economic growth, on profit on determining trends (real or imagined). That is business. It's a business to make money and to make people happy or make them think they're happy.

Alors que la musique, pour la plupart des gens, fait office de rituel culturel, dans le sens d'une quête ordinaire de spiritualité...

Le simple aspect humain-rituel de la musique – comme le pratiquent les joueurs de cornemuse écossais, les improvisateurs sans but lucratif, les aborigènes qui se produisent seuls dans un désert vide, les fanfares indiennes ou les cercles de tambours amérindiens – est aujourd'hui menacé parce que n'importe qui peut créer son propre espace musical avec un iPhone et deux petits bouchons dans les oreilles, où qu'il soit, avec le type de musique qu'il veut entendre... Cela aura forcément un effet sur la manière dont nous, les humains, créons et participons à l'expérience sonore future. La musique de gamelan balinaise et javanaise va-t-elle disparaître, tout comme l'orchestre symphonique, le bandonéon ou l'hichiriki ? Toutes les musiques de notre planète sont-elles en train de devenir des « espèces en voie de disparition » ?

Et que dire de ce qu'on appelle la « grande musique », la musique européenne des XVIIe, XVIIIe et XIXe siècles, lorsque des gens s'habillent avec élégance, se font beaux, sentent bon, se rendent dans des espaces ornés d'or, éclairés par des lustres, des lumières spéciales et des conceptions architecturales particulières ? Ils s'assoient dans des sièges confortables, recouverts de velours, déployant richesse, classe et pouvoir. Ils écoutent des chefs-d'œuvre classiques ou des opéras. Ils ne s'intéressent pas à la musique de leur propre époque, ils investissent leur temps et leur argent uniquement dans les maîtres historiques établis. Ils se considèrent comme informés.

Ils n'écoutent pas ma musique, même si j'appartiens à cette tradition, et la musique qu'ils écoutent n'existe plus depuis longtemps, tout comme les Beethoven, Bach et Mozart. Et pourtant, cette musique domine toujours cette catégorie économique culturelle, cet espace culturel.

Ici, je mêle beaucoup d'idées différentes. J'entends par là que j'ai commencé à parler de musique bruyante, et maintenant je parle des salles de concert classiques, de la présence massive et de l'argent investi dans cette grande mais ancienne musique... mais ce qui est intéressant, c'est qu'en raison des forces commerciales et économiques mondiales contemporaines, la musique de Beethoven, de Bach et de Mozart continue d'exister, en grande partie parce qu'elle est devenue une marchandise lucrative. Il s'agit indéniablement d'une grande tradition musicale. Mais il en va de même pour la musique des Aborigènes, des Amérindiens ou des Balinais, dont la production ou l'écoute ne coûte pas grand-chose.

Avec un simple téléphone numérique et des écouteurs, la planète entière, le monde entier, devient sa propre salle de concert ; où que vous soyez, vous devenez votre espace musical personnel, et ce, pratiquement sans frais. C'est absolument remarquable.

LE — Lorsque j'entends le mot bruit et ensuite économie, je pense immédiatement à Jacques Attali et aussi au fait qu'il a écrit sur la manière dont l'économie de la musique a changé la musique et comment l'instrument a modifié l'économie de la musique.

AC — C'est vrai. Oui, j'ai été très impressionné par l'analyse d'Attali... avant même que la culture Internet ne prenne toute sa puissance.

LE — Le livre de Jonathan Sterne, *MP3, The Meaning of a Format*[1], sur la manière dont le MP3 a changé notre relation avec la musique. Cela me parle, et c'est vrai que ça a changé

1 Jonathan Sterne, *MP3, the Meaning of a Format*, Duke University Press, 2012.

But, whereas music, for most people, has served as a cultural-ritual, in the sense of some ordinary quest for spirituality ...

But the simple human-ritual aspect of music–say the Scottish Pipers, the non-profit improvisers, the Aboriginals, performing alone in an empty desert, Indian Brass bands or Native American drum-circles – are now being threatened because anybody with an iPhone and two little buds in their ears can create their own musical space wherever they are, with whatever kind of music they want to hear ... this is bound to have some effect on how we humans create and participate in future sonic experience.... Will Balinese and Javanese gamelan music disappear, along with the Symphony Orchestra and the Bandoneon or the Hichiriki? Are all the musics on our planet becoming "endangered species"?

And what about the so-called "high-music," the European music of seventeenth, eighteenth, nineteenth centuries where people dress themselves in elegant clothing, they make themselves look well, smell good, they go into golden ornamented spaces illuminated by chandeliers, special lights and special architectural designs. They sit in comfortable, velvet-covered seats, they demonstrate wealth, class, and power. They listen to classical masterpieces or operas. They have no interest in the music of their own time, they invest their time and money only in the established historical masters. They consider themselves informed.

And the music, they don't listen to my music, even though I belong to that tradition, but the music they do listen to has long ceased to exist, as have the Beethovens and the Bachs and the Mozarts. And yet that music still dominates this one cultural economic category, this cultural space.

Here I'm mixing up a lot of ideas. I'm just improvising, perhaps ranting!... I mean, I started speaking about noise music, and now I'm talking about classical concert halls, and overwhelming presence and moneys invested in this great but ancient music ... but the interesting thing is either because of the forces of business and economics today in the world, the music of Beethoven and Bach and Mozart continue to exist, largely because they have become money-making goods. It's undeniably a great musical tradition of music. But so is the music of the Aboriginals or Native Americans or the Balinese, none of which costs much money to produce or to listen to.

With just a digital phone and earbuds, the entire planet, the whole world, becomes its own concert hall; anywhere you are becomes your own personal musical space, at practically no cost. This is absolutely remarkable.

LE — When I hear the word noise and then economy, I immediately think about Jacques Attali and also the fact that he wrote about how the economy of music changed the music and how the instrument changed the economy of music.

AC — That's true. Yeah. I was very impressed by Attali's analysis ... even before the full power of internet culture.

parce que je me suis toujours demandé comment ce serait s'il n'y avait pas de musique du tout. Si j'écoutais de la musique pour la première fois dans une salle de concert, comme on le faisait il y a quatre ou cinq siècles, quelle différence cela ferait-il ?

La musique est plus accessible, tout est disponible. Mais cela signifie aussi, d'un autre côté, qu'elle appartient à tout le monde, donc que tout le monde peut jouer de la musique.

AC — Tout à fait. Comme je l'ai dit au début de notre entretien, tous les êtres humains sont des animaux musicaux. Aujourd'hui, des millions de personnes font de la musique, à titre privé ou professionnel.

LE — Je suis tout autant fascinée par les chaînes YouTube créées par tous ces adolescents qui font des reprises de musique, qui rejouent de la musique de manière très libre. Je me demande si la planète entière n'est pas en train de devenir une salle de concert. Peut-être que cela signifie que tous les humains deviendront des musiciens.

AC — Je fais de la musique (surtout de la musique improvisée et spontanée) avec des non-musiciens depuis de nombreuses années. J'ai consacré beaucoup de temps à développer des gestes, des signes et des structures qui permettent à n'importe qui de se produire spontanément dans de petits ou grands groupes, ne serait-ce qu'avec sa voix, son corps et des objets trouvés.

Je suis capable, par des moyens très simples, de faire de la musique avec ces personnes, une musique qui n'est ni notée ni écrite d'aucune manière. Appelons cela une sorte de « musique du peuple ».

Je comprends cela depuis l'intérieur de mon propre espace culturel, au sein de ce que l'on appelle communément la « musique expérimentale » - même si je ne sais plus ce que signifie la musique expérimentale - mais à l'intérieur de cet espace créatif, je sais que je peux faire de la musique avec n'importe qui.

Et, en effet, c'est expérimental parce que nous ne savons pas ce que nous faisons, si ce n'est nous réunir pour produire un son collectif intentionnellement ou par hasard, et pour découvrir comment interagir entre nous, ou seuls, par nous-mêmes.

À propos des enfants : oui, ils ont à disposition tout le tas de déchets que représente la musique humaine, et sont maintenant occupés à « remixer » tout cela !

J'étais justement en train de penser à une image plus large, qui m'a été inspirée par la musique bruitiste d'artistes comme Karkowski, Merzbow et Keiji Haino, ou d'autres individus et artistes dans ce domaine qui ont repoussé, et repoussent encore, les limites de la perception, de l'endurance et de la tolérance humaines.

Et je pense, en particulier, à l'une de mes plus chères et plus proches amies et collègues, aujourd'hui disparue, Maryanne Amacher. J'ai connu Maryanne à New York vers la fin des années 1960. C'était une femme étonnante qui, avant l'arrivée d'Internet, expérimentait l'installation de microphones dans toutes les villes, reliant les gens par téléphone, enregistrant de vastes espaces ouverts, réalisant ces projets inhabituels qui sont beaucoup plus proches de l'esthétique et des techniques du *land-art* de l'époque. Un travail clairement visionnaire, surtout dans le champ de la musique.

Elle plaçait des microphones dans les champs, le long des côtes, et enregistrait pendant des heures interminables ce que d'autres diraient n'être aucun son. Mais pour elle, c'était une symphonie continue, évolutive et intemporelle.

Je pense donc à ces personnes et à l'inspiration qu'elles ont apportée à ma propre vie et je leur suis reconnaissant, et

LE — Jonathan Sterne's book *MP3: The Meaning of a Format*,[1] about how the MP3 changes our relationship with music. It speaks to me, and it's true that it changed because I always wondering how it would be if there is no music at all. If I listened to music for the first time in a concert hall, like they did four centuries ago, five centuries ago what difference would it make?

Music is more accessible, it's all available. But it also means, on the other hand, that it's belongs to everybody, so everybody can play music.

AC — Absolutely. As I stated in the beginning of our talk: all human beings are musical animals. Today millions of people make music both privately and professionally.

LE — And I was also fascinated by all these YouTube channel things, all these teenagers are making covers of music, replaying music in a very free way. It makes me wonder: is the whole planet becoming a concert hall? Maybe that means all humans will become musicians.

AC — I have been making music (especially improvised/spontaneous music) with non-musicians for many years. I have dedicated much time to develop gestures, signs, and structures that enable anyone to perform spontaneously in small or large groups–if only with their voices and bodies and found objects.

I'm able through very simple means to make music with these people, music which is not notated or in any way written down. Let's call it a kind of "people's music."

I know that from inside my own cultural space, within what's commonly known as "experimental music"–even if I don't know what experimental music means anymore–but inside that creative space I know I can make music with anyone.

And, indeed, it is experimental because we don't know what we're doing except coming together to make a collective sound by intention and chance, and discovering how to interact between ourselves, or alone, by ourselves.

And about the kids: yes, they have the entire rubbish-heap of human music, and now are busy "remixing" all of it!

I was just thinking about the larger picture, which was inspired by thinking about basically the noise- music of artists like, Karkowski, Merzbow, and Keiji Haino, or other individuals and other artists in that field who were, and still are, pushing the limits of human perception, endurance, and tolerance as well.

And I think, especially of one of my dearest and closest friends and colleagues no longer alive, Maryanne Amacher. I had known Maryanne in New York since the late 1960s. An amazing woman who, before the Internet, was experimenting with putting microphones all around cities, connecting people by telephone, recording vast open spaces, doing these unusual projects which are much closer to the aesthetic and techniques of the land-artists of the time. Clearly visionary stuff, especially in music.

1 Jonathan Sterne, *MP3: the Meaning of a Format* (Durham, NC: Duke University Press, 2012).

oui, ce mot « bruit » porte souvent un sens négatif. Pourtant, il s'agit d'un monde musical dont le contenu est infini, puisque le bruit, par définition, implique de multiples fréquences indiscernables qui se heurtent les unes aux autres, se mélangent, s'empilent, produisant une tonalité instable et indiscernable.

Une grande partie de la musique « bruitiste » est forte, agressive et apparemment violente dans son intensité – poussant parfois la musique jusqu'au point du danger physiologique. Par ailleurs, à l'opposé, il existe d'autres pratiques musicales, des projets différents où les gens expérimentent les limites de l'audition dans la zone du silence extrême, où il n'y a presque plus de son du tout, où il faut écouter si attentivement, si profondément, que si vos oreilles sont assez bonnes – les miennes ne le sont plus parce que je suis trop vieux – vous pouvez entendre des choses étonnantes.

Ces deux pratiques extrêmes, l'extra-fort et l'ultrasilencieux, nous offrent de nouvelles perspectives sonores étonnantes.

Je dois mentionner ici que, même dans mes premières expériences avec le groupe Musica Elettronica Viva, nous prenions en compte ces deux aspects dans les années 1960. Le cofondateur Richard Teitelbaum était alors particulièrement enthousiaste à l'idée de composer des pièces conceptuelles, mais bien réelles, dans lesquelles il demandait aux joueurs ou aux participants de s'asseoir et d'écouter jusqu'à ce qu'ils puissent entendre le son le plus lointain dans leur oreille ; ils devaient ensuite essayer d'imiter ce son avec leur instrument, ou d'utiliser ce son le plus lointain comme une étincelle d'improvisation.

Ce type d'« écoute profonde », qui rappelle le travail majeur de Pauline Oliveros, était tout à fait typique de la musique expérimentale de l'époque. Mais la pièce de Teitelbaum était particulièrement magique en ce qu'elle encourageait les musiciens à émettre un son presque inaudible.

Je me souviens d'expériences de mon propre passé récent – je dis récent parce que ces souvenirs remontent à plus de cinquante ans. Mais ce passé récent correspond à un moment où ma propre créativité était en pleine formation. J'apprenais autant de choses sur le son, le son pur, et pas seulement sur les techniques que je tenais tant à apprendre en tant qu'étudiant, ces techniques de compositeurs aussi extraordinaires que Iannis Xenakis, Elliott Carter, Luigi Nono, György Ligeti, Karlheinz Stockhausen et Pierre Boulez, mais aussi sur les pratiques du « devenir », de l'incarnation du son en soi, par le biais de la musique improvisée, expérimentale et collective. Il est vrai que mes mentors musicaux se consacraient presque exclusivement à l'art de la musique occidentale. Ils ne se tournaient pas vers l'Afrique. Ils ne se tournaient pas vers l'Asie. Ils ne regardaient nulle part ailleurs qu'à Cologne, Berlin, Paris, Darmstadt, Donaueschingen, New York, Vienne ou Venise. Leur monde musical était strictement occidental, principalement européen. Très concentré dans cette seule idée géographique historique.

LE — Mais certains d'entre eux voyageaient... Steve Reich est allé en Afrique pour apprendre la batterie avec Gideon Alorworye.

AC — Steve Reich a fait cela. Oui. En fait, j'ai vu Steve lorsqu'il est revenu du Ghana. J'ai appris à connaître Steve assez bien et j'ai même joué dans son ensemble en... Quand était-ce ? 1972 ?... J'ai participé aux premières représentations européennes de *Drumming* avec Cardew, Gavin Bryars, Jon Gibson, Michael Nyman et toute cette bande... Une expérience extraordinaire.

She would place microphones out in fields, along coastlines, and just to record endless hours of what other people would say was no sound at all. But to her it was one continuous, evolving, timeless symphony.

So, I think of these people and the inspiration they brought into my own life and my recognition and yes, this word "noise" often carries a negative meaning. Yet it's a musical world with a music-content which is infinite; because noise, by definition, means multiple indistinguishable frequencies all crashing into each other, all mixed together, piled up, resulting in unstable and indistinguishable pitch.

Much of "noise" music is loud, aggressive, and seemingly violent in intensity–at times pushing the music to the physiological danger point. On the other hand, there's an opposite musical practice, different projects where people are experimenting with the limits of hearing in the extreme quiet zone, where there's almost no sound at all, where you have to listen so carefully, so deeply, that if your ears are good enough–mine no longer are because I'm too old–you can hear amazing things.

Both these extreme practices, the extra-loud and the ultra-quiet, give us amazing new sonic perspectives.

I should mention here that, even in my early experience with the group Musica Elettronica Viva, we were doing both of these things in the 1960s. Cofounder Richard Teitlebaum was then particularly keen in composing kind of conceptual, but actual compositions, pieces in which he would ask the players or the participants to sit and listen until they could hear the most distant sound in their hearing; then they were to try to emulate that sound on their instrument, or use that most distant sound as an improvisational spark.

This kind of "deep listening," to recall the great work of Pauline Oliveros, was quite typical of the experimental music making in those times. Yet Teitelbaum's piece was especially magical in it's encouraging the musicians to emulate a sound which was almost inaudible.

I'm recalling experiences from my own recent past, and I say recent because these memories are already from over fifty years ago. But that recent past was when my own creativity was in a moment of rapid formation. I was learning so much about sound, pure sound, and not just about the techniques that I was so keen on learning as a student, the techniques of those amazing composers like Iannis Xenakis and Elliott Carter, Luigi Nono, Lygeti, and Karlheinz Stockhausen and Pierre Boulez, but the practices of "becoming," of embodying sound-itself, through experimental and collective improvised music making.

True, that my musical mentors were dedicated almost exclusively to art of Western music.

They were not looking to Africa. They were not looking to Asia. They were not looking anywhere outside of Cologne, Berlin, Paris, Darmstadt, Donaueschingen, New York, Vienna, or Venice. Their music world was strictly Western, mostly European. Very concentrated in this one historical geographic idea.

Instrumentarium d'Alvin Curran, Genzano di Roma, IT, 2018.
Photo. Maxime Guitton

Alvin Curran's Instrumentarium, Genzano di Roma, IT, 2018.
Photo by Maxime Guitton.

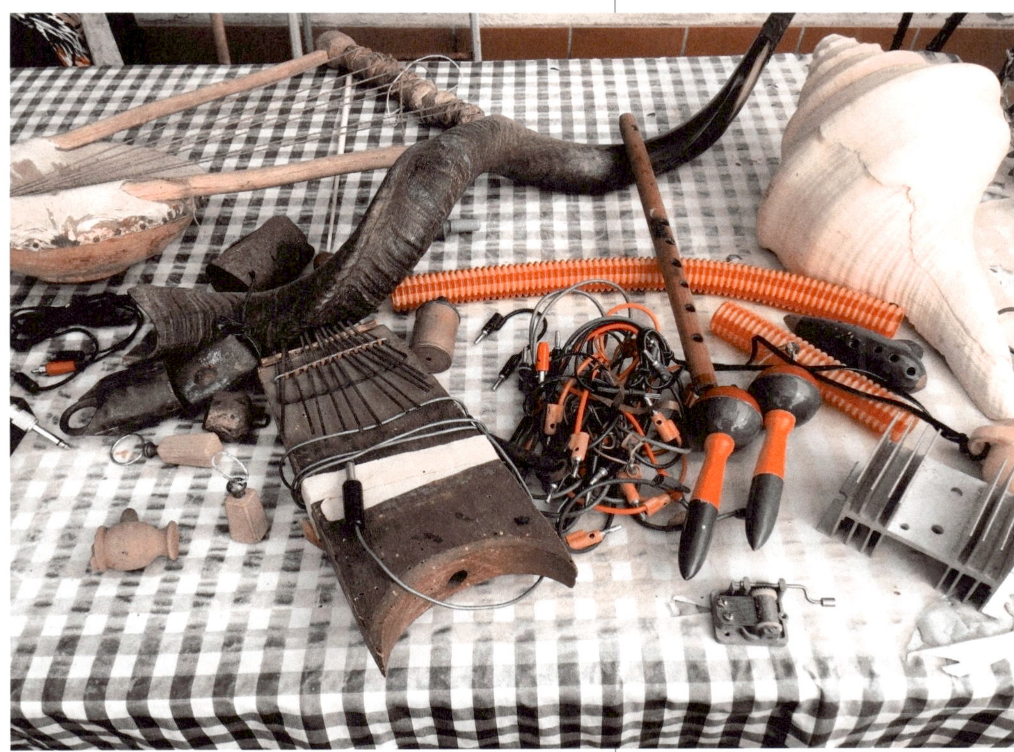

Steve est allé au Ghana pour apprendre l'art du tambour africain. Et oui, c'étaient les débuts remarquables d'une nouvelle génération de compositeurs occidentaux qui se tournaient vers le monde entier pour puiser leur inspiration musicale.

LE — Comme également un peu plus tard Gérard Grisey au Mali. J'ai toujours été surprise qu'ils aillent en Afrique pour apprendre. En tant qu'immigrée du Maroc, je comprends combien ils apprennent de nos cultures…

AC — Oui, mais Steve Reich avait l'intuition qu'il y avait quelque chose dans ces motifs imbriqués qui était très proche de son idée de la composition minimaliste. Et il avait raison. Il a composé une musique très originale. Je veux dire, elle ne reflète pas entièrement la musique africaine, mais elle est très puissamment influencée par cette idée de cycles répétitifs, joués encore et encore, les uns contre les autres, avec des motifs changeants. Alors que Grisey – que j'admire beaucoup – est un compositeur de ma génération qui savait mettre de l'« âme » dans sa musique – une véritable profondeur spirituelle à l'intérieur d'une composition virtuose.

Je me suis tout d'abord exprimé spontanément ici, j'ai commencé à réfléchir à beaucoup de choses en même temps, en particulier à l'explosion historique récente de la disponibilité de toute la musique de toutes les époques, tout le temps, et au manque de rituels locaux diversifiés.

Je veux dire par là que les gens ne font pas de la musique juste pour faire du bruit. Bon, si vous pouvez imaginer qu'il y a 40 000 ans un proto-humain a ramassé, je ne sais pas, quelque chose, un objet, un os, et a découvert qu'en soufflant de l'air dedans cela pouvait produire un son ; cela l'a peut-être amusé. Peu à peu ces sons, par le biais de divers processus de culturation humaine, sont devenus fixes, répétables, ritualisés : tel son que l'on produit tel jour. Telle cloche que l'on frappe à tel moment de la journée ou pour telle raison car elle signifie pour les gens un événement heureux passé ou

LE — But some of them travel … Steve Reich traveled to Africa to learn drums with Gideon Alorworye.

AC — Steve Reich did. Yes. In fact, I saw Steve when he came back from Ghana. I got to know Steve quite well and actually performed in his ensemble in the 19- … when was it? 1972? … I played in his first European performances of "Drumming" with Cardew, Gavin Bryars, Jon Gibson, and Michael Nyman and that whole gang … an extraordinary experience.

Steve went to Ghana to learn the art of African drumming. And yes, this was the remarkable beginnings of a new generation of Western composers looking to the whole world for musical inspiration.

LE — Like, also a bit later, Gerard Grisey in Mali. I was always surprised that they went to Africa to learn. As an immigrant from Morocco, I understand how much they learn from our cultures …

AC — Yeah, but Steve Reich had some intuition that there was something about these interlocking patterns that was very close to his idea of minimalist composition. And he was right. He made very original music. I mean, it's not entirely reflecting African music, but it's very powerfully influenced by this idea of repetitive cycles, played over and over and against each other, shifting patterns. While Grisey–whom I admire greatly–is a composer of my generation who knew how to put "soul," into his music – genuine spiritual depth inside virtuoso composing.

First of all, I started talking spontaneously here, and thinking about a lot of things all at once, especially about the recent historical explosion of the availability of all of the music of all time, all of the time, and the lack thereof of diversified local rituals.

futur. On a découvert toutes sortes de raisons de faire du bruit, que ce soit pour s'alarmer, pour indiquer des moments particuliers, pour prier, pour se réconforter spirituellement ou même pour le simple plaisir.

Et dès que les gens ont commencé à créer des raisons imaginaires pour comprendre leur propre existence, ils ont dû attribuer leur existence à quelque chose, à quelqu'un. Et parfois, ces attributions étaient liées à la production de certains sons : des sons vocalisés, des sons de tambour, des sons d'appel aux esprits et aux dieux pour demander de l'aide, ou pour louer ces créatures ou ces êtres imaginaires. Nous n'en savons rien.

Une grande partie de cela existe encore aujourd'hui dans les multiples traditions de nos utilisations sociales et spirituelles du son. Ce que je voulais dire, c'est qu'avec nos écouteurs modernes et nos iPhones, la ritualisation de la musique disparaît peu à peu, car nous pouvons écouter n'importe quoi à tout moment. Nous ne savons pas d'où ça vient ni même pourquoi – le seul rituel qui subsiste est le plaisir sonore éphémère que nous nous donnons à nous-mêmes. Oui, nous sommes devenus des *selfies* musicaux.

Je peux écouter quelqu'un qui joue de la guimbarde, assis dans les steppes du Kazakhstan à garder ses moutons… et qui fait cela toute la journée pendant que les moutons paissent. Qui sait ce que pense ce berger ? Pourquoi produit-il ces simples sons musicaux ? Mais quoi qu'il en soit, ce dont je suis sûr est que cela ne peut être recréé ni retransmis sur un iPhone. L'iPhone a tendance à annuler l'espace, l'emplacement, le temps, l'odeur, l'environnement proche et lointain, autant d'éléments sans lesquels de nombreux sons produits par l'homme et/ou la nature n'ont que peu de sens. Extrapolation vers l'ici et le maintenant : qu'entend réellement le passager du métro parisien qui écoute l'enregistrement d'un berger jouant de la guimbarde sur le chemin du travail le matin ? Il est certain que le berger et le Parisien partagent le fait d'être en « isolement ».

LE — Ce qui est drôle, c'est qu'ils se transportent avec leurs pieds, en écoutant de la musique. Alors peut-être pouvons-nous remettre en question cette idée.

AC — C'est intéressant. Je peux aussi très bien imaginer que le passager du métro à Paris qui écoute un berger jouant de la guimbarde est simultanément « transporté » par le son vers un lieu inconnu au Kazakhstan ou en Mongolie. La question ne se pose pas. Mais qui est où ?

Tout cela est très complexe avec nos médias et notre technologie d'aujourd'hui, qui nous permettent, en fait, de nous transporter psycho-physiquement n'importe où dans le monde, à n'importe quel moment de la journée, pendant nos heures de veille. De même que la radio et les médias enregistrés du début du XX^e^ siècle nous permettaient d'entendre d'autres lieux et d'autres personnes, de même qu'Internet et notre technologie numérique ouvrent un tout nouveau chapitre dans l'histoire de la culture humaine, des communications humaines, nous permettant de voyager par le son partout et à tout moment. En gardant cela à l'esprit, je n'ai pas la moindre idée de ce que nous réserve l'avenir. J'aimerais pouvoir m'asseoir ici et dire que tout cela mène à quelque chose de remarquable. Appelons cela pour l'instant, entre guillemets, une « nouvelle musique » parce que, dans la pratique de la musique dite classique-contemporaine, nous utilisons cette expression « nouvelle musique » depuis si longtemps ; une expression qui décrit mal ce que nous faisons. La nouvelle musique ne veut pratiquement rien dire. Maintenant, tout, pratiquement tous les sons imaginables, sont des musiques nouvelles.

I mean, people don't make music just to make noise. Okay, if you can imagine that 40,000 years ago, when some protohuman person picked up, I don't know, something, some object, a bone and found that if they blew some air into it, it could make a sound; maybe they were amused by this. Gradually these sounds, through various processes of human culturalization, became fixed, repeatable, ritualized: such and such a sound you make on such and such a day. This bell you hit at this time of day or for that reason because it signifies to people a past or future happy event. This animal horn is played only during the full moon … a drum is struck once every seven days … They discovered all kinds of reasons of making sound both as alarm, to denote special times, and for prayer, and possibly for spiritual comfort or even simple pleasure.

And as soon as people began to create imaginary reasons and understanding for their own existence, they had to attribute their existence to something, to somebody. And sometimes these attributions were connected with the making of certain sounds: vocalized sounds, drumming sounds, calling sounds to the spirits/gods for help, or to praise these imaginary creatures or beings. We don't know.

Much of this still exists today in the multiple traditions of our social and spiritual uses of sound. What I was wanting to say is that with our modern earbuds and iPhones, the ritualization of music is slowly disappearing because we can listen to anything anytime. We don't know where it came from or even why–the only remaining ritual is the fleeting sonic pleasure we make for our own selves. Yes, we have become musical-selfies.

I can listen to someone who plays Jew's harp (guimbarde) who sits in the steppes of Kazakhstan tending his/her sheep … and who does this all day long while the sheep are grazing. Who knows what this shepherd is thinking? Why they are making these simple musical sounds. But whatever it is, I am sure it cannot be re-created or transmitted on an iPhone. The iPhone tends to cancel space, location, weather, odor, near and distant surroundings, elements without which many human-made and/or naturally made sounds have little meaning. Extrapolating to the here and now: What does the passenger on the Paris Metro actually hear when listening to a recording of a shepherd playing a Jew's harp–jaws' harp–on the way to work in the morning? Certainly both the shepherd and the Parisian share the fact that they are in "isolation."

LE — The funny thing is that they are transporting themselves with their feet, listening to music. So maybe we can challenge this.

AC — This is interesting. I can also well imagine that the Metro passenger in Paris listening to a single shepherd playing a Jew's harp is simultaneously being sonically "transported" to some unknowable place in Kazakhstan or in Mongolia. There's no question. But who is where?

This is all very complex with our media and our technology today, which allows us, in fact, to transport ourselves psychophysically anywhere in the world, anytime, at any time in the day during our waking hours. As did the radio, and recorded media in the early twentieth century allow us to hear other places and people,

Aujourd'hui, si j'écoute Hildegard de Bingen, qui était une grande compositrice du XII^e siècle, et qui a écrit la musique monophonique la plus inspirée et la plus inspirante des premiers temps de l'Église catholique, pour moi, c'est de la « nouvelle musique ». Quand je l'entends aujourd'hui à n'importe quel moment, c'est nouveau et remarquable. Ou si j'écoute et enregistre de magnifiques ruisseaux qui glougloutent lentement dans les rizières du Nord de la Birmanie, cela aussi est absolument de la « nouvelle musique ».

Je pense que je m'engage dans une voie sans issue avec mes propres pensées parce que je suis à un endroit de ma vie créative et de ma propre vie où, et quand vous faites le bilan de votre activité créative – une chose difficile à faire – vous attribuez une signification au travail de toute une vie.

Je ne suis pas en train de faire le malin ni d'être facétieux. Je sais avec certitude qu'à travers ma musique, mes sons, j'ai apporté de la joie et de l'émerveillement à quelques personnes, je les ai rendues heureuses. Je le sais, les gens me l'ont dit. Et cela, bien sûr, me rend très heureux. Je ne demande rien de plus. L'art du son est un grand cadeau et j'en suis reconnaissant.

Comme je l'ai dit plus tôt, je suis un musicien simple et primitif. Et je peux m'identifier profondément à cet aborigène qui, avec seulement deux bâtons et une voix, jouait au milieu de nulle part, se transformant en son ! Une personne nue, debout au milieu d'un espace vide, faisant de la musique pour le pur plaisir, ou pour les dieux, ou simplement pour la merveille absolue de connaître et de ressentir cette expérience. Qui sait ?

Bien sûr, je ne peux prétendre être un aborigène, ni même un primitif naïf, mais il y a des moments dans mes compositions et improvisations où j'imagine que je le suis.

Ma musique est généralement constituée de choses simples. Elle rend vraiment hommage à toute la nature. Et aux remarquables mystères de… Avez-vous déjà entendu une meute de loups hurler dans la nuit ?

LE — En vrai ? Non.

AC — Mais on pouvait les entendre en Suisse. Je suis sûr qu'il y a des loups dans les montagnes.

LE — Oui, mais on est en train de les tuer.

AC — On les tue ? Bien sûr, les humains ont peur des loups ! Ils mangent les poulets, les animaux de ferme et les animaux domestiques… mais cela n'enlève rien à leur grande et terrifiante musicalité, lorsqu'ils chantent et hurlent. Pour moi, c'est comme d'entendre des voix venues de l'espace…

LE — Mais dans les montagnes, on peut entendre d'autres animaux, comme des cerfs. Dans un endroit appelé Derborence. Vous avez une partie de la montagne qui s'effondre. Puis un endroit qui est une ruine fantastique. Et lorsque vous êtes là, vous entendez les pierres tomber. Et vous pouvez entendre les cerfs qui crient d'un côté de la montagne à l'autre.

AC — Vous avez entendu cela ?

LE — Oui. Tous les soirs.

AC — C'est magnifique. Il faut que vous m'y emmeniez. Je suis allé dans des endroits reculés des États-Unis pour enregistrer les élans pendant la saison des amours… les cris des mâles sont l'un des sons les plus extraordinaires que je connaisse. Ils apparaissent tout le temps dans ma musique.

LE — Mais ce qui est beau aussi, c'est d'entendre les pierres tomber. Les pierres tombent toujours de la montagne, ce qui signifie qu'à chaque instant, un morceau de la montagne peut se briser et retomber. Et cela me fait penser que l'oreille est un organe de la peur, comme l'a dit Roland Barthes. L'oreille est censée savoir si vous vous trouvez dans un espace sûr.

so too our Internet and digital technology opens a whole new chapter in the history of human culture, human communications, allowing us to travel via sound anywhere and at any time we wish. With this in mind, I haven't a clue what lies in the future. I wish I could sit here and say, this is all leading to something remarkable. Let's call it for now, in quotes, a "new music" because, in the so-called classical-contemporary music practice, we've been using this phrase New Music for so long; a phrase which poorly describes what we do. New Music has practically no meaning whatsoever. Now, everything, practically every imaginable sound, is new music.

Today, if I listen to Hildegard von Bingen, who was a great composer in the eleventh and twelfth centuries, and wrote the most inspired and inspiring monophonic music in the early times of the Catholic Church, to me, that's "new music." When I hear her today or anytime, it's new and remarkable. Or if I listen to and record beautiful slow gurgling streams of water in the rice-fields of northern Myanmar, that too is absolutely "new music."

I think I'm heading into a blind alley with my own thoughts because I'm at a place in my own creative life and in my own life, where and when you make a reckoning of your creative activity–a hard thing to do–to attribute significance to your own life's work.

I'm not being cute or facetious here. I know for sure, that through my music, my sounds, I have brought joy and wonder to a few people, made them happy. This I know, people have told me so. And this, of course, makes me very happy. I don't ask for anything more than that. The art of sound is a great gift and I am grateful for this.

As I said earlier, I'm a simple, primitive musician. And I can relate deeply to that same Aborigine with just two sticks and a voice, playing in the middle of nowhere, transforming himself into sound! A naked person standing in the midst of empty space making music for the pure pleasure of it, or for the gods or simply for the absolute marvel of knowing and feeling the experience. Who knows?

Of course, I can't pretend to be an Aborigine, nor even a naif primitive, but there are moments in my compositions and improvisations where I imagine that I am.

But my music is generally made of simple things. It really pays homage to all of nature. And the remarkable mysteries of … have you ever heard a pack of wolves howling in the night? No?

LE — A real one? No.

AC — But you could hear them in Switzerland. I'm sure there are wolves in the mountains.

LE — Yeah, but they are killing them.

AC — They're killing them? Of course, humans fear wolves! They eat the chickens and the farm animals, and pets … but this does not take away their great but terrifying musicality, when they sing and howl. For me, it's like hearing voices from outer space …

LE — But in the mountains, you can hear other animals, like elk. In a place called Derborence. You have a part of the mountain that falls. Then you have a place that is a fantastic ruin. And when you are there, you hear the stones falling. And you hear the elk calling from one side of the mountain to the other.

Alvin Curran, Cafe OTO, Londres, UK, 13 décembre 2013.
Photo. Dawid Laskowski

Alvin Curran, Cafe OTO, London, UK, December 13, 2013.
Photo by Dawid Laskowski.

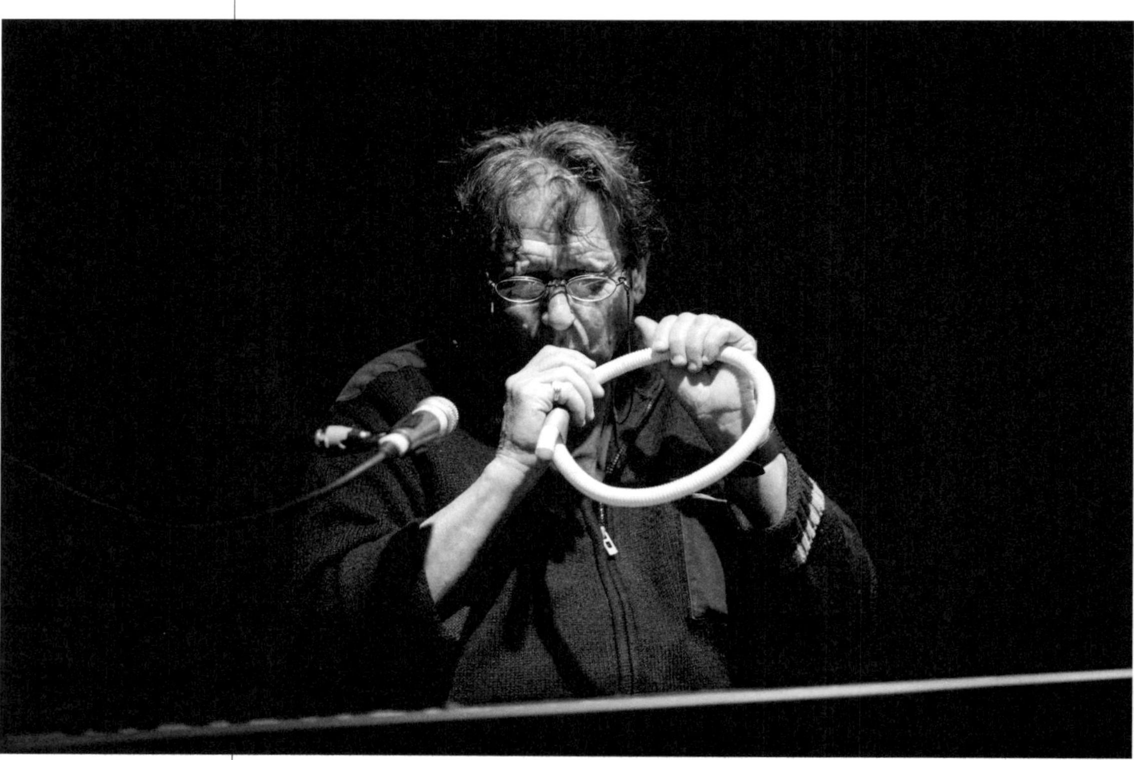

AC — Oui, ou si vous êtes en danger. Notre ouïe, notre vision et notre odorat sont ce dont nous dépendons tous pour survivre. Les sons aléatoires des pierres et des rochers qui tombent de la montagne sont, pour moi, un exemple de musique intemporelle.

LE — Vous m'avez parlé de votre pratique avec des non-musiciens et je me demandais si cette pratique pouvait être lue comme un geste politique ?

AC — Tout à fait. Oui, c'est un geste politique. Il est politique à bien des égards, mais surtout comme un moyen de confirmer ma conviction que tous les êtres humains sont des êtres musicaux. Et en second lieu, dans une improvisation de groupe, où il n'y a essentiellement aucune règle, les gens - les joueurs - inventent rapidement des stratégies de fabrication du son qui ne sont pas nécessairement conflictuelles. C'est dans l'anarchie qu'on trouve les graines de la démocratie. Mais cela ne se produit que par le son, le son symbolique. Personne ne va vous faire du mal. Ce n'est pas un défi ni un jeu vidéo violent. Les gens commencent à créer ces relations linguistiques à travers des sons qui ne sont pas basés sur le langage parlé. D'une manière générale, c'est ici, dans ces moments d'improvisation totalement libre - de musique spontanée - que les gens apprennent à se comporter harmonieusement les uns avec les autres, plutôt que de rechercher le conflit ou le désordre permanent.

Donc, encore une fois, je ne suis ni psychologue, ni psychiatre ; je n'ai pas de connaissances scientifiques, mais je sais que l'acte d'improvisation collective, l'acte de se libérer de toutes les règles musicales, l'acte d'être capable de sortir du temps, de sortir de son propre corps et d'en avoir conscience, est un acte qui porte une incroyable responsabilité, surtout quand on produit des sons musicaux avec d'autres personnes. Le mot « libération » est ici tout à fait approprié !

C'est le moment tant attendu de mon discours sur l'improvisation - j'ai même oublié d'employer le mot improvisa-

AC — You've heard that?

LE — Yes. Every evening.

AC — That's beautiful. You have to take me there. I have gone to remote places in the USA to record the elk in the mating season ... the calls of the males is one of the most extraordinary sounds that I know. It appears in my music all the time.

LE — But the beautiful thing also is to hear the stones falling. The stones are still falling from the mountain, which means that every moment a piece of the mountain could break and fall again. And it makes me think that the ear is an organ of fear, as Roland Barthes said. The ear is meant to know if you are in a safe space.

AC — Yeah, or if you're in danger. Our hearing and our vision and sense of smell are what we all depend on to survive. The random sounds of stones and rocks falling away from the mountain are, to me, an example of timeless music.

LE — You told me about your practice with non-musicians and I was wondering if your practice with non-musician can be read as a political gesture?

AC — Very much. Yes, it is a political gesture. It's political in many ways, but primarily as a way of confirming my belief that all human beings are musical beings. And secondly, that in a group improvisation, where there are essentially no governing rules, that people–the players–quickly invent strategies of making sound which are not necessarily conflictual. The seeds of democracy are inside those of anarchy. But this happens only through sound, symbolic sound. No one is going to harm you. This is not a challenge or violent video game. People begin to create these linguistic relationships through sounds which are not based on spoken

tion tout à l'heure. J'entends ici ces formes d'actions contemporaines tardives, post-modernes, post-post-modernes qui nous ont conduits aux tendances actuelles de la musique spontanée. De même que la nature peut produire spontanément sa propre musique, les humains le peuvent aussi, sans partition, ni plan, ni chef. Dans le son, c'est l'instinct humain qui nous guide pour interagir, avec agressivité, indifférence ou harmonie… En général, les gens trouveront des moyens harmonieux d'interagir parce que c'est ce qu'ils recherchent, cela les fait se sentir bien !

En bref, c'est à partir de ce réservoir inépuisable d'inventions sonores humaines que les nouvelles formes musicales évolueront.

Traduit de l'anglais par Émilie Notéris

language. Generally speaking, it is here in moments of totally free improvisation–spontaneous-music–that people learn to behave harmoniously with one another, rather than seek conflict or continuous disorder.

So again, I'm not a psychologist, I'm not a psychiatrist. I don't know about these scientific things, but I do know that the act of collective improvisation, the act of freeing yourself from all musical rules, the act of being able to step out of time, step out of your own body, and an awareness of such, is an act of incredible responsibility, especially when you're making musical sounds together with other people.

The word "liberation" here is apt!

And this is my long-awaited speech on improvisation–I even forgot to use the word improvisation earlier–here I mean those forms of contemporary late modern, post-modern, post post-modern actions which have led us to the current trends in making spontaneous music. As nature can make its own spontaneous music, so can humans, without any score, or plan, or leader. In sound, it is human instinct which guides us to interact, with aggression, indifference or harmony … by and large, people will find harmonious ways to interact because that's what they're looking for, it makes them feel good!

In short, it's from this unending pool of human sonic invention that new musical forms will evolve.

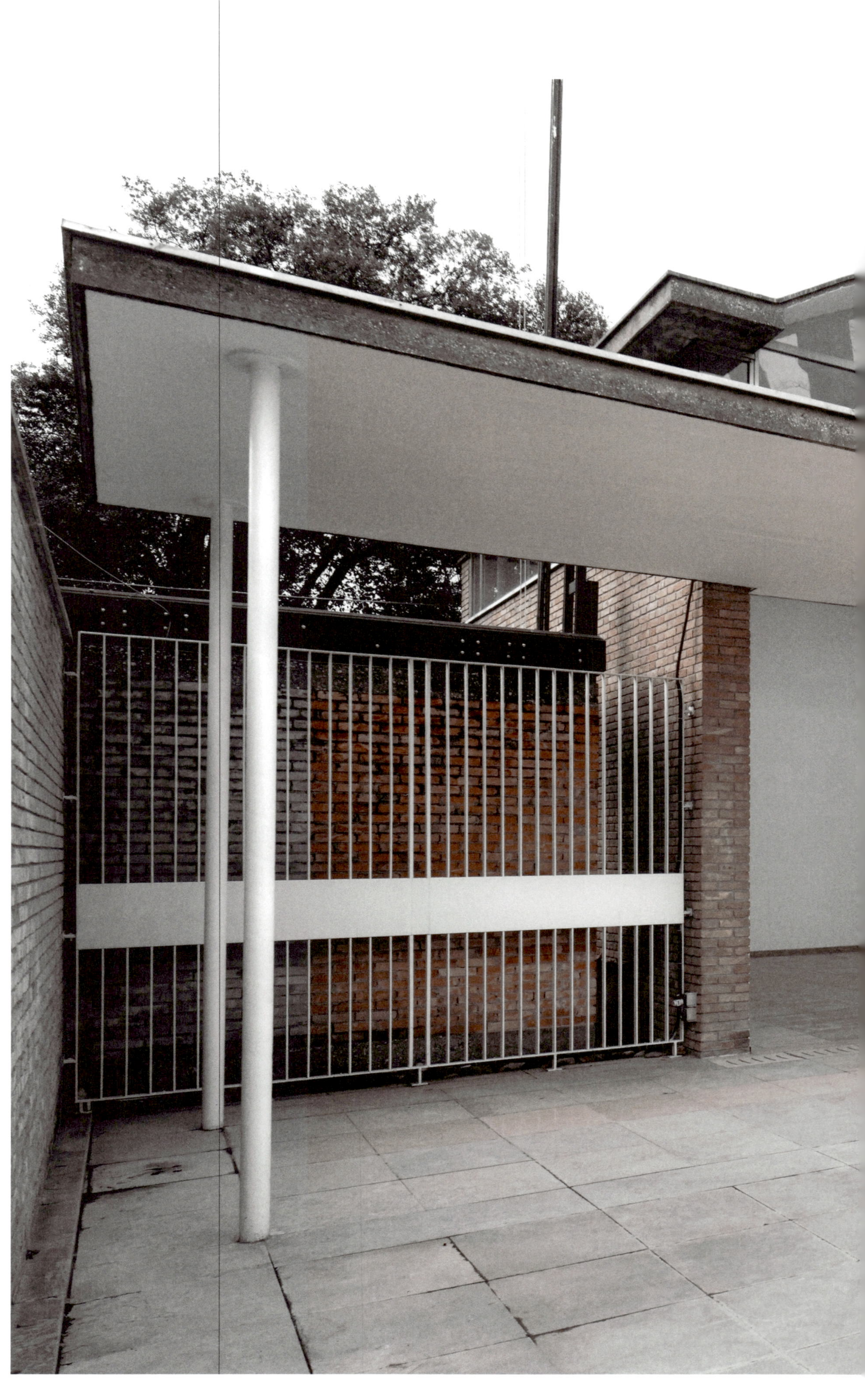

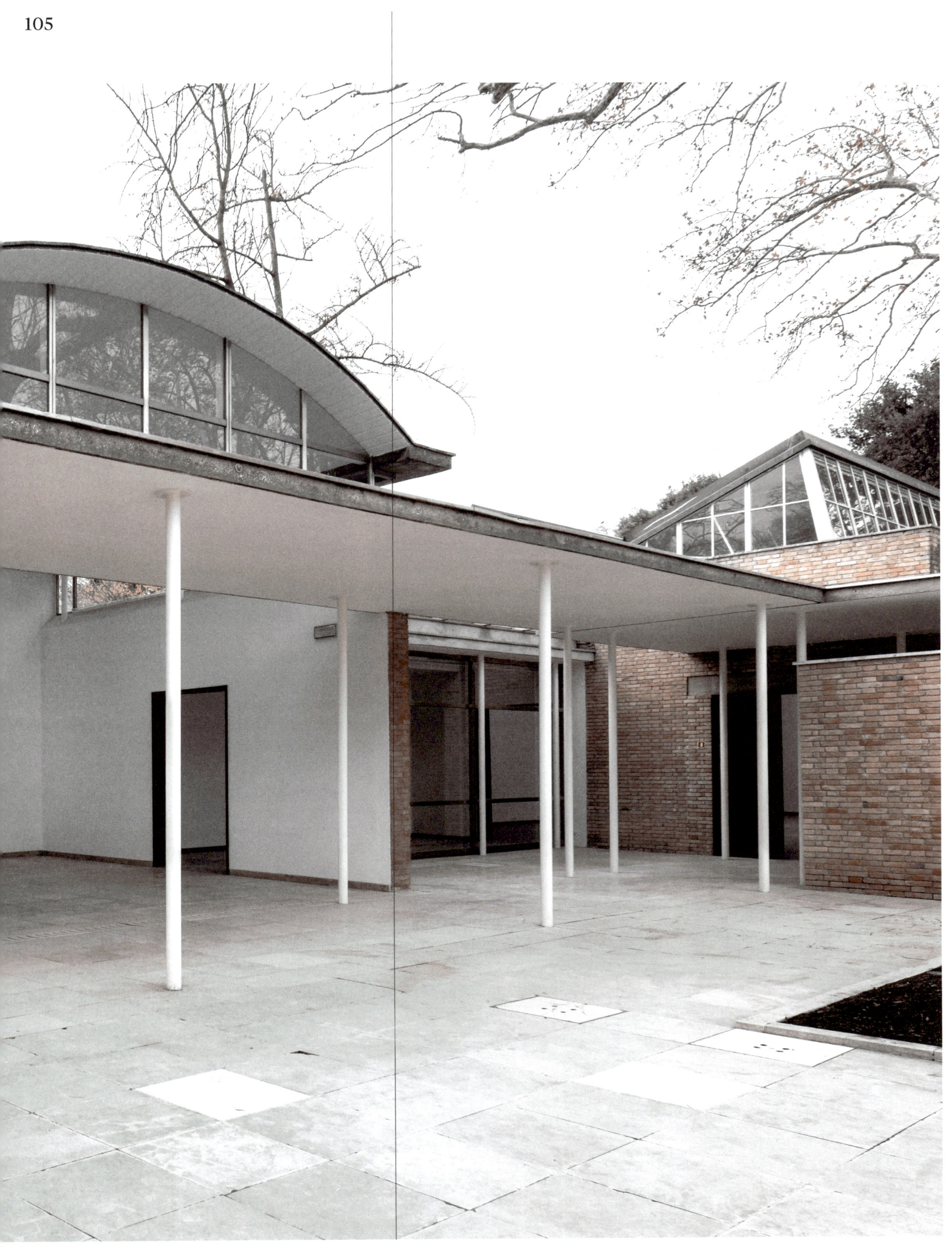

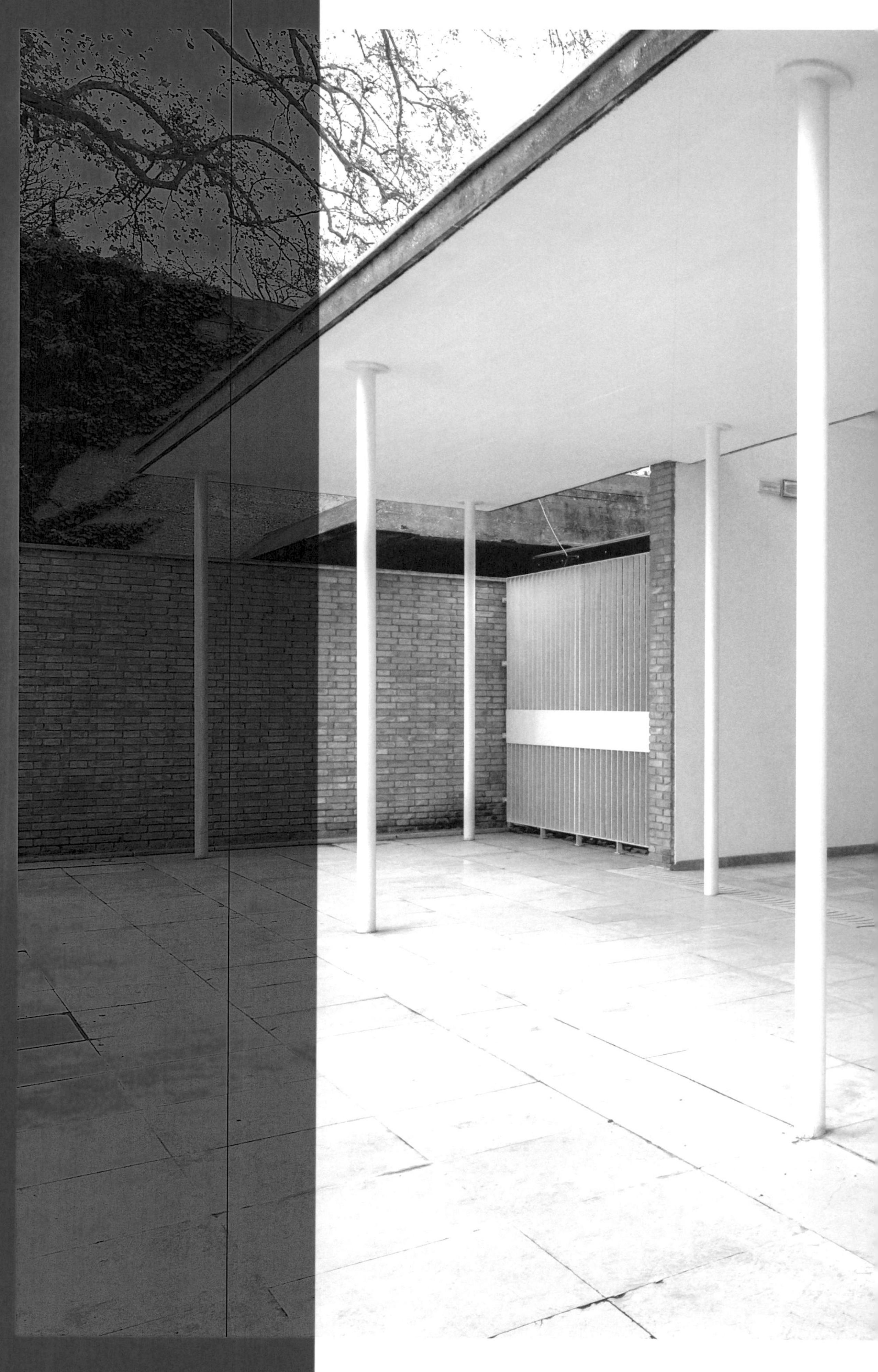

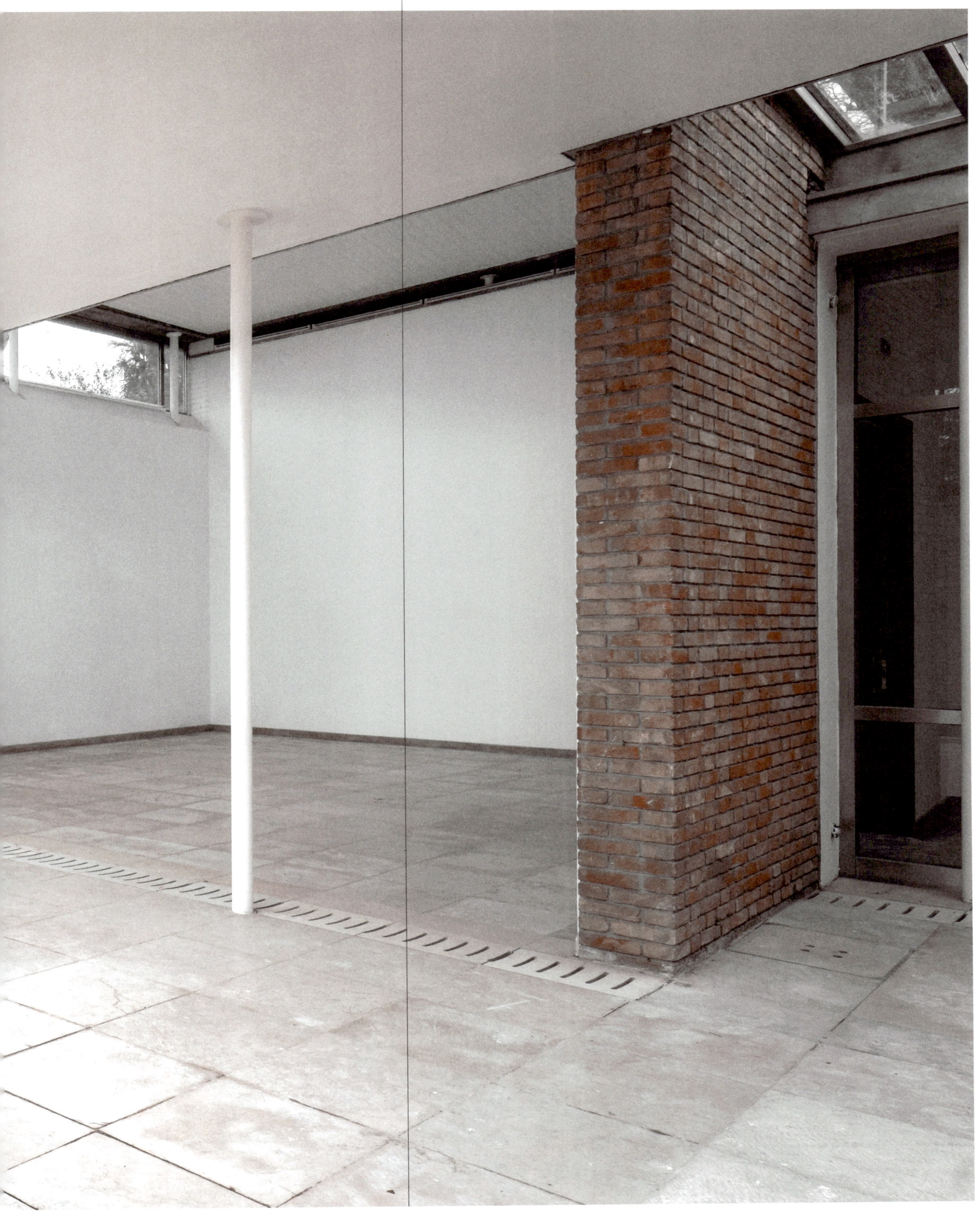

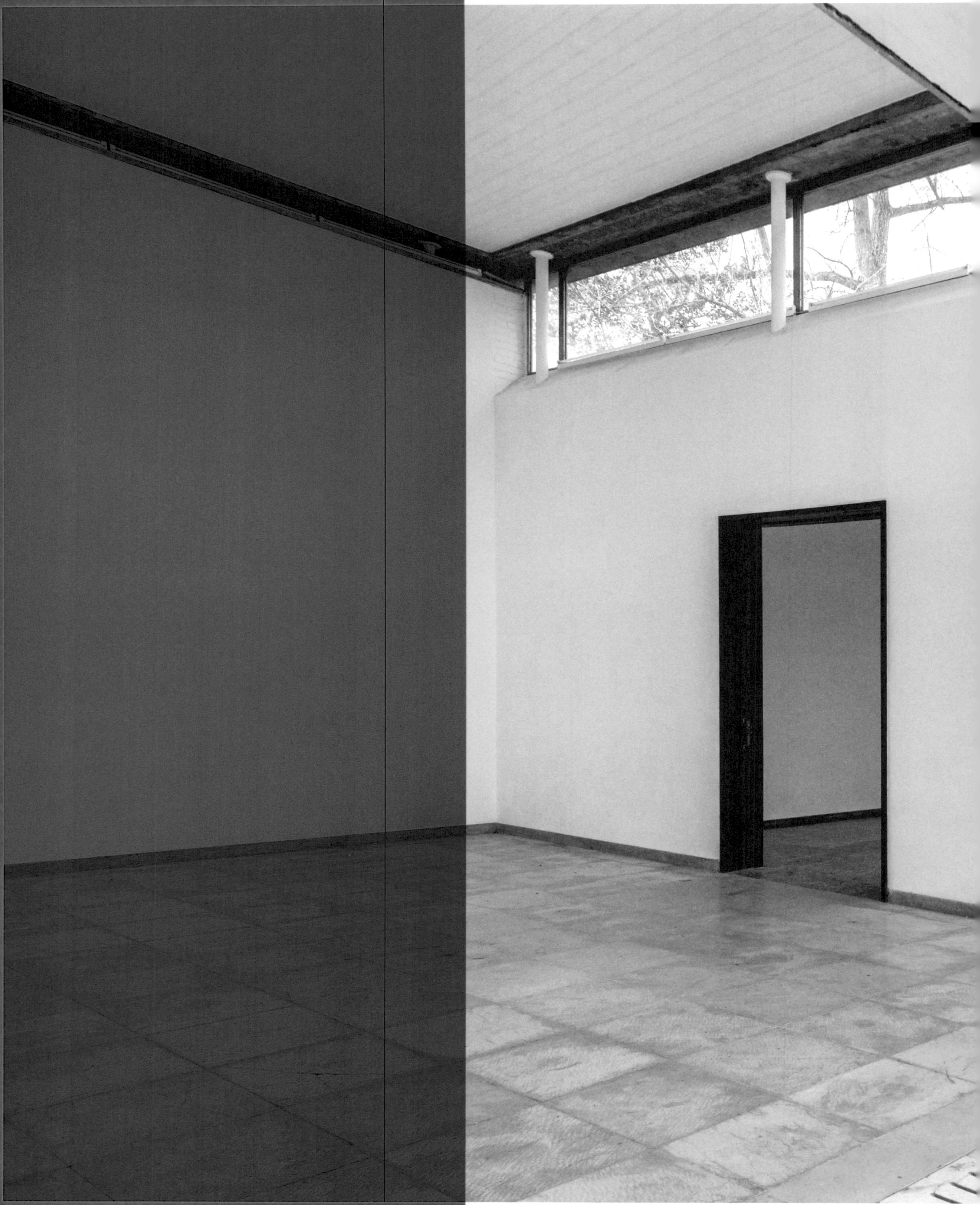

# Le silence n'existe pas
# Latifa Echakhch et Salomé Voegelin
# En conversation

LATIFA ECHAKHCH (LE) — Salomé, tu as fait des recherches sur un jardin colonial situé à Kew, en Angleterre. Ce serait peut-être un bon début pour parler de ce qu'il y a vraiment dans ce jardin et comment… Parlons de ce jardin en particulier pour ensuite expliquer plus en détail ce qu'est un jardin colonial, et comment il faut distinguer l'expérience d'un jardin de ce type d'une déambulation dans un jardin « ordinaire ».

SALOMÉ VOEGELIN (SV) — Merci, Latifa, de m'inviter à cet échange. Oui, je m'intéresse beaucoup aux jardins botaniques, et en particulier aux jardins de Kew à Londres[1]. Je m'y suis intéressée pour l'univers sonore de ses grandes serres victoriennes. En Grande-Bretagne, comme peut-être ailleurs aussi, les jardins botaniques sont une institution nationale et appartiennent intrinsèquement à la monarchie, et donc à l'empire et au colonialisme. Ils sont les dépositaires de l'exploration coloniale et des pillages afférents, tout comme le sont les muséums d'histoire naturelle, les musées d'ethnographie ou d'antiquités, etc. Ils sont la manifestation d'une esthétique d'empire et influencent la manière dont on continue à appréhender la colonisation : tantôt comme un effort bénin de civilisation et de progrès, tantôt comme une exploitation violente et génocidaire.

Ces jardins sont d'abord de beaux espaces de loisirs accessibles au grand public, où l'on peut se promener, profiter de la nature, dans un environnement extrêmement contrôlé, sans circulation automobile ni chiens. Des havres de paix au milieu des villes. Les *Kew Gardens* auxquels tu fais référence et sur lesquels j'ai écrit se trouvent au sud-ouest de Londres, près de Richmond sur la Tamise. Ce qui n'est pas inintéressant pour mes recherches sur le son, car ils sont situés directement dans l'axe de la piste d'atterrissage de l'aéroport de Heathrow. Cela ne perturbe en rien le décor pittoresque, mais bien sûr l'expérience du lieu. Ils s'étendent sur un vaste terrain le long du fleuve, ils ont été aménagés au XVIIIe siècle sur le site des jardins exotiques de *Kew Park*. Il s'agit d'un espace désormais public mais clos, entouré de murs qui renferment une grande variété d'arbres, d'arbustes et de plantes étrangères et domestiques, un plan d'eau, plusieurs serres imposantes et des bâtiments classés.

Le site était autrefois un domaine royal. Son passé et son présent sont étroitement liés à la monarchie, à son esthétique et à sa politique. Et si, aujourd'hui, nous n'y pensons guère lorsque nous nous y promenons en quête de paix et de calme, il est important de réfléchir à cette origine et à ce qu'elle

1 *The Royal Botanic Gardens*, Kew, kew.org.

# Silence Does Not Exist
# Latifa Echakhch and Salomé Voegelin
# In Conversation

LATIFA ECHAKHCH (LE) — Salomé, you did research about a colonial garden in Kew, in England. Maybe it could be a good start to speak about what really is in this garden and how … Maybe we can talk about this garden and then go from that garden to maybe explain more all the issues about what is a colonial garden and how we can hear it in a different way than just a walk in a "regular" garden.

SALOMÉ VOEGELIN (SV) — Thank you, Latifa, for this opportunity to be in conversation. Yes, I am very interested in botanic gardens, and have written about a particular one in London, Kew Gardens,[1] which I considered in relation to the sound of its big Victorian glasshouses. In Britain, as maybe elsewhere too, botanic gardens are an institution and belong to the institution of the monarchy, and thus to the empire and to colonialism. They are, much like a natural history, ethnographic, antiquity museums and others, the repositories of colonial exploration and looting. They manifest an aesthetics of empire, and influence how we understand colonization even today: as a benign effort of civilisation and progress, or as violent exploitation and genocide.

On one level, they are beautiful, publicly accessible spaces of leisure, for promenading, enjoying nature in an extremely controlled environment, devoid of traffic or dogs, which makes them very peaceful oases in the middle of cities. The particular one you refer to, and that I wrote about, Kew Gardens, is located in South West London near Richmond on the River Thames, and interestingly in relation to sound, directly underneath the Heathrow flightpath, which does not disturb the picturesque scene but our experience of it. It is a vast area of land, stretching along the river. It apparently dates back to the eighteenth century and the exotic gardens at Kew Park. It is a now public but walled in space, within which are a wide variety of foreign and domestic trees, shrubs and plants, a small lake, several huge glasshouses and listed buildings.

It used to be a royal estate. Its history and present are tightly interwoven with the monarchy, its aesthetics, and politics. And while today we might not think much about this as we stroll through it in an effort to find peace and calm, it is important to

1 Royal Botanic Gardens, Kew – kew.org.

représente en termes de classes sociales, de richesse et d'exclusivité. Compte tenu de son histoire et de sa politique, il s'agit, malgré sa beauté, d'un jardin violent. Sa violence représente et incarne, à travers les plantes, les efforts coloniaux et la mentalité colonialiste avide de conquérir un territoire, des personnes et des terres, de s'emparer de leurs ressources, humaines et au-delà, pour son propre profit.

Les jardins de Kew se présentent eux-mêmes comme un projet anodin. Il en va de plantes, de nature, en gros de verdure… Le but avait été de rapporter des graines d'ailleurs. On est dans la curation de plantes, dans un souci de soin [curation et cure/care]. Mais pour les visiteurs, l'ordonnancement et l'organisation établissent et naturalisent une pensée coloniale et taxonomique, et créent une ligne invisible pernicieuse qui traduit la violence de ce soin et de cette curation : extraire de son contexte, classer et cataloguer pour trouver une valeur utilitaire et établir un bien-fondé anthropocentrique. En effet, les conséquences plus lourdes et plus durables de la propriété et de la connaissance des plantes sont loin d'être anodines, notamment en termes d'enjeu commercial et médical. C'est l'expression d'un état d'esprit colonial qui place l'Occident aux commandes et fait de nous les propriétaires légitimes d'un savoir universalisé qui ignore les savoirs pluriels et locaux.

Les scolaires qui visitent les jardins dans le cadre de sorties éducatives se rendent généralement dans les grandes serres où sont cultivées des plantes exotiques, chacune munie d'une étiquette qui mentionne son nom latin. Ces plantes sont classées, « taxonomisées », prêtes à l'étude. Ces jardins sont des lieux de science appliquée. Mais au-delà de l'aspect visuel, les serres sont aussi des environnements multisensoriels. Certaines sont très humides et chaudes, notre peau y devient moite et notre respiration change. D'autres sont sèches, avec des odeurs particulières qui piquent la gorge. Ainsi, les serres ne se limitent pas à une organisation scientifique, mais produisent également une expérience physique et immersive. Et bien sûr, il s'agit aussi d'une expérience sonore, car le son se propage différemment selon les atmosphères engendrées par les différentes plantes, leurs besoins en chaleur et en humidité, ainsi que la hauteur et la taille des serres elles-mêmes. Cela rend les serres sensibles, c'est-à-dire *appréciables par les sens*, comme des sphères volumineuses plutôt que des monuments d'architecture d'une époque donnée avec un objectif politique donné ou comme des réserves scientifiques.

Au milieu de cette possibilité multisensorielle, ce qui frappe le plus c'est l'absence de bruits d'animaux. À la place, on entend des bruits d'arrosage, de ventilateurs, de stores et d'humidificateurs, ainsi que le bruit des visiteurs. En particulier ceux des écoliers qui les parcourent, guidés et entraînés à une réflexion taxonomique sur les plantes d'autres parties du monde dont les liens avec les animaux, les personnes, la terre et la culture ont été rompus, conduisant à les connaître par leur nom plutôt que par leur présence.

Ces jardins pourraient être, et le sont peut-être parfois, un site de décolonialité, où les enseignants pourraient soulever la problématique de l'ordre de présentation des plantes désignées en latin, séparées de leur terre et de leur environnement d'origine, placées derrière une vitre. Et c'est à cette occasion qu'ils pourraient discuter de l'absence de bruits d'animaux, du silence dans les serres, devenues spectacle visuel plutôt qu'environnement de choses vivant avec d'autres choses, et ce que cela signifie en termes d'exploitation coloniale. L'absence de ces bruits indique leur retrait, comme une capture et une relocalisation. Il y a un vide, une brèche.

reflect on this provenance and what it represents in terms of class, wealth, and exclusivity. Considering its history as well as its politics, it is, despite its beauty, a very violent garden. Its violence represents and embodies, through plants, the colonial efforts and the colonial mindset of the settler, of the colonialist, who wants to conquer territory, people and land, to grasp and hold its resources, human and more than human, for its own gain.

The garden presents itself as a benign project. It's about plants, green things, nature … It's about bringing plant seedlings home and planting them, and taking care of them. It's a curation of plants, and there is a sense of care. But there is also what it establishes for the visitor through its order and organisation, which naturalizes a colonial and taxonomical thinking and creates an invisible line that is entirely pernicious and shows the violence of that care and of its curation: to separate and organise, to find use value, and establish its anthropocentric validity. Because, the bigger and ongoing consequences still, of ownership and knowledge from plants, particularly in relation to commercial and medical developments, among other, is far from benign. It represents a colonial mindset that puts the West in charge and makes us the rightful owners of a universalised knowledge that ignores more plural and local knowledges.

The school classes that visit the garden on educational trips, go to the big glasshouses where there are exotic plants, always labelled very neatly with their Latin names. These plants are organized, they're taxonomized, lending themselves to study. These are scientific gardens. But beyond this visual focus, the glasshouses are also multisensory environments. Some are very damp and hot, where your skin gets moist and your breathing changes. Others are dry and with distinct smells that hit the back of your throat. So, they do not only organise scientifically but also produce a very physical and immersive experience. This is also, of course, a sonic experience as the sound travels differently through the different atmospheres created by the different plants, their temperature and moisture requirements, as well as the height and size of the actual glasshouse. This makes the glasshouses sensible, as in *appreciable by the senses*, as voluminous and expansive spheres rather than as architectural monuments of a particular time and political aim, or as scientific repository.

Once you tune into this multisensory possibility, what strikes you most is that there are no animal sounds. Instead, what you hear are the sounds of water sprinklers, fans, window blinds, and humidifiers, as well as the sound of other people. In particular the school children, running through, being guided through, being trained into a taxonomical thinking about those plants from other parts of the world whose local connection to animals, people, land and culture has been severed, as we know them by their names rather than by being with them.

These gardens could be, and maybe at times are, the site of decoloniality. Because a teacher could talk about the problematic aspect of plants' organisation in Latin names, divorced from their home earth and environment, put behind glass. And they could

La plante est devenue spécimen. Elle ne vit plus dans son environnement, dans un écosystème qui assure une fertilisation croisée. Elle a été extraite de cet environnement, l'enchevêtrement de ses liens a été défait pour qu'elle soit exposée.

Depuis toujours, le paysage sonore de ces serres m'a autant intriguée que troublée. Puis, en 2010, Chris Watson, figure majeure du *field recording* et concepteur sonore britannique, réalisait une œuvre in situ pour les jardins de Kew : *Whispering in the Leaves* [chuchotements dans les feuilles], un environnement sonore en deux parties, *Dawn* et *Dusk* [aube et crépuscule], composée de sons enregistrés dans une forêt tropicale et restitués dans la serre appelée *Palm House*. Vingt haut-parleurs diffusaient la composition et donnaient l'impression qu'une multitude de créatures étaient tapies dans les plantes et les arbres, par ailleurs immobiles. Ses sons créaient momentanément, sous forme de fiction, un enchevêtrement complexe de plantes, qui les mettaient en mouvement et en relation. Cela m'a fait prendre conscience de l'improbabilité, et donc de la violence, de ces serres réduites au silence dont j'avais fait l'expérience.

L'absence de bruits d'animaux et de bruits de l'environnement, que je vis maintenant de manière encore plus aiguë, renvoie au déplacement, c'est-à-dire à la confiscation, à l'éloignement et à la déterritorialisation. Cette absence met au jour le projet colonial des jardins, ce qui les avait motivés, ce dont ils étaient le signe et la conséquence.

Je ne peux pas parler de ce que cela signifiait ou signifie pour les territoires et les paysages où les plantes ont été prélevées et continuent de pousser. Par contre, je peux dire ce que cela signifie dans la mentalité britannique : une appropriation facile, une légitimité coloniale, un droit incontesté sur la nature et la culture de l'autre, le tout étant vérifié dans la stratégie esthétique et curatoriale du jardin botanique.

La mentalité coloniale se manifeste dans la compréhension d'un *ailleurs* exotique, un autre, avec lequel nous ne vivons pas dans un monde enchevêtré et partagé, mais que nous capturons et ramenons chez nous, dans des boîtes en verre, étiquetées, domestiquées. Elle exprime l'évidence d'un désir taxonomique, créant un monde que nous comprenons par cette domestication au moyen de noms latins et de lexiques, à distance, et taxonomisé, plutôt que par une expérience tacite et contingente. Cette relation fonde la légitimité et engendre la violence de la connaissance et de la représentation. Elle détermine comment les choses doivent être appelées et encadrées, créant une forme de scientisme : l'idée d'un savoir universel et hégémonique, indifférent à la subjectivité ou à l'orientation, qui se présente comme une vérité objective, indépendante de la spécificité de la race, de la classe ou du genre.

Par conséquent, bien que les jardins de Kew, et tout autre jardin botanique, fassent un travail important de recherche scientifique sur les plantes et de conservation de la biodiversité, leur présentation et leur histoire sont problématiques. Il ne faut jamais oublier l'origine coloniale de ces jardins. Ces questions devraient faire l'objet de réflexions, en particulier dans le cadre d'une sortie scolaire. Le fait que ce soit un jardin botanique royal souligne l'approbation du colonialisme par la monarchie actuelle, qui n'est pas tacite, mais bien absolue, et manifeste d'une Grande-Bretagne qui s'estime légitime, qui régit les flots, qui peut posséder ces *choses* et qui peut les montrer sans se montrer elle-même. Cette esthétique du colonialisme est complètement banalisée, elle n'est même pas thématisée, mais elle devient apparente par l'absence de bruits.

discuss the lack of animal sounds. How the glasshouses are mute, a visual spectacle rather than an environment of things living with other things, and what that signifies in terms of colonial exploitation. It is the lack of those sounds that signals their removal, as capture and re-location. There is a gap, a breach. The plant has become a specimen. It's not a plant anymore that lives in an environment, in an eco-system that ensures cross-fertilisation. It has been taken out of that environment, its entanglements dissolved, to be on show.

Therefore, the soundscape of these glasshouses had always in equal measure intrigued and troubled me. Then, in 2010, Chris Watson, a British field recordist and sound designer, produced a site-specific work for Kew Gardens. He composed *Whispering in the Leaves*, a two-part soundscape piece, *Dawn* and *Dusk*, recorded in a rainforest and played back in the Palm House. Twenty speakers diffused Watson's composition and generated all sorts of creatures lurking amongst the otherwise still plants and trees. His sounds made momentarily, and as a fiction, that organised plants into a complex entanglement and brought them into movement and into connection, and made me aware of the impossibility and violence of the silenced glasshouse I had experienced before.

The absence of the animal and environmental sounds, now experienced even more acutely is, in effect, not an absence but a signifier of transport, highlighting the taking away, the removal and deterritorialization—and articulating through absence the colonial project of these gardens: what had motivated them, what they were a sign and consequence of.

I can't speak to what it meant or means for the territories and landscapes the plants were taken from, and still grow. What I can speak to is what it means for a British mentality, of easy appropriation, and a sense of colonial entitlement; an unquestioned right to the nature and culture of the other, verified in the aesthetic and curatorial strategy of the botanic garden.

This is the mentality of the colonial that shows itself in the understanding of an exotic *over there*, another, who we don't *live with* in an entangled and shared world, but that we capture and bring home, in glass boxes, labelled, domesticated. It expresses the self-evidence of a taxonomical desire. Creating a world that we subsequently understand through this domestication in Latin names and lexica, from a distance, and taxonomized, rather than through tacit and contingent experience. This relationship founds entitlement and begets the violence of knowledge and representation. It determines how things should be called and framed, creating a scientism: the idea of a universal and hegemonic knowledge that is indifferent to subjectivity or orientation, and that presents itself independent of race or class or gender specificity, as an objective truth.

Therefore, while Kew Gardens, and any other botanic gardens, do important work in terms of plant knowledge, plant conservation, biodiversity, and scientific research, its display and history is highly problematic. We should not forget the colonial origin of these gardens. And we should think carefully about these issues

Ces questions n'étaient pas au cœur du travail de Chris Watson. Mais j'ai essayé dans mon essai sur son travail d'aborder cette problématique qu'il a rendue audible par inadvertance à travers ses enregistrements. Je crois qu'il est important, lorsque nous visitons de tels lieux, comme lorsque nous visitons un muséum d'histoire naturelle, un musée ethnographique ou des antiquités, de comprendre et de prendre conscience de ce qui est absent, et qu'à travers cette absence nous commencions à discuter de la problématique de la violence de l'histoire et de la politique des choses présentes et la manière dont elles sont présentées. Non pas que nous devions nécessairement détruire les jardins botaniques ou les muséums, mais nous pouvons, grâce à l'écoute et à une sensibilité sonore, les comprendre différemment et mettre à profit l'absence de son pour expliquer, interpréter et perturber la ligne et l'évidence coloniales.

LE — Voilà qui est très intéressant. J'ai été amenée à faire plusieurs recherches sur les jardins. La plupart d'entre elles m'ont conduite en Grande-Bretagne avec sa riche histoire des jardins et la question coloniale afférente. Il est vrai que nous ne pouvons pas nous soustraire à la question de l'origine de ces importations. Comment ces lieux ont-ils été conçus ? Ce ne sont pas seulement des gestes romantiques d'une poignée d'amoureux de la nature qui se trouvent avoir voyagé et rapporté chez eux une poignée de végétaux pour recréer innocemment une ambiance. C'est quelque chose que j'ai toujours eu à l'esprit.

Je me souviens d'un livre que j'ai lu quand j'avais dix ou onze ans. C'était *Paul et Virginie* de Jacques-Henri Bernardin de Saint-Pierre. C'est un roman qui date du XVIIIe siècle, avec comme héros deux jeunes enfants français vivant dans une colonie française établie sur une île. Le garçon, Paul, est fasciné par un jardin en particulier et par le jardinage. Un jour, les deux enfants voient une esclave prendre la fuite devant son maître qui la battait. Le roman commence alors à développer un récit à double niveau sur le colonialisme et l'esclavage d'une part, et sur ce jardin et l'histoire d'amour naissante entre Paul et Virginie d'autre part. Je me souviens que c'était ma première confrontation avec l'idée de jardin, au-delà de la notion enfantine de : « C'est un jardin. C'est joli. Point. » C'est peut-être à cause de ce livre romantique, que j'ai lu si jeune, que depuis, chaque fois que je vois un jardin, je pense immédiatement au colonialisme.

Une autre chose qui m'est venue à l'esprit, et l'analogie est peut-être un peu osée, mais je ne peux m'empêcher de penser aux *Giardini della Biennale* avec ses pavillons des différents pays transplantés dans ces jardins pour donner une idée de l'architecture nationale de leur époque… cela suscite en moi des pensées similaires.

Il est vrai que dans le silence, il faut penser d'une manière différente. Lorsque j'ai commencé à écouter attentivement les sons, à développer une écoute consciente, j'ai soudain pensé que le silence, au fond, n'existe pas. Ce n'est pas parce que je suis arabe qu'on ne va pas dire que le zéro n'existe pas, dans ce sens qu'il y a toujours quelque chose à l'origine [rires]. Mais je me suis intéressée à la manière dont, lorsque l'environnement m'amène au silence, cela révèle ma propre existence, ma propre audition, ma propre écoute de quelque chose. J'ai soudain pensé que la musique que j'écoute, comme tous les sons que j'écoute, doit partir d'un point, ce point étant moi-même, en tant qu'auditrice.

Dans tes recherches, tu as souvent souligné que cet acte conscient et politique d'écouter est ce qui nous amène à une perception différente des sons qui nous entourent.

particularly on a school trip. The fact that it is a Royal Botanic Garden underlines the current monarch's blessing of colonialism. It is not even a tacit, but an absolute and overt agreement to an entitled Britain – one that rules the waves, one that can *have these things*, and that can *show these things* without showing itself. It's an aesthetics of colonialism that we have utterly normalized, that we don't even talk about, but that becomes apparent in the absence of sound.

Chris Watson did not bring such issues into the discussion himself. But I tried, for my essay about his work, to listen to that problematic inadvertently made audible through his recordings. I believe it is important when we visit such places, as when we visit a natural history, an ethnographic or an antiquities museum, that we understand and become aware of what is absent, and that through this absence we can start to notice and discuss the problematic and violent history and politics of what is present and how it is presented. Not that we necessarily then have to destroy all botanic gardens or museums, but that we can, through listening and a sonic sensibility, come to understand them differently, and use the absence of sound to explain, perform and disrupt the colonial line and self-evidence.

LE — That's very interesting. I did several phases of research about gardens. And most of my research brought me to Great Britain with all this history of gardens and the associated colonial issue. It's true that we cannot avoid where these imports came from. How these places were constructed, it's not only a romantic act, a handful of nature lovers that just travel and brought back home a handful of things to innocently recreate something. It's always something that I have had in mind.

I remember a book I read when I was, I think, 10 or 11 years old. It was *Paul et Virginie*, by Jacques-Henri Bernardin de Saint-Pierre. It's a novel written in the eighteenth century about two kids from France arriving in an island colony, with the boy, Paul, becoming completely fascinated by a particular garden and by the act of gardening. One day, the kids see a slave escaping from a cruel owner. Then the novel starts to develop into this double-layer narrative about colonialism and slavery on one level, and this garden and their budding love story on the other. I remember that this was my first approach to the idea of a garden, beyond a kid's notion of: "It's a garden. It's nice and that's all." Maybe it's because of this romantic book that I read at that young age that every time since then, when I see a garden, I immediately think about colonialism.

Another thing that came to my mind is, and maybe the analogy is a little bit too strong, but I cannot avoid thinking about what the Giardini of the Biennale in Venice really is. When you walk through there and when you think about these pavilions from various countries that are transplanted in these gardens, that bring with them an idea of the national architecture of their time… for me it brings up similar thoughts.

But it's true that in silence, suddenly we have to think in a different way. When I started to listen to sounds, to develop a conscious way of listening, suddenly I thought that silence does

SV — Ce que tu dis sur le silence est intéressant. Cela pourrait constituer un point de départ intéressant pour une discussion sur la politique de l'écoute ou sur les raisons pour lesquelles l'écoute est politique. On pourrait commencer par la question de savoir si le silence existe. Le silence et le bruit sont normalement placés dans une opposition binaire. Je ne partage pas cet avis. Le silence n'est pas différent du bruit et le bruit n'est pas différent du silence. Au contraire, ils se situent sur un spectre et se prolongent l'un l'autre. Ils mettent en évidence différentes facettes de ce que fait chaque son. Presque tous les sons peuvent être silencieux ou ressentis comme tels. Et inversement, tous les sons peuvent être bruyants ou ressentis comme tels. Je ne parle pas de mesurabilité et d'objectivité, « zéro décibel signifie silence », parce que je ne suis pas intéressée par les mesures ni la mesurabilité. Les mesures sont toujours faites par l'homme. Elles sont toujours une construction et impliquent une idéologie, une politique du désir de mesurer en général et de concevoir une mesure spécifique en particulier.

Un système métrique n'est jamais neutre. Il n'est pas objectif, il a sa propre histoire, sa propre politique, ses propres idéologies et investissements. Mais je pense que le silence est très intéressant parce que justement nous avons une expérience si variée de ce qu'il est réellement, comment nous vivons dans ce silence et comment nous émergeons de ce silence avec une production de sons propres. Le silence illustre donc bien la raison pour laquelle zéro décibel ne signifie rien sur le plan de l'expérience.

Cela me ramène aux serres et aux jardins botaniques. Il est frappant de constater ce qui se passe car j'observe chez moi, et particulièrement chez les écoliers mais aussi chez d'autres visiteurs, quelque chose de troublant : l'attitude et l'habitude de ne pas écouter les plantes. Je vais dans une serre pour voir et pour lire. Je peux être submergée par les odeurs et les sensations des différentes atmosphères, et pourtant je n'écoute pas. Il y a une étrange fascination à voir des plantes jamais vues, à apprendre leur nom et leur origine. Les enfants, par exemple, sont généralement attirés en priorité par les plantes carnivores, parce qu'il y a un potentiel d'action, il y a danger dans leur mode opératoire et danger de morsure.

Mais pendant que je regarde avec émerveillement, je perçois un silence qui est un silence politique, parce qu'il est l'absence de ce qui a été enlevé lorsque les plantes ont été installées dans la serre du jardin botanique. C'est un silence politique aussi parce qu'il nous interroge sur ce qui n'est pas là, sur ce qui est absent. Il nous questionne sur ce que nous ne pouvons pas entendre parce que ce n'est pas là. Ce que nous ne pouvons pas entendre parce que nous ne savons pas l'écouter, parce que cela ne fait pas partie de notre vocabulaire et de nos attentes culturelles ou pédagogiques. Et puis il y a ce que nous ne pouvons pas entendre parce que nous ne le voulons pas.

Cela me renvoie à ma formation musicale. Très tôt, on me disait : « Il faut savoir chanter une tierce, une quarte ou une quinte. » Bien entendu, on ne peut pas chanter ces intervalles si on ne sait pas ce qu'ils représentent. Non pas qu'on ne puisse pas les entendre, mais si on ne peut pas les nommer, ils restent silencieux en tant qu'intervalle. Ils peuvent être *un* son, mais ils ne sont pas *ce* son. Je trouve qu'il est intéressant et important de réfléchir à partir de cette expérience dans l'enseignement de la musique. Il y a tant de choses que je n'entends pas parce qu'elles ne figurent pas dans mon système langagier. Je ne les attends pas et je ne les reconnais pas. Je ne sais pas les nommer et, pour les entendre,

not really exist. It's not because I am Arabic, that we, in a way, discuss this idea that there is no zero, that there is already something at the origin [*laughs*]. But I was interested in how, when the surroundings bring me to silence, how that really reveals my own existence, my own hearing, my own listening to something. Suddenly I thought that all music that I am listening to, every sound that I am listening to, has to start from one point–that point being myself, as a listener.

And in your research, you pointed out several times that this conscious, political act of hearing is what brings us towards a different perception of the sound around us.

SV — It is interesting what you say about silence, and it is an interesting starting point for a discussion about the politics of listening, or of why listening is political. We could start with the question as to whether silence exists. Silence and noise are normally set in binary oppositions. However, I don't think they are opposites at all. Silence is not unlike noise, and noise is not unlike silence. Instead, they're on a spectrum and continue each other. They are highlighting different facets of what every sound does. Almost every sound can be silent or experienced as silence, and conversely every sound can be noisy or experienced thus. I'm not talking about a measurability and objectivity, "zero decibel means silence," because I'm not interested in measurements and measurability. They are always already man-made. They are always already a construct and signify the ideology and the politics of the desire to measure in general and of the design of a specific measurement in particular.

A metric is not neutral. It's not objective. It has its own history. It has its own politics, and its own ideologies and investments. But I think silence is very interesting exactly because we have such a varied experience of what that actually *is*, and how we live in that silence and how we maybe emerge in our own sound-making from that silence. And so, silence is a good example why 0dB means nothing experientially.

Maybe that brings me back to glasshouses and botanic gardens, because it is striking what happens, what I observe in myself, and also particularly in school children, but also in other visitors to those glasshouses: the attitude and habitus of not listening to plants. I go into a glasshouse to see and to read. I might be overwhelmed by smell and sensations of a different atmosphere, and yet I do not listen. There is a weird fascination with seeing plants one has never seen, knowing their name and origin–children, for example, usually like the flesh-eating plants the most, because there is a potential for action, the danger of its agency and bite.

But while I look in wonder, there's a perceived silence, which is a political silence, because it is the absence of what was taken away when the plants were transported into the botanic garden and installed in the glasshouse. It is a political silence also because it asks us about what is not there, about what is absent. It asks us what we cannot hear, because it's not there? What we cannot hear, because we don't know how to listen to it? Because it is not

j'aurais besoin d'une nouvelle formation auditive et d'un nouveau langage.

L'école nous forme aux sons « utiles » et « signifiants », à l'écoute du « bon son », musical ou sémantique. Tous les autres sons sont délibérément supprimés et réprimés, en particulier les sons émis par les élèves. On nous intime continuellement : « Assieds-toi » ou « Tais-toi » parce qu'on est censé se taire pour entendre ce que les autres disent. Bien sûr, ce n'est pas un vrai apprentissage. L'apprentissage est une activité de fabrication de sons autant qu'une activité d'écoute, un va-et-vient. Il faut qu'il y ait une pratique du corps, un apprentissage par et avec le corps en tant que corps sonore qui peut ne pas entendre certaines choses, mais qui s'entend lui-même dans un enchevêtrement d'autres sons, pour ressentir ce qui pourrait être appris dans ces connexions.

Par conséquent, une pédagogie sonore doit rejeter l'apprentissage limité au visuel et au sémantique au profit d'un apprentissage élargi, tacite et sonore, où on ne se contente pas de saisir mais d'entendre son orientation dans le monde par rapport à d'autres choses, pour devenir capables de se réorienter à travers ses propres oreilles et bruits produits.

Si la production de sons et l'écoute devenaient un enseignement central de l'école primaire voire de l'école maternelle, on pourrait atteindre une capacité à entendre toutes sortes de choses bien plus importantes qui, dans l'enseignement actuel, restent silencieuses. On en viendrait à comprendre physiquement par la participation la complexité et la relationnalité du monde. Et c'est donc par une sensibilité à cette complexité et relationnalité que l'on comprendrait le monde comme un univers sonore, où tout se tient dans un enchevêtrement de pluralités, qui permettrait de comprendre les connotations politiques des plantes muettes dans les serres.

La pandémie de Covid nous aura au moins appris une chose, c'est que nous ne sommes pas des êtres indépendants les uns des autres. Que nous ne nous réduisons pas à une forme visible qui s'arrête à la surface de la peau, mais que nous sommes poreux et perméables. Nous respirons un air commun. Nous ne sommes pas individuels, mais connectés et codépendants. Le son et sa matérialisation relationnelle peuvent rendre cette connectivité pensable. Ils peuvent nous faire apprécier la responsabilité de cette logique de connexion. À partir de là, nous pouvons comprendre la nécessité d'écouter plus que ce que nous avons appris à attendre et à entendre, afin de rencontrer la pluralité du monde et notre propre pluralité dans laquelle nous nous rencontrons les uns les autres. C'est pourquoi il est important de comprendre le silence non pas comme un absolu, zéro décibel, mais comme le début de l'écoute des choses ensemble, en coexistence, s'étendant et se poursuivant au-delà du seuil des sons connus. Pour entendre la promesse d'autres sons que nous ne connaissons peut-être pas encore.

LE — La dernière fois que je t'ai vue, tu participais à un symposium sur le son intitulé « Être à l'écoute », organisé par l'EDHEA, l'École d'art du Valais, à Sierre, en Suisse. Tu y présentais un projet que tu as réalisé sur une rivière. Tu en as parlé d'une manière vraiment magnifique qui a résonné en moi et qui est restée gravée dans ma mémoire.

SV — Le travail à Sierre était ce que j'appelle une « performance curatoriale », dans laquelle j'associe des éléments performatifs comme bouger ou crier ou, en l'occurrence pour cet événement particulier, dessiner à la craie et passer ou ne

within our cultural or pedagogical vocabulary and expectation. And what we cannot hear because we do not want to.

This reminds me of when I was training as a musician. Very early on I was told, "You have to know how to sing a third and a fourth, or fifth." Of course, you can't sing those intervals if you don't know what they are. It is not actually that you can't hear them, but if you can't name them, they remain silent to you as an interval. They might still be *a* sound, but they aren't *that* sound. To me, it is interesting and important to think from that experience in music teaching, about how there are so many things I do not hear because they're not within my language scheme. They're not within my expectation and recognition. They are not the things I have a name for, and that to hear them I would need a whole new ear training and a new language.

In school we are trained towards "useful" and "meaningful" sounds, towards listening to *the right sound*, musically or semantically. All other sounds are deliberately suppressed and repressed, particularly the pupils' own sounds. You're always told: "You must sit down and be quiet" because you're supposed to be quiet to learn what others say. Of course, that's not really learning. Learning is an activity of sound-making as much as it is an activity of listening. It has to be an in-and-out. It has to be a practice of the body, a learning through and with the body as a sonic body that does not hear this or that, but hears itself with other sounds and in entanglements, to sense what could be learned in these connections.

Therefore, a sonic pedagogy must reject the reduction of a visual, semantic learning in favour of an expanded, tacit, and sounding learning, where we do not just grasp but hear how we are orientated in the world with other things, and become able to re-orientate ourselves through our own ears and sounds.

If we could develop sound making and listening as a core element of primary school, or even kindergarten education, we'd attain a much greater ability to hear all sorts of things, which in today's education remain silent. We would come to understand physically and through participation, the complexity and the relationality of the world – and we would therefore learn through a sensibility to this complexity and relationality, comprehending it as the political reality of the world, which thus comes to be experienced as a sonic cosmos, where everything is with everything else: plural and entangled; and from where thus we would understand the political connotations of mute plants in glasshouses.

This I think is at least one thing Covid taught us, that we are not separate. We are not just a visible form that ends at the skin. Instead, we are porous and permeable. We breathe the same air. We are not individuated. We are connected and co-dependent. Sound and its relational materialisation can make this connectivity thinkable. It can make us appreciate the responsibility of this connecting logic. And from there we can come to appreciate the need to listen out for more than we have learned to expect to hear, in order to encounter the plurality of the world and our own plurality in which we meet each other. That is why it is important to

pas passer un disque, etc., à des textes ou des articles savants plus conventionnels auxquels on s'attend dans une conférence.

Je fais cela pour casser certaines conventions de la pensée et du discours savants qui avancent habituellement sur les lignes droites de la référence et de la preuve historique qui légitiment la connaissance. Parce que la violence du fait colonial ne se manifeste pas seulement à *Kew Gardens* et dans les jardins botaniques similaires, où le désir de contrôle et d'organisation se manifeste à travers la manière d'ordonnancer les plantes. Ce désir de savoir taxonomisé, organisé, avec ses systèmes lexicaux créant des lignes de preuves, conditionne non seulement la pensée universitaire, mais aussi la pensée quotidienne, notre attente et notre acceptation d'un savoir valide.

Quelles connaissances acceptons-nous ? Quel savoir et quelle érudition référentiels et prouvables pouvons-nous qualifier de légitimes et exploitables ? Et qu'en est-il de la connaissance floue, peu fiable, instable de l'expérience qui est en dehors de la ligne, ou à côté, et qui ne peut être exploitée dans le débat universitaire ?

Je m'intéresse en particulier à cette ligne-là, la ligne que nous traçons dans la société occidentale pour légitimer la connaissance, pour l'appeler objective, un terme qui prétend à la distance et à l'impartialité, alors qu'il définit intrinsèquement des exclusions et un certain point de vue. La ligne doit exclure pour rester droite, pour rester blanche, pour rester chronologique. Elle doit donc ignorer d'autres récits et possibilités, et la pluralité, nos différences en tant que corps et choses corporelles incarnées sont effacées.

En réaction et par rejet, je m'intéresse à la manière dont le son, en tant que matériau et sensibilité sonore, en tant que sensibilité de la relationnalité et de la porosité, perturbe la ligne. Je cherche à savoir comment le son perturbe les canons par sa forme informe éphémère. Il y parvient dans l'impossibilité de la distance et de l'individuation, parce que nous ne pouvons pas entendre ceci ou cela, en tant qu'entités autonomes et lexicales. Mais nous pouvons entendre comment les choses résonnent ensemble et les unes avec les autres, avec nous en tant qu'auditeurs, en résonance avec un monde indivisible.

Pour *performer* cette ligne et la possibilité de sa rupture, plutôt que de l'expliquer par une présentation conventionnelle, j'ai passé de la musique et dessiné un trait à la craie sur le sol de Sierre pour tenter de troubler la ligne et d'arriver à une géographie floue.

J'ai donc passé un morceau de Kate Carr intitulé *Hawkes End → River Sowe junction – a sonic transect of the sometimes absent River Sherbourne*, composé pour la Biennale de Coventry, au Royaume-Uni, en 2021. Il s'agit d'une œuvre créée à partir d'enregistrements sur le terrain de la rivière Sherbourne, qui parfois cesse d'exister en disparaissant sous terre où elle continue à couler pour refaire surface un peu plus loin. Elle est le résultat d'un aménagement urbain, des canaux en béton dictent sa structure et commandent son cheminement. Incidemment cet aménagement dicte aussi la façon de vivre et de se déplacer dans la ville. Les habitants peuvent se déplacer plus facilement parce qu'il n'y a pas de rivière, mais certaines choses vont leur échapper parce qu'elles ne peuvent pas être entendues du fait que la rivière est enterrée. La rivière trace une ligne et en brise une autre. Ses bruits, la vaste et incontrôlable gamme de fréquences et les harmoniques de son flux, génèrent une zone floue, qui résiste à toute tentative de contrôle.

understand silence not as an absolute. 0dB. But as the beginning of hearing things together and in co-existence, extending and continuing each other beyond the threshold of known sounds. To hear the promise of other sounds that we might not yet know.

LE — The last time I saw you, you were presenting at a symposium on sound called "être à l'écoute", organized by EDHEA, the Valais School of Art in Sierre, Switzerland. You presented a project you made about a river. You talked about it in a really beautiful way that really resonated for me and stayed in my memory.

SV — The work in Sierre was what I call a "curatorial performance," where I bring performative elements, such as moving or shouting, or for that particular event, drawing with chalk and playing a record or not playing a record, and so on, together with more conventional scholarly texts or papers that one would normally expect in a conference scenario.

The reason I do this is to open up some of the conventions of scholarly thinking and discourse that ordinarily happen on the straight lines of historical reference and evidence that legitimate knowledge. Because the violence of the colonial does not manifest itself only in Kew Gardens and in similar botanic gardens, where the desire for control and organization is manifest through how we display plants. This desire for taxonomized, organised knowledge, with its lexical systems that create lines of evidence, suffuses our whole academic thinking, and also our everyday thinking, our expectation and acceptance of valid knowledge.

What knowledge do we accept? What is an evidencable, referential knowledge and scholarship that we can qualify as legitimate and usable? And what of the fuzzy, unreliable, unsteady, knowing of experience that is off the line, and beside it, and cannot be used in scholarly debate?

I'm very interested in this line, the line we draw in Western society to legitimize knowledge, to call it objective, a term which pretends distance and impartiality, when it intrinsically defines exclusions and a certain point of view. The line has to exclude in order to stay straight, in order to stay white, in order to stay chronological. And thus it has to ignore other narratives and possibilities; and our plurality, our differences as bodies and bodied things are erased.

In response and in rejection I am interested in how sound, as material and as sonic sensibility, as a sensibility of relationality and porosity, troubles the line. How it disrupts the canon through its ephemeral formlessness. It does so by performing the impossibility of distance and individuation. Because we cannot hear this or that, as separate and lexical entities, but only hear how things sound together and with each other, and with us as listeners, sounding an indivisible world.

To *perform* this line and the possibility of its disruption, rather than explaining this through a conventional paper presentation, in Sierre, I played works and drew with chalk on floor in an attempt to break the line and get to a fuzzy geography.

Salomé Voegelin, *Listening Across : Uncurating Knowledge*, performance curatoriale, Symposium « être à l'écoute », EDHEA, Sierre, CH, octobre 2021. Photo. DR.

Salomé Voegelin, *Listening Across : Uncurating Knowledge*, curatorial performance, Symposium "être à l'écoute," EDHEA, Sierre, CH, October 2021. Photo ARR.

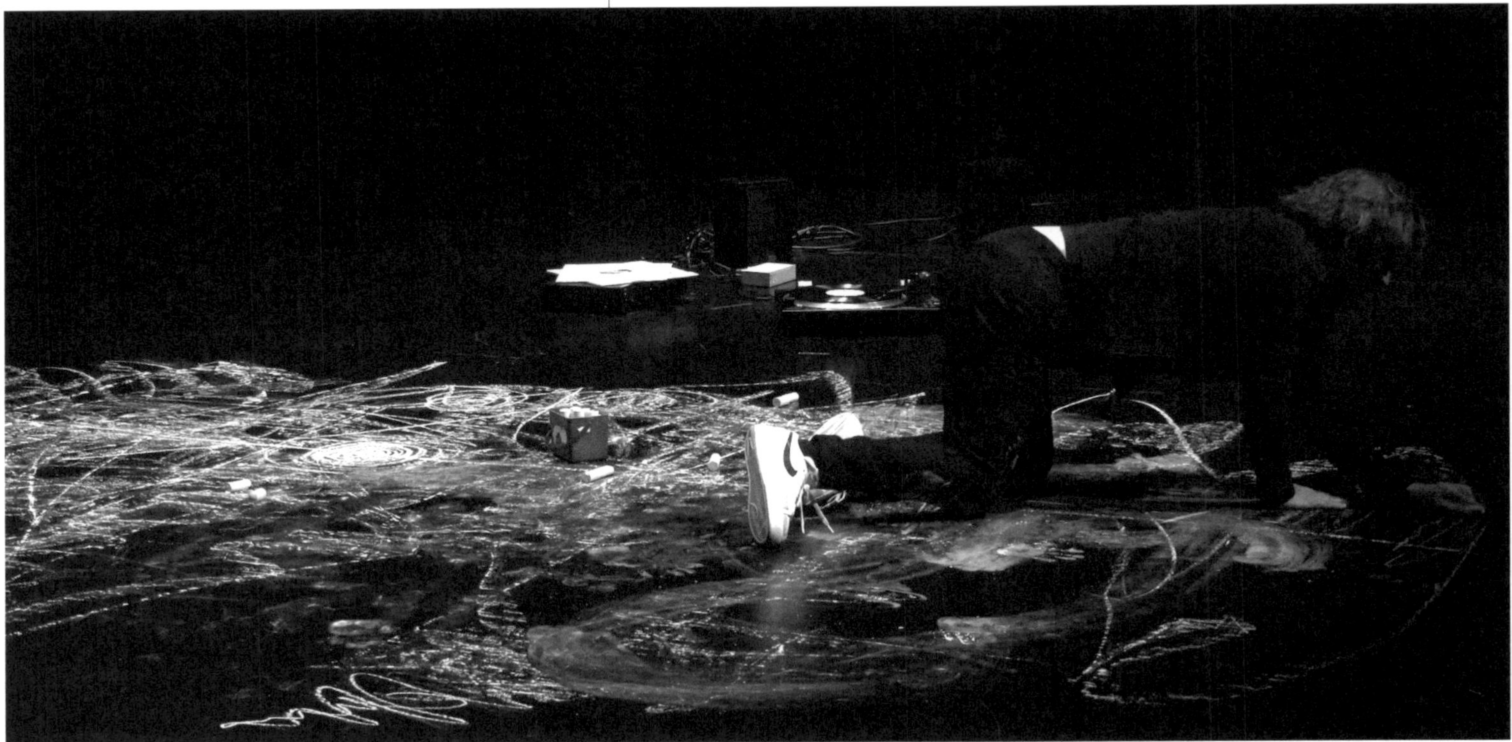

Accompagnée de la bande sonore d'une rivière troublant sa propre ligne, j'ai tracé une ligne sur le sol, puis j'ai commencé à travailler avec différentes craies pour, littéralement, physiquement, par mon corps et par les mouvements de mon corps ainsi que par les sons de la craie sur le bois, perturber la ligne. J'ai répété les pluralités et les connexions pour faire comprendre l'incontrôlabilité et la viscosité du son qui n'est pas capturé dans une ligne cartographique, ou dans une ligne taxonomique, ou dans une ligne savante. Le son produit au contraire une géographie diffuse et une connaissance floue qui trouble la ligne et la pensée linéaire.

C'est dans cette géographie floue de la connaissance, hors ligne, qu'on rencontre des connaissances tacites, des connaissances féministes, des connaissances locales… qu'on rencontre des connaissances plurielles et interconnectées qui peuvent faire naître de nouvelles possibilités sur la façon de s'engager et de faire face aux défis d'aujourd'hui.

Cependant, dessiner sur un plancher n'est pas un acte d'érudition reconnu. Et si on veut faire de la science, *Wissenschaft*, les preuves doivent figurer sur la ligne, même si cette ligne ne représente pas sa propre histoire. Comment écrire donc, et par extension, comment faire de l'art, si, comme le demandent si pertinemment Hélène Cixous et Catherine Clément dans leur livre écrit en 1975, *La Jeune Née*, on ne se retrouve pas dans l'histoire ? Voilà qui nous permet de revenir à la politique du savoir et de la légitimité du savoir, deux entités puissantes qui déterminent ce que nous pouvons entendre et ce que nous pouvons savoir, et où la décolonialité doit vraiment commencer. Il n'est pas question de listes de lecture, de rajouter des noms sur ces listes, d'augmenter le nombre de lignes. Au contraire, c'est en comprenant les principes des lignes que nous avons tracées, et la façon dont nous pouvons les troubler, que nous trouvons de nouveaux champs de recherches et de nouvelles connaissances.

And so I played a work by Kate Carr entitled "Hawkes End-River Sowe junction—a sonic transect of the sometimes absent River Sherbourne." Composed for the Coventry Biennale in the UK, in 2021. This is a field recording composition of the River Sherbourne which is a river that sometimes is not there, that disappears underground and yet flows on, to surface again. It has been shaped by urban planning. Concrete channels organize its structure and curate its paths. Inadvertently, of course, this also organizes and curates how people live and move in the town. Where they can go with more ease because there is not a river and what they cannot reach and hear because the river has been buried underground. The river makes a line and also breaks a line. Its sound, the broad and uncontrollable frequency range and overtones of its flow, generate a fuzzy area, however much we try to control it.

To this sound track of a river troubling its own line, I drew a line on the floor, and then started to work with different chalks to literally, physically, through my body and through the movements of my body, as well as through the sounds of chalk on wood, perform this troubling of the line. To practice the pluralities and connections to make us understand the uncontrollability and the viscosity of sound that is not captured in a cartographic line, or in a taxonomic line, or in a scholarly line. Instead sound performs a diffuse geography and a fuzzy knowledge that troubles the line and troubles linear thinking.

And in this fuzzy geography of knowledge, off the line, is where we can meet tacit knowledge, feminist knowledge, local knowledge, … Is where we can meet plural and connected knowledges that

C'est ici que le son devient un outil utile. Le son en tant que matériau, mais aussi en tant que concept et en tant que manière de penser le monde à partir d'une sensibilité sonore, en tant que sensibilité du relationnel et de l'indivisible. Il est un outil utile pour saisir l'existence des lignes et, enfin, utile pour les troubler et montrer la complexité plurielle de ce qui existe vraiment.

LE — C'est vrai qu'en effectuant mes recherches et en réécoutant beaucoup de disques, quand je suis arrivée aux compositions d'Éliane Radigue, ça a été un moment particulier. Non seulement à cause de la qualité de sa musique, qui est belle, profonde et essentielle, mais aussi parce que c'est une femme. Tout à coup, je me suis rendu compte qu'il me fallait prendre en considération cet aspect. Jusque-là, j'écoutais surtout des artistes masculins et blancs, comme François Bayle, Luc Ferrari et Pierre Henry, Iannis Xenakis, Edgar Varese et Pierre Schaeffer, etc. Mais la musique de Radigue, pour le dire de manière directe, je l'ai sentie droit dans mon corps. C'est comme si, parfois je m'amuse à jouer au petit jeu de l'incarnation... lorsque je regarde ou que j'écoute quelque chose, je me mets dans la situation de l'artiste qui l'a produit et je m'imagine en train de produire le son ou de faire la sculpture ou la peinture. Chez Éliane Radigue, je me suis mise en situation d'aller dans cette perception très fine de la tonalité, à un niveau microtonal, qui permet de trouver la défaillance dans un système sonore qui est très rigide. La même chose s'est produite lorsque j'ai écouté Pauline Oliveros et Maryanne Amacher. Quand je me suis penchée sur Amacher, c'était plus que des microtons, c'était comme si elle m'amenait directement à l'espace situé entre mes oreilles et le son.

C'est donc une manière extérieure de s'occuper directement des lignes sonores et du système de sons. Cette manière de trouver un chemin que nous n'avions jamais pensé emprunter, c'est peut-être cette discrétion radicale des femmes artistes, arriver directement à un point où personne n'est allé. Pour Maryanne Amacher, c'est l'espace entre les oreilles et le son, et pour Éliane Radigue, c'est l'espace entre deux microtons.

Je ne veux pas faire de généralités sur la production ou les œuvres des femmes artistes, mais il est vrai qu'en les écoutant, j'ai senti que mon corps était soudain arrivé dans le processus d'écoute. Aujourd'hui, de nombreux musées dans le monde réorganisent leurs collections. Depuis peu, lorsque je visite des musées aux États-Unis ou en Europe, je découvre de nombreuses femmes artistes dans des collections qui n'en présentaient qu'une ou deux auparavant.

Il s'agit peut-être là d'une position très politique, mais je ne peux m'empêcher de penser que du temps de mes vingt ans, je ne trouvais presque aucune femme artiste dans les musées, ni d'artistes de couleur, comme moi. Je ne me retrouvais absolument pas dans cette imposante histoire de l'art. Aujourd'hui l'accès aux institutions est facilité et les aides ont augmenté, et je me rends compte combien cela m'a manqué dans ma jeunesse. Je suis tellement heureuse pour les générations futures qui commenceront avec un champ de connaissances nouveau et redéfini.

SV — Tu soulèves là un point important. Tu retrouves ton corps dans leur travail. En particulier dans celui d'Éliane Radigue, mais aussi dans celui de Maryanne Amacher et d'Ellen Fullman. Il y a un corps dans leurs œuvres et c'est à travers ce corps que je retrouve le mien.

Je ne veux pas faire de généralités ou parler au nom des hommes comme un groupe homogène assumé, et prétendre

can bring forth new possibilities of how to engage in and deal with the grand challenges of today.

However, drawing patterns on a wooden floor is not accepted scholarship. And if you want to do scholarship/*Wissenschaften* your evidence has to draw on the line, even if that line does not represent your history. And so how do you write, and by extension how do you do art, if, as Hélène Cixous and Catherine Clémente ask so pertinently in their 1975 book *The Newly Born Woman*, you cannot find yourself in history?

And this is where we come back to the politics of knowledge and the politics of the legitimacy of knowledge, which are powerful and determining of what we can hear and what we can know, and where, really, decoloniality has to start. It is not just in reading lists. It's not just in adding names into reading lists, adding names onto lines. Instead, it is in understanding the principles of the lines we have drawn and how we can trouble them that we find to new scholarship and new knowledge.

That is where sound is a useful tool. Sound as a material, but also as a concept and as a way to think the world from a sonic sensibility, as a sensibility of the relational and the indivisible, is a useful tool to grasp the existence of these lines and then finally, to trouble them and to show the plural complexity of what is really there.

LE — It's true that when I was researching and listening back to a lot of records that, when I arrived at Éliane Radigue's recordings, that was very special. Not only because of the quality of her music, which is beautiful and deep, and essential, but also because she's a woman. Suddenly it was something I had to consider, because effectively I was listening mostly to male artists, white male artists, like François Bayle, Luc Ferrari and Pierre Henry, Iannis Xenakis and Edgar Varèse and Pierre Schaeffer, and all of them. But when I then arrived at the music of Éliane Radigue, if I can be very direct about this, I felt it directly arrived in my body. It's like, I sometimes do this embodiment thing that when I look at something or when I listen to something, I place myself into the situation of the artist who produced it and I imagine myself making the sound, or myself making the sculpture or the painting. With Éliane Radigue, I was putting myself in the situation of going into that very fine perception of tonality, at a microtonal level, which allows one to find this failure within a system of sound that was very rigid. The same happened in a way when I listened to Pauline Oliveros, and also to Maryanne Amacher. When I got to Amacher, it was more than microtones-it was as if she brought me directly to the space between my ears and sound.

So, it's an outsider way of directly addressing the sound lines and the sound system. This manner of finding a way that we never thought of going, maybe it is this radical discretion of women artists—to arrive directly to a point where nobody went. In the case of Amacher, to this space between the ears and sound, and in Radigue's, the space between two microtones.

savoir ce qu'ils ressentent aux sons des compositeurs masculins. Je ne peux parler que pour moi-même. Et c'est à travers moi que je reconnais ton récit.

Fréquentant les musées et les galeries d'art suisses dans les années 1970 et 1980, d'abord en tant que fille puis en tant que jeune femme, et c'est là encore un résultat de mon éducation, j'acceptais sans réserve et sans questionnement que les artistes soient *forcément* des hommes. Particulièrement en travaillant sur les sons et la musique, j'avais totalement intégré que les compositeurs soient des hommes. Je ne cherchais même pas à me reconnaître dans leur travail. J'ai été formée à les admirer et les étudier. Je pense que dans mes cours de musique, je n'ai jamais croisé de femme compositeur, aucune compositrice n'a jamais été mentionnée, il n'y avait littéralement pas de corps féminin auquel j'aurais pu m'identifier.

Dans les arts visuels, il y avait quelques exceptions, Hannah Höch ou encore Käthe Kollwitz, citées principalement pour leurs dessins, parce que Kollwitz est très *enseignable*. Meret Oppenheim et Frida Khalo ont peut-être été mentionnées, et plus tard j'ai vu le travail de Georgia O'Keefe et de Louise Bourgeois. On acceptait que le monde fût ainsi fait, et que tout ce qui avait déclenché mon désir de faire de l'art, de regarder l'art, de réfléchir à l'art et à la musique… n'était ni représenté ni articulé. Je n'existais pas dans l'esthétique des œuvres ni dans les pièces et les espaces qui m'étaient offerts. Ni dans les espaces intellectuels du discours ni dans les espaces physiques du musée ou de la salle de concert.

J'ai dû passer par la traduction pour faire de l'art, refaire ce qui était présenté sur mon propre corps, au lieu de partir de ce que je ressentais pour faire valoir ce que je faisais. C'était la condition pour entrer dans une école d'art, pour que je puisse écrire sur l'art. J'ai suivi cet enseignement canonique et cela a pris beaucoup de temps. Je pense que c'est là que les femmes perdent, ou du moins ont perdu par le passé, environ dix ans de leur vie professionnelle : d'abord, elles doivent passer cinq ans à se débarrasser de l'idée que c'est la seule façon de faire de l'art, ensuite, elles passent cinq autres années à construire ce qu'elles pourraient faire différemment. C'est une véritable perte de temps, car un jeune homme (blanc) qui se reconnaît dans ce qui existe, se sent reflété dans ce qui l'entoure. Cette reconnaissance donne confiance, grâce à un sentiment d'adéquation. Alors qu'une femme, littéralement, perd environ dix ans à essayer de comprendre qui elle veut être par rapport à ce qui est considéré comme un bon art ou une bonne musique, par rapport à ce qui existe, et pourquoi elle n'est pas en adéquation. C'est violent de se faire prescrire une esthétique, si cette esthétique ne coïncide pas avec votre expérience du monde, avec celle de votre corps dans votre travail. C'est une violence et un déni de votre corps. Ce n'est donc que très lentement que j'ai compris qu'il existait d'autres artistes, d'autres positions et d'autres façons de voir le monde. Mais il faut beaucoup d'efforts, beaucoup de persévérance, il faut des recherches et garder espoir de trouver d'autres artistes. Il y a du mieux de nos jours, mais ce n'est en aucun cas égal ou représentatif de la marginalité plus vaste de la « femme » par rapport à la ligne.

Moi aussi, je suis coupable d'exclusions. Dans mes trois derniers livres, écrits entre 2010 et 2021, j'ai fait ce cheminement et j'ai augmenté le nombre de femmes sur lesquelles j'écris, ou d'artistes non blancs, d'artistes non binaires et de théoriciens sur lesquels et avec lesquels j'écris. J'ai consacré beaucoup de temps à désapprendre les canons et à trouver une autre position au sein d'une œuvre d'art ou d'une musique, et vis-à-vis de celle-ci. Pour m'ouvrir à un champ plus

I don't want to generalize about women artists' production or works, but it's true that, listening to these women artists, I felt that my body had suddenly arrived in the listening process. Now many museums around the world are reconstructing their art collections. Recently, when visiting museums in the US or in Europe, I'm starting to see many women artists in collections that previously only showed one or two of them.

Of course, this may be a very political point of view, but I cannot avoid remembering when I was about 20 years old, arriving in museums and finding almost no women artists in there, and finding almost no artists of color, like me. I had no way to find myself in this imposing history of art. Now that access and support has increased, I find myself remembering that I missed that so much when I was younger. I am so happy for future generations that will be able start with a new, redefined field of knowledge.

SV — You make such an excellent point about this. You find your body in their work.

Particularly with Éliane Radigue, but also with Maryanne Amacher and Ellen Fullman–there is a body in their works and through that body that I can find mine.

I don't mean to make generalizations or speak for men in an assumed and homogenous definition, presuming what they feel when they consider male composers. I can only speak for myself. And it is through myself that I recognize your narrative.

Going to museums, to art galleries as a girl and even as a young woman, in Switzerland, in the '70s and '80s, and really, because of my education again, completely and unquestionably accepting that artists *were men*. Particularly, working with sound and music, my total acceptance and expectation even that composers *were men*. I was not even looking for that recognition of myself in the work. I was trained to admire, to study. I think that in my music lessons at school, I never encountered a woman composer, no woman composer was ever mentioned–there was literally nobody I could share a body with.

In the visual arts there were a few exceptions such as Hannah Höch or Käthe Kollwitz, who were mentioned in school, mainly in relation to drawing, because Kollwitz is actually very *teachable* in a school sense. Meret Oppenheim and Frida Kahlo might have been mentioned, and later I saw the work of Georgia O'Keefe and Louise Bourgeois. There was an acceptance that this is how the world was, and that any of what triggered *my* desire to make art, to look at art, to think about art and music … remained unrepresented and unarticulated. I wasn't there in the aesthetics of the work, or in the rooms and in the spaces that were offered to me. Neither in the intellectual spaces of discourse, nor in the physical spaces of the museum or the concert hall.

I had to make art through translation, redoing what was presented on my own body, rather than starting with what I felt, in order for what I did to count. In order for me to get into art school, in order to be able to write about art. I had to go with these canons and it took a long time. I think that's where women lose, or

large de production et de discours artistiques. Pour acquérir la confiance en la manière de faire coïncider mon corps avec le monde et pour me convaincre que cette position est tout aussi valable pour créer et écrire.

Mais aussi, et je suis très heureuse de ce que tu as dit à propos de la découverte du corps dans l'œuvre, parce que cela revient à soutenir toutes les jeunes artistes féminines, non blanches et non binaires, parce qu'une fois qu'on a découvert que son corps existe dans l'art, qu'on peut le sentir, qu'il y a un espace à partir duquel on peut écrire et penser, et faire de l'art... alors on ne peut pas t'arrêter.

Je n'écris pas exclusivement sur les femmes. Je ne fais pas d'exclusions de principe. C'est simplement que je suis ravie d'écrire sur les artistes et les compositeurs sur lesquels je fais mes recherches parce que j'y trouve de la place pour mon corps, pour ma réalité dans leur travail, même s'il y a conflit ou contradiction. Il y a un espace à partir duquel je peux jouer ma propre partition et à travers lequel je peux être en confrontation avec l'œuvre d'une manière critique et enthousiaste. Je ne fais pas de discrimination. C'est juste que cela ne m'intéresse pas d'écrire sur un travail auquel je suis censée m'intéresser parce que l'histoire et les canons disent de m'y intéresser. Je ne suis pas otage des lignes. Je ne veux pas alimenter la machine qui maintient une ligne à une certaine forme de composition ou de création artistique. C'est un sentiment tellement excitant de savoir que dans cette géographie floue, dont j'ai parlé plus tôt, il y a un grand nombre d'œuvres que j'ai envie d'écouter et sur lesquelles j'ai envie d'écrire, qui sont importantes pour moi, qui comprennent leur propre marginalité et leur propre position troublée par rapport à la ligne et peuvent donc ouvrir d'autres possibilités. À mes yeux, ce sont à ces autres possibilités que l'art doit mener. S'il ne le fait pas, il ne s'agit que d'une gymnastique intellectuelle de composition ou une histoire de paramètres visuels, etc. Cela ne m'intéresse pas.

LE — Une chose qui m'a frappée récemment, et peut-être est-ce aussi quelque chose dont tu es consciente, je ne sais pas si c'est un mouvement, mais tout d'un coup, on découvre un tas d'organistes incroyables, comme Sarah Davachi, Kali Malone ou Anna von Hausswolff, toutes des femmes ! J'en ai découvert une, puis une autre, et encore une autre [rires]. Je me suis dit, bon sang, ça en fait des jeunes femmes artistes qui passent par les orgues dans les églises pour faire quelque chose de radicalement différent de ce qu'on connaît de la composition organistique. Même s'il y a eu beaucoup d'expériences faites avec l'orgue en tant qu'instrument. Le jeu de ces femmes passe par des tonalités vraiment très profondes et inhabituelles dans les églises, elles vont « trop loin », probablement parce qu'on ne veut pas aller aussi loin dans une église, pour sentir qu'on garde le contrôle, qu'on est rassurés, en sécurité. J'étais stupéfaite.

L'une d'entre elles, Anna von Hausswolff, a récemment été empêchée de donner un concert dans une église de Nantes, du fait d'intégristes catholiques. C'est à ce moment précis que j'ai compris qu'il s'agissait de quelque chose de très politique, toutes ces femmes qui investissent les églises pour y faire de la musique profondément déformée. Au point que les extrémistes religieux conservateurs, une frange de la société, pensent qu'elles sont des sorcières ou ont passé un pacte avec Satan. Cela nous ramène loin dans le passé [rires].

Dans une discussion avec Kali Malone après l'annulation du concert d'Anna von Hausswolff, elle m'a expliqué qu'il lui avait fallu des années pour arriver à l'orgue. Elle a d'abord assisté le maître d'orgue pour apprendre à accorder

at least in the past lost, about ten years of their professional life: first of all, they have to spend five years to get rid of this idea that *this* is the only way art can be done. Then they have to spend another five years building up what *else* could be done. It's a real loss, because if you're a young (white) man and you recognize yourself in what there is, you might feel yourself reflected in what is around you; you just start to do it through that recognition which gives you confidence through a sense of correspondence. Whereas I think women, literally, women lose about ten years trying to figure out who they want to be in relation to what is considered good art and good music; in relation to what is there, and why they do not fit in. There is a violence in being told what aesthetic is valid, if that aesthetic does not coincide with your experience of the world, with that of your body within your work. There is a violence and there is a denial of your own body. It's only very slowly, therefore, that I realized that there were other artists, other positions and other ways to see the world. But it takes a lot of digging and it takes perseverance, and it takes searching, and it takes remaining hopeful that one can find other artists. That is better now but by no means equal or representative of a broader marginality that "woman" represents as one position off the line.

I am guilty of exclusions too. If I look back at my last three books, spanning the years 2010 to 2021, it's very clear to me that I had to really make the journey myself and increase what women I include and write about, or what non-white artists, non-binary artists and theorists I write about, and with. I had to spend time unlearning the canon and finding another position to take within, and vis-à-vis a work of art or music. To tend to a broader field of artistic production and discourse. To gain the confidence for how one's body coincides with the world, and to believe that this position is just as valuable to make and to write about.

But also, I'm so excited about what you said about finding the body in the work, because that is almost like an encouragement to all young, female, non-white and non-binary artists, because once you have found that your body exists in art, that you can feel it, that there is a space from which you can write and think, and do art ... then you can't stop.

Now I do not write about women exclusively. I do not make principled exclusions. It is simply that I am excited to write about the artists and composers I write about because there is space for my body, for my reality in their work, even if in conflict and contradiction. There is a space from which I can perform my own position and through which I can be in confrontation with the work in a critical and exciting way. I'm not discriminating. I am just not interested in writing about work that I thought, or that history and the canon tells me, I am *supposed* to be interested in. I do not have to be held hostage to the line. I do not have to be part of the machinery that keeps the line to a certain form of composition and to a certain form of art-making. And it is just such an exciting feeling that there is, in that fuzzy geography I talked about earlier, so much work that I want to listen to and write about, that is important to me, that I feel understands its

l'instrument, à maîtriser les tonalités et les codes de postures, à parler, à réagir, à exister dans cet environnement avant d'être autorisée un jour à jouer elle-même de l'instrument, et à en jouer à l'église. Cela a été un très long processus qui a nécessité de très nombreuses années. C'est aussi le courage dont tu parles, il faut du courage et c'est un long chemin avant de convaincre la machine architecturale et sociétale de permettre à ton corps d'exister devant cet instrument et de faire du son avec lui.

SV — Ce que tu dis là est passionnant. Je peux ajouter à cette liste d'artistes fantastiques Áine O'Dwyer. C'est une artiste qui a aussi travaillé ou qui travaille encore avec l'orgue. L'une de ses œuvres est *Music for Church Cleaners*. C'est un enregistrement absolument fabuleux.

Ce qui est intéressant, c'est que les enregistrements ont été faits pendant que l'église était nettoyée, et donc le nettoyage fait partie du morceau. L'impression que j'ai en écoutant, mais je n'en ai pas parlé avec elle, est qu'elle n'a pas pu trouver un moment dans cette église pour jouer dans le calme. On dirait qu'elle n'a pas pu obtenir de créneau pour répéter et enregistrer sans être dérangée. Elle devait s'y rendre et s'emparer des moments où l'orgue était libre. Elle a transformé la situation en composition. On entend l'aspirateur, les bruits de nettoyage et les employés de ménage qui discutent pendant qu'elle joue de l'orgue.

C'est un morceau fantastique. Je pense que tu as parfaitement raison : l'orgue d'église joué par des femmes… c'est un véritable tabou. Alors que le piano, dès le XIXe siècle, du moins pour les femmes de la classe moyenne, permettait une certaine expression de soi, faisant à la fois partie d'une éducation morale et d'une entrée potentielle dans les libertés de l'art, l'orgue reste hors d'atteinte pour elles. Parce que l'orgue se trouve dans la sphère publique et s'adresse directement à Dieu. Par conséquent, il ne peut pas être mis entre des mains de femmes.

Je trouve cela fascinant car cet empêchement à jouer de l'orgue n'est pas seulement une interdiction culturelle, une règle imposée de l'extérieur. Elle a été intériorisée, elle est devenue autocensure physique. Je jouais du piano, mais je n'aurais jamais eu le courage d'aborder l'orgue. Je ne prétends pas que je jouais bien, je ne parle pas de maîtrise instrumentale pour justifier le désir ou la permission de jouer de l'orgue. Je ne m'intéresse pas à la virtuosité, aux notions de qualité ou de normes. Mais mon niveau mis à part, je n'ai pas été au-delà du piano quart-de-queue, d'un point de vue physique, tu vois [rires], simplement parce qu'il était trop grand et qu'il n'y avait personne pour m'encourager non plus. Je pense que si j'avais été un garçon ou un homme, on l'aurait probablement fait.

Il est important de relever que certains instruments jouissent d'un statut incommensurable dont on ne parle même pas. Par exemple, de quels instruments les femmes peuvent-elles jouer ? Qu'est-ce qu'un instrument féminin ? Qu'est-ce qu'un instrument masculin ? Jusqu'où peuvent aller nos ambitions et jusqu'où vont les préjugés et les limites ? Parce que si, à travers l'instrument, nous produisons un son dans le monde, et si c'est ce son que nous pouvons être, que nous pouvons être en tant que femmes à partir de nos corps, alors en ne jouant pas de certains instruments, nous nous limitons à une taille que nous pensons avoir et qu'on nous assigne, plutôt qu'à ce que nous voulons ou pourrions être. Nous ne nous limitons pas seulement d'une manière triviale, comme : « Oh, je ne joue pas de l'orgue », c'est bien plus important que cela. C'est politique. Cela relève d'une limitation, prétendre ne pas être capable, ne pas avoir besoin ou

own marginality and its own troubled position to the line and which therefore can open other possibilities. It's those other possibilities that, for me, art has to open. If it doesn't, then it's just an intellectual pursuit of composition, or of visual parameters, etc. That does not interest me.

LE — One of the things that also struck me recently, and maybe it's also something you are aware of–I don't know if it's a movement or something–but all of a sudden there are all these incredible organ players emerging that are all women, like Sarah Davachi, Kali Malone, or Anna von Hausswolff. I discovered one, and then found out there was another one, and then yet another, and so on [*laughs*]. I said to myself, Damn, there are many young women artists who are taking on organs in churches to do something radically different from what we know from organ composition, even if there have been a lot of experiments with the organ as an instrument. But the way of playing that these women have is going through some tonalities that are really, really deep and not usual in a church, because it's going *too deep* and we don't want to go that deep in a church, we like to feel we are still in control and we want to feel reassured, to feel safe. I was amazed by that.

One of them, Anna von Hausswolff, was recently prevented from performing a concert in a church in Nantes, France, because of some religious fundamentalists. That was exactly the moment when I realized that actually this is something very political, all these women performing in churches and all these conservative religious people, that suddenly see them as witches, or as satanists. How these women arrive in church, making music and distort it in a very deep way, that a fringe of society thinks they are surely witches, or have made a pact with Satan. It's a thing that pulls us far back in history [*laughs*].

Kali Malone explained to me, when we heard about all the news of Anna von Hausswolff and were discussing it, that it took her years to *arrive* at the organ. She had to first assist the organ master. To learn how to tune the instrument. To learn the right tones and codes of postures, talking, reacting, existing in that environment to be able one day to play the instrument, and to play it in church. It's a very long process that took many, many years. That's also that courage you talk about, it takes courage and it's a long way until you're able convince all of this architectural and societal machinery that it should allow your body to exist in front of this instrument, and allow it to do sound with it.

SV — What you talk about is absolutely fascinating. I can add to that list of fantastic artists, also Áine O'Dwyer. She is another artist who did or does work with the organ. One particular work of hers is *Music for Church Cleaners*. It is a wonderful, absolutely fabulous record.

What is interesting is that the recordings were made while the church was being cleaned, and thus the action of cleaning becomes part of the track. The impression I get when listening, and I haven't talked to her about this, is that she couldn't get a moment in that

↓ Áine O'Dwyer, *Music For Church Cleaners Vol. I And II*, couverture d'album, 2015.
↘ Anna von Hausswolff, *All Thoughts Fly*, couverture d'album, 2020.
Photo. Gianluca Grasselli

↓ Áine O'Dwyer, *Music For Church Cleaners Vol. I And II*, album cover, 2015.
↘ Anna von Hausswolff, *All Thoughts Fly*, album cover, 2020.
Photo by Gianluca Grasselli.

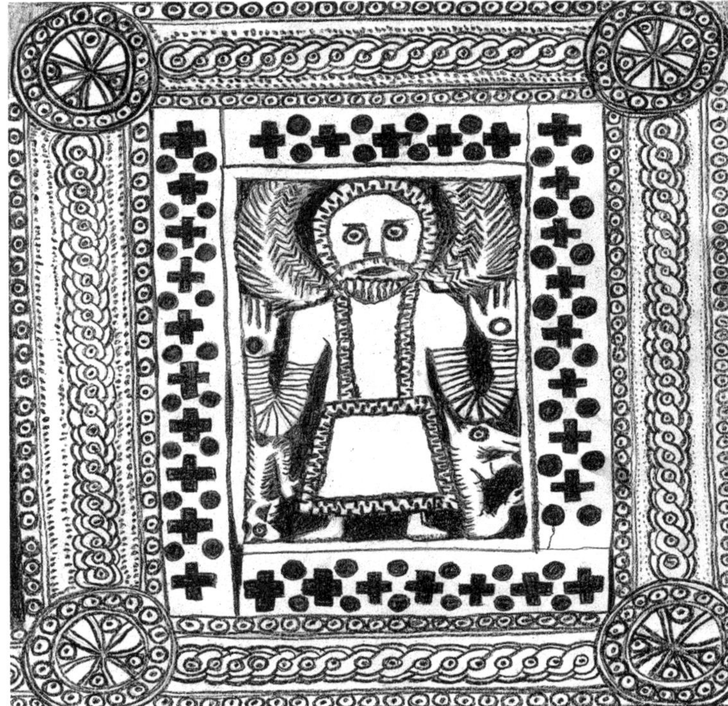

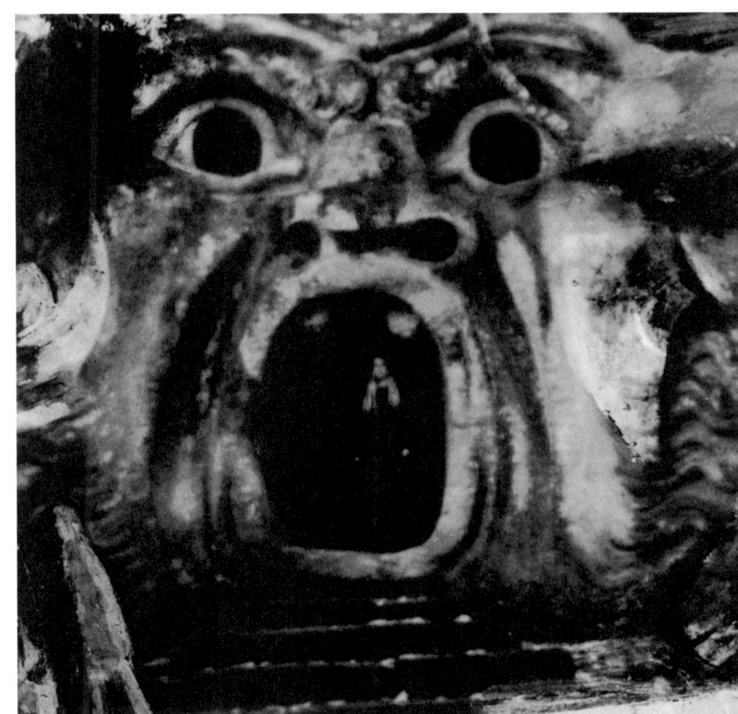

ne pas mériter cet espace, ce volume et cette amplification. Alors qu'en fait, je peux être assez forte pour que *Dieu* m'entende. Je peux vraiment produire ce son, et je peux prétendre à cette présence physique beaucoup plus grande. Regarde-moi !

Il est important de parler et d'écrire sur les femmes organistes aujourd'hui, d'en discuter et de réfléchir aux réactions qu'elles provoquent, telles que le fait d'être mises à la porte des églises et de ne pas être autorisées à jouer, comme c'est arrivé à Anna von Hausswolff, ou comme Áine O'Dwyerde qui devait se contenter des créneaux horaires qui correspondaient au passage des équipes de nettoyage, etc. Ce genre de position infériorisée, la position d'interprète qui n'est pas celle de l'organiste du dimanche matin ni même de l'office du samedi soir, quand cela compte. C'est une question importante à discuter, il faudrait en parler autant que possible et en débattre dans les conservatoires et à l'école. C'est troublant et fascinant, et c'est pourquoi la pédagogie, en tant que pédagogie sonore, ne peut pas se limiter à une pédagogie de l'écoute, elle doit aussi être une pédagogie de la production du son. Apprendre à produire un son plus grand. Car c'est en produisant des sons et en articulant sa propre voix que l'on va trouver sa place dans le monde en tant que corps et incarnation, et non en se restreignant à une identité préconçue ou s'enfermer dans le silence.

LE — Nous avons commencé sur le silence et nous finissons sur la musique produite par les équipes de nettoyage dans une église [rires] !

SV — Pour moi, il est très important, lorsque nous parlons de décolonialité et de pratiques féministes intersectionnelles, d'inclure une discussion sur les classes.

Il est très intéressant de relever que Susan McClary, une musicologue américaine célèbre entre autres pour son livre

church to play in quiet. It sounds like she couldn't get a slot to rehearse and record undisturbed. She had to go in there and take whatever time she could get. And she made a work out of that very situation. You can hear a hoover, and you can hear the cleaning going on, and cleaners chatting while she is playing the organ.

It's a fantastic piece, and I think you're absolutely right: this playing of the church organ by women ... that is a real taboo. Because, while the piano already in the nineteenth century, at least for middle-class women, afforded some sense of self-expression, being at once part of a moral education as well as a potential entry into the freedoms of art, the organ remains out of bounds. Because the organ is in the public sphere and speaks directly to God. Therefore, it is just absolutely not going to be in the hands of women.

I find this fascinating because this inability to play the organ is not just a cultural prohibition, it is not just a rule imposed from the outside, it has been internalised, it has become a physical self-censorship. I played the piano, but I would have never had the courage to approach the organ. I'm not saying I played well–I'm not talking about good or bad here to justify the desire or permission to play the organ. I'm not interested in virtuosity, in notions of quality or of standards. But whatever my standard of playing, I could in a very physical sense, not even go beyond a baby grand piano, you know [*laughs*], just because it was too big and nobody encouraged me either. I think if I had been a young man or a teenage boy, people might have.

It is important to note how certain instruments can have this enormous position that we don't even speak about. Like, what instruments can women play? What is a female instrument? What

*Feminine Endings : Music, Gender and Sexuality*[2] datant de 1991, qui est un livre puissant et merveilleux sur le féminisme et la musicologie, a reçu des menaces de mort pour son travail d'orientation féministe. Cela rejoint ce que nous venons de dire à propos d'Anna von Hausswolff, empêchée de jouer de l'orgue à sa manière dans une église. Cela n'est autre que la confirmation qu'être féministe remet en question les institutions et les lignes qui ont été tracées, les lignes architecturales et infrastructurelles des institutions et de la musique, au point que cela engendre la peur d'une perte d'autorité, secoue les certitudes et suscite des menaces de mort.

Mais, chose plus pertinente pour notre discussion, McClary voulait écrire sur les classes sociales dans la musique. Dans un entretien avec Sam Deboise, elle explique qu'elle voulait écrire sur la notion de classe, mais ne trouvait pas d'angle. Je pense que nous ne l'avons toujours pas trouvé, en tout cas pas en musicologie, ni en histoire et en théorie de l'art. Rendre compte des classes sociales au-delà des idées très stéréotypées du type : « Quel genre de sons produisent les classes populaires » et « Quelles musiques écoutent-elles ? ». C'est un domaine qui demande encore à être exploré, car si nous voulons une décolonialité et un féminisme véritablement intersectionnels, nous devons également inclure les classes sociales. Cela permettra de relier certaines lignes et d'établir des connexions à côté desquelles, autrement, on passerait.

À l'heure actuelle, les lignes d'affiliation et d'identification – et je ne peux parler que de la Grande-Bretagne avec son esprit de classe –, se dessinent à la verticale, des classes ouvrières à la haute société qui continue à les gouverner. Je ne pense pas qu'il faille s'intéresser et réfléchir à ces lignes-là. Mais il existe des lignes beaucoup plus proches et politiquement plus pertinentes entre les classes ouvrières, celles des filatures des régions du Nord du pays qui travaillaient le coton provenant des colonies, très mal rémunérées avec de très mauvaises conditions de travail, à celles des ouvriers et ouvrières qui cueillaient ce coton dans les colonies. J'ai le sentiment que c'est là leur ligne, leur lien, leur *solidarité*, une ligne à laquelle ces classes devraient être historiquement et intellectuellement beaucoup plus sensibles que celle qui les lie à la haute société auxquelles elles font confiance et qu'elles révèrent, et dont elles célèbrent la mentalité d'enfant gâté à travers le personnage de Boris Johnson, qui de son côté les méprise et les ignore, mais les pousse à haïr ceux dont ils partagent une histoire d'exploitation bien réelle.

Force est de constater que l'éducation et les récits historiques conventionnels ont dressé la classe ouvrière blanche contre les personnes avec lesquelles elle pourrait être solidaire. Au lieu de cela, elle a été entraînée à se méfier de l'autre, tout en faisant confiance à ceux qui l'exploitent. Et comme le montre le Brexit, trouver des boucs émissaires, attiser la haine raciale, promouvoir un nouvel idéal impérial reposant sur la haine et une histoire faussée qui trace des lignes d'appartenances opportunistes s'est révélé une stratégie payante pour les responsables au pouvoir. Cela empêche de comprendre les expériences communes, la violence économique commune que ces classes ont subie et continuent de subir au quotidien, tout autant que les alliances qui pourraient renverser la ligne verticale du pouvoir.

Je pense encore une fois que cela tient beaucoup de l'éducation, et c'est pourquoi je m'intéresse à la pédagogie sonore,

2 Susan McClary, *Ouverture féministe : musique, genre, sexualité*, Paris, Philharmonie de Paris, « La rue musicale », 2015.

is a male instrument? How far can our ambitions reach, and how deeply ingrained are these prejudices and limits? Because if, through the instrument we make a sound in the world, and if it is that sound that we can be, that we can be as women from our bodies, then by not playing an instrument we limit ourselves to a size we feel we ought to and are expected to be, rather than what we want to or could sound like. We don't just limit ourselves in a trivial way, such as: "Oh, I just didn't play the organ," it is much bigger than that. It is political. It is about limits, about pretending not to be able to, not to need, or deserve that space, that volume and amplification. Whereas actually I can be loud enough so "God" can hear me. I can actually do this sound, and I can take on this much bigger physical presence, watch me!

It is important to talk and write about women playing the organ now and to discuss it and to think about how they are, as you say, encountering reactions such as being thrown out of churches and not allowed to play, as in the case of Anna von Hausswolff, or seemingly having to take the time slots when the cleaners are around, as in the case of Áine O'Dwyer, and so on. This kind of reduced position, the performing position that is not that of the Sunday morning or even of the Saturday night service, of when it matters. I find that an important issue to discuss, and it should get talked about as much as possible and it should be debated in music lessons also in school. It is troubling and fascinating and that's why pedagogy, as a *sonic* pedagogy, cannot be just a pedagogy of *listening*, it needs to be one of *sound making*. To learn to make a bigger sound. As it is through making sounds and articulating your own voice that one can take one's place in the world as a body and embodied, not reduce to an already pre-conceived identity or shut up in silence.

LE — We started from silence and we finished with music made for church cleaners. [*laughs*]

SV — For me, it's really important that when we talk of decoloniality and when we talk of feminist practices in an intersectional way, we include a discussion of class.

It's very interesting that Susan McClary, an American musicologist famous, among other things, for her book *Feminine Endings: Music, Gender and Sexuality* from 1991, which is a very powerful, wonderful book on feminism and musicology–and she received death threats for her feminist musicological work. This resonates with what we were just talking about with Anna von Hausswolff being thrown out of a church for playing the organ in a particular way. It confirms that being a feminist challenges the institution and the lines that have been drawn, the architectural and the infrastructural lines of the institution and of music, to such a degree, that it generates a fear of loss of certainty and authority, and prompts death threats.

But what is interesting and more to the point of our discussion is that McClary actually wanted to write about class in music. In an interview with Sam Deboise, she explains how she wanted to

par laquelle nous ne pouvons pas seulement apprendre à écouter correctement, mais aussi apprendre que le son peut faire bouger les lignes qui font violence à nos corps, à nos places et positionnements, à notre pensée. Ces lignes nous *réduisent*. Le son peut contrer ces formes de réductions et nous permettre de nous inventer. Voilà ce qui me passionne en ce moment.

Traduit de l'anglais par Mireille Onon

write about class, but couldn't find a way to do it. I think we have still not quite found a way, certainly not in musicology, nor in art history and in art theory, to really account for class beyond very stereotypical ideas of "what kind of sound the working classes make and listen to." That is still an area that needs exploring, because if we want true intersectional decoloniality and feminism, we also need to include class, as it will connect some of the lines and make connections otherwise missed.

At the moment, the lines of affiliation and identification–and I can only speak about Britain with any understanding of class–, go from the working classes vertically up to the upper classes who govern them still. And to my mind these are not the lines we should really follow and think about. There is a much closer and more politically relevant line from the working classes, for example, from those who lived up north, who dealt with the cotton that came from the colonies, working it in in the cotton mills, for very bad wages, very bad working conditions, to those in the colonies who had to pick that same cotton. I feel that this is their line, their connection, their *solidarity*, one that, to me, they should historically and intellectually be much more attuned to than to the one that links them with the upper classes whom they trust and whom they revere, and whose upper class entitlement they celebrate in the figure of Boris Johnson, who in turn despises and disregards them but makes them hate those whose actual history of exploitation they share.

It is very interesting that education and conventional historical accounts has set the white working class against the very people they could be solidarious with. Instead, they have been entrained to distrust the other, while trusting those who exploit them. And as Brexit shows, those in power have been very successful at promoting scapegoats, race hate, promoting a new sense of Empire made from hate and a false history that draws opportunistic lines of allegiance. This denies an understanding of their shared experience, of the shared economic violence they experienced and continue to experience on a daily basis. And thus, it denies allegiances that could topple the vertical line of power.

I think again that a lot of this has to do with education, and that's why I'm so very interested in a sonic pedagogy, where we cannot only learn to listen in the correct way, but where we can learn that sound can trouble the lines that do violence to our bodies, to our positions and positionings, and to our thinking. These are lines that *reduce* us. Sound can counteract these reductions and lets us invent ourselves. This is where I am passionately involved at the moment.

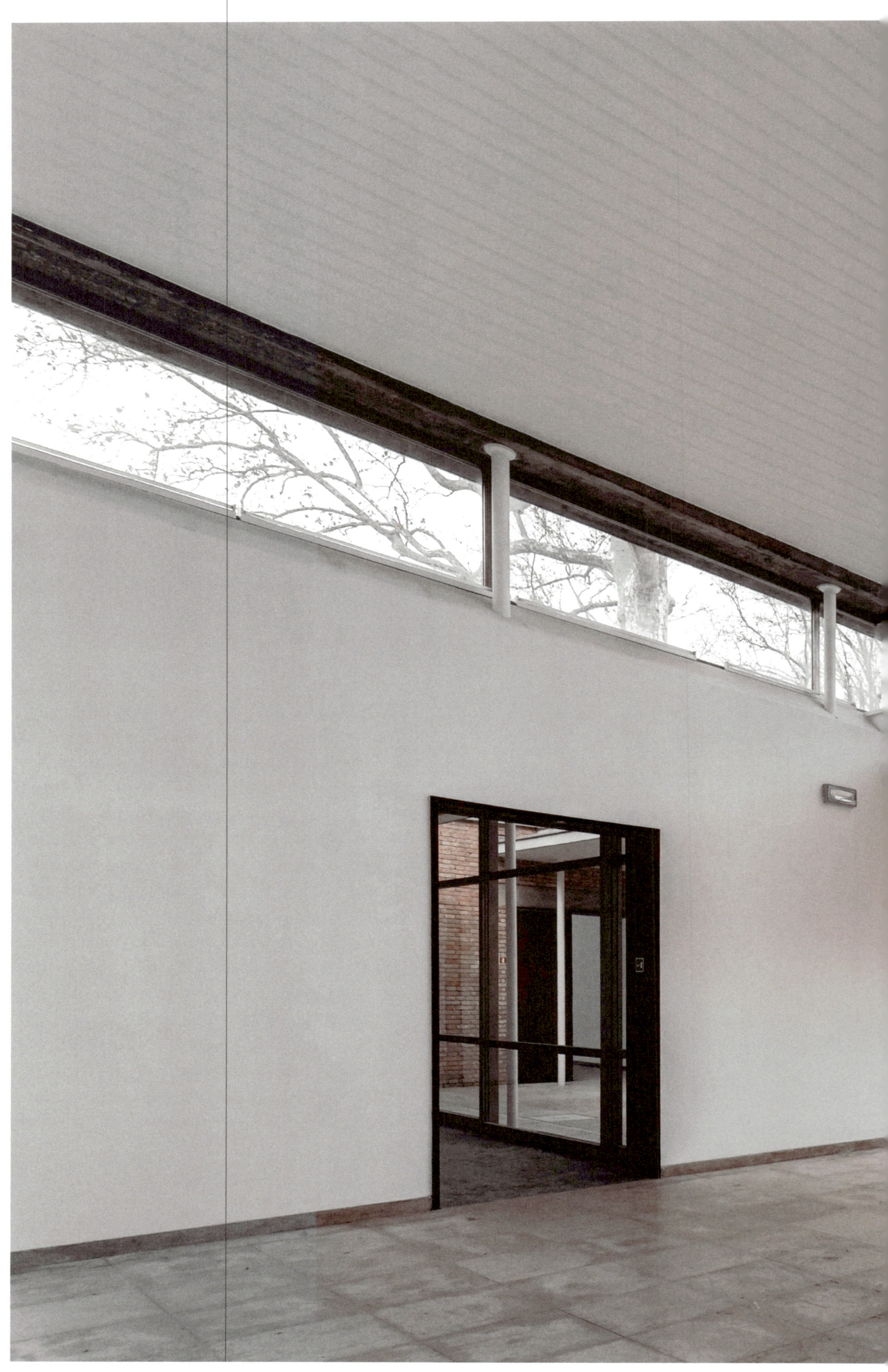

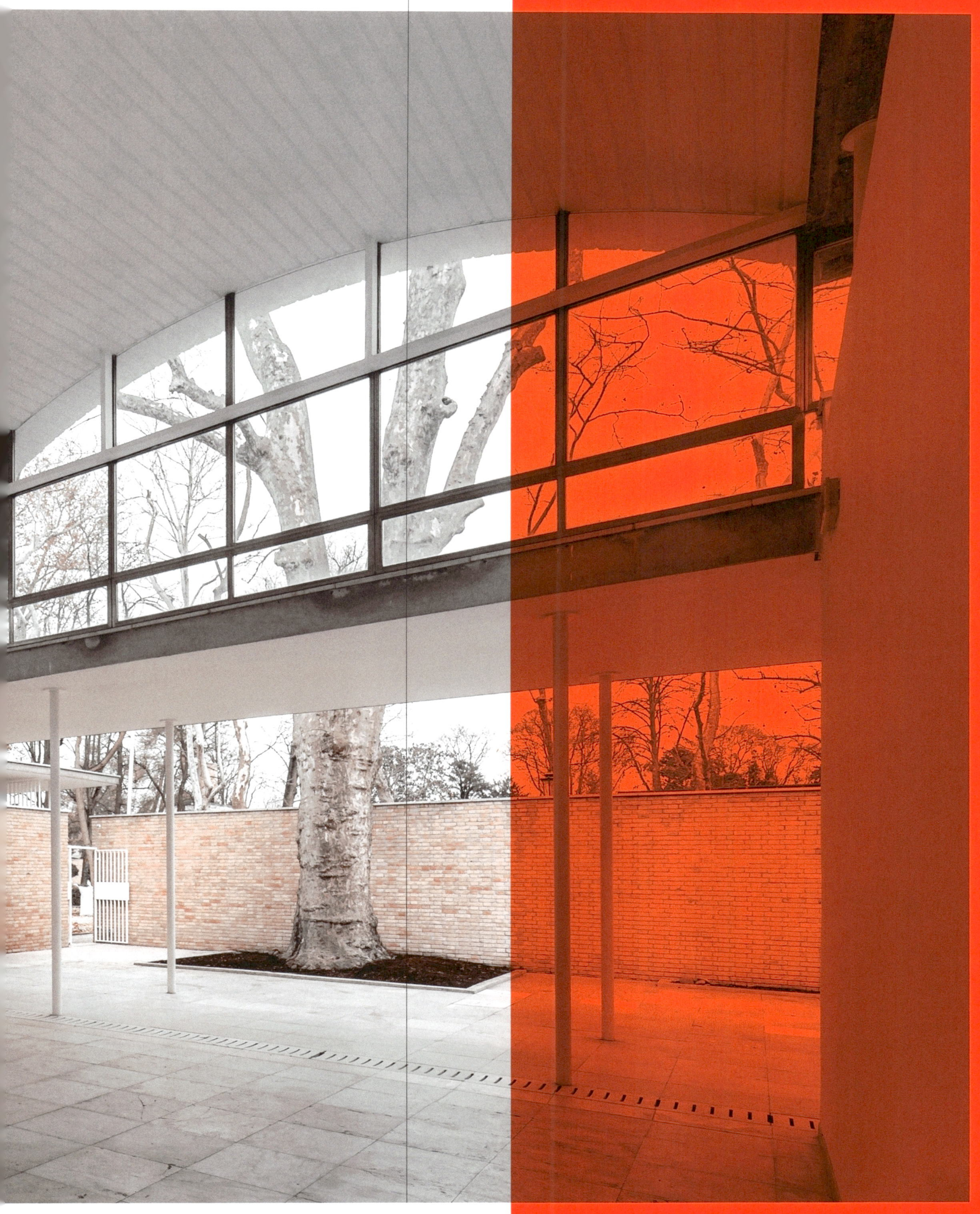

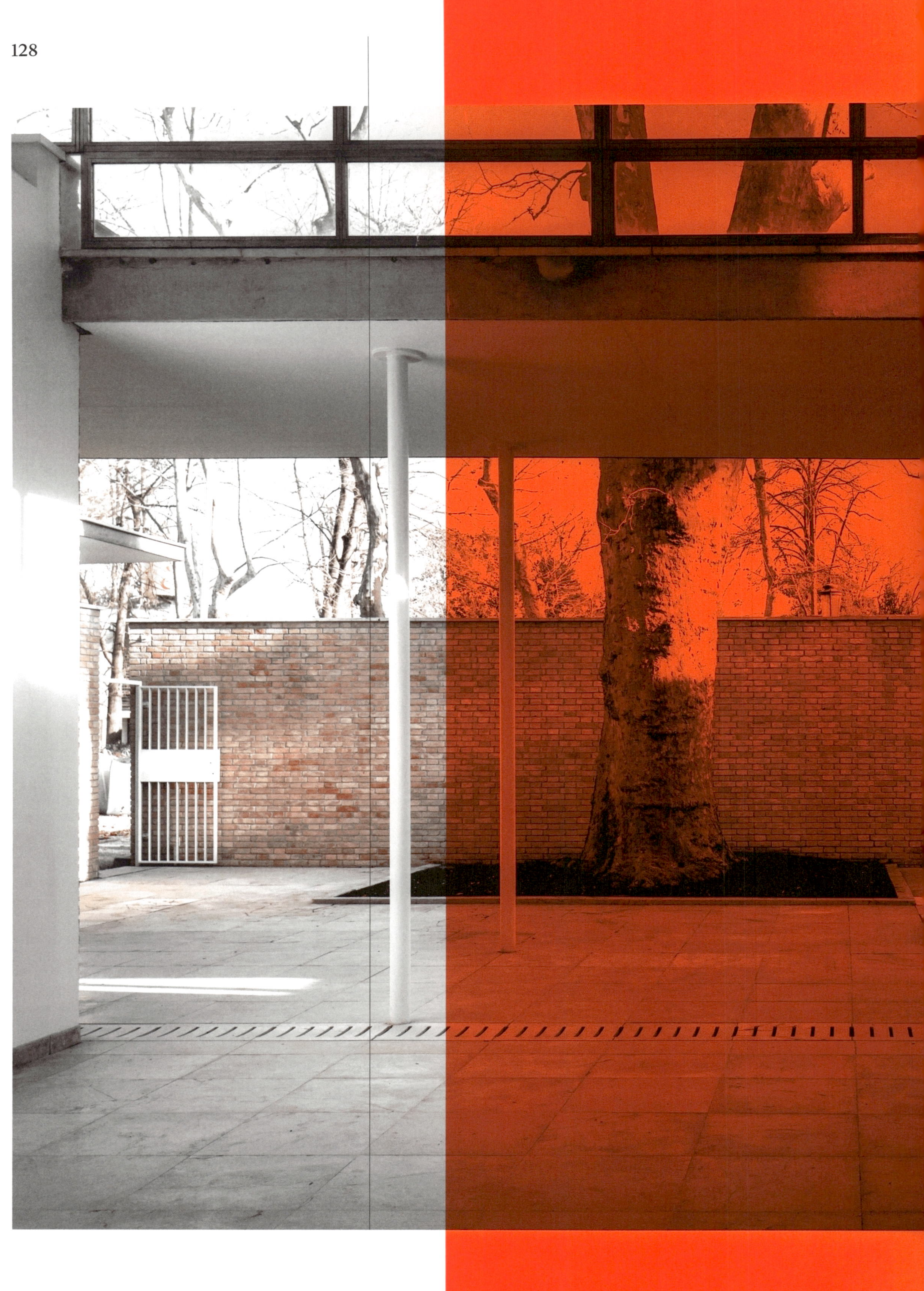

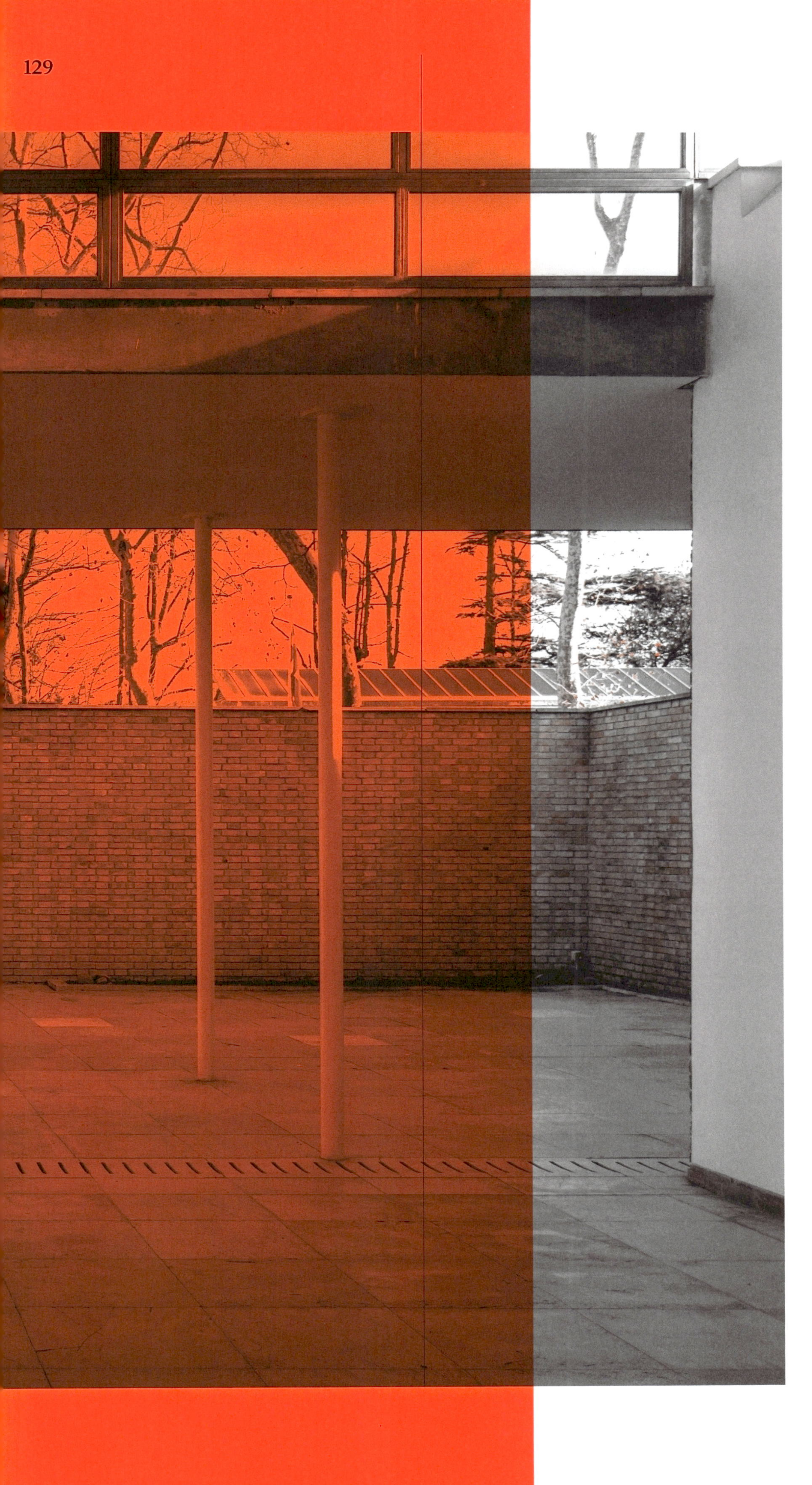

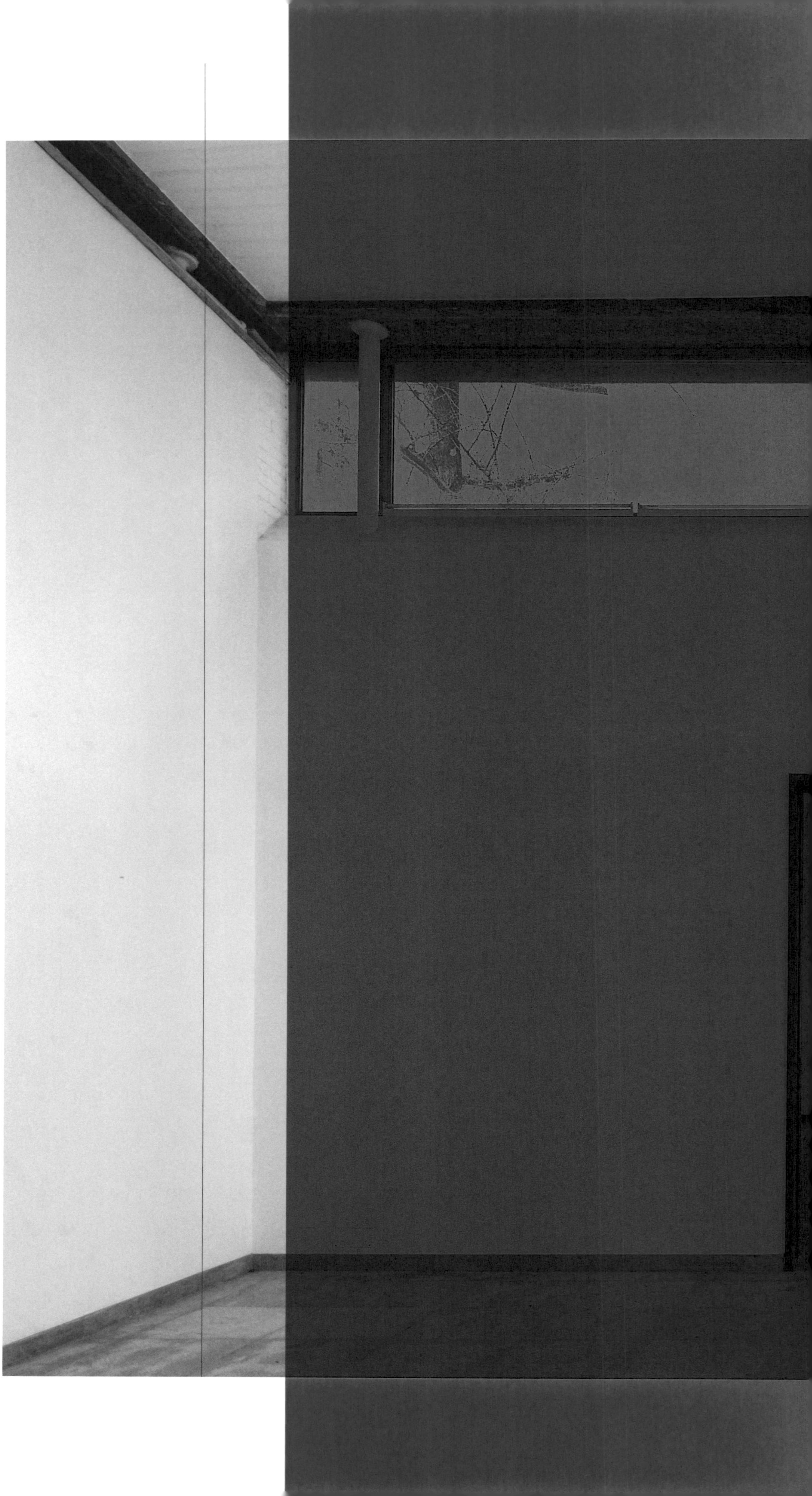

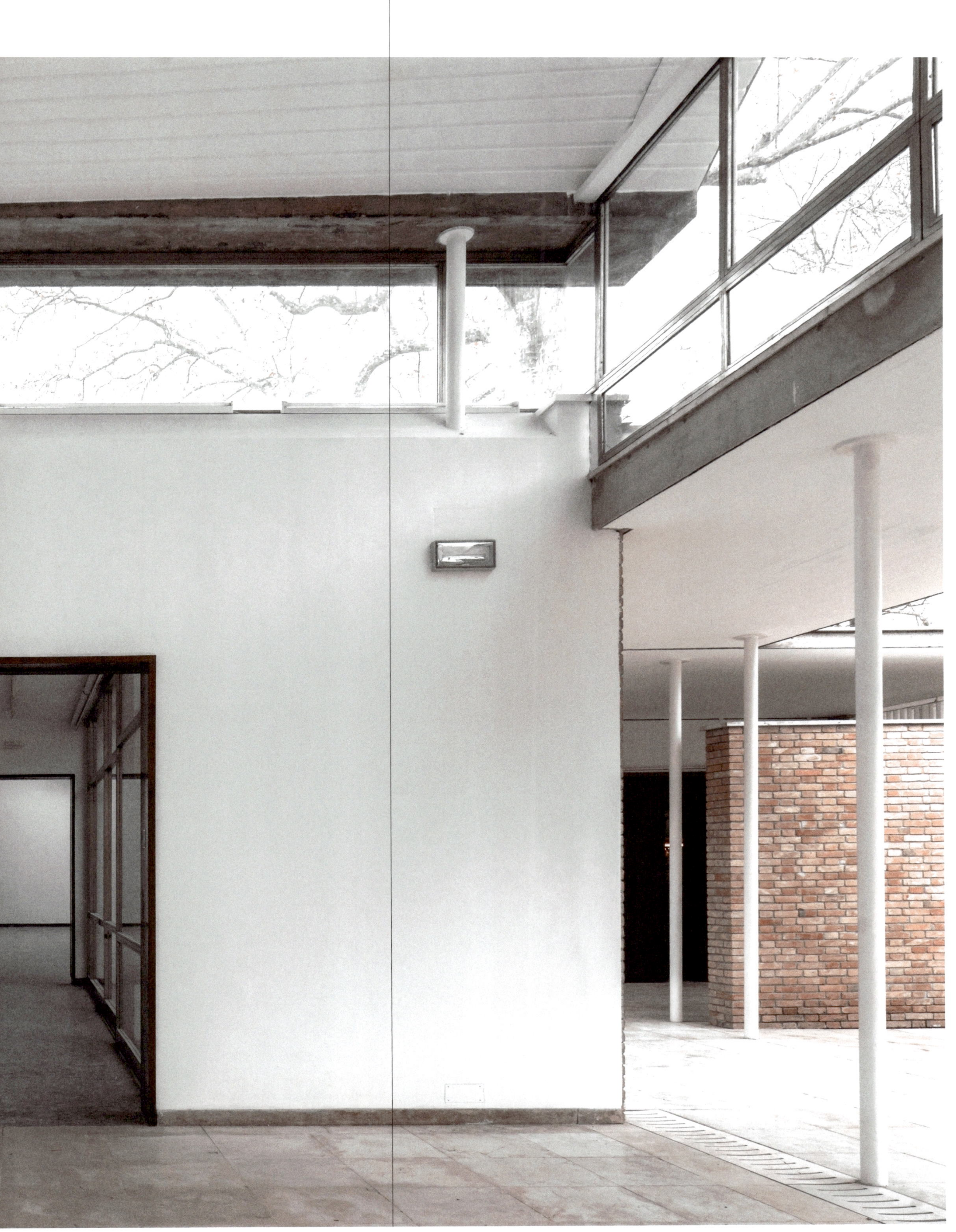

## Faire écho aux voix inaudibles
Antoine Chessex

Ces dernières années, le son et l'écoute ont été abordées dans des perspectives plus étendues qui dépassent le simple contexte musical. Un intérêt croissant pour le son au sein du champ artistique, comme dans diverses disciplines scientifiques, a en effet permis de conceptualiser des manières transversales d'aborder un large spectre de pratiques d'écoute. Même si les études sonores ont cessé d'émerger depuis longtemps comme un nouveau domaine, ces dernières années ont été marquées par d'importantes contributions artistiques et scientifiques abordant le son et l'écoute d'un point de vue culturel, social, politique, historique, technologique ou écologique. L'écoute transversale dans différents champs et disciplines semble cependant donner écho à une série d'ambivalences lorsqu'on s'intéresse aux concepts de l'entendu et de l'inaudible.

### Le bruit au-delà de la musique ?

Une tradition hétérogène au sein de l'avant-garde occidentale a progressivement établi le bruit comme un geste artistique reconnu : *L'Intonarumori* de Luigi Russolo, la poésie sonore Dada et plus tard de Fluxus, les multiples explorations de la notation musicale contemporaine, les expériences sonores de la musique concrète, les premières pratiques électroniques et minimalistes, l'intensité pure des expériences sonores libres et improvisées afro-américaines, le tumulte distordu du rock, du punk et de la musique industrielle, les cacophonies radicales de la scène bruitiste japonaise, ainsi que les infinies ramifications mondiales de l'art sonore et de la musique expérimentale audacieuse. Peut-être que, tout comme l'écho répercuté de son industrialisation bruyante et inéluctable, le XXe siècle a connu de multiples chaos auditifs qui ont offert des alternatives bienvenues, bien que complexes, aux harmonies plus tempérées. Les opportunités représentées par le bruit dans la musique semblent offrir un terrain d'expérimentation infini, allant d'un son abstrait subtil et délicat à des murs de fréquences dures, sans compter toutes les nuances qui les séparent. Pour accéder à un spectre plus complet des complexités suscitées par le bruit, il semble cependant qu'il faille écouter au-delà de la musique elle-même, c'est-à-dire au-delà du *son entendu pour lui-même*.

Même si le fracas le plus étrange est destiné, tôt ou tard, à être accepté en tant que pratique artistique légitime, il pourrait s'avérer périlleux de s'engager dans les multiplicités sonores de la soi-disant avant-garde occidentale en soustrayant ses qualités esthétiques à son contexte de production, et aux relations sociopolitiques qu'elles ont suscitées. Une écoute uniquement esthétique pourrait en effet masquer les relations de pouvoir et les formes de subjectivations créées par le son

# Echoing the Unheard
Antoine Chessex

In recent years, sound and listening have gained wider perspectives from outside of solely musical contexts. Within the art fields, as well as in various scientific disciplines, a growing interest for sound has indeed permitted to conceptualize transversal ways to approach a broad spectrum of listening practices. Even if sound studies have long ceased to emerge as a new field, recent years have witnessed significant artistic and scientific contributions addressing sound and listening from cultural, social, political, historical, technological, or ecological perspectives. However, listening transversally across different fields and disciplines seems to echo a series of ambivalences when engaging with the heard and the unheard.

## Noise Beyond Music?

A heterogeneous tradition within the Western avant-garde has progressively established noise as an accepted artistic gesture: Luigi Russolo's *Intonarumori*, the sound poetry of Dada and later Fluxus, the multiple explorations of notated contemporary music, Musique Concrète's tape experiments, early electronic and other minimalist practices, the sheer intensity of Afro-American free and improvised sonic adventures, the distorted tumult of rock, punk, and industrial, the radical cacophonies of the Japanese noise scene, and the infinite global ramifications of adventurous sound art and experimental music. Maybe just like the echo of its loud and unstoppable industrialization, the twentieth century has endured multiple auditory mayhems which offered welcome, albeit challenging alternatives to well-tempered harmonies. Noises' possibilities in music seem to offer an infinite terrain of experimentation, from subtle and delicate abstract sound to full-on walls of harsh frequencies, and everything in between. However, to eventually gain access to a more complete spectrum of the complexities triggered by noise, it seems that one should listen beyond music itself, that is to say, beyond *sound for itself.*

Even if the weirdest roar is bound, sooner or later, to be accepted as a valid artistic practice, it might be perilous to engage with the sonic multiplicities of the so-called Western avant-garde by removing its aesthetical qualities from its context of production, and from the socio-political relations they triggered. A solely aesthetic listening might indeed avoid power relations and forms of

et l'écoute : même poussé vers ses qualités les plus extrêmes, le bruit en tant que musique est toujours davantage qu'un simple son entendu pour lui-même. Bien qu'elles recèlent de nombreuses potentialités créatives (plus ou moins) marginales, les histoires sonores occidentales pourraient également avoir progressivement imposé des positions dominantes et normatives, réduisant vraisemblablement au silence les voix qui ne correspondent pas au paysage sonore culturel d'une Histoire spécifique et datée. Selon l'artiste et « oreille privée[1] » Lawrence Abu Hamdan : « Lorsque nous évoquons le son, il n'est jamais uniquement question de son[2]. » Une première problématique liée au contexte de cette petite excursion pourrait donc être : quelles voix de l'avant-garde occidentale n'avons-nous pas entendues, et comment pouvons-nous nous engager avec elles à travers la pratique conceptuelle de *la mise en écho* ?

## Le problème du son pour lui-même

John Cage a longtemps été considéré comme une figure pionnière de l'avant-garde sonore. Bien que sa contribution à la musique expérimentale et à l'art sonore soit incontestable, il pourrait également avoir aidé à construire une mythologie sonore particulière : une croyance dans le son pour lui-même, c'est-à-dire l'encouragement d'un matérialisme sonore qui aborde le son comme un phénomène universalisant, un régime d'écoute normatif prônant une neutralité problématique du son qui pourrait avoir été largement partagée au sein de l'avant-garde occidentale. Comme le note Marie Thompson, artiste et spécialiste du son : « L'œuvre de Cage peut être comprise comme marquée par les notions d'une nature réelle, universelle et immanente, par la priorité donnée à la matérialité par rapport à la socialité et à la culture, ainsi que par le désir évident de Cage d'un "devenir cosmique" à travers la panauralité et la sonification de tous les objets[3]. » En encourageant l'écoute de tous les sons pour ce qu'ils sont, John Cage a certainement contribué à une approche plus ouverte du son, et nous a aidés à considérer toutes les matières sonores comme de la musique. D'un autre côté, il pourrait également avoir défini une perspective essentialiste du son en oblitérant la potentialité complexe de la pertinence sociopolitique produite par l'écoute.

Un bon exemple illustrant l'ambivalence du « son pour lui-même » est l'altercation qui a eu lieu entre Cage et le compositeur Julius Eastman, en 1975, sur le campus de l'université d'État de New York à Buffalo. Eastman a interprété le *Solo for Voice n° 8* de Cage tiré des fameux *Song Books*, alors que Cage était assis parmi le public. La partition de Cage est ouverte à l'interprétation et offre une indication verbale laissant

1 Une expression de l'artiste, sorte de clin d'œil à « private eye », signifiant détective (NdT).

2 Alastair Cameron and Eleni Ikoniadou, « Specific Dissonances. A Geopolitics of Frequency », in *The Bloomsbury Handbook of Sound Art*, (dir.) Sanne Krogh, Grothand Holger Schulze, Bloomsbury, 2020.

3 Marie Thompson, « Whiteness and the Ontological Turn in Sound Studies », *Parallax* 23, n° 3, 2017, p. 266-282, DOI: 10.1080/13534645.2017.1339967.



subjectivations created by sound and listening: even when pushed towards its most extreme qualities, noise as music is always more than just sound for itself. Although they reveal numerous (more or less) marginal creative potentialities, Western sonic histories might have also progressively imposed dominant and normative positions, thus maybe silencing voices which do not fit the cultural soundscape of a specific and situated History. According to artist and "private ear" Lawrence Abu Hamdan, "When we speak about sound, we never only speak about sound."[1] A first question for the context of the present little excursion could therefore be: who are some of the Western avant-garde's unheard voices, and how do we engage with them through a conceptual practice of *echoing*?

## The Problem of Sound for Itself

John Cage has long been widely accepted as a pioneering figure of the sounding avant-garde. Although his contribution to experimental music and sound art is indubitable, he might also have helped to create a particular sonic mythology: a belief in sound for itself, that is to say, the encouragement of a sonic materialism that approaches sound as a universalizing phenomenon, a normative listening regime advocating for a problematic neutrality of sound that might have been widely shared within the Western avant-garde. As noted by sound scholar and artist Marie Thompson, "Cage's work can be understood as being marked by notions of a real, universal and immanent nature, the prioritization of materiality as distinct from sociality and culture, as well as the evident Cagean desire to 'go cosmic' through panaurality and the sonification of all objects."[2] By encouraging listening to all sounds for what they are, John Cage certainly contributed to a more open approach of the sonic, and helped us consider all sounding matters as music. On the other hand, he might also have defined an essentialist perspective on sound by removing the complex potentiality of socio-political relevance produced by listening.

A good example illustrating the ambivalence of "sound for itself" is the altercation which took place between Cage and the composer Julius Eastman in 1975, at the SUNY Buffalo campus. Eastman interpreted Cage's "Solo for Voice no 8" from the notorious *Song Books*, with Cage sitting in the audience. Cage's score is open to interpretation and offers a verbal indication leaving much freedom to the interpreter of the piece.[3] Julius Eastman, an African-American composer whose queerness was often thematized

1 Alastair Cameron and Eleni Ikoniadou, "Specific Dissonances. A Geopolitics of Frequency," in *The Bloomsbury Handbook of Sound Art*, eds. Sanne Krogh Groth and Holger Schulze (New York/London: Bloomsbury, 2020).

2 Marie Thompson, "Whiteness and the Ontological Turn in Sound Studies," *Parallax* 23, no. 3 (2017): 266–282, DOI: 10.1080/13534645.2017.1339967.

3 John Cage's score proposes the following indication for the performer: "In a situation provided with maximum amplification (no feedback), perform a disciplined action. With any interruptions. Fulfilling in whole or part an obligation to others. No attention to be given to the situation (electronic, musical, theatrical)." https://monoskop.org/images/0/03/Cage_John_Song_Books_Volume_1.pdf (accessed October 2021).

une grande liberté à l'interprète de la pièce[4]. Julius Eastman, compositeur afro-américain dont l'homosexualité est souvent thématisée dans ses œuvres, a proposé une version fortement sexualisée de la composition de Cage, transformant le *Solo for Voice n°8* en une performance mêlant érotisme et sexualité, race et colonialisme. La performance de ce jour-là mettait en scène Julius Eastman, ainsi qu'un personnage féminin afro-américain (« Miss Suzyanna »), un personnage masculin blond (« Mr. Charles », peut-être l'amant d'Eastman à l'époque), et quelques musiciens du S.E.M Ensemble. Eastman se présente comme le « Professeur Padu... venu vous faire part d'un nouveau système amoureux », et poursuit : « De nombreux systèmes amoureux ayant existé en Occident ont en quelque sorte dégénéré, si l'on peut dire... Le premier système étant le système principal, le système *In-and-Out* (en intermittence), que j'ai maintenant révisé... en faveur du système *Sideway-and-Sensitive* (latéral et sensitif). Voici mes deux spécimens - M. Charles et Mlle Suzyanna. Il me faut préciser qu'ils appartiennent aux meilleurs spécimens mondiaux, j'ai dû aller jusqu'en Haïti pour trouver Miss Suzyanna. Elle est spéciale - elle vient d'une tribu particulière que l'on ne trouve que dans les grands bois d'Haïti... Vous remarquerez que j'ai choisi, hum, deux spécimens de races différentes. J'aime bien sûr toujours donner le meilleur aperçu possible des deux mondes[5]. » La performance s'est poursuivie alors qu'Eastman énumérait les différentes parties du corps des deux figurants présents sur scène et de leurs fonctions respectives, sa voix amplifiée par un micro contact alors qu'il expliquait plus avant son système de l'amour alternatif, invitant par exemple à « boire l'amant ». L'ensemble jouait de la flûte, du synthétiseur et des percussions. Alors qu'Eastman expliquait sa propre alternative à la « manière d'aimer à l'occidentale », l'interprète masculin s'est retrouvé nu sur scène tandis qu'Eastman caressait différentes parties de son corps. Eastman a terminé sa conférence-performance en concluant la présentation de son système d'amour « latéral » et en remerciant le public de l'avoir écouté. Son interprétation de l'œuvre de John Cage en présence de ce dernier n'était certainement pas anodine. À cette époque, Cage était une figure très établie qui représentait en quelque sorte le poids du pouvoir académique. La force du travail d'Eastman à ce moment précis résidait dans sa sensibilité à s'attaquer frontalement au « patriarcat blanc » symboliquement représenté par Cage. Là encore, Julius Eastman thématisait régulièrement sa propre subjectivité dans son travail, affrontant ainsi le contexte normatif et raciste de l'avant-garde occidentale. Selon le musicien et chercheur Georges E. Lewis : « La performance d'Eastman ce jour-là peut également avoir constitué un test intersectionnel des limites de son appartenance - ou, dans le langage racial américain, de sa "place" - sur la scène expérimentale[6]. » Julius Eastman a peut-être fait écho à la composition de John

4 La partition de John Cage propose l'indication suivante pour l'interprète : « Dans une situation où il y a de l'amplification maximale (sans effet de retour), faites une action disciplinée. Sans aucune interruption. Remplir pleinement ou partiellement une obligation envers les autres. Ne prêter aucune attention à la situation (électronique, musicale, théâtrale) ». https://monoskop.org/images/0/03/Cage_John_Song_Books_Volume_1.pdf (consulté en octobre 2021).

5 Adam Overton and G Douglas Barrett, « Transcript of Julius Eastman's interpretation of John Cage's *Song Books* (1970) », 2012. http://static1.squarespace.com/static/536c0186e4b0f62696d3c528/t/55c577e2e4b056ace20568b8/1439004 (consulté en octobre 2021).

6 Georges E. Lewis, « Postface » in *Gay Guerrilla, Julius Eastman and His Music*, (dir.) Mary Jane Leach et Renée Levine Packer, University of Rochester Press, 2015.

in his works, offered a strongly sexualized take on Cage's composition, reshaping the "Solo for Voice no 8" into a performance about eroticism and sexuality, entangled with notions of race and colonialism. The performance on that day featured Julius Eastman on stage, as well as an African-American female figurant ("Miss Suzyanna"), a blond male figurant ("Mr. Charles," possibly Eastman's lover at the time), and some musicians from the S.E.M Ensemble. Eastman introduced himself as *"Professor Padu,... here to show you a new system of love"* and continued: *"There have been many systems of love in the West which have been sort of degenerate, should we say ...The first system being the main system, the In-and-Out System, which I have now revised... to the Sideway-and-Sensitive System. These are my two specimens - Mr. Charles and Miss Suzyanna. I might add that these are some of the best specimens in the world, I had to go to Haiti to get Miss Suzyanna. She was a special— comes from a special tribe which is found only in the Great Woods of Haiti.... You will notice that I've picked, um, two specimens of different races. I always of course like to show the best of both worlds."*[4] The performance continued as Eastman listed the different body parts on the two figurants on stage and their respective functions, his voice amplified by a contact microphone as he further explained his alternative system of love, inviting for instance to "drink in the lover." The ensemble performed on flute, synthesizer, and percussion. While Eastman's exemplarily demonstrated his own alternative to the "western way of loving," the male performer ended up naked on stage while Eastman stroked different parts of his body. Eastman finished his lecture-performance concluding the presentation of his "sideways" system of love and thanked the audience for listening to the lecture. His interpretation of John Cage's work in the presence of the latter is certainly not trivial. At that time, Cage was a highly established figure who in a sense represented the weight of academic power. The strength of Eastman's work in that very moment lied in his sensibility to frontally address the "white patriarchy" symbolically represented by Cage. Again, Julius Eastman regularly thematized his own subjectivity in his work, thereby confronting the normative and racist context of the Western avant-garde. According to musician and scholar Georges E. Lewis, "Eastman's performance that day may also have constituted an intersectional testing of the limits of his membership—or, in American racial parlance, his 'place'—in the experimental scene."[5] Julius Eastman might have echoed John Cage's composition, artistically manifesting his refusal to reflect a dominant voice. In creating a disturbance while echoing the powerful voice of Cage, he permitted to sound a difference by offering a possibility to listen otherwise. John Cage notoriously reacted negatively to the performance, and confronted Eastman, first by irrupting on stage right after the performance

4 Adam Overton and G Douglas Barrett, "Transcript of Julius Eastman's interpretation of John Cage's Song Books (1970)," 2012. http://static1.squarespace.com/static/536c0186e4b0f62696d3c528/t/55c577e2e4b056ace20568b8/1439004 (last accessed, October 2021).

5 Georges E. Lewis, "Foreword," in *Gay Guerrilla, Julius Eastman and His Music*, ed. Mary Jane Leach and Renée Levine Packer (Rochester: University of Rochester Press, 2015).

Cage, en manifestant artistiquement son refus de répercuter une voix dominante. En créant une perturbation, tout en faisant écho à la voix puissante de Cage, il a permis de faire entendre une différence qui offrait la possibilité d'écouter autrement. On a vu alors John Cage réagir négativement à cette performance et affronter Eastman, d'abord en faisant irruption sur scène juste après (bien qu'il ne se soit adressé qu'au directeur de l'ensemble qui exécutait la pièce), puis lors d'une conférence le jour suivant où il a exprimé un mécontentement virulent à l'égard de la politisation de sa partition. Cage, lui-même homosexuel, a déclaré que la notion d'« exécution d'une action disciplinée », qui était donnée comme indication dans la partition, avait pour but de relier la « discipline » à une technique zen visant à dissoudre l'ego, et non à souligner les relations de pouvoir comme Eastman l'avait fait dans son interprétation de la pièce. Marie Thompson interprète le souhait de Cage d'échapper à la position égocentrique du *compositeur* en adoptant le point de vue du *curateur*, qui consiste à « laisser les sons être eux-mêmes », soulignant ainsi la tentative d'adopter une position « modeste ». Ainsi que l'exprime Thompson : « Décrire le *curateur* cagéen comme modeste invoque l'usage fait par Haraway du terme. La modestie est la vertu moderniste de l'observation scientifique sans trace ; liée aux formations de la blancheur, de la masculinité et de l'eurocentrisme, elle se rapporte à une position sans sujet à partir de laquelle le monde est observé de partout et de nulle part, et dont les préjugés sont «éliminés» par le masquage. Comme l'affirme Ben Piekut, bien qu'elle ait souvent été attribuée à ses emprunts à la philosophie «asiatique», l'ambition cagéenne d'abnégation de soi «reproduit une dynamique trop familière du pouvoir en Occident» : Cage condense l'auto-invisibilisation du point de vue blanc, masculiniste et eurocentrique, en se permettant de devenir l'observateur auditif de la nature du son[7]. »

La critique par Marie Thompson de ce qu'elle nomme « l'auralité blanche » pourrait également résonner avec une tradition de la pensée, au sein de l'avant-garde européenne, qui a lu l'histoire de la musique comme l'émergence successive de soi-disant « génies » artistiques individuels, lesquels ont ouvert la voie à une lignée généralement composée d'hommes blancs. Sous le concept général d'« avant-garde », ces figures et leurs exégètes ont forgé des discours et des positions artistiques canoniques. Même si elles sont hétérogènes, ces positions ont souvent donné lieu à des régimes d'écoute normatifs et excluants. L'exclusion des voix de ces canons de l'avant-garde occidentale s'est illustrée dans des contextes spécifiques de production artistique, par exemple dans les années 1950 en Europe, à une époque où Darmstadt et d'autres pôles de la soi-disant « *Neue Musik* » européenne étaient idéologiquement définis par une élite institutionnelle de l'après-guerre qui avait l'intention de mettre en jeu une musique « innovante » et « progressive » afin de dénazifier culturellement l'Europe grâce à des financements américains[8] et d'offrir un contexte de production artistique pour le sujet de l'écoute moderniste. Ce contexte de production artistique en Occident était amplifié par la situation géopolitique spécifique de l'époque, en regard de la position de pouvoir hégémonique occupée par les États-Unis à la fin de

7 Marie Thompson, *op. cit.*, p. 266-282.

8 Pour une analyse contextuelle plus approfondie du financement des institutions de musique expérimentale contemporaine en Europe, après la seconde guerre mondiale, voir Alex Ross, « The Cold War and the Avant-Garde of the Fifties » *in The Rest Is Noise*, Actes Sud, Paris, 2010, p. 484.

(although he only addressed the director of the ensemble performing the piece), and again during a lecture the following day when he expressed virulent dissatisfaction with the politization of his score. Cage, himself also queer, stated that the notion of "performing a disciplined action," which was given as an indication within the score, was meant to relate "discipline" to a Zen technique aiming to dissolve the ego, and not to stress power relations as Eastman did in his rendition of the piece. Marie Thompson addresses Cage's wish to escape the egocentric position of the *composer* by taking the perspective of the *curator*, understood as "*letting sounds be themselves*" and thus underlining an attempt to be "modest." As Thompson puts it, "To describe the Cagean curator as modest invokes the term's Harawayian usage. Modest is the modernist virtue of scientistic and traceless observation; entangled with formations of whiteness, masculinity and Eurocentrism, it pertains to a subject-less position from which the world is observed from everywhere and nowhere, and from which bias is 'removed' through obfuscation. As Ben Piekut argues, while it has often been attributed to his borrowings from 'Asian' philosophy, the Cagean ambition of self-abnegation, 'reproduces an all-too-familiar dynamics of power in the West': Cage recapitulates the self-invisibilization of the white, masculinist and Eurocentric standpoint, enabling himself to become the auditory observer of sound's nature."[6]

Marie Thompson's critique of what she calls "white aurality" might further resonate with a tradition of thought within the European avant-garde that has read music history as the successive emergence of so-called individual artistic "geniuses" who paved the way for a lineage generally composed of white men. Under the broad concept of "the avant-garde," these figures and their exegetes have forged canonic artistic discourses and positions. Even if they are heterogeneous, these positions have often resulted in normative and excluding regimes of listening. The exclusion of voices from those avant-garde canons in the West was further exemplified within specific contexts of artistic production, for instance in the 1950s in Europe, at a time where Darmstadt and other poles of so-called European "*Neue Musik*" were ideologically defined by a post-war institutional elite intent on bringing "innovative" and "progressive" music into play to culturally de-nazify Europe through American funding[7] and to offer a context of artistic production for the modernist listening subject. This context of artistic production in the West was amplified by the specific geopolitical situation at the time, seeing the hegemonic position of power held by the United States at the end of the Second World War and further echoed during the second half of the long twentieth century. This dominant position imposed various aesthetic regimes for the arts and for culture, and could be followed up to

6 Thompson, "Whiteness and the Ontological Turn in Sound Studies," see note 2; 266-282.

7 For a further contextual analysis of funding of contemporary experimental music institution in Europe following the Second World War, see Alex Ross, "The Cold War and the Avant-Garde of the Fifties," in *The Rest Is Noise* (Paris: Actes Sud, 2010). 484.

la Seconde Guerre mondiale, et qui a trouvé un écho supplémentaire au cours de la seconde moitié du XX^e siècle. Cette position dominante a imposé divers régimes esthétiques pour les arts et la culture, et se répercute aujourd'hui à travers les entreprises qui commercialisent et diffusent des productions culturelles spécifiques bien au-delà de leurs propres frontières territoriales dans le contexte du capitalisme mondial. Faire une histoire détaillée des pratiques artistiques de la seconde moitié du XX^e siècle jusqu'aujourd'hui impliquerait de souligner les relations de ces pratiques artistiques avec la transformation du capitalisme, et la mise en œuvre constante de nouvelles formes de discours, de mythologies, de goûts et de valeurs esthétiques.

En outre, une possible thématique de l'écoute moderniste émergeant de l'avant-garde occidentale du XX^e siècle pourrait s'apparenter à la manière dont cette avant-garde se place dans une continuation « logique » des positions discursives hégémoniques et exclusives issues des Lumières, ainsi que nous le rappelle Kodwo Eshun : « Le racisme impérial a dénié aux sujets noirs le droit d'appartenir au projet des Lumières, créant ainsi un besoin urgent de démontrer une présence historique substantielle. Ce désir a surdéterminé la culture intellectuelle de "l'Atlantique noire" pendant plusieurs siècles. Pour établir le caractère historique de la culture noire, pour faire entrer l'Afrique et ses sujets dans l'Histoire, ce que niaient Hegel et consorts, il a été nécessaire de rassembler des contre-mémoires qui contestent l'archive coloniale, situant ainsi le traumatisme collectif de l'esclavage comme le moment fondateur de la modernité[9]. » Les mots de Kodwo Eshun pourraient faire écho au point de vue de Fred Moten sur l'avant-garde, confirmant une généalogie continue de la construction d'un sujet écoutant essentialiste depuis les Lumières des XVII^e et XVIII^e siècles, jusqu'à l'avant-garde occidentale du XX^e siècle : « L'idée de l'avant-garde est ancrée dans une théorie de l'Histoire. C'est-à-dire qu'une idéologie géographique particulière, un inconscient géographico-racial ou raciste, marque et constitue la problématique, ou plutôt la toile de fond sur laquelle émerge l'idée d'avant-garde. Le spectre de Hegel règne sur cette constellation et l'anime. Ses formulations obsédantes, hantées, constituent l'une des manières dont le racisme produit le surplus social, esthétique, politico-économique et théorique qui constitue l'avant-garde[10]. »

On peut donc se demander si les pratiques sonores dites d'avant-garde ont historiquement permis d'aborder l'écoute comme une logique d'autoréflexion docile qui a facilité l'émergence de ce sujet de l'écoute moderniste manifeste, universalisant et « sans danger », débarrassé de ses implications sociopolitiques et de ses mécanismes d'exclusion. Ce sujet aurait pu fonctionner comme une chambre anéchoïque symbolique, absorbant littéralement toutes les réflexions possibles, et rappelant ironiquement la propre expérience emblématique de John Cage dans un tel espace en 1951. La chambre anéchoïque de l'avant-garde occidentale agissait comme un filtre silencieux et empêchait les voix qui ne correspondaient pas à un cadre normatif spécifique d'être entendues, les rendant incapables de résonner ou de déployer leurs forces affectives. L'exploration du champ de l'inaudible

9 Kodwo Eshun, « Further Considerations on Afrofuturism », in *The New Centennial Review* vol. 3, no. 2, Michigan State University Press, 2003, p. 287–302.

10 Fred Moten, *In the Break: The Aesthetics of the Black Radical Tradition*, University of Minnesota, 2003, p. 332.

present companies marketing and spreading specific cultural productions way beyond their own territorial frontiers in the context of global capitalism. Making a detailed history of artistic practices in the second half of the twentieth century up until now would imply stressing the relations of these artistic practices with the transformation of capitalism, and the constant implementation of new forms of discourses, mythologies, tastes, and aesthetic values.

Furthermore, a possible modernist listening theme emerging from the Western avant-garde of the twentieth century could be how that avant-garde may be a "logical" continuation of hegemonic and exclusive discursive positions stemming from the Enlightenment, as Kodwo Eshun reminds us: "In our time,... imperial racism has denied black subjects the right to belong to the Enlightenment project, thus creating an urgent need to demonstrate a substantive historical presence. This desire has overdetermined Black Atlantic intellectual culture for several centuries. To establish the historical character of Black culture, to bring Africa and its subjects into history denied by Hegel et al., it has been necessary to assemble counter-memories that contest the colonial archive, thereby situating the collective trauma of slavery as the founding moment of modernity".[8] Kodwo Eshun's words might further echo Fred Moten's take on the avant-garde, confirming a continuous genealogy of the construction of an essentialist listening subject from the enlightenment of the seventeenth and eighteenth centuries up to the Western avant-garde of the twentieth century: "The idea of the avant-garde is embedded in a theory of history. This is to say that a particular geographical ideology, a geographical-racial or racist unconscious, marks and is the problematic out of which or against the backdrop of which the idea of the avant-garde emerges. The specter of Hegel reigns over and animates this constellation. His haunting, haunted formulations constitute one of the ways racism produces the social, aesthetic, political-economic, and theoretical surplus that is the avant-garde."[9]

One could therefore ask if so-called avant-garde sonic practices have historically permitted to approach listening as a docile logic of self-reflection that permitted the emergence of this evident, universalizing and "safe" modernist listening subject, cleared from its socio-political implications and from its mechanisms of exclusion. This subject might have functioned as a symbolical anechoic chamber, literally absorbing all possible reflections, and ironically reminiscent of John Cage's own iconic experience in such a space in 1951. The anechoic chamber of the Western avant-garde acted like a muting filter and made it impossible for voices which did not fit a specific normative framing to be heard, making them unable to resound or unfold their affective forces. Exploring the field of the unheard could allow for a reinterpretation of past,

8 Kodwo Eshun, "Further Considerations on Afrofuturism," in *The New Centennial Review* 3, no. 2, 287–302.

9 Fred Moten, *In the Break: The Aesthetics of the Black Radical Tradition* (Minneapolis: University of Minnesota Press, 2003), 332.

pourrait permettre une réinterprétation des histoires sonores passées, présentes et futures afin de restituer l'écho d'autres formes de subjectivité et d'individuation, permettant à une multitude d'autres voix et d'autres corps, également non humains, d'être entendus et écoutés.

## Le mythe originel d'Écho et les contre-récits actuels

Une pratique de l'écho peut éventuellement trouver sa source dans son mythe originel[11]. Pour Julian Henriques, le mythe d'Écho, tel que décrit par Ovide, offre la possibilité d'aborder les relations de pouvoir en résonance avec la question de savoir « qui est entendu », lorsqu'il déclare que « la version d'Ovide de l'histoire d'Écho est intéressante pour notre argumentation puisque les notions de pouvoir jouent en fonction de qui est entendu, qui initie la parole et qui est (in)signifiant sur le plan sonore. [...] Écho s'approprie (dévore, cannibalise) la parole de Narcisse, et celle des autres, pour s'émanciper de sa position marginalisée, en se faisant entendre (Rietveld 2015). Or, pour ce faire, Écho doit toujours être à l'écoute et, tel un appareil d'enregistrement, exercer sa mémoire[12] ». Écho offre en effet une figure potentiellement fructueuse pour aborder l'écoute comme une métaphore et se demander quelles voix sont capables de revenir, de résonner, de faire résonner leurs subjectivités à travers une pratique échoïque. En tant que figure féminine tragique, Écho tente de s'approprier d'autres voix pour se faire entendre. Cependant, la résonance de la voix n'est jamais tout à fait identique, l'écho autorisant la production de différences *dans* la répétition : un possible décalage, une contre-résonance, une perturbation de la réflexion sonore originale peuvent se produire. La fabrique symbolique des différences opère avec, et à travers, la résonance métaphorique, permettant à un champ de potentialité transformative de se déployer. Ou encore, selon la chercheuse et artiste Annie Goh, de potentiellement « refuser de refléter ailleurs à l'identique[13] ». Et, ce faisant, d'activer l'« agentivité » par le biais d'une écoute différente. Pour Annie Goh, « l'écho, en tant que phénomène physique qui englobe la réflexion et la diffraction, opère à un niveau matériel, mais il peut également agir à un niveau symbolique comme une perturbation sonore dans les relations traditionnelles sujet-objet. La figure de l'écho comme diffraction, à la fois matérielle et sémiotique, pose le refus de simplement "refléter ailleurs à l'identique" et insiste sur la métaphore pour "faire une différence"[14]. »

En créant un décalage dans la relation sujet-objet, l'écho ouvre un champ de perturbations spéculatif et salutaire où la réécoute et la re-sonance deviennent possibles. Dans le mythe d'Ovide, la nymphe Écho est condamnée à perdre sa propre voix, à errer dans les bois et à mourir de désespoir, de

11 « Écho, dans la mythologie grecque, est une nymphe des montagnes, ou oréade. Le livre III des *Métamorphoses* d'Ovide raconte qu'Écho a offensé la déesse Héra en la retenant par sa conversation, l'empêchant ainsi d'espionner les amours de Zeus. Pour punir Écho, Héra la priva de la parole, à l'exception de la capacité de répéter les derniers mots prononcés par un ou une autre. L'amour sans espoir d'Écho pour Narcisse, qui s'est épris de sa propre image, l'a fait disparaître jusqu'à ce qu'il ne reste plus d'elle que sa voix. » https://www.britannica.com/topic/Echo-Greek-mythology (consulté en octobre 2021).

12 Julian F. Henriques et Hillegonda Rietveld, « Echo », *in The Routledge Companion to Sound Studies,* (dir.) Michael Bull, Routledge, 2018, p. 275-282.

13 Annie Goh, « Sounding Situated Knowledges: Echo in Archaeoacoustics », *Parallax*, 23, no 3, 2017, p. 283-304,.

14 *Ibid.*

present, and future sonic histories in order to render the echoing of other forms of subjectivity and individuation, permitting a multitude of other voices and bodies, also non-human ones, to be heard and listened to.

## The Original Myth of Echo and Actual Counter-Narratives

A practice of echoing can possibly be sourced from its original myth.[10] For Julian Henriques, the myth of Echo as described by Ovid offers the potential to approach power relations in resonance to the question of "who is being heard" when he states, "Ovid's version of Echo's story is of interest to our argument as notions of power are being played out with respect to who is being heard, who initiates speech and who is aurally (in)significant.... Echo appropriates (eats, cannibalises) Narcissus' speech and that of others to emancipate herself from her marginalized position by making herself heard (Rietveld 2015). Yet, to do this, Echo always has to be listening and, like a recording device, apply her memory".[11] Echo indeed offers a possibly fruitful figure to engage with listening as a metaphor, to ask whose voices are able to return, to resound, to resonate their subjectivities through a practice of echoing. As a tragic feminine figure, Echo attempts to appropriate other voices to become heard. However, the voice's resonance is never quite the same, echoing permitting the production of differences *in* the repetition: a possible shift, a counter-resonance, a disturbance of the original sonic reflection might occur. The symbolic production of differences happens with and through metaphorical resonance, allowing a field of transformative potentiality to unfold, and, according to scholar and artist Annie Goh, to possibly "refus[e] to reflect the same elsewhere".[12] By doing so, it eventually permits the activation of agency by listening otherwise. For Annie Goh: "The echo as a physical phenomenon which encapsulates reflection and diffraction is posited on a material level, but it can also act on a symbolic level as a sounding disturbance into traditional subject-object relations. The figure of echo as diffraction, which is both material and semiotic, posits the refusal of simply 'reflecting the same elsewhere' and insists upon the metaphor of 'making a difference'."[13]

In creating a shift within the subject-object relation, echoing opens a fruitful speculative field of disturbances where re-listening and re-sounding otherwise becomes possible. In Ovid's myth, the nymph Echo is cursed to lose her own voice, wandering in the

10 "Echo, in Greek mythology, a mountain nymph, or oread. Ovid's Metamorphoses, Book III, relates that Echo offended the goddess Hera by keeping her in conversation, thus preventing her from spying on one of Zeus' amours. To punish Echo, Hera deprived her of speech, except for the ability to repeat the last words of another. Echo's hopeless love for Narcissus, who fell in love with his own image, made her fade away until all that was left of her was her voice." https://www.britannica.com/topic/Echo-Greek- mythology (last accessed October 2021).

11 Julian F. Henriques, and Hillegonda Rietveld, "Echo," in *The Routledge Companion to Sound Studies,* ed. Michael Bull (London: Routledge, 2018), 275-282.

12 Annie Goh, "Sounding Situated Knowledges: Echo in Archaeoacoustics," *Parallax*, 23, no 3 (2017): 283-304.

13 Ibid.

chagrin et d'amour inassouvi, après la mort de Narcisse. Après que son corps se soit éteint et que ses os se soient transformés en pierre, sa voix résonne encore comme une mémoire sonore, ou la trace acoustique de sa solitude. On pourrait cependant détourner le mythe originel et envisager une autre forme d'écho, qui s'apparente à une action performative permettant une « agentivité sonore[15] ». L'écho en tant que mode d'écoute conceptuel pourrait donc offrir la possibilité d'enclencher une transformation dans les différences sonores. À travers un processus de différenciation par répétition asymétrique, l'écho pourrait devenir un moyen actif de retrouver sa voix. Cette possibilité de transformation par le son et l'écoute pourrait changer les conditions existantes en quelque chose d'autre, tout comme Julius Eastman l'a initié en faisant écho à sa propre différence dans son interprétation de la composition de John Cage tout en « ne répétant pas ailleurs à l'identique ». L'écho pourrait impliquer une action d'écoute active contre la violence des voix dominantes en opérant un changement sonore dans les relations de pouvoir. En détournant la fatalité du mythe originel, une réinterprétation de l'écho comme agentivité sonore pourrait jeter un contre-sort à la malédiction originelle de la mythologie occidentale : une ligne de fuite active permettant à l'inaudible de se faire entendre à travers des contre-récits. L'écho pourrait alors offrir la possibilité de résonner et d'écouter autrement en produisant une transformation des conditions données, et pas uniquement le souvenir sonore d'une voix condamnée, privée et solitaire.

En ce début de XXI^e^ siècle, la complexité et l'hétérogénéité des subjectivités impliquées dans l'écoute dépassent les mythologies normatives d'un sujet écoutant neutre et moderniste. En abordant les histoires et les régimes fragmentés du son et de l'écoute, on constate que les pratiques artistiques sont imbriquées dans un ensemble de relations de pouvoir spécifiquement situées, ce qui rend nécessaire une réévaluation permanente des histoires passées et présentes, à partir de points d'écoute décentrés, permettant éventuellement le déploiement de contre-mémoires ou d'autres formes de récits.

Cela ne signifie pas cependant que les forces affectives invisibles en jeu dans les qualités émotionnelles du son doivent être mises en sourdine. La perception acoustique et sa réception émotionnelle sont des moments essentiels dans notre rencontre avec le son et dans l'acte d'écouter. Dans de nombreuses situations, le son en lui-même n'est pas assez parfait pour informer les relations complexes en jeu dans l'écoute. Il devrait donc être possible d'approcher le son simultanément comme un phénomène acoustique, affectif et métaphorique, afin d'aborder la complexité fragmentée déclenchée par l'écoute. L'écho, en tant que pratique polyphonique, pourrait permettre un engagement avec les multiples relations en jeu à l'approche des voix non entendues. On pourrait considérer l'écho comme un mode d'écoute métaphorique qui « cherche à amplifier le "désordre", le "bruit", la "cacophonie", la "sauvagerie" (Moten et Harney 2013), en produisant des dissonances, des perturbations, des ruptures[16] ». L'écho pourrait également réclamer l'écoute attentive des « dépossédé·e·s » : « Les dépossédé·e·s sont celleux qui ont été privé·e·s de leur identité, de leur perspective, de leur citoyenneté, de leur foyer ; celleux dont la pensée est indésirable mais nécessaire, déloyale, subversive, fugitive,

15 Brandon LaBelle, *Sonic Agency: Sound and emergent forms of resistance*, Goldsmiths Press, 2018.

16 *Ibid.*

woods, eventually dying of despair, grief, and unfulfilled love following the death of Narcissus. After her body fades away and her bones turn into stone, her voice still resonates like a sonic memory, or the auditory trace of her loneliness. However, one could hack the original myth, and consider another form of echoing – one akin to a performative action enabling "sonic agency".[14] Echoing as a conceptual mode of listening might therefore offer the potentiality to trigger a transformation in sounding differences. In a process of differentiation through asymmetric repetition, echoing could become an active way of regaining one's voice. This possibility of transformation through sound and listening might change existing conditions into something else, just like Julius Eastman did by echoing his own difference in interpreting John Cage's composition while "not repeating the same elsewhere." Echoing might imply an active act of listening against the violence of dominant voices by performing a sonic shift in power relations. Hijacking the fatality of the original myth, a re-interpretation of echoing as sonic agency could perform a counter spell on the original curse of Western mythology: an active line of flight permitting the unheard to become heard through counter-narratives. Echo might then become the possibility of sounding and listening otherwise in producing a transformation of given conditions, and not only the sonic memory of a doomed, deprived, and lonely voice.

At the beginning of the twenty-first century, the complexity and heterogeneity of present subjectivities involved in listening goes beyond the normative mythologies of a neutral and modernist listening subject. When approaching fragmented histories and regimes of sound and listening, one sees that artistic practices are embedded in a set of power relations that are specifically situated, making it necessary to permanently re-assess the past and present histories from de-centered points of listening, possibly enabling counter-memories or other forms of narratives to unfold. However, this does not mean that the invisible affective forces at stake in the emotional qualities of sound need to become muted. Acoustic perception and its emotional reception are essential moments in our encounter with sound and in the act of listening. In many situations though, sound for itself might not be complete enough to inform the complex relationships at stake through listening. It should therefore be possible to approach sound simultaneously as an acoustic, an affective *and* a metaphorical phenomenon in order to address the fragmented complexity triggered by listening. Echoing as a polyphonic practice might allow for an engagement with the manifold relations at stake when approaching unheard voices. One could think of echoing as a metaphorical mode of listening that *"seeks to amplify "disorder," "noise," "cacophony," "wildness" (Moten and Harney 2013), producing dissonances, disturbances, ruptures"*.[13] Echoing might further ask to attentively listen to the "dispossessed": "The dispossessed are those who have been denied selfhood, perspective, citizenship, home; those whose

14 Brandon LaBelle, *Sonic Agency: Sound and emergent forms of resistance* (London: Goldsmiths Press, 2018).

queer[17]. » L'écho peut produire une résonance asymétrique à la violence engendrée par les voix autorisées, fortes et dominantes, soutenues par le capitalisme mondial comme principal instrument d'oppression et de destruction. Ainsi que l'exprime Saidiya Hartman, l'écho des voix non entendues pourrait contribuer à amplifier la « grève du bruit », une « révolte sonore » décrivant « le paysage sonore de la rébellion et du refus[18] » produit par les nombreuses voix dissonantes des luttes collectives passées, présentes et futures.

Traduit de l'anglais par Émilie Notéris

17 *Ibid.*

18 « En décembre 1919, les femmes du *Lowell Cottage* ont fait entendre leur voix, même si personne ne voulait les écouter. Lowell, Gibbons, Sanford, Flower et Harriman étaient les bâtiments réservés aux filles de couleur. Après qu'un scandale lié à des relations sexuelles interraciales et lesbiennes eut éclaté en 1914, la ségrégation avait été imposée et les bâtiments séparés par race ainsi que par âge, statut, dépendance et capacité [...] Les autorités de l'État ont justifié la ségrégation en invoquant une antipathie raciale naturelle, alors qu'en fait, c'est bien l'intimité interraciale – l'amour et l'amitié – qu'elles espéraient éliminer [...] Le *New York Times* a décrit le bouleversement et la résistance du *Lowell Cottage* comme une révolte sonore, une "grève du bruit", le "vacarme d'un chœur infernal" [...] Des termes comme "grève du bruit" et "explosion vocale" décrivaient le paysage sonore de la rébellion et du refus », *in* Saidiya Hartman, *Wayward Lives, Beautiful Experiments: Intimate Histories of Riotous Black Girls, Troublesome Women and Queer Radicals*, W. W. Norton & Company, 2019.

own thought is unwanted yet necessary, disloyal, subversive, fugitive, queer".[15] Echoing might produce an asymmetric resonance to the violence produced by authorized, loud, and dominant voices backed by global capitalism as a main instrument of oppression and destruction. As Saidiya Hartman puts it, the echo of unheard voices could further help to amplify the "noise strike," a "sonic revolt" describing "the soundscape of rebellion and refusal"[16] made by the many dissonant voices of past, present, and future collective struggles.

15 Ibid.

16 "In December 1919, the women in Lowell Cottage made their voices heard even if no one wanted to listen. Lowell, Gibbons, Sanford, Flower, and Harriman were the cottages reserved for colored girls. After the scandal about interracial sex and lesbian love erupted in 1914, segregation had been imposed and cottages sorted by race as well as age, status, addiction, and capacity. ...State authorities justified segregation on the basis of natural racial antipathy, when in fact interracial intimacy – love and friendship – were what they hoped to eliminate. ...The New York Times described the upheaval and resistance of Lowell Cottage as a sonic revolt, a 'noise strike,' the 'din of an infernal chorus.' ... Terms like 'noise strike' and 'vocal outbreak' described the soundscape of rebellion and refusal," in Saidiya Hartman, *Wayward Lives, Beautiful Experiments: Intimate Histories of Riotous Black Girls, Troublesome Women and Queer Radicals* (New York: W. W. Norton & Company, 2019).

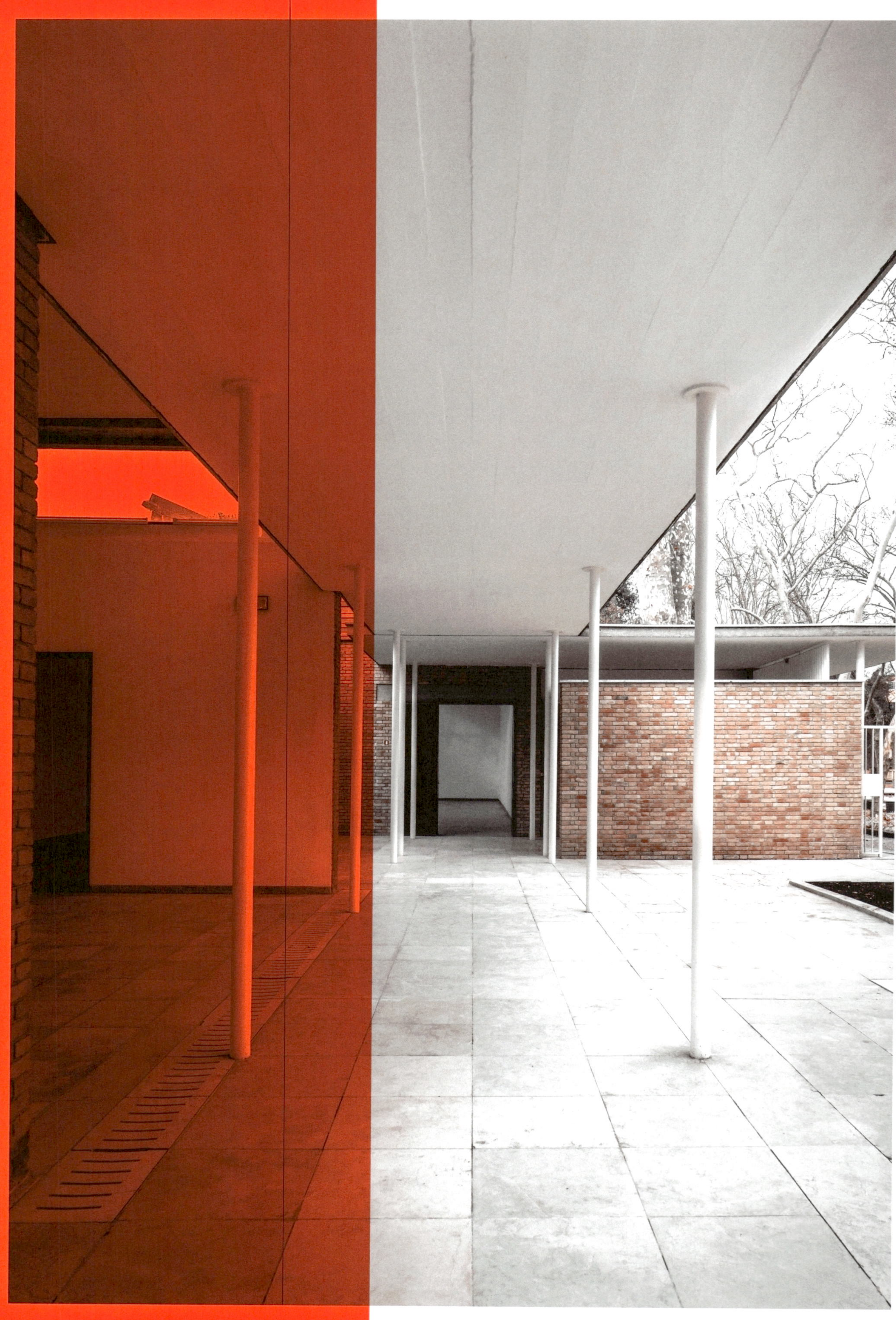

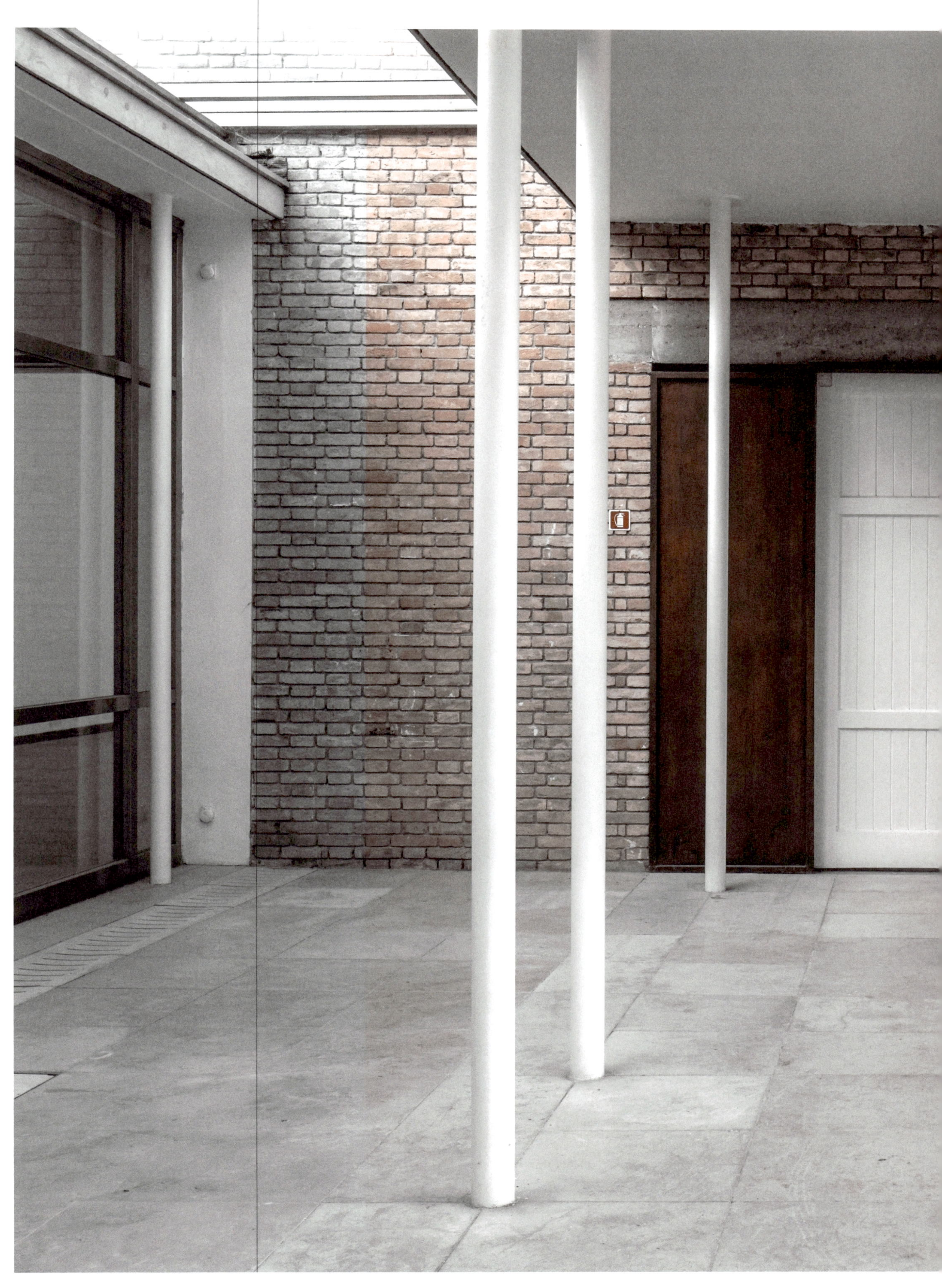

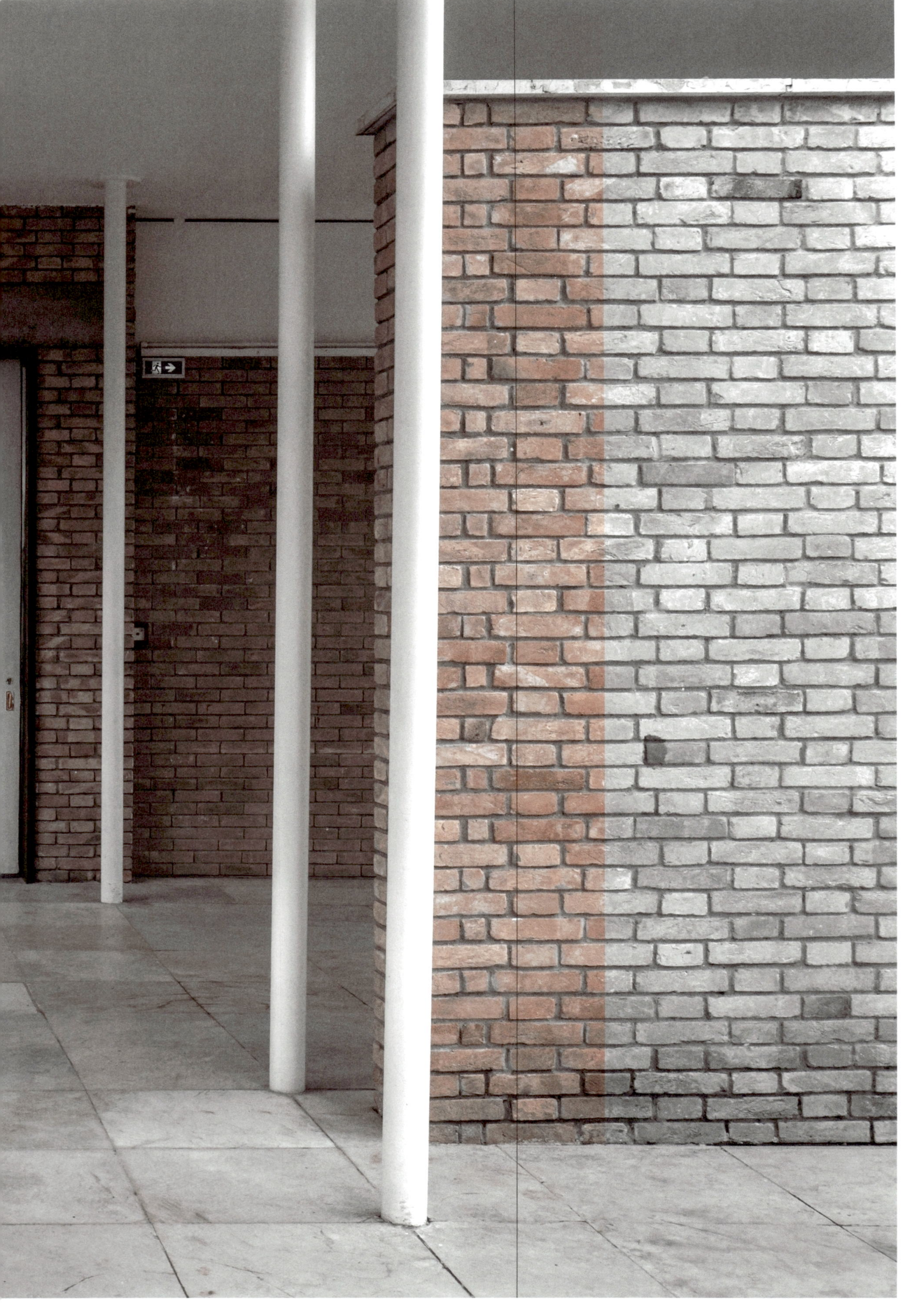

Un système qui changea le son
Francesco Stocchi

# A System Which Changed the Sound
# Francesco Stocchi

« Le moment du passage par les falaises blanches de Douvres était au-delà de ce que nous aurions pu imaginer », se souvient Edwin Hilton Hall, l'un des passagers du paquebot *Empire Windrush* qui aborda, le 22 juin 1948, le quai du port de Tilbury dans l'Essex. Premier arrêt avant de poursuivre vers Londres et de marquer, sans le savoir encore, le début d'un nouveau chapitre dans l'histoire de l'Angleterre et, plus généralement, dans l'évolution de la musique moderne.

Depuis son départ de la Jamaïque, au matin du 24 mai 1948, il lui aura fallu trois semaines de navigation pour amener ses 1 027 passagers vers une terre encore inconnue et qu'on nommait pourtant déjà *motherland*. Parmi eux, 802 passagers indiquèrent l'une des îles des Caraïbes comme leur dernier lieu de résidence. La Jamaïque était le plus cité des pays d'origine (pour 539 personnes), suivie par l'archipel des Bermudes (139), l'Angleterre (119), Trinidad (aujourd'hui Trinité-et-Tobago, 73), la Guyane britannique (Guyana, 44) et d'autres territoires, caribéens ou non. Que l'on pense, pour comprendre à quel point le climat à bord était empreint d'un esprit de solidarité et d'espérance partagée, au billet d'une passagère clandestine payé grâce à un concert improvisé par les musiciens de calypso Lord Kitchener et Lord Beginner avec la chanteuse de jazz Mona Baptiste. Où la musique et le divertissement furent de robustes remèdes aux difficultés.

Les 802 passagers caribéens du paquebot *Empire Windrush* furent les premiers des 500 000 citoyens caribéens à s'établir en Grande-Bretagne entre 1948 et 1971. Le *British Nationality Act* de 1948 leur permit de bénéficier du plein droit d'entrée et d'installation permanente sur le territoire, en échange de leur aide dans la reconstruction de la « mère patrie » d'après-guerre. Si le manque de main-d'œuvre encouragea alors les industries comme le *British Rail* et le *National Health Service* à recruter massivement dans les Caraïbes, de nombreux émigrés durent affronter des préjudices et des disparités de traitement qui se poursuivent encore, sous diverses formes, jusqu'à nos jours.

Le *Windrush*, dont l'arrivée fut plus tard identifiée comme un chapitre clef de la migration de masse en Grande-Bretagne, ne fut évidemment pas le premier bateau à aborder ses côtes. La place extraordinaire qu'il occupe dans notre conscience collective est liée à son antériorité : premier bateau arrivé après le *Nationality Act*, cette place est renforcée par les images mémorables du débarquement des passagers captées par les médias. Dans une émission télévisée de Pathé, parmi les divers passagers interrogés, le jamaïquain Oswald M. Denniston, âgé de 35 ans, explique au journaliste : « La plupart d'entre nous sommes à la recherche d'un emploi, mais d'autres sont ici pour terminer leur apprentissage d'un métier ou leur formation. Les plus pauvres ne peuvent pas quitter la Jamaïque. Il vous faut 28 livres pour le billet et 5 autres sur vous

"As we passed through the white cliffs of Dover, it was beyond imagination," recalls Edwin Hilton Hall, one of hundreds of passengers aboard the *HMT Empire Windrush*, which landed on 22 June 1948 at Tilbury Docks in Essex. First port of call before continuing on to London, and unwittingly marking the start of a new chapter in the history of Britain, and more generally in the development of modern music.

Setting sail from Jamaica on the morning of May 24, 1948, it took three weeks to take the 1027 passengers to an unknown land referred to as "the mother country". Of these, 802 passengers indicated their last country of residence being one of the Caribbean islands. Jamaica was the most popular country of origin (539), followed by Bermuda (139), Britain (119), Trinidad (73), British Guyana (44) and other Caribbean and non-Caribbean countries. To get some idea of the climate on board, alive with a spirit of solidarity and shared hope, when a stowaway was discovered on the ship, her passage was considered paid for after improvising a concert with the calypso musicians Lords Kitchener and Beginner, and the jazz singer Mona Baptiste. Music and entertainment was embraced as a resilient remedy for difficulties.

The 802 Caribbean citizens onboard were the first of 500,000 Commonwealth citizens to settle in Britain between 1948 and 1971. The British Nationality Act of 1948 allowed them full right of entry and permanent settlement in exchange for their help in rebuilding the post-war country. Labor shortages encouraged employers such as British Rail and the National Health Service to recruit massively from the Caribbean, but many faced the prejudice and unequal treatment still common in many forms to this day.

With time, the arrival of the *Windrush* has been identified as the key chapter in the history of mass migration to Britain. It was obviously not the first migration ship to make port. The extraordinary position occupied by the *Windrush* in our collective consciousness is linked to its precedence, as the first to arrive after the Nationality Act, a position reinforced by the memorable images of arriving passengers captured by the media. In a Pathé television news report presenting interviews with several passengers, the 35-year-old Jamaican Oswald M. Denniston explained to the reporter: "Some of us are looking for work, but others are here to finish their training and education. The poorest people can't

pendant le voyage. Ce n'est pas la pauvreté qui m'a amené jusqu'ici. » Sans les photographies et les vidéos captivantes montrées au fil des années, le mythe du *Windrush* ne se serait pas propagé, ni devenu un important point de repère dans l'histoire moderne de la Grande-Bretagne. L'émission se conclut avec une performance en direct du chanteur de calypso Aldwyn Roberts (connu sous le nom de Lord Kitchener), qui chanta un titre composé pour l'occasion, *London is the Place for Me*[1] :

> *London, is the place for me London, this lovely city,*
> *You can go to France or America, India, Asia or Australia*
> *But you must come back to London city*

Aujourd'hui encore on se souvient de cette chanson comme d'une version édulcorée du début de l'immigration de masse des Caraïbes vers le Royaume-Uni. Mais la scène de bienvenue du film Pathé ne raconte pas toute l'histoire. Deux jours à peine après l'accostage du *Windrush*, un groupe de onze députés travaillistes s'adressa au premier ministre Clement Attlee en ces termes : « Un afflux de personnes de couleur domiciliées ici est certainement susceptible de dégrader l'harmonie, la force et la cohésion de notre vie publique et sociale, et de provoquer la discorde et le malheur parmi tous les intéressés. » À cette affirmation, le syndicaliste et homme politique Arthur Creech Jones opposa une rassurante réplique : « Ne vous inquiétez pas. Ces personnes ne sont que des aventuriers. Ils ne tiendront pas plus longtemps qu'un hiver britannique. »

Bien qu'ils eussent les mêmes droits à la citoyenneté britannique, les afro-caribéens se virent dans certains cas refuser leur droit au travail, au logement, voire même l'accès aux églises, aux pubs et aux dancings, situation qui provoqua de la déception, de la discorde et du malheur. Les logements étaient rares à Londres à cause des bombardements du *Blitz*, et certains Caribéens durent affronter l'hostilité des Londoniens pour leur avoir « pris » leurs maisons, ou le racisme de ceux qui ne voulaient pas vivre avec des Noirs. À Notting Hill, les propriétaires faisaient payer aux citoyens du Commonwealth jusqu'au double des loyers demandés aux résidents blancs, et les entassaient dans des conditions semblables à celles qui avaient cours dans les bidonvilles. Waverley Bushell se souvient encore de la douleur de ce rejet : « Il y avait ces petites pancartes dans la vitrine des magasins – "*No Blacks*" – qui disaient clairement qu'on ne voulait pas de vous. Jusqu'à aujourd'hui, après 50 ans dans ce pays, je redouterais de me présenter à la porte de quelqu'un sachant que c'est la maison d'un blanc – jusqu'à aujourd'hui[2]. » Le racisme, enraciné dans la peur et dans la défiance, explose dans la violence en 1958 dans le quartier de Notting Hill, lorsque les bandes de *Teddy Boys* qui errent dans les rues attaquent des hommes de couleur (et tuent un homme, Kelso Cochrane, originaire de l'île d'Antigua). Pour tenter d'améliorer les relations raciales, on organise en 1959 un carnaval caribéen –

1 « *Pathe Reporter Meets 1948* », *British Pathé*, https://www.britishpathe.com/video/pathe-reporter-meets

2 « *The Story of Windrush: The history and impact of the people who characterised mass migration in Britain* », *History at Home, English Heritage*, https://www.english-heritage.org.uk/visit/inspire-me/the-story-of-windrush. Sur le contexte, et à propos du récent débat au Royaume-Uni au sujet de ces pancartes, voir notamment : « *No proof? How the infamous "No Irish, no blacks, no dogs" signs may never have existed*", *The Irish Post*, 7 janvier 2020, https://www.irishpost.com/life-style/infamous-no-irish-no-blacks-no-dogs-signs-may-never-have-existed-racist-xenophobic-148416

leave Jamaica. You need to have £28 for a ticket and another £5 on arrival. It wasn't poverty that brought me here."

Without the compelling photos and footage shown over the years, the legacy of *Windrush* would never have spread, becoming a major landmark in Britain's modern history. The report ends with a live performance by calypso singer Aldwyn Roberts (known by his stage name 'Lord Kitchener'), singing a song specially written for the occasion, "London Is the Place for Me".[1]

> *London, is the place for me London, this lovely city,*
> *You can go to France or America, India, Asia or Australia*
> *But you must come back to London city.*

The song is remembered today as a facile epitome of the start of mass migration from the Caribbean to the UK. But the "welcome" recorded by the Pathé footage doesn't tell the whole story. Just two days after the *Windrush* docked, a group of eleven Labour MPs wrote to Prime Minister Clement Attlee: "An influx of people of colour domiciled here is likely to undermine the harmony, strength and cohesion of our public and social life and cause discord and unhappiness among the population." The British trade unionist Arthur Creech Jones volunteered reassurance: "Don't worry. These people are just adventurers. They won't outlast a British winter."

Despite having equal rights to British citizenship, the Afro-Caribbean British were in some cases denied work, housing, and even access to churches, pubs and dance halls, creating a spirit of disillusionment, discord, and unhappiness. Housing in London was in short supply after the wartime blitz and some Caribbean people faced hostility for "taking" homes, or encountered racism among Londoners, who did not want to live near blacks. The landlords charged Commonwealth citizens up to double the rent of white residents of Notting Hill, cramming them into slum housing. Waverley Bushell still remembers the hurt of rejection: "There were all these little cards in shops window that said, 'No Irish—No blacks—No Dogs', so you knew that you weren't wanted. Up to now, after 50-odd years in this country, I would be apprehensive going up to anybody's step in case the person who owns that house is white-up to now."[2] Racism rooted in fear and distrust exploded into violence in 1958 in the suburb of Notting Hill, when gangs of Teddy Boys roamed the streets attacking black men (Kelso Cochrane from Antigua was killed in one of these attacks). In 1959, a Caribbean carnival was organised to try to improve race relations, eventually becoming the Notting Hill Carnival over the years. Previously, people from the Caribbean had never thought of themselves as forming a single group, those from smaller islands were

1 "Pathe Reporter Meets 1948," British Pathé, https://www.britishpathe.com/video/pathe-reporter-meets.

2 "The Story of Windrush: The history and impact of the people who characterised mass migration in Britain," History at Home, English Heritage, https://www.english-heritage.org.uk/visit/inspire-me/the-story-of-windrush. On the context, and on the recent debate in the UK about these signs, see in particular: "No proof? How the infamous 'No Irish, no blacks, no dogs' signs may never have existed", *The Irish Post*, January 7, 2020, https://www.irishpost.com/life-style/infamous-no-irish-no-blacks-no-dogs-signs-may-never-have-existed-racist-xenophobic-148416

Trois jeunes immigrantes des Antilles arrivent au port de Southampton en Angleterre, UK, 1962. Photo. Popperfoto, Getty Images

Three young immigrants from the West Indies arrive at Southampton docks in England, UK, 1962. Photo by Popperfoto, from Getty Images.

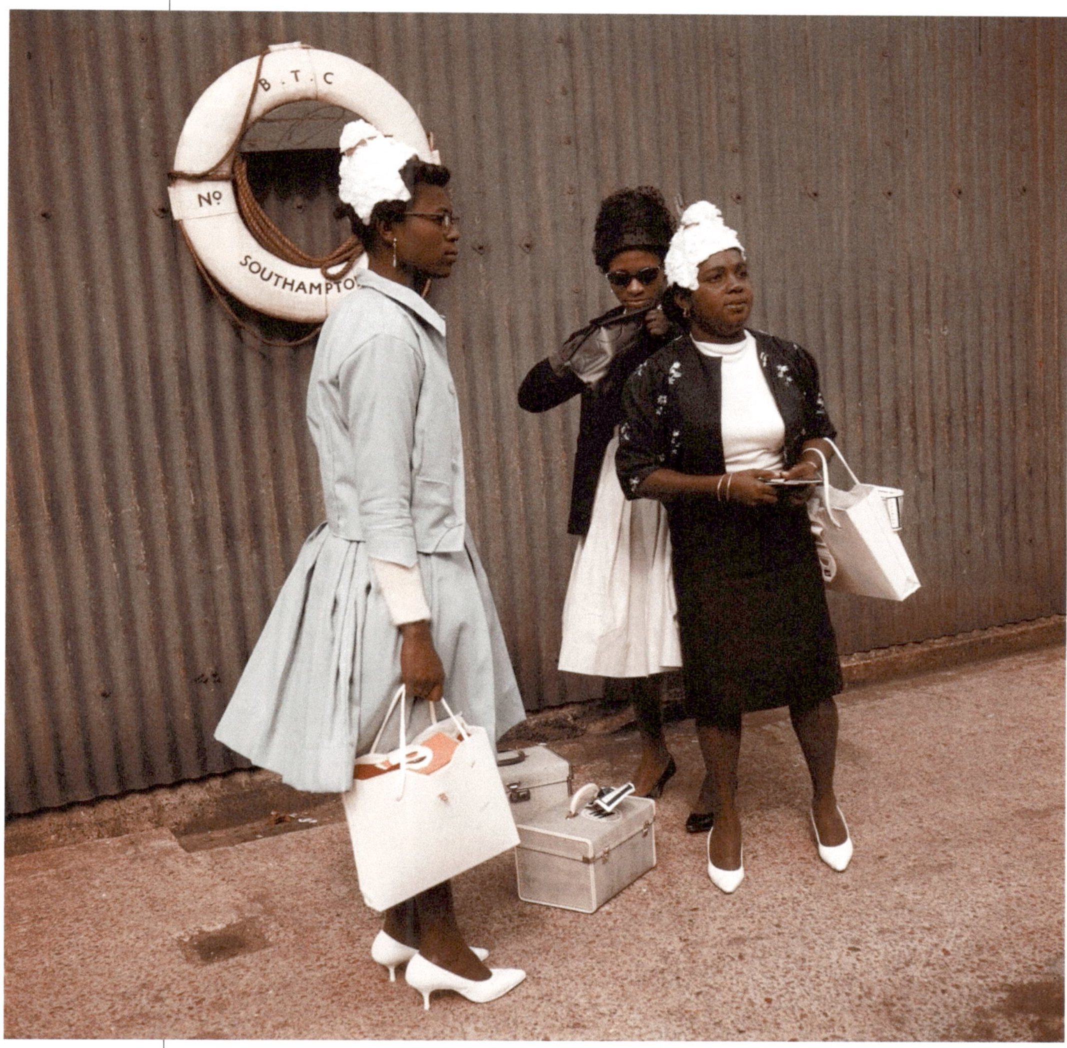


celui qui deviendra plus tard le Carnaval de Notting Hill. Avant ces événements, les Caribéens n'auraient jamais pensé qu'ils constituaient un groupe homogène (ceux qui venaient des îles plus petites était critiques à l'égard des Jamaïcains qui avaient la réputation d'être particulièrement agressifs), mais face aux conflits et à la discrimination, un autre processus d'unification naissait.

Exclus d'une grande partie de la vie sociale et économique de la « mère patrie », les nouveaux migrants commencèrent à adapter les normes et les habitudes qu'ils avaient abandonnées au moment de leur départ, un système d'épargne coopératif nommé *pardner*. Simultanément, ils se mirent à participer activement aux institutions auxquelles ils avaient accès : syndicats, conseils locaux, associations professionnelles. Autant de lieux où ils pouvaient se réunir et évoquer ensemble des souvenirs communs à travers la danse et l'écoute musicale collective. C'est la musique qui fit tenir ensemble la communauté à travers les souvenirs communs du passé, qui lui permit de se divertir en oubliant les restrictions et les frustrations du quotidien. Être confronté à la ségrégation demande d'être habile et d'avoir les ressources d'exprimer un talent propre. C'est son immense sens de l'humour et son habileté à faire front devant les difficultés, d'aller de l'avant malgré les injustices et les exclusions, qui sauvèrent la « génération *Windrush* ». Tout au long de ces années, les migrants

critical of Jamaicans, considering them to be particularly aggressive. Because of conflict and discrimination, a new sense of unity was growing.

Excluded from much of the social and economic life of the "mother country", the new migrants began to adapt the rules and customs they had abandoned before their departure, such as the cooperative saving method called the "pardner" system. At the same time, they began to play an active part in the institutions they did have access to: trade unions, local councils, professional associations. Places where they could come together and evoke shared memories through dance and listening to music together. Music is what held communities together, through shared memories of the past. People could enjoy themselves and forget the restrictions and frustrations of everyday life.

To cope with segregation, they had to be skillful and ready to express their talent. What saved the Windrush generation was their enormous fund of humor and the ability to cope with hardship and getting on despite abuse and injustice.

Over the years, Caribbean immigrants have become a vital part of British society, transforming fundamental aspects of the

Le producteur et DJ Prince Jazzbo, son fils, et le musicien Joe Lickshot, avec des enceintes de son *Sound System* personnel, 1986, Kingston, JM, 1986. Photo. Beth Lesser, courtesy de l'artiste

Producer and DJ Prince Jazzbo, his son, and the performer Joe Lickshot, with boxes from his personal Sound System, 1986, Kingston, JM. Photo by Beth Lesser, courtesy of the artist.

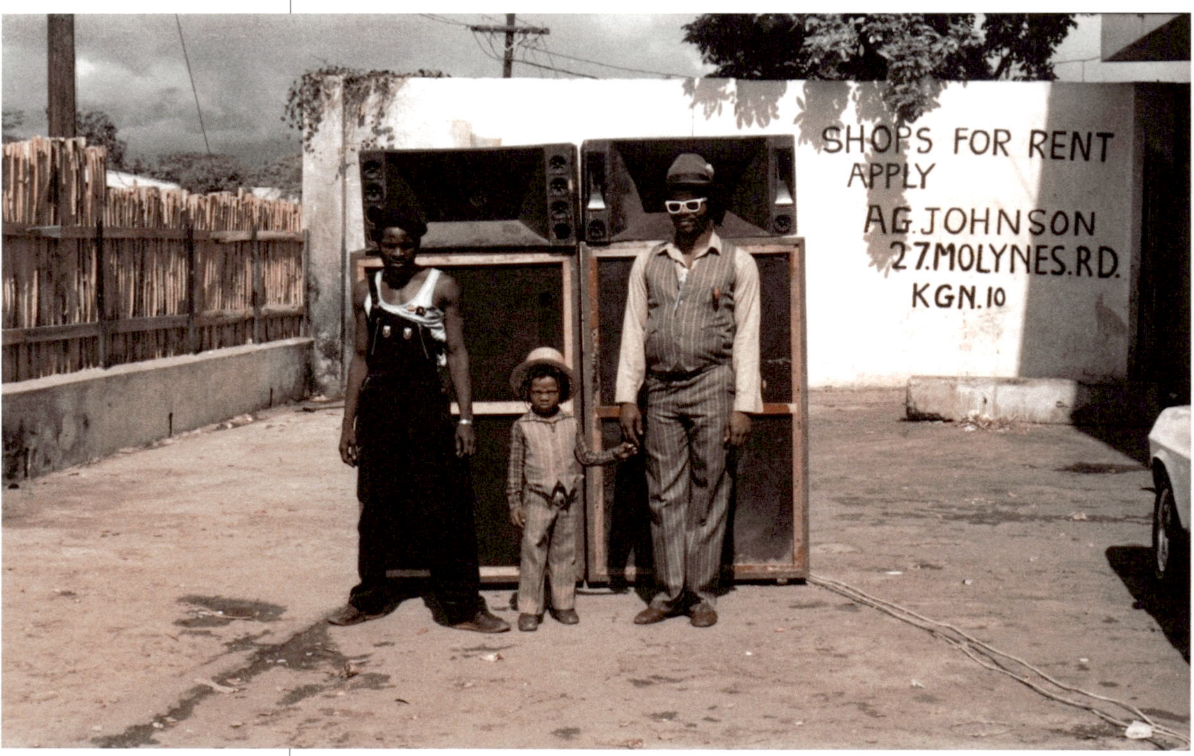


caribéens sont devenus une part vitale de la société anglaise, transformant les aspects fondamentaux de la tradition britannique impériale. Les personnes arrivées sur le *Windrush*, leurs enfants et leurs petits-enfants ont joué un rôle crucial dans la formation d'un nouveau concept de ce que signifie être britannique, ils ont amorcé le débat qui nous est désormais familier sur l'identité et la citoyenneté. Être britannique aujourd'hui peut impliquer d'avoir des racines dans un pays d'Afrique, dans les Caraïbes, en Chine, en Inde, en Grèce, en Turquie ou dans n'importe quel autre lieu. Ainsi une « culture noire » commença-t-elle à se diffuser, qui a grandi et fait désormais partie d'un style britannique « noir » partagé par des Africains, des Asiatiques et des jeunes blancs.

À Londres, les quartiers de Notting Hill et de Dale, qui étaient des zones en déclin du centre-ville, furent graduellement revitalisés pendant les années 1960-1970. Quelques nouveaux immigrés afro-caribéens ouvrirent des cafés et des pubs, et le quartier acquit la réputation de territoire bohème, attirant une foule jeune, créative et hétérogène. Les personnes d'origine caribéenne sont donc ainsi devenues partie intégrante de la population britannique. Le développement de formes culturelles hybrides, et en particulier d'un style musical identitaire devenu rapidement fondamental dans la définition de la musique populaire, et par la suite dans ce qu'on a appelé la *world music*, où fusionnent les concepts d'identité et d'union, est une des marques de leur influence sur la société britannique. Le Carnaval de Notting Hill se déroulait dans les rues mêmes dans lesquelles des Antillais avaient été attaqués par des gens haineux ; il fonctionnait comme une célébration, un témoignage joyeux dans le plaisir d'être vivants, unis et pleins de ressources. Pendant deux jours, des chars remplis de participants masqués sillonnaient les rues du quartier au son d'impressionnants équipements alors inédits, les *sound systems*. À mesure que le carnaval se développait, il devint clair qu'il s'agissait d'un carnaval britannique dans

imperial British tradition. The people of *Windrush*, their children and grandchildren, have played a vital part in shaping a new concept of what it means to be British, sparking the now familiar debate on identity and citizenship. Britain today offers the example of a nation that can live comfortably with a new and inclusive concept of citizenship. Being British nowadays presents examples of people whose roots might lie in Africa, the Caribbean, China, India, Greece, Turkey or anywhere else. A "black culture" began to spread and which has now expanded into a black British lifestyle shared by Africans, Asians, and young whites. In London, Notting Hill and the enclave of Notting Dale, which had been decaying neighborhoods of the inner city, were gradually revitalised in the 1960s and '70s. A few Afro-Caribbean newcomers opened cafés and clubs, and the district earned a reputation as a bohemian quarter, attracting a young, creative, and diverse crowd. People of Caribbean descent consequently became an established part of the British citizenry. Exemplifying their effect on British life is the growth of various cultural forms and, in particular, the spread of an identitarian music style which soon became fundamental in the definition of popular music. Later this music style was called "world music", a loosely defined genre which brings together and expresses concepts of identity and unity through the music itself.

The development of the Notting Hill Carnival took place in the same streets where West Indians had been attacked and chased by angry crowds. It was started as a celebration, a joyful, all-encompassing testimony to the pleasure of being alive, united, and resourceful. For two days, floats carrying people in costume passed in procession throughout the neighborhood streets to the

lequel tout le monde était le bienvenu, et que tous ceux qui le désiraient pouvaient y jouer un rôle actif, supprimant ainsi la coupure nette entre spectateurs et participants. Tout comme les Africains ont, tout au long de l'histoire, rapporté avec eux leurs biens immatériels, leurs propres chants et danses, maintenant ainsi leur union, la génération du *Windrush* exporta de la Jamaïque, parmi d'autres choses, la culture des *sound systems*.

Aux origines : le *sound system* accoste la Grande-Bretagne

Le concept de *sound system* devint populaire dans les années 1950, dans la périphérie de Kingston, en Jamaïque : des systèmes audio uniques et visuellement impressionnants, construits sur mesure, à haute puissance, conçus pour être mobiles et extrêmement adaptables en toutes circonstances. Dès l'origine, les *sound systems* se sont développés autour de communautés, de groupes de personnes impliquées dans l'organisation de fêtes itinérantes. Les *box boys* chargeaient dans un camion un générateur, des tourne disques et d'énormes haut-parleurs, les *engineers* installaient l'équipement pour un lieu spécifique, quant aux *selectors*, ils jouaient du vinyle, accompagnés par les *toasters* qui se démenaient au micro. Ces événements éphémères improvisés, organisés à la va-vite dans les espaces publics de la ville ou en pleine nature, offraient une occasion unique de récréation, de loisir et de rassemblement aux habitants du ghetto de Kingston. Une alternative aux soirées en ville inabordables, où les gens du ghetto n'étaient de toute façon pas les bienvenus. Au début, on y dansait sur la cadence du rythm and blues importé des États-Unis, mais le temps passant le son prit une saveur et un style local, et une musique autochtone se développa, avec une production florissante. Ainsi naquirent plusieurs styles comme le ska, le rocksteady, le reggae, puis le dub, joués par d'immenses empilements de haut-parleurs artisanaux et personnalisés pour se distinguer les uns des autres.

Le *sound system* est une structure visuellement imposante, configurée pour être extrêmement puissante en basses tout en parvenant à maintenir la clarté du son. Dès l'origine, la flexibilité de sa structure permit d'intégrer régulièrement des musiciens jouant en direct afin d'organiser de véritables performances, une version revisitée du concert. Un spectacle hybride, innovant, qui joignait à la diffusion de musique enregistrée l'improvisation de chanteurs appelés DJ, avec l'invention des *toasts*, précisément des interventions à mi-chemin entre le parlé et le chanté[3].

Dans la seconde moitié de la décennie commencèrent à apparaître des *sound systems* construits sur mesure par des ateliers de spécialistes, comme Hedley H. G. Jones, qui concevaient des enceintes de la taille d'armoires connues sous le nom de *Houses of Joy*. Ce qui avait débuté comme une tentative de copier le son rythm and blues américain se transforma, avec la pratique des musiciens locaux, en un genre typiquement jamaïcain issu de la culture du *sound system*, précisément du fait de ses techniques de diffusion caractéristiques (et non l'inverse). Rapidement, les soirées constituèrent un véritable business et l'un des rares et sûrs moyens

3 On retrouve l'héritage de cette structure de performance musicale dans la figure du MC deux décennies plus tard aux États-Unis. Avec le style hybride parlé-chanté spécifique au rap et plus généralement à la culture hip hop, s'est développé un genre né dans les rues qui offre une voix aux opprimés et aux marginalisés, et dont l'improvisation vocale est la composante la plus originale.

music of majestic Sound Systems performances never heard before. As the carnival developed over the years, it became clear that this was a British festival where everyone was welcome, and anyone who wished could play an active part, dissolving the sharp divide between spectators and participants. Just as people from Africa have historically brought their intangible assets, such as songs and dances to keep people together, the Windrush generation exported the culture of their Sound Systems from Jamaica and other islands.

## The Origin of the Sound Systems and Arrival in Great Britain

The Sound System concept became popular in the 1950s, in outlying areas of Kingston, Jamaica. Unique and visually impressive Sound Systems, made of custom built, high powered components, designed to be mobile and extremely adaptable to any situation. Composed of a group of people engaged in teamwork in the organisation of itinerant parties, Sound Systems were structured and developed around the concept of community. The "Box Boys" would load a truck with a generator, turntables and huge speakers, the "Engineers" would set up the system for a specific location and the "Selectors" would play vinyl records accompanied by the "Toasters" who would "chat" into the microphone. These ephemeral events, improvised or organised quickly in public urban spaces or natural settings, offering a unique opportunity for relaxing, hanging out and getting together for the inhabitants of the ghettos of Kingston. A valid alternative to expensive evenings in the city, where people from the ghettos were not welcome anyway. Initially, the music played and danced to was the rhythm and blues (R&B) imported from the United States but gradually the sound migrated to a local flavour and style, developing indigenous music and a thriving industry. With time, different musical genres developed such as Ska, Rocksteady, Reggae, and later Dub, which was played on large stacks of handcrafted and customised speakers to distinguish one from the other.

The Sound System, an innovative, hybrid, mobile studio combined the playing of recorded music through a visually impressive, large, stacked structure of various sound and amplification components. Live musicians would perform along side, with improvisations by vocalists, called DJs, an invention known as "toasting," a mix of speech and singing. It was a refashioned version of the live concert.[3] In the second half of the decade, Sound Systems custom-built in the workshops of specialists such as Hedley Jones, who designed wardrobe-sized speakers known as "Houses of Joy," began to flourish in Jamaica. What began as an attempt to copy the American R&B sound by local musicians evolved into a typically Jamaican genre stemming from the culture of the Sound System,

3 We find a renewal of the influences of this nascent live musical structure two decades later in the United States with the figure of the MC. The hybrid style between singing and speech peculiar to rap and more generally hip hop culture developed a genre born on the streets that gave a voice to the oppressed or marginalised, making vocal improvisation its most original feature.

de gagner de l'argent dans l'économie instable de la région. L'entrée était souvent libre, ou à faible coût, et la vente d'alcool et de nourriture entre les milliers de personnes présentes faisait de chaque rassemblement un événement social. Duke Reid et Sir Coxsone, dont les noms correspondaient à leur statut dans la communauté, étaient les plus célèbres (apparurent successivement les Mighty, les Prince et les King). On acquérait un statut en remportant des *soundclashes* – des batailles informelles entre deux *sound systems* installés côte à côte. Comme le rappelle le chanteur reggae Luciano : « Les Jamaïcains dans leur ensemble aiment la compétition. Ils aiment se prouver qu'ils peuvent vraiment surpasser quelqu'un. C'est dans notre caractère "moi d'abord et encore moi". C'est pourquoi il y a tant de créativité et tant de grands chanteurs, parce que le niveau de compétition est très élevé ici[4]. »

Peu à peu, à partir des années 1950, la culture des *sound systems* jouit en Jamaïque d'un statut important pour avoir créé ses propres conditions d'éclosion et de croissance au-delà de son cercle. Au cours des années et avec la migration de masse des Antilles britanniques vers le Royaume-Uni, les immigrés jamaïcains commencèrent à se réunir dans les maisons et dans les caves. Exclus des pubs et des clubs anglais, entendant rarement leur musique jouée à la radio, ils firent naître des *house parties* (appelées plus tard des *blues parties* et des *shebeens*) dans les maisons, où il était possible de se sociabiliser dans un milieu racialement mixte. Ces *parties* improvisées nécessitaient l'installation d'un *sound system* et les participants payaient une taxe d'entrée pour en couvrir le coût. Arrivé clandestinement de la Jamaïque en 1954, Duke Vin construisit l'année suivante le premier *sound system* de Grande-Bretagne, *The Tickler*, qui joua un rôle fondamental dans la diffusion des sonorités caribéennes dans le pays. Un homme seul pouvait, avec une remarquable économie de moyens, gérer ses propres soirées dansantes sans le recours à un groupe de musiciens ou à des instruments de musique. Le fait que les sonorités soient caribéennes et d'origine africaine était très important dans la création d'un son propre et unique, et cette recherche d'une identité perdue devint primordiale pour la génération *Windrush*.

On opérait alors surtout pour soi-même, à l'intérieur de son propre cercle, pour se retrouver et affirmer qu'on était là et qu'on avait quelque chose à dire, dans un milieu ouvert à tous mais très connoté du point de vue identitaire parce que composé de mémoire, d'un esprit d'union et d'émancipation culturelle. Durant ces années, des figures comme Angela Davis, Martin Luther King, Malcolm X, appelaient à s'exprimer, à faire entendre sa voix et à s'unir. C'est ce qui incita tous ceux qui ressentaient le poids et la souffrance de l'oppression à venir à Londres ; et l'espoir se changea en audace.

« De qui venez-vous ? Que signifie tout cela ? C'est drôle, mais quand vous grandissez en Angleterre, vous allez à l'école et vous apprenez l'histoire anglaise. Vous attribuez un sens aux rois et aux reines, à qui vous êtes, et à ce genre de choses. Et donc, si vous êtes anglais, vous avez un sens de qui vous êtes, il vous est venu à travers la culture dans laquelle vous vivez. Quand vous venez d'ailleurs, ou que vos parents viennent d'ailleurs, ce sens se perd. Et donc soit vous revendiquez cette culture de la majorité et vous dites "ça m'appartient", soit vous devez chercher celle qui est perdue pour vous.

4 « *How Jamaican soundsystem culture conquered music* », *Redbull*, https://www.redbull.com/gb-en/a-brief-history-of-jamaican-soundsystem-culture

because it grew out of its specific techniques of sound reproduction (and not vice versa). The evenings quickly became a form of business, one of the few safe ways of making money in the unstable economy of the ghettos. Admission to an event was often free or very cheap, and offering food and alcohol for sale to the thousands attending made each gathering a social event. The best known Sound Systems were Duke Reid and Sir Coxsone, whose sobriquet names matched their status in the community (the titles "Mighty", "Prince" and "King" came later). Status was earned by winning "soundclashes"—a then informal battle between two Sound Systems installed next to each other. As reggae singer Luciano recalls: "Jamaicans on whole, they love the competition. They love to prove to themselves that they can really outrun someone. It's just our nature of "I and I" people. That's why you have so much creativity and so many great singers, because the competition level is so high right here."[4]

Beginning in the 1950s, the Sound System culture in Jamaica enjoyed a prominent status for creating the conditions to enable that culture to flourish and expand beyond its borders. Over the years and with mass migration from the West Indies to the UK, Jamaican immigrants excluded from English pubs and clubs, and rarely hearing their music on the radio, began to gather in homes and basements. House parties (belatedly called Blues parties and Shebeens) began to spring up in homes where people could socialise, even in a racially mixed environment. These impromptu parties, which later became a "dance" or "live dance", and still later became "dancehalls", required a sound system and attendees paid an entrance fee to cover the costs.

Arriving as a stowaway from Jamaica in 1954, Duke Vin built the first Sound System in Britain the following year. This was *The Tickler*, and it proved crucial in spreading Caribbean sounds in the country. A single person could run his own "dancehall" with a considerable economy of means, without needing bands and musical instruments. The idea that the sounds were Caribbean and of African origin was important in creating their own unique sound, and for the Windrush generation this search for lost identity became predominant.

They were working primarily for themselves, within their own public, to get together and declare that they were there with something to say. The setting was open to all but with a very marked identity because it was made up of memory, a spirit of union and cultural emancipation. In those years, figures such as Angela Davis, Martin Luther King and Malcom X were spreading the message to speak out, raise their voices and be united. This inspired people to come to London, because they were feeling the weight and suffering of oppression, and hope manifested itself in daring.

*Who did you come from? What's it all about. It's a funny thing to say but when you grow up in England you go to school and you learn about*

4 "How Jamaican soundsystem culture conquered music," Redbull, https://www.redbull.com/gb-en/a-brief-history-of-jamaican-soundsystem-culture

↓ Sound System de Admiral Ken, Club Row, Shoreditch, Londres, UK, 1974. Photo. Dennis Morris
↘ Sound system au carnaval de Notting Hill à Londres, UK, 1975. Photo. Richard Braine, picture alliance

↓ Admiral Ken Sound System, Club Row, Shoreditch, London, UK, 1974. Photo by Dennis Morris.
↘ Sound System at the Notting Hill Carnival in London, UK, 1975. Photo by Richard Braine / picture alliance.

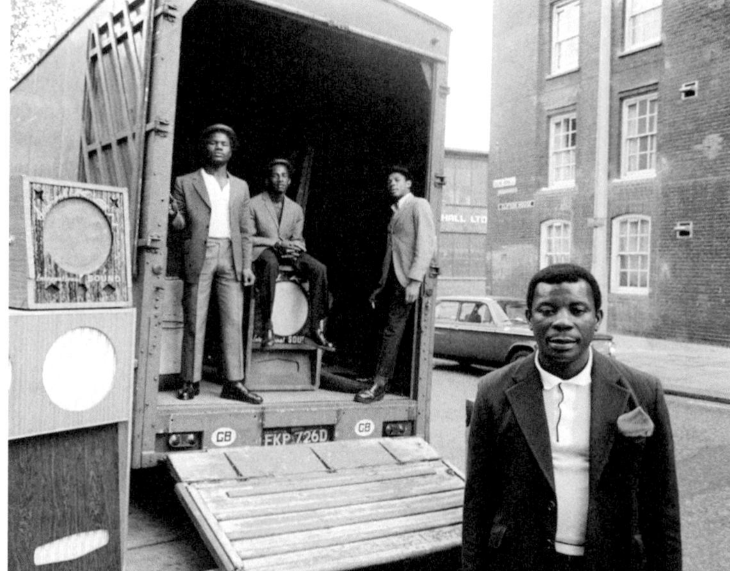

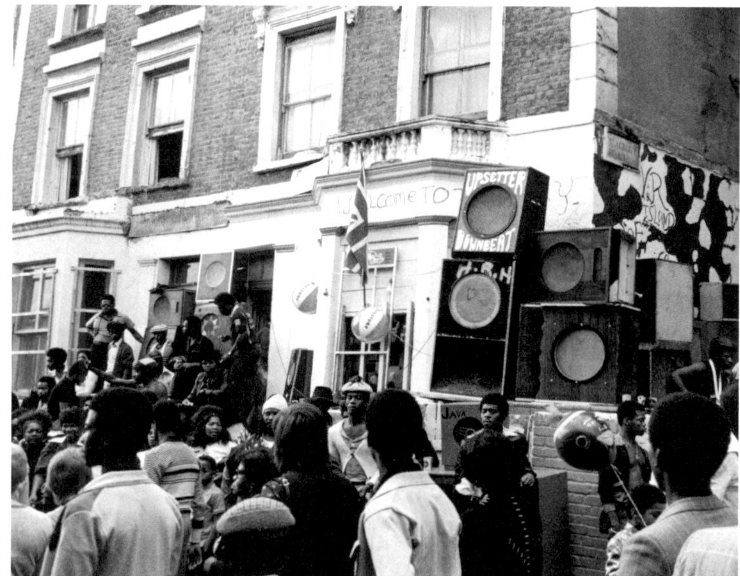

Vous devez la chercher vous-même parce que personne ne vous racontera l'histoire de la Jamaïque dans ce pays. Vous devez chercher ce que cette histoire raconte. Et moi, je la cherche encore[5]. »

« Mon besoin d'exprimer les choses que j'ai traversées. Et que ma famille a traversées. Et de les sortir, là. Ce fut tellement cathartique, d'être simplement capable d'être vous-même pour la première fois, au lieu de toute cette terreur honteuse, la tête basse, dont je viens de parler pendant les heures précédentes. C'était "Non, garde la tête haute, et regarde ça", vous savez, et c'était incroyablement libérateur, incroyablement libérateur d'être capable de dire que nous étions étranges et que les gens dehors pensaient que nous étions étranges. Être capable de dire cela fut fantastique. Vraiment libérateur, vous savez, réellement libérateur[6]. »

De nouveaux espaces dans lesquels la communauté noire pouvait se retrouver, en écoutant sa *propre* musique, se développèrent. Ils apparurent d'abord à Londres et s'établirent ensuite dans d'autres grandes villes comme Nottingham, Bristol, Manchester, Leeds et Birmingham. La culture du *sound system* commença à fleurir dans les carnavals et dans les *dancehalls* dans tout le Royaume-Uni. Les Sir Coxsone Outernational de Lloyd Coxsone furent les premiers, suivis par Jah Shaka, Channel One, Iration Steppas et Saxon Studio International. Les plus grands noms de la musique jamaïcaine vinrent jouer avec ces *sound systems* qui avaient développé leur identité propre, et qui eurent à leur tour un impact immense sur le style de nombreux artistes en Jamaïque. Dans les années 1990, un style britannique a émergé du style jamaïcain originaire, un style qui s'est répandu en Europe et dans le monde entier.

5 Archives sonores, « *Andrea Levy on the need to find out her history* », septembre-octobre 2014, Londres, *British Library*, n° C1276/59, https://www.bl.uk/collection-items/andrea-levy-on-the-need-to-find-out-her-history

6 Archives sonores, « *Andrea Levy on writing what you know* », septembre-octobre 2014, Londres, *British Library*, n° C1276/59, https://www.bl.uk/collection-items/andrea-levy-on-writing-what-you-know

*English history. You have a sense of the kings and queens and sort of who you are that's come culturally to you through the culture in which you live. But when you've come from outside or your parents have come from outside you don't. That sense is lost. And so you either take on this majority culture and say this is mine or you have to seek out the one that has been lost to you. You have to seek it out yourself because nobody is going to tell you. Nobody is going to tell you the history of Jamaica in this country, so you have to seek it out, what that history was about. And I'm still seeking it out.*[5]

*My need is to express the things I had gone through. And that my family had gone through. And put them out there. It was so cathartic, being able to be yourself for the first time ever, instead of all that head down shameful terror that I spoke of in the last few hours. It was 'No, head up, let's look at this', you know. It was really liberating, truly liberating, being able to say that.*[6]

New spaces developed where the black community could meet, dance, and listen to its *own* music. They first opened in London, before moving to other big cities like Nottingham, Bristol, Manchester, Leeds and Birmingham. Sound System culture began to flourish in carnivals and dancehalls across the UK. Lloyd Coxsone's Sir Coxsone Outernational was one of the first, followed by Jah Shaka, Channel One, Iration Steppas and Saxon Studio International. Over time, the biggest names in Jamaican music came to perform with these Sound Systems which had developed an identity of their own, with a huge influence on the style of numerous artists in Jamaica. In the 1990s, a UK style of Sound Systems came into it's own, a style that would spread across Europe and all over the world.

5 "Andrea Levy on the need to find out her history," British Library, https://www.bl.uk/collection-items/andrea-levy-on-the-need-to-find-out-her-history

6 "Andrea Levy on writing what you know," British Library, https://www.bl.uk/collection-items/andrea-levy-on-writing-what-you-know

↓ King Tubby ♛, 1983. Photo. Beth Lesser, urbanimage
↘ Channel One au carnaval de Notting Hill à Londres, UK, dans les années 1980. Photo. DR

↙ King Tubby ♛, 1983. Photo by Beth Lesser, from urbanimage.
↓ Channel One at the Notting Hill Carnival in London, UK, in the 1980's. Photo ARR.

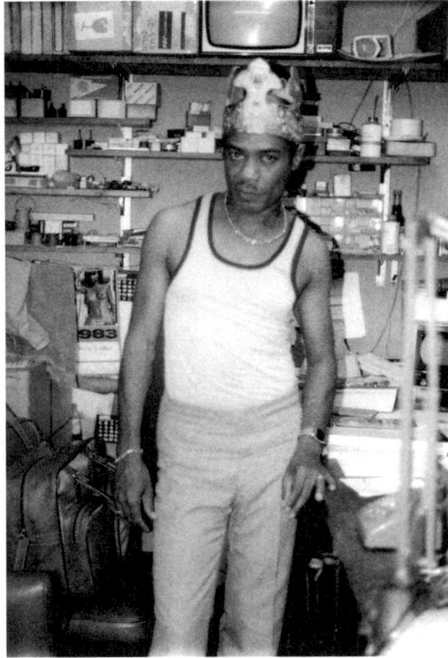

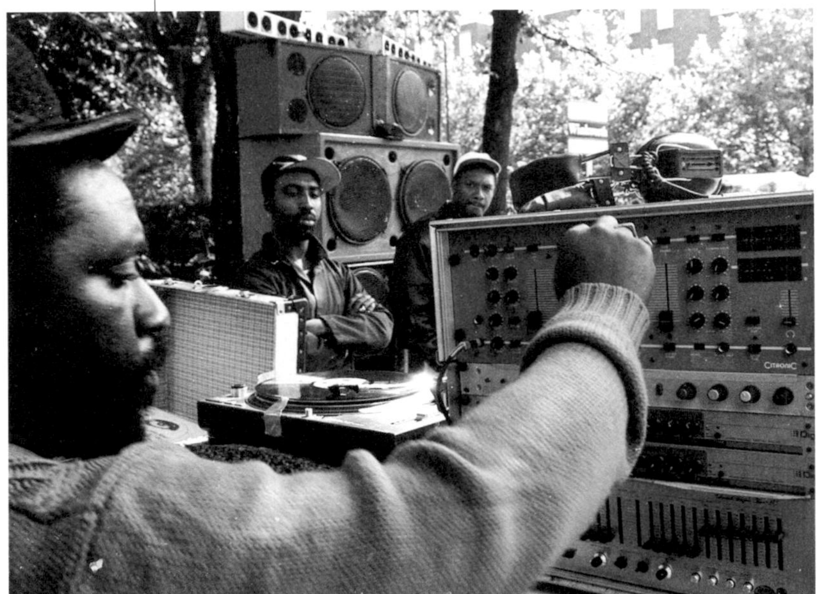

Le *sound system*, un studio mobile qui révolutionna la musique

Créés pour répondre à de nouvelles fonctions sociales, les *sound systems* ont redéfini la notion de spécificité de lieu associée à la musique. Alors qu'historiquement la musique était jouée dans le lieu pour lequel elle avait été conçue, cette nouvelle capacité d'adaptation inverse la dépendance au lieu. La musique se libère, c'est elle qui se met à déterminer le lieu et non l'inverse.

Au XVIIe siècle, période florissante pour la musique classique, la majorité de la musique était écrite pour être exécutée dans un contexte bien spécifique. La musique liturgique ou chorale avait un caractère majestueux, son tempo était solennellement lent, elle était conçue pour être jouée dans les grands espaces de vénération et de contemplation collectives qu'étaient les églises. De manière comparable, la musique symphonique était grandiose et majestueuse également car elle était pensée pour être diffusée dans de grandes salles de concert. Au contraire, la musique de chambre, essentiellement destinée au divertissement et à la danse, était vive et joviale, dotée d'une rapidité dans ses changements de rythme précisément parce que l'acoustique du contexte le permettait. Il n'y a donc rien à quoi nous puissions référer ce que nous désignons à l'époque moderne comme un système de sonorisation en direct, bien que le concept de mixage existât déjà (si vous vouliez augmenter le son du violon, vous ajoutiez plus de violons à votre ensemble, et c'est ainsi que l'orchestre a évolué au fil du temps). C'était ce que la dimension des différentes sections d'un orchestre apportait, dans lesquelles on pouvait amplifier de manière spécifique certains instruments afin qu'ils puissent être entendus dans le juste équilibre et avec l'emphase désirée. À propos d'acoustique et de la spécificité de sa reproduction, Richard Wagner fit un pas en avant lorsqu'il construisit son propre opéra pour adapter sa musique aux exigences de divertissement des spectateurs, dans le domaine des concerts et du théâtre.

C'est avec l'invention de l'électricité qu'on assiste à la naissance de ce qu'on désigne aujourd'hui comme un système audio en direct, et des éléments qui forment un *sound system*.

## Sound System, a Mobile Studio That Revolutionised Music

Created to respond to arising, novel social functions, Sound Systems redefined the notion of place specificity associated with music. While historically music was played specifically in the place for which it was conceived, a new adaptability in music's reproduction reverses the dependence to the location. Music frees itself, starting to define the location and not vice versa.

In the seventeenth century, with the great flowering of classical music, most music was written to be performed in a very specific environment. Liturgical or choir music was of a majestic character, solemnly slow-paced, designed to be played in those great spaces of collective reverence and contemplation that were churches. Symphonic music was likewise grand and equally majestic because it was meant to be performed in huge concert halls. Chamber music, by contrast, could be rapid and lively, moving quickly with rhythmic changes precisely because the acoustics of the setting allowed it, a music typically used for entertainment and dance. So there was nothing that we can trace back to what we refer to in modern times as a live sound system, although the concept of mixing already existed (if you wanted to enhance the sound of the violin, you added more violins to your group, and this was how the orchestra evolved over time). It was represented by the size of the different sections, where those instruments had to be amplified in a specific way so that they were heard with the right balance and the desired emphasis. In acoustics, and the specifics of sound reproduction, Richard Wagner took a step forward by building his own opera house, to flatten his music by adapting it to the entertainment needs of citizens, especially with regard to concerts and the theatre.

With the invention of electricity, we come to the birth of what we refer to today as a live sound system and the elements that

Il se compose de trois éléments clefs : un dispositif pour capter les vibrations du son et les convertir en un signal électrique, un autre pour augmenter l'amplitude ou le volume de ces signaux et, enfin, un dernier qui les convertit en vibrations sonores à diffuser dans l'air. Il fallait donc inventer le microphone, l'amplificateur et le haut-parleur. La première tentative de diffusion sonore publique eut lieu à San Francisco en 1915, à l'occasion de la veillée de Noël, devant le bâtiment de la mairie tout juste édifié. On fit la promotion de l'événement en promettant un miracle : il serait possible d'entendre le son de loin, au-delà de la portée de la vue humaine. Une foule de 100 000 personnes (un huitième de la population de la ville) accourut. Le premier spectacle amplifié fut un immense succès.

À partir de la moitié du XXe siècle, les *sound systems* soutinrent l'urgence de créer un son visionnaire, né d'une nécessité bien spécifique, celle de répondre par la mobilité à l'absence de lieux destinés à accueillir des rassemblements. L'idée de pistes sonores à la profondeur impressionnante nous renvoie à une référence fondamentale dans la musique, les « murs de son » (*walls of sound*) symphoniques, ceux de Wagner, concept repris à partir de la moitié des années 1960 par Phil Spector qui, dès la naissance des *Ronettes*, accrût l'importance de la production musicale en studio par rapport à celle de la performance en direct. Le morceau *Be my Baby*, devenu un grand classique de la musique pop, représente la tentative centrale de l'expérimentation de Spector ainsi que l'exemple parfait de ce qui allait être rebaptisé un « mur de son[7] ». Le *Spector sound*, dense et puissant, résultait d'une technique qui misait sur la richesse d'une trame composée de voix, de cordes et de cuivres qu'on doublait ou triplait pour créer une masse sonore continue. Elle venait s'ajouter à l'orchestration classique et rudimentaire basse-guitare-batterie du pop rock, exactement comme un système de sonorisation, avec ses basses et ses aigus transmis par des haut-parleurs dédiés, appelés *scoops* et *tweeters*. Pour soutenir l'échafaudage, on trouve une base rythmique puissante, le « boom ba boom bop » en ouverture de *Be my Baby*, cordon ombilical sur lequel s'appuie l'imposante orchestration et les voix des *Ronettes*. Ce morceau marque aussi un tournant dans l'industrie de la musique populaire : l'affirmation de l'idée que la construction d'un morceau est soumise à un processus créatif dans lequel les arrangeurs et les producteurs occupent une place déterminante, voire même dominent les interprètes. Ces derniers dépendent désormais du travail des arrangeurs et des producteurs, capables de fabriquer un son sur mesure pour l'interprète. Cette cadence de *Be my Baby* devint l'un des rythmes de batterie les plus reconnaissables de la musique populaire.

On porta ainsi l'accent sur le système de reproduction de la musique ; un tel tournant témoignait du désir de renouveler les technologies, d'affranchir la musique des systèmes de reproduction demeurés identiques depuis des décennies : le juke box, la radio et les disques joués à l'aide de petits haut-parleurs alimentés par des amplis à la puissance limitée. C'était le seul moyen d'augmenter la puissance et l'impact de

7 La définition « mur de son » tire son origine des mots de Richard Wagner tels qu'ils furent rapportés par le *New York Times* en 1878, à propos des travaux de restructuration du *Festspielhaus* à Bayreuth où, pour la première fois, l'orchestre serait placé dans une fosse hors de la vue du public (dans le « golfe mystique ») produisant ainsi un « mur de musique » imaginaire destiné à séparer la réalité de la fiction. L'expression, changée en « mur de son », revint plus tard à la mode avec les envolées emphatiques du jazz de Stan Kenton.

form a Sound System. The three key components are a device for capturing sound vibrations and converting them into electrical signals, a device for increasing the amplitude or volume of these signals, and finally, a device for converting them into sound vibrations to be propagated through the air. This meant inventing the microphone, the amplifier and the loudspeaker. The first attempt at public sound diffusion took place in San Francisco, in 1915 on Christmas Eve, outside the recently completed city hall. The event was advertised promising a miracle, the sound would be heard from afar, beyond human sight. A crowd of 100,000 people, one-eighth of the city's population, flocked to hear it. The first amplified musical show was a huge success.

In the mid-1900s the Sound Systems led to the urge to create an imaginative sound, arising from the specific need, to respond with mobility to the absence of specific social places where people could gather. The idea of impressive soundtracks brings us back to a landmark in music, the symphonic Wall of Sound, also created by Wagner, a concept that was taken up again in the mid-1960s by Phil Spector. From the formation of the Ronettes onwards, this amplified the importance of studio music production compared to live performance. The crucial evidence of Spector's experiment was "Be My Baby", a pop classic, an explicit example of what would be called the Wall of Sound.[7] The dense and overwhelming Spector sound was the result of a technique that aimed to create the richness of a web of voices, strings and brass, doubling or tripling them to produce a continuous sound mass that was added to the classic and rudimentary bass-guitar-drums instrumentation in pop rock (this closely resembled the Sound System, with bass and treble amplified through dedicated speakers called "scoops" and "tweeters"). The scaffolding was supported by a powerful rhythmic base, the introductory 'boom ba boom bop' of "Be My Baby", the umbilical cord underpinning the imposing instrumentation and the voices of the Ronettes. The piece also marked a turning point in the growth of the popular music industry; the affirmation of the idea that the construction of a piece of music is subjected to a creative procedure in which arrangers and producers play a decisive role, even dominating the performers. In fact, the performers depend on that work, capable of manufacturing a tailor-made sound, as if it were a dress for the thought. The drum rhythms in "Be My Baby" became among the most recognisable in popular music.

The emphasis shifted towards the way music was mastered and supplied, a turning point that reflected the desire for new technologies, the urge to free music from systems that had remained essentially the same for decades: juke boxes, radios and records with small speakers driven by low power amplifiers. The only way to give strength and impact to the music was to make it sound

7 The term goes back to 1874, when the New York Times quoted Richard Wagner's words about the renovation of the Nibelungen Theatre in Bayreuth. Here, for the first time, the orchestra was placed in a pit concealed from the view of the public (the 'mystic gulf'), so producing an imaginary 'Wall of Music' that would separate the real from the fantasy world. The term, changed to 'Wall of Sound', returned to vogue with the prominent woodwinds in Stan Kenton's jazz.

↓ *Jah Revelation répandant l'amour*, Carnaval de Notting Hill à Meanwhile Gardens, Londres, UK, 1983. Photo. Beezerphotos
↘ Jah Shaka avec son *Sound System* en concert à l'Albany Empire à Deptford, Londres, UK, 1984. Photo. Stephen Mosco

↙ *Jah Revelation Spreading The Love*, Notting Hill Carnival at Meanwhile Gardens, London, UK, 1983. Photo by Beezerphotos.
↓ Jah Shaka with his Sound System live at the Albany Empire in Deptford, London, UK, 1984. Photo by Stephen Mosco.

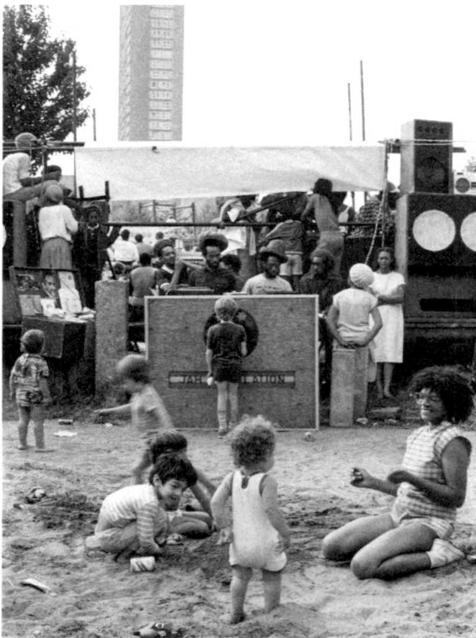

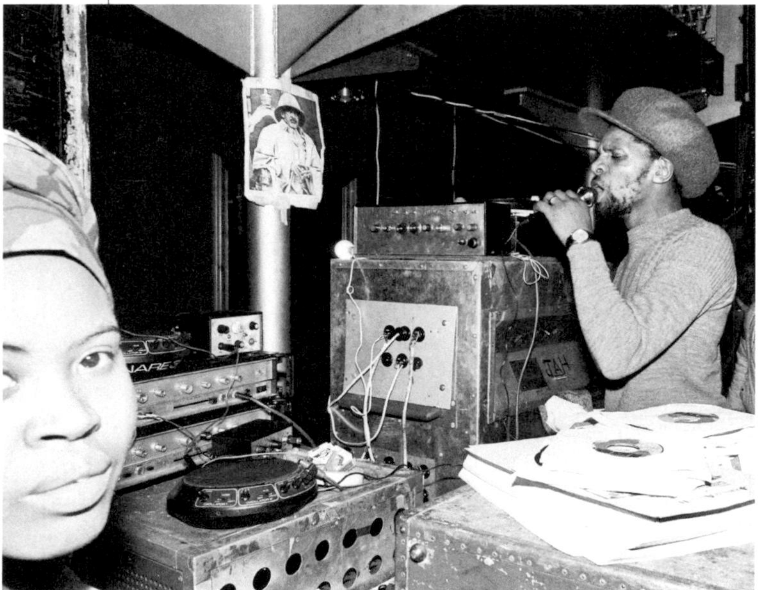

la musique, et sa richesse au moment de l'exécution, sans se soucier des risques de distorsion et des effets de réverbération qui étaient recherchés. En échange de la pureté, l'expérience de sons plus forts que la vie. C'était la musique elle-même, comme expression, qui criait sa propre force.

La naissance du dub, en Jamaïque, au début des années 1970, est liée à ce genre de recherches avant-gardistes, où un morceau existant, souvent un tube, est disjoint de son propre corps pour donner, à travers une opération de post-production exécutée en studio, plus de relief à son âme. Les voix se dissolvent dans leur propre écho, créant un espace nouveau, plus profond et impalpable. L'ingénieur devient musicien ; le *mixer* devient, à tous égards, instrument. Le développement de la musique électronique, des sons générés par les machines et, plus généralement, l'invention des concepts d'échantillonnage (de *sample*) et de remixage (de *remix*) trouvent leur origine dans le dub. Et le *sound system*, véritable studio artisanal portable, est son moyen de reproduction favori.

À partir de la fin des années 1960, les *selectors* devinrent progressivement aussi importants que la musique qu'ils passaient parce qu'ils étaient capables de lui donner une dimension personnelle unique (c'est exactement ce qui advint à partir des années 1980 avec les *disc-jockeys* et le développement de la *club culture* qui supplantèrent les concerts en direct). Ils pouvaient choisir parmi plusieurs morceaux neufs et à la saveur autochtone, particulièrement expérimentaux, de producteurs tels que King Tuby, Joe Gibs ou Lee « Scratch » Perry. Osbourne Ruddock, surnommé « Tubby », le pionnier de la musique dub, commença à créer des *specials*, des vinyles exclusivement créés pour lui, à faire écouter grâce à son *sound system* ou à un autre. Ce phénomène donna naissance à quelque chose de complètement différent, avec l'avènement du dancehall et des figures de Yellowman, Tenor Saw et Buju Banton, et l'introduction de chanteurs et de MC, qui s'adressaient à des *sound systems* rivaux et créaient de la musique inédite en direct, ouvrant la voie aux *dubplates* : des pistes gravées comportant une référence spécifique et exclusive à un son propre. Il était désormais impossible d'établir une nette distinction entre musique enregistrée et musique jouée en direct.

richer at the moment of performance, ignoring the risks of distortion or reverberations, which were actually sought. Purity was swapped for the experience of sounds louder than life. It was music as expression in itself, screaming its power. The birth of Dub music in Jamaica in the early 1970s was closely bound up with this type of advanced research, where an existing song, often one on the charts, was separated from its body to bring out its soul. Voices dissolved into their own echo, creating a new, deeper and more impalpable space. It all happened through post-production in the studio. The engineer became a musician, and the mixer became an instrument in all respects. The development of electronic music, of sounds generated by machines, and more generally the invention of the concept of sampling and remixing, had their origins in Dub. And the Sound System, a veritable portable craft studio, was the favored means of way of reproducing it.

Starting in the late 1960s, Selectors became progressively as important as the music they played because they were able to give it a unique personal dimension (exactly what happened from the 1980s with DJs and the development of Club Culture that supplanted live concerts). They could choose from a number of fresh, indigenous-flavoured, highly experimental tracks by producers such as King Tubby, Joe Gibbs and Lee "Scratch" Perry. Osbourne Ruddock, nicknamed "Tubby", the pioneer of Dub music, began to create "specials" –or exclusive tracks–for his and other Sound Systems to listen to. This phenomenon evolved into something completely different with the advent of the dancehall genre and figures such as Yellowman, Tenor Saw and Buju Banton introducing vocalists and MCs live, who would talk with their rival Sound Systems and create new music live, paving the way to the idea of dubplate: pre-existing tracks cut with a specific and exclusive reference to one's own sound. So it was no longer possible to speak of a clear distinction between recorded music and music played live.

↓ Duke Vin (Vincent Georges Forbes), né en Jamaïque, Duke Vin a été le premier opérateur de *Sound System* au Royaume-Uni, Notting Hill, Londres, UK. Photo. Giles Moberly
↘ Carnaval de Notting Hill, Londres, UK, 1983. Photo. Peter Anderson

↙ Duke Vin (Vincent Georges Forbes), Jamaican born Duke Vin was the first Sound System operator in the United Kingdom, Notting Hill, London, UK. Photo by Giles Moberly.
↓ Notting Hill Carnival, London, UK, 1983. Photo by Peter Anderson.

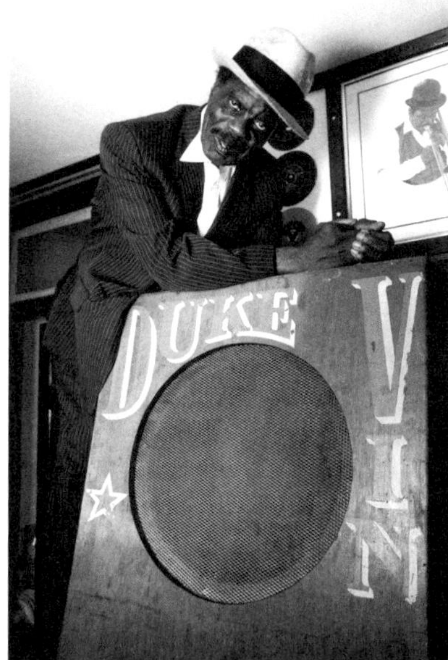


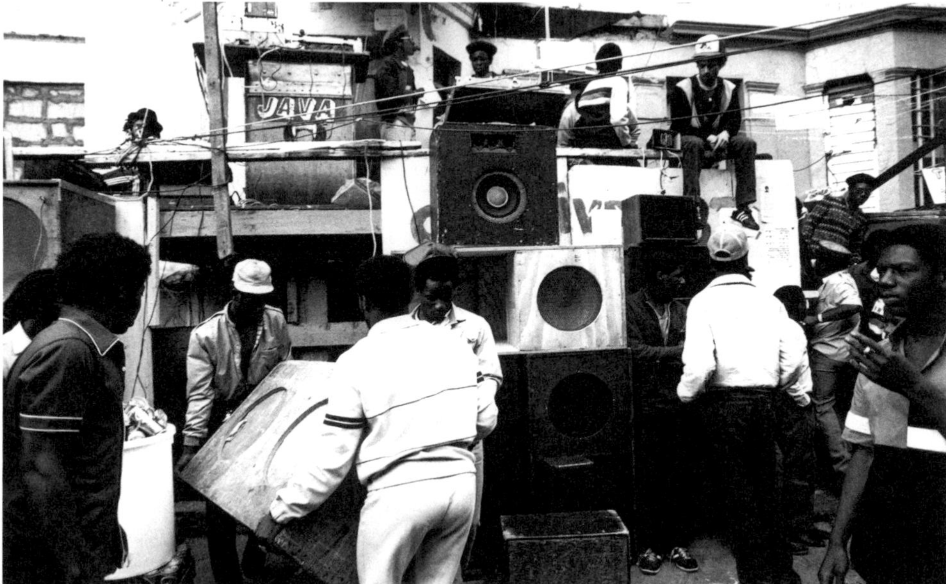


Considéré comme un instrument de musique et non seulement phonographique, le *sound system* se décompose ainsi : crossover audio, amplificateurs, scoops, tops, etc. Dans l'esprit du bricolage ou du fait maison, les caissons, les amplificateurs et tous les éléments de l'installation étaient auto-construits, produisant un son différent, une identité assumée et personnelle, unique parmi toutes les autres, où le même morceau aurait sonné de manière radicalement différente dans d'autres *sound systems*. Le public devait ensuite, en conséquence, faire son choix. Avec l'amplificateur, le *sound system* se compose d'une série d'autres petits appareils qui sont davantage fonction du type de fréquences que de la puissance du son qu'on recherche – certaines fréquences si basses (30-90 Hz) que l'oreille, à la différence du corps, ne peut pas les percevoir, et qui varient selon le morceau ou le moment de la soirée. Le crossover audio associé au *preamp* (préamplificateur), par exemple, sert à isoler les basses en intensifiant leur présence. On préfère souvent la diffusion mono à la stéréo, et on la divise en quatre parties : basses, moyennes-basses, moyennes et aiguës. On y trouve presque toujours le même ensemble de fréquences lié aux principaux effets et phénomènes présents dans un *sound system* : l'écho, la réverbération, le *delay*, le microphone, et la sirène (similaire aux sirènes de la police ou des ambulances). Cette dernière, devenue le signe distinctif du son anglais, fut introduite par Jah Shaka pour lancer un message, un avertissement, une sensibilisation du public.

Le *sound system* est donc beaucoup plus que la somme de son appareillage technique. La notion de collectivité sociale et de réseau des personnes qui s'organisaient autour de lui fait partie intégrante de son concept. Les *sound system* naissaient d'une organisation gérée par ses membres, dont les ressources aussi bien techniques que musicales relevaient, dans une très grande mesure, de la propriété collective. On tenait des réunions régulières entre les membres, pendant lesquelles on prenait les décisions les plus importantes. Les membres mettaient en commun leurs finances ou contribuaient à l'acquisition des objets et des appareils variés, qu'il s'agisse d'amplificateurs ou de *dubplates*. La division interne du travail reproduisait le modèle traditionnel jamaïcain, dans lequel chacun des membres jouait un ou plusieurs rôles iden-

Considered as a musical instrument as well as phonographic, the Sound System was broken down into its parts of crossover, amplifiers, scoops, tops and the like. In full DIY spirit, the amplifiers, the speakers, and the rest of the system were self-built, conveying a desired and personal identity, unique and different compared to all the others; where the same song would sound radically different from other Sound Systems. In addition to the amplifier, the Sound System was made up of a series of small pieces of equipment, which depended more on the type of frequency sought than on the power of the sound. Certain frequencies are so low (30–90 Hz) that the ear is unable to hear them, unlike the body, and they vary according to the piece or the moment of the evening. The crossover built into the pre-amp is useful for isolating the bass by emphasising its presence. Mono diffusion is often preferred over stereo. Its diffusion is generally divided into four parts: low, low-high, medium, high. Linked to the principal and phenomenological effects present in a Sound System, a set of frequencies remains constant such as echo, reverberation, delay, microphone and siren (mimicking police or ambulance sirens). This effect, taken as a distinctive feature of the UK Sound, was first introduced by Jah Shaka, to send people a message, a warning to be aware.

Hence, the Sound System is much more than the sum of its technical equipment. Implicit in its concept is the notion of a social collective and a network of people that gathered around it. The Sound Systems came together, were organized and managed by its members, whose technical and musical resources were, to a very significant extent, collectively owned. Regular decision-making meetings of the members were held and members pooled their finances or contributed to the purchase of various items and equipment, such as amplifiers or dubplates. The internal division of labor replicated a traditional Jamaican model in which the members

tifiables, chacun avec des responsabilités spécifiques. Souvent, le *soundman*, le chef, était le fondateur, le propriétaire et le directeur général du son, responsable de la supervision des opérations, des réservations et de la gestion des finances. L'*engineer* occupait un poste technique qui incluait la responsabilité de la manutention, de la réparation et, dans de nombreux cas, de la construction de l'équipement du son lui-même. C'était toujours lui qui, invariablement, était aussi responsable du branchement des appareils et du câblage, ou *stringing up*, du son.

Dans le contexte d'une soirée *sound system* en direct entrait en piste une série d'autres personnages : l'*operator*, responsable de la manipulation et du jeu des amplificateurs, des préamplificateurs, des équaliseurs et des effets sonores. Dans de nombreux cas, l'*operator* était la même personne que le technicien. Le *selector* manipulait le tourne disque et les disques secondaires, sa responsabilité principale consistait à choisir quels disques jouer, à quel moment et dans quel ordre. À la plupart des *sound systems* étaient aussi associé un groupe de *deejays* réguliers. Quant au *box boy*, il consistait en une sorte de position junior, de débutant, et faisait partie d'un système informel d'apprentissage qui opérait à l'intérieur de la culture *sound system*. Parallèlement au noyau des membres fondateurs, la composition du son était fluide, et certains membres s'unissaient ou quittaient le son périodiquement. On pouvait aussi s'adjoindre de nouveaux membres grâce à des alliances ou à des fusions avec ou entre *sound systems*, parfois plus petits.

Dans le sillon du développement des mouvements *Black Power*, la culture des *sound systems* devint le véhicule de promotion de messages de résilience, de conscience et de revendication. Si la musique était étroitement liée, dans les années 1960, à la danse et au divertissement, dans les années 1970 on porta l'accent sur le message, souvent à travers le récit d'histoires ordinaires. Des messages et des textes grâce auxquels de nombreux migrants apprirent à parler anglais en écoutant de la musique, reprenant la tradition africaine dans laquelle les tambours étaient – et sont encore dans certains cas – utilisés pour envoyer des messages. Le tambour parle et la musique transcende son message pour devenir le principe partagé d'un certain mode de vie, de la compréhension de son prochain et d'une relation à la nature. Le verbe du leader jamaïcain du droit au retour des descendants africains, Marcus Garvey, par exemple, fut diffusé à travers une musique non systématiquement écrite mais basée sur la mémoire et la conscience. Des messages aux influences bibliques, des éloges de Jah et du mouvement rastafari sur les vibrations du tambour et de la basse, étaient accompagnés par le son strident des cymbales.

La naissance des *sound systems* offrit un moyen de répondre aux nécessités politico-sociales de rassemblement, au sein d'une économie spontanée et autogérée, promue par les nouvelles générations. Au-delà d'un simple système sonore mobile, le *sound system* est fondé sur le concept de happening, et consiste en une occasion d'écoute collective d'une musique originellement pré-enregistrée, mais dans un contexte et selon une modalité totalement inédite, tout en étant basée sur la notion de mémoire partagée. Dans une soirée dansante en direct, les *revives* et les *oldies* étaient typiquement joués lors d'un segment spécifique. Diverses variantes stylistiques du même riddim pouvaient aussi être jouées dans une même séquence, avec des versions contemporaines accolées à leurs originaux. Jouer ces originaux, ces classiques hors du temps, était un moyen de rendre hommage aux prédécesseurs respectés de la tradition reggae. Cette pratique de valorisation

held one or more identifiable roles, each with specific responsibilities. The chief soundman was often the founder, owner and general sound manager, responsible for overseeing operations, reservations and managing the finances. The role of engineer was technical and included responsibility for the maintenance, repair and in many cases construction of the sound equipment. The engineer would also invariably be responsible for connecting this equipment and wiring, or "stringing up" the sound.

In the live environment of a sound system dance, an additional set of functions would come into play. These included the role of the operator, responsible for manipulating and playing the amplifiers, preamps, equalisers and sound effects. In many cases, the operator was the same person as the technician. The Selector manipulated the turntable and optional discs, with the primary responsibility for choosing which discs to play, when and in what order. Most of the Sound Systems also had a group of regular DJs. The Box Boy role was a kind of junior, entry-level position. It was part of an informal apprenticeship system that operated within the Sound System culture. While there was a core of founding members, the composition of the Sound System was fluid, with individual members joining or leaving on a regular basis. New members were also acquired from alliances or mergers with other, often smaller, sound systems.

If music in the '60s was closely bound up with dance and entertainment, during the '70s an emphasis on the message developed, including the telling of ordinary stories. Following the development of the "Black Power" movements, the culture of Sound Systems became a promotional vehicle for conveying a message of resilience, awareness and affirmation. Messages and words through which many migrants learned to speak English by listening to music, drawing on the African tradition, where drums were, and still are in some cases, used to send messages. In Reggae music, the drum speaks and the music transcends its message to become the shared principle of a certain way of living, understanding one's fellows and their relationship with nature. The messages were those of the Jamaican leaders in the movement for the rights of the descendants from Africa, Marcus Garvey for example. His word was spread through music, a music not necessarily written but based on memory and awareness. Some messages had biblical inspiration, with praise to Jah and Rastafarianism to the beat of the drum and bass, accompanied by the strident sound of cymbals.

The birth of Sound Systems was a way to embrace the political and social needs for getting together, within a spontaneous and self-managed economy, promoted by the new generations. More than just a simple mobile sound system, the Sound System is based on the concept of the happening, a way of coming together and listening to originally pre-recorded music, in an absolutely new setting and a new way, yet still resting on the concept of shared memory. In a dancehall, revives and oldies were typically played in a specific segment. Different stylistic variations of the same rhythm could also be played in a sequence, with contemporary versions played back-to-back with their originals. Playing these

d'un patrimoine musical partagé représentait une reconnaissance des racines du reggae. Pour les *selectors*, il s'agissait d'une partie de leur mission, une mission qui impliquait d'éduquer leur public et de maintenir ces connexions de manière à ce qu'elles ne soient pas oubliées.

Bien que le *sound system* plonge ses racines en Jamaïque, il a développé une identité et une expression propres en Grande-Bretagne. Avec le reggae comme base culturelle, il a été à l'origine et a absorbé d'autres genres de musique : le soul, le funk, le RnB, le hip hop, la house, la jungle, le drum and bass, le garage, le dubstep, le grime. Son style britannique caractéristique raconte donc une histoire unique de migration, d'installation et d'identité. La culture des *sound systems* a aussi défini la manière dont la musique électronique s'est déployée, de l'architecture sonore comprimée du club techno aux raves, carnavals, free parties et festivals, comme autant de bandes-son des aspirations de libération et d'évasion. Ce phénomène de démocratisation de la culture de la jeunesse a associé la recherche d'identité à celle d'une identité fantasmée, exaltant les expériences collectives et interconnectées faites de joie, d'épuisement et de défoulement maîtrisé, jusqu'à l'exploration d'une influence musicale globale inséparable des concepts de communauté, de mémoire, de spiritualité et de *life style*.

Traduit de l'italien par Marie Caillat

original, timeless classics was a way of paying homage to respected predecessors in the reggae tradition. It was a way of enhancing the value of a shared musical heritage and a recognition of the roots of contemporary reggae. Sound selectors did this as part of their mission, which involved educating their audiences and maintaining these connections so they weren't forgotten.

Although the Sound System originated in Jamaica, it has developed its own expression and identity in Britain. With reggae as a cultural base, it then created and absorbed other genres of music: Soul, Funk, R&B, Hip Hop, House, Jungle, Drum & Bass, Garage, Dub Step, Grime. Its distinctive British style, therefore, tells a unique story of migration, settlement and identity. The culture of the Sound System has also defined the use of electronic music, from the compressed sonic architecture of the techno venue, at raves, carnivals, free parties and festivals, the soundtracks of the aspirations for liberation and escape. It is a way of democratising youth culture that has combined the idea of the search for an identity with an imaginative identity, enhancing collective and interconnected experiences made up of joy, exhaustion and calculated release, ending up by exploring a global musical influence inherent in the concepts of community, memory, spirituality and lifestyle.

Translated from Italian by Richard Sadleir

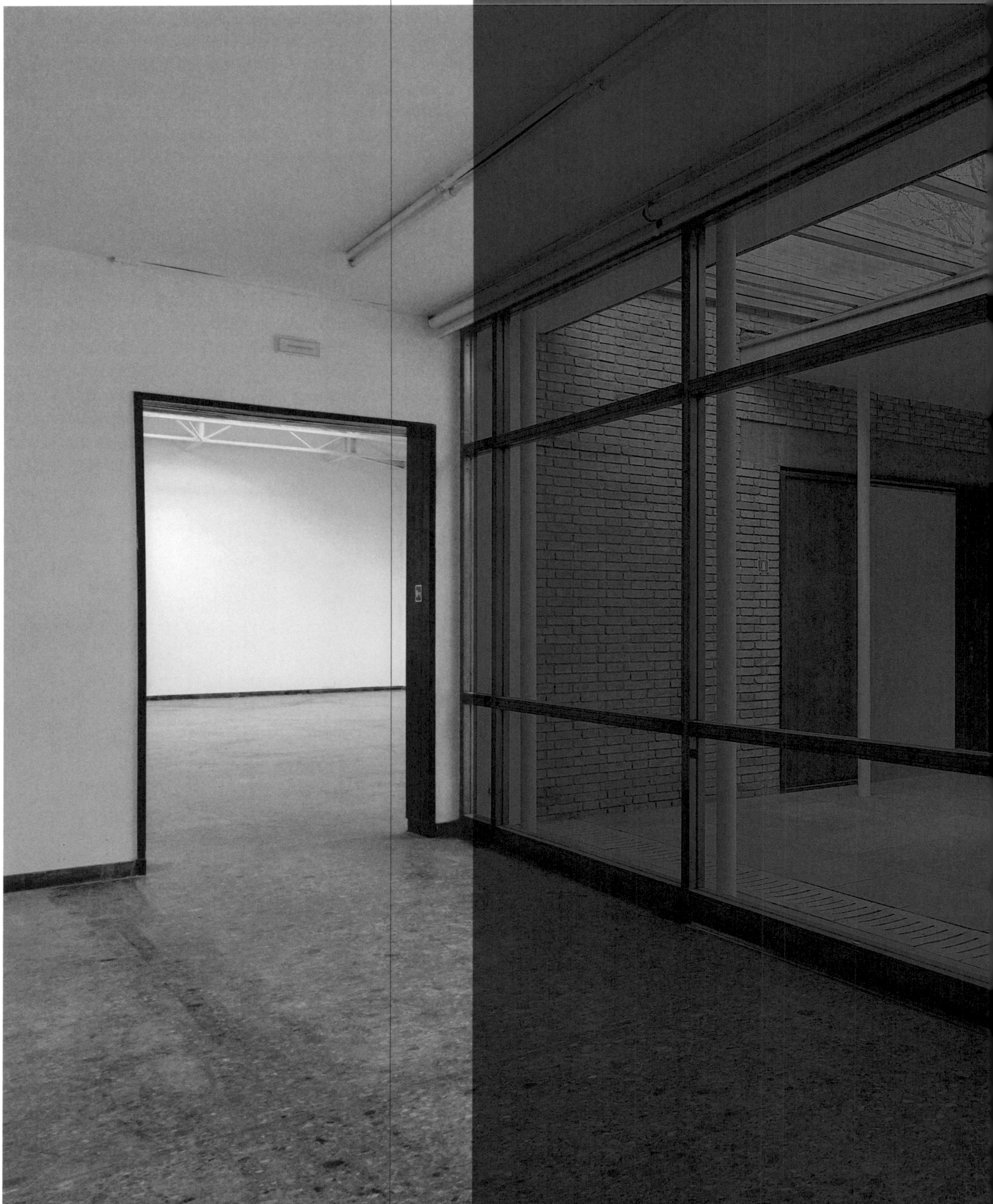

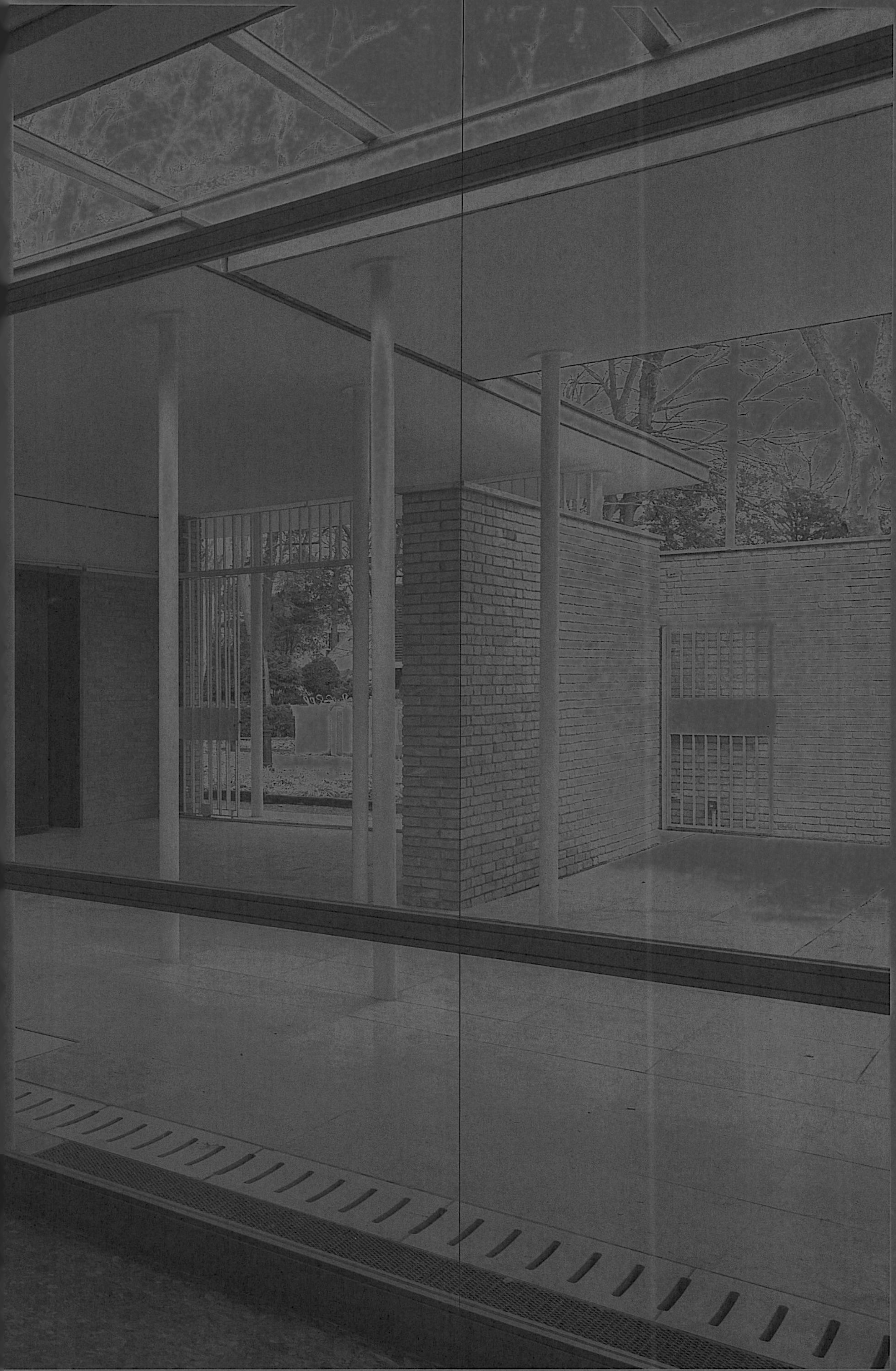

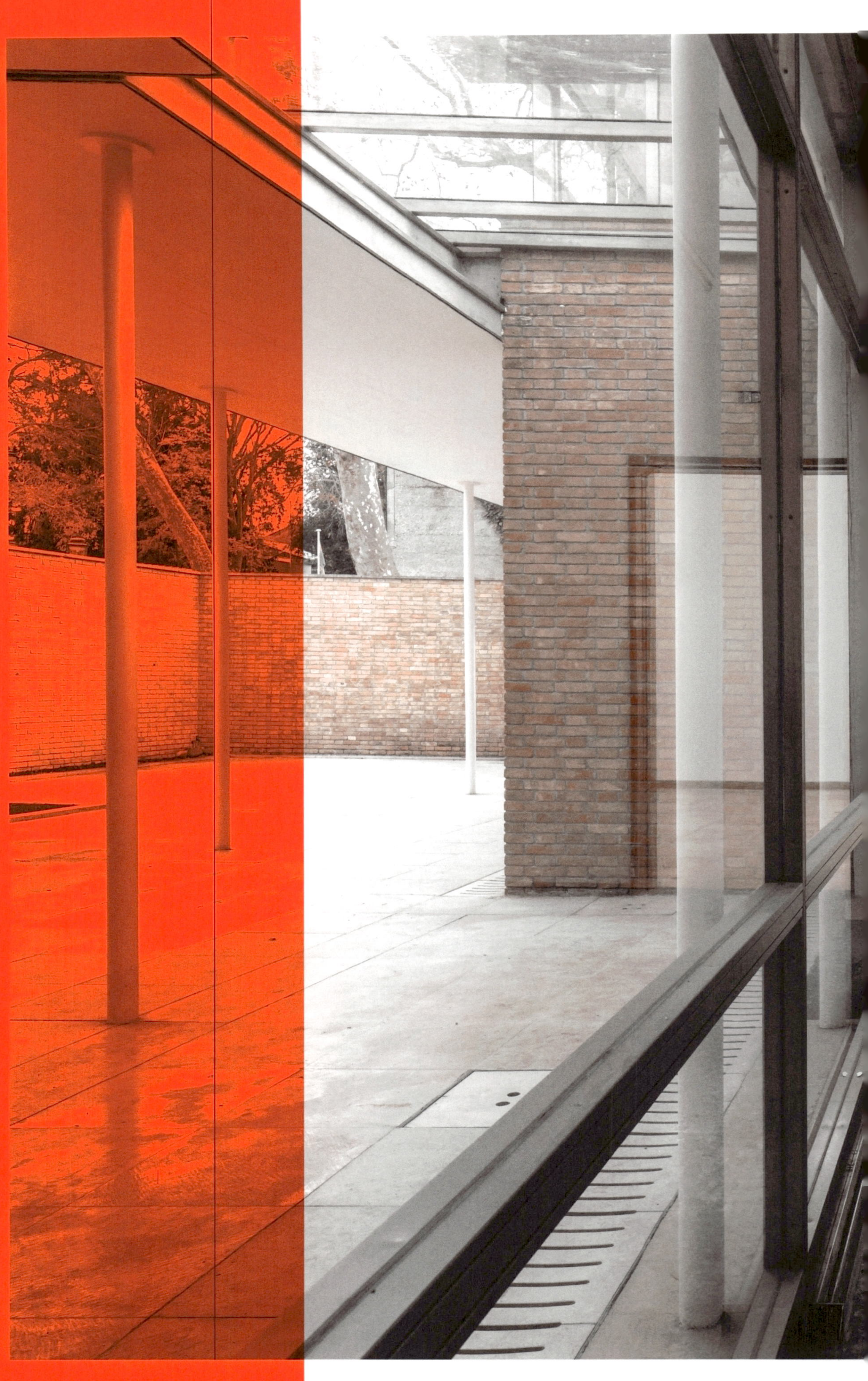

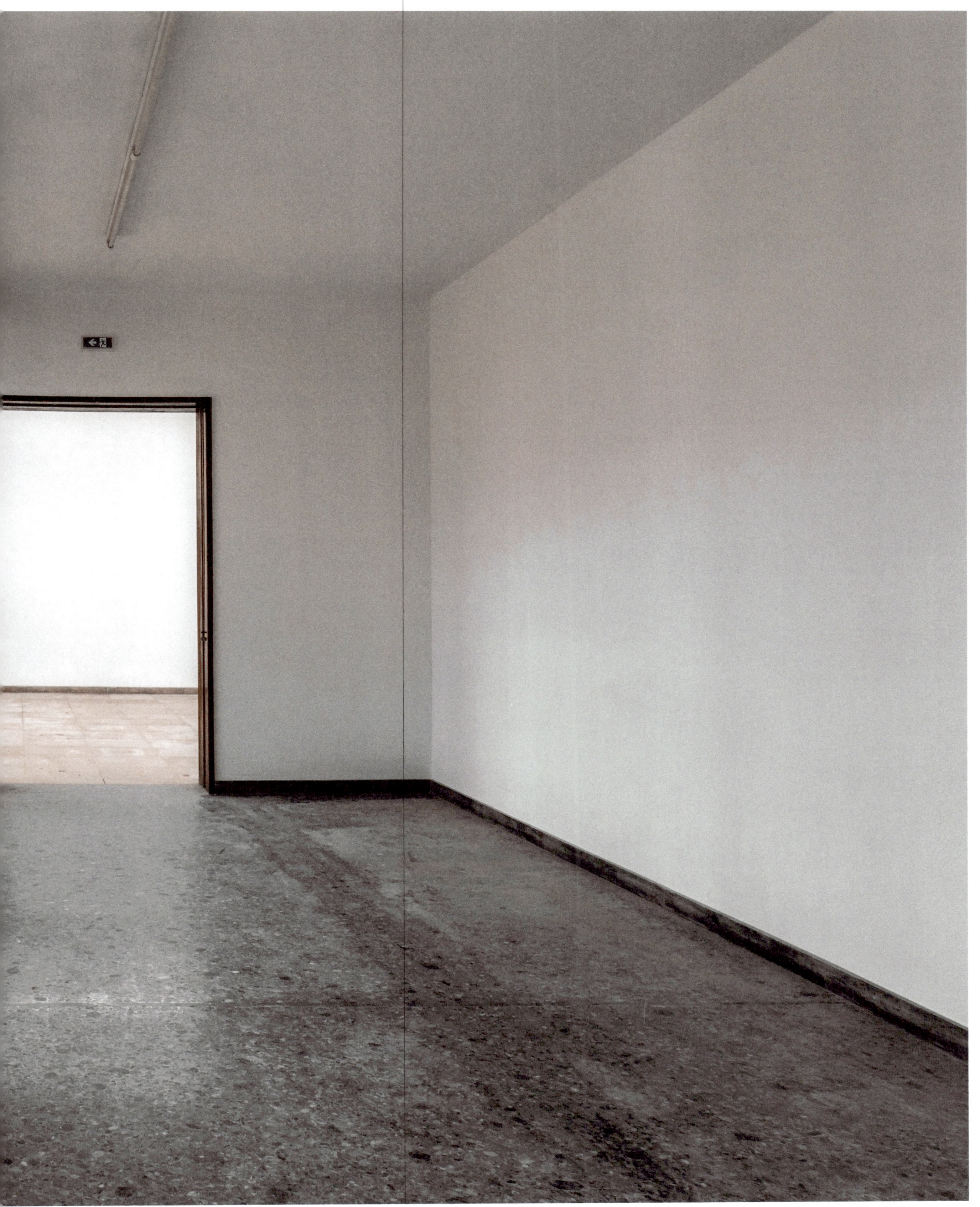

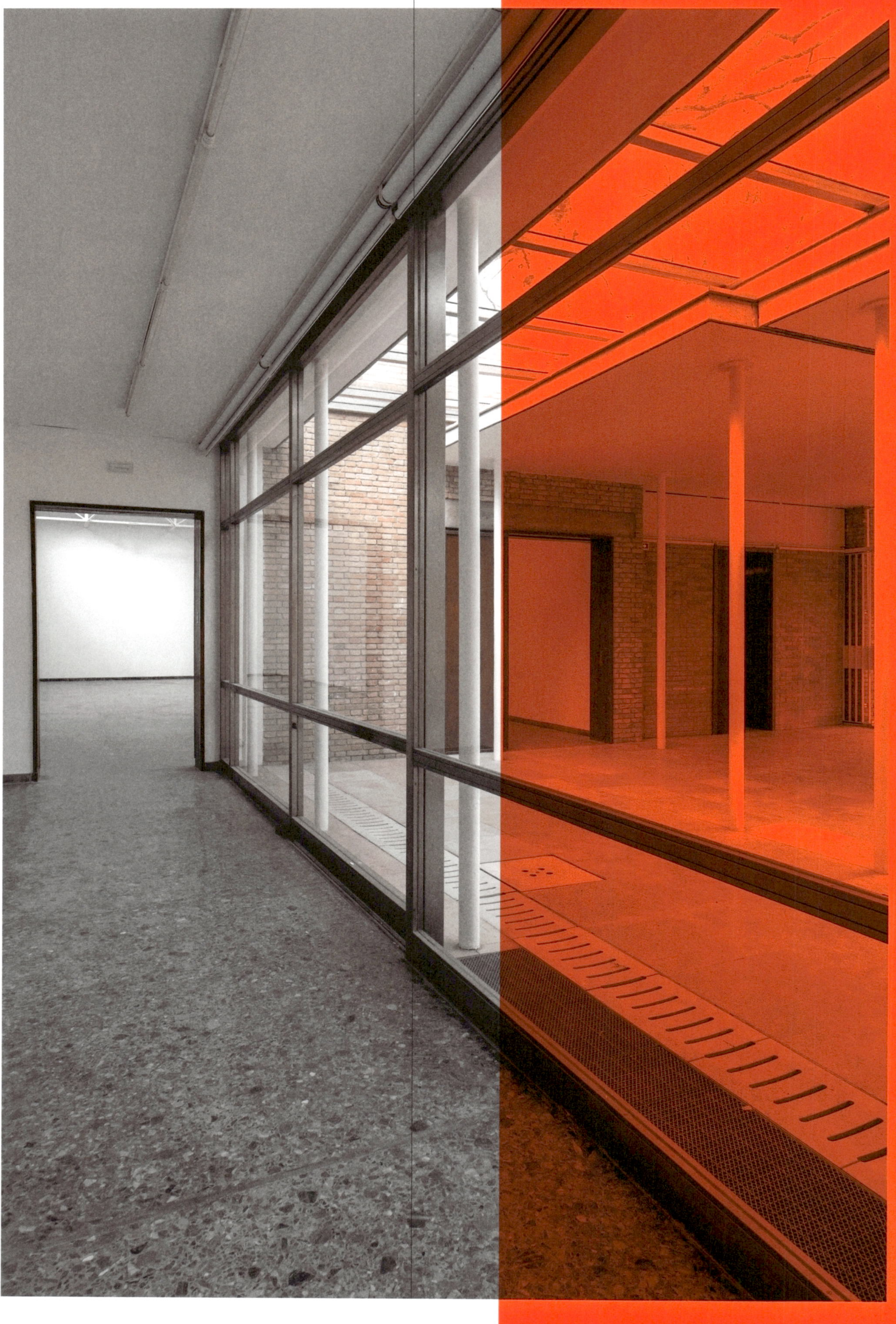

# L'œuvre musicale à l'ère des médias en voie de disparition
Latifa Echakhch, Francesco Stocchi et Jonathan Sterne
En conversation

FRANCESCO STOCCHI (FS) — Depuis le début des années 1990, nous connaissons un changement de paradigme dans notre manière de consommer la musique avec l'essor des discothèques permanentes et itinérantes qui remplacent, ou du moins repositionnent, les concerts *live*. Nous sommes passés du son *live* aux disques, d'une musique que le public pouvait ne pas connaître, au sens le plus strict, à la diffusion publique de morceaux enregistrés, pour la plupart déjà connus, qui activent et partagent la mémoire collectivement. Au cours de ce déplacement du spectacle *live*, du passage du groupe au DJ, quelles ont été les principales évolutions suivies par la musique depuis ce développement ?

JONATHAN STERNE (JS) — Depuis l'invention du son enregistré, il existe une crainte de voir les enregistrements supplanter totalement la performance en public. Aux États-Unis, John Philip Sousa s'était interrogé sur « ce qu'il adviendra des gorges nationales » après l'arrivée du phonographe. Au Royaume-Uni, le syndicat des musiciens a lutté contre l'essor des juke-boxes en menant une campagne de promotion de la « musique vivante [*live*][1] », version abrégée de « musiciens vivants ». Évidemment, la plus grande menace pour la performance *live* aujourd'hui est celle de la pandémie de covid, qui a grandement affecté toutes les personnes associées aux arts de la scène, tant sur le plan financier que créatif. Elle est considérée comme une menace car, même si les revenus tirés de la musique enregistrée ont été importants pour l'industrie musicale, ses acteurs ont su trouver de multiples moyens pour que les artistes ne puissent plus compter sur les recettes générées par les enregistrements comme une source substantielle de revenus.

Mais vous avez raison de constater que de nombreux lieux qui accueillaient des musiciens ont commencé à engager des DJ, parfois en plus des musiciens, mais souvent à leur place. Ce phénomène reflète en partie la popularité du dub, du hip-hop, de la techno et d'autres genres musicaux qui s'articulent autour d'un petit nombre d'artistes travaillant avec des dispositifs électroniques - platines, boîtes à rythmes, synthétiseurs, ordinateurs - et donnent forme aux flux sonores qui en sortent. Pour moi, c'est aussi de la « musicianité », mais comme l'ont montré des auteurs comme Mark Butler, elle est quelque peu différente de celle qui consiste à frapper répétitivement sur un tambour ou à stimuler une corde pour obtenir un son - il appelle ça « jouer avec ce qui court ». Autrement

1 John Philip Sousa, « The Menace of Mechanical Music », *Appleton's Magazine*, vol. 8, September 1906, p. 278-284 ; Sarah Thornton, *Club Cultures: Music, Media, and Subcultural Capital*, Wesleyan University Press, Hanover, NH, 1996.

# The Work of Music in the Age of Disappearing Media
Latifa Echakhch, Francesco Stocchi, and Jonathan Sterne
In Conversation

FRANCESCO STOCCHI (FS) — Since the early '90s we saw a change of paradigm in the consumption of music, with the rise of permanent and mobile discotheques replacing, or at least repositioning, live shows. The emphasis switched from live sound to records, from music the public may not know, in the strict sense, to the public diffusion of mostly known recorded music which would activate and share memory collectively. In this repositioning of live shows, the switch from the band to the DJ, what have been the main evolutions that music experienced since this development?

JONATHAN STERNE (JS) — Since the invention of recorded sound there have been anxieties about recordings killing off live performance. In the US, John Philip Sousa famously wondered "what will become of the national throat" in the wake of the phonograph? In the UK, the musicians' union challenged the rise of jukeboxes with a campaign in support of "live music" as a shortened version of "living musicians."[1] Of course, the greatest threat to live performance today is the Covid pandemic, which has greatly affected everyone associated with the performing arts, both financially and creatively. And it is understood as a threat because even as revenues for recorded music have been strong for the music industry, industry actors have found many ways to ensure that musicians can no longer rely on revenue from recordings as a significant source of income.

But you are correct that many venues that employed musicians have started to employ DJs–sometimes in addition to musicians, often instead of them. Part of this reflects the popularity of dub, hip hop, techno, and other music genres that are built around small numbers of musicians working with electric and electronic devices–turntables, drum machines, synthesizers, computers–shaping flows of sound coming out of them. To me, it's all musicianship, but as writers like Mark Butler have shown, it's a somewhat different kind from having to repetitively hit a drum or stimulate a string to get sound–he calls it "playing with something that runs." Put simply, alongside improvements in amplification, this allows fewer people to make more sound. This change occurred alongside

1 John Philip Sousa, "The Menace of Mechanical Music," *Appleton's Magazine* 8 (September 1906): 278–284; Sarah Thornton, *Club Cultures: Music, Media, and Subcultural Capital* (Hanover: Wesleyan University Press, 1996).

dit, parallèlement aux améliorations de l'amplification, cette technologie permet à moins de personnes de générer davantage de sons. Ce changement s'est produit alors que le prix des équipements électroniques de musique diminuait et que les ordinateurs portables et les logiciels musicaux faisaient de même. Cette évolution a eu une incidence sur les genres de musique populaires, ce qui a influencé ce que les gens voulaient entendre et sur quoi danser dans un contexte *live*. En réalité un DJ, ou une personne équipée de quelques petits synthétiseurs, joue la même fonction sociale qu'un big band qui animait un concert dansant dans les années 1940. Ce qui a changé c'est l'éventail des genres, des scènes et des formes de musique proposées. Et chaque scène ou genre présente ses propres conventions en matière de pratique musicale. Un concert d'avant-garde qui réunit des compositeurs universitaires peut avoir lieu dans un auditorium à l'acoustique contrôlée, avec un public assis, orienté vers l'avant et attentif, ce qui est plus ou moins comparable à une symphonie (bien que les symphonies attirent un public plus nombreux). Mais on pourrait tout aussi bien se rendre dans un bar ou un club, dont l'acoustique y est bien plus aléatoire, où les gens sont debout, discutent, boivent et se déplacent tandis qu'un artiste sur scène utilise exactement le même matériel, et joue une musique similaire à celle du contexte universitaire. L'expérience de la musique *live* est donc collective, puisqu'elle rassemble des individus à un moment donné ; et hétérogène dans la mesure où si une personne vous affirme qu'elle aime la musique *live*, vous n'avez en fait que très peu d'informations sur ce qu'elle fait lorsqu'elle assiste à un événement musical de ce genre[2].

Beaucoup de spécialistes ont également réfléchi à l'évolution de ce concept du *live*. Depuis l'avènement du *turntablism*, et plus tard des samplers portables et à prix abordable, la musique *live* peut inclure de la musique enregistrée. Lorsque le syndicat des musiciens britanniques protestait contre les juke-boxes, ses membres pouvaient tracer une distinction claire entre les enregistrements et les performances *live*. Mais aujourd'hui, c'est tout simplement impossible. Même des productions d'opéra sophistiquées ont parfois recours à des sons préenregistrés dans le cadre de représentations en public. Les musiciens enregistrent et rejouent en temps réel, improvisant à partir d'un amalgame entre eux-mêmes et leurs machines.

Les frontières entre ce qui est enregistré et *live* se sont aussi troublées dans l'autre sens : les performances sur TikTok, YouTube et d'autres plateformes audiovisuelles cherchent à fabriquer une présence *live* exclusivement dans les limites d'un format numérique. Cette tendance a été particulièrement forte pendant la pandémie, où les musiciens ont tenté de réinventer la forme du concert comme une expérience à vivre en ligne, en partie parce que les enregistrements ne représentent plus une source importante de revenus pour beaucoup d'artistes.

Dans ce contexte il existe encore bien souvent une forte division culturelle entre la personne musicienne et non-musicienne, l'artiste qui performe et le public. En conséquence, je pense honnêtement que la plupart des personnes qui écoutent ne se soucient pas de ces distinctions dans la manière de faire de la musique, ni des différentes expériences et économies des artistes. Elles écoutent la musique qu'elles

2 Mark J Butler, *Playing with Something That Runs: Technology, Improvisation, and Composition in DJ and Laptop Performance*, Oxford University Press, New York, 2014.

music electronics dropping in price, and eventually laptop computers and music software following suit. This affected the kind of music that was popular, which in turn affected what people wanted to hear and dance to in a live setting. In a real way, a DJ, or someone with a couple small synthesizers, is performing the same social function as a big band playing a dance gig in the 1940s. What's changed is the range of music genres, scenes, and forms on offer. And every scene or genre has its different conventions of musical practice. An avant-garde concert featuring university-employed composers may happen in an acoustically treated auditorium with a seated audience facing forward and listening attentively, more or less the same as a symphony (though symphonies still draw larger audiences). But one could just as easily visit a bar or club, with considerably more variable acoustics, where people stand, talk, drink, and move about as an artist on stage uses the very equipment, and even makes similar music to the university context. The experience of live music is therefore collective in that it is people getting together in a moment; and variegated in that if someone tells you they love live music, you actually have very little information about what they do when they attend a live music event.[2]

Many scholars have also reflected on changing definitions of "liveness." Since the advent of turntablism, and later portable and affordable samplers, live music may contain recorded music. When the British musicians' union was protesting jukeboxes, they were able to draw a hard line between recordings and live performances. But today that is simply impossible. Even elaborate opera productions will sometimes use prerecorded sound as part of a live performance. Musicians will record and play back in real time, improvising with an amalgamation of themselves and their machines.

The lines between *recorded* and *live* have been blurred from the other direction as well: performances on TikTok, YouTube, and other audiovisual platforms seek to produce liveness entirely within the confines of a digital format. This has been especially true during the pandemic, where musicians have attempted to reinvent the concert form as something you can experience online, in part because recordings are no longer a significant source of income for many artists.

In all of these settings, there is still often a strong cultural division between musician and non-musician, performer and audience. One result of that is I honestly think most listeners don't care about these differences in how music is made, and the different experiences and economies for musicians. They listen to the music they like, and to them it feels "live" when it's set up as a special occasion, in a special place, and at a special time.

At the same time, the experience of recorded music has changed with the success of rentier services like Spotify and Apple Music.

2 Mark J Butler, *Playing with Something That Runs: Technology, Improvisation, and Composition in DJ and Laptop Performance* (New York: Oxford University Press, 2014).

aiment, et pour elles, la musique est *live* lorsqu'elle est jouée pour une occasion particulière, dans un lieu particulier et à un moment particulier.

Parallèlement, l'expérience de la musique enregistrée a aussi changé avec le succès de services « rentiers » comme Spotify et Apple Music. Les services d'abonnement ne sont pas vraiment comme la radio, parce que les personnes ont un certain contrôle sur ce qu'elles écoutent ; ce n'est pas non plus comme l'achat d'un enregistrement, puisque la forme du produit est le service de musique « illimitée » pendant une période donnée, plutôt qu'un seul album ou un coffret (bien que, clairement, malgré leur discours sur la profusion, les principaux services de streaming excluent une vaste majorité de la musique enregistrée mondiale). La relation entre cette expérience de disponibilité illimitée façonne sans aucun doute les habitudes d'écoute des individus puisque les playlists, les musiques selon l'humeur et le contexte prennent une plus grande importance qu'elles ne l'avaient déjà. Une partie de ce phénomène pousse les auditeurs et auditrices à faire allégeance, un peu comme avec une station de radio classique, à des playlists évolutives et aléatoires (via Spotify, Deezer, Bandcamp) plutôt qu'à des artistes ou des genres particuliers. Les playlists sur YouTube, comme Lofi Girl (qui diffuse de la musique en continu 24 heures sur 24, 7 jours sur 7), reposent sur des humeurs et des contextes et non sur le genre ou l'artiste ; Spotify fonctionne sur un modèle similaire avec ses listes de lecture personnalisées et sponsorisées[3].

La dernière complication concernant le *live* tient à la plus grande accessibilité de nombreux artistes via les réseaux sociaux. C'est à la fois une bénédiction et une malédiction pour les fans et les musiciens, dans la mesure où la séparation entre l'interprète et le public s'en trouve démystifiée. Je ne suis pas pour la sacralisation de l'artiste, et suis donc généralement en faveur de cette approche : il vaut mieux que le public voie les artistes comme des personnes ordinaires (et que tout le monde puisse potentiellement faire de la musique), mais ça peut aussi être problématique si l'artiste se sent dans l'obligation de partager d'une manière qui semble forcée ou invasive, ou d'être présent pour son public d'une façon qui le met mal à l'aise. Nancy Baym a observé que les artistes qui ont émergé pendant l'ancienne économie manifestent un avis mitigé vis-à-vis de cet aspect de la pratique musicale moderne. Mais en même temps la musique est fondamentalement synonyme de relation sociale. Il ne s'agit pas d'une simple marchandise, et comme elle l'écrit, les fans ne sont pas de simples machines à cash. Pourtant, le *fandom* repose parfois sur une connaissance limitée des origines ou du contexte de la musique : « Ne rencontrez jamais vos idoles » et ce genre d'adages[4].

FS — À la suite de ces évolutions, quels ont été les changements les plus significatifs dans la composition d'une pièce musicale ? Pensez-vous que notre manière de consommer de la musique a des effets sur la musique elle-même ? Par

3 Ariana Moscote Freire, « Remediating Radio: Audio Streaming, Music Recommendation and the Discourse of Radioness », *Radio Journal* 5, no. 2-3, 2008, p. 97-112 ; Nedim Karakayali, Burc Kostem, et Idil Galip, « Recommendation Systems as Technologies of the Self: Algorithmic Control and the Formation of Music Taste », *Theory, Culture & Society* 35, no. 2, mars 1, 2018, p. 3-24, https://doi.org/10.1177/0263276417722391 ; Maria Eriksson et al., *Spotify Teardown: Inside the Black Box of Streaming Music*, MIT Press, Cambridge, 2019.

4 Nancy K. Baym, *Playing to the Crowd: Musicians, Audiences, and the Intimate Work of Connection*, Postmillennial Pop, New York University Press, New York, 2018.

Music subscription services are not quite like radio, because people have some control over what they listen to; they also are unlike the purchase of recordings, because the commodity form is the service of "unlimited" music for a period of time, rather than a single, album, or boxed set (though to be clear, despite their rhetoric of abundance, the major music subscription services exclude a vast majority of the world's recorded music). The relationship between this experience of unlimited availability certainly shapes people's listening patterns, as playlists, moods, situational music take on a greater importance than they already had. Part of it pushes listeners to a radio-like allegiance to a channel (via Spotify, Deezer, Bandcamp) rather than particular musicians or genres. YouTube playlists like Lofi Girl (livestreaming music 24/7) focus around moods and situations, rather than genre or artist; Spotify works on a similar model with their branded and promoted playlists.[3]

The final complication for conceptions of liveness is the greater accessibility of many musicians through social media. This is both a blessing and a curse for fans and musicians because it demystifies the performer/audience split. As someone not fond of mystifications, I am generally in favour of this sort of thing: it's better if audience members see performers as people (and maybe even learn that all people can potentially make music), but it can also be troubling if the musician feels they have to share in ways that feel forced or invasive, or to be present to their audience in ways that make them uncomfortable. Nancy Baym has written about how musicians who came up in the old economy are really ambivalent about this aspect of modern musical practice. But at the same time, music is fundamentally a social relationship. It's not just a commodity, and as she says, fans are not just cash registers. Still, sometimes fandom relies on *not* knowing much about the origins or context of the music. "Never meet your idols" and all that.[4]

FS — As a consequence of these evolutions, what have been the most noteworthy changes in the composition of a musical piece? Do you think the way we consume music has effects on music itself? For instance, you mentioned all-inclusive rentier services where music is experienced in response to the listener's spontaneous desires but it is not longer owned as an object. Maybe it is the greatest success of the sharing economy applied to culture. In Spotify, in order for authors to cash in rights for each of their streams, the musical piece has to be listened for at least 30 seconds. As a consequence, we have witnessed in the last five years or so a radical change in the structure of a track. Intros seem to have

3 Ariana Moscote Freire, "Remediating Radio: Audio Streaming, Music Recommendation and the Discourse of Radioness," *Radio Journal* 5, no. 2-3 (2008): 97-112; Nedim Karakayali, Burc Kostem, and Idil Galip, "Recommendation Systems as Technologies of the Self: Algorithmic Control and the Formation of Music Taste," *Theory, Culture & Society* 35, no. 2 (March 1, 2018): 3-24, https://doi.org/10.1177/0263276417722391; Maria Eriksson et al., *Spotify Teardown: Inside the Black Box of Streaming Music* (Cambridge, MA: MIT Press, 2019).

4 Nancy K. Baym, *Playing to the Crowd: Musicians, Audiences, and the Intimate Work of Connection*, Postmillennial Pop (New York: New York University Press, 2018).

exemple, vous avez mentionné les services rentiers tout compris où la musique est écoutée en fonction des désirs spontanés de l'auditoire, mais où elle n'est plus possédée sous la forme d'un objet. C'est peut-être le plus grand succès de l'économie collaborative appliquée à la culture. Sur Spotify, afin que les artistes puissent toucher des droits pour chacun de leurs *streams*, le morceau de musique doit être écouté pendant au moins trente secondes. En conséquence, nous avons assisté, au cours des cinq dernières années environ, à un changement radical de la structure des morceaux. Les intros semblent avoir disparu, les compositions se précipitent directement vers leur essence, le climax, pour mieux retenir notre attention. Au moins pour les trente premières secondes ! Ce qui, bien sûr, a une incidence sur la mémoire. La façon dont nous apprécions la musique semble avoir changé sa composition de base. Pourriez-vous définir une sorte de « code d'identification » pour la musique de ces années ? Avez-vous l'impression qu'un morceau vieillit plus vite qu'auparavant, qu'il finit par être vite oublié, ce qui affecte rétrospectivement ce que l'on considère comme un classique ?

JS — Je dis toujours à mes étudiants que le principe fondamental de mon domaine, l'étude des médias, est que l'on ne peut pas dissocier la signification d'un message de son mode de circulation. La brièveté relative d'un post TikTok ou Instagram conditionne certainement la prise de décision des artistes sur ces plateformes, car leurs structures récompensent certaines pratiques ou actions plutôt que d'autres. Mais c'est une vieille histoire : à l'époque des cylindres phonographiques en cire, certains instruments de la famille basse n'étaient pas utilisés parce qu'ils faisaient sauter l'aiguille du sillon ; certaines voix s'enregistraient mieux que d'autres ; et rien ne pouvait dépasser la durée d'environ trois minutes du cylindre. Quelques décennies plus tard, lorsque RCA a décidé d'étudier son catalogue de hits pour déterminer la durée appropriée d'un disque 45 tours, il est certain que cette limite initiale de trois minutes a influencé leur démarche. La décision de faire en sorte qu'un tube soit particulièrement accrocheur pendant les trente premières secondes est du même genre, ça s'inscrit parfaitement dans cette histoire. Quels sont les titres qui passeront bien sur ce que nous appelons aujourd'hui la radio AM (ce qui était autrefois simplement la « radio ») ? Quels sont les morceaux susceptibles d'être repris pour des publicités, des séries TV, des bandes originales ? Si la musique est un mode de communication, et je pense que c'est le cas, alors elle doit fonctionner au sein d'un cadre qui façonne les possibilités de communication. Il n'existe pas de critère pur en dehors du média ou de la performance qui permettrait d'établir une durée ou une progression naturelle des œuvres musicales ou des performances. La question est toujours de savoir où, comment, pour qui et quand.

Je ne suis pas convaincu que la musique actuelle disparaisse plus rapidement que les anciennes. Mais : la musique ancienne est très présente et occupe beaucoup de place dans le paysage culturel. Mes étudiants de premier cycle, qui sont bien plus au fait que moi des dernières tendances, écoutent des artistes sur TikTok, mais aussi les collections de leurs parents. Le fossé entre la culture des jeunes et l'esthétique des générations plus âgées n'est pas si important, du moins en ce qui concerne la musique. Ou plutôt, pour beaucoup de jeunes que je rencontre et qui s'y intéressent, toutes les musiques enregistrées sont potentiellement intéressantes, peu importe la date ou le genre. C'est moins le cas pour les publics plus âgés. Le conservatisme du public des orchestres symphoniques est bien connu, c'est pourquoi il est difficile pour

disappeared, tracks jump straight into their essence, the climax, in order to keep the listener's attention. At least for the first 30 seconds! Which of course affects memory. How we experience music seem to have changed its core composition. Would you draw an "identification code" for the music of these years? Do you feel a track ages more quickly than before, ending to be soon forgotten, affecting in retrospect what we define as a classic?

JS — I always tell my students that the fundamental insight of my field, media studies, is that you cannot separate the meaning of a message from its mode of circulation. The relative brevity of the TikTok or Instagram post certainly affects the decision-making of musicians on those platforms, as its structures reward some practices and actions and not others. This is an old story, though: in the age of wax cylinders, some bass instruments were not used because they would make the needle jump the groove; some voices recorded better than others; and nothing could be over the approximately three-minute running length of the cylinder. A few decades later, when RCA decided to study their catalogue of hits in order to determine the proper running length of a 45 rpm record, the influence of that earlier three-minute limit certainly shaped how they proceeded. The history of genre is a similar story, and the move to have your banger be especially bangin' for the first 30 seconds very much fits that history. What's going to play well on what we now call AM radio (what used to just be "radio")? What tracks are likely going to get picked up for advertisements, for scenes in TV shows, for soundtracks? If music is a form of communication, and I think it is, then it has to work within a framework that shapes the possibilities of for communication to happen. There is no pure point outside of media or outside of performance that would establish a natural length or progression for musical works or performances. It's always a question of where, how, for whom, and when.

I would hesitate to make any claims about new music disappearing more quickly than old music. But: old music is very alive and taking up a lot of cultural space. My undergraduate students, who are way hipper than I am, are listening to singers on TikTok, but also to their parents' music collections. There isn't as hard a divide between youth culture and the aesthetics of older generations, at least not in music. Or rather, for many young people I encounter who are interested in music, all recorded music is equally potentially of interest, and they are not so concerned about date or genre. That's less the case for older audiences. The conservatism of symphony audiences is well-known, which is why it's hard for symphonies to play new works. As people age, they tend to become more ossified in their musical tastes as well, often corresponding to when they finish their schooling. Even some of my middle-aged music-loving friends who listen to bands (rock, country, jazz, etc.) tend to buy new work by bands made up of people who used to be in bands they like. There's nothing wrong with supporting musicians whose work you've loved for a long time–I do it too–but that alone doesn't open up space for new people.

ces ensembles de proposer de nouvelles œuvres. En vieillissant, les goûts musicaux ont tendance à se figer et correspondent souvent à la fin de la scolarité. Même certains de mes amis mélomanes d'âge mûr qui écoutent des groupes (rock, country, jazz, etc.) ont tendance à acheter les nouvelles créations de formations composées de membres d'anciens groupes qu'ils ou elles aiment. Il n'y a rien de mal à soutenir les artistes dont on aime la musique depuis longtemps – c'est aussi mon cas – mais cette attitude ne permet pas d'ouvrir la voie à de nouveaux talents.

Les sociétés de capital-investissement s'intéressent de près aux catalogues d'artistes vieillissants, notamment parce que les économistes ont trouvé de nouvelles possibilités d'évaluer la valeur de ces catalogues et que, par conséquent, ces artistes les revendent[5]. (Ou peut-être que c'est précisément ce que veut dire l'expression « se vendre » – dans ce cas, plutôt littéralement). D'après ce que nous savons des autres médias, cette dynamique signifie probablement que ces enregistrements seront joués régulièrement et dans beaucoup d'endroits. Du point de vue du capital-investissement, Tina Turner et Bruce Springsteen sont comparables au Marvel Cinematic Universe. Bien sûr, ces références ont des significations différentes selon leur public, mais la pratique générale du capital-investissement consiste à considérer toutes les pratiques et entreprises créatives comme des propriétés à valoriser puis à vendre. Elles n'investissent pas dans un journal ou un *back catalogue* parce qu'elles affectionnent le journalisme ou la musique, mais parce qu'elles y voient une opportunité de le vendre à profit par la suite. Il y a peut-être des clauses de gérance culturelle dans certains des contrats, je ne sais pas, ils ne sont pas publics. Mais l'effet réel de tout cela est un recyclage de la musique ancienne, tout comme Hollywood dépense aujourd'hui beaucoup d'argent pour recycler les mêmes histoires et les mêmes personnages. Pour être juste envers le capital-investissement, ce phénomène existait déjà auparavant. Les maisons de disques n'ont jamais été très douées pour prédire la prochaine grande tendance, mais à l'ère de l'Internet, elles sont particulièrement inaptes à le faire. Par conséquent, elles se reposent sur les anciens catalogues pour générer des revenus.

Parallèlement, il n'y a jamais eu autant de nouvelles créations musicales. L'économie logistique mondiale, qui permet aux artistes d'avoir accès à des outils et à des technologies d'enregistrement bon marché, en fait partie (bien que ces derniers reposent sur d'autres types d'inégalités, notamment une main-d'œuvre sous-payée, voire dans certains cas, réduite à de l'esclavage, il ne s'agit donc pas d'une évolution positive sans équivoque). Bien que la pandémie soit un moment épouvantable pour les personnes qui cherchent à gagner leur vie en jouant de la musique, avant cela, je vous aurais dit qu'il n'y a jamais eu de meilleur moment pour être musicien au Canada, ou en Europe, d'un point de vue créatif. Les artistes ont la possibilité de poursuivre leurs pratiques sans avoir à rêver d'un succès de masse spectaculaire et de concerts dans des stades, pour autant qu'ils ou elles parviennent à se lier à une scène et à rester en dehors de la voie des « influenceurs » (même si certains artistes cherchent précisément à être des influenceurs).

Il existe également des mouvements de lutte contre le sexisme et le racisme encore bien tenaces au sein de certaines institutions musicales, qui n'ont que trop tardé et qui

5 Au sujet de l'évaluation des back catalogues, voir : https://www.wsj.com/articles/the-calculators-behind-the-music-catalog-megadeals-11642597204

Private equity firms have gotten very interested in the catalogues of aging artists, in part because economists have found new ways to represent the value of back catalogues, and as a result, those aging artists are selling them off.[5] (Or perhaps this is what is meant by "selling out"—in this case, quite literally.) Based on what we know from other media, this will likely mean those recordings get played *often* and *in a lot of places*. From the standpoint of private equity, Tina Turner and Bruce Springsteen are functionally interchangeable with the Marvel Cinematic Universe. Sure, they mean different things to their audiences, but the general practice of private equity is to treat all creative practices and business as properties to pump up and then sell off. They don't invest in a newspaper or a back catalogue because they like the journalism or the music, but because the see a possibility for selling it at a profit later on. Maybe there are cultural stewardship clauses in some of the deals, I don't know, and the contracts are not public. But the net effect of it is a recycling of old music, just as Hollywood now spends so much money on recycling the same stories and characters. To be fair to private equity, this was happening before. Record labels have never really been that good at predicting the next big thing, but in the internet age, they have been especially not good at it. The result is relying on back catalogues as revenue generators.

At the same time, there is more new music coming out than ever before. Part of this is a global logistical economy that makes it possible for musicians to have access to cheap tools and recording technologies (though these are predicated on other kinds of inequality, like undercompensated, and in some cases actual slave labor, so it is not an unambiguously good development). Although the pandemic is a terrible time for people who want to make a living at performing music, beforehand I would have said that there has never been a better time to be a musician in Canada, or Europe, from a creative standpoint. Artists are able to sustain their practices without having to dream of grandiose mass market success and stadium concerts–so long as they are able to connect with a scene, and stay off the "influencer" track. (Of course, some artists want to be influencers.)

There are also active movements to combat longstanding sexism and racism in some music institutions, which are long overdue, and might well help to transform our collective sense of what a *classic* is or should be. Part of that is re-evaluating not only specific works, but what counts in specific musical traditions as important, who is central versus who is derivative or marginal. There is also a major re-evaluation of the histories of some musical styles. The flowering of interest in electronic music and electronic instruments has led to a widespread appreciation of the mid-twentieth century avant-garde in ways that were not anticipated in their lifetimes.

5 On the valuation of back catalogs, see: https://www.wsj.com/articles/the-calculators-behind-the-music-catalog-megadeals-11642597204

pourraient bien contribuer à transformer notre conception collective de ce qu'est ou devrait être un « classique ». Il s'agit en partie de réévaluer non seulement des œuvres particulières, mais aussi ce qui est important pour des traditions musicales spécifiques, les personnes qui occupent une place centrale par rapport à celles qui sont secondaires ou marginales. On observe par ailleurs une réévaluation significative de l'histoire de certains styles musicaux. L'intérêt grandissant envers la musique électronique et ses instruments a suscité une reconnaissance généralisée de l'avant-garde du milieu du XXe siècle, sans qu'elle ait été anticipée en son temps.

On pourrait imaginer un certain nombre d'orientations possibles pour les « classiques » à notre époque. La première est que l'existence même des classiques est un phénomène d'un autre temps, les goûts musicaux et le public étant plus fragmentés que jamais. Ou peut-être qu'un classique ou un standard n'est pas la bonne mesure pour penser l'histoire musicale. Dans un monde comme celui-ci, il existera toujours des communautés qui partagent des intérêts musicaux et des classiques au sein même de ces genres, qu'il s'agisse de musique de jeux vidéo, de vidéos virales ou d'expériences avec des appareils électroniques bricolés. Les traditions se poursuivront également et certaines d'entre elles valorisent réellement leur histoire même si elles s'en éloignent – il suffit de discuter avec n'importe quel musicien de jazz. Mais ces classiques ne seront pas aussi importants et ne feront pas l'objet d'un consensus aussi large. L'idée de monuments musicaux et d'une œuvre s'adressant à une nation entière (ou au monde) est un concept du XIXe siècle, et ce n'est peut-être pas ce dont nous avons besoin aujourd'hui. Une expérience de concert partagée avec quelques dizaines ou quelques centaines de personnes est-elle moins enrichissante que si elle est partagée avec des milliers de personnes ? J'ai vécu chacune de ces trois configurations et je ne m'aventurerais jamais à dire que plus grand est le nombre, mieux c'est. Ou probablement à mesure que de nouveaux monopoles envahissent nos univers musicaux, et que naissent de nouvelles institutions, de nouveaux « classiques » grandiront et leurs publics avec.

FS — En parlant du concept de « classiques », il semble que les goûts aujourd'hui soient plus éclectiques que par le passé où il y avait des scènes musicales et des subcultures très distinctes. En ce qui concerne la mémoire et la musique, aujourd'hui, la jeune génération écoute une énorme variété de musiques par rapport à ma jeunesse. Une ampleur exponentielle en termes de temps. Si j'écoute aujourd'hui une chanson de Bob Dylan datant d'il y a soixante ans, ce qui est assez banal, l'équivalent en 1962 aurait été d'écouter une chanson de 1902…

JS — Je comprends ces changements à travers trois phénomènes connexes : l'évolution du statut culturel du goût musical, celle de la culture des jeunes et la compression temporelle liée à la disponibilité médiatique des œuvres du passé.

Pour la génération de mes parents, et d'autres après elle, le goût musical faisait partie d'un ensemble de compétences qui leur permettait d'affirmer leur statut social. Le livre de Pierre Bourdieu, *La distinction*, l'explique bien : Il existe une relation entre la position sociale et les dispositions esthétiques. Pour la génération de mes parents cela signifiait que, pour être une personne éduquée de la classe moyenne, il fallait comprendre et apprécier ce qui était appelé la « musique classique » – les spécialistes se disputent sur sa dénomination, mais en anglais, le terme a toujours une signification en tant

One could imagine a number of possible directions for "classics" in our time. One is that the very existence of "classics" is itself an artefact from a different age, and that musical tastes and audiences are more fragmented than ever before. Or perhaps the scale of a classic or a canon is the wrong scale for thinking about musical memories. In such a world, there would still be communities of shared musical interest–and classics within genres, whether we are talking about video game music or viral videos or experiments with homemade electronics. Traditions will also continue, and some traditions really value their history even as they depart from it–just talk with any jazz musician. But those classics wouldn't be as big or as widely agreed-upon. The idea of musical monumentality and a work addressed to a whole nation (or a world) is a nineteenth-century concept, and maybe that's not what we need right now. Is a shared concert experience with a few dozen or a few hundred less meaningful than if that experience is shared with a few thousand? I've had all three and would never venture to say bigger is automatically better. Or perhaps as new monopolies suffuse our musical worlds, and as new institutions arise, new "classics" will grow up with them and their publics.

FS — Talking of the concept "classics," it feels that today people carry more eclectic tastes than in the past, where there were very separate music scenes and subcultures. As far as memory and music is concerned, nowadays, the young generation have listened to such a vast amount of music, compared to when I was young. An exponential greater depth in terms of time. If I listen today to an early Bob Dylan song, say from sixty years ago, which is pretty common, in 1962 the equivalent would have been to listen to a song from 1902 …

JS — I think of that in terms of three related phenomena: the changing cultural status of musical taste, the changing status of youth culture, and the compression of time through the mediatic availability of the past.

For my parents' generation, and some after them, musical taste was one of a set of competencies people would use to express their class status. Pierre Bourdieu's book *Distinction* does a good job of breaking it down: the is a relationship between social position and disposition. For my parents' generation, that meant that in order to be educated, middle class people, you had to understand and enjoy some of what they would have called "classical music" – scholars fight over what to call it, but in English, the term still signifies as a radio format, if nothing else. They also needed some familiarity with canons of literature and philosophy, the kind of things publishers like *The Modern Library* disseminated in the middle of the last century. Universities helped prop up this structure by educating people in all of that material. Alongside academics' interests in promoting critical thought, the humanities did a lot of work in legitimizing and training of tastes. Appreciation has to be cultivated; taste is learned. One of the striking things about Bourdieu's *Distinction* study all these years later is that it is a study

que format radiophonique, à défaut d'autre chose. On devait également maîtriser certains canons de la littérature et de la philosophie, le genre de choses que des maisons d'édition comme *The Modern Library* ont diffusé au milieu du siècle dernier. Les universités ont contribué à soutenir cette structure en habituant les étudiants à toutes ces références. Parallèlement à l'intérêt des universitaires pour la promotion de la pensée critique, les sciences humaines ont beaucoup œuvré pour la légitimation et la formation des goûts. L'appréciation se cultive, le goût s'apprend. L'un des aspects les plus frappants qui reste de l'étude de Bourdieu, *La distinction*, des années après sa publication, est qu'il s'agit d'une étude sur les goûts *avoués* : ce que les gens ont affirmé aimer. Ces personnes ont peut-être aimé ces choses et d'autres encore, mais elles ont choisi de présenter une certaine version d'elles-mêmes. Les jugements de goût signifiés aux autres[6].

Mais il existe un autre aspect de cette histoire, à savoir la disponibilité des ressources culturelles. Dans cette maison de 1962 où le disque de Dylan résonnait sur la chaîne hi-fi, l'espace de stockage des disques et des livres était limité, et celui des films et des vidéos était dans la plupart des cas difficilement possible. Qu'il s'agisse du Top 40 ou de la « grande » littérature, les « classiques » fonctionnaient comme des technologies pour une plus grande efficience. Si les gens lisent les mêmes livres, regardent les mêmes émissions et films, et écoutent la même musique, ce pourrait être la base d'une culture commune. C'était encore plus nécessaire dans le monde universitaire. Cette approche a également donné lieu à toutes sortes d'exclusions problématiques, tant pour les publics que pour les artistes. Combien de musiciens extraordinaires travaillaient en 1962 et n'ont jamais eu l'opportunité que Dylan a connue ? Mais pour l'instant, concentrons-nous sur la dimension fonctionnelle des canons. Cette dimension a disparu. Si je me réfère à une œuvre d'art ou à un enregistrement, je peux aujourd'hui simplement vous la montrer ou vous le faire écouter. La rareté existe encore pour certaines formes culturelles, mais la plupart d'entre elles sont facilement disponibles. Ce qui veut dire que le fait de détenir un savoir spécialisé sur un ensemble privilégié de textes est nettement moins utile.

Dans un tel contexte, les intérêts esthétiques sont plus diversifiés, car ce type de performance nécessite une capacité à naviguer à travers un large éventail de réseaux, de médias et de textes, ainsi qu'à porter des jugements sur un ensemble beaucoup plus vaste de contenus. Mais c'est aussi tout simplement plus sensé : on trouve des œuvres de qualité dans presque tous les genres de production culturelle. Si vous aimez la musique, pourquoi vous limiter ? Alors qu'en 1962, la personne cultivée et esthète privilégiait quelques artistes, voire un genre, aujourd'hui, cette position a plus de chances d'être considérée comme tristement ringarde et déclassée (et je veux dire par là : associée à un statut social inférieur). La culture des jeunes a également changé, et les enfants sont moins enclins à se différencier de leurs parents uniquement sur la base de leurs goûts, bien que cela se produise toujours. Mais ce n'est plus un aspect déterminant de la culture des jeunes et il a sans doute toujours été surestimé. Ma collègue, Jennifer Stoever, travaille sur un projet qui documente le rôle

6 Pierre Bourdieu, *La distinction : critique sociale du jugement*, Éditions de Minuit, Paris, 1979. (Pour son argument, Sterne se réfère à la traduction anglaise par Richard Nice publiée en 1984 sous le titre *Distinction: A Social Critique of the Judgement of Taste*, Harvard University Press, Cambridge, Mass.)

of *stated* tastes: what people said they liked. They may have liked those things and other things, but they chose to present a certain version of themselves to the researchers. Judgments of taste signified to others.[6]

But there's another part to this story, which is the availability of cultural materials. In that 1962 home where the Dylan record resounded on the hi-fi, there was limited storage space for records, for books, and storing film or video was in most cases impractical. Whether we are talking about Top 40 or high literature, canons made sense as technologies for *efficiency*. If people read the same books, watch the same shows and movies, and listen to the same music, that could be the basis of a common culture. It was even more necessary in the academic world. This also produced all sorts of problematic exclusions, both of audiences and artists. How many amazing musicians were working in 1962 who never had the opportunities that Dylan did? But for the moment, let's concentrate on the functional dimension of canons. That functional dimension has disappeared. If I want to refer to an artwork, or a recording, today I can simply show it to you or play it for you. Scarcity still exists for some cultural forms, but for most of them they are widely available. Which means that possessing specialized knowledge of a privileged set of texts is frankly a lot less useful.

A more diverse set of aesthetic interests arises in a setting like this because that kind of achievement implies an ability to navigate a wide range of channels, media, and texts, and to be able to make judgments among a much greater range of materials. It also just makes more sense—there is good art to be found in almost every genre of cultural production. If you like music, why limit yourself? Where the cultivated aesthete of 1962 would be partial to a few artists, or maybe one genre, today that position is more likely to be treated as tragically unhip and déclassé (and here I do mean "associated with lower social status"). Youth culture has also changed, and children are less likely to differentiate themselves from their parents purely on the basis of taste, though of course it still happens all the time. But it's no longer a defining aspect of youth culture, and it was probably always overstated. My colleague, Jennifer Stoever, is working on a project that documents the role of mothers' record collections in the development of American DJ culture. That's also closer to 1962 than 2022.

The final ingredient for this story is a kind of time compression. That term has many different meanings, so let me be specific. I am referring to the idea that you suggested, that two moments are closer to one another in terms of some measure than two other moments equidistant in time. 2022 being closer to 1962 than 1962 is to 1902. You chose music in your question, but we could also illustrate with a thought experiment around cooking. How far back in time can you go before a modern person who cooks their own food on their stove no longer could do so? In that particular

6 Pierre Bourdieu, *Distinction: A Social Critique of the Judgement of Taste*, trans. Richard Nice (Cambridge, MA: Harvard University Press, 1984).

des collections de disques des mères dans le développement de la culture DJ américaine. C'est aussi plus proche de 1962 que de 2022.

L'ingrédient final de cette histoire est une sorte de compression temporelle. Ce terme a de nombreuses significations, alors je vais essayer d'être précis. Je pense à l'idée que vous avez évoquée : deux moments sont plus proches l'un de l'autre, selon une certaine échelle, que deux autres moments équidistants dans le temps. 2022 étant plus proche de 1962 que 1962 ne l'est de 1902. Dans votre question, vous vous intéressez à la musique, mais nous pourrions également imaginer un exemple autour de la cuisine. À quelle époque remonter pour qu'une personne qui cuisine elle-même ses aliments sur sa cuisinière ne soit plus en mesure de le faire ? Dans ce cas précis, on parle probablement des années 1930, puisqu'avant, les cuisinières n'étaient pas équipées de thermostat, et il vous fallait donc des compétences particulières pour faire fonctionner le fourneau et qu'il soit suffisamment chaud. (Il est intéressant de noter que l'inverse n'est pas nécessairement vrai – mes grands-parents des années 1930 téléportés en 2022 trouveraient l'interface de ma cuisinière déconcertante). Je propose que nous abordions les histoires en termes de pratiques technoculturelles quand nous les imaginons de cette façon. Il y a une constance technoculturelle entre 2022 et 1962 qui ne se manifeste pas de la même manière lorsque l'on revient soixante ans encore en arrière, du moins dans ce que l'on appelle les pays du Nord.

L'un des grands mythes véhiculés par la Silicon Valley consiste à croire que le progrès s'accélère. C'est faux. Dans son livre *Bureaucratie : L'Utopie des règles*, David Graeber affirme que le « rythme réel de l'innovation technologique » a ralenti depuis le milieu du XX$^{e}$ siècle[7]. Je ne sais pas exactement comment on le mesure, mais ce n'est pas un hasard si le bouton « lecture » d'un écran tactile ou d'un ordinateur est un skeuomorphe du bouton de lecture d'un magnétophone. Le streaming semble également être un phénomène culturel plus important qu'il ne l'est en réalité. Il existe un immense univers de choix, mais la plupart des personnes écoutent une gamme plus limitée de sélections, ou bien elles laissent le système choisir pour elles. Ce n'est pas si différent de l'expérience d'écoute radiophonique, et c'est un débat que les services de streaming émergents ont eu dans les années 2000 – quel degré de radiophonie reproduire ? Il s'avère qu'ils ont plutôt opté pour un haut degré. « Toutes les musiques du monde au bout de vos doigts » avec « des possibilités infinies de personnalisation », mais en fait, ce service se limite aux catalogues des grandes entreprises, contrôlé par un monopole, fonctionnant à l'aide d'une interface qui ressemble beaucoup au lecteur de cassettes de vos grands-parents, et utilise probablement des *payolas* et d'autres stratégies pour favoriser une musique bien précise. Le fait que nous ayons des flux uniques si nous le souhaitons n'est pas si important. On pourrait tenir un discours similaire sur les réseaux sociaux : certes, ils sont récents, mais ils partagent aussi de nombreuses similitudes avec les formes culturelles qui les ont précédés, et ils en dépendent.

Une autre raison pour laquelle 1962 semble plus proche qu'elle ne le devrait, c'est que les gens le souhaitent. Tant d'efforts délibérés ont été entrepris pour préserver les contenus culturels, les sensibilités et les textes de cette époque. De nombreuses personnes tiennent à garder cette période

7 David Graeber, *Bureaucratie : L'Utopie des règles*, trad. de Françoise et Paul Chemla, Éditions Les Liens qui libèrent, Paris, 2015.

test, we are probably talking about the 1930s, because before that, stoves did not have pilot lights, and you would need a different skillset to get the stove hot enough to work. (It's worth noting, the converse it not necessarily true–my 1930s grandparents teleported to 2022 would find the interface on my gas stove bewildering.) I'm suggesting that we are talking about histories in terms of technocultural practices when we imagine them that way. There's a technocultural constancy between 2022 and 1962 that doesn't look the same way, at least in the so-called Global North, when you roll it back another sixty years.

One of the great hoaxes of Silicon Valley is that progress is speeding up. It's not. In *The Utopia of Rules* David Graeber has this line about the "real pace of technological innovation" slowing since the mid twentieth century.[7] I don't know how you measure that exactly, but it's not for nothing that the "play" button on a touchscreen or computer is a skeuomorph of a tape deck's play button. Streaming also seems like a bigger cultural deal than it really is. There is a huge universe of choice, but most listeners listen to a more limited range of selections, or they let the system choose for them. That's not *so* different from the experience of listening to radio, which is a debate that nascent streaming services were having in the 2000s–how much *radioness* to reproduce. It turns out they chose to reproduce a lot. "All the music in the world at your fingertips" with "infinite possibilities for customization" but in fact it's limited to big corporate catalogs, controlled by a monopoly, operated through an interface that looks a lot like your grandparents' tape deck, and is probably using payola and other strategies to promote very specific music to you. The fact that we get unique streams if we want them isn't all that important. One could tell a similar story about social media: sure, they are new, but they also have tremendous continuities with cultural forms that preceded them, and they depend on them.

Another reason that 1962 might seem closer than it should is that people want it to. So much conscious effort has gone into preserving cultural materials, sensibilities, and texts from that time. A lot of people *want* to keep that period close. Think of all the effort put into reselling, recirculating, and rewarding Bob Dylan. In 1962 the analogous institutions weren't looking backwards. They were looking toward their own present and imagined futures. Perhaps they had problematic beliefs in progress, but we have problematic beliefs that monumentalize the problematic past. This is a real shame when you listen to the amazing work that musicians are doing now. There may also be limits to this involving generations' life cycles. Your example from 1962 doesn't work the same way for 1952. What's the cutoff there? I'm guessing, but perhaps the relative age of the postwar Baby Boom generation? The interesting thing will be how future generations deal with that material when it's no longer tied to living memory. That already happens with films and musical style

7 David Graeber, *The Utopia of Rules: On Technology, Stupidity, and the Secret Joys of Bureaucracy* (Brooklyn: Melville House, 2015), 114–15.

proche. Il suffit de penser à toutes les initiatives consacrées à la revente, à la remise en circulation et à la valorisation de Bob Dylan. En 1962, les institutions analogues ne regardaient pas en arrière. Elles se tournaient vers leur propre présent et leurs futurs imaginés. Peut-être avaient-elles des croyances problématiques dans le progrès, mais nous, nous avons des croyances problématiques qui sacralisent un passé problématique. C'est une véritable honte lorsque l'on entend le travail extraordinaire que font les musiciens aujourd'hui. Il peut également y avoir des limites liées aux cycles de vie des générations. Votre exemple de 1962 ne fonctionne pas de la même façon pour 1952. Quelle est la date limite ? Ce n'est ici qu'une supposition, mais peut-être l'âge moyen de la génération du baby-boom d'après-guerre ? Il sera intéressant de voir comment les générations futures vont traiter ce patrimoine lorsqu'il ne sera plus lié à une mémoire vivante. C'est déjà le cas pour les films et les styles musicaux (est-il temps pour un *revival* des groupes de swing des années 1940 ?), mais cela se fera à une tout autre échelle compte tenu des sommes d'argent investies dans ces projets, de l'énergie et des ressources consacrées à leur conservation et à leur diffusion, et des milieux culturels qui n'existent pas encore.

Enfin, nous devons nous rappeler que l'année 1962 se présente de manière très différente selon qui l'on est et où l'on se trouve. L'histoire sera tout autre si notre point de référence est, par exemple, l'industrie du disque et la classe moyenne en Inde plutôt que les États-Unis et l'Europe occidentale. Même en Amérique, pour les personnes noires américaines, cette période de soixante ans est marquée par l'obtention et l'érosion des principales avancées en matière de droits civiques et par une ségrégation permanente des pratiques musicales fondée sur la couleur de la peau plutôt que sur le style musical. Bien sûr, nous pourrions remplacer *Modern Sounds in Country and Western Music* de Ray Charles ou *Baby It's You* de The Shirelles par *Bob Dylan* de Bob Dylan et avancer les mêmes arguments, mais l'histoire pourrait être racontée autrement[8].

FS — Pour moi, ces possibilités de mémoire vivante et de renaissance ont toujours fait partie des répétitions et des balbutiements de l'histoire. Et d'une certaine façon, ce que l'on définit comme un « classique » correspond probablement au son ou aux sons du passé qui résonnent avec le plus de force pour la plupart des gens.

Si nous essayons d'imaginer ce que l'on a ressenti lors de l'écoute des premiers enregistrements, il y a cette conscience aiguë d'un son qui appartient au passé, même s'il vient juste d'être enregistré. Ça me rappelle les portraits des momies du Fayoum, dans l'Égypte romaine, où les gens faisaient faire leur portrait de leur vivant et savaient qu'il serait apposé après leur mort sur leur visage momifié. Une image qui serait vue au-delà du monde vivant, tout comme un son est enregistré dans l'idée qu'il sera écouté dans le futur, au-delà de sa propre existence.

JS — Si l'on considère l'histoire de l'enregistrement sonore, on peut y voir plus qu'une petite ironie. Dans le monde anglophone, l'invention du son enregistré dans les années

8 Sur les notions afro-diasporiques d'historicité, voir, e.g., Shana L. Redmond, *Anthem: Social Movements and the Sound of Solidarity in the African Diaspora*, NYU Press, New York, 2013 ; Daphne Brooks, *Liner Notes for the Revolution: The Intellectual Life of Black Feminist Sound*, Harvard University Press, Cambridge, 2021.

(time for another 1940s swing band revival?) but this will be on a whole other scale because of the amount of money behind these things, the amount of energy and resources devoted to their curation and dissemination, and cultural milieus that don't yet exist.

Finally, we have to remember that 1962 looks very different depending on who and where you are. The story is going to be different if our touchstone is, say, the recording industry and the middle class in India rather than the US and Western Europe. Even in America, for Black Americans, that sixty-year period includes the achievement and erosion of major civil rights gains and an ongoing segregation of musical practices based on skin tone rather than musical style. Sure, we could substitute Ray Charles's *Modern Sounds in Country and Western Music* or the Shirelles' *Baby It's You* for Bob Dylan's *Bob Dylan* and make some of the same arguments, but the story would have to be told differently.[8]

FS — Talking about these potentials of living memory and revival, to me that's something that's always been part of the repetitions and stammering of history. And in a way, what we define as classical is probably the sound or sounds from the past that echo the loudest for most people.

If we project ourselves back to what it must have felt like to hear the first recordings made playing back, there's this sudden increased consciousness of a sound being from the past–even if it was just freshly recorded. It reminds me of the Fayum mummy portraits in Roman Egypt, when people would have their portrait done in their lifetime knowing that it would be attached to the head of their mummified, deceased selves. A portrait that would be seen beyond the living world, just like a sound was recorded with the knowledge it would listened to in the future, beyond its own life.

JS — Viewed from the history of sound recording, there is more than a little irony here. In the English-speaking world, the invention of recorded sound in the 1870s and 1880s was hailed as an opportunity for the living to hear the "voices of the dead." But this came at a time when it was not actually possible to preserve recordings for very long. It was only later, after technologies and institutions for preservation that it was possible in any meaningful way to hear the "voices of the dead." If we are talking about a tinfoil phonograph in 1878, for instance, the only voices of the dead one could hear would be if you recorded a person's dying words and then didn't remove the tinfoil from the spool. Sound recordings were ephemeral, periodic. The act of recording and playback was the interesting thing to most users, and it was more in a nineteenth century craft tradition than any kind of industrial tradition of making durable objects. That only came later.[9]

8 On Afrodiasporic notions of historicity, see, e.g., Shana L. Redmond, *Anthem: Social Movements and the Sound of Solidarity in the African Diaspora* (New York: NYU Press, 2013); Daphne Brooks, *Liner Notes for the Revolution: The Intellectual Life of Black Feminist Sound* (Cambridge, MA: Harvard University Press, 2021).

9 I cover this, and the phenomena in the next paragraph, in the last chapter of Jonathan Sterne, *The Audible Past: Cultural Origins of Sound Reproduction* (Durham: Duke University Press, 2003).

1870 et 1880 a été acclamée comme une opportunité pour les vivants d'entendre les « voix des morts ». Mais cette découverte a eu lieu à une époque où les enregistrements ne pouvaient pas être conservés très longtemps. Ce n'est que plus tard, après l'apparition de technologies et d'institutions de conservation, qu'il a été possible d'entendre ces voix à proprement parler. Par exemple, pour un phonographe à feuille d'étain de 1878, les seules voix des personnes défuntes que l'on pouvait entendre étaient celles enregistrées au moment de leur mort, sans que la feuille d'étain ne soit retirée de la bobine. Les enregistrements sonores étaient éphémères, périodiques. L'acte même d'enregistrement et de lecture était l'élément intéressant pour la plupart des utilisateurs, et il s'inscrivait plutôt dans une tradition artisanale propre au XIXe siècle que dans une quelconque tradition industrielle de fabrication d'objets durables. Ce n'est venu que plus tard[9]. Mais la dimension « étrange » des enregistrements sonores pour leurs premiers auditoires est bien documentée et très discutée, peut-être trop... Il est important de se rappeler qu'il ne faut pas nous comparer à *cet* auditoire du passé. Aujourd'hui, les voix de musiciens morts s'échappent des haut-parleurs dans les cafés ; des artistes décédés apparaissent dans des films, des émissions de télévision et des jeux vidéo sans que le public y prête une attention particulière. Aux États-Unis, le *Super Bowl* a été diffusé le dimanche avant que je n'écrive cette réponse, et les commentateurs ont beaucoup insisté sur l'absence d'un hologramme du rappeur défunt Tupac Shakur pendant le spectacle de la mi-temps. Ça a été essentiellement considéré comme une sorte de blague.

L'éventail des réactions à l'époque victorienne reflète la culture de leur temps. Le discours sur les « voix des morts » vient de la popularisation de la conservation et de l'embaumement après la guerre civile américaine. Le premier engouement pour le phonographe est dû à des bonimenteurs itinérants qui se déplaçaient pour présenter l'appareil au public, comme une sorte de spectacle à la manière des représentations de vaudeville ou de cirque. Les premiers phonographes ne se sont pas bien vendus : ils étaient coûteux, compliqués et associés à des idées victoriennes sur leur utilisation correcte et sérieuse. Commercialisés comme dictaphones, ça a été un échec. À une convention des entreprises américaines de phonographes au début des années 1890, quasiment personne n'a réalisé de bénéfices. Puis – et j'imagine toujours cette personne assise au fond de la salle – quelqu'un a pris la parole pour raconter qu'il avait installé des phonographes à monnayeur dans sa salle de jeux. C'est ainsi qu'est née l'activité commerciale principale de l'enregistrement sonore pendant une dizaine d'années, jusqu'à ce que son statut de nouveauté disparaisse à son tour. Autrement dit, l'émerveillement suscité par l'enregistrement sonore en soi ne semble pas durer très longtemps.

Les réflexions plus philosophiques sur le phonographe ont soit rejeté sa différence avec d'autres types de pratiques musicales (pensez à Sousa), soit loué ses possibilités d'archivage. De nombreuses initiatives scientifiques et institutionnelles d'enregistrement sonore ont suivi une éthique « préservationniste », mais elles étaient souvent liées à des projets racistes et colonialistes. Par exemple, la soi-disant « anthropologie de sauvetage », qui consistait pour les anthropologues

9 J'aborde cette question, ainsi que les phénomènes décrits dans le paragraphe suivant, dans le dernier chapitre d'*Une histoire de la modernité sonore*, trad. de Maxime Boidy, Paris, la Découverte, « Culture sonore », 2015.

But the "uncanny" dimension of sound recordings for their early audiences is something that is well-documented and widely discussed, perhaps excessively so. It's important to remember that *they* are not *us* in any meaningful way. Today the voices of dead musicians drip out of speakers at coffee shop; dead performers appear in movies, television shows, and video games without much of a second thought from audiences. In the US, the Super Bowl aired on the Sunday before I wrote this answer, and commentators made much of the fact that a hologram of the late rapper Tupac Shakur did not appear during the halftime show. It was basically considered to be something of a joke.

The range of reactions in the Victorian era reflected the culture of their time. The "voices of the dead" talk came from the popularization of canning and embalming following the American Civil War. The first phonograph craze was the result of touring pitch men travelling a circuit performing the device for audiences, as a kind of "show" in the way that Vaudeville or circus shows might have traveled. Early phonographs didn't sell well: they were expensive, fussy, and bound up with Victorian ideas about proper and "serious" use. Marketed as dictation machines, they largely failed. At a convention of US phonograph businesses in the early 1890s, almost nobody was making any money. Then–and I always imagine this person sitting at the back of the room–someone spoke up to say they'd installed coin-in-the-slot phonographs in their arcade. This became the main line of successful business for sound recording for about a decade, until it too died off as a "novelty." In other words, the wonder at sound recording itself doesn't seem to last for very long.

More philosophical reflections on the phonograph either pushed back on its difference from other kinds of musical practice (think of Sousa) or lauded its archival promise. Many scientific and institutional adoptions of sound recording followed a "preservationist" ethos, but they were often tied to racist and colonial projects. For instance, so-called "salvage anthropology" where anthropologists recorded "dying" languages and musics that were in fact actively being stamped out by the American state. In fact, Alice Fletcher, one of the main recordists in this field, set up a recording studio just about a block away from the US capitol building in Washington DC where she would record Indigenous leaders as they came to Washington to deal with America's constant violation of their own treaties with various Indigenous nations. In a paper on German sound recording during World War I, Anette Hoffman and Phindezwa Mnyaka document the kind of racism that could lie behind these ethnographic efforts. German linguists and musicologists lined up Africans in prisoner-of-war camps to record their speech and music as part of a larger anthropometric project. Though the Germans assumed they were recording ignorant savages, many of the prisoners knew exactly what the sound recording was. Perhaps because the linguists did not understand the African languages they were recording, prisoners were able to record graphic descriptions of the conditions under which they were living, for posterity. All they needed were ears to hear them.

à enregistrer des langues et des musiques en voie de disparition qui étaient en réalité énergiquement éradiquées par l'État américain. Ainsi, Alice Fletcher, l'une des principales spécialistes de l'enregistrement en la matière, avait installé un studio à deux pas du capitole, à Washington DC, où elle enregistrait les leaders autochtones qui venaient dénoncer la violation constante par les États-Unis de leurs propres traités avec diverses nations autochtones. Dans un article sur les enregistrements audio allemands pendant la Première Guerre mondiale, Anette Hoffman et Phindezwa Mnyaka décrivent le type de racisme qui peut se cacher derrière ces démarches ethnographiques. Des linguistes et des musicologues d'Allemagne regroupaient des personnes africaines dans des camps de prisonniers de guerre pour enregistrer leur discours et leur musique dans le cadre d'un projet anthropométrique plus vaste. Bien que les Allemands pensaient enregistrer des sauvages ignares, beaucoup d'entre eux savaient exactement ce qu'était cet enregistrement. Étant donné que les linguistes ne comprenaient pas les langues africaines qu'ils enregistraient, les prisonniers ont pu transmettre à la postérité des descriptions graphiques de leurs conditions de vie. Ils ne leur manquaient que des oreilles pour les écouter. C'est très différent de s'émerveiller devant le miracle de l'enregistrement audio. L'idée même que l'enregistrement sonore puisse être perçu comme mystérieux ou étranger pourrait être avancée contre ses promoteurs[10].

LATIFA ECHAKHCH (LE) — Cette conscience du passé audible pourrait-elle, selon vous, modifier profondément notre façon de composer et d'enregistrer ? Pensons-nous, à ce moment précis de la création, à son impact dans le futur ? Préparons-nous le futur souvenir que nous aurons du son ?

JS — Tout dépend de la personne qui réalise l'œuvre, et de son propre sens de la dimension monumentale des enregistrements. La capacité d'enregistrer et d'utiliser cet enregistrement dans la composition est désormais une technique bien établie. Il suffit de penser à la fascination contemporaine pour les *field recordings* dans l'art sonore et la musique électronique. (Et tous ces enregistrements ne sont-ils pas des « enregistrements de terrain », selon la définition que l'on donne au mot *field* ?). Les preneurs de son rassemblent une collection de sonorités, puis sélectionnent et utilisent certaines d'entre elles comme des outils de composition. Ils collectent donc des sons dans l'optique d'une utilisation future, mais peut-être pas en vue d'un résultat ou d'un effet final. Dans la plupart des cas, cet aspect émerge probablement du processus, plutôt que de concrétiser une tentative déjà réfléchie. Autre exemple : de nombreuses pratiques d'improvisation contemporaines intègrent des enregistrements dans leur structure même. C'est cette idée que « tout doit être enregistré au cas où quelque chose serait bon ». Le musicien enregistre de multiples heures de travail et fait ensuite une sélection, soit pour publier les sections qui lui semblent bonnes, soit comme matière première pour des compositions retravaillées et réenregistrées.

Il y a bien sûr des exceptions : les artistes d'improvisation qui sortent tout ce qu'ils enregistrent, grâce à un modèle de catalogue artistique de l'abondance. Mais je ne pense pas qu'un musicien qui improvise puisse consacrer beaucoup de

10 Anette Hoffmann et Phindezwa Mnyaka, « Hearing Voices in the Archive », *Social Dynamics* 41, no. 1, 2015, p. 140–65, https://doi.org/10.1080/02533952.2014.985467.

This is very different than wondering at the miracle of sound recording. The very idea that sound recording would appear to people as uncanny or alien could be used against its purveyors.[10]

LATIFA ECHAKHCH (LE) — According to this conscious of the audible past, do you think it could profoundly change the way we are composing, and recording? That we are at that precise time, thinking of an impact in the future? Are we preparing the future souvenir that we have of sound?

JS — It depends on the person doing the artwork, and their own sense of the monumentality of recordings. The ability to record and to use recording as part of the composition is now a well-established technique. Think of the contemporary fascination with "field recordings" in sound art and electronic music. (And aren't all recordings field recordings depending on your definition of a "field"?) The recordists build a collection of sounds, then select and use some of them as compositional tools. So they are collecting with an ear towards a future use, but perhaps not an ultimate result or effect. In most cases, that probably emerges from the process, rather than realizing a pre-giving attempt. Another example: many contemporary improvisational practices integrate recording into their very fabric. The idea is that that "everything should be recorded in case something is good." The musician records many hours of work and then selects from it, either to release portions that sound good to them, or as raw material for edited and overdubbed compositions.

There are exceptions, of course: improvising musicians who release everything they record, thanks to a post-scarcity model of the artist's catalogue. But I don't think an improvising musician could spend much effort contemplating future impact on distant audiences as they are improvising–they have to be moving between what they've done and what they will do and what others are doing in a given moment or session. That's certainly been my experience.

In these cases, recording seems more quotidian than monumental to me. It is not about an impact on future generations but rather in future moments that are themselves indeterminate.

As a quality of sound recordings, durability is ascribed to the "materiality" of the technology, but it is anything but. The durability of recording is a *program* in the sense that people have to actively work to make recordings durable. If they do not, they disappear. As late as the 1930s, the historian D.L. Lemahieu shows that sound recordings were regarded by most of their users as disposable commodities. The format shifts that started with compact discs in the 1980s were a concerted effort on the part of the recording industry to demonstrate to listeners that their recordings were *not* durable and should be replaced–the CD was a classic case

10 Anette Hoffmann and Phindezwa Mnyaka, "Hearing Voices in the Archive," *Social Dynamics* 41, no. 1 (January 2, 2015): 140–65, https://doi.org/10.1080/02533952.2014.985467.

temps à réfléchir à l'impact que sa musique aura sur des publics futurs pendant son improvisation - il doit naviguer entre ce qu'il a fait, ce qu'il fera et ce que les autres font à un moment donné ou lors d'une session. C'est en tout cas mon expérience.

Dans ces cas, l'enregistrement me semble plutôt relever du quotidien que du monument. Il ne s'agit pas de l'impact sur les générations futures, mais plutôt sur des moments à venir qui sont eux-mêmes indéterminés.

La durabilité, en tant que qualité des enregistrements sonores, est attribuée à la « matérialité » de la technologie, mais elle est tout sauf cela. La durabilité de l'enregistrement fait partie d'un programme dans le sens où les personnes doivent travailler activement pour garantir la pérennité des enregistrements. Sinon, ils disparaissent. Encore dans les années 1930, l'historien D. L. LeMahieu montre que les enregistrements sonores étaient considérés par la plupart de leurs usagers comme des produits jetables. Les changements de format qui ont commencé avec les disques compacts dans les années 1980 résultaient de la volonté concertée de l'industrie du disque de faire comprendre aux auditeurs que leurs enregistrements n'allaient pas durer et devaient donc être remplacés - le CD est un cas classique d'obsolescence programmée ou inventée, ce qui est amusant à considérer puisqu'actuellement, les ventes de disques vinyles dépassent celles des CD. Parallèlement, les enregistrements numériques ont leur propre « éphémérité » - pas aussi éphémère que les réverbérations des dernières notes d'un concert, mais néanmoins éphémères. Comme le souligne Lisa Gitelman, la page d'erreur 404 est la plus répandue sur l'Internet. Non seulement l'Internet est truffé de liens morts vers des fichiers *SoundCloud* absents, mais des plateformes entières comme MySpace ont disparu, entraînant l'effacement des œuvres enregistrées de scènes et de réseaux musicaux entiers. Les maisons de disques elles-mêmes ont mal géré leurs propres *masters*, comme l'a montré l'incendie des studios Universal[11].

Alors, qu'est-ce que cela signifie sur la monumentalité des œuvres musicales ? Ce caractère monumental s'inscrivait dans un programme musical et nationaliste au XIXe siècle qui est certainement encore présent, par exemple, dans le chauvinisme culturel attaché aux traditions musicales artistiques occidentales. Ça n'avait pas grand-chose à voir avec l'enregistrement audio. Ce caractère de « monument » attaché à certains enregistrements aujourd'hui pourrait reprendre une partie de ce travail de canonisation, mais elle est également liée à la disponibilité pour l'écoute, et aux institutions qui œuvrent afin que les enregistrements soient réécoutés : les rendre disponibles sur des plateformes numériques, les revendre et les reconditionner, et les promouvoir ou les utiliser comme outils de promotion (par exemple dans des publicités). La version la plus radicale de ce phénomène est sans doute celle des disques *Voyager*, qui contiennent des instructions de lecture censées être intelligibles pour des êtres extraterrestres[12].

11 D. L. LeMahieu, *A Culture for Democracy: Mass Communication and the Cultivated Mind Between the Wars*, Oxford University Press, New York, 1988 ; Lisa Gitelman, *Always Already New: Media, History and the Data of Culture*, MIT Press, Cambridge, 2006. Sur MySpace, voir : https://www.theverge.com/2019/4/4/18295014/myspace-lost-songs-dragon-project-tracks-web-archive-internet-archive-450000-recovery Sur l'incendie de Universal records, voir : https://www.nytimes.com/2019/06/11/magazine/universal-fire-master-recordings.html

12 Alexander Rehding, *Beethoven's Symphony No. 9*, Oxford University Press, Oxford, 2017 ; Daniel K. L. Chua et al., *Alien Listening: Voyager's Golden Record and Music from Earth*, Zone Books, New York, 2021.

of planned or invented obsolescence, which is amusing to contemplate since currently, sales of vinyl records outpace compact discs. Meanwhile, digital recordings have their own ephemerality–not as ephemeral as the reverberations of the last notes of a concert, but ephemeral nonetheless. As Lisa Gitelman says, the 404 error is the most common page on the internet. Not only is the internet littered with broken links to absent SoundCloud files, but whole platforms like MySpace have disappeared, erasing the recorded oeuvres of entire music scenes and networks. Even record labels themselves have done a poor job of curating their own master tapes, as the Universal Studios fire demonstrated.[11]

So, what does this mean for the monumentality of musical works? That monumentality was part of a program of music and nationalism in the nineteenth century that is certainly still with us in, for instance, the cultural chauvinism one finds attached to the Western art music traditions. It had little to do with sound recording. The monumentality attached to particular recordings today might take some of that canonization work, but it is also tied into availability for playing, and institutions working to make sure that the recordings *are played back* by someone: making them available for listening on digital platforms, reselling and repackaging them, and promoting them or using them as tools for promotion (for instance, in advertisements). The most radical version of this might be the Voyager records, which include instructions for playback that are intended to be intelligible to extraterrestrial beings.[12]

Durability is best understood as a practice or a programme for listeners as well. They hold onto–or in the language of streaming, "repeatedly access"–particular recordings because they are meaningful to them. Without all that labor and effort aimed at conservation and recirculation, without people who act on a desire for the recordings to be heard, recordings will erode, just like abandoned stone monuments would.

LE — And what do we do if our sound tools disappear, the machine, the voice, the traces, and slowly the silence takes the space ... will we still share sound?

JS — Since its publication almost twenty years ago, one of the most important and profound correctives to *The Audible Past* is the scholarship that points to the durability of sound outside and beyond what we would now call "media of sound reproduction": through tradition, through memory, through other modalities like writing or visual art, and through imagination.[13] In fact, I think

11 Daniel LeMahieu, *A Culture for Democracy: Mass Communication and the Cultivated Mind Between the Wars* (New York: Oxford University Press, 1988); Lisa Gitelman, *Always Already New: Media, History and the Data of Culture* (Cambridge, MA: MIT Press, 2006). On MySpace, see: https://www.theverge.com/2019/4/4/18295014/myspace-lost-songs-dragon-project-tracks-web-archive-internet-archive-450000-recovery On the Universal records fire, see https://www.nytimes.com/2019/06/11/magazine/universal-fire-master-recordings.html

12 Alexander Rehding, *Beethoven's Symphony No. 9* (Oxford: Oxford University Press, 2017); Daniel K. L. Chua et al., *Alien Listening: Voyager's Golden Record and Music from Earth* (New York: Zone Books, 2021).

13 Gavin Steingo and Jim Sykes, eds., *Remapping Sound Studies* (Durham: Duke University Press, 2019); Dylan Robinson, *Hungry Listening: Resonant Theory for Indigenous Sound Studies* (Minneapolis: University of Minnesota Press, 2020).

La durabilité peut être comprise comme une pratique ou un programme pour l'auditoire également. On se raccroche – ou, dans le langage du streaming, « accède de manière répétée » – à des enregistrements particuliers parce qu'ils nous sont significatifs. Sans tout ce travail et ces efforts visant à la conservation et à la remise en circulation, sans les personnes qui agissent selon le désir de faire entendre les enregistrements, ces derniers s'éroderont, tout comme le feraient des monuments en pierre délaissés.

LE —Et que ferons-nous si nos outils sonores disparaissent, la machine, la voix, les traces, et que lentement le silence envahit l'espace… partagerons-nous encore du son ?

JS — Depuis sa publication il y a près de vingt ans, une des corrections les plus importantes et les plus pertinentes apportées à *Une histoire de la modernité sonore* est la recherche sur la durabilité du son en dehors et au-delà de ce que nous appelons aujourd'hui les « médias de reproduction sonore » : par la tradition, par la mémoire, par d'autres modalités comme l'écriture ou l'art visuel, et aussi par l'imagination[13]. En fait, je pense que l'on peut dire que pour la plupart des gens, le plus souvent, le son existe principalement comme un son imaginaire, plutôt que sous la forme d'ondes aériennes titillant les tympans. Les expériences perceptives sont anticipées, remémorées, rejouées, transformées et transportées par les personnes tandis qu'elles se déplacent dans le monde. Ce savoir est tout aussi « sonore » que celui stocké dans un enregistrement audio, une partition ou la documentation officielle d'une œuvre. Nous disposons d'un langage pour parler du sonore, nous avons la capacité de créer de nouveaux sons en fonction de ce que nous entendons et écoutons, et nous disposons de riches combinaisons d'histoires et de traditions sonores à partir desquelles les personnes vivantes peuvent se nourrir. Je dis cela avec tout l'amour et le respect du monde pour mes amis archivistes : je m'inquiète moins de la disparition d'un enregistrement ou d'une performance en particulier qu'aux pratiques, aux traditions et aux histoires sonores vivantes, et à celles que nous devons activement maintenir en vie. Voilà le défi du « passé audible[14] » pour aujourd'hui.

Traduit de l'anglais par Gauthier Lesturgie

13 *Remapping Sound Studies*, sous la dir. de Gavin Steingo et Jim Sykes, Duke University Press, Durham, 2019 ; Dylan Robinson, *Hungry Listening: Resonant Theory for Indigenous Sound Studies*, University of Minnesota Press, Minneapolis, 2020.

14 *The Audible Past*, titre original du livre de J. Sterne, *op. cit.* (NdT)

we could argue that for most people, most of the time, sound exists primarily as imagined sound, rather than air waves tickling ear drums. Perceptual experiences are anticipated, recalled, "replayed," transformed and carried about by people as they move through the world. That knowledge is every bit as "sonic" as the knowledge stored in a sound recording, or a score, or the official documentation of a work. We have language to talk about sound, we have the ability to make new sounds in reference to our hearings and listenings, and we have rich combinations of sonic histories and traditions upon which the living can draw. I say this with all the love and respect in the world for my archivist friends: I worry less about the disappearance of any one recording or performance. I think more in terms of what sonic practices and traditions and histories are living, and which ones we need to actively work to keep alive. That would be the challenge of "the audible past" for today.

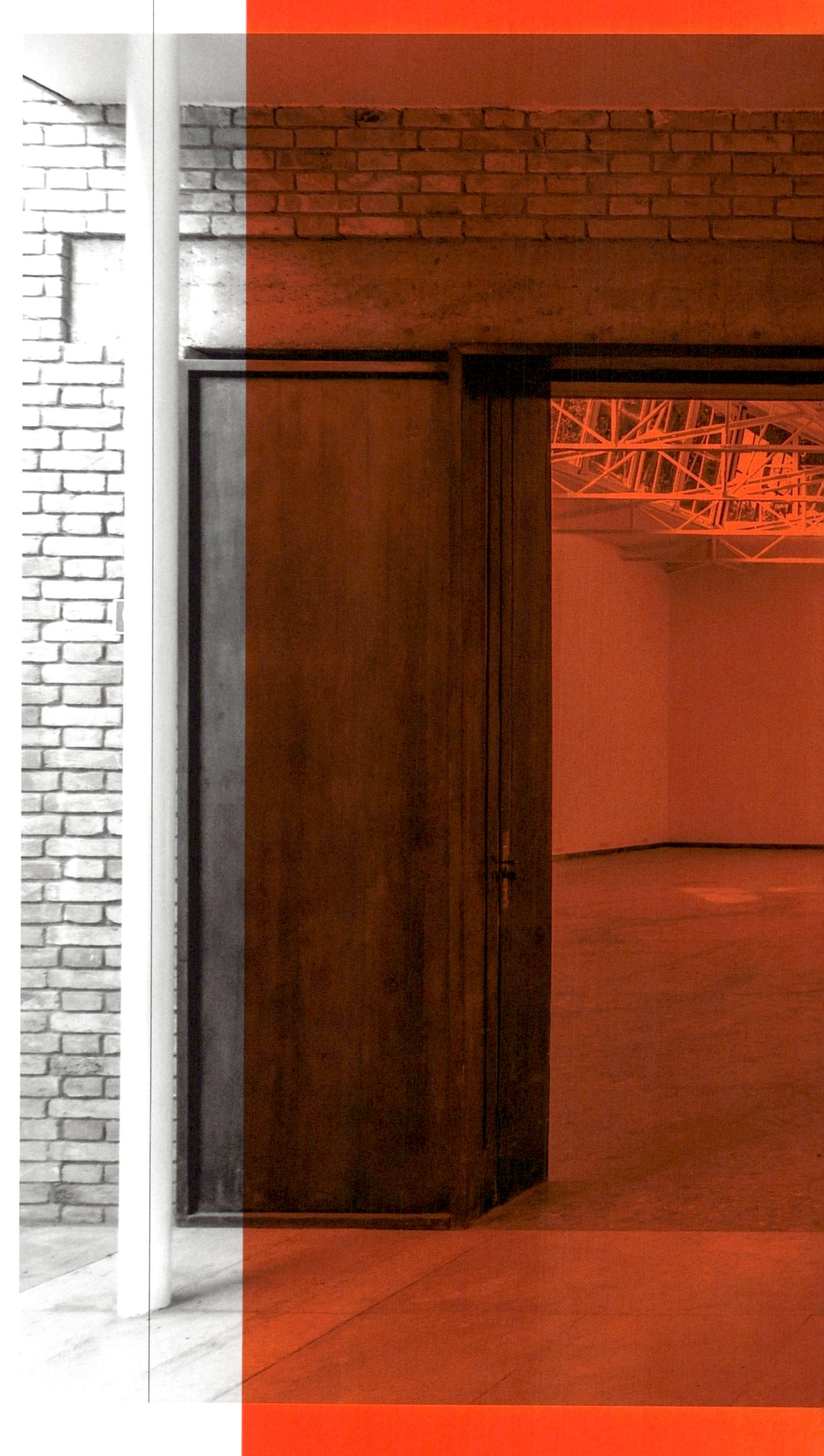

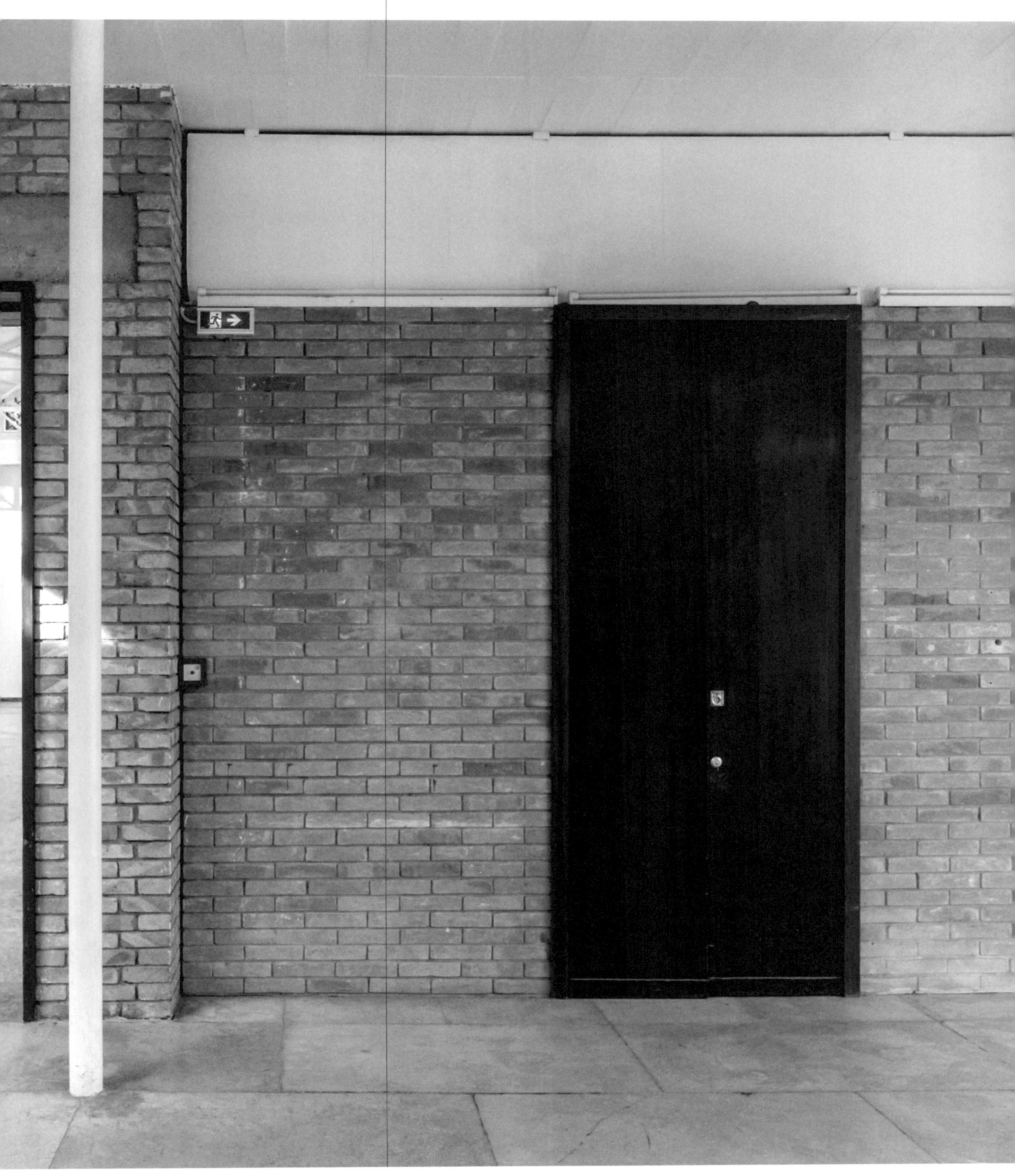

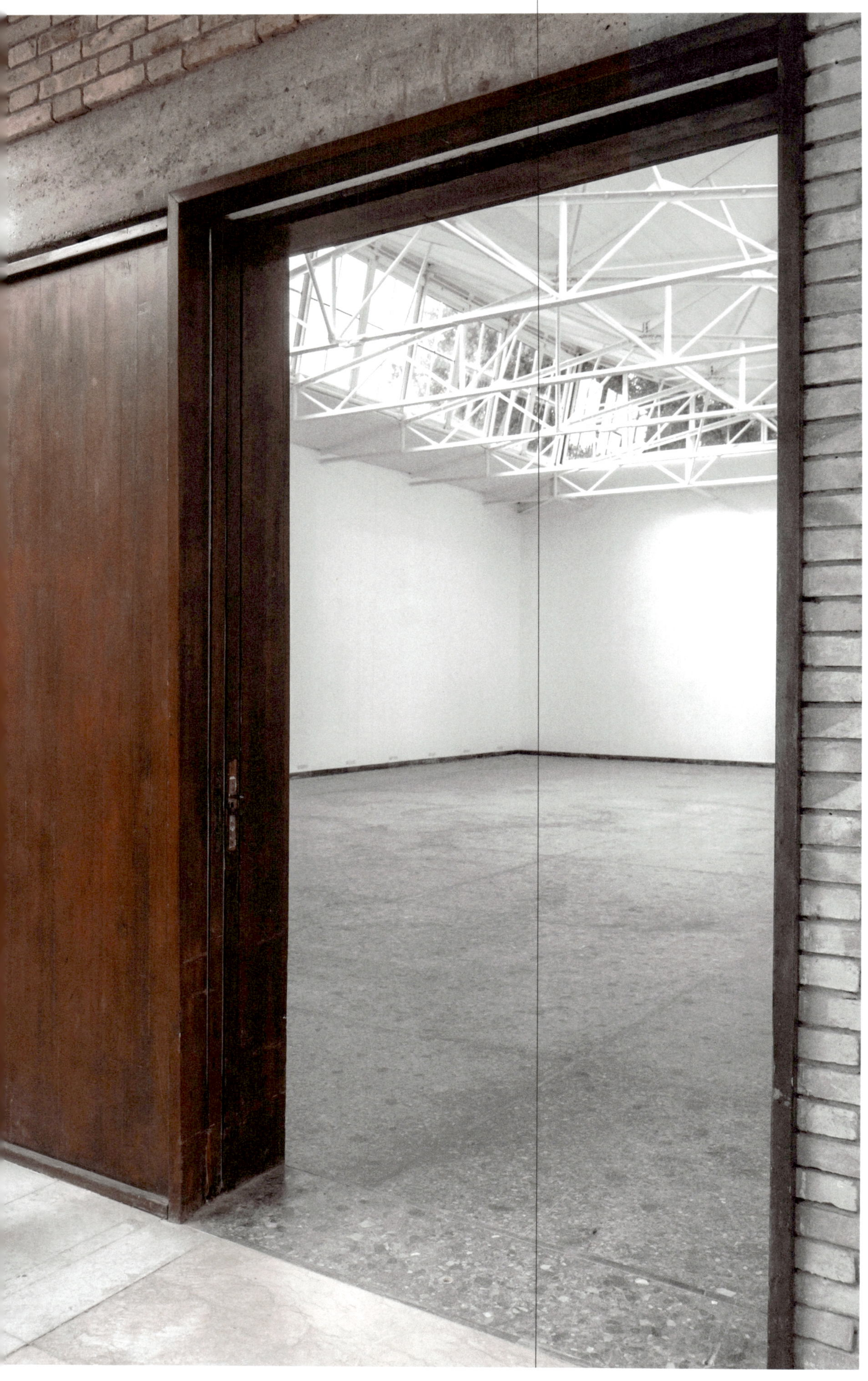

Le son, du théâtre à la guerre
Latifa Echakhch et Juliette Volcler
En conversation

LATIFA ECHAKHCH (LE) — Pourrais-tu me parler d'une partie de tes recherches qui ont été à la base de ton deuxième ouvrage sur les créations et les recherches de Harold Burris-Meyer. Ce qui m'intéressait ou ce qui m'interrogeait, c'est comment on arrive, à partir du milieu du théâtre, à finir dans le domaine de la guerre, dans le domaine des armes. Je voulais que tu me parles un peu de ce moment-là, du début de ces recherches qui ont été à la base de ton premier ouvrage.

JULIETTE VOLCLER (JV) — J'ai centré le travail sur Harold Burris-Meyer pour mon livre *Contrôle*[1], effectivement, parce que c'est un homme qui représente une métaphore de l'évolution du capitalisme sonore tel qu'il se bâtit au début du XX^e^ siècle et ensuite, au fil du XX^e^ siècle. Il est né dans les années 1900 et il est décédé dans les années 1980. Il représente le XX^e^ siècle à mes oreilles. Ce n'est pas le seul, loin s'en faut. J'ai volontairement choisi un personnage que j'appelle « gris », c'est-à-dire sans notoriété particulière et qui a été oublié dans l'histoire de la musique d'ambiance, des effets sonores ou de l'armement. Il n'a pas été totalement oublié dans l'histoire du théâtre. Il m'intéressait à ce niveau-là parce qu'il est représentatif de toute une classe d'ingénieurs-artistes (avec un trait d'union entre les deux) qui s'est développée au fil du XX^e^ siècle.

Harold Burris-Meyer, lorsqu'il est arrivé au théâtre, s'est très rapidement intéressé – c'était même, en réalité, son entrée dans le théâtre – au moyen de manipuler le public par des biais sonores. C'était au départ une volonté de donner au son toute l'importance qu'il peut avoir au théâtre, partant du constat, qui est d'ailleurs toujours très largement vrai aujourd'hui encore, que le théâtre privilégie trop l'image par rapport au son, privilégie trop le décor et la présence scénique par rapport aux ambiances sonores et aux effets sonores. Lui était un fervent défenseur du sonore, disant que le son constituait la moitié du spectacle. C'est d'ailleurs la même problématique qu'on a retrouvée aussi au cinéma.

Lorsqu'il a commencé à s'intéresser au son, il s'est tout de suite positionné dans une perspective d'innovation sonore. Innovation à la fois artistique et technologique. Les deux étaient intrinsèquement liées, ce qu'elles ne sont pas nécessairement. On peut très bien innover artistiquement, grandement, avec des outils pauvres et, au contraire, se montrer parfaitement réactionnaire avec les plus hautes technologies. Burris-Meyer voulait se trouver au croisement de l'innovation artistique et de l'innovation technologique. Il était en cela très représentatif des tendances de son époque. Thomas Edison,

1 Juliette Volcler, *Contrôle. Comment s'inventa l'art de la manipulation sonore*, La Découverte / La Philharmonie de Paris, 2017.

# Sound, From Theater to War
# Latifa Echakhch and Juliette Volcler
# In Conversation

LATIFA ECHAKHCH (LE) — Tell me about that part of your studies that led to your second book on the creations and research of Harold Burris-Meyer. What interested or rather puzzled me was the transition from the realm of theatre to that of war and weapons. I would like you to tell me about that moment, the beginning of your research.

JULIETTE VOLCLER (JV) — My second book *Contrôle*[1] focuses on Harold Burris-Meyer because he incarnates the evolution of acoustic capitalism from the beginning of and throughout the twentieth century. Burris-Meyer was born in the 1900s and he died in 1980. To my ears, he represents the twentieth century. He's far from being the only one. I deliberately chose what I would call a "grey", i.e., relatively obscure and forgotten figure in the history of background music, sound effects, and weaponry. He is not entirely forgotten in the history of theatre, though. He interested me on that level as a representative of a whole class of artist-engineers (with a hyphen) that emerged in the twentieth century.

When Burris-Meyer started working in the theatre, he rapidly grew interested–actually that's what got him into theatre in the first place–in how to manipulate the audience through sound. The initial intent was to explore the full potential of sound on stage, based on the observation that the theatre tended to privilege image over sound–as it still does to this day. Scenography and onstage presence are given more importance than acoustic environments and effects. As a staunch supporter of sound, he claimed that it makes for half of the performance. We find the same issue in cinema as well.

When he became interested in sound, he positioned himself as a trailblazer of artistic and technical acoustics. The two aspects were intrinsically intertwined, which is not always the case. One can easily bring about great innovations with very basic tools and, on the contrary, be totally reactionary with the most advanced technologies. Burris-Meyer wanted to be at the crossroads of artistic and technological innovations. He was in this very representative of the trends of his time. Thomas Edison, the father of the

1 Juliette Volcler, *Contrôle. Comment s'inventa l'art de la manipulation sonore* (La Découverte / La Philharmonie de Paris, 2017).

qui est le père notamment du phonographe, lui aussi percevait ces outils comme des moyens d'innovation à la fois artistique, technique et sociale.

Burris-Meyer a voulu maîtriser toute la chaîne du son. J'ai intitulé mon livre *Contrôle*, parce que c'était le nom de la première pièce de théâtre qu'il a mise en scène, mais également parce que c'est représentatif de l'ambition profonde qui était la sienne et celle de nombre d'ingénieurs de son époque : contrôler le son et le public. Contrôler de bout en bout, depuis la captation ou la production sonore jusqu'aux réactions du public, en passant par les moyens de diffusion, de mixage qui eux aussi étaient nouveaux. Comme l'a démontré l'historienne Emily Thompson[2], les trente premières années du XXe siècle ont été extrêmement riches en bouleversements dans le domaine du son. L'isolation acoustique est mise en place, il y a une bonne compréhension du fonctionnement de la réverbération, il y a un bouleversement de l'ambiance sonore des villes avec le développement de l'automobile. Il y a les phonographes, les téléphones qui se répandent dans tous les foyers. Il y a le cinéma et la radio qui sont inventés. C'est un bouleversement complet du paysage auditif.

Burris-Meyer va chercher à appliquer des théories comportementalistes, qui sont également élaborées à la même époque, au domaine de l'art, au domaine du théâtre, en tentant d'évaluer comment tel stimulus sonore va faire réagir le public et en établissant des équations supposément scientifiques, mais en réalité très imparfaites. Il instituait des rapports de causalité directe entre la création d'un type d'ambiance ou d'un effet, et la production d'un type d'émotion au sein de l'ensemble du public. Comme si le public était une seule et même personne, un seul corps auditif dans lequel on enverrait ce stimulus.

C'est ça qui a fait la jonction avec l'industrie de la musique d'ambiance comme avec l'industrie de l'armement. C'est cette question du comportementalisme, c'est-à-dire de rationaliser, de prétendre rationaliser, parce que la réalité était beaucoup moins systématique, beaucoup moins démontrable qu'il ne le prétendait. Il a participé à l'élaboration d'un discours sur la possible rationalisation des effets sonores et sur la rationalisation des émotions du public. L'industrie de la musique d'ambiance, qui a commencé à se développer à peu près dans les mêmes années, les années 1920, s'est beaucoup intéressée à ces travaux-là et lui a commandé dans les années 1940 une étude sur la meilleure façon de diffuser efficacement de la musique[3]. C'est l'affirmation d'un discours structuré sur l'efficacité du son. Le discours de la rationalisation, c'est un discours de l'efficacité. Comment diffuser efficacement de la musique afin d'obtenir des effets qui soient à la fois anticipables et reproductibles. Cette recherche de rationalité se centrait essentiellement sur le type de musique à diffuser et les enchaînements d'un morceau à l'autre.

L'objectif était, par exemple, d'obtenir que la musique d'ambiance permette d'augmenter la productivité dans les usines, ce qui est devenu un enjeu majeur au moment de la Deuxième Guerre mondiale. On a vu un grand développement de la musique d'ambiance à cette occasion. Ensuite, également augmenter la productivité dans divers autres domaines, comme, par exemple, faire que les gens viennent davantage dans un magasin, qu'ils consomment plus. Pareil pour un restaurant, que les gens s'y attardent davantage et choisissent

2 Emily Thompson, *The Soundscape of Modernity: Architectural Acoustics and the Culture of Listening in America 1900-1933*, The MIT Press, 2002.

3 Harold Burris-Meyer, « Music in Industry », *Mechanical Engineering*, 1943.

phonograph among other things, also regarded these tools as simultaneously conducive to artistic, technical and social innovation.

Burris-Meyer wanted to control the entire chain of sound. My book *Contrôle* is titled after the first play that he staged but also because it is representative of the deep ambition that characterised him and many engineers of his time: to control the sound and the audience. Control from start to finish, from sound recording or production, to audience response, including the new diffusion and mixing tools. As shown by historian Emily Thompson,[2] the first three decades of the twentieth century were ripe with breakthroughs in this field. Soundproofing was developed, there was a better understanding of reverberation, and the inception of cars transformed the urban soundscape. Phonographs and telephones entered every household. Cinema and the radio were invented. The soundscape was revolutionised.

Burris-Meyer took the behaviourist theories that were being developed at the time and applied them to art and the theatre, trying to find out how the audience would respond to a given stimulus and developing equations that, despite their scientific veneer, were quite flawed. He postulated a relationship of direct causation between the production of a soundscape, or sound effect, and the emotional response of the audience as a whole. As if the audience were one single person, one single listening body to which the stimulus was addressed.

This is where the background music and arms industries come together: on the behaviourist issue of rationalizing, or rather on the claim to do so. Reality is indeed far less systematic and demonstrable than Burris-Meyer claimed. He took part in the discourse on the possible rationalization of sound effects and audience emotional response. The budding background music industry of the 1920s was interested in his work and, in the 1940s, commissioned him a study on the most efficient way to broadcast music.[3] It was the establishment of a structured discourse on the efficiency of sound. The rationalization discourse is all about efficiency. About how we can efficiently broadcast music in such a way as to achieve effects that are both predictable and reproducible. This search for rationality essentially focused on the kind of music to be broadcast and on how to string the sound sequences together.

The goal was, for instance, to develop a background music that increased productivity in factories, a critical issue during World War II. Background music went through a boom period at the time. Then productivity had to be increased in other sectors too, for instance in order to get people to shop more often in a given store, to consume more. Or to spend more time in a restaurant, choosing what to eat also based on the background music. Burris-Meyer was among the pioneers of what I call scientific marketing–a sector that, while not limited to background music, was entirely built

2 Emily Thompson, *The Soundscape of Modernity: Architectural Acoustics and the Culture of Listening in America 1900–1933* (Cambridge, MA: MIT Press, 2002).

3 Harold Burris-Meyer, "Music in Industry", *Mechanical Engineering*, 1943.

des plats aussi en fonction de ce qui sera diffusé comme musique d'ambiance. Burris-Meyer est l'un des premiers qui a lancé ce que je nomme un marketing scientifique de l'industrie de la musique d'ambiance, qui n'est pas la seule à le mener, mais sur laquelle tout ce secteur est fondé. Marketing scientifique parce que ce marketing s'appuie sur des données censément scientifiques, représentées avec des diagrammes et des statistiques et toutes les apparences formelles de la science, mais à partir de données éminemment biaisées, puisqu'elles doivent toujours prouver une efficacité de la musique d'ambiance et accroître cette efficacité.

Burris-Meyer a produit avec son collègue Cardinell une abondance de statistiques sur l'impact que pouvait avoir tel type de musique sur l'absentéisme, sur la productivité, etc. Ensuite, il y a eu énormément d'autres études et il y en a encore aujourd'hui, toujours fondées sur cette méthode statistique biaisée et aussi des études financées par l'industrie de la musique d'ambiance elle-même ou par les sociétés de droits d'auteurs.

Ensuite, le milieu de la guerre s'est beaucoup intéressé à ça, parce qu'à partir du moment où on pouvait contrôler les émotions d'un public dans une salle ou, supposément, d'ouvrières et d'ouvriers dans des usines, l'industrie militaire voulait savoir si on pouvait rendre le son utilisable en tant qu'armement. Pour utiliser une expression que Burris-Meyer lui-même a employée dans un de ses comptes rendus : comment pouvait-on le plus rapidement possible faire « mourir de peur » des ennemis au moyen du son ? Les recherches ont été apparemment très amusantes pour Burris-Meyer et son équipe, très inventives[4]. Ils ont essayé énormément de choses pour pouvoir utiliser le son comme une arme, essentiellement pour tenter d'obtenir des effets psychologiques, puisque c'était le fondement de tout son travail au théâtre et dans l'industrie de la musique d'ambiance. Là aussi, industrialiser les effets du son, mais cette fois non plus de manière censément positive, mais de manière ouvertement négative. Ces recherches n'ont pas été très fructueuses, mais elles ont posé les bases du développement d'un armement sonore, aujourd'hui utilisé par la police ou les militaires[5]. Les armes actuelles ne reposent pas sur une efficacité psychologique, mais sur la puissance acoustique : elles blessent l'oreille et peuvent causer des mutilations auditives.

LE — Les recherches d'Harold Burris-Meyer se situent entre les années 1930 et 1950. Et un peu plus tard, il y a eu l'invention de *l'Acousmonium*, et un peu plus tard encore, il y a eu *Music for Airports* de Brian Eno. C'est assez étonnant qu'il se soit dirigé vers un domaine beaucoup plus efficace et mercantile, etc., plutôt que la création pure.

JV — Harold Burris-Meyer était très soucieux de trouver des financements pour sa recherche, et il a eu beaucoup de mal à trouver ces financements. Il y avait des fondations, comme la Fondation Rockefeller, qui l'ont financé au début et puis, après, ont pris un peu de distance en se demandant si ce n'était pas un charlatan. De la même manière, d'autres institutions étaient un peu sceptiques sur les résultats qu'il prétendait obtenir. C'est en ce sens-là que je parle de marketing scientifique. Pour moi, c'est l'élaboration d'une pseudo-science

4 Harold Burris-Meyer et Vincent Mallory, « Psycho-acoustics, applied and misapplied », *The Journal of the Acouostical Society of America* 32/12, 1960.

5 Juliette Volcler, *Le son comme arme. Les usages policiers et militaires du son*, La Découverte, 2011.

on it. This kind of marketing was "scientific" in the sense that it relied on supposedly scientific data, made use of charts and statistics, and adopted all the formal features of science. The data, however, were deeply biased since they were always meant to prove and enhance the efficiency of background music.

Burris-Meyer and his colleague Cardinell produced a wealth of statistics on the impact of this kind of music on absenteeism, productivity, etc. Many studies have followed to this day, all based on the same biased statistical methods. Some of them are financed by the background music industry or by copyright societies.

Later this research caught the attention of the war sector: knowing that the emotions of an audience or of factory workers could be controlled, the military wanted to find out if sound could be used as a weapon. To quote an expression used by Burris-Meyer himself in one of his reports: how could one use sound to "scare an enemy to death"? Burris-Meyer and his team apparently had a great time doing this highly innovative research.[4] They tested out many ways to use sound as a weapon, mostly to elicit a psychological effect, since this was the foundation of his work in the theatre and in the background music industry. The goal was still the industrialisation of sound effects, but to an openly negative rather than positive end. His research was not particularly fruitful, but it paved the way to the sonic weaponry currently used by the police or the military.[5] Today, such weapons no longer rely on psychological impact but on acoustic power: they can cause hearing damage or even mutilation.

LE — Burris-Meyer's research took place between the 1930s and 1950s. The *Acousmonium* was invented shortly later, followed by Brian Eno's *Music for Airports*. It's surprising that he chose a goal-oriented, mercantile direction rather than pure creation.

JV — Burris-Meyer was very concerned about funding, and had a hard time finding it. Some foundations, for instance the Rockefeller Foundation, supported him at the beginning but later distanced themselves, wondering if he wasn't a bit of a charlatan. Other institutions were also somewhat sceptical about the results he claimed to achieve. This is what I mean by scientific marketing. To me, it's the elaboration of a pseudo-science aimed at legitimising an industry rather than actually achieving the announced results. So it's quite logical that his research was targeted at a lucrative industry rather than at structures with more serious scientific, philosophical and aesthetic foundations.

LE — What gave me this thought was the fact that he once got involved with a phone company to fund his research. It reminded me of how the Bell Laboratory Company financed a great many inventions in the field of sound.

4 Harold Burris-Meyer and Vincent Mallory, "Psycho-acoustics, applied and misapplied", *The Journal of the Acoustical Society of America* 32, no.12 (1960).

5 Juliette Volcler, *Le son comme arme. Les usages policiers et militaires du son* (Paris: La Découverte, 2011).

qui a pour effet de légitimer une industrie plutôt que de réellement obtenir les effets qu'on prétend obtenir. Que ce soit une industrie lucrative qui était intéressée par ça plutôt que des structures qui s'appuient sur des fondements scientifiques plus sérieux, ou bien des réflexions philosophiques ou esthétiques plus étayées, c'est logique dans sa démarche.

LE — Moi, ce qui m'avait fait penser à cela, c'était l'implication à un moment donné d'une compagnie de téléphone, il me semble, dans le financement de ses recherches. Ça m'a vraiment rappelé la *Bell Laboratories company* qui a été la source de financement d'énormément d'inventions dans le domaine du sonore.

JV — Oui, les Laboratoires Bell ont été vraiment une usine à brevets au moins dans la première moitié du XXe siècle. Ils ont posé les bases de ce qui est aujourd'hui devenu la société de communication. Ils y ont ardemment travaillé à tous les niveaux. En produisant des outils nouveaux, comme le microphone, le téléphone ou des appareils de reproduction sonore ; mais aussi en travaillant sur des vocodeurs, sur la synthèse vocale, où l'on retrace les origines de l'assistance vocale d'aujourd'hui. Et également - et Burris-Meyer était vraiment dans cette démarche-là - en essayant de créer une « oreille moyenne ». Les Laboratoires Bell ont ardemment travaillé pour réussir à utiliser au mieux leurs lignes de téléphone, c'est-à-dire à rationaliser l'usage de la bande passante dans les lignes de téléphone. Ils ont mené de très grandes campagnes d'audition aux États-Unis. Ce sont les premières grandes campagnes pour mesurer les capacités d'audition de tout un peuple, notamment à travers les écoles[6].

Ça leur a permis de définir une audition moyenne et de fonder tout le fonctionnement de l'industrie téléphonique sur cette audition moyenne, qui avait été déterminée lors des campagnes de mesure de l'audition. La question de la création d'une « oreille moyenne », c'est-à-dire vraiment d'industrialiser l'oreille et d'industrialiser l'écoute, est centrale dans la démarche de toute cette branche de l'industrie des communications. Aujourd'hui, on ne questionne pas la façon dont on perçoit le son d'un haut-parleur, d'un téléphone, d'un autre dispositif sonore. Tout ça nous semble transparent et sans histoire, mais c'est quelque chose qui a été structuré, qui a fait l'objet d'énormément d'études et d'un façonnage.

De la même façon pour le MP3. Aujourd'hui, comment est fabriqué un MP3 ? On enlève des parties du signal sonore qui sont considérées comme non nécessaires pour la transmission d'un message ou d'une œuvre, que ce soit un message musical, un message parlé, une création sonore. On enlève ce qui est estimé comme non nécessaire, mais non nécessaire comment ? Justement par ces études sur l'audition qui ont été affinées par la psychoacoustique. Tel son faible ne va pas être perçu s'il est joué en même temps que tel son fort, telle fréquence ne va pas être audible par la majorité des personnes, telle partie du signal est écrasée par telle autre. Cela fait partie de cette formation de l'oreille du public par les industries sonores. Aujourd'hui, on rirait à l'idée de refaire des tests, comme faisait Thomas Edison au tout début pour vendre son phonographe. Il faisait des tests en aveugle, c'est-à-dire qu'une cantatrice venait chanter dans

6 Amandine R., « Toute technologie relève d'une manière ou d'une autre de l'assistance : Entretien avec Mara Mills », *Syntone*, 29 janvier 2019, http://syntone.fr/toute-technologie-releve-dune-maniere-ou-dune-autre-de- lassistance-entretien-avec-mara-mills/.

JV — Yes, the Bell Labs were truly a patent factory, at least in the first half of the twentieth century. They laid the foundations of today's communication society, working tirelessly at every level: they created new tools like the microphone, the telephone or sound reproduction devices; but they also worked on vocoders and speech synthesis devices that led to today's voice assistant technology. They also tried–and Burris-Meyer was really into that line of research–to create an "average ear". The Bell Labs were very keen to get the best out of their phone lines through a rational usage of the bandwidth. They carried out extensive audiometry campaigns in the United States, the first aimed at measuring the hearing of an entire population, especially in schools.[6]

These audiometry campaigns allowed them to establish an average hearing capacity on which they founded the entire phone industry. The issue of the "average ear", i.e., of industrializing ears and hearing, is central to this sector of the communications industry.

Today we don't question how we hear the sound coming from a loudspeaker, a telephone, or any other sound device. It all seems transparent and uncontroversial to us, but it's something that has been structured, extensively investigated and worked on.

The same goes for MP3. How do you create an MP3 today? By removing the parts of the sound signal that are deemed unnecessary for transmitting a message, be it musical, spoken, or a sound creation. But unnecessary in what sense? This is what these studies on hearing, fine-tuned by psychoacoustics, have tried to establish. Some weak sounds won't be perceived when played together with strong ones; the majority of people can't hear some frequencies; a given part of the signal is crushed by another. It's all part of how the sound industries train the ear of the audience. Today the idea of repeating the tests used by Thomas Edison to sell his phonograph would be laughable. He carried out "tone tests" in which a singer would perform on stage, then the house lights would be switched off leaving the audience in the dark, and the performance would continue using the singer's pre-recorded voice. Edison advertised extensively about this, about the fact that the audience couldn't tell the difference.

Today we would find it funny because we could certainly tell the difference, and conclude that the audience of the time was quite naïve. But through these tests Edison was actually teaching the artist how to sing for a recording, which is different from singing in public (there's a way of singing into the microphone, of standing in the studio, a specific physical discipline) while, at the same time, teaching the audience to accept the recording as a real experience rather than as an imperfect artefact that actually takes a lot away from it. The recording is only a tiny fraction of the hearing experience, but from Edison onward we learned to accept it. Just as we agree to the author-reader pact in a novel, or any

6 Amandine R., "Toute technologie relève d'une manière ou d'une autre de l'assistance: entretien avec Mara Mills", January 29, 2019, http://syntone.fr/toute-technologie-releve-dune-maniere-ou-dune-autre-de-lassistance-entretien-avec-mara-mills/.

une salle, et puis le noir se faisait et, pendant que la salle était dans l'ombre, la diffusion se poursuivait, mais ça devenait le son enregistré de la voix. La cantatrice avait enregistré sa voix et Thomas Edison faisait d'abondantes publicités là-dessus, sur le fait que le public ne pouvait pas faire la différence.

Aujourd'hui, ça nous amuserait parce qu'évidemment on pourrait la faire, la différence, et on conclurait à une grande naïveté du public d'alors. En réalité, Thomas Edison, en faisant ça, apprenait à la fois à la cantatrice à chanter correctement pour un enregistrement, ce qui n'est pas la même manière que de chanter en direct pour un public (il y a une manière de s'adresser au micro, une manière de se positionner dans le studio, une discipline corporelle spécifique), et il apprenait aussi au public à accepter l'enregistrement comme une expérience réelle et non pas simplement comme un artefact très imparfait qui, de fait, enlève une énorme partie de l'expérience sonore. L'enregistrement, ce n'est qu'une infime partie de l'expérience sonore, mais à partir d'Edison et puis ensuite, ça s'est poursuivi, on a appris à l'accepter, comme on accepte dans un roman ou dans n'importe quelle fiction, le pacte de lecture dans un livre, le pacte d'audition dans une création sonore. On accepte d'entrer dans cette fiction, on l'accepte comme telle pour pouvoir la suivre. Sauf que dans le domaine sonore, on a oublié que c'était une fiction et qu'il y avait un pacte.

LE — À propos d'entrer dans une fiction, on voit dans tes ouvrages comment cet espace public est redéfini, relu et réappréhendé par les gens, le peuple, et qu'on se retrouve dans une vie quotidienne envahie de manière sonore par toutes sortes de bandes-son, de signal ou de messages. C'est vrai que ces choses sont apparues tout doucement dans notre société ou dans notre vie urbaine, et cela prend de plus en plus de place. Ce qui était aussi très intriguant pour moi c'est la violence avec laquelle ce son occupe notre perception du monde, parce que ça devient quelque chose qu'on ne peut que subir, parce qu'on peut très difficilement fermer nos oreilles.

JV — La régulation du monde social par le sonore n'est pas récente en tant que telle. C'est-à-dire que les cloches ont été utilisées pendant très longtemps comme outil de régulation de l'espace social et comme outil d'information au sein de cet espace social. C'est un outil très structurant pour la communauté. Les musiques, les fêtes, les chants, ont également été utilisées depuis longtemps de cette façon-là par les groupes humains, par les sociétés humaines de façons diverses. Le monde sonore du XXIe siècle, quant à lui, a directement hérité des bases qu'a posées la musique d'ambiance au XXe siècle, c'est-à-dire contrairement à la cloche qui signifiait l'appartenance à une communauté, les différents haut-parleurs qui quadrillent le quotidien de façon de plus en plus intensive, ne sont plus là pour faire communauté…

Par ailleurs, le monde sonore des siècles précédents était effectivement plus aéré, avec des événements plus ponctuels, des événements aussi qui étaient liés à des activités de la vie quotidienne. On savait qu'une marchande était en train d'arriver parce qu'on reconnaissait sa chanson. On entendait qu'un forgeron avait commencé à faire son travail. On entendait la cloche qui annonçait tel ou tel événement. La musique d'ambiance s'est mise à privatiser cet espace public petit à petit. Elle le privatise au nom des intérêts des gens qui la diffusent. C'est pour moi, précisément, l'endroit où elle agit réellement.

work of fiction, we agree to a listener pact when listening to a sound creation. We accept to enter that fiction as it is in order to follow it. But when it comes to sound, we forget that it was a fiction and that there was a pact in the first place.

LE — Speaking of entering a fiction, in your work this public space is redefined, reinterpreted and re-appropriated by the people, the population. Everyday life is acoustically taken over by all sorts of soundtracks, signals, and messages that have made a gradual appearance in our society and urban life and are now becoming increasingly prevalent. What intrigued me was the violence of the intrusion of sound in our perception of the world: it becomes something that we can only endure, because we can hardly shut our ears.

JV — Social regulation through sound is not a recent phenomenon as such. Bells have long been used to regulate the social space and to convey information within it. They are a very structuring tool for the community. Music, festivals, and songs have also long been used for that purpose in different ways by human groups and societies. The twenty-first-century soundscape, for its part, has inherited the foundations laid by twentieth-century background music: whereas the bell indicated the affiliation to a community, the loudspeakers that increasingly fill our everyday life no longer serve community building …

This being said, the soundscape of the previous centuries was indeed less cluttered: events were intervaled and associated to everyday activities. People knew that a seller was coming because they recognised her song. They knew when the blacksmith had started working. They heard the bells announcing this event or the other. Background music has gradually privatised the public space for the benefit of the broadcasters. To me, this is where it truly comes into action.

We talk a lot about the manipulating power of twenty-first-century background music and sound design, and how it prevents us from thinking. I don't think this is the case. Today there is overstimulation, and I shall return to that, but the primary function of broadcasting sound through loudspeakers in public spaces is to delimit the latter's acoustic properties. When a loudspeaker is playing background music in a store, a train station or even in the street because the municipality decided to do so, an authority is being claimed over that particular space. It is telling us: "You are on my property. I am the one authorised to make noise, to cover all the other sounds with my own".

Background music also conveys the implicit rules of the space we are visiting. In some stores, for instance, an upbeat music indicates that an accordingly upbeat attitude is expected. Train stations and public parks, on the other hand, will play classical music, to induce calm but also based on the assumption that young people and the homeless hate classical music. This sounds like a hasty claim to me, a form of social contempt: after all, nothing prevents young or homeless people from enjoying classical music.

On parle beaucoup de la question de la manipulation de la musique d'ambiance ou du design sonore dominant du XXIe siècle, qui nous empêcherait de penser. Je ne pense pas qu'elle nous empêche de penser. Aujourd'hui, il y a une sur-sollicitation, je vais y revenir après, mais en premier lieu, ce que fait cette diffusion par des haut-parleurs dans les espaces publics, c'est de délimiter des propriétés acoustiques dans ces espaces. Quand un haut-parleur diffuse de la musique d'ambiance, que ce soit dans un magasin, dans une gare, même dans une rue, parce que la municipalité a décidé d'en diffuser, il y a une autorité qui s'exprime et qui est en train d'affirmer à travers cette diffusion son autorité sur cet espace-là. Elle dit : « Vous êtes ici chez moi. Je suis la personne autorisée à faire du bruit, à mettre du son au-dessus de tous les autres. »

D'autre part, la musique d'ambiance délivre un règlement implicite de l'espace qu'on traverse. Dans les magasins, par exemple, une musique d'ambiance très rythmée va indiquer qu'on attend une attitude enjouée et pas morose. Au contraire, les gares, les parcs publics vont se doter de musique classique, à la fois pour solliciter le calme mais aussi pour suivre le présupposé que les jeunes et les SDF détesteraient la musique classique. Ce qui me semble une affirmation un peu hâtive, un mépris social, puisque rien n'empêche les jeunes et les personnes sans abri d'aimer la musique classique.

En réalité, ça n'agit pas là, ça n'agit pas à ce niveau-là, mais là où ça va agir, c'est en délivrant deux informations. D'une part, qu'on attend une attitude calme et d'autre part, que certaines personnes sont désignées comme indésirables, que les jeunes, si tant est qu'il existe un groupe homogène qui peut s'appeler « les jeunes », ne sont pas les bienvenus. Ce qui ne nous empêche absolument pas, si on est jeune et si on est sans abri, d'y aller, mais on reçoit cette information et on doit s'y confronter. De la même manière, si on est une personne de 70 ans qui aime beaucoup les derniers hits de la radio, on peut très bien aller dans un magasin qui en diffuse, même si lui souhaite attirer de cette manière son cœur de cible qui est jeune. Rien ne nous empêche d'y aller, mais on est désigné comme étant à contre-courant.

Ensuite, la nouvelle évolution qu'il y a eu à partir de la fin du XXe, début du XXIe siècle, c'est la miniaturisation des dispositifs de diffusion et donc leur dissémination encore plus importante, et l'émergence d'un design sonore commercial, qui est à la fois porté par les outils de diffusion privés comme les smartphones notamment et les outils publics comme des haut-parleurs dans une gare, par exemple. Le nombre de sollicitations a encore bondi par rapport à la musique d'ambiance… La musique d'ambiance, à son début dans les années 1920, était conçue pour ne surtout pas être entendue, ce qui correspond d'ailleurs à l'idée d'Erik Satie, qui voulait créer une « musique d'ameublement » qui ne devait surtout pas être entendue. Ce qui est intéressant, parce qu'encore une fois il y a une grande porosité entre le monde de l'art et le monde de l'industrie, à partir de présupposés et d'intentions radicalement différents.

Au fil du XXe siècle, à partir des années 1960-1970, la musique d'ambiance est devenue un outil d'affirmation des magasins, des marques. Tout à coup, il fallait qu'elle soit entendue, au contraire. On grimpait d'un niveau dans le stimulus et, profitant effectivement du fait que les oreilles n'ont pas de paupières, ces entreprises cherchaient à tirer parti du caractère intrusif du son pour s'imposer. Mais cela s'est développé à tel point que des critiques de plus en plus fréquentes sont apparues.

Au XXIe siècle, le design sonore dominant a repris en charge cette dimension-là mais en intégrant la critique et, du

Classical music actually doesn't operate on that level, but by conveying two messages: on the one hand, that a calm attitude is expected; on the other, that "young people"–if there is indeed a homogenous group that can be labelled as such–are designated as undesirable and unwelcome. Which doesn't mean that you can't go there if you're young or homeless, but you do receive that message and must deal with it. Likewise, if you're seventy years old and love the latest radio hits, you are perfectly free to go to a store that plays that kind of music, although it is targeted at younger customers. Nothing prevents you from going, but you are designated as an outsider.

The end of the twentieth and beginning of the twenty-first century have witnessed the miniaturisation of sound diffusion devices, and hence their even greater dissemination, as well as the emergence of commercial sound design supported both by private devices like smartphones and by public ones, like the loudspeakers in a train station. The amount of stimuli has increased exponentially when it comes to background music … Back in the 1920s, it was mostly meant not to be heard, in line with Erik Satie's idea of "furniture music": another interesting proof of the porosity between art and industry, despite their radically different assumptions and intentions.

Throughout the twentieth century, from the 1960s–1970s onward, stores and brands have been using background music as a tool of self-affirmation. All of a sudden, it was meant to be heard. The stimuli was taken up a notch and, taking advantage of the fact that ears don't have eyelids, businesses started to take advantage of the intrusive nature of sound impose their presence. But this factor developed to such an extent that it started being increasingly criticised.

In the twenty-first century, the prevailing sound design took over that dimension but also integrated the criticism. As a consequence, broadcasts have become more localised and are no longer permanent. They have not decreased, because stimuli are now omnipresent … unless you live in a rural area or don't have a mobile phone on you. When you walk through the mall of any large Western city, stimuli are absolutely constant and merge into a huge ruckus of sounds. Yves Citton calls it the "economy of attention",[7] based on Jonathan Crary's studies on the evolution of attention-catching techniques in the eighteenth and nineteenth centuries.[8] Today, these techniques and the economy of attention have become essential to reduce, as much as possible, non-profitable space, time, and perceptions.

That's the ideal world of marketing. In the real world, background music is constantly mingled with other sounds coming from air-conditioning, social life, the whole improvised side of reality. The ubiquitous noise of car engines is not part of an attention-catching technology, but the sign of how an industry has been

7 Yves Citton, *L'économie de l'attention. Nouvel horizon du capitalisme?* (Paris: La Découverte, 2014).

8 Jonathan Crary, *Techniques of the Observer. On Vision and Modernity in the Nineteenth Century* (Cambridge, MA: MIT Press, 1992).

coup, en localisant plus précisément les diffusions et en les rendant non permanentes. Il n'y a pas eu de décroissance puisque les stimuli désormais sont omniprésents… à moins d'être dans une zone rurale et sans portable sur soi. Si on se promène dans un centre commercial d'une grande ville occidentale, les stimuli sont absolument constants. Ils s'entremêlent les uns aux autres dans un immense brouhaha. C'est ce que, notamment, Yves Citton a nommé « l'économie de l'attention[7] » après le travail de Jonathan Crary sur l'évolution des techniques de captation de l'attention au XVIIIe et XIXe siècles[8]. Aujourd'hui, la captation de l'attention, l'économie de l'attention, c'est devenu une économie essentielle pour laisser le moins possible d'espace, de temps et de perception non rentabilisés.

Ça, c'est dans le monde idéal du marketing. Dans la réalité, ça s'entremêle sans cesse avec bien d'autres sons, ceux des climatisations, de la vie sociale, de toute la part constamment improvisée du réel. Le son des moteurs de voitures, qui est prédominant, ne relève pas d'une technologie de captation de l'attention. Il relève de l'accaparement d'une industrie sur l'environnement sonore des villes occidentales depuis un siècle, mais l'industrie automobile le fait évoluer justement vers une technologie de captation lorsqu'elle profite de la bascule vers les véhicules électriques et de l'injonction réglementaire à disposer d'avertisseurs sonores. Elle en profite pour créer ce qu'elle nomme des « signatures sonores » et non pas des avertisseurs sonores. La distinction est importante et on perçoit toute la différence entre les deux. C'est la transformation précisément d'un son non désiré et pas totalement contrôlé, le son des moteurs thermiques, vers une technologie de captation de l'attention qui dépend de chaque marque, puisque chaque marque va *designer* le son que doit faire telle ou telle gamme de ses voitures en fonction des valeurs de la marque, du niveau de la gamme, etc.

LE — Justement, dans le fait d'avoir un environnement sonore qui nous sollicite en permanence, nous définit en permanence, ou rappelle très régulièrement que nous sommes soit des êtres désirés, soit rejetés, catégorisés, etc., et manipulés forcément, je me demande s'il n'y a pas, à un moment donné, un effet de stress qui se met en place. C'est-à-dire qu'on va avoir une espèce de saturation de la sollicitation. Ce qui pourrait peut-être expliquer ou pourrait peut-être amener au développement de ces casques d'annulation des sons, les *cancelling noise*. Je me demande si le prochain truc, ce sera d'acheter sa liberté sonore et de pouvoir filtrer ces sons. Est-ce qu'il y aura la place à un moment donné pour un monde à nouveau silencieux ?

JV — Le silence au XXe siècle est lui-même devenu un marché. C'est-à-dire que l'industrie de la musique d'ambiance a fabriqué aussi simultanément son envers. La question du silence, c'est une question qui était déjà présente dans l'urbanisme des siècles précédents. Par exemple, dès le XVIIIe siècle, il était interdit dans certaines villes à un forgeron de s'installer dans la rue où vivait un professeur. Au fil du XIXe siècle, tous les métiers les plus bruyants, comme les forges ou les boucheries, ont été déplacés. Ils se tenaient dans le centre des villes et ils ont été mis en périphérie. Ils ont été relégués

7 Yves Citton, *L'économie de l'attention. Nouvel horizon du capitalisme ?*, La Découverte, 2014.

8 Jonathan Crary, *Techniques de l'observateur : Vision et modernité au XIXe siècle*, Bellevaux, Éditions Dehors, 2016.

overriding the acoustic environment of Western cities for more than a century. However, the automotive industry makes it evolve towards attention-catching when, taking advantage of the transition to electric vehicles and of the injunction to equip them with audible warning systems, it develops "sound signatures" instead of warning devices. It's an important distinction and the difference is obvious: the undesired, not entirely controlled sound of combustion engines is transformed into an attention-catching technology tailored by the brand to "design" the sound of a particular line of cars according to its values, range, etc.

LE — Exactly, and being in an acoustic environment that constantly calls upon us, defines us or at any rate regularly tells us if we are desired, rejected, labelled, and of course manipulated, I wonder if it doesn't lead to stress. In the sense that there will be some kind of overexposure. Which could explain or lead to the development of these noise-cancelling headphones. I wonder if the next development will be the ability to buy one's acoustic freedom and to filter the noise. At some point, will there be the opportunity to return to a silent world?

JV — Silence, in the twentieth century, has itself has become a market, in the sense that the background music industry has simultaneously created its underside. Silence was already an urban planning issue in the previous centuries. For instance, back in the eighteenth century in some cities a blacksmith was forbidden from set up shop in the same street as a professor. During the nineteenth century, the noisiest establishments, such as forges and slaughterhouses, were moved from the center to the outskirts of the city. They were relegated to the poorer areas and this divide between wealthy neighborhoods entitled to silence and the noisy, poorer ones was maintained … In fact, it is a stigma that is turned to them: poor people are accused of being noisy, whereas in reality the poor are condemned to noise because they are assigned to neighborhoods where there is poor soundproofing, heavy industry and a lot of traffic, where no effort is made to create breathing spaces. Even the construction of large apartment buildings hardly ever takes into account the issue of noise.

Bose initially developed its "active headphones" as communication-enabling devices for the aircraft industry. The idea was to help pilots abstract from the surrounding noise of engines and air attrition in order to listen correctly to what was being communicated through the headphones. It was initially linked to a very specific industry, and when it later became generalised it remained rooted in a specific ideology … Mack Hagood shows it quite well in his book *Hush*,[9] in which he traces the whole history of what he calls "orphic media" -in other words, the media that create a protective bubble around us, just as Orpheus used his lyre and song to protect himself from the lure of the sirens. Hagood's

9 Mack Hagood, *Hush: Media and Sonic Self-Control* (Durham: Duke University Press, 2019).

dans des quartiers pauvres et cette partition entre des quartiers riches qui ont droit au silence et des quartiers pauvres qui ont droit au bruit s'est maintenue… C'est d'ailleurs un stigmate qu'on leur retourne, on dit que ce sont les pauvres qui sont bruyants, alors qu'en réalité les pauvres sont condamnés au bruit parce qu'ils sont assignés aux quartiers où il y a une mauvaise isolation phonique, où il y a des industries lourdes, où il y a une circulation abondante, où il n'y a aucun effort de mise en place d'espaces de respiration dans la ville et où même la construction des grands immeubles ne prend pas ou prend très peu en question la dimension sonore.

Les « casques actifs » ont été mis au point par Bose pour l'industrie aéronautique, au départ dans la droite ligne des outils pour favoriser la communication. L'idée, c'était que les pilotes puissent s'abstraire du volume sonore ambiant, du bruit des moteurs des avions, du bruit de frottement de l'air sur l'avion, pour entendre correctement les communications à l'intérieur de leurs casques. C'était lié à une industrie très spécifique au départ, et ensuite ça s'est généralisé, mais en restant ancré dans une idéologie spécifique… Ce qu'a très bien démontré Mack Hagood dans un livre qui s'intitule *Hush*[9]. Il a fait toute l'histoire de ce qu'il nomme les « médias orphiques », c'est-à-dire pour lui les médias qui, comme Orphée avec sa lyre et son chant parvenait à se prémunir de la tentation des sirènes, du chant des sirènes, des médias qui nous permettent de créer une bulle autour de nous. Il raconte l'histoire passionnante et critique de ces médias, parmi lesquels le casque actif qui permet d'annuler le son extérieur ou de le choisir parce que, de plus en plus, ce sont des dispositifs qui permettent de mixer en temps réel l'extérieur, de porter en permanence des prothèses auditives et de faire son propre mix du réel, que ce soit dans un café où l'on veut baisser le son de la musique d'ambiance ou bien dans un concert où, au contraire, on veut monter les basses.

On a son propre équaliseur et on ne quitte pas son appareillage auditif.

Mack Hagood montre que l'origine des casques actifs au sein de l'industrie aéronautique est toujours perceptible aujourd'hui dans l'idéologie qui est véhiculée à travers ces casques, et que lui définit, après une analyse de très nombreuses publicités pour ces casques, comme une idéologie propre aux classes supérieures qui ont les moyens de se déplacer en avion – très souvent, l'avion est présent dans les publicités pour ce casque – et où il fait également une analyse sur le fait que ce sont très souvent des hommes jeunes et blancs qui sont mis en scène et, de manière plus générale, des individus néolibéraux très performants, et que le casque leur permet, selon d'ailleurs le slogan même que Bose a mis en place, de choisir ce qu'ils veulent écouter du monde extérieur.

Je partage les conclusions d'Hagood, à savoir qu'il s'agit d'une solution technologique à un problème social, une solution individuelle à un problème collectif. Lui-même utilise ce casque-là, il le reconnaît, parce que la question sociale et la question collective ne sont pas résolues, mais il n'en est pas satisfait, parce que, justement, ça pousse à créer une société de bulles où chacune et chacun choisirait uniquement ce qu'il ou elle veut entendre et surtout pas la différence qui va nous importuner, ou nous choquer, ou nous gêner dans ce qu'on est en train de faire. Surtout pas un entremêlement, mais uniquement ce qu'on veut maîtriser. En fait, c'est la reproduction de la bulle algorithmique cognitive de Facebook,

9 Mack Hagood, *Hush: Media and Sonic Self-Control*, Duke University Press, 2019.

exciting and critical account of these media includes the active headphones, which enable users to cancel external noises or to select them: indeed, these devices increasingly work as permanent hearing aids that allow us to create our own mix of reality, whether we want to lower the volume of background music inside a coffee shop or, on the contrary, turn up the bass during a concert.

We have our own sound equaliser and we never remove our hearing equipment.

Mack Hagood shows that the origin of active headphones in the aircraft industry can still be felt today in the ideology conveyed by such devices: after reviewing a great number of advertisements, he defines this ideology as being targeted at the upper classes who can afford to travel by plane–planes are very often featured in such advertisements. He also points out that these ads tend to focus on individuals that are young, white, male and more generally high-achieving actors of neoliberalism. The headphones enable them, as Bose's slogan goes, to choose what they want to hear of the outside world.

I agree with Hagood's conclusion that these devices are a technological solution to a social problem, an individual solution to a collective problem. While he admits to using those headphones too (after all, the social and collective questions are still unsolved), he is not happy about it, precisely because they create a society of bubbles where each of us chooses what we want to hear and excludes any difference that might distract or disturb us in what we're doing. No exchanges, only control. It's like the cognitive bubble of Facebook's algorithm applied to sound: we choose what we will hear according to our personal affinities and tastes.

Hagood tweaks Bose's slogan saying that what is politically interesting is not so much to hear what we want but to want what we hear. What I would call a re-appropriation of the public soundscape not only by broadcasting sound and being an active member of the sound community, but also by listening to it. To me, listening is an active and critical process. Listening to a soundscape is fascinating not only in what it reveals about that environment, but also in what it teaches about its contradictions that run through it: because a sound environment is never as simple as claimed in a brochure that promotes background music or headphones …

I believe we have barely started exploring this soundscape. We barely know how to listen to it. But we also need to have a political conversation about the need for auditory respite in poorer areas and in some professions–green areas are particularly soothing in that respect. The two issues must be considered together: on the one hand, we must think critically about listening and avoid rushing into the "solutionism" of technological isolation. We must re-open our ears to the world, including to what we find unpleasant in it; on the other hand, we must also work on what is unpleasant, work to understand it and resolve it collectively.

Translated from French by Daniela Almansi

mais dans le domaine sonore où l'on choisit ce qu'on va entendre en fonction de nos propres affinités et de nos propres goûts.

Hagood détourne le slogan de Bose en disant que politiquement, ce qui est intéressant, ce n'est pas tellement d'écouter ce que nous désirons, mais de désirer ce que nous écoutons. C'est-à-dire ce que je définirais comme une réappropriation de l'espace public sonore, non seulement en y diffusant du son et en y agissant, en étant membre active de la communauté sonore, mais en l'écoutant aussi. Pour moi, l'écoute est un processus actif et un processus critique. Le fait d'écouter un environnement sonore est passionnant, à la fois dans ce qu'il me dévoile de cet environnement sonore, dans ce qu'il a à nous apprendre de toutes les contradictions qui le traversent, parce qu'un environnement sonore n'est jamais aussi simple que ce que va dire une plaquette pour promouvoir la musique d'ambiance ou un casque ...

Pour moi, on a à peine commencé à le découvrir, cet environnement sonore. On sait à peine l'écouter. En revanche, ce qu'il faut aussi, c'est parler politiquement de la question du répit auditif, dire que dans les quartiers pauvres, comme dans certains milieux professionnels, il y a un besoin d'avoir des espaces de repos acoustique, et les espaces verts notamment sont très agréables pour ça, et qu'il faut penser ces deux questions à la fois. Penser la question d'une écoute critique, c'est-à-dire ne pas foncer tête baissée dans le « solutionnisme » de l'isolement technologique, mais au contraire rouvrir nos oreilles au monde, y compris dans ce qu'il a de déplaisant. Et travailler également, justement, sur ce qui est déplaisant, travailler à le comprendre et travailler à le résoudre collectivement.

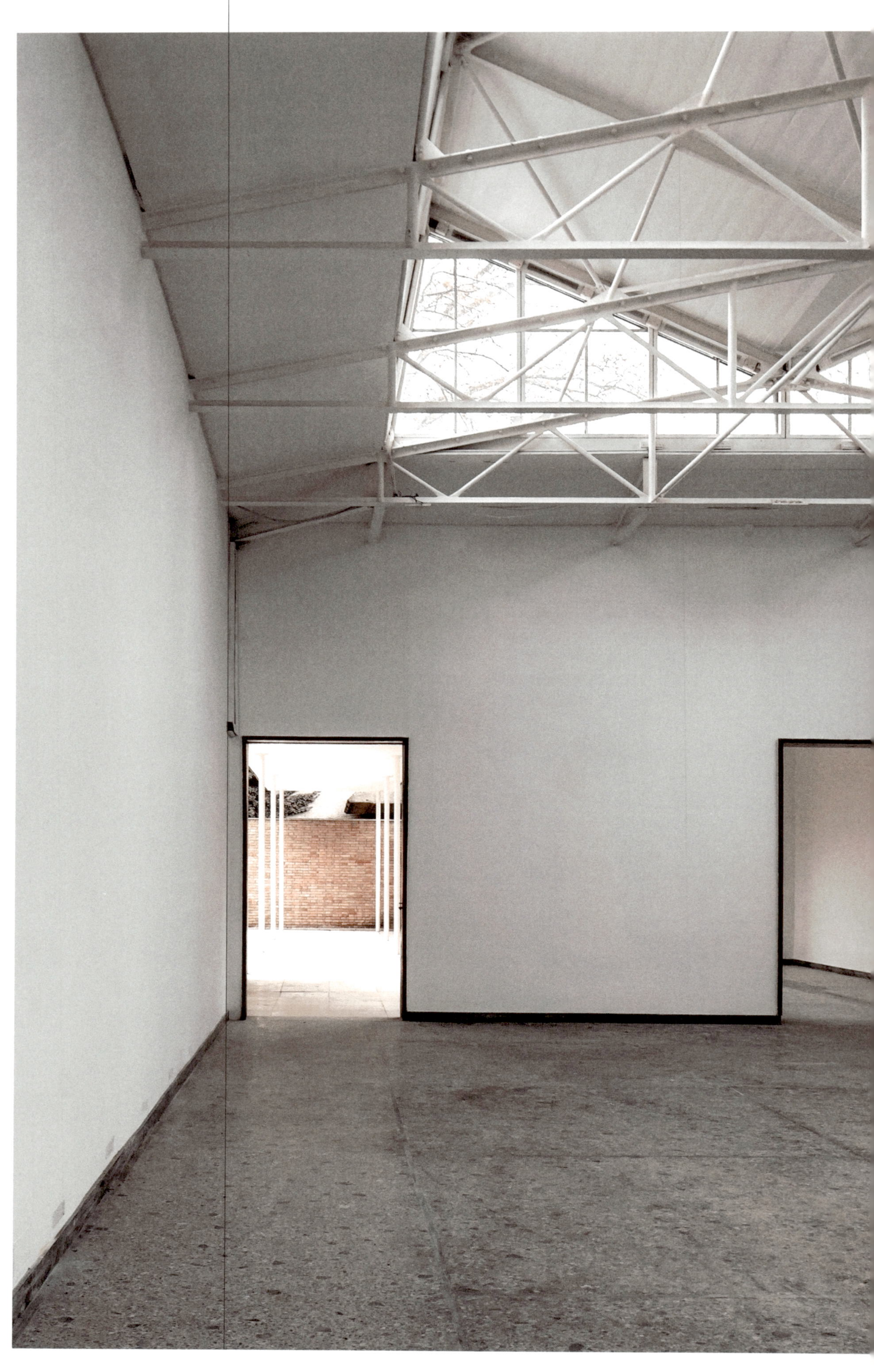

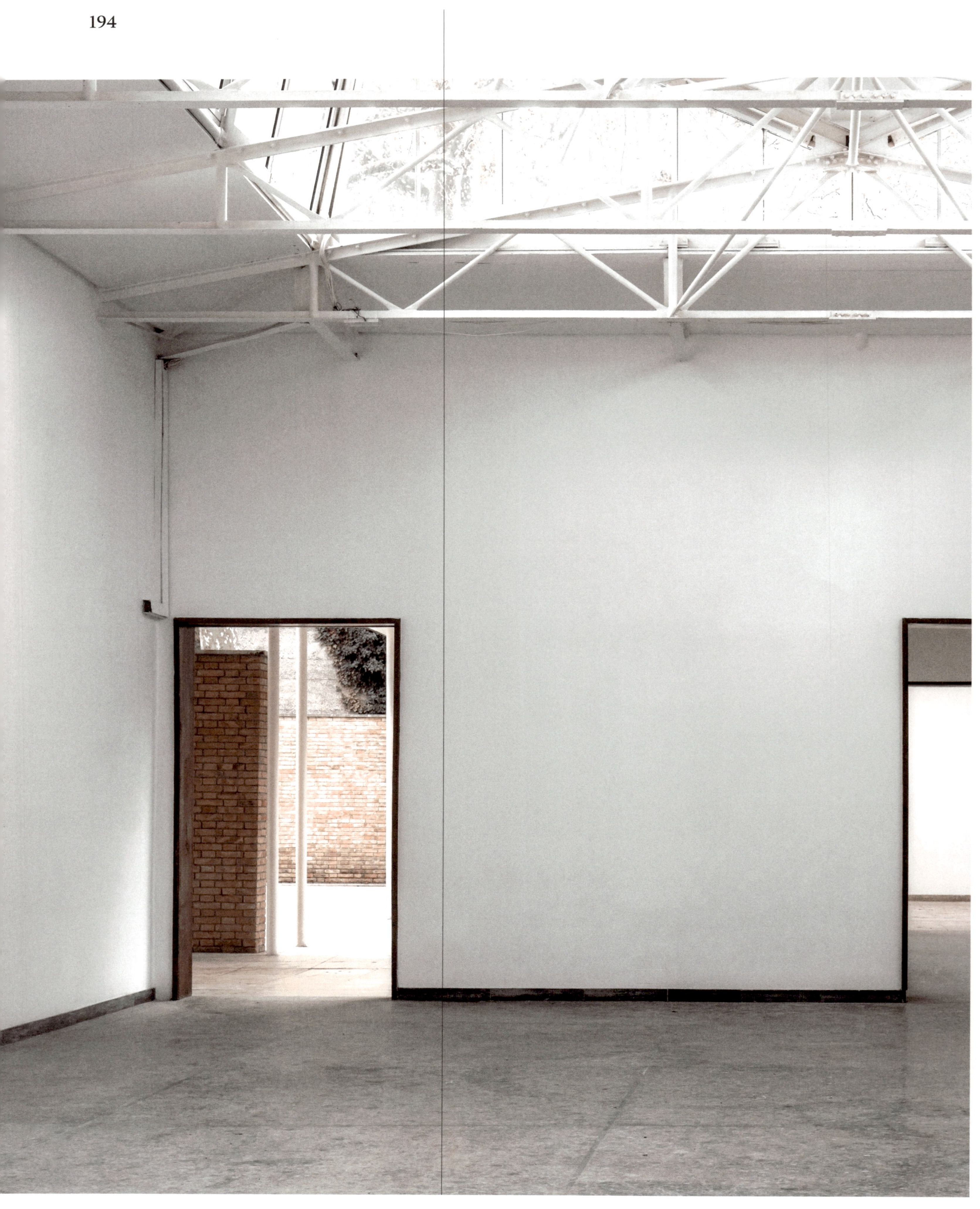

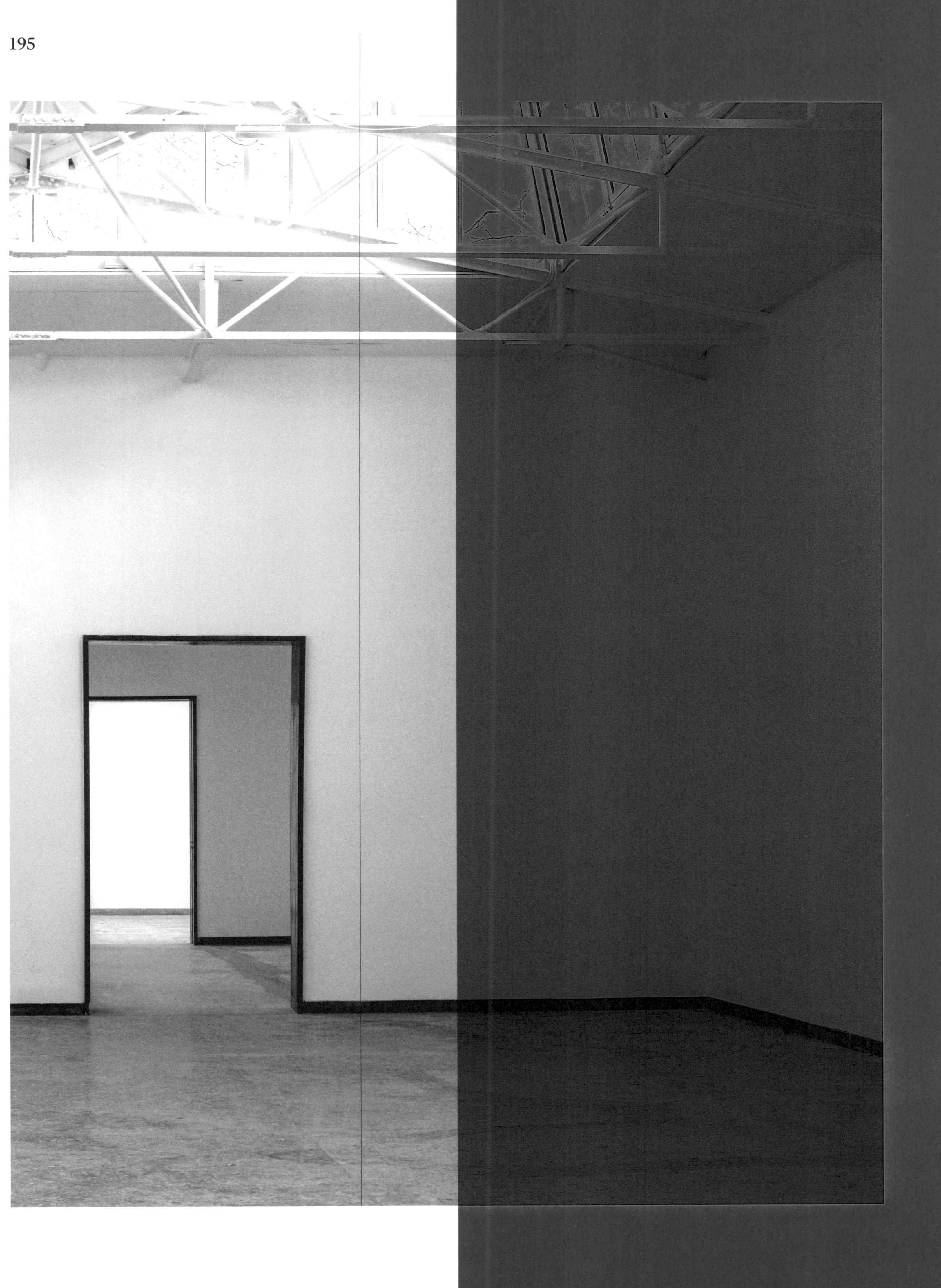

## Assignations :
## Situations, différence des arts, singularités
## Raphaël Brunner

Le titre principal de ce texte peut paraître provocateur et truffé de sous-entendus. Il cède lui aussi à l'actualité des titres chocs composés d'un mot, comme *Soumission* ou *Inclusions*. Provocateur, il l'est peut-être, mais le propos se veut tout à la fois plus modeste, latéral, et sans doute apparaît-il énigmatique dans le contexte d'une biennale et au regard d'un projet artistique. Faire de l'art le révélateur des questions, déplacées des champs de la société et de la culture vers les domaines artistiques, des aspirations à la singularité vers la singularité même, de la quête identitaire vers le différé de l'art et de toute écriture : voilà la difficile tâche à laquelle se trouvent appelés l'auteur du texte et ses lectrices et lecteurs, mais qui tous sont heureusement précédés dans leurs efforts par une singularité artistique.

Un titre aussi ramassé renvoie immanquablement les consciences contemporaines à *Assignations de genres*, mais où il est difficile, même dans le cadre d'un événement artistique, d'entendre ici « genre artistique », où le genre désigne l'élément constitutif d'un système de l'art incontournable et suranné, dont les divisions caractérisent toute esthétique. De fait, aussi bien la quête identitaire que la lutte contre les assignations gagnent à se confronter aux différés des dynamiques artistiques, qui contrastent avec un monde réagissant impulsivement, sans délai, à ses mises en perspective vertigineuses.

Toute crise est un état d'exception, un différé de la représentation (le terme s'entend ici aussi bien accompagné de l'adjectif « politique » que dans un sens général) qui appelle une manière renouvelée d'habiter le monde à partir d'une brèche, d'un événement qui brise l'échine du temps - pour reprendre l'image du poème d'Ossip Mandelstam, héritée par l'ancien professeur à l'Université de Venise, Giorgio Agamben, dans son essai sur le contemporain. La nécessité d'une synchronisation universelle appelle un « retour à la [situation] normale », selon l'expression consacrée, qui cependant court le risque d'effacer le caractère inédit de la situation, toute singularité, en même temps que se trouve supprimé de l'énoncé le terme de « situation ». Et nul doute que les présentes lignes tiennent également d'une pensée impactée par la crise, qui cependant tente de déplacer son caractère inédit dans le lieu même de la proposition artistique et des assignations qu'elle travaille, au regard des singularités artistiques qui elles-mêmes enregistrent en leur sein telles exigences et tels différés, et qui les font survivre dans le noyau obscur, infracassable, de la représentation.

Les expressions artistiques sont traversées par ce qui menace leur cohérence ou leur identité, mais ce péril, nécessaire, garantit leur effectivité dans la manière dont elles nomment le réel, à travers une négativité qui repousse, ajourne toute identité. Certes elles plient également sous le poids de

# Assignments:
# Situations, Differences, Singularities
# Raphaël Brunner

The main title of this text might seem suggestive and laden with implied meaning. It also gives in to the current trend that favors startling one-word titles like *Submission* or *Inclusions*. Provocative though it may be, it sets out at the same time to be more unassuming and lateral in its approach–doubtless, it will appear enigmatic in the Biennale context and in connection with an artistic project. The idea of giving art a revelatory function, shedding light on questions that have been shifted out of the realms of society and culture and into the artistic sphere, moving from the aspirational striving for the singular to singularity itself, from an identitarian quest to the deferment of art and all writing: this is the difficult task facing the author of this text and his readers, and it is just as well that their efforts have been preceded by an instance of artistic singularity.

Such a concise title inevitably produces echoes in the contemporary mind of gender (French: *genre*) assignments, and it is difficult, even within the framework of an artistic event, to hear the alternative meaning of 'artistic *genre*', where genre denotes the constitutive element of an antiquated, canonical art system, whose compartmentalisations are a characteristic feature of every branch of aesthetics. In fact, both the identitarian quest and the struggle to resist assignments benefit from coming face to face with deferments of art's dynamics–a contrast with a world that responds impulsively, and immediately, to its own dizzying need to put everything, without deferment, in perspective.

Every crisis constitutes an exceptional circumstance, a deferment of representation (a term that combines here with the adjective "political" while also being understood in a general sense) that calls for a new way of inhabiting the world stemming from a rupture, an event that shatters the backbone of the age–to use the image from Ossip Mandelstam's poem, which Giorgio Agamben, an erstwhile teacher at Università Iuav di Venezia, picks up on in his essay on the contemporary. The need for universal synchronisation demands a 'return to [a situation of] normality', as the accepted expression goes, even though it runs the risk of wiping away the unprecedented nature of the situation, and any sense of singularity, at the same time as the word "situation" is expunged. And there can be no doubt that the text you are now reading also draws on an idea that has been affected by the crisis but which nevertheless seeks to shift the unprecedented nature

↘ Vadim Zakharov, Adorno-Denkmal, Francfort-sur-le-Main, DE, 2003. Photo. Gabriele Thielmann
→ Paul Celan lisant à la Galerie Dorothea Loehr, Francfort-sur-le-Main, 18 juillet 1964. Photo. DR

↓ Vadim Zakharov, Adorno-Denkmal, Frankfurt am Main, DE, 2003. Photo by Gabriele Thielmann.
↘ Paul Celan reading at the Galerie Dorothea Loehr, Frankfurt am Main, July 18, 1964. Photo ARR.

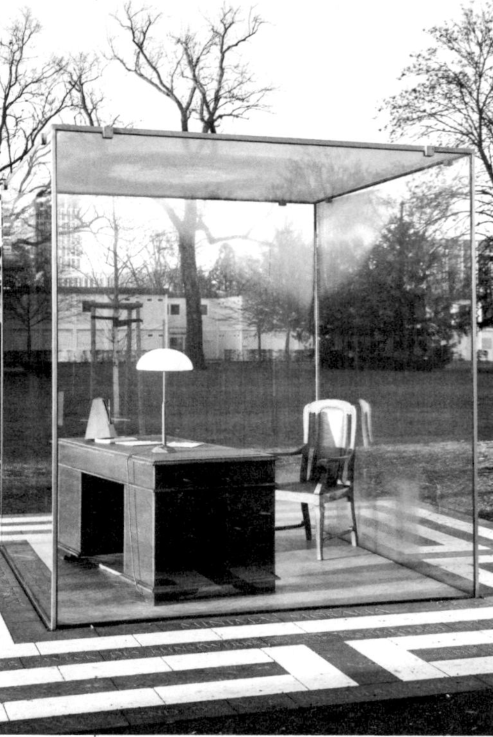

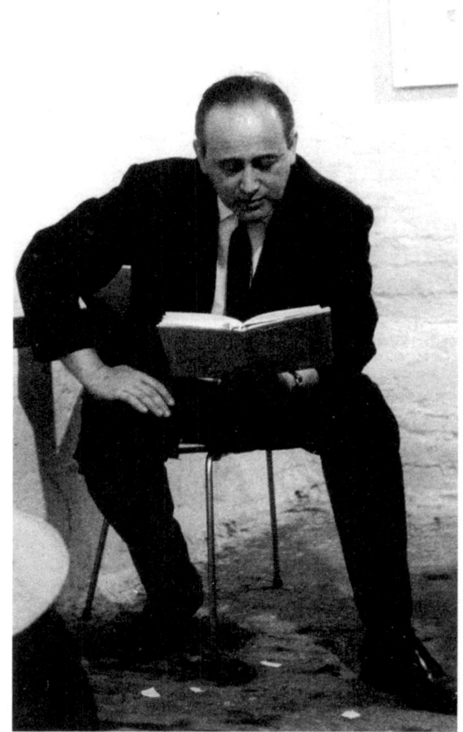

dispositifs assignants, mais elles doivent également leur caractère d'art à l'effort même de s'y soustraire ou – mieux – à ce mixte étrange entre sacralisation cultu(r)elle et profanation artistique – pour se référer au même Agamben, pour qui profanation rime avec restitution du dispositif à ses usages. Une fois encore, si les configurations artistiques témoignent d'une quête, elles ne retrouvent la vivacité de cette dernière que dans les différés qu'elles imposent à la représentation.

Il n'est peut-être pas inutile de remonter, à contretemps et pour bénéficier d'effets miroirs et de prises permettant d'appréhender l'inertie des assignations et les manières d'essayer de la vaincre, à telle crise de vers chez Stéphane Mallarmé, telle paradigmatique « œuvre d'art de l'avenir » chez Richard Wagner, tels ébranlements du concept d'œuvre perpétrés par les avant-gardes historiques. Ou aux années 1960, qui voient apparaître une nouvelle crise de la division des arts, où un singulier de l'art réagit à ce fameux *medium-specific* dont Clement Greenberg maintenait l'exigence, caractéristique d'une esthétique et de ses divisions, de ses assignations de genre, mais qui cède donc pour partie la place à un *site-specific* – pour reprendre une autre expression consacrée, qui d'ailleurs a presque fait oublier son opposée.

Il n'est peut-être pas inutile, pareillement, d'évoquer une vaste situation interdisciplinaire qui enregistre dans les mêmes années une « sortie » du structuralisme, où 1966 apparaît comme une date clé. Dire qu'il y va, comme le fait Jean-Claude Milner dans *Le Périple structural*, d'une renaturalisation (le linguiste y avance l'idée d'une renaturalisation du paradigme structuraliste, d'une opposition entre nature et culture, entre autres en référence aux conceptions de Noam Chomsky) conduirait à un autre texte. Penser à sa suite qu'il y va d'un renouvellement des ancrages langagiers des arts est à portée de main, parce que l'idée d'un matériau historique, centrale chez Theodor Adorno (on doit à ce dernier une dernière esthétique), s'y couple désormais, parfois en s'estompant, à l'idée

of events over into the realm of the artistic proposition and the assignments it is concerned with–with an eye to the artistic singularities that are themselves inscribed with these demands and deferments and preserve them in the dark, "unbreakable core" of the representation.

Running through any artistic expression is a peril that threatens its coherence or identity, yet this–needful–danger guarantees its effectivity in designating the real, through a negativity that postpones and defers any identity. Admittedly, such expressions are also subjugated to apparatuses of assignment, while owing their artistic character to the effort involved in escaping them or, better still, to this strange mix of cultic/cultural sacralisation and artistic profanation–to invoke Agamben again, for whom profanation is synonymous with the restitution of the apparatus to its common use. Once again, if artistic configurations bear witness to a quest, they only encounter the intensity of this quest in the deferments that they impose on representation.

To introduce some syncopation–and to benefit from mirroring effects and perspectives that give us a sense of the inertia inherent in assignments and ways of trying to overcome this–it is perhaps worth going back to Stéphane Mallarmé's crisis of verse, to Richard Wagner's paradigmatic "artwork of the future" and to the shock administered by the historical avant-garde to the concept of the "work". Or to the 1960s, which saw a new crisis emerge from the division of the arts, with artistic uniqueness responding to the well-known concept of "medium specificity". According to Clement Greenberg, this was required, as a characteristic element of an aesthetic and its divisions, for genre assignments, but it gave way

d'un matériau brut, naturel, ce qui suffit peut-être à se représenter cet infléchissement, au regard par exemple des propositions de l'*arte povera*, de la musique spectrale, du *land art* ou du *soundscape*.

Sans doute est-on à nouveau confronté aujourd'hui à une situation apparentée, parce que les dépassements du structuralisme annoncent ici une manière de concevoir l'art comme intégrant sa réception ou sa genèse, où l'immanence structurale, qui pousse l'art vers un en-soi servant de refuge à l'autonomie menacée, est susceptible de la pousser également hors de son centre (soit vers ce qui contribue à son établissement, soit vers ce qui, dans sa genèse, la pousse du côté de sa réception) et, à terme, vers une « forme de vie ». Le recours à de tels élargissements et multiplications des couches temporelles de la mémoire est caractéristique des propositions de Latifa Echakhch qui – pour le dire (trop) rapidement – mettent la regardeuse ou le regardeur face au vide d'une représentation ou – pour recourir à quelques images choisies – à un « creux néant musicien » ou à une fleur comme « absente de tous bouquets ».

Ce serait évidemment faire injure à l'art d'aujourd'hui de rappeler l'évidence selon laquelle les pratiques contemporaines gagnent en performativité. Encore que recourir plutôt à l'idée d'effectivité eût été moins arrogant et tenant d'une posture moins affectée, où la proposition eût été envisagée comme décentrée non pas du côté de l'autrice ou de l'auteur mais du côté de la réception (cette conception aurait permis d'abandonner le recours à la posture d'autrice ou d'auteur, qui dissimule trop facilement un déficit de réception). D'une manière générale, il est évident, aussi bien en art que dans le rapport aux savoirs en général, qu'un *performativ turn* opère, qui cependant lui aussi gagnerait, dans ses références à la linguistique, à plus se référer à l'effectuation de la proposition, à son expression et, dans le domaine de l'art, aux « réponses » du matériau ou du contexte.

Que les genres soient performés, et qu'en ce sens ils tiennent de pratiques réagissant à des assignations, cela vaut aussi bien pour l'art que pour le genre. Une lecture de Judith Butler posant qu'il n'y aurait pas d'antériorité à l'acte indique que c'est du *coming out* inaugural que surgit ici l'identité, d'un irreprésentable que surgit la représentation, d'un mouvement différentiel que surgit l'être dans une clairière où l'ombrage laisse passer quelques traits de lumière, avant qu'il ne s'immortalise dans des affirmations culturelles ensoleillées. C'est d'ailleurs ainsi que l'on peut comprendre que Friedrich Nietzsche tira, au grand dam de Wagner, auquel le précoce essai est dédié (Wagner eût préféré que soient réactivées les conceptions d'Arthur Schopenhauer), la tragédie grecque de l'esprit de la musique, encourant d'ailleurs les protestations des hellénistes de son temps. Mais que ces efforts pour s'affranchir des assignations, en les renvoyant à une différence originelle et à une négativité, soient toujours inextricablement liés, comme l'a soutenu Michel Foucault, à un dispositif, une positivité contraignants (qui sont aussi ceux de la culture et de ses institutions), voilà qui tient également de l'évidence.

On s'en rend compte au contact de diverses pratiques artistiques qui convoquent des matériaux pour la manière dont ils cristallisent ou sédimentent l'histoire mais qui également recourent à de nouveaux dispositifs, à de nouvelles dispositions, et ce faisant dirigent l'attention vers de nouveaux contextes d'insertion révélés pour ainsi dire à eux-mêmes, le tout contribuant à déployer une situation particulière. Un couplage entre l'idée de l'installation et celle de la performance prend ici tout son sens, si l'on entend par ce

to some degree to "site specificity"–to use another accepted expression, which has almost led us to forget its inverse.

By the same token, it may be worth recalling the situation that pertained in these years, a far-reaching interdisciplinarity that marked a "way out" of structuralism, with 1966 featuring as a key date. If we argue that what we are concerned with is a process of (re)naturalisation–as Jean-Claude Milner does in *Le Périple structural*, where the linguist proposes (re)naturalising the structuralist paradigm, an opposition between nature and culture, with reference, in part, to the ideas of Noam Chomsky–we find ourselves with another text of mine, and the idea that follows from this, that we are dealing with a renewal of the linguistic anchorings of the arts, is readily available, because the notion of historical material, so central to the work of Theodor Adorno (author of a final account of traditional aesthetics), is now coupled, sometimes blurrily, with the idea of a brute, natural material, something that can represent this shift, relative, for example, to the propositions of Arte Povera, spectral music, land art, and the soundscape.

In all likelihood, we are now once again faced with a kindred situation, since transcending structuralism here foreshadows a conception of art as an integration of reception and genesis, where structural immanence–which pushes art towards being a thing in itself, serving as a refuge for an autonomy under threat–is liable to be pushed from its centre (either in the direction of that which contributes to its establishment or towards that which, from its genesis, pushes it into the proximity of its reception) and moving it, over time, towards a "form of life". Engaging with these kinds of expansions and multiplications of the temporal strata of memory is a typical feature of Latifa Echakhch's propositions, which, to put it briefly (too briefly), confront the viewer with the void at the heart of a depiction or–to take a few choice images from Mallarmé–with a "hollow musical nothingness" or the flower that is "absent from all bouquets".

It would clearly be an affront to the art of today to point to the obvious fact that contemporary practices are becoming more performative–although it might be less arrogant and less affected to replace the idea of performativity with that of effectivity, allowing the proposition to be viewed as decentred, not on the part of the author but on the part of the receiver (this idea would make it possible to let go of the authorial position, which too easily masks a lack of reception). By and large, it is clear that both in art and in our relationship to knowledge in general, there is a performative turn taking place, albeit one that, in its instances of linguistics, would also benefit from making more reference to the effectuation of the proposition, to its expression and, in the realm of art, to material and contextual 'responses'.

There is a performative aspect to genres/genders and in this sense they are derived from practices that are a response to assignments–this applies both to art and to genre/gender. A reading of Judith Butler that asserts that there is no anteriority to the act indicates that identity emerges from an inaugural coming out, that representation arises from what cannot be represented, that being

terme la manière d'habiter non seulement un espace ou un lieu mais également une faille temporelle, d'affronter un réel en le mettant en scène, à disposition, sur le seuil du temps – pour reprendre une image de Walter Benjamin. L'émergence de telles pratiques n'est certes pas récente, mais les associer pointe des manières renouvelées d'envisager notre rapport au monde et un réagencement de régimes anthropologiques estompés par le naturalisme – ou s'il l'on veut par la globalisation du monde. Sont convoquées ici presque naturellement – pour user d'une formule éloquente mais sans doute fautive – les pratiques sonores, qui connaissent, pour diverses raisons et sans doute pour partie au regard d'un anthropocène, une actualité de plus en plus importante.

C'est peut-être « simplement » que le son rejoue ce qui fut et est à l'œuvre dans la photographie et le cinéma, en rompant radicalement avec l'incontournable frontalité de la représentation des images et de leur défilement sur les écrans, à l'instar de l'installation, avec laquelle il s'articule d'ailleurs. La caméra portative d'À bout de souffle, les enchaînements de *La Jetée* doivent d'ailleurs sans doute également la stridence de leurs images à la chorégraphie déhanchée ou aux moments musicaux qui les constituent (des allographies – pour annoncer le second terme d'une opposition proposée par Nelson Goodman et reprise plus bas), mais aussi à la manière dont les films suggèrent par le cadrage ou par la bande-son tout un monde lointain, hors-cadre. L'enregistrement numérique rend par ailleurs possible le *sampling*, popularisé notamment, dès le milieu des années 1980, par les Young Gods. Le groupe suisse de rock industriel porte significativement le deuil de l'instrument, à l'exception de la percussion (et, si on la considère comme un instrument, de la voix), et ses manières apparaissent comme apparentées dans les parties électroniques et numériques à un art pour ainsi dire du prélèvement, déployé sur les échelles sonores, et de l'agencement. Un infléchissement plus général apparaît, qui tient d'une forte attention à la disponibilité des matériaux, à l'altération des environnements, aux processus en cours, disponibles et comme libérés de leurs résonances sociales habituelles. Un renouvellement ou plus exactement une réactualisation de l'idée d'un « faire » apparaît, proche de celui décrit par l'anthropologue Tim Ingold dans son ouvrage éponyme.

Aurait-on cru possible que l'immanence des propositions artistiques se prête à de tels élargissements sur ses flancs, à une « levée » des assignations habituelles ? Dit autrement : que les expressions artistiques pourraient hériter leur plasticité non pas des objets ou de leur matérialité première, mais de la disponibilité de leurs usages ? La plasticité des propositions artistiques les centre à l'excès et en fait des en-soi sans extériorité (il n'est pas étonnant qu'on utilise le terme de « pièces », elles-mêmes tenues pour sublimes). Mais la désappropriation, le dessaisissement est là, possible et nécessaire, notamment chez l'artiste à qui la Suisse confie son pavillon vénitien, où le moi comme la représentation se vident pour faire place à diverses formes d'altérités, où l'œuvre tire son origine du désœuvrement, d'un évidement, et finalement s'apparente au spectacle d'une représentation suspendue, qui se couple désormais à un spectacle de la perception – pour se référer à une conception qui reviendra également plus bas. Si le marché de l'art maintient les exigences autographiques, la performativité artistique ou curatoriale ou encore une pratique artistique comme l'appropriationnisme apparaissent comme allographiques – pour reprendre l'opposition fondatrice de Goodman et de *Languages of Art* (publié, soit dit en passant, deux ans avant la publication posthume de la *Théorie esthétique* d'Adorno). Cette tension incontournable structure

is the product of a differential movement enacted in a clearing where the shade admits a few spots of light, prior to immortalisation in sunny cultural affirmations. Incidentally, this explains how Friedrich Nietzsche, to Wagner's great dismay (and that of the Hellenists of his day) derived the birth of Greek tragedy from the spirit of music–his precocious essay is dedicated to Wagner, who would have preferred to revive Arthur Schopenhauer's ideas. But it is evident too that these efforts to free oneself from assignments–by referring them to original difference and negativity–are always inextricably linked, as Michel Foucault maintains, to an apparatus, a constraining positivity (that is also inherent in culture and its institutions).

We become aware of this through contact with various artistic practices that make use of materials based on the way in which they crystallise history or lay down historical sediment, while also having recourse to new apparatuses, new tendencies, and, in so doing, directing attention to new contexts of insertion that are, as it were, revealed to themselves, all of which contribute to the unfolding of a particular situation. The interaction between the idea of the installation and that of the performance takes on its full meaning here, if we are to understand by this a way of inhabiting not only a space or place but also a rift in time, a way of facing reality by staging it, positioning it, on the brink of time–to use an image put forward by Walter Benjamin. The emergence of these kinds of practices is certainly not recent, but combining them suggests new ways of thinking about our relationship with the world and a reorganisation of anthropological regimes blurred by naturalism–or, if you will, by globalisation. Sound practices are called upon here, almost naturally–to use an eloquent, though undoubtedly specious formulation. These are becoming increasingly topical for various reasons, no doubt partly in relation to the Anthropocene.

It may "simply" be that sound reperforms what was and is at work in photography and cinema, by radically breaking with the ineluctable frontality of visual representation and the scrolling of images on screens, like the installation with which it is articulated. For that matter, the handheld camera in *Breathless* and the sequences in *La Jetée* can certainly attribute the stridency of their images to the lopsided choreography and the musical moments that they are made up of (allographies–to use the second term in an opposition proposed by Nelson Goodman and returned to below), as well as to the way in which the films suggest, through the composition or soundtrack, a whole world that is distant from us, beyond the frame. Digital recording also makes sampling possible, as popularised in the mid-1980s by the Young Gods in particular. It is significant that this Swiss industrial rock band mourns the loss of the instrument, apart from the percussion (and the voice if you consider it an instrument), and the group's style appears to be akin, in the electronic and digital parts, to an art, as it were, of sampling–deployed on the sound scales–and of arrangement. A more general shift occurs, deriving from a focused attention on the availability of materials, on the alteration of settings, on ongoing

Luigi Nono, *Quando stanno morendo. Diario polacco n.2*, extrait de partition annotée avec «TUTTO PPP(...)» signifiant *très doucement*, 1982. Archivio Storico Ricordi, propriété de Ricordi & C. S.r.l.

Luigi Nono, *Quando stanno morendo. Diario polacco n.2*, annotated score excerpt with "TUTTO PPP(...)" indicating: *very soft*, 1982. From the Archivio Storico Ricordi Property of Ricordi & C. S.r.l.

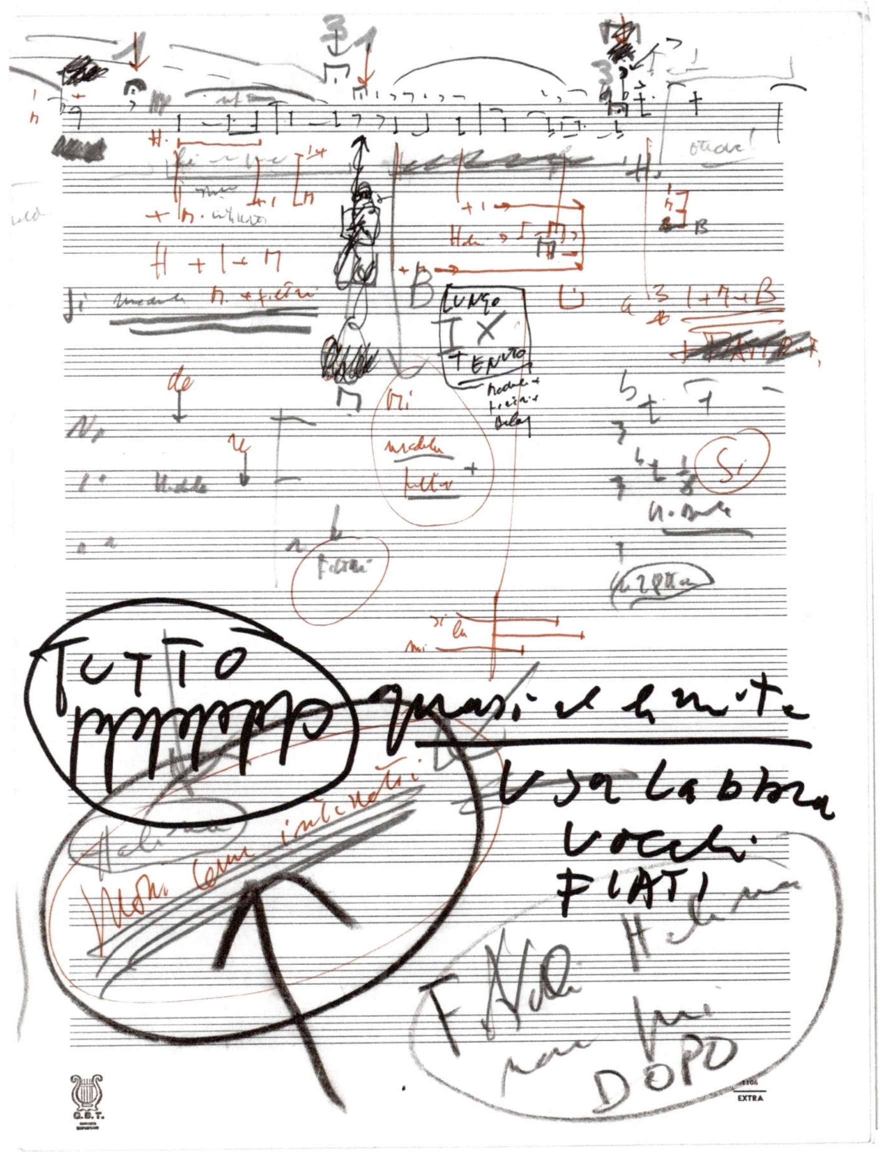


toujours aujourd'hui les champs de l'art. Les techniques comme l'enregistrement, la captation, sont quant à elles appropriantes en un autre sens, parce qu'il y a – comme le dirait Roland Barthes – adhérence au référent, dans ce que l'on peut caractériser comme une forme de naturalisme et qui constitue l'écueil majeur que rencontrent les pratiques qui y recourent, surtout lorsqu'elles apparaissent dans le nu de l'espace (respectivement sans se coupler à l'installation ou au geste chorégraphique). Une telle tension apparaît dans les propositions et les avancées de l'artiste, et notamment dans le projet développé pour la Biennale de Venise. Ce qui apparaît comme un infléchissement de la trajectoire relève cependant plutôt d'une lente montée en surface des éléments constitutifs du projet, dès ses origines, qui aboutit cette année à l'exposition « Le Concert »

Se portent témoins d'une telle lecture les mondes auxquels Latifa Echakhch prête une vive attention, sans pour autant en faire l'illustration directe de ses productions. L'artiste s'arrête par exemple sur la poésie de Paul Celan, qui recourt à une langue qui ne vibre plus de ses harmonies

processes, seemingly open and freed from their habitual social resonances. A renewal of or, more precisely, an updating of the idea of "making" reveals itself, akin to what anthropologist Tim Ingold describes in his book of that title.

Who would have imagined that the immanence of artistic propositions would lend itself to this kind of release at the flanks, to a "suspension" of the usual assignments? That artistic expressions might, in other words, derive their plasticity not from objects or their original materiality but from their available uses? The plasticity of an artistic proposition gives it too much centrality and makes it a thing in itself without any exteriority (it is not surprising that we use the term "piece", which is itself considered sublime). But disappropriation, divestiture, is an option, at once possible and necessary–especially for the artist entrusted with the Swiss Pavilion in Venice, where ego and representation are cleared away to make room for different forms of alterity, where the work

Friedrich Nietzsche, *La Naissance de la tragédie à partir de l'esprit de la musique*, Leipzig, DE : E.W. Fritzsch, 1872. Archivio GBB

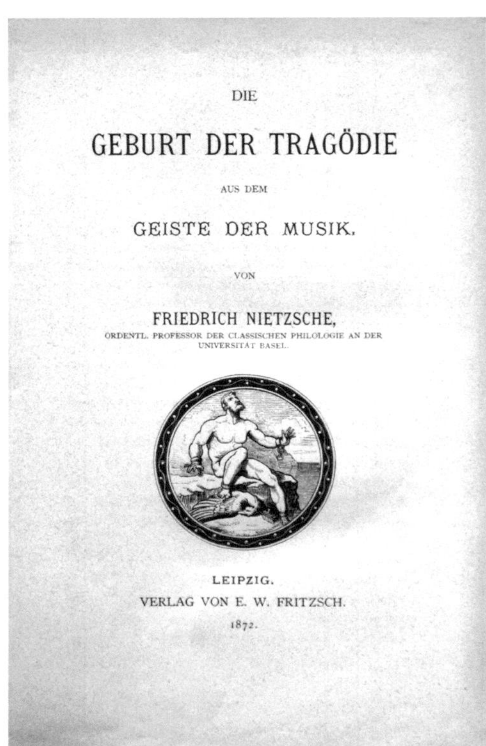


sociales, mais, au terme d'un long cheminement, par sa seule énergie. Adorno pensait que la poésie de Rainer Maria Rilke mime malheureusement l'expressivité musicale, lui opposant la musique dépouillée d'expression des textes de Samuel Beckett ou de Franz Kafka. On peut penser que la poésie de Celan, de même que ses propres mises en voix des poèmes, s'adossent à la seule chose qui (lui) reste, la langue, allemande, blanche, dépouillée de tout artifice expressif, langue de sa mère mais aussi des bourreaux de cette dernière. Si elle parle l'être, c'est un être désormais sans lieu, qui ne parle pas l'origine mais à partir de l'imprononçable. Par ailleurs, s'il n'y a plus de musiques à écrire, comme chez Alvin Curran, auquel l'artiste prête également attention, c'est peut-être parce qu'une « forme de vie » de l'art, les oralités ou improvisations quotidiennes balaient de leurs exigences toute idée pompeuse d'œuvre.

Il s'agit bien d'une émancipation de la perception, progressive, et il n'est peut-être pas inutile de rappeler que les années 1960 manifestent une référence de plus en plus forte aux contextes d'énonciation et de réception des propositions. La musique spectrale constitue un exemple pénétrant de cet infléchissement général et de la manière dont la musique entend en particulier dériver du matériau acoustique diverses formes musicales et possibilités d'écoute ; en réagissant au sérialisme (à la représentation qu'elle en a pour partie, c'est-à-dire à une musique centrée unilatéralement sur les processus de composition), en cherchant à le dépasser de diverses manières, elle ouvre ainsi diverses formes de temporalités et de perception des flux. Hors de toute correspondance classique des arts ou d'assujettissement d'une expression à une autre, et extraite d'une division classique des arts (ce à quoi elle pourrait tendre par elle-même), l'idée d'une « pseudomorphose de la musique sur la peinture », que l'on doit à Adorno, n'est pas dénuée d'intérêt, en témoigne l'abondance des références de cette musique au domaine pictural, qui ne

Friedrich Nietzsche, *The Birth of Tragedy from the Spirit of Music*, Leipzig, DE: E.W. Fritzsch, 1872. From Archivio GBB.

originates from unworking, from a hollowing out, and ultimately resembles the spectacle of a suspended representation. This is henceforth paired with a spectacle of perception–to reference an idea we will return to below.

If the art market continues to demand the autographic, then artistic or curatorial performativity, or even a practice like the art of appropriation, manifests as allographic–to pick up on the seminal opposition proposed by Goodman in his *Languages of Art* (published, incidentally, two years before Adorno's *Aesthetic Theory* came out posthumously). Today, the realms of art are still structured by this inescapable tension. As for techniques like recording, they are another form of appropriation, because–as Roland Barthes would say–they adhere to the referent, in what may be characterised as a form of naturalism. This is the major pitfall awaiting practices that make use of it, especially when they appear in the blankness of the naked space (without being coupled with the installation or the choreographic gesture). This kind of tension appears in what Echakhch proposes and advances–in particular, in the project developed for the Venice Biennale. What appears to be a shift in trajectory has, however, more to do with a slow increase, on the face of it, in the project's constituent elements, starting from its origins: the end result this year is *The Concert*.

This reading is borne out by the worlds the artist homes in on, without actually making them directly illustrative of the work she produces. She dwells, for example, on the poetry of Paul Celan, who uses a language that no longer resonates with the harmonies of the society in which it is produced but, at the end of a long process, vibrates solely with its own intrinsic energy. Adorno considered the poetry of Rainer Maria Rilke an unfortunate imitation of musical expressive effects and contrasted it with the music of the texts of Samuel Beckett or Franz Kafka, a music stripped of expression. One might think that Celan's poetry and his own vocal renderings of his poems are sustained by the only thing that remains (to him): the language, German, white, stripped of any expressive artifice, the language of his mother, and that of her executioners. If it expresses being, it is a being that is now placeless, which cannot speak its origins but proceeds from the unutterable. Besides, when there is no more music to write, as Alvin Curran maintains–another artist Echakhch focuses attention on–it may be because art's "form of life", oral expressions and everyday improvisations banish any pompous idea of the "work".

It certainly involves freeing up the perception, a gradual process of emancipation, and it is perhaps worth remembering that the 1960s increasingly referenced the contexts of how artistic propositions were formulated and received. A trenchant example of this general shift–and of the way in which music sets out, in particular, to derive various musical forms and auditory possibilities from acoustic material–is spectral music; by reacting to serial music (and the image it has of serialism, i.e., a form of music unilaterally centred on the processes of composition) and by seeking to surpass it in various ways, spectral music opens up various forms of temporality and the perception of flux. Beyond any classical

tiennent pas seulement lieu de métaphores. Consciemment ou inconsciemment, les arts sont eux-mêmes à l'écoute des autres arts, et il en résulte, à l'intérieur même d'une expression artistique, lorsque les simples analogies sont congédiées, une forme d'émancipation des assignations de genre (de cette part de « nature » à laquelle sont assignés les arts, pour se référer une ultime fois aux conceptions adorniennes).

Nul doute qu'une telle émancipation soit à l'œuvre chez l'artiste, placée sous le contrôle de son métier, qui développe une écoute de plus en plus autonome qui se laisse de moins en moins « duper » par les harmonies sociales et expressives des productions et qui puisse ainsi rencontrer la matérialité des formes voire du son, puis prendre la forme d'une attention renouvelée aux environnements ou aux situations (et maintenant, à Venise, au bâtiment créé par Bruno Giacometti). On comprend mieux la présence à ses côtés d'un musicien percussionniste, Alexandre Babel, associé à ses avancées des dernières années, et s'ouvrant à une collaboration inédite et à une chorégraphie d'un espace divisé et rythmé. Peut-être peut-on envisager une telle collaboration – si on assume le risque d'une telle anticipation – au regard de l'énoncé de Walter Pater, « *All art constantly aspires to the condition of music* », complétée jadis par Lydia Goehr, « *except the art of music* ». Et peut-être serait-il même possible, finalement, de pointer l'émergence d'une pensée autonome du son, du matériau et des objets, qui n'est autre que l'écoute elle-même, entendue paradigmatiquement comme la manière dont les visiteuses et visiteurs s'approprient d'une manière à chaque fois différente mais toujours attentionnée une proposition artistique (et à travers elle un monde et ses environnements).

La question de l'assignation est éclairée par la manière dont les pratiques artistiques construisent une origine en leurs propres lieux, sans donc renvoyer à une origine géographique ou historique, assignée ou pleine, origine qui tient ainsi d'un foyer virtuel, et seulement virtuel – pour reprendre la conception de l'identité de Claude Lévi-Strauss. Un lieu donc, mais non originaire, où le trait est retrait, effacement et nouveau trait, où l'instauration réside dans le geste même d'abolition, comme lorsque l'artiste libère une surface en la grattant, évide toute référence par la présentation d'éléments bruts, soustraits à leur origine, en les insérant dans tel contexte qui les magnifie et où la présence scintille comme sur une mer d'encre. Sans doute est-ce la raison pour laquelle le son est convoqué prudemment au sein de la proposition, en creux, parce qu'à la fois il manque de lieu et court le risque à tout moment de coloniser l'espace.

Tant de personnes assignées à résidence auront redécouvert durant la pandémie une attention à leurs cadres de vie, et l'artiste aussi, du haut de son balcon. Cette attention, surtout la nuit, comme chez les animaux aux aguets, est une écoute, aux prises avec l'infini de l'espace divisé par les événements. Puisque le projet, « Le Concert », trouve son lieu d'actualisation à Venise, comment ne pas penser à Luigi Nono, à ces dissonances errantes sur la lagune embrumée, où le son des cloches lointaines se voit modifié par le clapotis de l'eau, comment ne pas penser à cette « tragédie de l'écoute », qui plus est à Venise ? C'est à l'élève de Nono, Helmut Lachenmann, qu'on doit un prolongement de cette idée qui prend la forme d'un « spectacle de la perception » ou d'une « musique avec images » dans le cadre de son propre opéra.

Les propositions artistiques sont capables d'enregistrer consciemment ou inconsciemment la crise en leur sein, parce qu'elles habitent telles ouvertures du temps, comme la musique. Celles de l'artiste également, mais d'une manière intime et silencieuse, qui révèle une sensibilité s'exprimant dans

correspondence between the arts and the dependence of one mode of expression on another–and removed from a classical division of the arts (something it might strive for on its own)–the idea of a "pseudomorphosis of music to painting", which we owe to Adorno, is not devoid of interest, as witnessed by the abundance of references in this music to the pictorial realm, which do not merely act as metaphors. Consciously or unconsciously, the arts are themselves in tune with the other arts. The result of this, within artistic expression, when simple analogies are dropped, is a form of emancipation from assignments of genre (from that part of "nature" to which the arts are assigned, to refer one last time to Adorno's ideas).

Without doubt, this kind of emancipation is at work in Echakhch: operating under the control of her métier, the artist is developing an increasingly autonomous mode of listening that is less and less prone to be "taken in" by the social and expressive harmonies of the work produced, and which can thus encounter the materiality of forms and even of sound, and then manifest as a renewed attention to contexts and situations (and now, in Venice, to the building designed by Bruno Giacometti). We can thus better understand the presence at her side of Alexandre Babel, a percussionist who has been associated with the works she has developed in recent years and is open to a new form of collaboration and the choreographing of a space that is divided and cadenced. We may perhaps contemplate such a collaboration–if we take the risk of looking ahead in this way–in relation to Walter Pater's words, "All art constantly aspires to the condition of music", a statement since supplemented by Lydia Goehr, "except the art of music". And it might even be possible, in the end, to point to the emergence of an autonomous idea of sound, of material and objects, which is none other than listening itself, understood in paradigmatic terms as the manner in which visitors appropriate an artistic proposition (and through it a world and its background contexts) in ways that are different each time but always thoughtful and attentive.

The question of assignment is illuminated by the manner in which artistic practices construct an origin in places of their own, without referring to an origin that is geographical or historical, assigned or replete, an origin which is thus possessed of a home that is virtual, and only virtual–to use Claude Lévi-Strauss's notion of identity. It is a place, then–but not an innate one–where the drawing (*trait*) is a withdrawing (*retrait*), an erasure and a redrawing, where the moment of institution can be found in the very act of abolition, as when the artist liberates a surface by scraping it and avoids any form of reference by presenting natural elements, dissociated from their origin, and inserting them into a context where they are magnified and their presence shines like sparkles on a sea of ink. This is doubtless the reason why sound is carefully brought into the heart of the proposition, implicitly, because it has no place, while simultaneously running the risk at any moment of colonising the space.

During the pandemic lockdown many people will have refocused their attention on the environment they live in–this applies to

d'autres pratiques qui suscitent son attention, que ce soit par exemple dans les nappes électroniques chez Éliane Radigue ou dans les scansions chorégraphiques millimétrées de Gisèle Vienne. La circularité des matériaux, de leur usage et de leur réutilisation, dans « Le Concert », est le symptôme d'une situation où le désœuvrement apparaît comme condition première de la proposition, et qui d'ailleurs tient d'un noyau de vérité sans assignation temporelle, parce qu'il est lui-même dans le temps.

Si donc le matériau est « pauvre », ce n'est pas parce que les moyens artistiques sont minimaux ; il est pauvre parce qu'il témoigne d'une mémoire collective qui n'existe qu'à travers la réappropriation subjective, qui fait de cette dernière la possibilité d'un temps restitué et du souvenir. Si le poète convoque la langue et ses conventions, mais pour tenter de « rémunérer le défaut des langues », l'artiste convoque ici l'art et les pratiques populaires, mais pour pareillement les soustraire à leur fonction d'assignation, positive ou négative, et favoriser leur appropriation subjective. Il s'agit dès lors de déplacer le centre de l'œuvre hors d'elle et avec elle ses spectatrices et spectateurs, de chorégraphier leurs déplacements par la force même de la proposition. L'idée du désœuvrement, dont on doit le développement à Frédéric Pouillaude, se construit d'ailleurs, chez ce dernier, dans le contexte de la danse, mais on pourrait user d'une telle notion pour approcher la déréalisation de l'œuvre par son interprétation musicale, celle du poème par sa mise en voix, et celle qui donne une performativité à l'installation dans une sorte de partition du visible. Peut-être s'agit-il ici également d'exposer le public à l'œuvre – comme le soutient Pierre Huygue, repris fréquemment par Nicolas Bourriaud –, mais ce faisant c'est la proposition artistique elle-même qui s'expose à ses assignations et les travaille, pour proposer aux visiteuses et visiteurs, sans les y assujettir, un rite exploratoire.

Il est évident que toute crise, et notamment la brèche temporelle provoquée par la pandémie, est l'occasion de réfléchir en général aux modes de vie contemporains et à ce qui les conditionnent, et pareillement au contenu et à la fonction de l'art, et qu'il ne s'agit pas d'une simple interruption passagère. Pour l'artiste du Pavillon suisse, c'est également l'occasion de réinterroger son engagement et de réengager à nouveau une pratique non oublieuse de ses lieux et conditions de formulation, à l'opposé ainsi de toute injonction ou affirmation simpliste, du simple souhait qu'il fasse beau (une situation normale, cela ne s'imagine qu'en pêchant contre le concept même de situation). Sans doute les propositions politiques de l'art, ou se mettant au service de telle ou telle cause, sont-elles perçues comme trop externes à ce dernier pour qu'il puisse réaliser sa propre effectivité et engager lui-même de nouvelles formes d'attention à l'art et au monde, et parce qu'à l'idée d'un art engageant totalement une communauté indivisible se substitue l'idée de sujets rassemblés dans le dissentiment, à travers l'attention qu'ils se portent, qu'ils portent à leurs corps, aux altérités voisines et aux lieux mêmes où se croisent les personnes et les cultures.

Le différé de l'art, dans cette brèche temporelle, permet de faire réapparaître une différence, une manière différente d'envisager le rapport entre les assignations culturelles et les assignations artistiques ainsi qu'une forme d'ouverture à l'avant, à l'après et à l'entre-deux de la proposition. Procéder à partir de la fin tient d'un moment inaugural, mais sans assignation temporelle et comme libéré d'elle, d'un éveil. Il n'y va donc pas d'une représentation, comme au théâtre ou à l'opéra, ni même de la représentation par l'art ou l'image, mais d'un spectacle de la perception même, comme celle de

Echakhch too, looking out from her balcony. At night especially, this attention, watchful and wary as an animal's, is a posture of listening, wrestling with the infinity of space divided up by events. Since the project, *The Concert*, is realised in Venice, how can we not think of Luigi Nono, of those dissonances wandering across the misty lagoon, where the sound of distant bells finds itself modified by the lapping of the water? How can our minds not turn to this "tragedy of listening", and in Venice what's more? It was Nono's pupil, Helmut Lachenmann, who continued this idea in his own opera, where it takes the form of a "spectacle of perception" or "music with images".

Artistic propositions have the ability, intentional or otherwise, to record the crisis at their heart because, like music, they inhabit such openings in time. This is true too of Echakhch's propositions, but in a way that is intimate and tranquil, revealing a sensitivity that is expressed in other practices that arouse her attention, be it in the electronic layers in Éliane Radigue's work or in Gisèle Vienne's millimetric choreographic scansions. In *The Concert* the circularity of the materials, of their usage and reutilisation, is symptomatic of a situation where unworking manifests as the primary condition of the proposition, while containing, moreover, a kernel of truth with no temporal assignment, because it is itself an element in time.

If, therefore, the material is "poor", it is not because the artistic means are minimal; it is poor because it is witness to a collective memory that only exists by virtue of subjective reappropriation and which turns this reappropriation into a possibility for restoring time and for remembering. If the poet calls on language and its conventions, yet tries to "compensate for the failings of language", Echakhch here invokes art and popular practices, while seeking in the same way to remove them from their job of assignment, be it positive or negative, and encourage their subjective appropriation. From that point on, it is a matter of shifting the centre of the work outside itself, and the viewers with it, of choreographing their movements, impelled by the sheer force of the artistic proposition. In Frédéric Pouillaude's writings, incidentally, the idea of unworking, as developed by the philosopher, is constructed in the context of dance, yet we might use such a notion to get close to derealizing the work through its musical interpretation, derealizing the poem through its vocalisation and derealizing the installation's source of performativity in a kind of a score of the visible. Perhaps here too it is a matter of exposing the public to the work, as Pierre Huygue puts it–an idea frequently revisited by Nicolas Bourriaud–but in the process it is the artistic proposition itself that is exposed to its assignments and works on them, so as to offer visitors an exploratory rite free of any obligation.

It is clear that any crisis–and, in particular, the rift in time caused by the pandemic–is an opportunity to reflect in general on contemporary ways of life and what determines them and, by the same token, on the content and function of art, and the fact that this is not simply a brief interruption. It is also a chance for the

l'aveugle tâtonnant dans l'obscurité. Ce n'est pas pour rien que l'art et les pratiques populaires sont convoqués dans un hors-lieu, déplacées dans le lieu sans lieu de l'art. Qu'on l'envisage comme une représentation suspendue, une dissonance au sein même d'un accord, une chorégraphie procédant du désœuvrement, un couplage de la performance et de l'installation dirigée vers leur effectuation publique, la proposition artistique naît d'une fin et de sa charge de devenir.

Swiss Pavilion's artist to re-examine her commitment and re-engage with a practice that is mindful of the places and circumstances in which it is formulated and is thus opposed to any injunction or facile affirmation, to the simple desire for it to be sunny (a normal situation can only be imagined by going against the very idea of "situation"). To be sure, art's political propositions–or the act of putting oneself at the service of this or that cause–are viewed as too external to such service, preventing it from realising its own effectivity and committing itself to new ways of paying attention to art and the world. This is also because the idea of an art that completely engages an indivisible community is replaced by the idea of subjects gathering together in dissent, through the attention they feel, that they give to their bodies, to the otherness around them and to the very places where people and cultures cross paths.

The deferment of art, in this rift in time, allows difference to reappear, a different way of contemplating the relationship between cultural and artistic assignments, and a kind of openness to the before and after of the proposition and the space between. Proceeding from the end is something of an inaugural moment, albeit without any temporal assignment, and–as if freed from such assignment–resembles an awakening. What is at stake is thus not a representation, of the kind witnessed in the theatre or opera, nor indeed a representation by means of art or an image, but rather a spectacle of perception itself, like someone blind groping in the dark. It is not for nothing that art and popular practices come together off-site, shifted into a placeless place of art. Whether we see it as a suspended representation, a dissonance at the very heart of harmony, a choreography proceeding from unworking or a coupling of performance and installation aimed at their public effectuation, the artistic proposition springs from an ending and from the power of becoming.

Translated from French by Simon Cowper

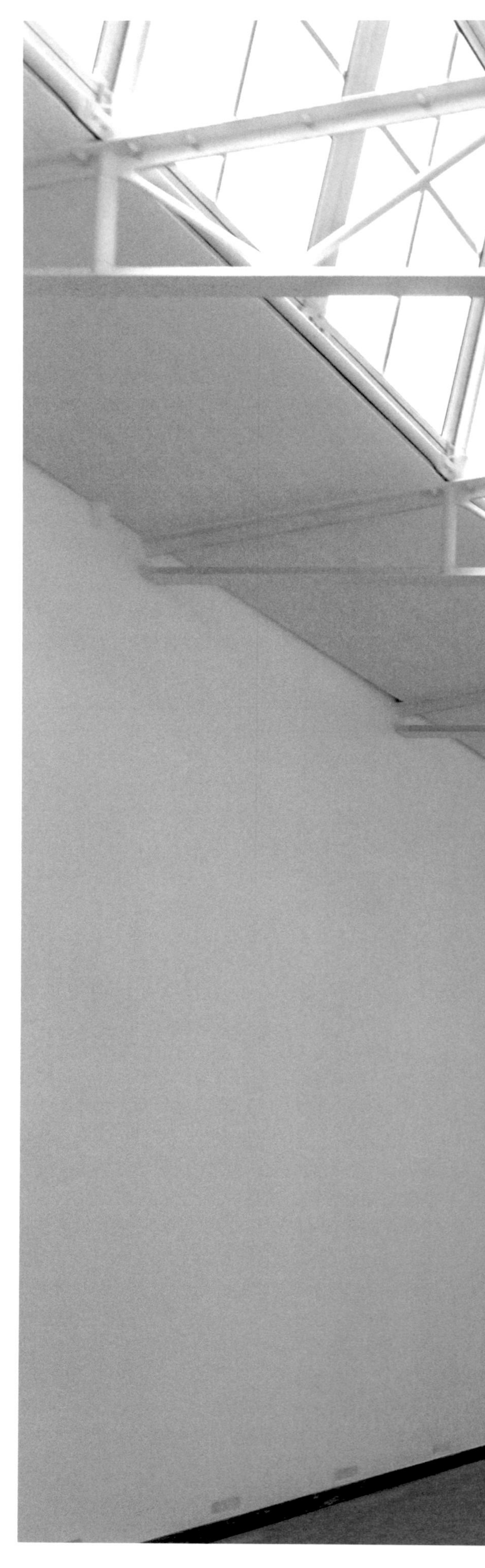

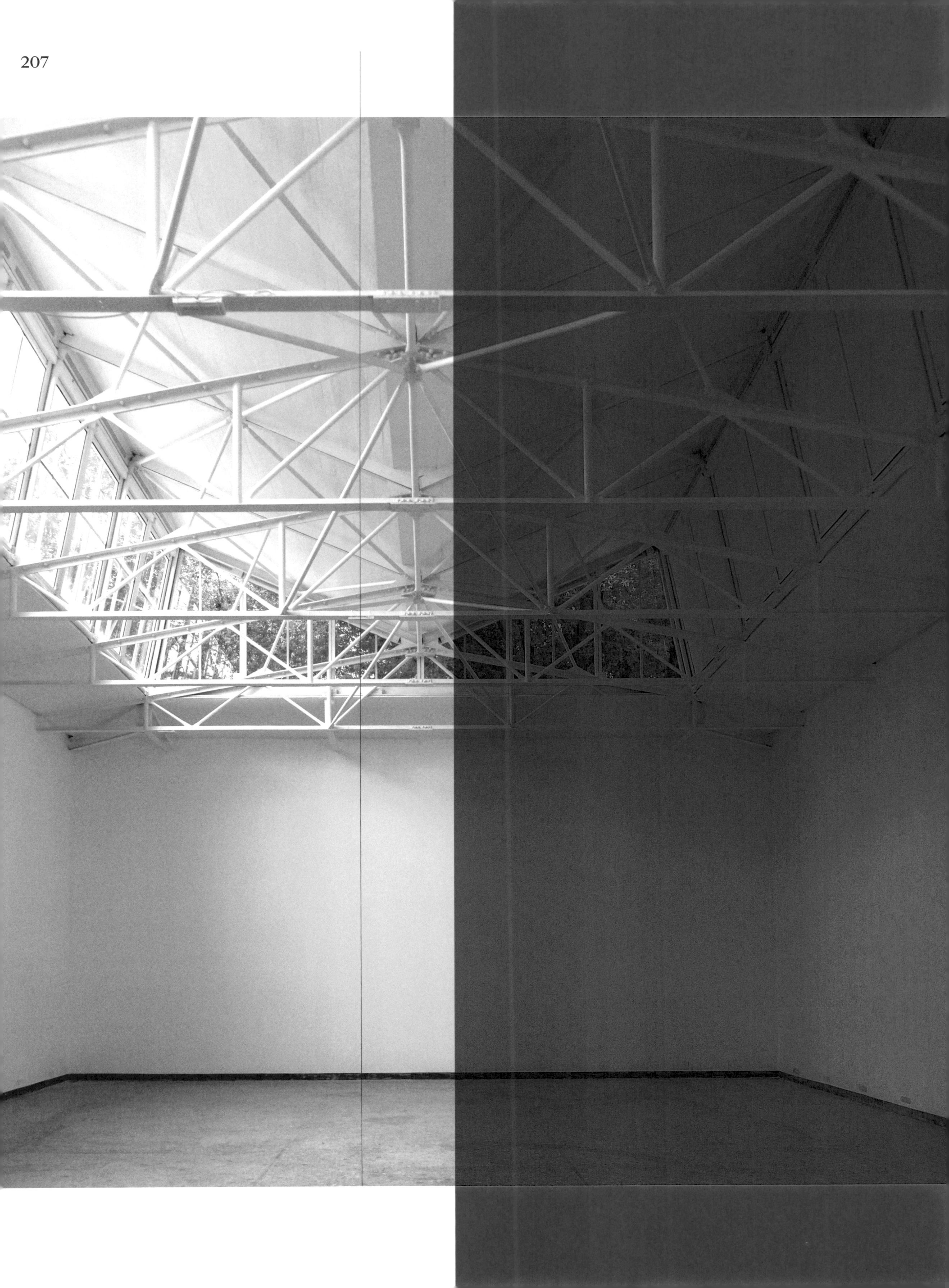

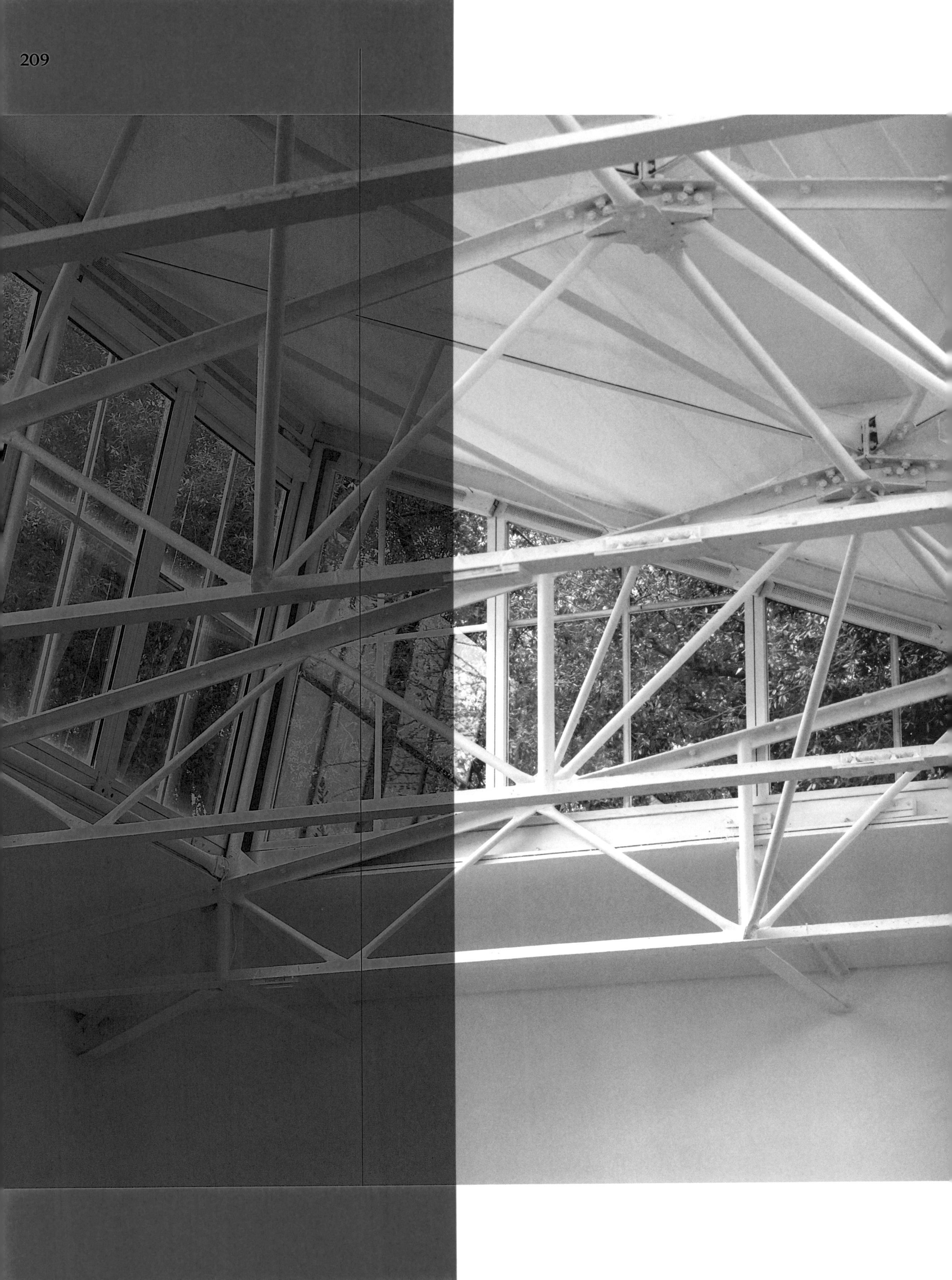

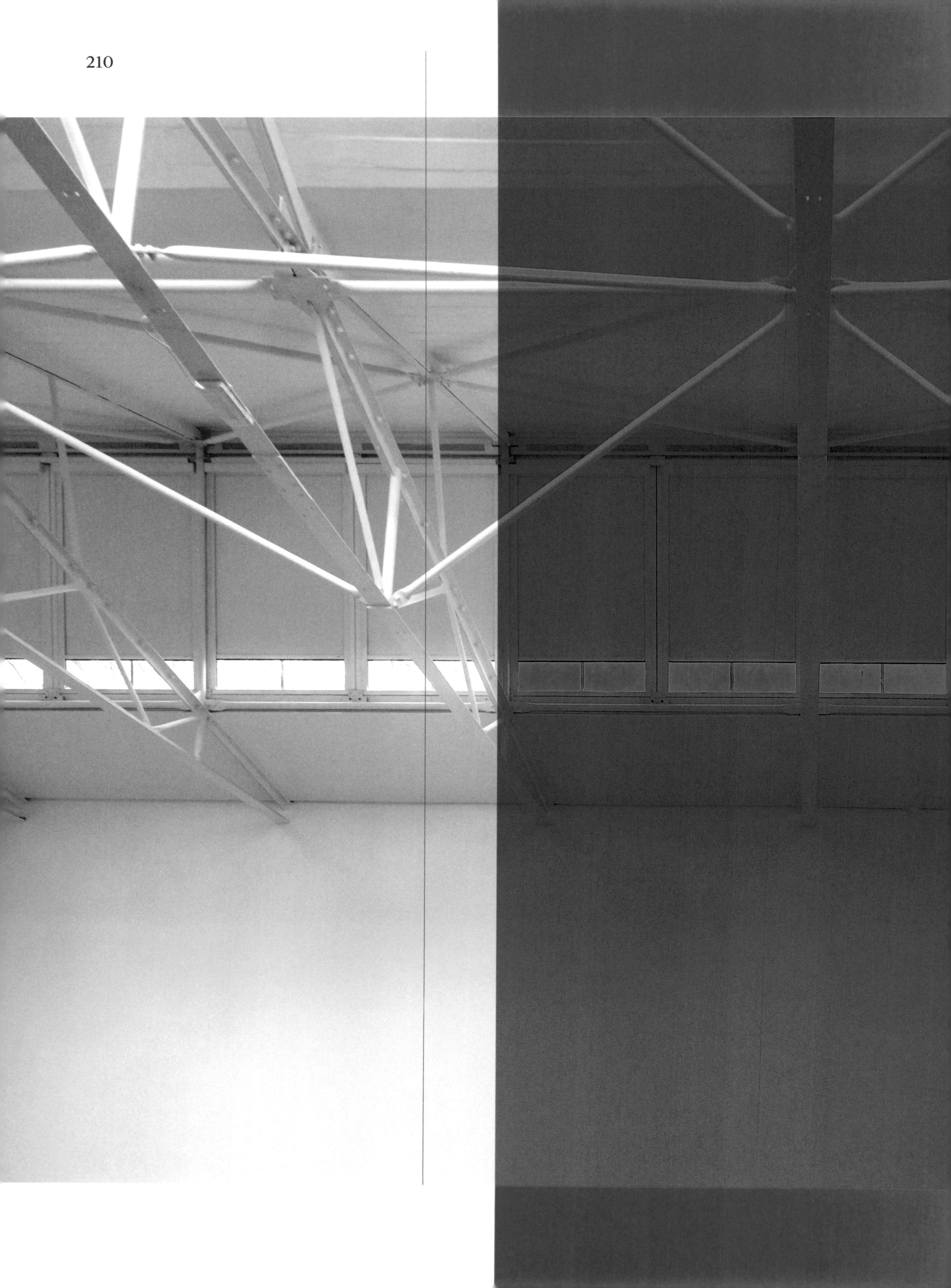

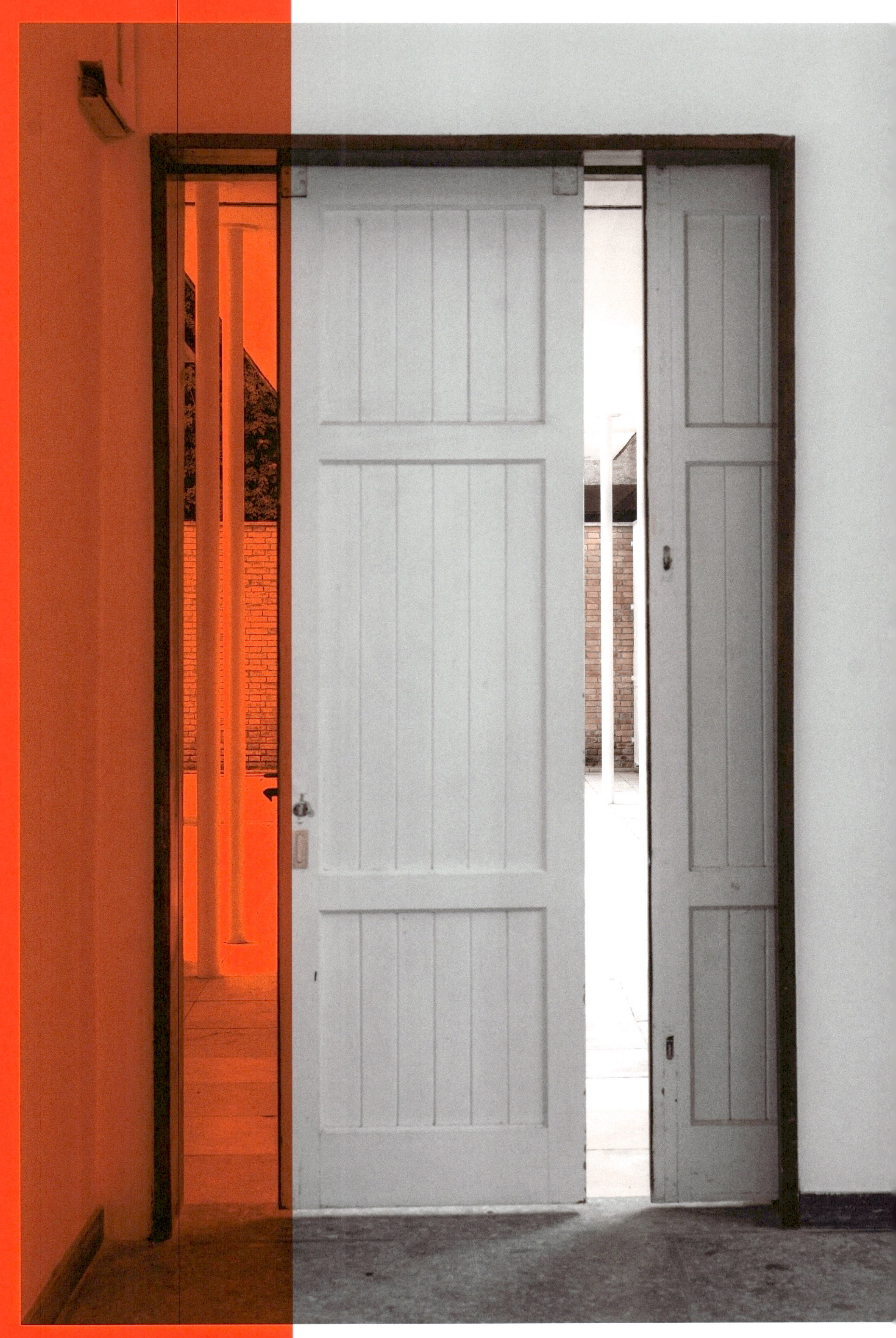

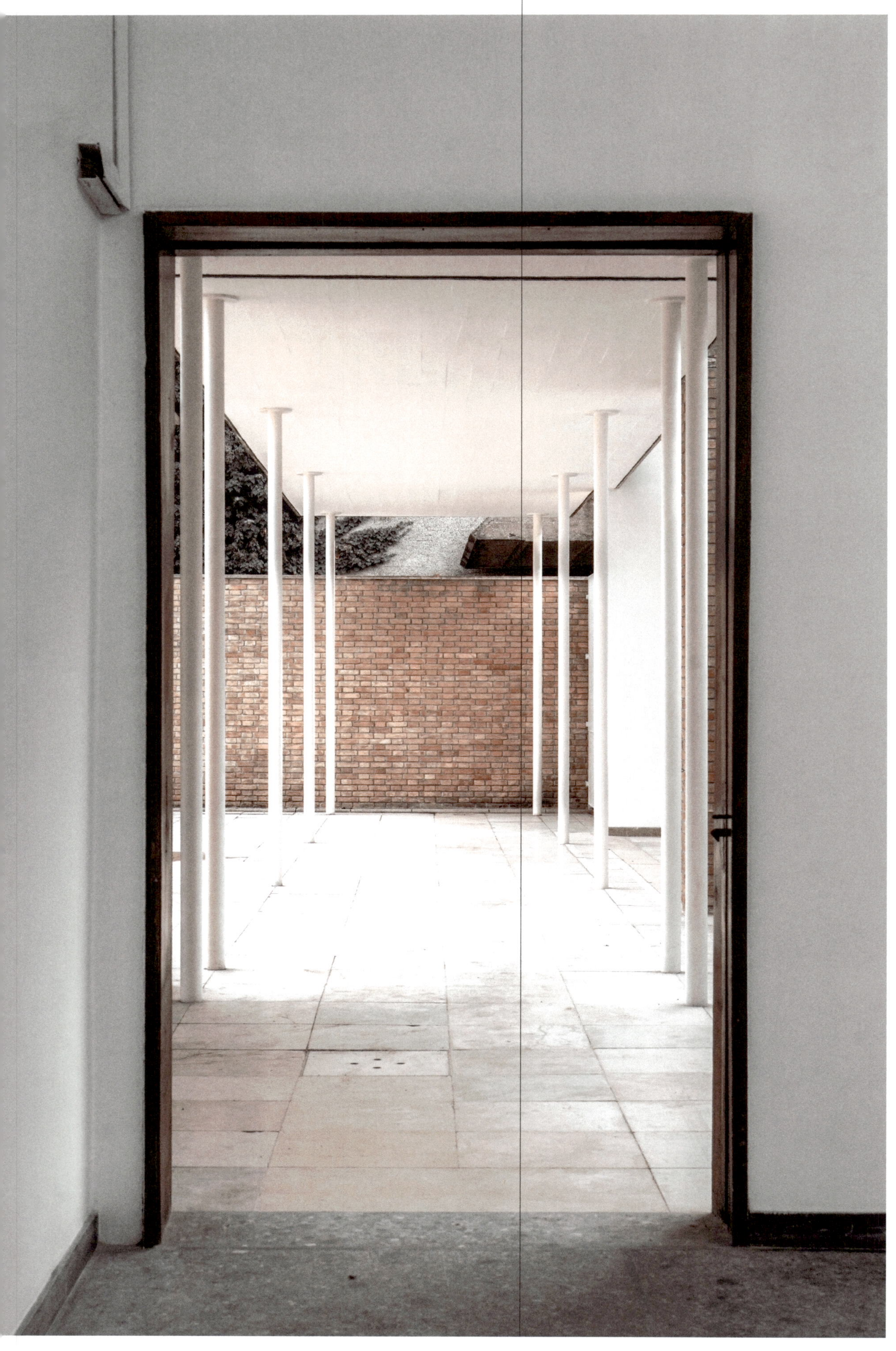

Entendre, s'entendre et voir
Latifa Echakhch Alexandre Babel
et Francesco Stocchi
En conversation

LATIFA ECHAKHCH (LE) — Nous nous connaissons déjà depuis quelques années maintenant. On s'est rencontrés la première fois dans le cadre de notre participation au jury de la résidence d'artistes La Becque à La Tour-de-Peilz, en Suisse, pour lequel nous avons été invités à faire partie dès la première édition. Je me suis retrouvée quelques fois avec toi à discuter des dossiers. Il y avait énormément de musiciens, d'artistes également, d'architectes designers dont nous parcourions les dossiers.

Ça m'a permis de découvrir la façon dont tu analysais les choses par rapport au contenu sonore que nous entendions. Ce n'est qu'à la deuxième édition que j'ai osé te poser des questions plus directes par rapport à ta pratique.

Ensuite, lorsque l'on m'a invitée à proposer un projet pour le Pavillon suisse de la Biennale de Venise, étrangement, je me suis dit : « Est-ce que cette fois-ci je pourrai déplacer les choses et concevoir ce projet non pas d'un point de vue visuel mais d'un point de vue musical ? »

Alors que d'habitude j'entrevois les choses d'une manière spatiale, c'est une histoire de matérialité, de parcours dans l'espace, de sentiment. Je ressentais le besoin pour ce projet de me dire : « Si je concevais l'ensemble spatial avec une lecture ou une analyse purement musicale, qu'est-ce que ça changerait à ce projet d'exposition ? » C'étaient nos premières conversations, et lorsque je t'ai proposé cette idée-là, tu m'as répondu : « Justement, je développe toute une interrogation en ce moment sur des problématiques spatiales. »

La première question que j'aurais envie de te poser c'est de revenir à cette source-là. Quand tu projettes quelque chose, comment ça se passe pour toi en tant que musicien, compositeur, instrumentiste et auditeur ?

ALEXANDRE BABEL (AB) — Je me rappelle t'avoir une fois répondu qu'au début d'un projet, qu'il s'agisse d'un projet curatorial, de composition ou de performance, je me pose toujours la même question : « Qu'est-ce que je veux voir ? » Je me souviens que pendant mes études au Conservatoire, un intervenant germanophone m'avait rendu attentif à une expression. Il disait : "C'est curieux, en français, vous dites «On va voir un concert". » Je me suis depuis intéressé à cette terminologie qui associe immédiatement une dimension visuelle à la performance musicale. Elle nous transporte dans le pluridimensionnel. Car dans une situation de concert, en plus du son il y a le dispositif scénique ainsi qu'une zone de consommation de l'événement. Est-ce qu'il y a un public ? De quelle couleur sont les murs ? Quelle est la température ? Quel est l'horaire ? Ces éléments font partie d'une réalité multidimensionnelle et influencent la perception de l'objet musical. Ils peuvent être anticipés, modifiés et donc composés. Je les prends en compte dès les premières étapes d'un projet.

# Hear, Perceive, and See
# Latifa Echakhch, Alexandre Babel, and Francesco Stocchi
# In Conversation

LATIFA ECHAKHCH (LE) — We've known each other for a few years now. We met as members of the jury at the first edition of La Becque artists' residence, in La Tour-de-Peilz, Switzerland, to which we had been invited. We got together a few times to discuss the applicants' files. There were stacks of applications by musicians, artists and architects/designers and we had to go through them. This occasion gave me the opportunity to see how you analyze things in relation to the sound content we were hearing. It was not until the second edition of the residence that I dared to ask you more direct questions about your practice. Later, invited to present a project for the Swiss Pavilion at the Venice Biennale I wondered: "Will I this time be able to break new ground and design a project not from a visual, but from a musical standpoint? I usually approach things spatially; it's a matter of materiality, or going through space, feeling. In this new project I felt the need to ask myself: "If I was to think up a spatial entity by way of purely musical reading or analysis, how would this change the exhibition piece?" Our first conversations revolved around this and when I proposed the idea to you, you answered: "As it happens, I'm exploring a raft of questions around spatial issues right now."

The first question I'd like to ask you means going back to this source. When you do a project, what happens to you as a musician, composer, instrumentalist, and listener?

ALEXANDRE BABEL (AB) — I remember telling you once that, at the beginning of a project, whether curating, composition or performance, I always ask myself the same question: "What do I want to see?" I remember during my studies at the Conservatory, a German-speaking lecturer drawing my attention to the expression. He said, "It's odd. In French, you say 'We're going to *see* a concert.'" I've since become interested in this terminology, which immediately associates a musical performance with its visual dimension, transporting us into something multidimensional. In any concert situation, in addition to the sound, there's the staging, as well as the place the event is to be held. Is there an audience? What color are the walls? What's the temperature? What's the time slot? These elements form part of a multidimensional reality that influences the perception of the musical object. They can be foreseen, adjusted and, therefore, composed. I take them into account from the very first stage of a project.

LE — La donne change quand on joue, quand on écoute. Mais elle change aussi beaucoup lorsqu'on la projette, lorsque l'on doit écrire une partition qui va être ensuite jouée.

Quand j'ai commencé à réfléchir dans ce sens-là, je me suis demandé : « Comment est-ce qu'on écrit avant qu'il y ait le son, avant qu'il puisse être là, avant qu'il puisse être audible ? »

La première petite révélation que j'avais eue à mes cours de solfège est que la musique est la distance entre deux notes. C'était la première fois que le terme de dimension spatiale est vraiment entré en jeu dans mes réflexions.

AB — Oui, cette spatialité-là est bien réelle. Dans l'exemple que tu cites, je la vois comme bidimensionnelle. J'aurais envie d'ajouter que la musique se trouve dans l'espace entre plusieurs éléments, sans forcément parler de la note. Ça vient peut-être de ma pratique de la percussion, famille multiple qui est autant constituée d'instruments mélodiques que d'instruments à hauteurs non déterminées, ainsi que de traitements du bruit.

LE — Quelle est, justement, cette différence entre écrire pour la musique et écrire pour la percussion ?

AB — Je dirais qu'il n'y en a pas. On écrit pour la musique, quel que soit l'objet. D'ailleurs, lorsque je pense la musique pour percussion j'essaie d'aller au-delà des attributs de l'instrument. Et à l'inverse j'essaie de m'approcher de la percussion lorsque j'écris pour d'autres instruments. Mais plutôt que « comment » écrire, je me pose peut-être plutôt la question de « quoi » écrire, pourquoi composer. Si la composition est la projection mentale de l'événement musical, qu'est-ce qui doit être écrit, et qu'est-ce qui ne doit pas l'être ? La réponse à cette question détermine le point de départ de la composition. Ça me fait penser à une personnalité comme Heiner Goebbels, qui est à la fois compositeur et homme de théâtre, lui il va partir du texte pour créer la musique.

LE — Goebbels a également parlé d'espace ?

AB — J'ai toujours compris l'espace chez Heiner Goebbels comme étant l'espace du texte au même titre que l'espace scénique. Le texte est incarné par des voix. La voix étant le médium qui permet de relier le texte à la musique, la voix devient musique. On est clairement dans un transfert de la pratique théâtrale à une réalité musicale.

LE — Pourtant, parfois, il nous perd un peu là-dedans. Il se permet, dans quelques-unes de ses pièces, de briser justement la trame de la narration et il nous emmène dans un espace tout autre.

AB — Oui, c'est très fort notamment dans *Stifter's Dinge*, une pièce où il n'y a pas de comédiens sur scène, seulement des pianos. Dans ce spectacle les voix sont enregistrées, donc les protagonistes sont absents. Il n'y a plus que le son de leur voix qui intervient à intervalles réguliers, comme une rupture cyclique dans une dramaturgie musicale et scénique désertée, habitée seulement par la scénographie des pianos. J'aime ce transfert, ce va-et-vient permanent quand on se retrouve à cheval entre plusieurs réalités.

FS — Pour revenir à la première question de Latifa, le contexte où notre travail de groupe va se placer est un contexte d'art visuel où l'espace est déterminant. Et tu parlais d'être à cheval entre deux réalités. Dans le cas du Pavillon suisse, construit en 1952 par Bruno Giacometti, la structure de l'édifice est elle-même composée de différentes réalités. Les espaces ont des attributions précises qui sont interconnectées car chacune d'elles est liée à un médium. On se retrouve dans une salle de peinture, dans une salle d'arts graphiques, dans une salle de sculptures. Je me demandais si ces différentes réalités spatiales pouvaient être relues d'une façon musicale ?

LE — The situation alters between playing and listening. But it also changes a lot when you plan it, when you have to write a score that's to be played.

When I started thinking in this direction, I wondered: "How can one write before there's any sound, before it can be there, before it's audible?"

The first little revelation I had in music theory class was that music is the distance between two notes. It was the first time the term "spatial dimension" really made an impact on my thinking.

AB — Yes, that spatiality is very real. In the example you give, I see it as two-dimensional. I'd like to add that music occurs in the space between several elements, without necessarily even talking about notes. This may well come from my experience with percussion—a varied family comprising melodic as well as non-pitched instruments, in addition to noise effects.

LE — What's the difference between writing for music and writing for percussion?

AB — I'd say there's none at all. We write for music, whatever the object. In fact, when I think about music for percussion, I try to go beyond the qualities of each instrument. And, conversely, writing for other instruments, I try to get closer to percussion. But rather than "how" to write I'd perhaps be asking myself the question of "what" to write, why compose? If composition is the mental projection of a musical event, what should be written out and what should not? The answer to this question determines the composition's starting point. This makes me think of a figure such as Heiner Goebbels, who is both a composer and a man of the theater. To create his music he starts from a text.

LE — Did Goebbels also talk about space?

AB — I've always understood space in Heiner Goebbels' work as being the space of the text, in the same way as onstage space. The text is embodied by voices. The voice being the medium that links the text to the music, the voice becoming the music. We are clearly in the presence here of the transfer of theatrical practice to a musical reality.

LE — Sometimes though, he loses us a little in there. In some of his pieces he pushes things and breaks the framework of the narrative, taking us off into a completely different space.

AB — Yes, it's very powerful, especially in *Stifters Dinge*, a piece where no actors appear onstage, only pianos. In that piece, the voices are prerecorded, the protagonists being absent. There's just the sound of their voices audible at regular intervals, like a cyclical interruption in a musical and theatrical staging that is empty save for the presence of the pianos. I like this kind of transmission, a constant to-and-fro in which we have to straddle several realities.

FRANCESCO STOCCHI (FS) — To return to Latifa's initial question, the context in which our group work is to appear is that of visual art in which space predominates. You just talked about the split between two realities. In the case of the Swiss Pavilion, built in 1952 by Bruno Giacometti, the structure of the building is itself composed of different realities. Each with a designated purpose, its spaces are interconnected because each is associated with a

↓ Annea Lockwood, *Bayou-Borne, for Pauline*, extrait de la partition, 2016. Illustration, Doris Yokelson
↘ John Luther Adams, *Inuksuit*, extrait de la partition, 2009.

↓ Annea Lockwood, *Bayou-Borne, for Pauline*, score excerpt, 2016. Illustration by Doris Yokelson.
↘ John Luther Adams, *Inuksuit*, score excerpt, 2009.

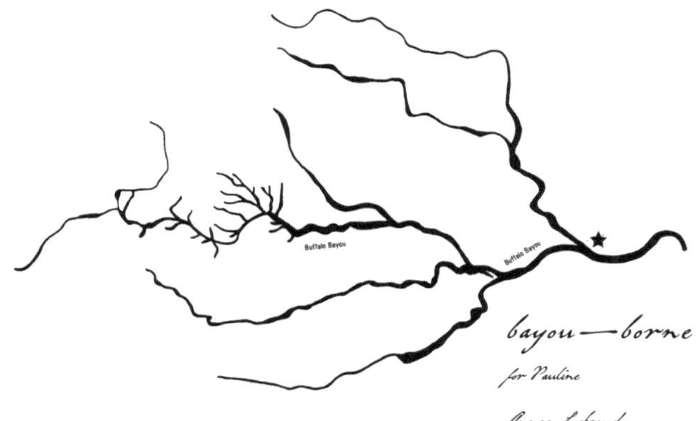


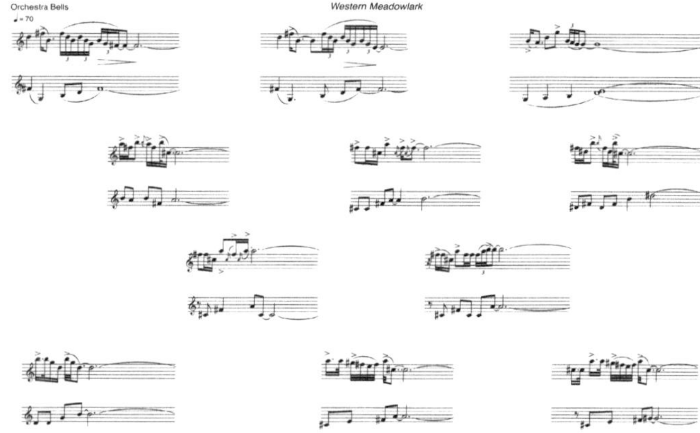


AB — Lorsqu'une architecture suit un tel programme, un esprit qui voit le monde à travers l'organisation des sons va y trouver son compte. Le Pavillon suisse me fait tout de suite entendre des sons. Et d'ailleurs, penses-tu que Bruno Giacometti a pleinement anticipé cette question du cheminement ?

FRANCESCO STOCCHI (FS) — Je pense qu'il avait anticipé ça tout en conservant une approche classique sinon traditionnelle de la classification des techniques. C'est comme si le pavillon était construit par le biais des techniques avant de s'occuper des formes, des styles et des couleurs. Ce serait intéressant de voir ça à travers l'œuvre de son frère Alberto qui, d'une certaine manière, a aussi travaillé là-dessus.

Donc pour répondre à ta question, d'une façon humaniste, oui, comme résultat. Mais, d'une façon artistique, son approche de l'espace et du lien entre l'architecture et l'art est au fait très traditionnelle, voire passée.

De plus, il ajoute d'une façon très intelligente le rapport intérieur-extérieur jusqu'à atteindre une ambiguïté entre les deux, on est dedans, on est dehors. Ne serait-t-il pas aussi intéressant de créer un parallèle avec la musique, entre ce qui est la musique d'extérieur et celle d'intérieur, sachant qu'à l'intérieur tu peux contrôler l'espace d'une façon claire. Est-ce que tu n'as jamais pensé à l'écriture pour l'*outdoor* par rapport à l'*indoor* ?

AB — Oui, et d'ailleurs il existe des exemples dans le répertoire. Je pense à la compositrice d'origine néo-zélandaise Annea Lockwood et ses installations sonores en plein air, ou ses partitions construites comme des cartographies. *Bayou Borne for Pauline (Oliveros)* en est un exemple très illustratif. Je pense aussi à John Luther Adams, un compositeur qui a vécu longtemps en Alaska, et qui a écrit cette pièce, *Inuksuit*, pour grand ensemble de percussion, à jouer en extérieur avec les interprètes dispersés dans l'espace naturel.

Et justement le pavillon de Bruno Giacometti m'y fait repenser, mais de manière multiple plutôt que de manière binaire, à travers les différents niveaux d'intériorité et d'extériorité : il y a un espace ouvert, suivi d'un espace semi-ouvert, puis d'un couloir vitré et d'un espace fermé. Maintenant, cet ensemble est défini par une limite, c'est à dire qu'il y a une frontière à franchir entre le monde extérieur au pavillon et le premier espace. C'est la première marche en pierre à l'entrée, après le chemin de gravier, qui va délimiter cette frontière.

FS — Et à ces endroits, tu as réalisé des enregistrements, n'est-ce pas ?

medium. You make your way through the painting room, the graphic arts room, the sculpture room. I was wondering whether these different spatial entities might be interpreted musically?

AB — Architecture that follows such a program provides ample food for thought to a mind that sees the world through the organization of sounds. The Swiss Pavilion immediately makes me hear sounds. Besides, don't you think Bruno Giacometti planned this progress though the rooms?

FS — I think he anticipated it while still adhering to a classical, if not traditional, approach to the classification of techniques. It's as if the pavilion was built with regard to the technique prior to dealing with the form, style or color. It would be interesting to look into this by way of the work of his brother Alberto, who, in a way, also worked on it.

So to answer your question: from a humanist perspective, yes, as a result. But artistically speaking, his approach to space and the link between architecture and art is actually very traditional, dated even.

Very cleverly though, he factors in the relationship between inside and outside until it is ambiguous as to which is which: you're inside and you're outside. Wouldn't it also be interesting to create a parallel to this with music, between what's outdoor and what's indoor music, knowing that inside you can ostensibly arrange the space. Did you ever think about writing for outdoors in relation to indoors?

AB — Yes, and, in fact, examples exist in the repertoire. I'm thinking of the New Zealand-born composer Annea Lockwood and her outdoor sound installations or her scores constructed as maps. *Bayou Borne for Pauline (Oliveros)* is a telling example. I also think of John Luther Adams, a composer who lived in Alaska for a long time and who wrote a piece, *Inuksuit*, for large percussion ensemble to be played outdoors with the performers scattered about the natural environment.

Bruno Giacometti's pavilion has made me think about this again, but in a plural rather than binary manner, through successive levels of interiority and exteriority: there's an open space, followed

AB — Oui j'y ai enregistré des *field recordings*. Au niveau sonore ces espaces extérieurs et semi extérieurs sont très caractérisés. Est-ce qu'on est dans le désert, c'est-à-dire dans un environnement qui n'est pas fini, qui n'a pas de limite ou est-ce qu'on est dans un espace extérieur qui serait délimité par une frontière ? Ce sont deux choses très différentes.

LE — Si je peux me permettre, justement quand tu parles du désert, tout à coup je pense à la pièce d'Edgard Varèse, *Déserts*, qui a été finalisée en 1954 alors que le pavillon de Giacometti c'est en 1952, donc à peu près dans des époques similaires. Il y a également dans cette pièce l'une des premières utilisations par Varèse d'enregistrements sonores sur bande.

D'ailleurs, lors de la première représentation c'est Pierre Henry qui est derrière les platines des bandes audio. La question des sons urbains, bien sûr, c'est déjà dans l'œuvre de Varèse depuis les premières pièces avec notamment *Ionisation* pour ensemble de percussions. Mais il va attendre l'utilisation de ses bandes et cette espèce de recherche un peu foisonnante que Schaeffer a mis en route avec le GRM à Paris pour pouvoir les utiliser pleinement. S'il avait pu le faire avant, il l'aurait fait. Moi ce qui m'a toujours incroyablement questionnée, c'est pourquoi il appelle ça *Déserts* ? Pourquoi la pièce pour percussions s'appelle *Ionisation* ? Il y en a une qui s'appelle *Densité 21,5*, en référence à la densité du platine, la matière dont était faite la flûte de l'interprète de la création, Georges Barrère. Il est beaucoup question dans ses œuvres de matière et de vide. C'est physique.

FS — Le désert c'est un espace dont tu ne connais pas le contour. Et par rapport aux bruits de la ville, c'est peut-être cette image de quelque chose qui est autour de soi mais qui est extrêmement vaste. Je pense que ce terme souligne deux choses en même temps.

LE — Il y a ça mais, également, le fait que le désert représente en soi la ruine de quelque chose. Quand on regarde le sable du désert, c'est un reste de roche. C'est la fin, presque, de la matière même qui a été décomposée au maximum. C'est ça le désert. Ce n'est pas un endroit nouveau, c'est un endroit qui est déjà *post*, post-existant.

AB — On retrouve la même chose dans *Amériques* de Varèse. *Amériques*, c'est quoi ? L'Amérique, c'est le Nouveau Monde mais il a fait attention d'appeler la pièce *Amériques* au pluriel.

FS — C'est l'idée de vastité, l'Amérique.

AB — C'est l'idée d'un nouveau monde dont on ne connaissait pas la fin. C'est aussi l'idée d'un territoire pré-habité par des populations qui ont ensuite été exterminées. On est dans un nouveau monde qui a une existence passée.

LE — Le paradoxe c'est la construction d'une nouvelle civilisation sur la destruction d'une autre.

AB — Le tout avec une perspective de vision à la finalité invisible. Varèse vivait à New York, si on prend *Ionisation* avec ses sirènes et ses bruits de ville, cela rappelle ce qu'on dit parfois de New York, la ville dont on ne voit pas le bout des rues. Je trouve que chez Varèse, ce paradoxe entre la densité de la matière et la non-finalité de l'espace est très présent.

LE — Et le tout rejoué dans une salle de concert. Très classique.

AB — On retrouve là-dedans le rapport intérieur-extérieur : Dans *Déserts*, les « interpolations », ces parties sur bande magnétique issues de divers enregistrements d'usine à Philadelphie, font intervenir des sons de l'extérieur. Mais on ne peut les entendre que dans une salle de concert, car elles sont accompagnées de parties orchestrales.

by a semi-open area, then a glazed corridor and lastly a closed space. Now, this set is defined by a limit, that's to say there's a frontier to cross between the world outside the pavilion and the initial space. It's the first stone step at the entrance, following the gravel path, which will delimit the border.

FS — And you've made recordings in these places, haven't you?

AB — Yes, I did field recordings there. In terms of sound, the characteristics of these external and semi-external spaces are very different. Are we in the desert, that is to say in an unbounded environment, one that has no limit, or in an exterior space circumscribed by a border? These are two very distinct things.

LE — If I may, when you mentioned the desert, I suddenly thought of Edgard Varèse's piece, *Déserts*, completed in 1954, Giacometti's pavilion being finished in 1952, so they are more or less contemporary. This piece also features one of Varèse's first uses of tape recording.

In fact, at the first performance it was Pierre Henry who operated the audio tape decks. The question of urban sound, of course, is already present in Varèse's output, with early pieces such as *Ionisation* for percussion ensemble, for instance. But, before he could exploit his tapes fully, he had to wait for them to be used and for the hotbed of research Schaeffer set up at the GRM in Paris. If he could have done so before, he would have. I've always been incredibly puzzled by why he called it *Déserts*? And why is the percussion piece entitled *Ionisation*? There's another called *Density 21.5*, referring to the density of platinum, the material of which the flute played by the performer at the premiere, Georges Barrère, was made. There's a lot about matter and the void in his works. It's physical.

FS — The desert is a space whose outlines cannot be determined. And, in comparison with the noises of the city, there's perhaps the image of something that is around you but which is absolutely vast. I think that the term emphasizes two things at the same time.

LE — There's that, but there's also the fact that the desert in itself represents the ruin of something. Looking at sand in a desert, you're looking at the residue of rock. It is the end, almost, of matter broken down as far as it will go. That's the desert. It's not a new place; it's a place that's already *post*, post-existent.

AB — We find the same thing in Varèse*'s Amériques*. What is *Amériques*? America is the New World, but he was careful to call the piece Americas, in the plural.

FS — It's that idea of immensity, America.

AB — It's the idea of a new world whose limits were unknown. It's also the idea of a territory pre-inhabited by peoples that were subsequently exterminated. We are in a new world, but one that has a past existence.

LE — The paradox is the construction of a new civilization on the destruction of another.

AB — And all in a visual perspective whose end point remains invisible. Varèse lived in New York and if you take *Ionisation*, with its sirens and its urban noise, it reminds us of what we sometimes call New York–a city of endless streets. I find this paradox between

FS — On a amorcé l'hypothèse d'une musique représentée à l'extérieur. Varèse fait ici un peu la démarche inverse. Une projection spatiale de cette matérialité musicale du dehors, dont on ne contrôle pas les contours. Est-ce que tu t'es déjà posé ce problème et comment cela pourrait influencer l'écriture ?

AB — L'œuvre du XXe siècle qui a probablement répondu à cette question avec le plus de justesse reste *4'33"*, la pièce « silencieuse » de Cage. La composition de l'œuvre est anti-interventionniste. C'est-à-dire qu'elle offre à l'auditeur la possibilité non pas de comprendre un contenu inscrit dans un espace mais de comprendre un espace depuis lequel il va percevoir un contenu. On connaît d'ailleurs une interprétation de la pièce par John Cage lui-même en 1973 au milieu d'*Harvard Square* à Boston.

FS — Un carrefour dans une ville américaine, où l'idée du silence est presque une infraction. Il fallait le faire ! Est-ce qu'il y a des limites ou des contraintes par rapport au contexte d'interprétation de *4'33"* ?

AB — Non il n'y en a pas.

LE — C'est quelle année ? C'est postérieur ?

AB — La composition de *4'33"* est contemporaine à celle de *Déserts*, 1952.

LE — J'ai abordé ce pavillon dessiné par Bruno Giacometti en me disant : il y a d'abord la cour qui est prévue pour les sculptures, puis les deux espaces extérieurs recouverts par un plafond et une baie vitrée pour les arts graphiques et la grande salle intérieure surplombée d'une verrière qui est la salle des peintures. Ce que je trouvais intéressant d'un point de vue visuel, c'est le rapport à la lumière. On a une lumière qui est différente d'une salle à l'autre et qui définit un cheminement.

Ce qui m'a intéressée en tant que plasticienne, c'est de prendre le pavillon dans son entier et non pas de contenir le projet dans les salles d'exposition.

Je voulais savoir si toi, Alexandre, tu avais pu entrevoir le cheminement dans ces espaces mais au lieu de la lumière du jour, d'avoir plutôt un rapport changeant aux sons de l'extérieur, car il me semble que c'est quelque chose que tu utilises également dans ton travail sur le projet ?

AB — Tout à fait. Ce que tu évoques avec la lumière est aussi à percevoir à travers le son. Plus on avance dans la visite du pavillon, plus la porosité aux sons du dehors va s'amoindrir car les espaces se referment. Cela nous a permis de définir un parcours acoustique avec un début, un milieu, une fin. D'une part en profitant du filtrage progressif des sons extérieurs déjà existants dans l'architecture, et d'autre part en amplifiant artificiellement cet effet grâce à l'utilisation de panneaux absorbants pour étouffer l'acoustique de la salle principale.

FS — Si l'on compare le pavillon de Bruno Giacometti à d'autres pavillons dans lesquels il y a le choix de rester dans l'espace ou d'aller d'un côté ou de l'autre, ici, on n'a peu de choix, c'est forcément un parcours. Giacometti nous pousse très intelligemment dans une temporalité obligée, le parcours fera une boucle. Et puisque j'évoque la temporalité, j'induis automatiquement une dimension musicale. Cette traduction est fascinante. Il y a comme un contraste entre la conception traditionnelle voire archaïque de Giacometti de diviser les techniques et la temporalité de son parcours qui permet une expérience totale. Je me demande si la musique était dans son esprit quand il a pensé à la construction de bâtiments parce qu'on sent vraiment cette dimension temporelle.

AB — Une temporalité comprise à l'intérieur des murs.

FS — J'allais le dire, le mur est très important. Il aurait

the density of matter and the non-finality of space ever-present in Varèse.

LE — And the whole thing's played out in a concert hall. Very classical.

AB — There, the interior-exterior relationship resurfaces: in *Déserts*, the "interpolations," those segments on magnetic tape taken from recordings of a factory in Philadelphia, bring in sounds from outside. But they can only be heard in a concert hall, because they are accompanied by orchestral parts.

FS — We brought up the hypothesis of music performed outside. Varèse's approach here is practically the opposite. A spatial projection of musical material from the outside, whose contours cannot be controlled. Have you ever tackled this problem and how could it influence your writing?

AB — The twentieth-century work that probably answered this question most accurately remains *4'33"*, Cage's "silent" piece. Its composition was anti-interventionist. That is to say, it offers the listener the possibility of understanding, not a content inscribed in space, but a space from which they will perceive a content. We know of a performance of the piece by John Cage himself in 1973 in the middle of Harvard Square in Boston.

FS — At an intersection in an American city, where the idea of silence is almost a crime. That's quite something! Are there any limits or constraints as to the performance setting of *4'33"*?

AB — No, none.

LE — From what year is it? Is it later?

AB — The composition of *4'33"* is contemporary with that of *Déserts*, 1952.

LE — I tackled this pavilion designed by Bruno Giacometti by saying to myself: there's this courtyard with sculptures, the two exterior spaces covered by a ceiling, the bay window and the large interior room overhung by a glass roof. From a visual point of view, what I found interesting was the relationship to light. It alters from room to room, creating a kind of path.

What interested me as a visual artist was to take the pavilion as a whole and not to contain the project in the exhibition rooms. I wanted to know if you, Alexandre, were able to perceive a path in these spaces, but, instead of daylight, using the changing relationship to sound from the outside, because it seems to me that this is something you also use in your work on the project?

AB — Absolutely. What you are referring to with light can also be perceived through sound. As the visit continues through the pavilion, the spaces become more enclosed and it is less and less porous to the sounds from outside. This has allowed us to define a sound path with a beginning, a middle, and an end. On the one hand, by taking advantage of how the structure already gradually filters noise from the outside, and, on the other, by artificially increasingly this effect using absorbent panels to muffle the acoustics in the main room.

FS — Comparing Bruno Giacometti's pavilion to other pavilions that offer the choice of staying put in the space or of moving out to one side or the other, there's not much option here; it neces-

pu faire la même chose sans mur extérieur mais alors l'espace à ciel ouvert, dédié à la sculpture, n'aurait pas été bien défini.

LE — Ça me rappelle les théories quantiques. La première qui me revient c'est le paradoxe Einstein-Podolsky-Rosen sur ce qu'on appelle la « notion d'intrication quantique » qui démontre qu'une influence physique va plus vite que la vitesse de la lumière, c'est comme si elle était centrale par rapport à ça. C'est John Stewart Bell qui a développé et achevé cette théorie. Il y a également eu d'autres expériences qui ont été faites sur la diffusion lumineuse et son parcours dans l'espace, les « fentes de Young » par exemple. Il a révélé que la lumière oscille et ondule dans l'espace de manière particulaire, et crée ainsi des fentes. L'idée que l'interaction physique va plus vite que la vitesse de la lumière. C'est, en gros, la question de ce parcours.

Je me demandais également si, quand tu conçois une pièce sonore ou musicale, il y a une idée de réaction, de transmission, de partage...

AB — Oui. Ce sont des paramètres fondamentaux, à orchestrer avec tous les autres paramètres. D'ailleurs je pense que toute pensée musicale, quelle qu'elle soit, est une pensée d'orchestration.

LE — Donc, par là même, l'idée de la fin de l'orchestre dont parlait Varèse, on peut ne pas y croire totalement ?

AB — Je pense que Varèse ne parlait pas de la fin de l'orchestre. Il parlait de la fin des orchestres tels qu'on les connaît.

LE — Et pas de la fin de l'orchestration ?

AB — Varèse était un orchestrateur de génie, il tenait à cette pratique. Il proposait plutôt une révolution technologique de l'orchestre, en remplaçant le pupitre de seconds violons par un seul musicien amplifié par exemple. Ce qui permettrait des économies. Et aujourd'hui, alors que la technologie musicale confirme la prédiction de Varèse, les orchestres existent toujours. J'ai plutôt la sensation que ce remplacement est impossible. Pourquoi ? Parce qu'un pupitre de seconds violons est constitué d'une société d'êtres humains qui sont des corps existant dans l'espace, des individualités porteuses d'une pratique, d'une réalité sociale. Leur remplacement par la machine définit un narratif tout autre.

Quand je pense à l'idée que toute forme de pensée musicale est une pensée orchestrale, je ne pense pas à l'orchestre classique mais plutôt à l'arrangement de différents éléments dans l'espace. À l'orchestre, cet arrangement-là est incarné par les 80 musiciennes et musiciens dont il est formé. Dans notre installation de lumière, cet arrangement est à trouver dans la combinaison des 25 lampes et des sculptures qui la constituent. Mais tu évoquais l'idée de partage. Avec le pavillon, le partage a commencé au moment où tu as engagé la première discussion sur le projet.

LE — La première phase du partage, ne serait-ce pas l'attente et donc la projection ?
Le fait qu'on puisse aller à un concert en ne sachant pas ce que l'on va entendre puisqu'on va écouter quelque chose de tout à fait nouveau, se faire surprendre ou au contraire, aller voir par exemple une interprétation de *La Passion selon Saint Matthieu* de Bach et savoir exactement ce qui va se dérouler devant nous comme temps linéaire, avec quelques nuances d'interprétation mais très peu, au fond, de surprise.

Si je vais dans un pavillon ou dans une exposition où Alexandre Babel fait un projet avec Latifa Echakhch, je m'attends à y entendre du son, que ça va se jouer au niveau de l'oreille. Le partage commence déjà là : dans ces attentes, par le titre et les personnes impliqués dans le projet, etc. Je vais projeter l'idée d'un son, mais, il n'y en aura pas.

sarily forms a path. Very cleverly, Giacometti drops us into a time scheme that can't be avoided—a pathway forming a loop. And, since I mention temporality, I inevitably segue into a musical dimension. The transference is fascinating. There's a kind of contrast between Giacometti's traditional, even archaic conception of dividing up by techniques and the timeframe of a following a path that produces a total experience. I wonder if he had music in mind when thinking about the building, because we really feel this temporal dimension.

AB — A temporality enclosed within walls.

FS — As I was about to say, the wall's very important. He could have done the same without an exterior wall, but then the open space dedicated to sculpture would not have been as clearly delineated.

LE — This reminds me of experiments in quantum theory. The first that comes to mind is the Einstein-Podolsky-Rosen paradox around what's termed "quantum entanglement," a notion that contends that physical influence can occur faster than the speed of light—it's as if it was central with respect to that. It was John Stewart Bell who developed and finalized this theory. There are other experiments performed on light scattering and its path through space, "Young's slits," for instance. [Thomas] Young showed how light oscillates and undulates in space like a particle and thus creates slits. The idea is that a physical interaction occurs faster than the velocity of light. That's essentially the question behind our pathway too.

I was also wondering if, when you conceive a sound or musical piece, there's the idea of a reaction, of transmission, of sharing ...

AB — Yes, those are fundamental parameters that have to be orchestrated with all the others. Besides, I think that any musical thought, of whatever kind, is a thought of orchestration.

LE — So, by the same token, the idea of the death of the orchestra that Varèse talked about can't totally be credited?

AB — I don't think Varèse was talking about the end of the orchestra. He was talking about the end of orchestras as we know them.

LE — And not about the end of orchestration?

AB — Varèse was an orchestrator of genius and put great store by it as a practice. He proposed technological revolutions in the orchestra, replacing the second violin section with a single amplified musician, for example. For reasons of economy. And today, though musical technology confirms Varèse's prediction, orchestras still exist. My feeling is rather that such replacement is impossible. Why? Because a desk of second violins is constituted of a group of human beings who are bodies who exist in space, individuals freighted with a practice, with a social reality. Replacing them with a machine generates an utterly different narrative.

When I think of the idea that all forms of musical thought are orchestral thought, I am not thinking of the classical orchestra but rather of the arrangement of different elements in space. In the orchestra, this arrangement is embodied by the eighty musicians that comprise it. In our light installation, this arrangement

↓ Alexandre Babel et Florian Bach, *Asphalte*, 2020. Photo. Pablo Fernandez
↘ Alexandre Babel et Florian Bach, *Asphalte*, 2020. Photo. Valentin Brustaux

↓ Alexandre Babel and Florian Bach, *Asphalte*, 2020. Photo by Pablo Fernandez.
↘ Alexandre Babel and Florian Bach, *Asphalte*, 2020. Photo by Valentin Brustaux.

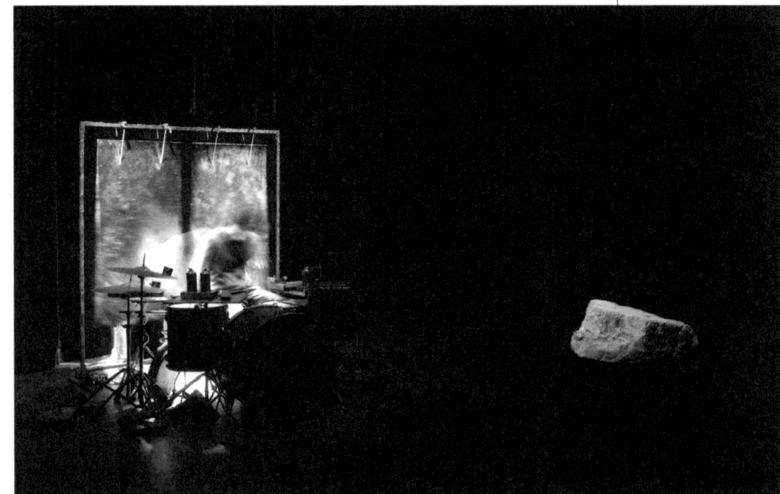

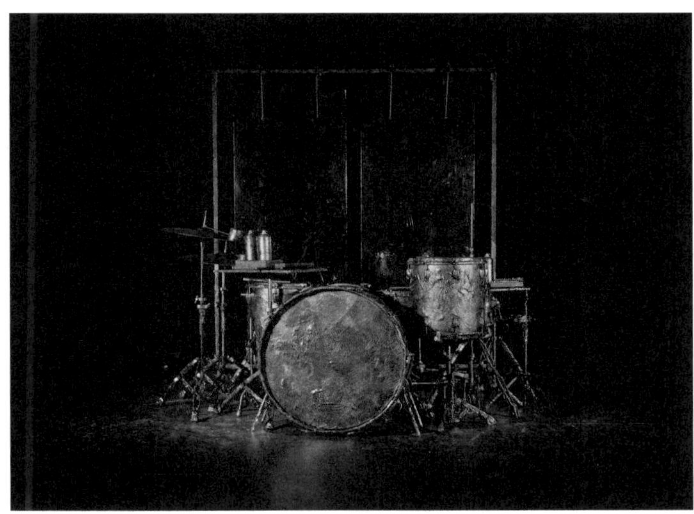

AB — Cette attente, précisément, celle de la production du son, c'est la même que celle que j'ai eue lorsque tu m'as évoqué le projet, en me disant qu'il n'y aurait pas de production de son. Elle fait aujourd'hui partie du processus qui nous a amené jusqu'à la réalisation du pavillon. Et nous la transmettons au public.

LE — Je me rappelle très vivement lorsque tu as joué *Asphalte,* une pièce en solo en collaboration avec l'artiste Florian Bach, au festival Les Amplitudes à La Chaux-de-Fonds : Seul sur scène avec une batterie et un certain nombre d'éléments percussifs autour de toi, tu as joué pendant à peu près quarante minutes, j'ai eu la sensation lorsque j'étais à l'écoute de cette pièce, d'être moi-même démembrée, d'avoir une désynchronisation de mes bras et jambes et d'être partagée dans l'espace en suivant plusieurs trames rythmiques différentes.

En plus de l'oreille, j'avais une projection physique de mon propre corps, c'est ce qu'on appelle l'incarnation et c'est un sentiment qu'on a tous un peu. Quand on va regarder un concert de pop, on a l'impression de chanter à la place du chanteur alors que c'est une voix très différente, un corps très différent.

Le partage, à mon avis, va aussi dans ce sens-là : dans ce que j'écoute mais également dans ce rapport au corps.

Je t'avais posé cette question : « Comment, toi, tu la vis, cette incarnation-là ? » Dans la transmission justement, dans ce partage-là, tout en ayant conscience de ça. Car forcément, tu en as conscience.

AB — J'en ai conscience mais je ne cherche pas à la provoquer. *Asphalte* est un bon exemple, car le début de la pièce se déroule dans une quasi-obscurité. On entend distinctement le son mais on a une altération de la vision qui fait qu'on ne va pas tout comprendre visuellement. La question du démembrement est alors suggérée.

LE — C'est un effet de surprise sur les dix premières minutes seulement. Après tu comprends ce qu'il y a et tu sais ce qui va apparaître. Tu as compris très vite puisque tu sais que c'est une pièce solo d'Alexandre Babel, et que tu l'entends jouer. C'est ça qui est l'attente. On sait qu'on va te voir performer. Je t'avais posé la question une fois au téléphone. Tu m'avais dit : « Je n'ai pas le temps d'y penser parce que je suis

appears as the combination of the twenty-five lamps and the sculptures making it up. But you mentioned the notion of sharing. For the pavilion, sharing began the moment you initiated discussion on the project.

LE — Isn't the first phase of sharing the expectation and therefore the anticipation? The fact that we can go to a concert without knowing what we're going to hear because we're going to listen to something completely new and be surprised; or, on the contrary, going to see, for example, an interpretation of Bach's *St. Matthew Passion,* and knowing exactly what's going to unfold before us in linear time, with a few nuances of interpretation, but very few surprises.

If I go to a pavilion or an exhibition where Alexandre Babel is doing a project with Latifa Echakhch, I expect to hear sound and that it will be played at ear level. Sharing already begins there: in the expectation, with the title and the people involved in the project, etc. I will plan for the idea of a sound, but there won't be any.

AB — The expectation, precisely, of the production of sound, is the same I had when you mentioned the project to me, telling me no sound would be produced. It's now part of the process that resulted in our doing the pavilion. And this we pass on to the public.

LE — I remember very vividly your performing *Asphalte*, a solo piece in collaboration with the artist Florian Bach, at the Les Amplitudes festival in La Chaux-de-Fonds: alone on stage with a drum set and a number of percussion elements around you, you played for about forty minutes. While listening to the piece, I had the sensation of being dismembered, of having my arms and legs out of sync and being split about the space in response to a number of different rhythmical patterns.

And it wasn't just the ear. I felt the physical projection of my whole body–it's what is called "embodiment" and it's a feeling we all have occasionally. When you go to a pop concert you can have

dans le jeu. » Tu as plusieurs trames de lecture. Non seulement tu as quatre membres mais, en plus, tu as plusieurs degrés de lecture de l'instant.

AB — Oui, et dans cette pièce il y a jusqu'à une dizaine de trames jouées simultanément, c'est très complexe. Je n'ai pas le temps d'y penser, à cette transmission du rapport au corps, et je n'ai pas besoin d'y penser. C'est automatique. Il n'est pas souhaitable d'y penser trop, pour ne pas tomber dans l'intention, qui entraînerait la redondance. Ainsi l'effet reste intact.

LE — Exactement. Et si l'effet est intact, dans ce cas-là, la transmission est directe.

AB — Si le performeur·euse a confiance dans l'effet qu'il ou elle produit, il n'est pas nécessaire de l'exprimer davantage. Ça, c'est quelque chose que m'avait appris mon professeur de percussions, William Blank. En parlant d'une émotion qu'il avait ressentie à l'écoute du batteur Jack DeJohnette, alors que DeJohnette est quelqu'un de plutôt contenu. Mais ce n'est pas lui qui doit être ému, c'est son public. C'est à ce moment-là que j'ai compris qu'il n'est pas souhaitable pour le musicien de montrer d'intention reliée au geste musical. Il s'agit plutôt de conforter le public dans le fait qu'on maîtrise la continuité musicale, qu'on maîtrise le « geste à venir ». À travers cette confiance que le flux est géré par une pensée linéaire, le message peut passer. C'est pareil avec *Asphalte*. C'est-à-dire que quand je commence le morceau, je pense déjà à la fin.

LE — On se souvient de ces citations des professeurs que l'on a eus. Tout à coup, il y a une phrase comme ça qui reste ancrée et qui va constituer les fondations d'une pratique.

AB — Ça me fait penser à John Cage qui évoquait Schönberg, son professeur : « Schönberg m'a convaincu que la musique avait besoin d'une structure pour différencier les parties d'un tout. »

LE — La partie et le tout, c'est exactement ça.
Parce que j'avais vraiment mis de côté l'idée de la ritournelle. Deleuze, c'est délicat, je viens d'une école d'art, et c'est vraiment notre grand référent à tous, celui qu'on aime le plus citer. Je ne voulais pas me mettre à étudier la musique pour seulement revenir à la ritournelle, je trouvais cela un peu court.

Mais tout à coup, il y a cette espèce de ritournelle qui revient, tout simplement parce que j'entends de la musique et j'identifie des blocs issus de ma perception des motifs et des séquences. Ces blocs peuvent être aussi complexes que naïfs, ça marche. Après, c'est peut-être une question de rapport à la mémoire ou à cette anticipation mnémotechnique. Comment ça se rejoue ?

AB — De plusieurs manières. Dans *Asphalte* par exemple, j'utilise la répétition à différents niveaux. Les premières mesures sont répétées à plusieurs reprises plus tard dans la pièce, ce qui crée un effet de réinitialisation de l'écoute. Il y a des *patterns* répétés de nombreuses fois, ce qui permet un effet de dilatation de la perception du temps. Il y a aussi des séquences identifiables qui sont reproduites comme des refrains, à la manière d'une ritournelle justement. Tous ces effets activent des réflexes mémoriels. Et il y a forcément un lien entre telle phrase rythmique répétée et la forme complète de la pièce.

FS — Le détail et le tout. Ça me rappelle ce que tu disais sur l'orchestration. Si on pouvait visualiser l'orchestration, on aurait un peu l'image des mouvements fluides de vols d'oiseaux. Ce sont des systèmes complexes. Des systèmes d'ensembles dans lesquels l'interaction de nombreux individus produit un comportement global imprévisible.

the impression you're singing in place of the singer, whereas they have a very different voice, a very different body.

In my opinion, sharing also works in this way: in what I'm listening to, but also in this relation to the body.

I asked you the following question: "How do you experience this embodiment?" In the transmission precisely, in sharing, all the while remaining conscious of it. Because, of course, you are aware of it.

AB — I'm aware of it, but I don't try to provoke it. *Asphalte* is a good example, because the beginning of the piece takes place in near darkness. You can hear the sound clearly, but the view is affected, so you can't visually get a handle on everything. The question of dismemberment arises again.

LE — The effect of surprise though only lasts for the first ten minutes. Afterwards, you understand what's going on and you know what will appear. You understand this quickly because you know it's a solo piece by Alexandre Babel and that you can hear him play. That's what expectation is. We know we're there to see you perform.

I asked you about it once during a phone call. You said: "I don't have time to think about it because I'm in the thick of it." You possess several interpretative frameworks. Not only do you use four limbs, but you also have several levels of reading the moment.

AB — Yes, and in this piece as many as ten frames play simultaneously—it's very complicated. I don't have time to think about it, about the transmission of the relationship to the body, and I don't need to think about it. It's automatic. It's advisable not to think about it too much, otherwise you lapse into intentionality and that can result in redundancy. In this way, the effect is unmarred.

LE — Exactly. And if the effect is intact, then the transmission's direct.

AB — If the performer has confidence in the effect they are producing, there's no need to express it any further. This is something that my percussion teacher, William Blank, taught me. Talking about an emotion he'd felt listening to the drummer Jack DeJohnette, whereas DeJohnette is a rather restrained person. But it's not him who should be moved, it's his audience. It was at this juncture that I realized that it's not desirable for a musician to show the intention intrinsic to their musical gesture. It's better to convince the audience one has control over the continuity of the music, that one has control of the "gesture to come." It is through this trust that the flow is governed by linear thought, that a message can be conveyed. It's the same in *Asphalte*. That is, when I start the piece off, I'm already thinking about the end.

LE — We all remember quotes from the teachers we had. All of a sudden, there's a sentence like that lodges itself in your mind, and which will constitute the foundations of a practice.

AB — It reminds me of John Cage talking about Schoenberg, his teacher: "Schoenberg convinced me that music required structure to differentiate parts of a whole."

LE — The part and the whole, that's exactly it.

LE — C'est vraiment, vraiment des questions pour moi. Ce n'est pas que je ne me les suis jamais posées, toutes ces questions-là, je me les pose régulièrement. Mais c'est vrai que d'avoir envisagé ce travail sur ce pavillon avec toi, Alexandre, c'est quelque chose qui m'a refait à nouveau me poser ces questions, mais d'une manière tout à fait différente. La question de la répétition, la question de la variation de la répétition, ce que j'active déjà beaucoup dans mon travail depuis assez longtemps, elle devient tout autre si je l'envisage au point de vue de ta pratique sans qu'au fond ça me bouleverse totalement.

Mais quelque part, les chemins que je vais prendre pour y répondre seront autres pour arriver sans doute aux mêmes choses. Ce que je veux dire, c'est que l'angle a totalement changé. Donc oui, j'ai l'impression de me poser la question de la répétition dans mon travail pour la première fois si je l'envisage d'un point de vue musical. Tout comme la question de l'espace, je me la pose différemment dans mon travail si je la pense d'un point de vue musical.

FS — Est-ce que c'est une idée de l'enchaînement d'une œuvre par rapport à une autre ?

LE — Oui, complètement.

FS — Tout artiste compose une œuvre globale. Souvent les titres sont liés et même les œuvres, qui parfois suivent un enchaînement.

LE — À chaque presque-fin de projet, un peu avant le tiers de la fin, je suis déjà dans autre chose.

FS — Comme quand, Alexandre, tu évoquais la pensée du « geste à venir ».

LE — De penser après. Comment je vais le définir après, dans le futur, va déterminer la précision que je vais prendre à l'instant. Je ne peux pas jouer la naïveté du premier geste parce qu'au fond, je sais déjà ce que ça va produire. Et dans cette production que je mets en place, je sais comment je vais aller encore plus loin ou comment je vais la remettre en cause la fois d'après.

Forcément, ça me donne une lecture consciente de ce que je fais sur le moment. Ça me permet d'être plus efficace. Je ne peux pas jouer à l'artiste qui découvre le monde à chaque fois. Même si finalement à chaque fois, je découvre le monde...

AB — Tu découvres le monde en permanence. Et à travers le partage dont on parlait avant.

LE — Justement, cette question de partage. Ça fait deux ans qu'on échange sur ces questions et je n'y ai pas encore pleinement répondu. Mais je pense que la question de partage entre ma pratique et la tienne n'est pas la même parce que la question d'incarnation n'est pas la même. Dans ma pratique, je n'incarne pas. La seule chose que j'incarne, c'est mon geste. On peut me sentir, on peut imaginer.

Tout comme je dis souvent, on imagine Alberto Giacometti, on ne le voit pas faire. Par contre en regardant la sculpture, on imagine comment il a positionné son corps, son dos, sa colonne vertébrale et ses doigts en la modelant. Giacometti n'est pas devant ses sculptures quand on les voit. Mais on s'imagine soi-même dans la posture de Giacometti en train de faire ses sculptures. On sent son geste.

La connaissance du « geste à venir », mais qui a eu lieu avant. C'est ce rapport de confiance avec l'artiste qui crée le flux direct de communication. Ça, pour moi, c'est primordial. Quand je regarde une pièce de la chorégraphe Gisèle Vienne, par exemple la pièce *Crowd*, je reçois un flux direct issu de l'émotion qu'elle a imaginée avec cet événement post rave party. Ce qu'elle a ressenti à ce moment-là, quand elle a eu cette pensée, c'est exactement ce que j'ai ressenti quand j'ai vu la pièce.

Because I'd completely put aside the idea of ritornello. Deleuze ... it's difficult, I come from art school, and he's really *the* great reference for all of us, the one we like to quote from the most. I didn't want to start studying music only to come back to the ritornello, I found that a bit glib.

But all of a sudden, there's this kind of ritornello that comes round, simply because I hear music and am able to identify blocks from my perception of patterns and sequences. These blocks can be either complicated or unsophisticated, and it still works. After that, it's perhaps a question of the relationship to memory or to mnemonic anticipation. How is it played?

AB — In several ways. In *Asphalte*, for example, I use repetition at different levels. The first bars are repeated on several occasions later in the piece, with the effect of resetting the listening process. There are patterns that are repeated many times that dilate the perception of time. There are also identifiable sequences that are reproduced like refrains, in the manner of a ritornello. All these effects activate memory reflexes. And there is necessarily a link between such repeated rhythmic phrases and the entire form of the piece.

FS — The detail and the whole. It reminds me of what you said about orchestration. If we could visualize orchestration, we could create an image of the fluid movement of flying birds. These are complex systems. Systems of groups in which the interaction between many individuals generates global behavior that is unpredictable.

LE — These are really key questions for me. It's not that I've never asked myself such questions. I ponder them regularly. But, it's true, dealing with the work on this pavilion with you, Alexandre, is something that made me ask myself these questions again, but from a completely different angle. The question of repetition, the question of variation in repetition, which I've been working on a lot for quite a long time, becomes quite different if I consider it from the point of view of your practice, without it entirely overwhelming me.

But somehow, the paths I'll take to answer it will be different, though they may reach the same destination. What I mean is that the perspective has totally changed.

So, yes, I feel like I'm asking myself the question of repetition in my work for the first time, when I look at it from a musical point of view. As with the question of space, I ask it differently in my work if I think about it from a musical point of view.

FS — Is it the idea of the progression of one work to the next?

LE — Yes, completely.

FS — Every artist composes a total work. Often titles are linked and even the works, which can sometimes follow a sequence.

LE — Towards the end of each project, a little before a third from the end, I'm already on something else.

FS — Like when you referred to the thought of the "gesture to come," Alexandre.

LE — Thinking *after*. How I define it subsequently, in the future, will determine the level of precision to be adopted in the present

Il y a un flux direct entre ce qu'elle a senti et ce que je ressens à ce moment-là.

AB — Avec le spectacle dont tu parles, la confiance s'installe dès la première seconde. C'est là où j'ai une question. Comment envisages-tu ce phénomène dans le cadre de l'exposition ? J'ai souvent senti cette sensation de flux direct au moment même de franchir le pas d'un espace d'exposition.

LE — C'est très simple. Ça ne se passe pas entre le public et moi, mais au moment où je le fais. Le rapport de confiance, il est tout simplement lorsque l'œuvre apparaît.
C'est-à-dire, la projection que je me suis faite de cet « événement » plastique, par analogie à un événement sonore, je la reconnais et je la découvre au moment où je suis devant l'œuvre réalisée. Si ce que je ressens, si cet effet-là fonctionne, je pourrai partager efficacement ce sentiment. C'est là d'où ça part. La première confiance c'est que je suis le premier filtre et que je dois être fiable face à cela.

AB — Je repense à l'idée musicale du « geste à venir », quand je sais que je suis en train de préparer la note suivante au moment où je joue la première. Est-ce que toi tu peux faire ça ?

LE — Bien sûr que je peux le faire parce que je sais très bien ce que je prépare avec ce pavillon. Je sais déjà ce que je vais faire après. Je prépare le geste. Tout conduit vers le geste d'après.

Et mon geste sera d'autant plus précis si je sais où ça le conduit d'un point de vue plus large.

Dans le cas *d'Asphalte*, est-ce que tu savais déjà que tu allais faire le pavillon quand tu as écrit la pièce ?

AB — Oui. Et d'ailleurs en ce moment, je suis en train de préparer les prochains projets d'après le pavillon.
[ FIN DU PREMIER ENTRETIEN ]

moment. I can't pretend naivety in the first gesture, because deep down I already know what it will produce. And in the production as I set it up, I know how I am to push it even further and put it into question next time.

Obviously, this provides me with a conscious analysis of what I'm doing at the time. It means I can be more efficient. I can't play at being an artist who discovers a new world every time. Even if I do end up discovering a new world every time ...

AB — You discover the world all the time. Through the sharing we were talking about before.

LE — Exactly. The question of sharing. We've been discussing these issues for two years now and I still haven't come to any firm conclusion. But I think that the question of sharing in my practice and yours is not the same because the question of embodiment isn't the same. In my practice, I don't embody. The only thing I embody is my gesture. I can be felt, imagined.

As I often say, we can picture Alberto Giacometti at work, but we don't see him in the act. On the other hand, when you look at the sculpture, you can imagine how he positioned his body, his back, his spine and his fingers while modeling it. Giacometti does not stand in front of his sculptures when we see them. But you can imagine yourself in the posture Giacometti adopted when making his sculptures. One can sense his gestures.

We become aware of the "gesture to come," but which took place previously. It is this relationship of trust in the artist that creates a direct flow of communication. That, for me, is essential. Watching a piece by the choreographer Gisèle Vienne, *Crowd*, for example, I receive a direct input from the emotion she imagines for her post-rave party. What she felt at that moment, when she had that thought, is exactly what I felt when I saw the piece. There's a direct current between what she felt and what I felt at that moment.

AB — In the show you're talking about, this trust is established in the very first second. That's where I have a question. How do you see this phenomenon in the context of an exhibition? I've often had this sensation of direct flow the instant I cross the threshold of an exhibition space.

LE — It's very simple. It doesn't occur between me and the public, but at the moment I do it. The relationship of trust happens simply when the work appears.

That is to say, the projection I create for myself of this visual "event"–by analogy with a sound event–I recognize it and discover it the moment I stand before the work I've executed. If what I experience, if this effect, works, then I'll be able to share the feeling effectively. That's where it all starts. The first trust is that I act as the first filter, and, facing up to it, I have to prove reliable.

AB — I think back to the musical idea of the "gesture to come," when I realize I'm steadying myself for the next note while playing the one before. Can you do that?

LE — Of course I can do that because I know full well what I'm getting ready for this pavilion. I already know what I'm going to do next. I've prepared for the gesture. Everything leads to the next gesture.

AB — J'aimerais revenir sur le début du travail sur le pavillon. Pour moi le contexte était plutôt nouveau par rapport à mes habitudes, et pourtant à un certain moment je suis revenu à des idées familières. Comme si s'opérait un retour vers ce que je fais depuis que j'ai commencé à produire de la musique. Ça rejoint cette question que je me posais récemment : un musicien, dans le courant de sa vie, n'est-il pas occupé à répéter continuellement la même pièce ?

LE — Dans ce cas-là, la question à se poser, c'est : qu'est-ce qu'on définit comme un contenu et qu'est-ce qu'on définit comme contexte ?

FS — Déjà, quand on parle de contexte en musique, on parle d'attributs spatiaux, qui vont influencer le son. Mais on se demande aussi qui écoute et qui n'écoute pas. Est-ce qu'il y a un auditoire ? Quand tu parles de contexte en général, tu penses plutôt au contexte, disons, spatial et architectural, ou au contexte social ?

AB — Le contexte, je l'envisage comme une rencontre entre le spatial et le social. Les arts vivants en général, c'est cette rencontre. Je considère toujours trois étapes qui constituent toute forme d'incarnation musicale : la conception de l'œuvre, la réalisation par des instrumentistes et la réception par un public. L'objet terminé, c'est ce moment d'échange entre les musiciennes et musiciens et le public. Et le contexte, c'est la rencontre de ces différentes étapes dans un espace spatio-temporel donné, chacune d'elles étant liées par un moment social.

LE — Enfin, bien sûr, tu penses peut-être de façon plus simple quand tu es en train de concevoir, mais... Comment arrive cet ordre des choses, quand tu commences à réfléchir à une pièce nouvelle ?

AB — À la genèse du travail, l'ordre s'inverse. C'est-à-dire que je vais réfléchir au moment final et me mettre à la place du public qui reçoit la pièce. Ensuite se déroule mentalement un processus inversé pour comprendre de quoi sera faite la première étape de travail. Il serait intéressant de faire le même chemin avec la production d'un disque, ou de fichiers son numériques. Là il est plus difficile de se représenter le moment de la réception, car on n'a pas ou peu d'autorité sur la manière et l'environnement dans lequel ces supports vont être écoutés. Par contre, si un support fixe existe dans un contexte maîtrisé, comme c'est le cas avec la composition de lumières dans le pavillon, on peut avoir un contrôle sur sa réception.

LE — Et en même temps pas du tout.

AB — On a un contrôle sur les paramètres environnementaux. La peinture des murs, la taille de la pièce dans laquelle c'est diffusé, le mode de diffusion, les horaires d'ouverture, etc.

LE — Oui, mais on ne sait pas comment le public bougera à l'intérieur. C'est un peu la grande différence entre l'oreille et l'œil, dans un sens. Tu peux mettre la personne à n'importe quel endroit de la pièce, il y aura une réception au niveau de l'oreille. Si la personne a le dos tourné, elle ne verra pas forcément ce qui se passe. De la même manière que la personne d'à côté qui sera de face ou de biais.

FS — Tout ceci me fait repenser à ce que disait Cage sur le transfert de la musique, qui est temps, à une musique qui devient espace. Et donc qui s'abandonne au contexte. Il dit : « Quand la musique définie comme temps devient espace, ces éléments deviennent légion et la pensée analytique est inutile. »

Donc une pensée analytique qui pourrait être nécessaire pendant la composition devient superflue quand la musique devient espace. Il parle alors plutôt de réception et d'émotion.

And what I do will be all the more precise if I know where it's leading in a broader sense.

With *Asphalte*, did you already know you were going to do the pavilion when you wrote the piece?

AB — Yes. Moreover, at this very moment, I'm preparing for projects for after the pavilion.

I'd like to go back to the start of the work on the pavilion. For me, the context was rather novel compared to my normal way of doing things, and yet at a certain point I reverted to familiar ideas. It was as if I was getting back to what I've been doing since I began producing music. It's like a question I was asking myself recently: don't musicians, over the course of their life, constantly repeat the same piece?

LE — In that case, the question to ask is: what do we define as content and what do we define as context?

FS — When we speak of context in music, we are speaking about spatial attributes, those that will influence the sound. But we also wonder who's going to listen and who's not. Is there to be an audience? When you talk about context in general, do you mean the context of, say, space and architecture, or the social context?

AB — I think of context as the overlap between the spatial and the social. The living arts in general are about this encounter. I always think of three stages that constitute every form of musical embodiment: the conception of the work, its performance by the instrumentalists, and its reception by an audience. The finished object resides in this moment of exchange between the musicians and the public. And the context is the intersection between these different stages in a given space-time, each of them being linked by a social moment.

LE — I mean, sure, you might think in a simpler way when you're thinking it up, but ... How does this order of things come about when you start thinking about a new piece?

AB — At the genesis of the work, the order is reversed. That is to say, I think about the end point and put myself in the place of the audience that will receive the piece. Then an inverse process takes place in my mind to help me understand what the initial stage of the work will be made of. It would be interesting to do the same with the production of a record or with digital sound files. There it's more difficult to imagine the moment of reception, because one has no or little oversight on the manner and environment in which such media are listened to. On the other hand, if a fixed medium exists in a managed context, as it is the case with the light composition in the pavilion, one can exert control over its reception.

LE — And, at the same time, not at all.

AB — We have control over the environmental parameters. The paint on the walls, the size of the room it's shown in, the way it's shown, opening hours, etc.

LE — Yes, but we don't know how the public moves about inside. That's the big difference between the ear and the eye, in a sense. You can place a person anywhere in the room and their ear will perceive something. If a person's back is turned, they won't

Tom Johnson, *Tilework for Log Drums*, extrait de la partition, 2005. Courtesy Editions 75

Tom Johnson, *Tilework for Log Drums*, score excerpt, 2005. Courtesy of Editions 75.

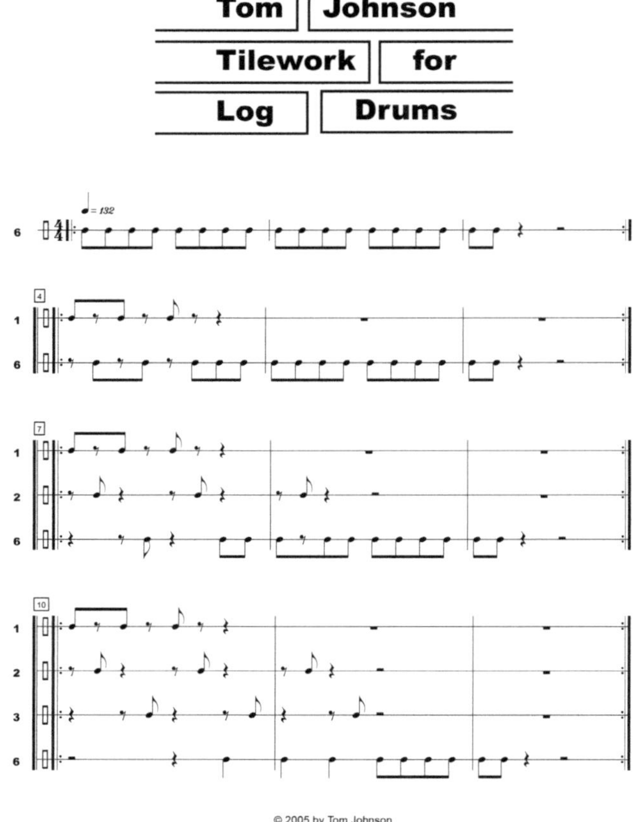


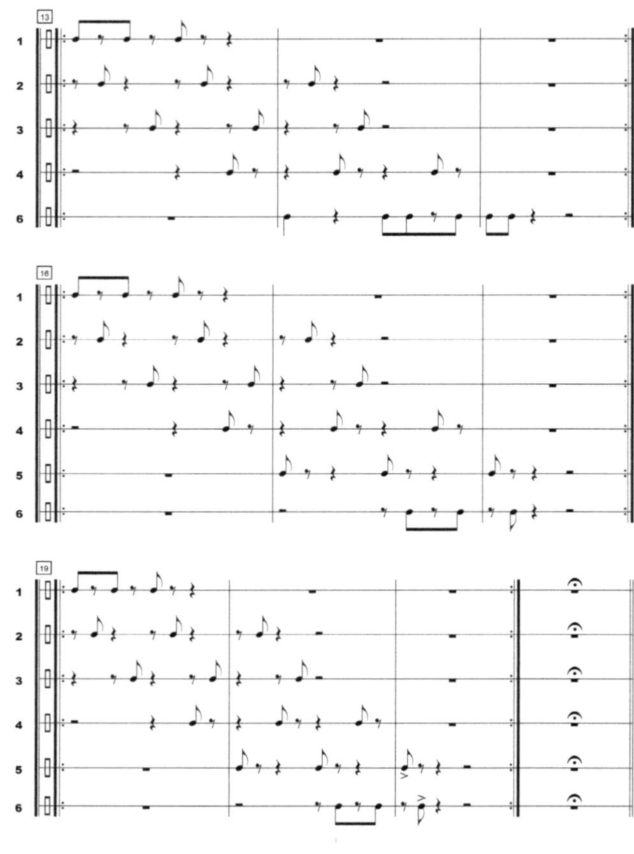


Il ne s'agit pas d'une transformation, car quand elle devient espace, la musique reste temps. Elle est toujours temps. On parlait tout à l'heure de cette architecture qui d'un certain point de vue relève d'une conception un peu rigide, mais qui d'autre part pense à tous les éléments connus des arts visuels de l'époque. Donc il y a une emphase sur l'idée de l'espace. Et dans la musique ? Pour Cage, il y a un peu un abandon aux sens, et moins à l'aspect analytique. Qu'est-ce que tu penses de ça, Alexandre ? … de ce point de vue entre l'écriture et la manifestation ?

AB — J'y pense maintenant en regard du travail d'un compositeur comme Tom Johnson, par exemple, pour qui la réception émotionnelle de la musique passe par une compréhension analytique. Il utilise des principes mathématiques pour composer qui sont repérables au moment de l'écoute. Cela donne des compositions d'apparence rigide, mais c'est cette compréhension mathématique qui, pour lui, peut véhiculer une forme d'émotion. À l'inverse, John Cage, au moment où il utilise des opérations de hasard dans son processus de composition, va introduire une sorte d'écueil, c'est-à-dire que le hasard va désamorcer l'analyse.

Je me souviens d'une conversation avec Tom Johnson autour de sa pièce intitulée *Tilework For Log Drums*, un trio pour instruments à percussion en bois. Il avertissait : « Attention c'est une pièce simple, mais il faut organiser beaucoup de répétitions pour ne pas jouer une seule note à côté. » Il est donc conscient de la fragilité du musicien. Pour moi, chez lui l'écueil se situe à cet endroit-là, dans la fragilité du geste humain qui peut potentiellement jouer à côté et rompre ainsi la cohérence analytique de la composition. La tension

necessarily see what's going on. And likewise with the next person, be they facing frontwards or side on.

FS — All this makes me think again of what Cage stated about the transmutation of music, which is time, into a music that becomes space. That then surrenders itself to its environment. He says: "At least we sense that as music remaining time becomes space its elements become legion, and analytical thinking's no help."[1] So, analytical thought that may be necessary during the composition becomes superfluous once the music becomes space. Cage is speaking rather of reception and emotion. It's not a transformation, because when music becomes space, it still remains time. It is always time. We spoke earlier about this architecture which from a certain point of view is somewhat stilted in conception, but which on the other hand has thought of all the known elements of visual art in that era. So there's an emphasis on the idea of space. And in music? For Cage, there's something of that surrender to the senses and less the analytical aspect. What do you think of that, Alexandre? … Of this viewpoint between writing and event?

1 John Cage, *A Year from Monday. New Lectures and Writings by John Cage* (Middletown, CT: Wesleyan University Press) 93.

musicale pourra avoir lieu à ce moment-là. Ce qui m'intéresse dans cette histoire, c'est de repérer à quel endroit va se situer l'élément de jointure entre la pensée analytique et cet abandon aux sens dont tu parlais.

FS — J'aimerais aborder l'idée de continuité, un paramètre qui n'appartient normalement pas à la musique, mais qui est propre à une œuvre-objet. Une peinture, une sculpture existent même quand elles ne sont pas exposées. Dans notre travail, la musique est présentée, sans être vraiment représentée. C'est comme si on faisait un pas au-delà de cette idée de représentation, du moment où nous représentons le silence, l'absence de son.

AB — Peut-être puis-je poser la question comme ça : dans ce que nous proposons avec le pavillon, est-ce qu'il y a un moment musical ? La question se pose, vu qu'il n'y a pas de moment de concert défini dans un temps unique. Et que plusieurs paramètres sont absents, à commencer par le son. Maintenant, je crois depuis toujours qu'il y a un moment musical dans notre travail. Nous utilisons la lumière en remplacement du son, et elle apparaît et disparaît. Par contre, son support de projection, qui est l'objet sculptural, lui, il existe dans sa permanence matérielle. La finalité de cet objet, c'est le moment où la rencontre a lieu entre le rayon lumineux et la sculpture. Et c'est là que pour moi le travail est le plus troublant. C'est quand on considère l'hypothèse que l'objet plastique figé est aussi partie constituante de la musique.

LE — Ces objets plastiques, justement, et leur environnement spatial, travaillés comme on l'a fait – c'est-à-dire avec le gravier et les sculptures en bois : est-ce qu'on peut imaginer les considérer comme une pièce pour orchestre composée d'un certain nombre d'instruments ? Un certain type d'instruments qui pourraient être, dans ce cas-là, remplacés par d'autres ? Je veux dire que si ces sculptures étaient différentes, est-ce que ça changerait la musique ?

AB — Je pense que si on transpose notre séquence de lumière telle quelle dans une autre pièce, ça deviendra une pièce nouvelle. Car les éléments qui constituent l'environnement spatial font aussi partie de l'orchestre. C'est comme si on prend Mahler et on enlève les contrebasses. Ça devient une autre musique.

LE — Mais si on prend Mahler et qu'on remplace les contrebasses par des guitares basses ?

AB — Dans ce cas, on a la partition de Mahler. Mais je pense qu'on obtient une musique nouvelle.

LE — Est-ce qu'elle est si nouvelle que ça ?

AB — Oui je pense. Je crois que la symphonie de Mahler devient nouvelle à chaque transcription.

LE — J'ai fait un jeu, la semaine dernière, que je fais régulièrement. Enfin, ce n'est pas un jeu, c'est un truc que j'adore faire. J'aime bien prendre une pièce classique et l'écouter plein de fois, de différentes manières. Et au bout d'un moment, ce qui me fait énormément de bien c'est d'écouter la pièce, mais avec des instruments, on va dire, atypiques. Il y a une pièce que j'aime beaucoup, qui s'appelle *Le Rappel des oiseaux*, de Rameau. Je me souviens, ce qui m'avait poussé à appeler mon exposition comme ça, au FRAC Champagne-Ardenne à Reims, et au GAMeC à Bergame, en Italie, en 2010, c'est que j'étais tombée sur une interprétation de cette pièce au bandonéon, cet accordéon très simple et presque un peu naïf. Cette pièce c'était Rameau, c'était le *Rappel des oiseaux*, mais jouée avec un instrument inhabituel. Mais c'était toujours cette musique-là, elle avait une autre texture, qui accentuait peut-être certaines émotions de son écriture.

La répétition devenait la répétition de l'idiot, dans un sens. Jouée avec cet instrument, on avait l'impression d'être

AB — I think about it now in relation to the work of a composer like Tom Johnson, for example, for whom the emotional reception of music proceeds through analytical understanding. In composing, he employs mathematical principles that may be identified at the time of listening. This produces compositions that appear rigid, but it is this mathematical understanding which, for him, can convey a sort of emotion. Conversely, John Cage, when he uses random operations in his compositional process, will introduce a sort of pitfall, that is to say that chance defuses analysis.

I remember a conversation with Tom Johnson about his piece *Tilework for Log Drums*, a trio for wooden percussion instruments. He warned: "Be careful, it's a simple piece, but you'll have to arrange for a lot of rehearsals so as not to play a single wrong note." He is therefore aware of the musician's fragility. For me, the rub lies at just this point, in the fragility of human gestures that can potentially misplay the composition and thus break its analytical coherence. It is at this juncture that musical tension may arise. What interests me in all this is identifying the place where the join between analytical thought and the abandonment to the senses you were just talking about is to be found.

FS — I'd like to move on to the idea of persistence, a parameter that does not normally belong to music, but which is intrinsic to a work-object. A painting or a sculpture exists even when not on exhibition. In our work, the music is presented, without being really represented. It's as if we're taking a step beyond the idea of representation from the moment we represent silence, the absence of sound.

AB — Perhaps I'll frame the question like this: is there a musical moment in what we are proposing for the pavilion? The question arises, since no concert takes place at any particular single time. Moreover, several parameters are absent, starting with sound. Now, I've always believed that there is a musical presence in our work. We use light as a substitute for sound, and it appears and disappears. On the other hand, the support for its projection, the sculptural object, exists in all its material permanence. The finality of this object is the moment when the ray of light encounters the sculpture. And it is there that, for me, the work is the most disruptive. It is when we consider the hypothesis that the plastic object also constitutes an integral part of the music.

LE — These plastic objects and their spatial environment, worked as we have worked them–that is, with the gravel and the wooden sculptures: can we imagine them as a piece for orchestra comprised of a certain number of instruments? A certain type of instrument that could be, in this case, replaced by others? I mean, if these sculptures were different, would it change the music?

AB — I think that if we transpose our light sequence as it is into another room it would become a new piece. Because the elements constituting the spatial environment also form part of the orchestra. It's like taking Mahler and removing the double basses. It becomes another music.

LE — But if we took Mahler and replace the double basses with bass guitars?

devant un idiot dans le sens tragique et beau du terme. C'est vraiment l'idiot qui répète la mélodie inlassablement. Et puis j'ai écouté plusieurs interprétations, à la harpe, au clavecin, etc. Et une fois je suis tombée sur un duo de flûtes. Et là on était tout à coup au plus proche de ce qu'on pouvait imaginer à l'origine. Parce qu'il s'agissait d'instruments à vent, on avait l'impression de voir des petits piafs en train de débattre dans la nature. Et pourtant, c'était la même pièce.

Et c'est étonnant, parce que je peux me rejouer cette pièce-là avec une quantité d'instruments différents ou en la fredonnant simplement. Il y a aussi un interprète que j'aime beaucoup, qui s'appelle Shimizu. Il a joué des pièces de Bach au saxophone. C'était presque le son d'un saxophone amateur, un sabotage réalisé avec amour. Ou alors quand on entend les suites pour violoncelle de Bach par Pablo Casals. Il y a une dureté de l'instrument qui change complètement par rapport à d'autres versions. Pour revenir à cette question d'interprétation et des instruments qui sont utilisés, est-ce que, finalement, on n'irait pas un peu dans ce sens-là en t'enlevant tes instruments et en te donnant de la lumière à la place ?

AB — C'est possible, oui. Mais je le vois plutôt comme un privilège : vous m'offrez un nouvel instrument. Je dois transposer mon travail d'un contexte connu à un contexte nouveau, tout en restant cohérent et honnête avec ce que j'aime faire. À travers ça vous me permettez de vérifier mon travail en quelque sorte.

FS — Tu citais Mahler. Lui, il pensait que le plus grand service qu'on puisse rendre à la musique, c'est de pousser les interprètes à respecter scrupuleusement ce qui figure sur la partition. Donc s'en remettre au compositeur. Et c'est là qu'intervient un discours autour de la potentialité de l'œuvre. En dressant un parallèle entre la forme originale et la représentation, Mahler parle de potentialité, comme d'un potentiel qui reste caché en soi. C'est comme une plante qui serait à l'intérieur d'une graine et qui se mettrait à pousser. C'est une très belle allégorie quand on y pense.

Le potentiel est bien sûr inscrit dans ce qu'écrit le compositeur, mais il n'est pas entièrement contrôlé par lui. Le potentiel se trouve dans la projection de tout ce qui serait possible, mais qui n'est pas encore palpable du moment où il n'est pas réalisé. Cette composition que tu es en train d'écrire pour le pavillon, est-elle centrée sur son potentiel ou sur sa représentation ?

AB — Elle est centrée sur son potentiel.

FS — Ici est l'enjeu. C'est une graine et pas une plante. Mais à l'intérieur de cette graine, il y a la plante qui est déjà « écrite », si on suit l'allégorie que propose Mahler.

AB — Oui, bien que je pense que le moment musical n'existe qu'à l'instant de la rencontre avec l'auditoire, ce qui revient à dire qu'il y aura autant d'existences de la pièce que de visiteurs qui la perçoivent. Et cette perception-là n'est pas écrite à l'avance. D'ailleurs, la composition de lumière n'est pas la seule incarnation du travail musical autour du pavillon. Ce qui m'amène à penser au disque que nous réalisons, qui est un objet sonore qui accompagne le pavillon.

LE — Et qui va représenter une espèce d'écho de la pièce de lumière composée et mise en scène dans le pavillon, mais qui ira un peu plus loin. Tu as d'ailleurs, pour cela, utilisé la question de l'espace d'un point de vue beaucoup plus global. Tu pourrais nous en dire plus ? A partir du moment où tu envisages enfin d'avoir des instruments dans les mains, on s'attend un peu à avoir une transcription exacte de la composition de lumière. On s'attend à voir ce qu'on n'entend pas, mais finalement, est-ce vraiment cela ?

AB — In that case, we have Mahler's score. But I think we end up with new music.

LE — Is it really that new?

AB — Yes, I think so. I think a Mahler symphony would be renewed with each transcription.

LE — Last week I played a game I like to regularly. Well, it's not a game, it's something I just love doing. I choose a classical piece and listen to it many times, in different guises. And, after a while, what I enjoy most is to listen to the piece, but with, shall we say, atypical instruments. There's this piece I'm especially fond of called *Le Rappel des oiseaux*, by Rameau. I remember that I was encouraged to use its title for my 2010 exhibition at the FRAC Champagne-Ardenne in Reims and at the GAMeC in Bergamo, Italy, when I stumbled across an interpretation of this piece on the bandoneon, a rudimentary and relatively unsophisticated concertina. This piece was Rameau, *Le Rappel des oiseaux*, but played on an atypical instrument. But it was still his music; it possessed another texture, which perhaps accentuated certain emotional aspects of its composition.

This repetition became the repetition of an idiot, in a sense. Played on this instrument, one's impression was of being in the presence of an idiot, but in the tragic and sublime sense of the term. It's really idiotic to repeat a melody over and over again. And then I listened to several other interpretations, on the harp, on the harpsichord, etc. And once I came across a flute duet.

And there we are suddenly very close to what we might have imagined at the outset. Because flutes are wind instruments, you have the impression of seeing little birdies frolicking in the wild. And yet it's the same piece.

And it's amazing, because I can play that piece back to myself on a lot of different instruments or just hum it. There's also a performer I like very much, called Shimizu who played Bach on the saxophone. It was almost the sound of a sax played by an amateur—a sabotage, but one made with love. Or like when you hear Bach's cello suites by Pablo Casals. There's a harshness to the instrument that is a complete change from other versions. To return to this question of interpretation and to instruments used, aren't we finally going a little in that direction by taking away your instruments and giving you light instead?

AB — It's possible, yes. But I see it more as a privilege: you're offering me a new instrument. I have to transpose my work from a known context to a novel one, while keeping myself honest and being consistent with what I want to do. Through this you're giving me an opportunity to ratify my work, in a way.

FS — You mentioned Mahler. He thought that the greatest service one can render music is to urge performers to scrupulously respect what appears on the score. That is to say, to rely on the composer. And this is where arguments about the potentiality of the work come in. By drawing a parallel between the original form and the performance, Mahler speaks of potentiality, of a potential remaining hidden within itself. It's like a plant inside a seed beginning to grow. It's a beautiful allegory when you think about it.

↓ Alexandre Babel, composition pour le pavillon suisse à la biennale de Venise, extrait de la partition, 2022.
↘ Alexandre Babel, esquisse de partition pour le disque accompagnant le pavillon suisse, 2022.

↓ Alexandre Babel, composition for the Swiss Pavilion at the Venice Biennale, score excerpt, 2022.
↘ Alexandre Babel, sketch of a score for the record accompanying the Swiss Pavilion, 2022.

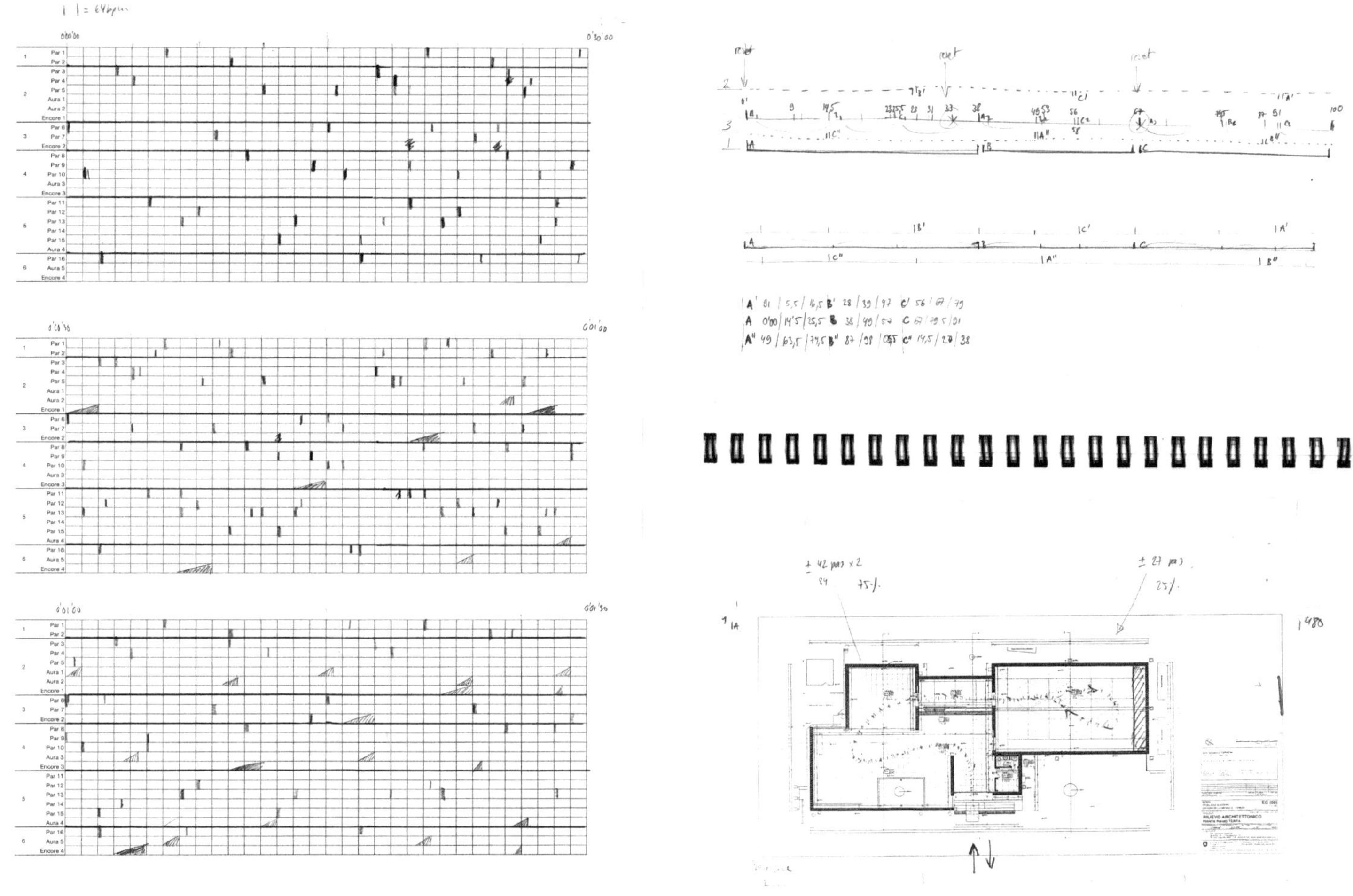

AB — Pas vraiment car la composition des lumières n'est qu'une partie du pavillon. Le disque se réfère à tout le parcours. Il est structuré comme une balade depuis l'entrée jusqu'à la pièce principale et le retour. Avec une temporalité qui correspond à la durée que l'on peut techniquement graver sur une face d'un 33 tours, soit une vingtaine de minutes. Le disque est une empreinte sonore de l'impression laissée par la visite. Il y a donc aussi l'utilisation du *field recording*, des sons enregistrés dans le pavillon vide avant l'installation, qui offrent une trace directe de l'acoustique du lieu, avec ses variations liées aux espaces extérieurs, semi-extérieurs et intérieurs. L'idée est aussi de créer un effet de mémoire de la visite à l'écoute du disque. Et il y a en plus des parties composées pour percussions et ensemble instrumental. Maintenant, pourquoi utiliser des instruments acoustiques, alors que c'est quelque chose qui n'existe nullement dans le pavillon ? Là, je suis en train d'évoquer quelque chose qui s'est intuitivement imposé comme une évidence au moment de le faire, mais que je n'arrive pas encore à expliquer.

LE — Mais en fait, c'est peut-être simplement parce que tu dois continuer la pièce que tu es en train d'écrire depuis le début. Tu as pour cela, quelque part, besoin d'avoir presque les mêmes instruments.

AB — Oui, et peut être que cela crée un rapport d'équilibre avec le dispositif utilisé dans le pavillon, l'installation de lumières contrôlées par un ordinateur. L'instrument acoustique est son antithèse.

The potential lies of course in what the composer writes, but it is not entirely controlled by him.

The potential lies in the projection of everything that's possible, but which, until it is realized, remains intangible. Does the composition you're writing for the pavilion focus on its potential or on its representation?

AB — It centers on its potential.

FS — That's the issue. It's a seed and not a plant. But inside this seed there's the plant that's already "written," to follow the allegory proposed by Mahler.

AB — Yes, although I think that the musical phenomenon only comes into existence at the instant it encounters an audience, which amounts to saying that there are as many existences of the piece as there are listeners present to perceive it. And this perception is not fixed in advance. Moreover, the light composition is not the only embodiment of work on music around the pavilion. This brings me to the record we're making, a sound object that goes with the pavilion.

LE — And which will represent a kind of echo of the light piece composed and staged in the pavilion, but it will go a little further. For it, you also tackle the question of space from a much more rounded angle. Could you tell us more about this? From the moment

LE — Ça rejoint une des premières discussions qu'on avait eues, quand tu m'avais demandé : « Est-ce que tu es bien sûre que c'est moi qu'il faut pour ce projet ? » Tu m'as dit : « Pourquoi ne demanderais-tu pas plutôt à quelqu'un qui pratique de la musique plus électronique ou de la composition par ordinateur, ou... » Je t'avais répondu : « Oui, mais moi, je compose avec des matériaux très basiques dans mon travail, en général. » Donc les matérialités, on les ressent. Les gestes qui sont faits sur ces matériaux sont très visibles aussi.

Pour moi, c'était plus semblable à mon approche d'avoir un musicien qui travaille habituellement avec des instruments concrets. Très concrets. En plus, ce qui est intéressant avec les instruments percussifs, c'est qu'ils nécessitent des gestes qui sont beaucoup plus visibles et directs que d'autres instruments.

AB — Finalement, on retrouve dans la percussion le rapport au tactile et le rapport au geste qui sont deux éléments présents dans ton mode opératoire.

LE — C'était intéressant parce que ces premières questions-là m'ont amenée à réfléchir d'une façon très différente sur mon travail. Tout à coup, la question de l'anticipation du geste, de la variation, ou de la répétition, s'est posée de manière plus consciente. Et ça, c'était un glissement intéressant. C'est vraiment en étudiant de près comment toi, tu envisageais ce travail-là.

Tu m'as fait écouter toutes sortes de choses, même dans ton premier disque en solo, *Over/Upper*, que l'on a écouté ensemble. J'avais le son et j'essayais d'imaginer tous les instruments qui étaient dessus. Tu m'avais expliqué la question de la verticalité, de l'horizontalité. Et puis j'entendais les gestes, et en même temps j'essayais de deviner ce que c'était, comme une espèce de jeu. J'avais besoin d'identifier les sons : est-ce qu'on tape une plaque de métal ou est-ce qu'on tape de la pierre ? Mais, pour moi, j'ai toujours compris ton travail comme étant un ensemble de gestes dans un espace sonore.

AB — Je suis d'accord avec ça. Et je suis sensible à ce jeu d'identification des sources sonores, d'ailleurs j'essaie dans chaque pièce d'utiliser au moins un élément dont la nature est difficilement identifiable. On va même se demander si cet élément a vraiment été réalisé acoustiquement ou avec d'autres moyens. L'intention n'est pas de tromper l'auditeur, mais de produire un degré d'abstraction supplémentaire, tout en sortant de l'aspect documentaire que peut avoir un enregistrement instrumental. En dissociant le son de la nature du geste qui l'a produit, cela permet de se concentrer sur le son lui-même. Pour cela la percussion est un instrument merveilleux, car même si je les rends difficilement identifiables, les sons sont tous le résultat d'un geste.

LE — Là, quand tu parles du geste, m'est venu à l'esprit la genèse de mon installation *À Chaque stencil une révolution*. Il s'agit d'un *all-over* de papier carbone sur lequel j'asperge de l'alcool à brûler et le pigment dégouline sur le sol. On a un instrument, on va dire, et un geste qui est différent de ce qu'on peut faire d'habitude. Qui est de mettre une feuille de carbone dans une machine à stencil, faire couler de l'alcool dessus et reproduire son motif sur une page.

Pour prendre un autre exemple, je détruis une brique et je la casse jusqu'à ce qu'elle devienne de la poudre. Et cette poudre je l'utilise comme un pigment. C'est-à-dire un objet sculptural, j'en fais un matériau d'art graphique, d'art mural. Donc, oui, ces choses-là sont intéressantes pour moi, et aussi intéressantes dans la manière avec laquelle je découvre ta façon de travailler. Je regarde toujours tes instruments en me disant : qu'est-ce qu'on peut faire avec ça ? On s'attend à ce que ce soit comme ça, et ça peut être autrement. La surface

you finally think of picking up the instruments, we'd rather expect to have an exact transcription of the light composition. We expect to see what we don't hear, but in the end, is it really that?

AB — Not really, because the composition of the lights is just one aspect of the pavilion. The record echoes the whole exhibition itinerary. It's structured like a promenade from the entrance to the main room and back again. With a time length corresponding to the duration that can technically be cut on a single side of an LP, that is to say about twenty minutes. The record is an audio imprint of the impression left by the visit. So it also features field recording, sounds recorded in the empty pavilion prior to the installation that present a direct trace of the acoustics of the location, complete with variations linked to the exterior, semi-exterior and interior spaces. The idea is also to create a reminiscence of the visit when listening to the record. And there are also parts composed for percussion and instrumental ensemble.

Now, why use acoustic instruments when they do not appear in the pavilion at all? Here, I'm talking here about something that was intuitively obvious to me when I did it, but that I can't yet explain.

LE — But, in fact, maybe it's simply because you have to carry on doing the piece you've been writing since the beginning. Somehow, for that, you'd need to have almost the same instruments.

AB — Yes, and perhaps this achieves an equilibrium with the structure deployed in the pavilion, the installation of computer-controlled lights. An acoustic instrument is its antithesis.

LE — This harks back to one of the very first discussions we had, when you said to me: "Are you sure I'm the right person for this project?" You asked: "Why don't you ask someone who does more electronic music or computer composition, or ..." And I said, "Yes, but, in my work, I compose using very basic materials, in general." So, this materiality, we sense it. The gestures applied to these materials are also very visible.

For me, it seemed more in keeping with my approach to work with a musician who usually works with concrete instruments. Very concrete instruments. Also, what's interesting with percussion instruments is that they call for gestures that are much more visible and direct than with other instruments.

AB — After all, with percussion we find once again the relationship to the tactile and the relationship to gesture, both of which are elements present in your working method.

LE — That was interesting because those early questions led me to think about my work in a very different way. All of a sudden, the question of anticipating gesture, variation, and repetition cropped up more consciously. And that was an interesting shift. It really came about while studying closely how you envisioned this work.

You got me to hear all kinds of things, even in your first solo record, *Over/Upper*, which we listened to together. I had the sound and I tried to imagine all the instruments on it. You explained the issue of verticality, of horizontality to me. And then I heard the gestures, and at the same time I tried to guess what it was, like a

de l'instrument, elle est grande, le son sur sa surface n'est pas égal selon comment on le tape et avec quoi on le tape, les vibrations vont être complètement différentes. Donc c'est pour moi un exercice de projection qui est très intéressant. Parce que c'est la même chose que je fais en regardant une brique ou une feuille de papier carbone bleu.

Quelque part, je ne suis pas musicienne. Et si je me mettais dans la peau d'un musicien, je me dirais : mais que faire de ces gestes-là ? Quels bouleversements peuvent-ils produire, justement, en allant au-delà de ces écueils ?

Cette aventure qu'on développe ensemble pourrait être décrite par une question : Comment ton mode de réflexion musical va transformer mon mode de réflexion plastique ? Et Je sais maintenant que nous fonctionnons un peu de la même façon. Mais quand on parlait d'anticipation tout à l'heure, ça m'a fait penser à certaines expériences que tu as vécues : je sais que tu as récemment invité des musiciens à concevoir ou envisager des pièces pour percussions avec Eklekto, l'ensemble de percussions que tu diriges. J'ai suivi ça à distance, mais je sais que tu as invité Kali Malone, Rebecca Kressley, Félicia Atkinson et également Steven O'Malley. Et aussi Ryoji Ikeda il y a quelques années. Et donc je me dis : eux ils ont une pratique musicale, ils ont une pratique sonore, et ils arrivent dans un lieu où se trouve une gigantesque collection d'instruments. Ils doivent bien se dire : comment est-ce que je vais, à partir de ma pratique, me lancer avec ces instruments qu'à priori je ne connais pas. J'ai suivi un peu la manière avec laquelle ils approchaient les instruments, c'était vraiment intéressant.

AB — C'est une démarche de partage. Il y a la même urgence, pour ces créateurs que tu as cités, d'aller vers ces instruments à percussion qu'ils ne connaissent pas, que pour les interprètes de l'ensemble à découvrir de nouveaux discours. Le point commun de ces artistes, c'est qu'ils n'avaient jamais travaillé intensément avec la percussion. Ils l'avaient croisée, des fois utilisée, mais pas de cette manière-là, donc ils venaient dénués de connaissances. Pour eux, c'était l'opportunité de vérifier leur musique à travers des outils peu familiers. Et c'est une manière pour les instrumentistes de redécouvrir leur propre monde, de le questionner et d'avancer. Et toi Latifa tu as fait la même chose avec moi, tu m'as donné un outil que je ne connais pas et qui me permet de vérifier mon propre travail. Et ça t'a peut-être permis de redécouvrir le tien.

FS — Pour vous deux, cette collaboration est un exercice, comme vous dites, inversé. Mais c'est le même problème, en fait.

AB — Oui, c'est ça.

LE — Parce qu'on a besoin de problèmes pour avancer. Mais le fait de te voir dans cette situation, peut-être un peu périlleuse, d'être dans un autre truc, par là je comprenais beaucoup mieux ta façon de rebondir dans ce nouveau contexte. C'est comme si j'avais accès de façon beaucoup plus directe à cette façon de travailler, au fondement même de ton travail.

AB — C'est quelque chose qui est forcément partagé, parce que ta manière de t'intéresser et de te familiariser à ma pratique, les questions que tu m'as posées, m'ont donné des clés sur ta propre manière de travailler.

LE — Le fait que je vous aie impliqués tous les deux comme commissaires d'exposition, c'était un peu ça aussi, votre rôle. C'est-à-dire : Comment va-t-on faire une relecture de notre travail, au-delà d'un simple travail de commissariat ? Comment nous allons, en prenant des chemins de traverse, avoir à la fin une conscience bouleversée du monde.

kind of game. I felt the need to identify the sounds: are you tapping on a metal plate oron stone? But, for me, I always understood your work as a series of gestures taking place in a sound space.

AB — I agree with that. And I'm receptive to this game of identifying sound sources and I try in each piece to use at least one element whose nature is difficult to discern. People will even wonder whether the element was actually made acoustically or using other means. The intention isn't to deceive the listener, but to ensure an additional degree of abstraction, while avoiding the documentary feel instrumental recordings can have.

Dissociating the sound from the nature of the gesture that produced it allows one to concentrate on the sound itself. For this, percussion is a marvelous instrument, because even if I make the sounds hard to identify, they are all the result of gesture.

LE — As you were talking about gesture, I was minded of the genesis of my installation *À Chaque stencil une révolution*. It's an Allover of carbon paper on which I sprinkle denatured alcohol so the pigment dribble onto the floor. We have an instrument, let's say, and a gesture different from those we can usually perform. That is, putting a sheet of carbon paper through a stencil machine, pouring alcohol on it and reproducing the pattern on the page.
To take another example, I smash up a brick and crush it into powder. And this powder I use as a pigment. That is to say, I turn a sculptural object into material for graphic art, for wall art.

So, yes, these things seem interesting to me, and interesting too in the way I discover how you work. I always look at your instruments and think: what can we do with them? One expects it to be such, but it can be otherwise.

The surface of the instrument, it's big, the sound at its surface is not the same depending on how you hit it and what you hit it with, the vibrations are going to be completely different.
So, for me, it's a really interesting exercise in prediction. Because it's the same as what I do when I look at a brick or a sheet of blue carbon paper.

In some ways, I'm not a musician. And, were I to put myself in a musician's shoes, I'd say to myself: but what can I do with such gestures? And what kind of mayhem can they produce once the pitfalls have been steered clear of?

The adventure we are developing together might be described by a question: How will your musical way of thinking transform my plastic way of thinking? And I now realize that we work along rather similar lines.

But when we were talking about anticipation earlier on, it made me think of certain experiences you've had: I know that you recently invited musicians to design or imagine pieces for percussion with Eklekto, the percussion ensemble you lead. I've been following that from a distance, but I know you've invited Kali Malone, Rebecca Kressley, Felicia Atkinson, and Steven O'Malley too. And also Ryoji Ikeda, a few years ago. And so I say to myself: they have a musical practice, they have an acoustic practice, and they turn up in a place where there's a gigantic collection of instruments. They must be thinking: how am I going to use my own practice to

work with all these instruments that on the face of it I don't know? I kept tabs on how they dealt with the instruments, it was really interesting.

AB — It's a sharing process. There's the same urgency among the creators you mention to get to grips with percussion instruments they don't know as there is for the performers of the ensemble to encounter new discourses. What these artists have in common is that none had ever worked intensely with percussion. They had come across it, used it sometimes, but not in this way, so they came without preconceptions. For them, it provided an opportunity to test their music using rather unfamiliar tools. And then it's a way for the instrumentalists to rediscover their own world, to question it and to make progress. And you, Latifa, have done much the same with me; you've presented me with a tool I don't know about and this allows me to put my work to the test. And maybe it has allowed you to rediscover yours.

FS — For both of you then, this collaboration is, as you put it, an inverted exercise. But it's the same problem, in fact.

AB — Yes, that's right.

LE — Because we need problems to make progress. But, watching you in this perhaps slightly perilous situation of being in something else, I better understood how you bounce off a new context. It's as if I gained a far more direct access to your way of working, to the very bedrock of how you work.

AB — It's something that has necessarily to be shared, because how you took an interest in and familiarized yourself with my practice, and the questions you asked me, gave me the keys to your way of working.

LE — The fact I involved both of you as curators, that was also your role. That is to say:

How can we reread our work, above and beyond the mere act of curating it? How, by exploring these side roads, can we end up with a radically different consciousness of the world.

Translated from French by David Radzinowicz

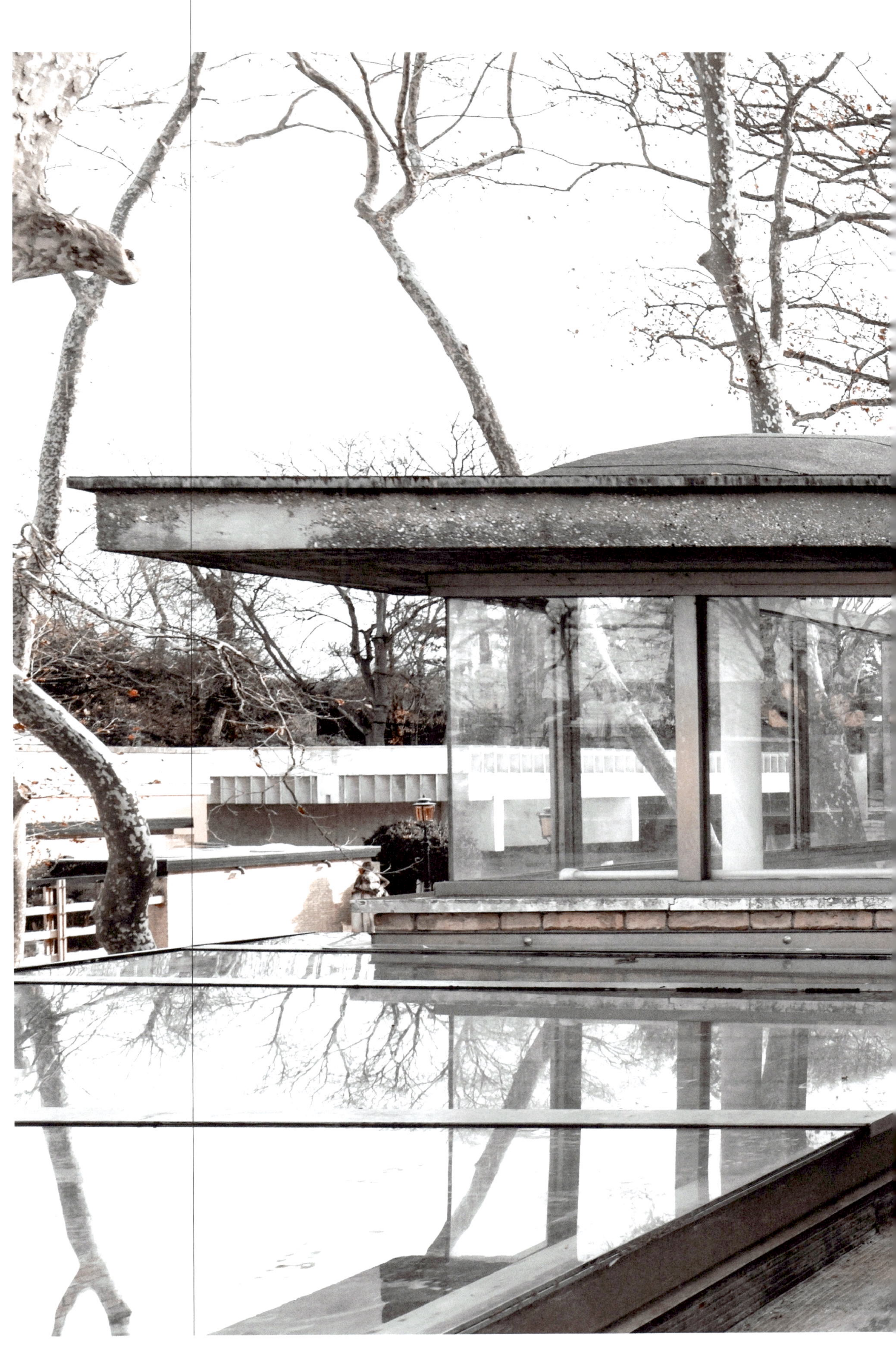

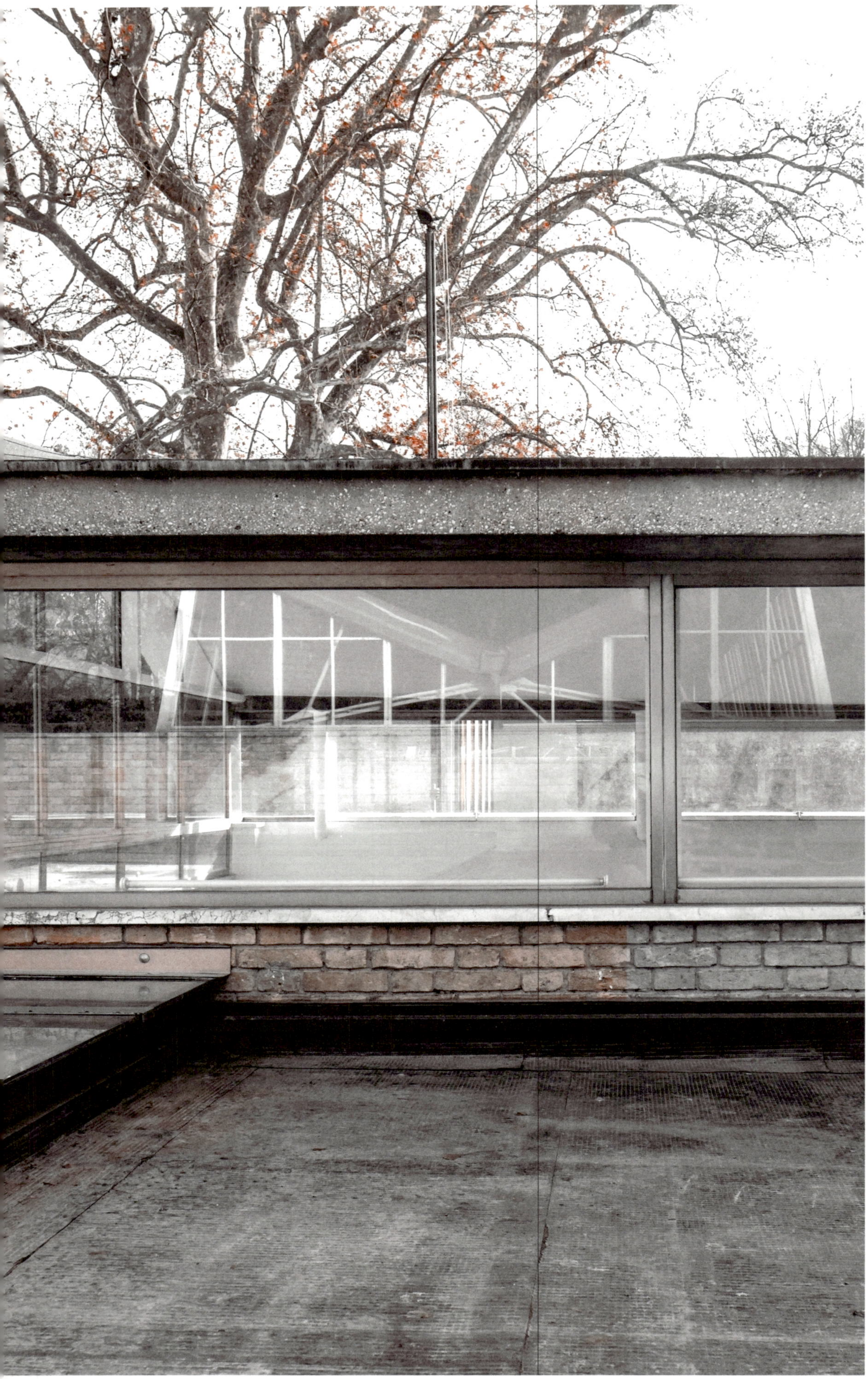

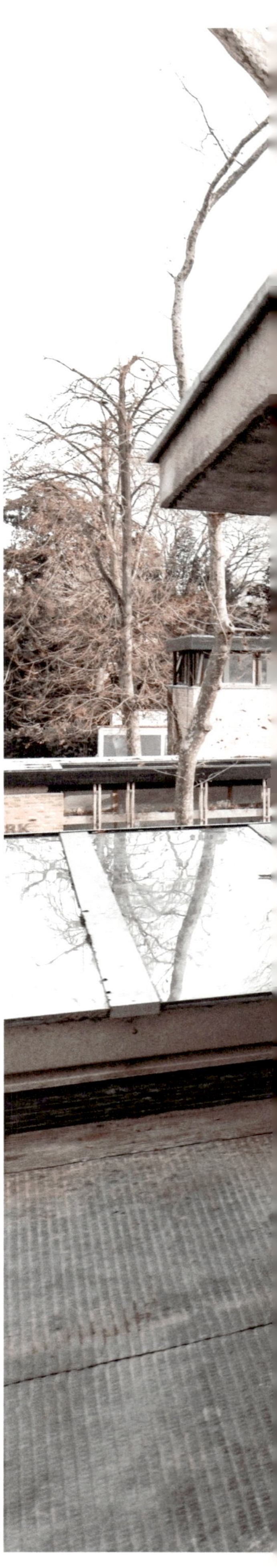

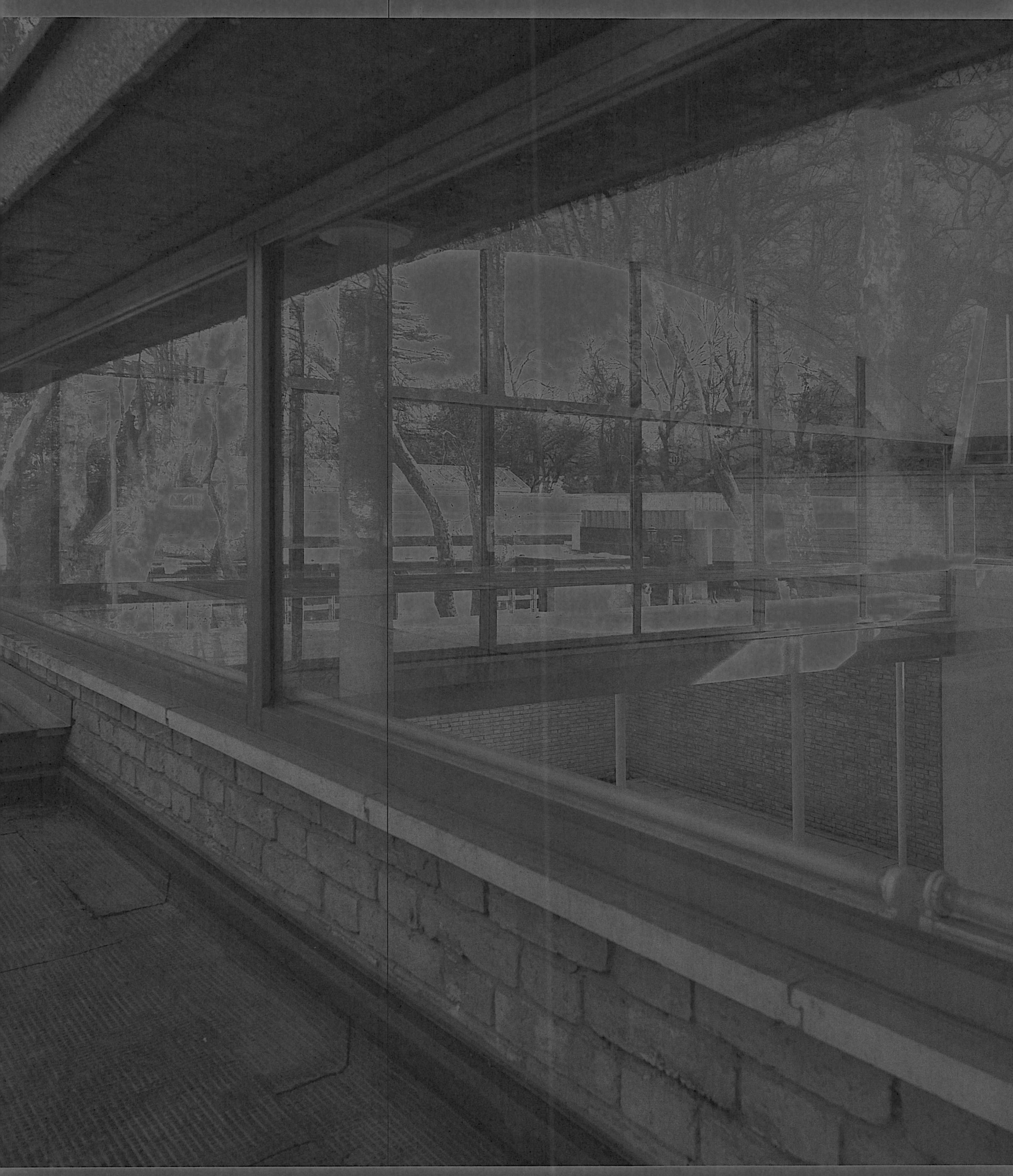

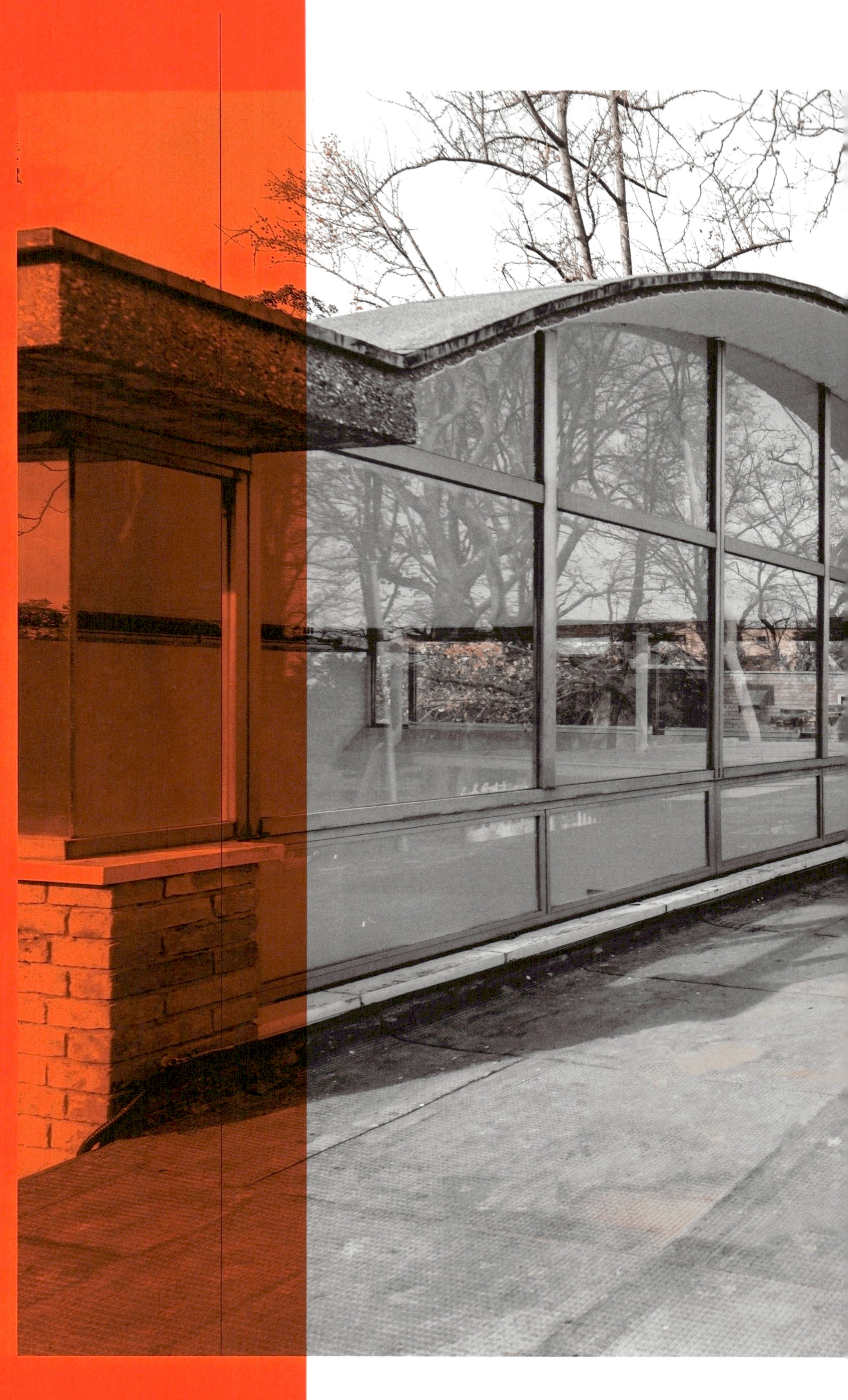

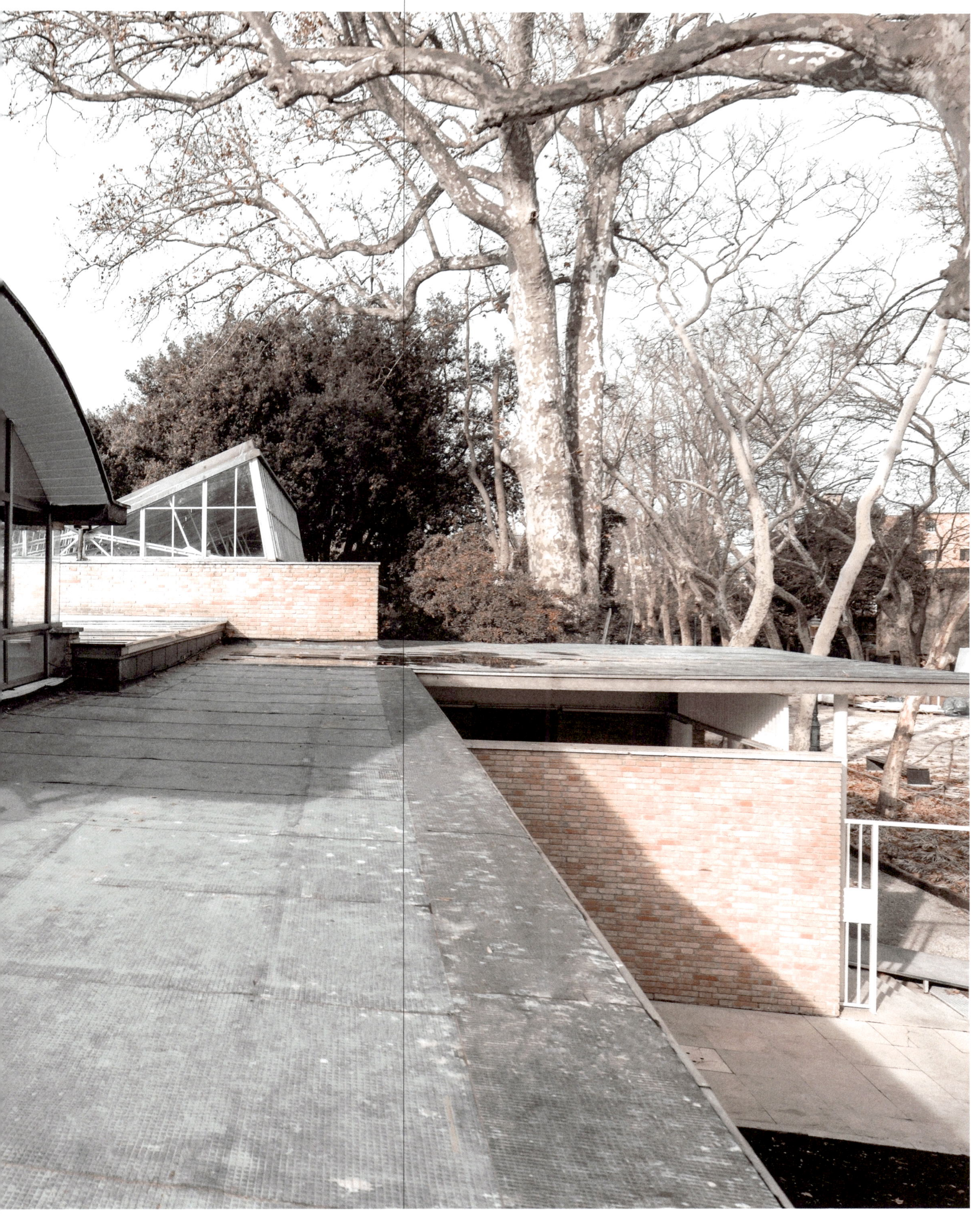

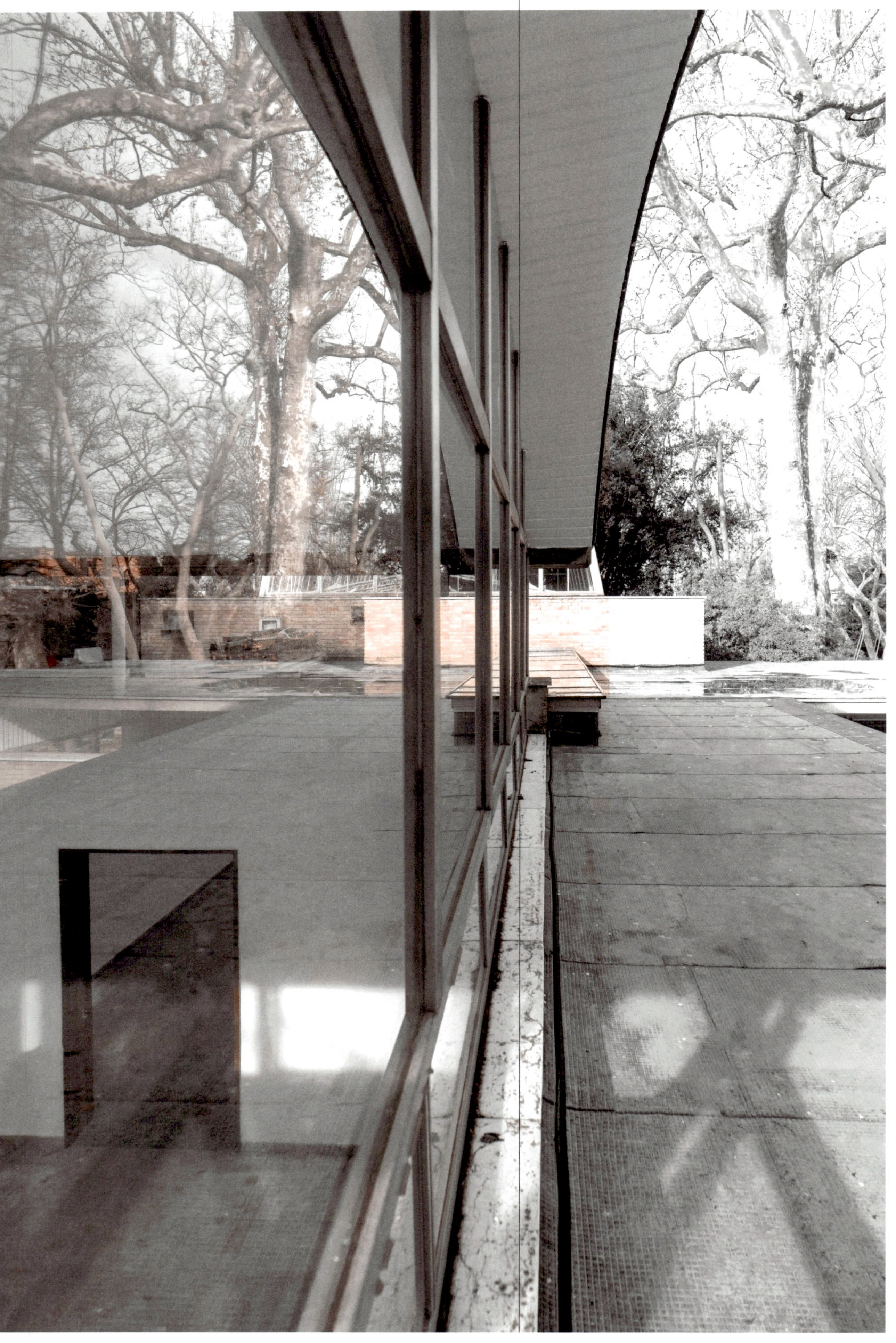

# Densités et espaces
# Edgar Varèse en partitions
# Alexandre Babel

La lecture de l'œuvre du compositeur Edgar Varèse (1883-1965) a suivi de près la conception de l'exposition « Le Concert » au Pavillon suisse de la Biennale de Venise. C'est surtout deux moments phares du parcours du compositeur français exilé aux États-Unis, *Ionisation* (1931) et *Déserts* (1952) qui ont accompagné le processus de réalisation de l'exposition. Un extrait des manuscrits de chacune des deux pièces est reproduit ci-après.

L'œuvre de Varèse est une œuvre des extrêmes. Son catalogue aujourd'hui connu est constitué de quatorze opus seulement, du solo au grand orchestre, et il frappe par son degré de perfection qui confère à l'ensemble de sa musique un caractère essentiel. Varèse avait bien sûr déjà produit avant 1920, date de la composition du premier opus *Amériques* pour orchestre. Mais ses travaux antérieurs ont tous disparu, détruits par le feu lors d'un incendie à Berlin en 1914 ainsi que par la main du compositeur lui-même. C'est donc sur les ruines d'un travail oublié que s'est construite cette œuvre qui a contribué à révolutionner l'espace sonore instrumental du XXe siècle.

*Ionisation* est la première pièce de tradition dite « classique » écrite pour ensemble de percussions, et c'est ici la dernière page qui est reproduite. Dans la perfection varèsienne, cette édition manuscrite originale est un modèle d'exactitude, qui comprend une seule correction, à la dernière page justement : on peut constater une annotation en rouge de la main du compositeur sur les nuances des parties de sirènes et de « tambours à cordes », deux instruments récurrents chez Varèse. Instruments inhabituels à l'époque, ils contribuent largement à la production du « son-bruit » propre à sa musique, en ajoutant une dimension expressive et émotionnelle directe.

*Déserts*, avant-dernière œuvre orchestrale de Varèse, apparait dans son parcours à l'issue d'une longue crise de près de quatorze ans, pendant laquelle il compose très peu. Considérée comme l'une des pièces les plus abouties du compositeur, elle est aussi la seule qui alterne parties instrumentales et parties enregistrées sur bande. *Déserts* frappe par la clarté de l'orchestration et par un discours intense et extrêmement expressif. On constate l'éclaircissement de l'orchestration dans la partition-même : les combinaisons de groupes instrumentaux sont soigneusement isolées et ouvrent à chaque attaque des espaces vastes.

Le manuscrit original n'est composé que d'esquisses, la partition finale étant le résultat d'une reconstitution par le compositeur Chou Wen-Choung, à l'époque assistant de Varèse. On voit ici la reproduction du début de la pièce, d'abord à travers l'esquisse de Varèse puis par la restitution de Chou Wen-Choung.

# Densities and Spaces: Edgar Varèse in His Scores
# Alexandre Babel

The reading of the works of composer Edgar Varèse (1883–1965) has closely accompanied the design of the Swiss Pavilion *The Concert* at the Venice Biennale. Two key moments in the career of the French composer exiled in the United States are put into focus: *Ionisation* (1931) and *Déserts* (1952). An extract from the manuscripts of each of the two pieces is reproduced below.

Varèse's work deals with extremes. His known repertoire consists of only fourteen opuses, from solo to orchestral, whose striking degree of perfection confers an essential character to his whole musical production. Of course Varèse had been writing music before 1920, when he composed his first opus for orchestra *Amériques*. However, these older works have all disappeared, either destroyed in a fire in Berlin in 1914 or burned by the composer himself. It's on the ruins of these forgotten pieces that Varèse built his new body of work, which contributed to revolutionising the twentieth-century instrumental soundscape.

*Ionisation* is the first so-called "classical" piece written for a percussion ensemble. The last page of the score is reproduced below. In Varèse's quest for perfection, this original manuscript edition is a model of exactitude: it contains only one correction, precisely on the last page, where the composer made an annotation in red on the nuances of the parts of the sirens and "lion's roars". These two instruments, recurring in Varèse's work but unusual for his time, largely contributed to the "noise-sound" that characterises his music, adding a direct expressive and emotional dimension to it.

*Déserts*, Varèse's second-to-last orchestral piece, was written after an almost fourteen-year long period of crisis during which he composed very little. Considered one of his most accomplished works, it is also the only one that alternates between instrumental and recorded parts. It strikes us for the clarity of its orchestration and for the intensity and expressivity of its discourse. The former can be appreciated in the musical score, where the combinations of instrumental groups are carefully isolated, opening wide spaces at each attack. The original manuscript is made of outlines, reconstituted into the final score by composer Chou Wen-Choung, who was Varèse's assistant at the time. The beginning of the piece is shown below, first in Varèse's outline and then in Chou Wen-Choung's version.

Translated from French by Daniela Almansi

Edgar Varèse, *Déserts*, esquisse de l'auteur, « Collection Edgard Varèse », p. 1.
Fondation Paul Sacher, Bâle

Edgar Varèse, *Déserts*, author's outline, "Edgar Varèse Collection", p. 1.
From the Paul Sacher Foundation, Basel.

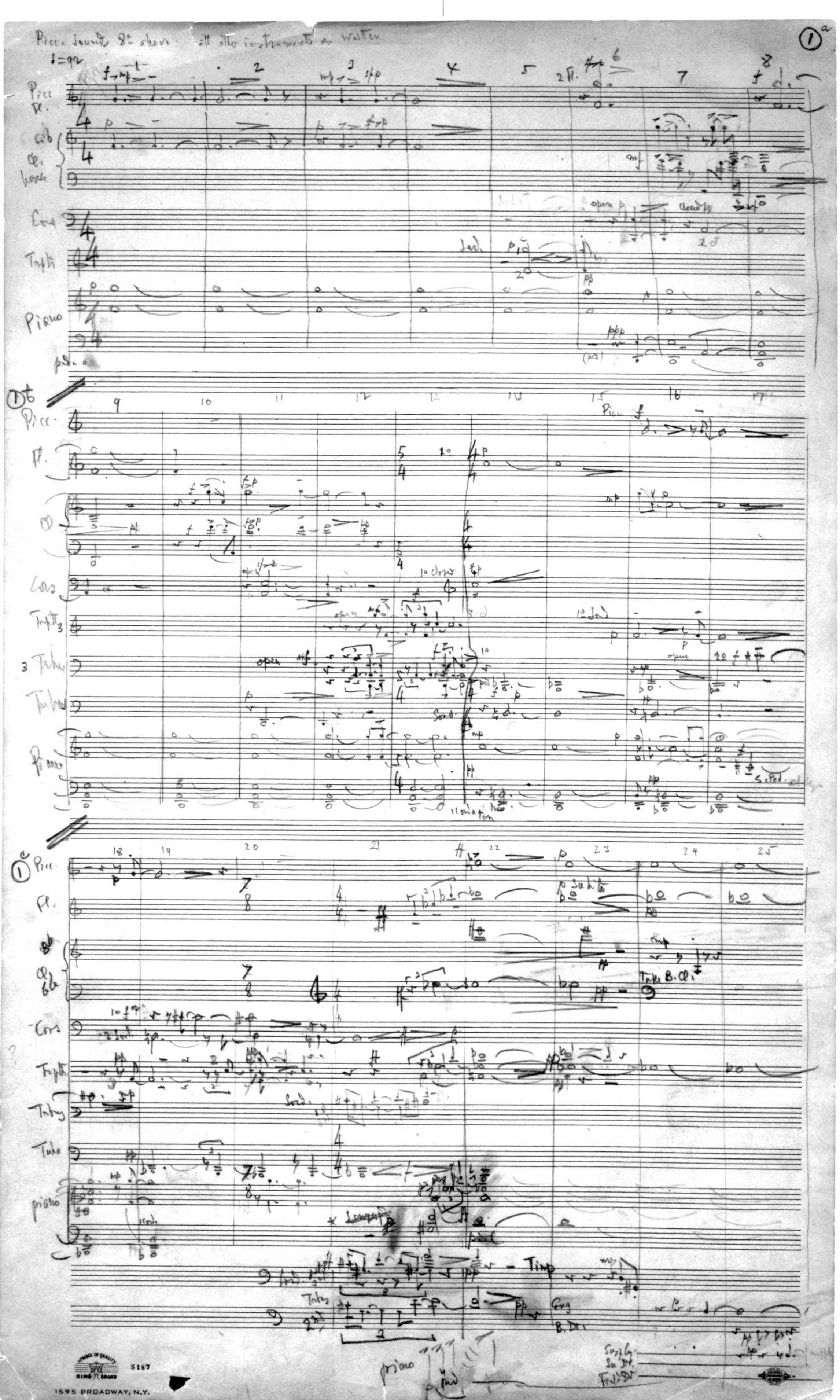

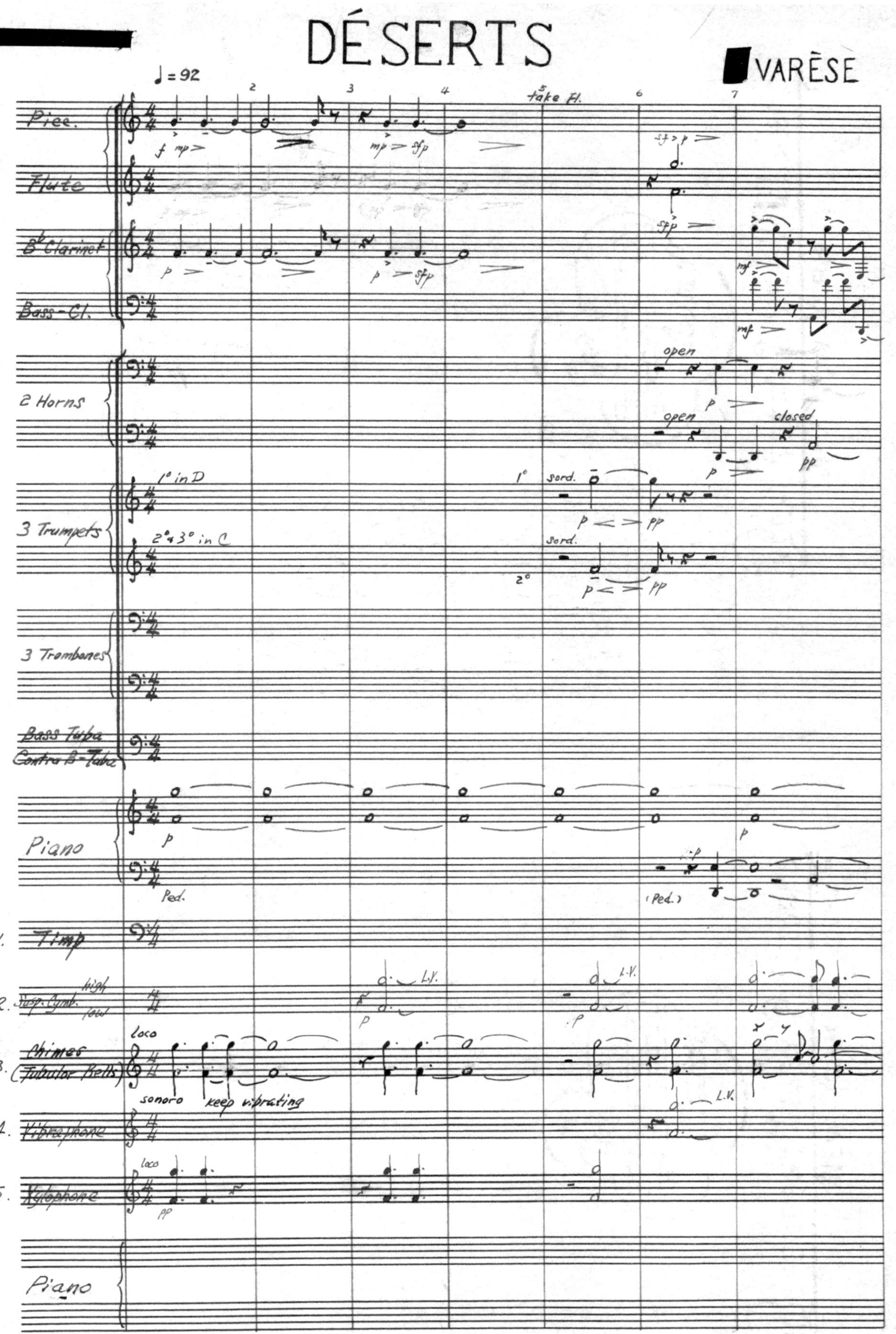


Edgar Varèse, *Déserts*, manuscrit définitif de Chou Wen-Choung, Bâle, « Collection Edgard Varèse », p. 1. Fondation Paul Sacher, Bâle

Edgar Varèse, Déserts, final manuscript by Chou Wen-Choung, "Edgar Varèse Collection", p. 1. From the Paul Sacher Foundation, Basel.

Edgar Varèse, *Ionisation*, manuscrit de l'auteur, « Collection Edgard Varèse », Fondation Paul Sacher, Bâle

Edgar Varèse, Ionisation, author's manuscript, "Edgar Varèse Collection", p. 12. From the Paul Sacher Foundation, Basel.

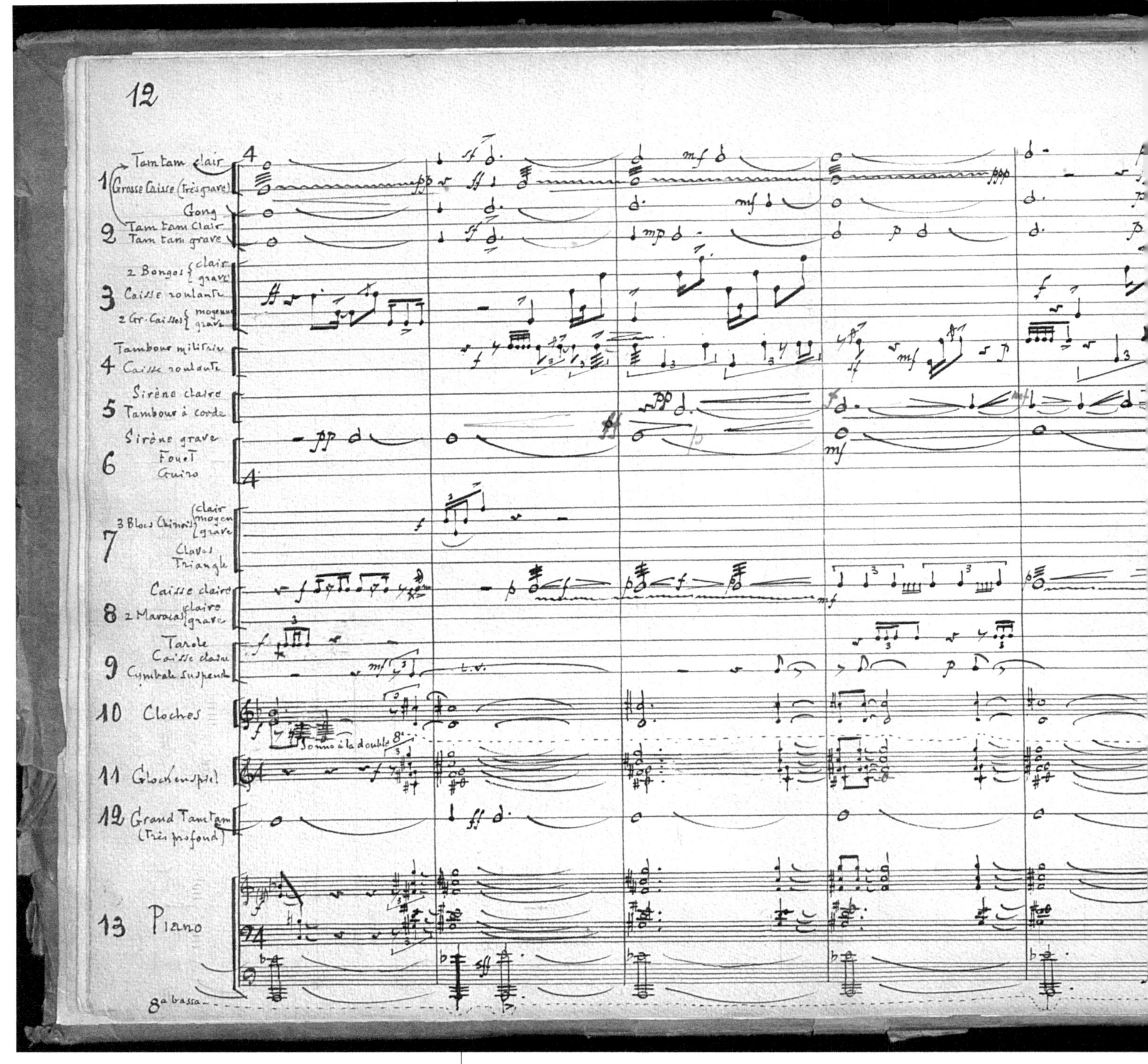


Ces reproductions ont été possibles grâce à l'aimable autorisation de la Fondation Paul Sacher à Bâle.

These extracts were reproduced with kind permission of the Paul Sacher Foundation in Basel.

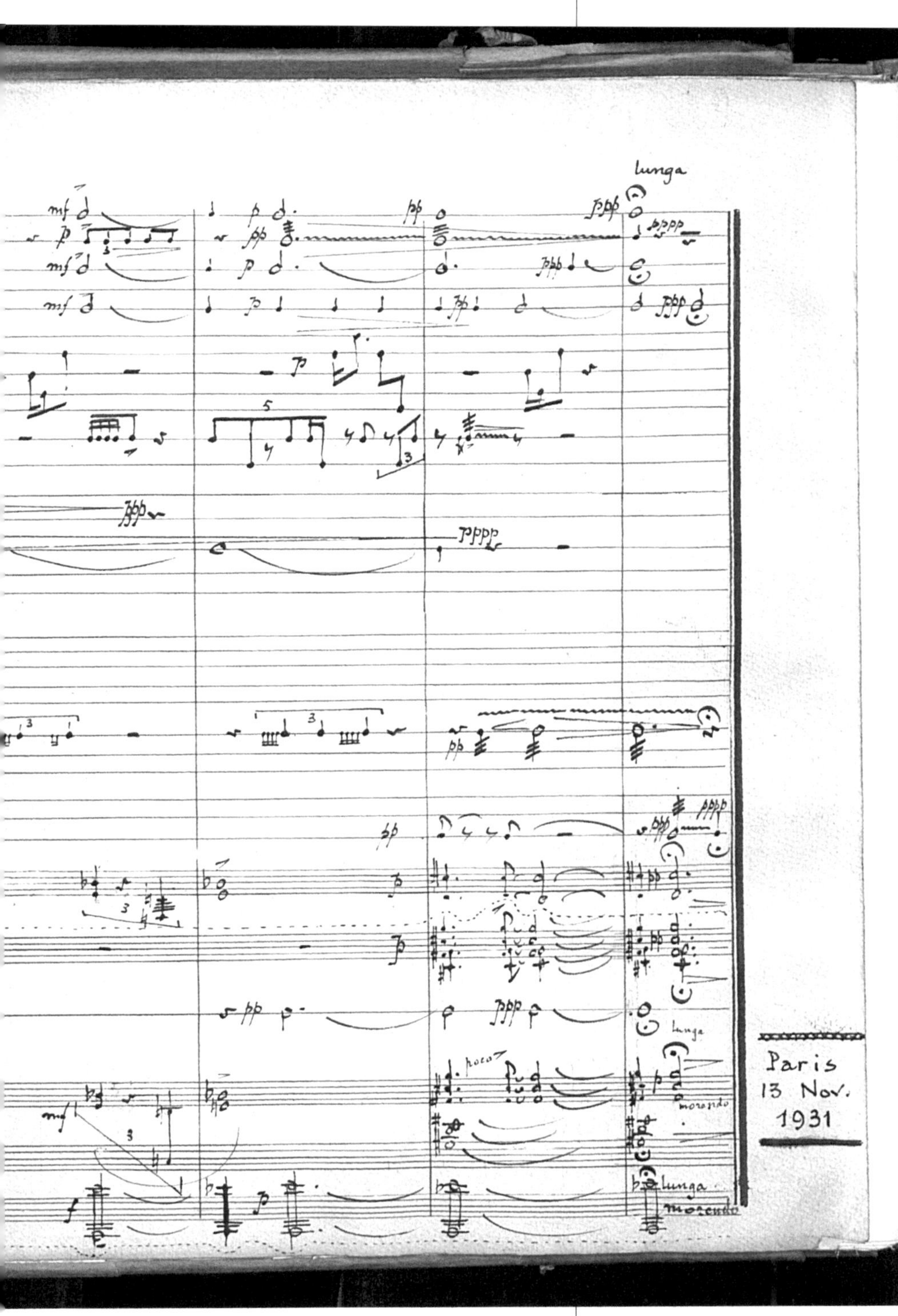


Paris
13 Nov.
1931

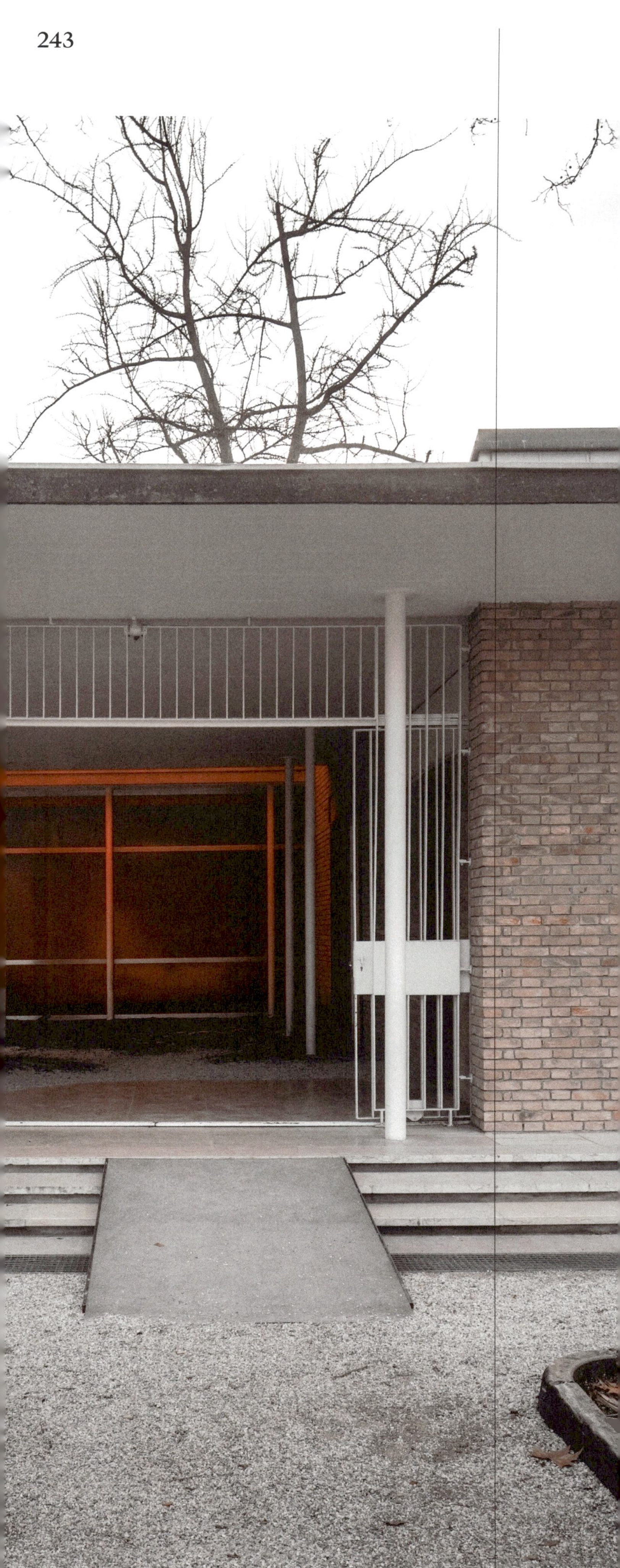

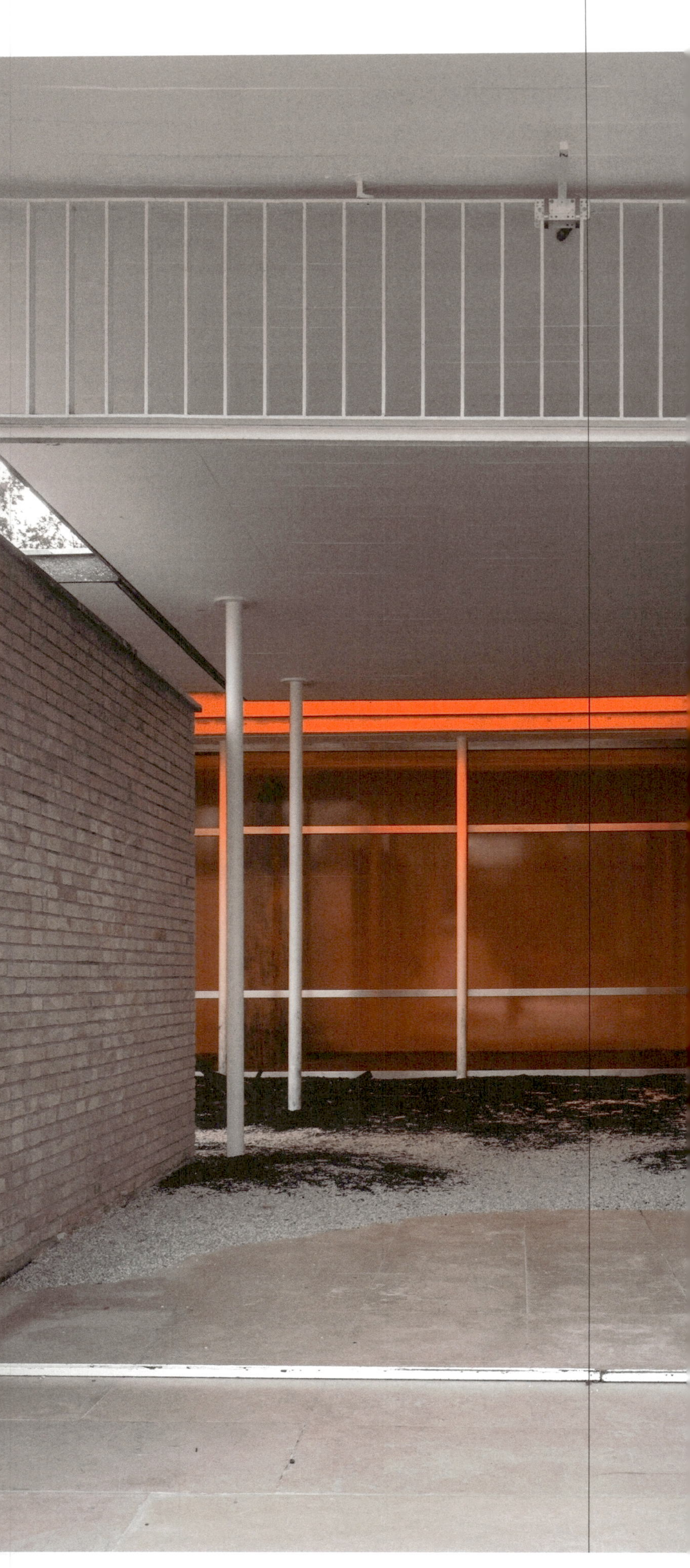

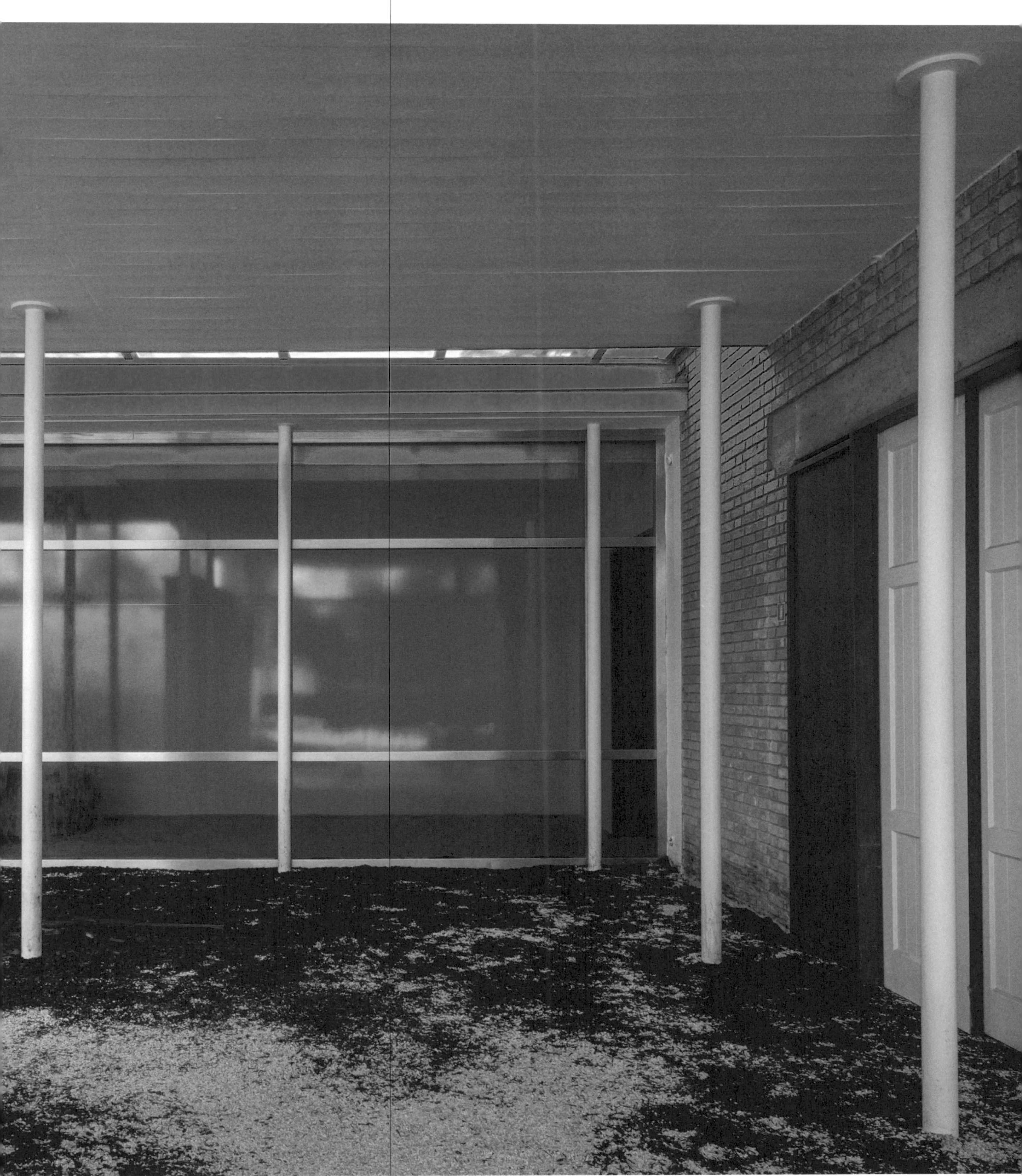

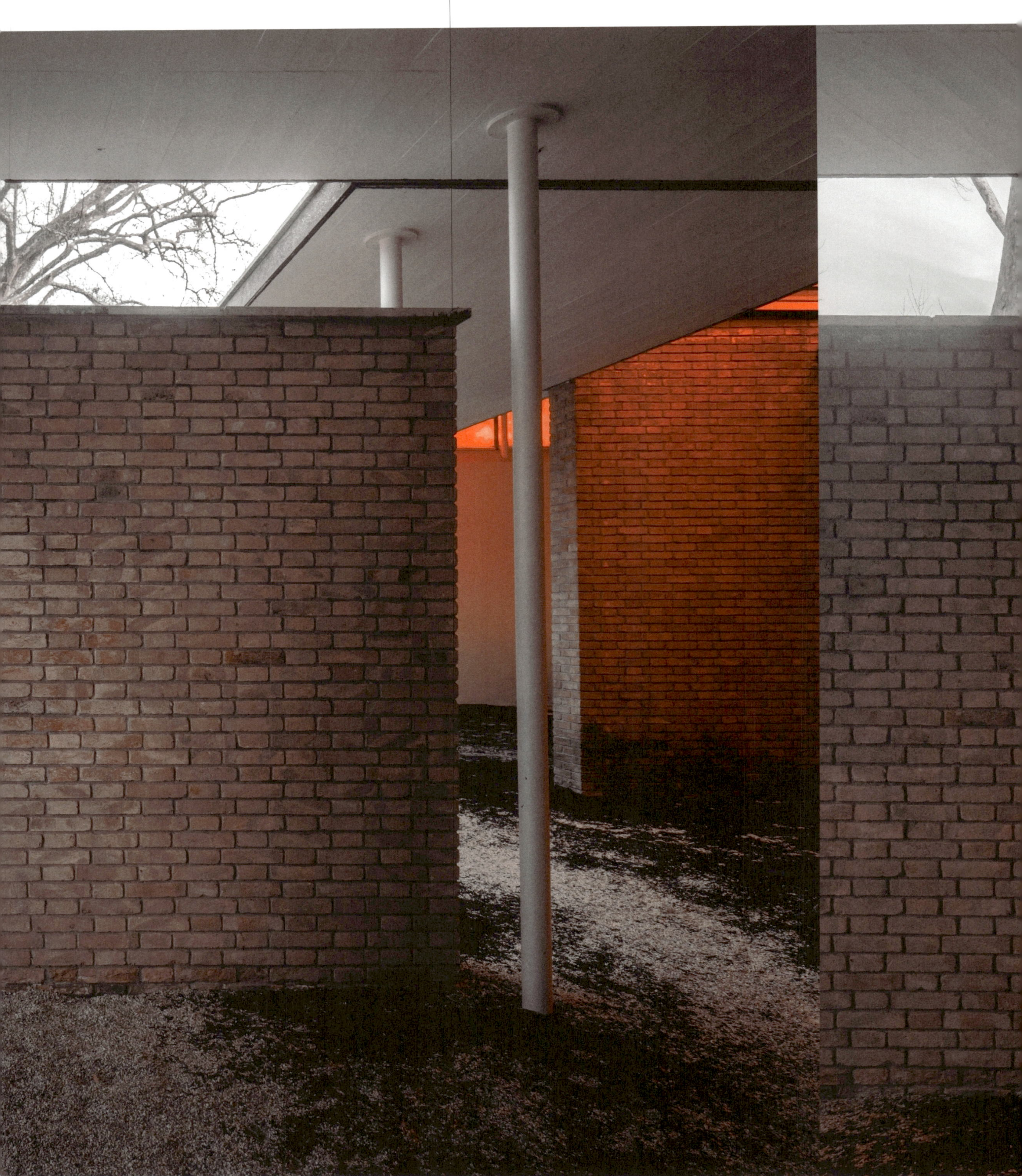

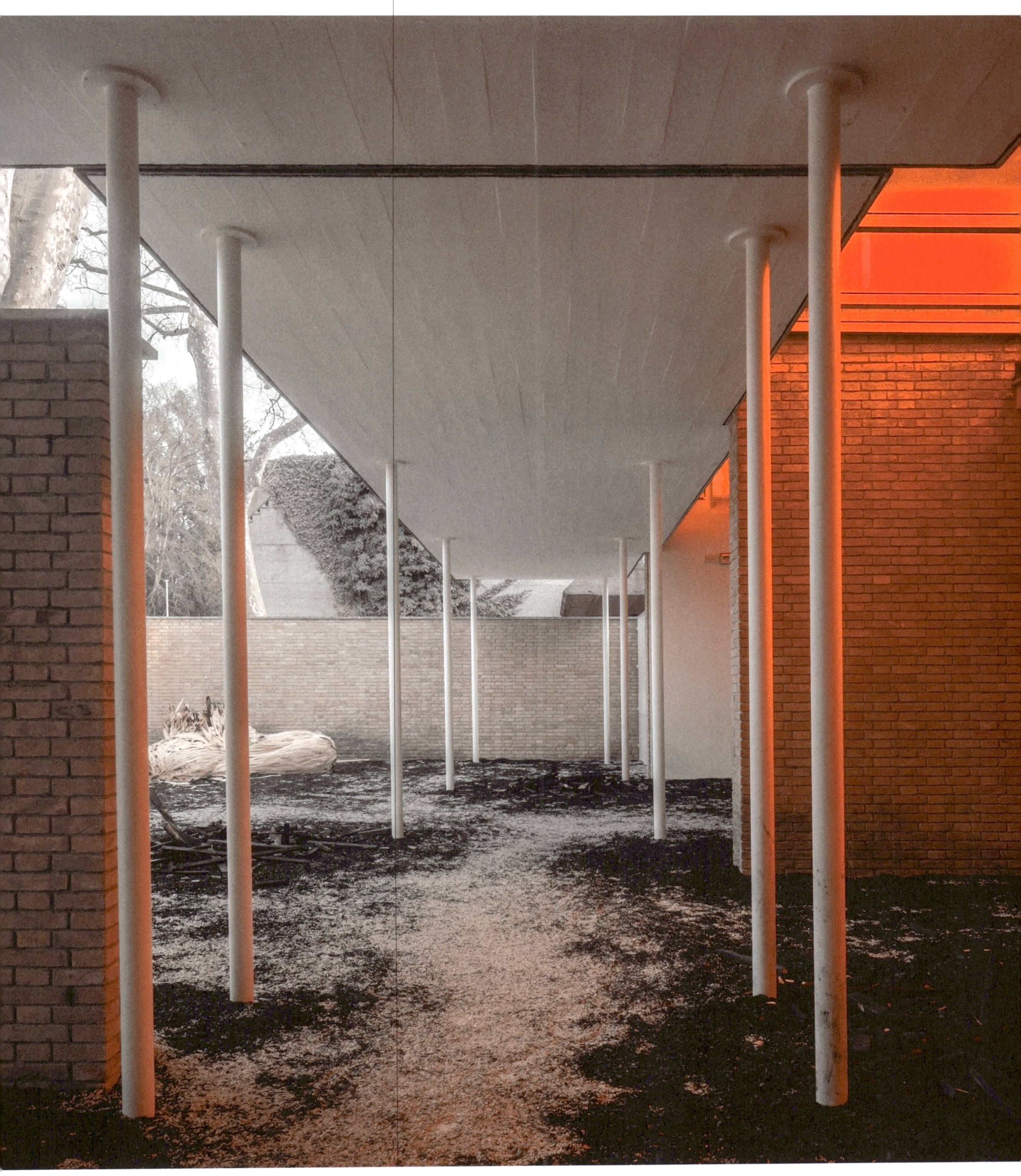

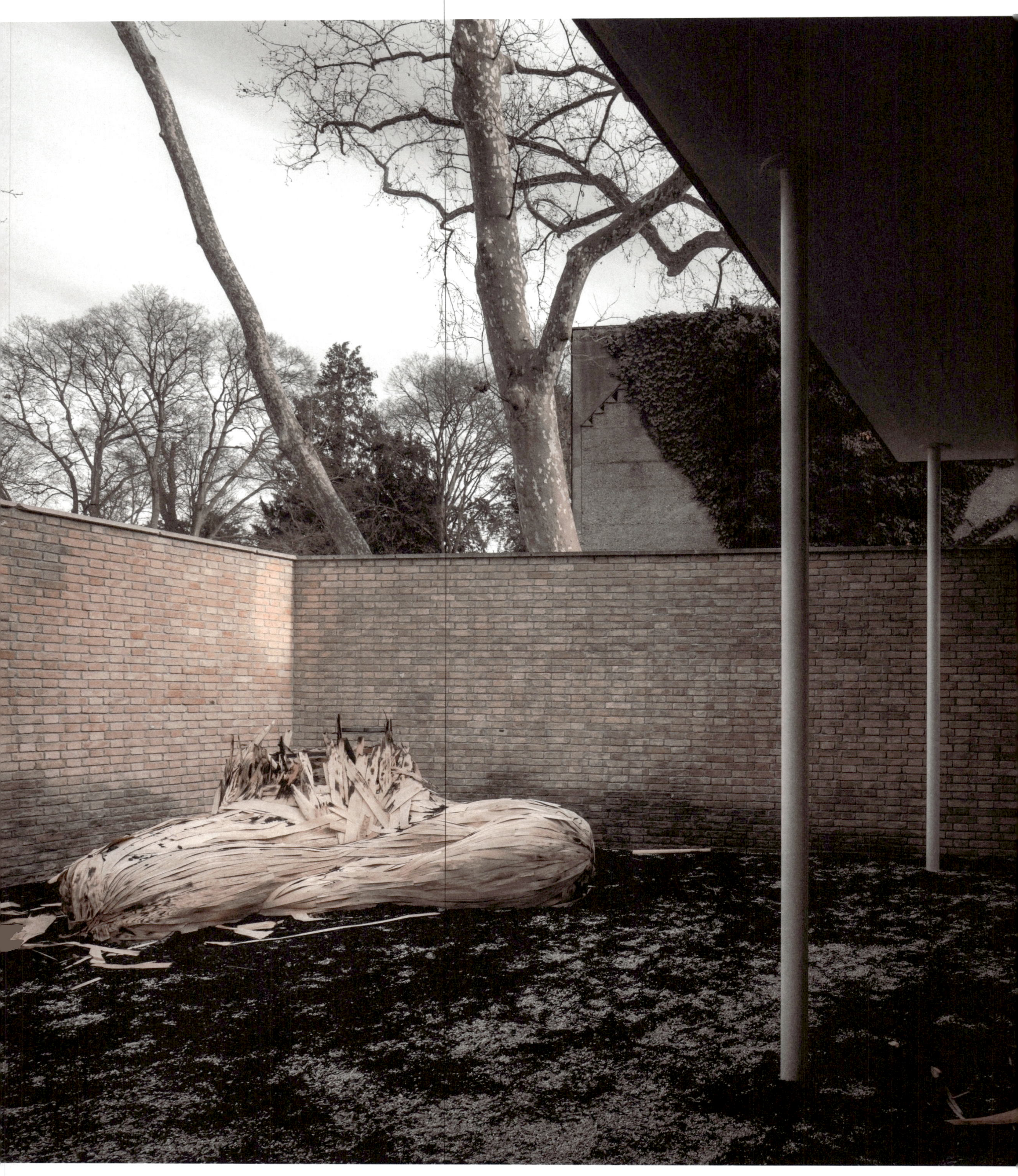

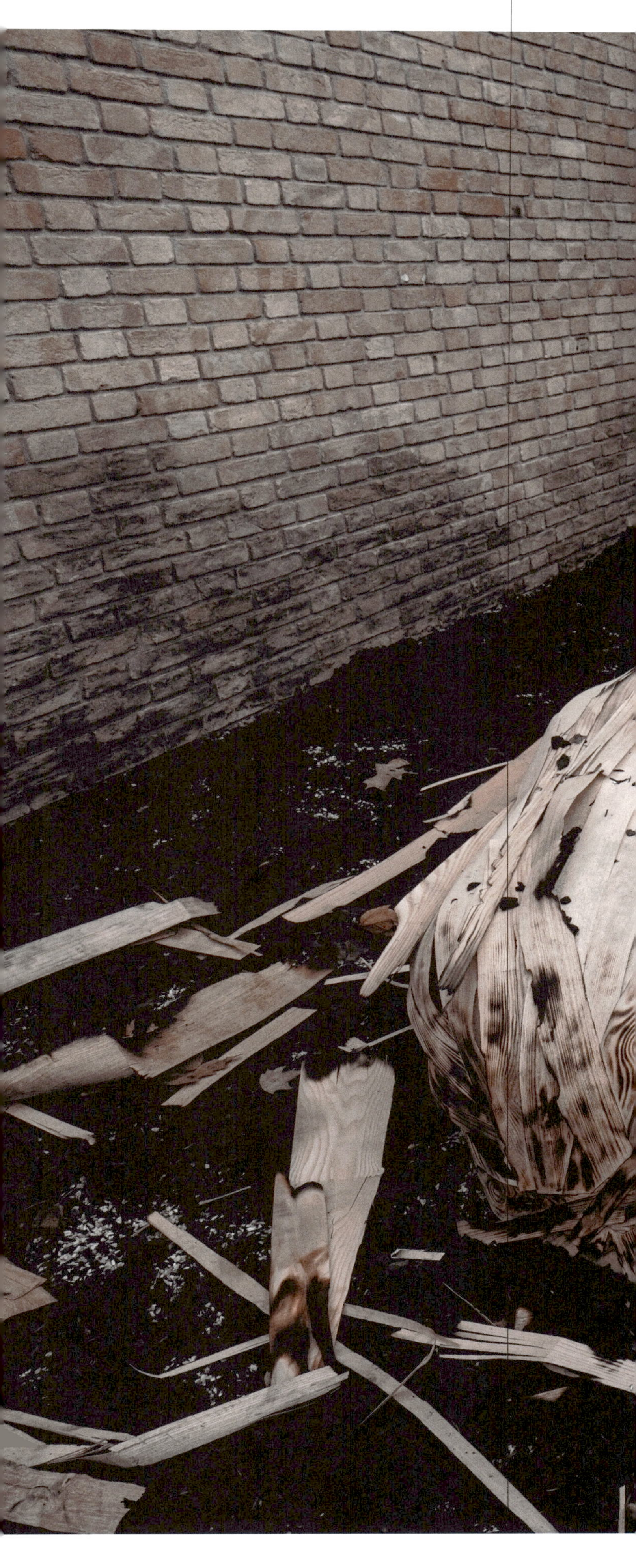

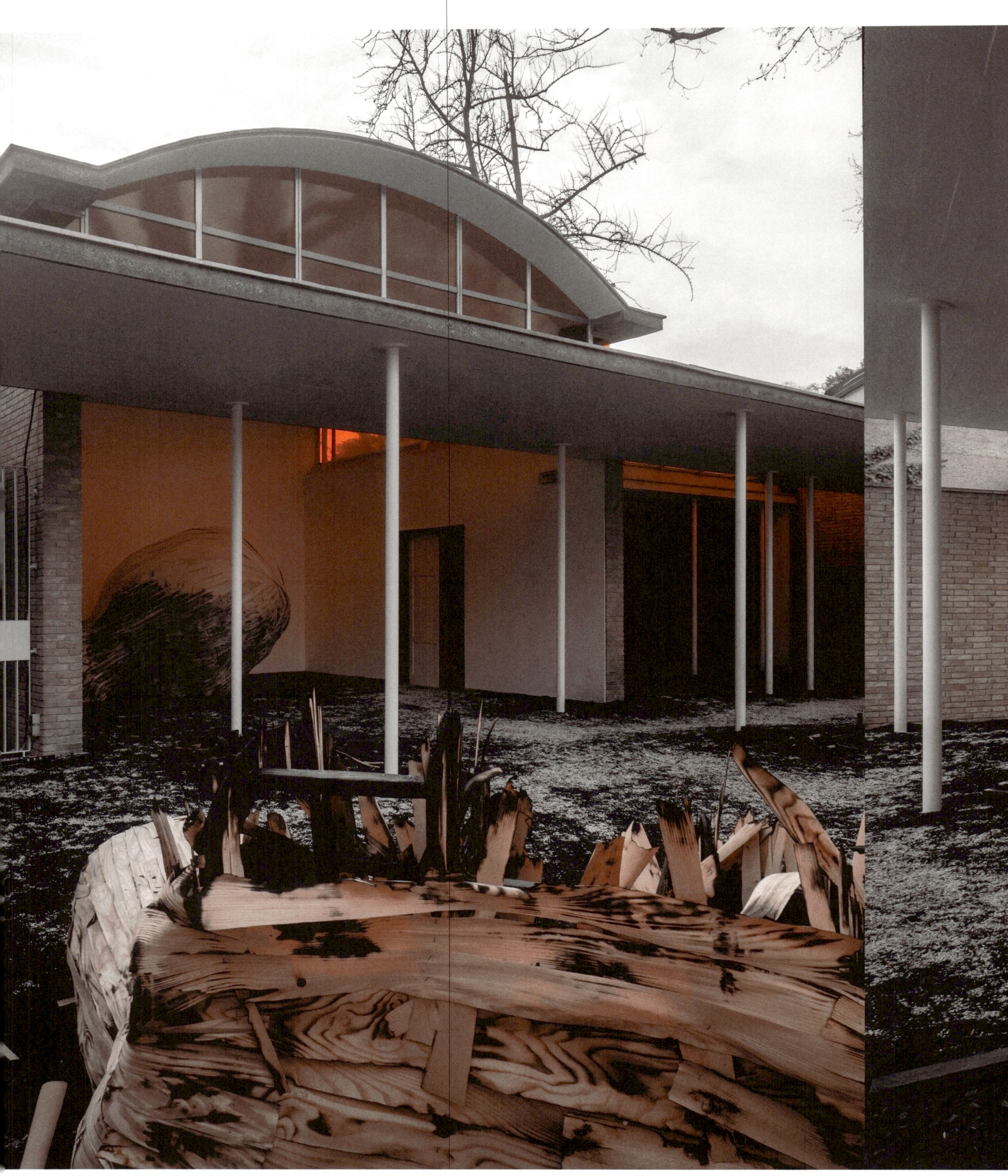

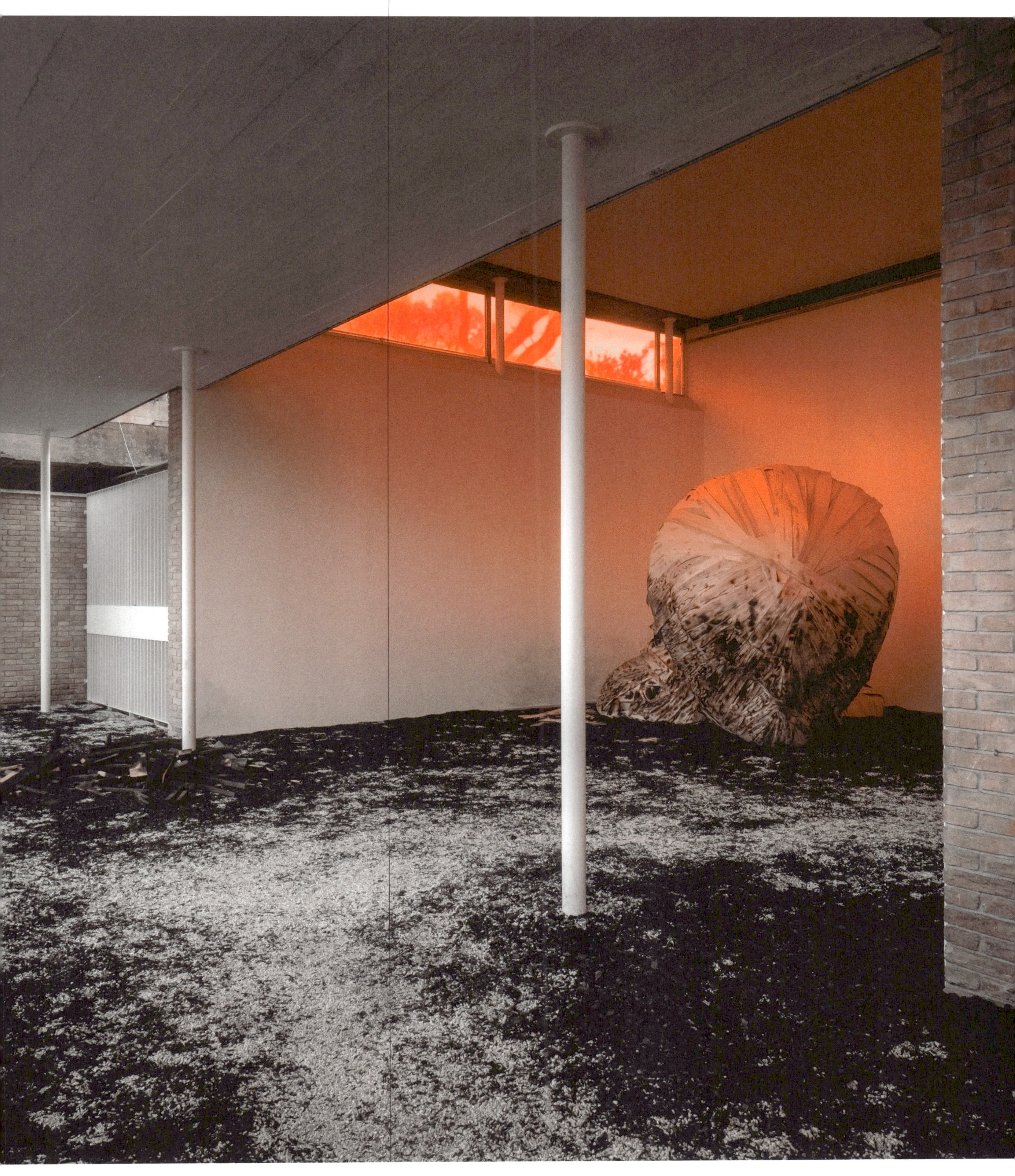

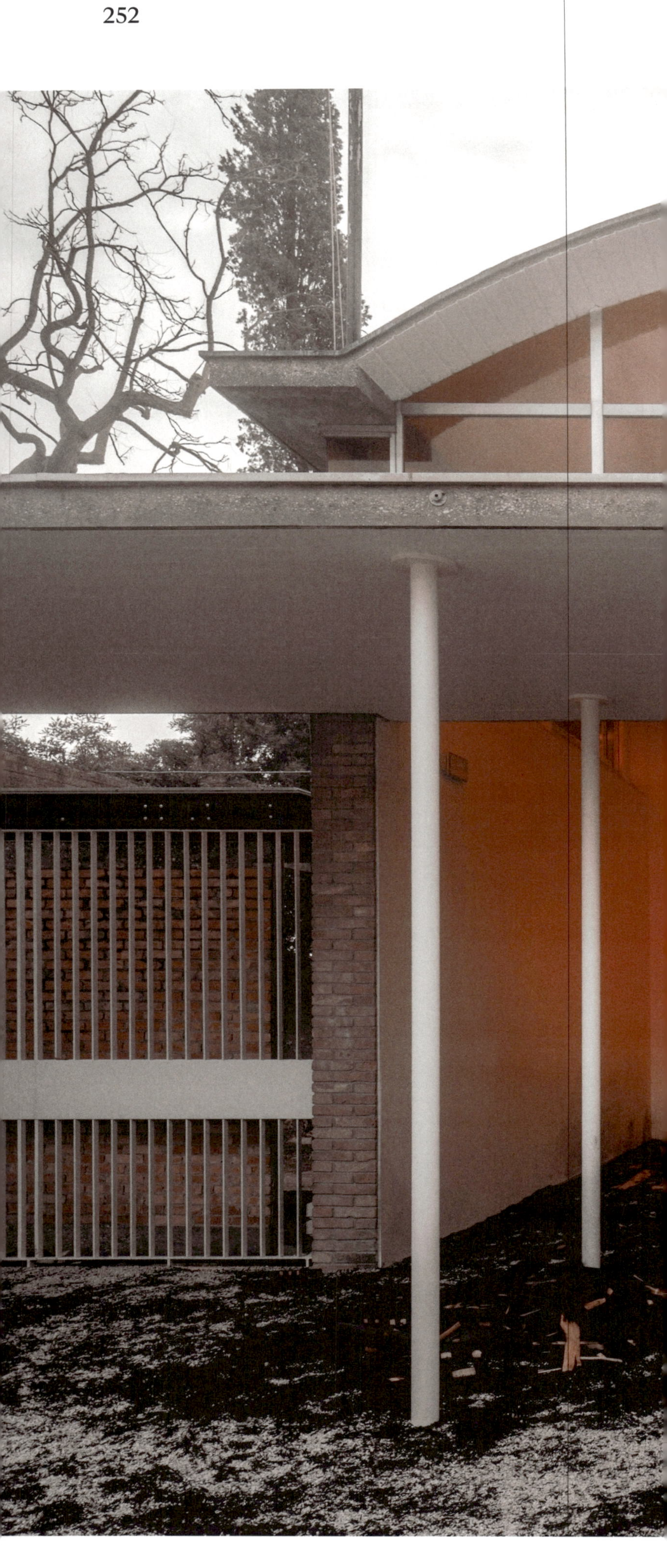

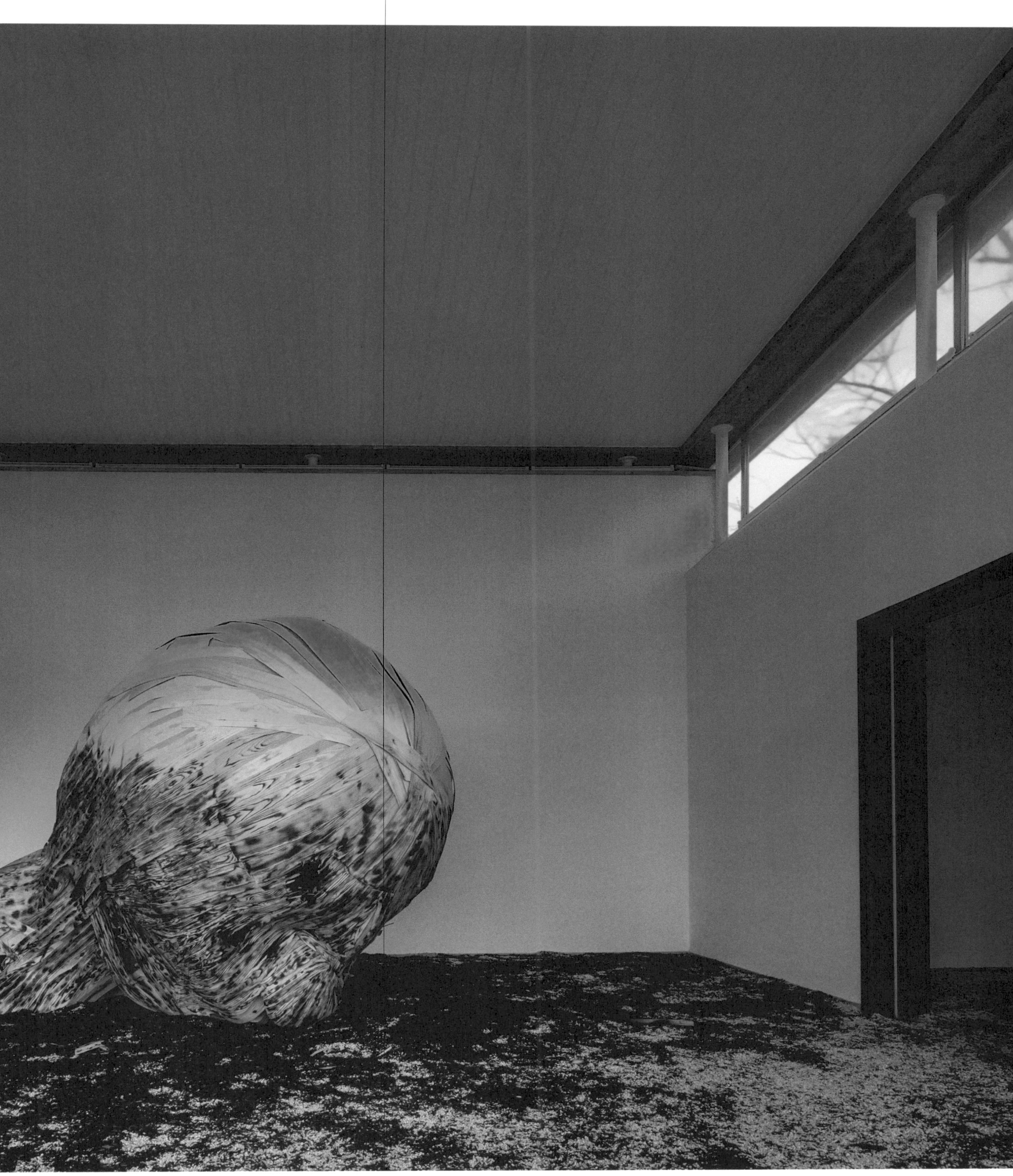

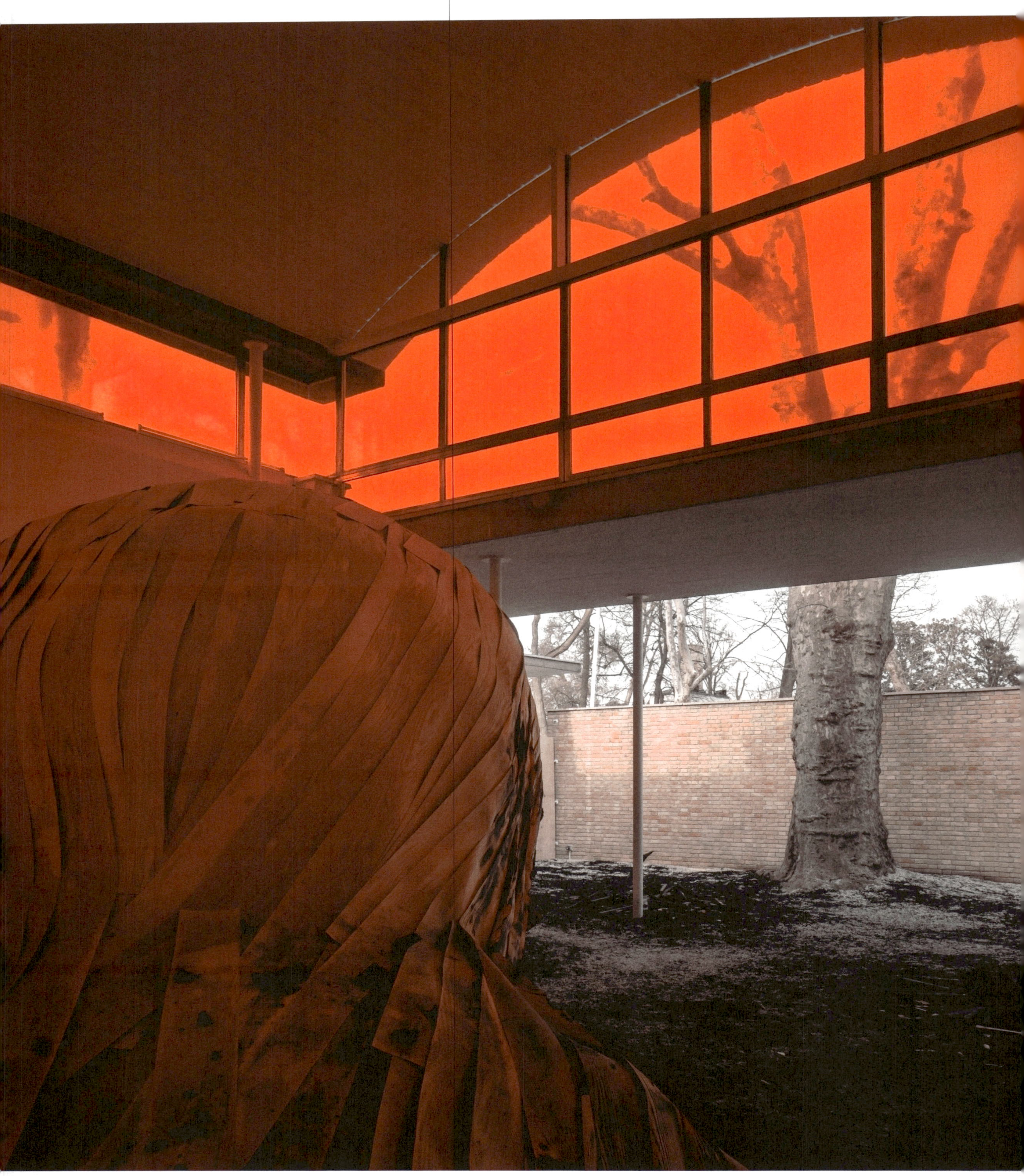

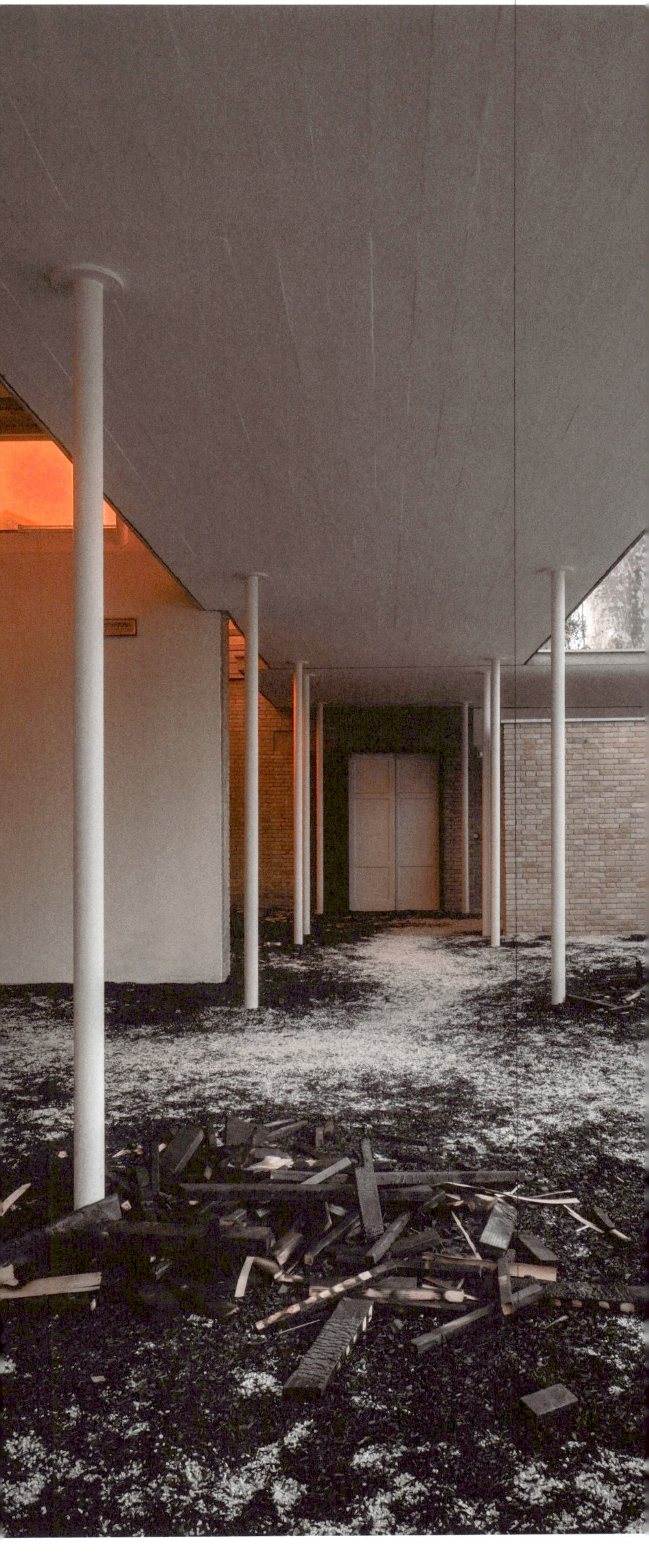

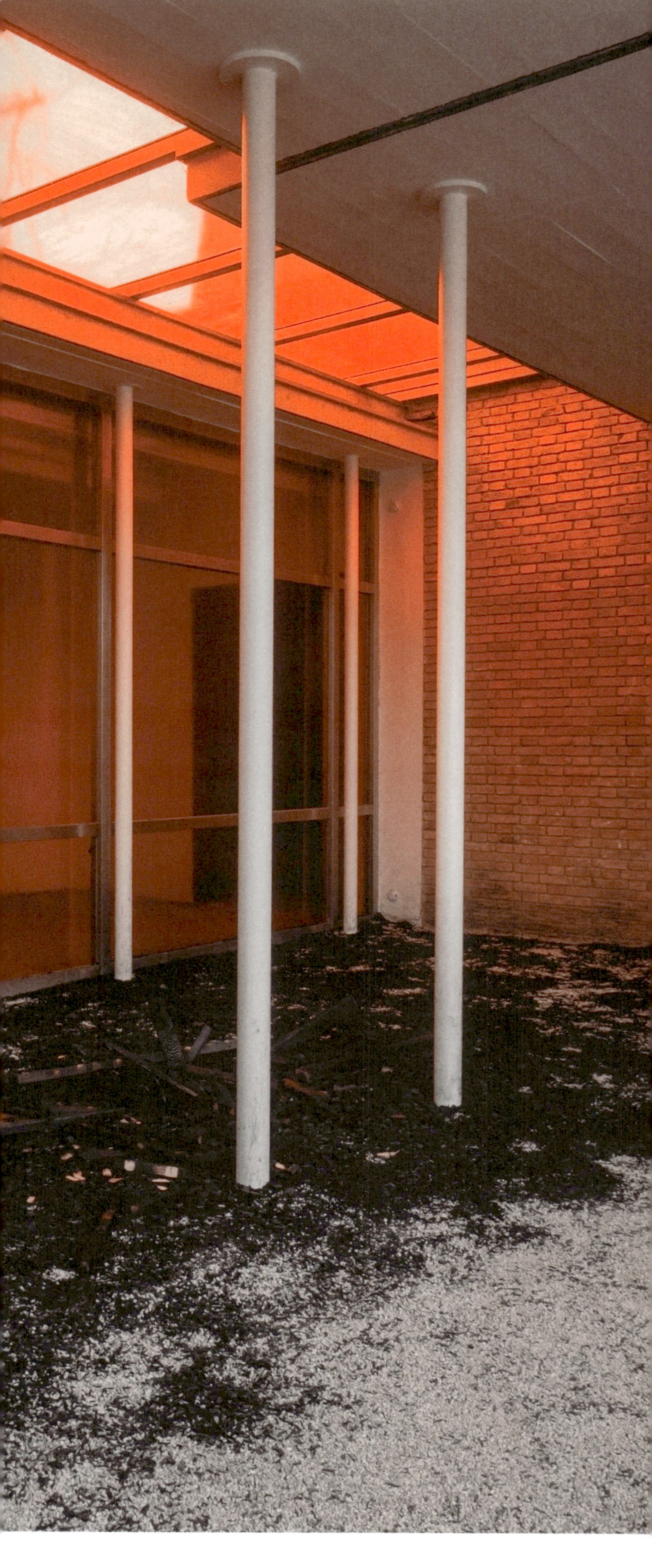

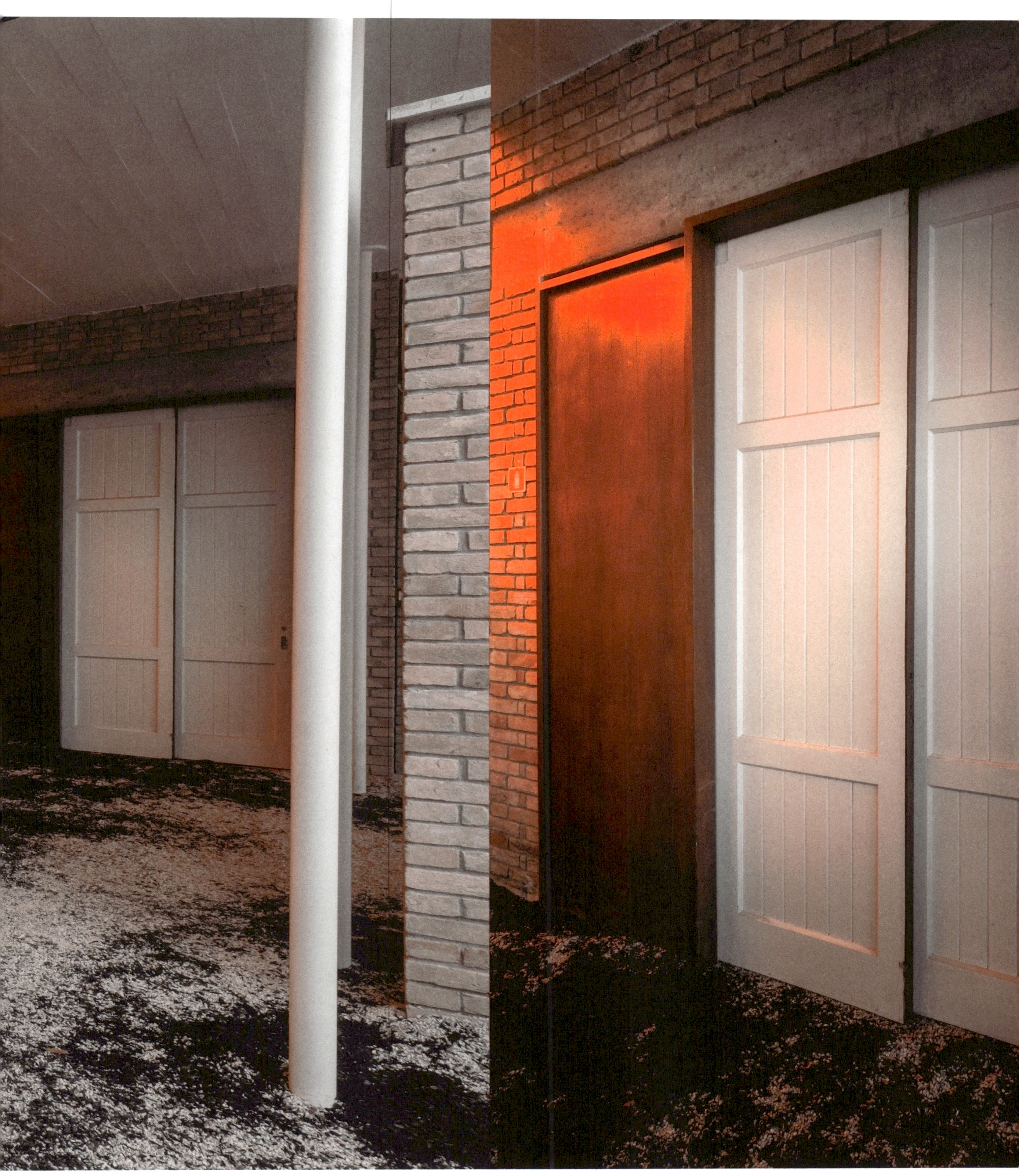

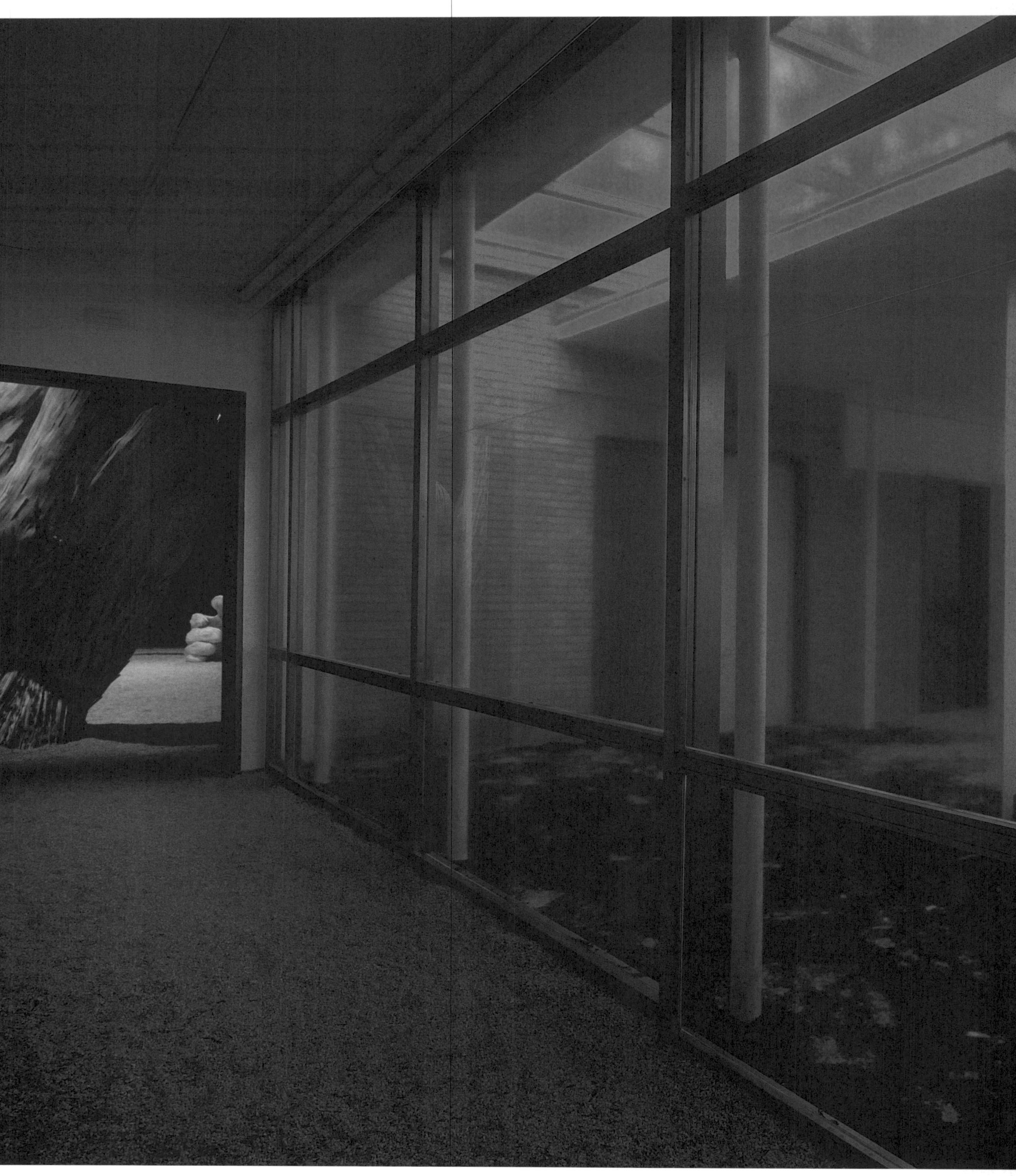

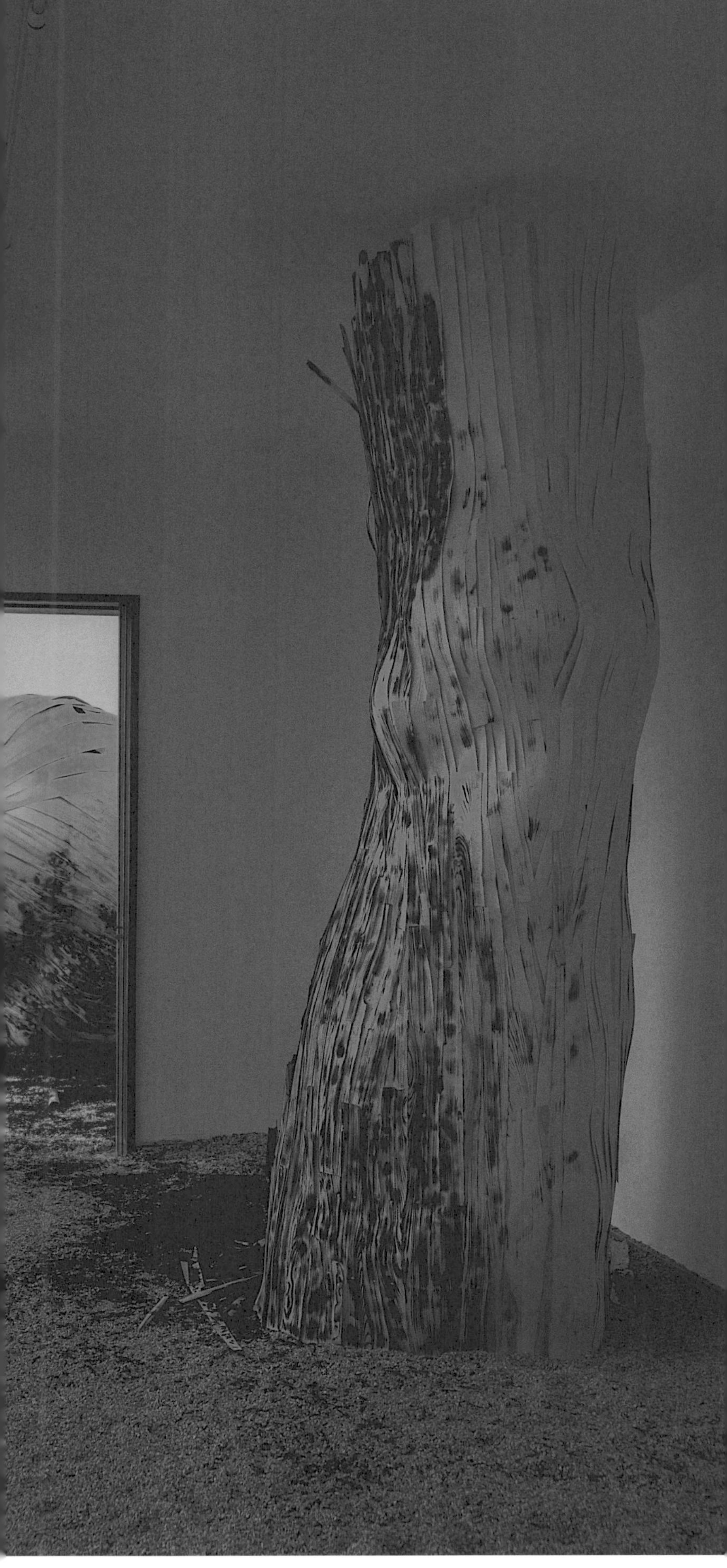

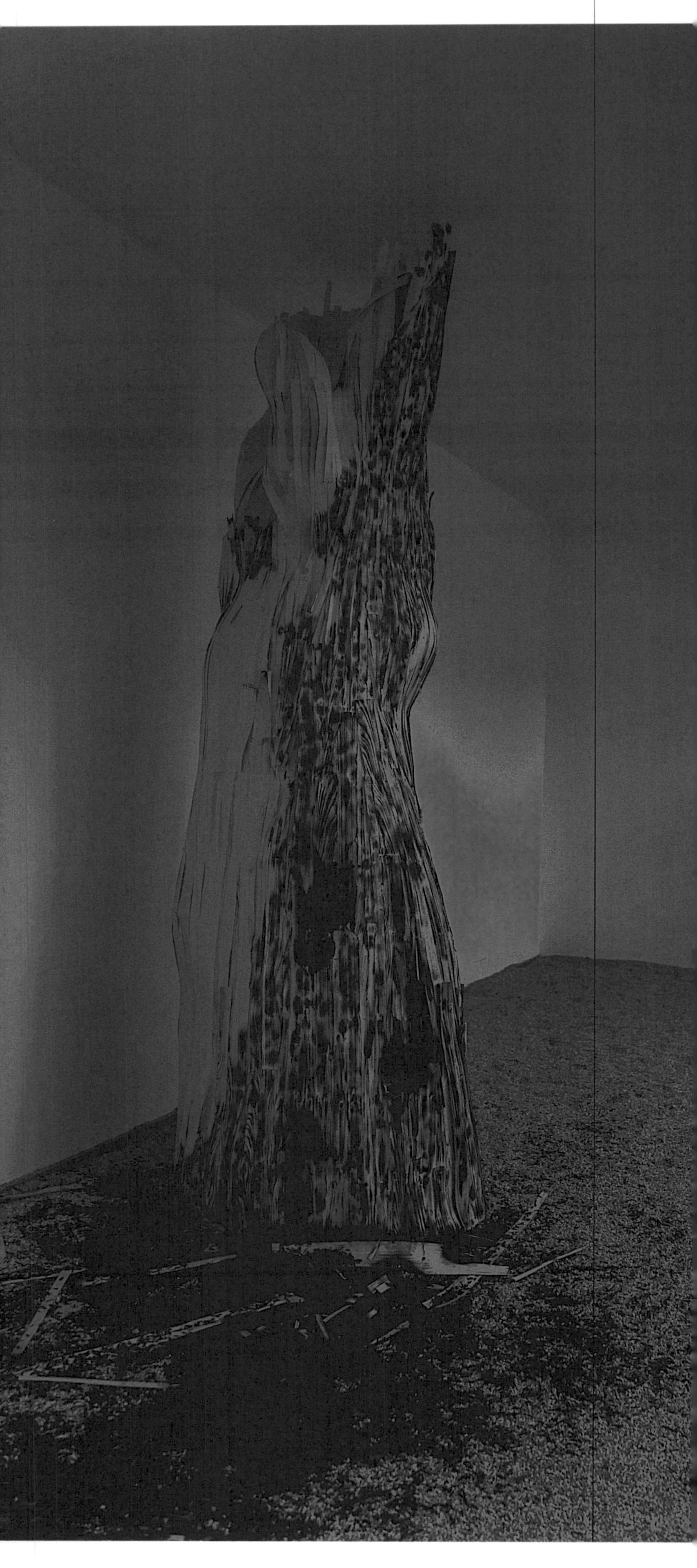

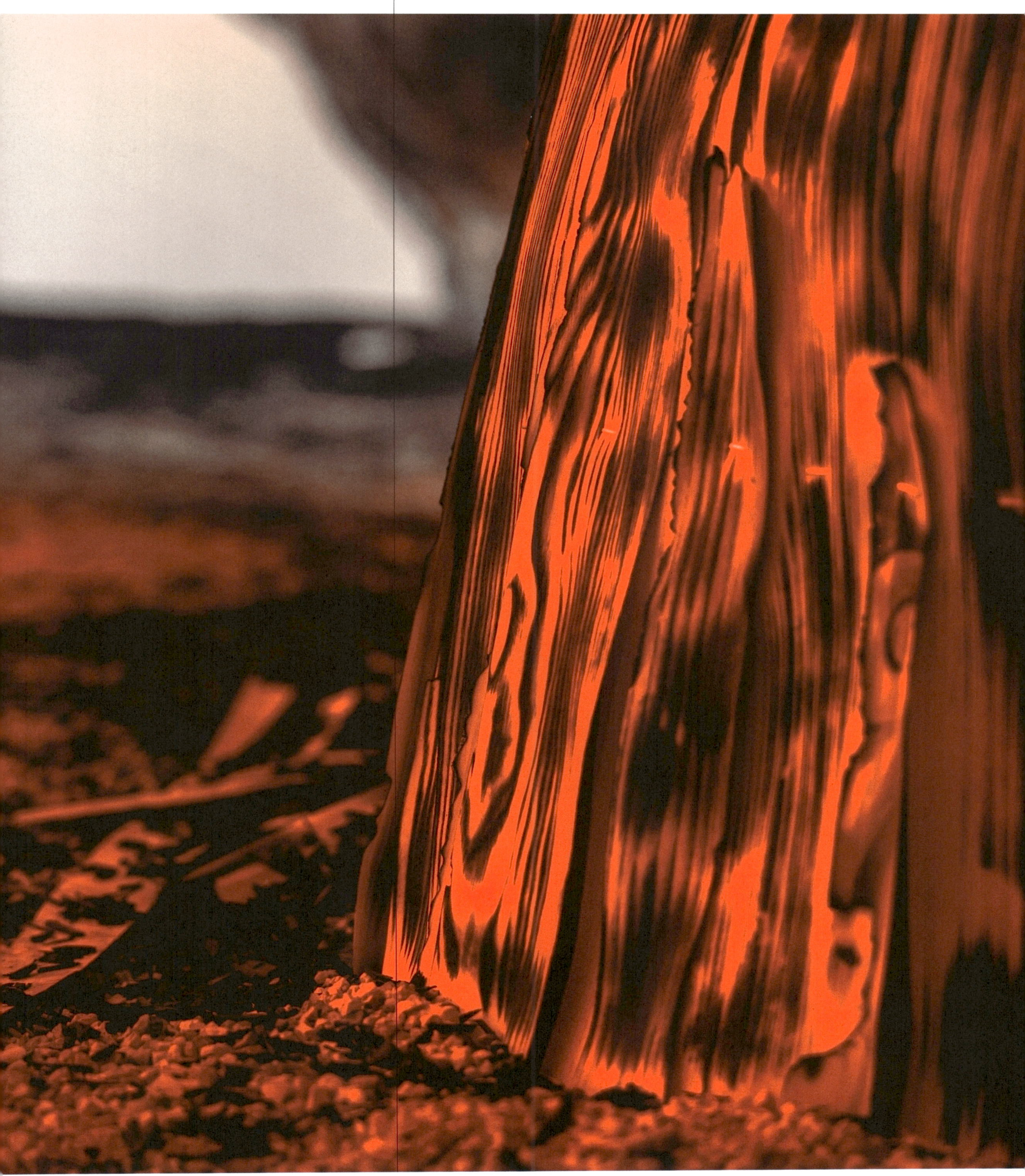

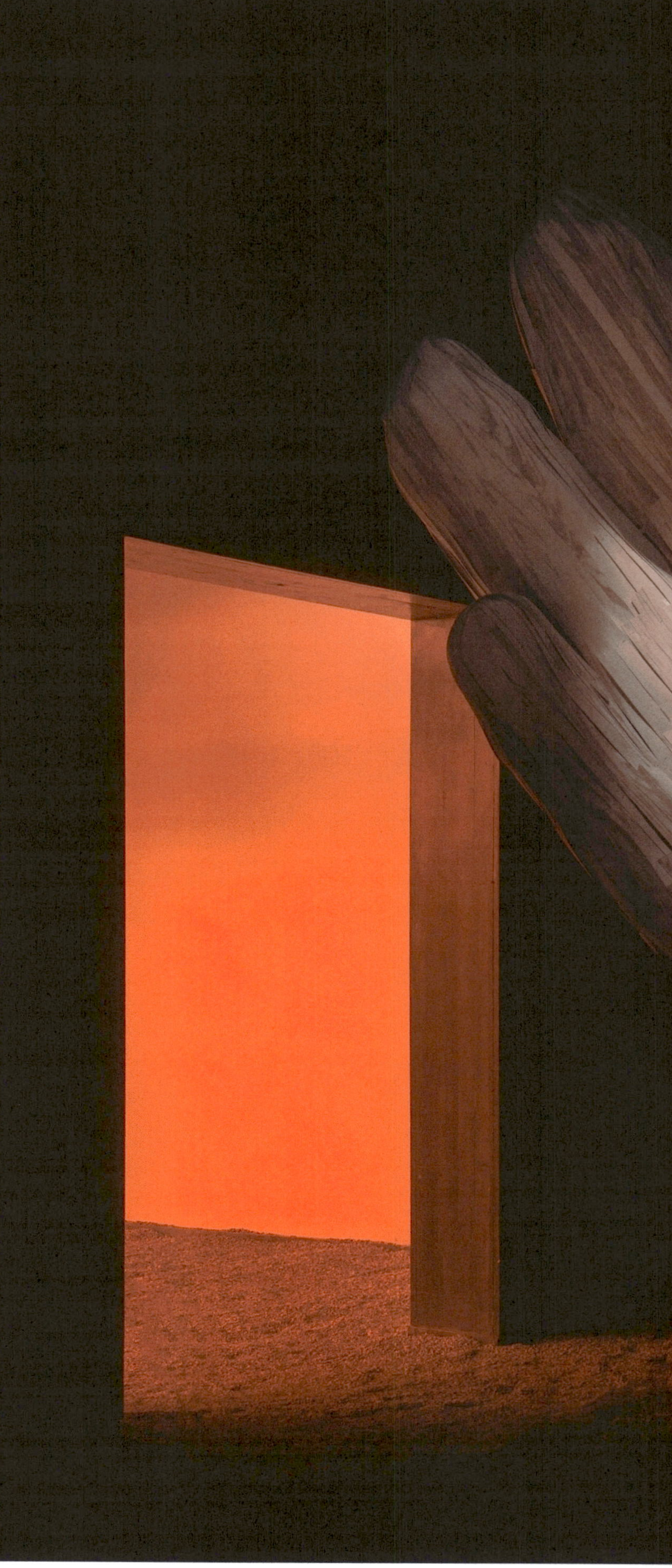

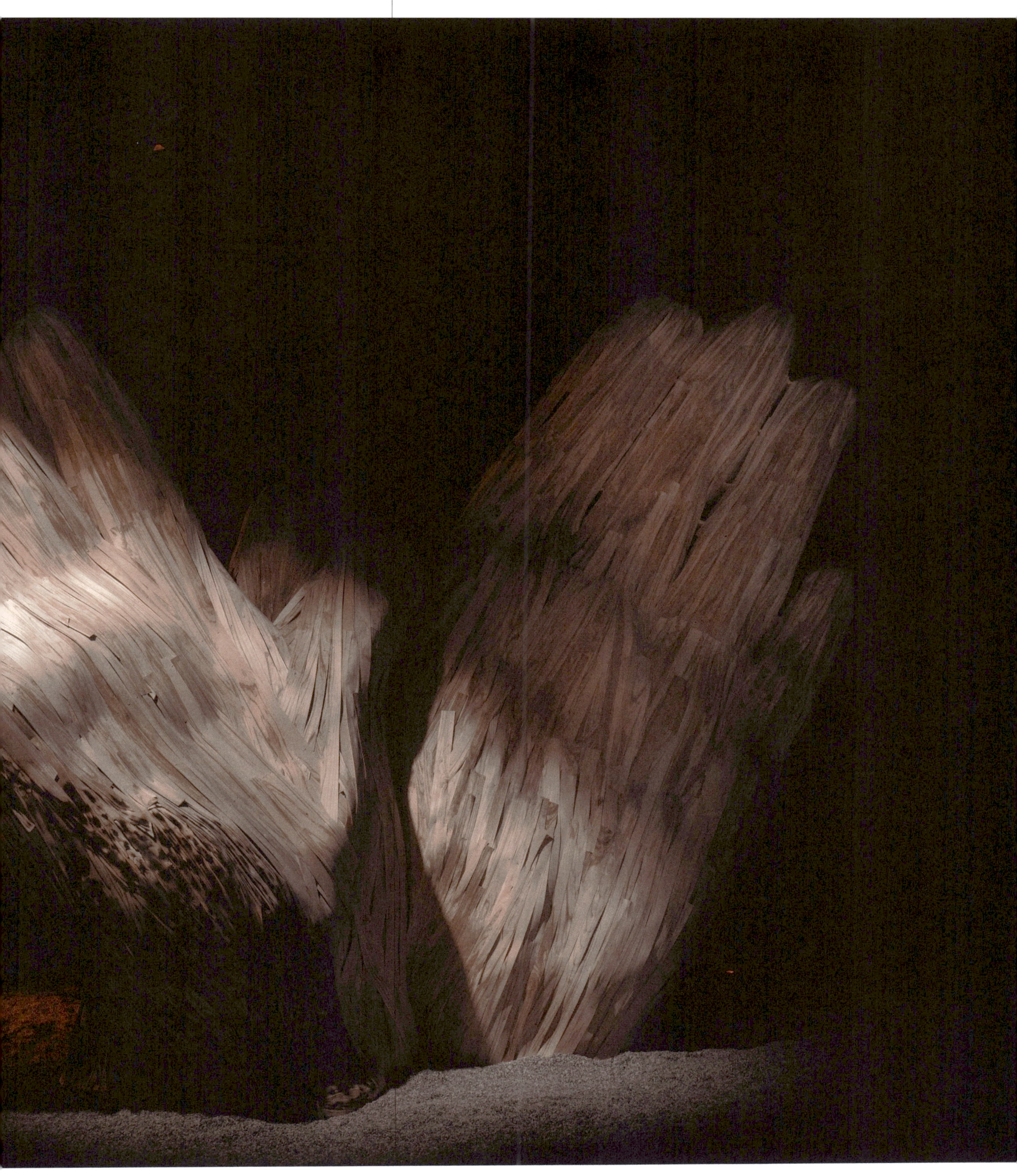

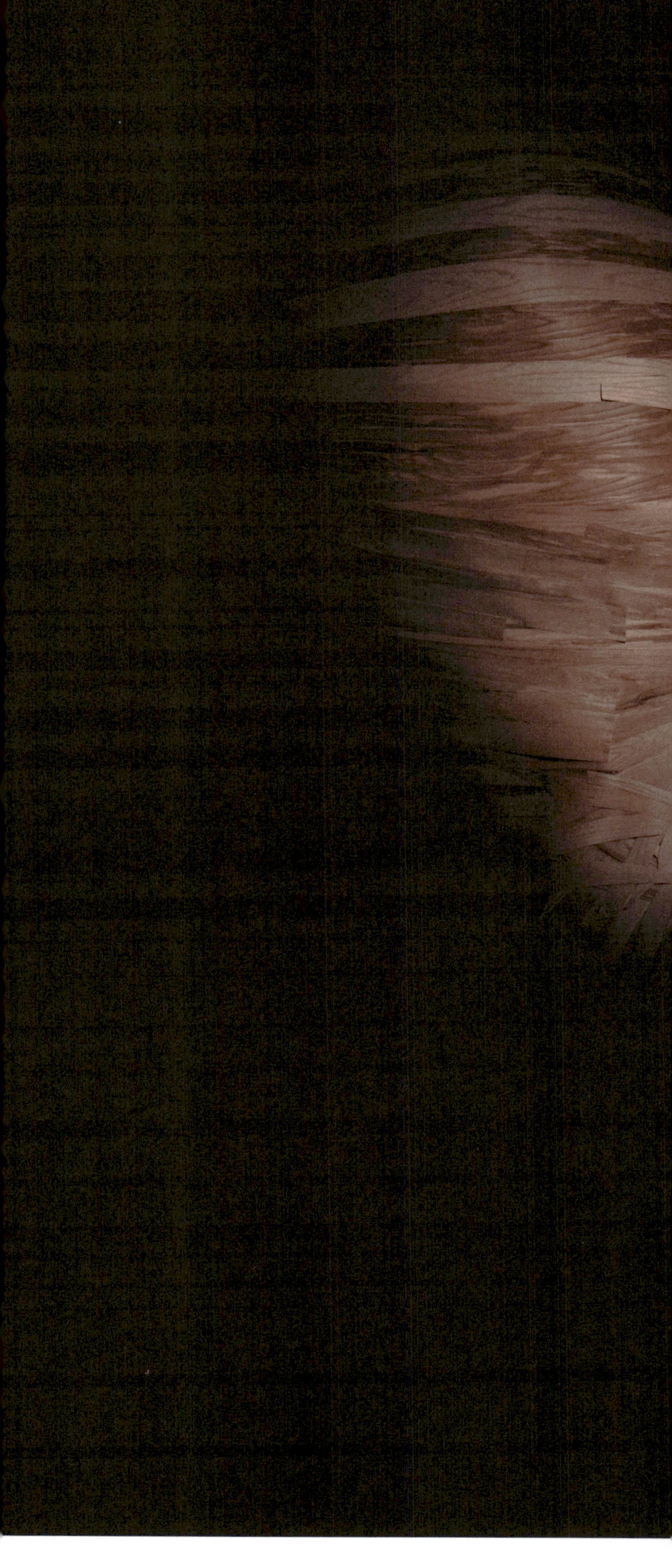

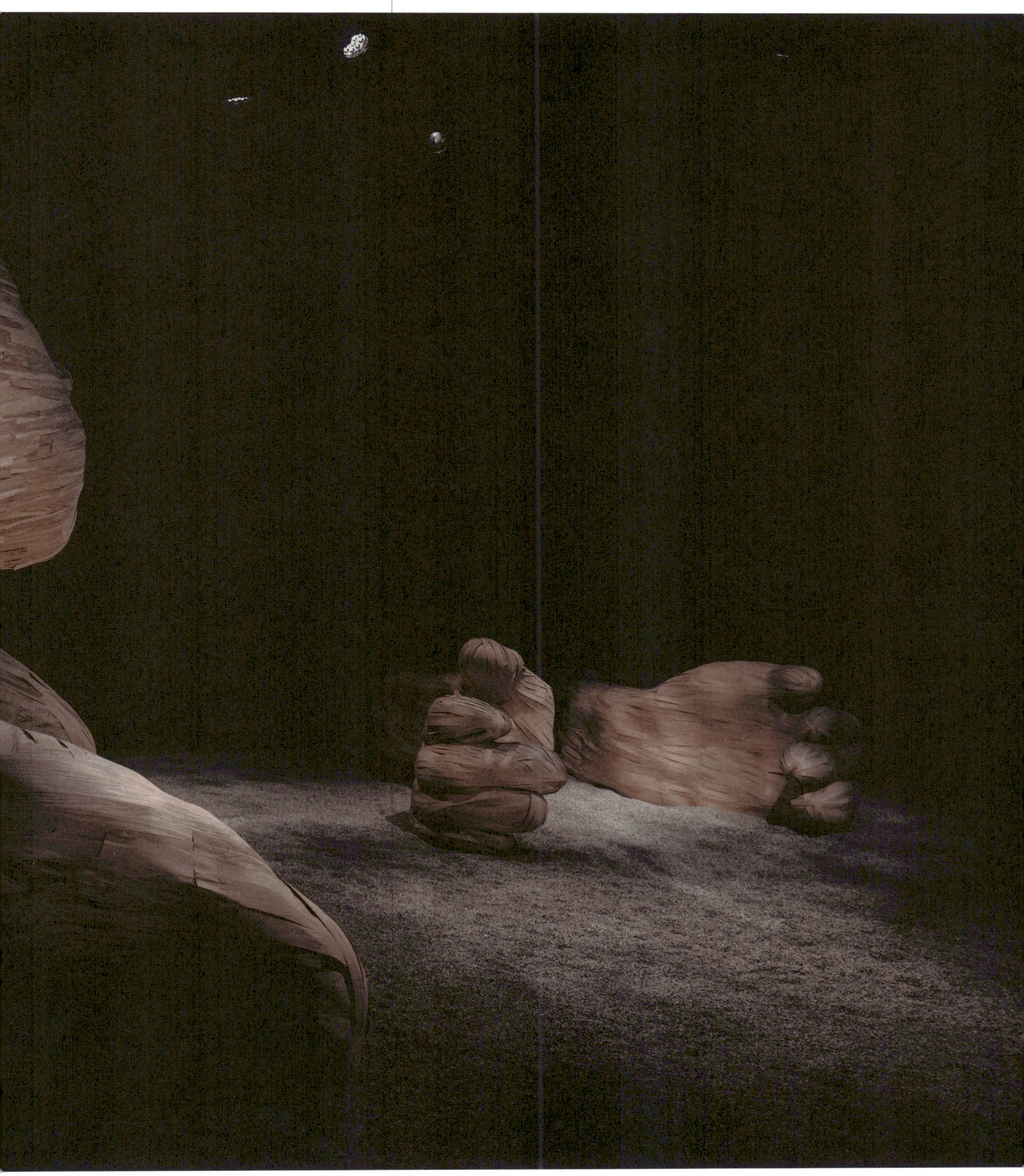

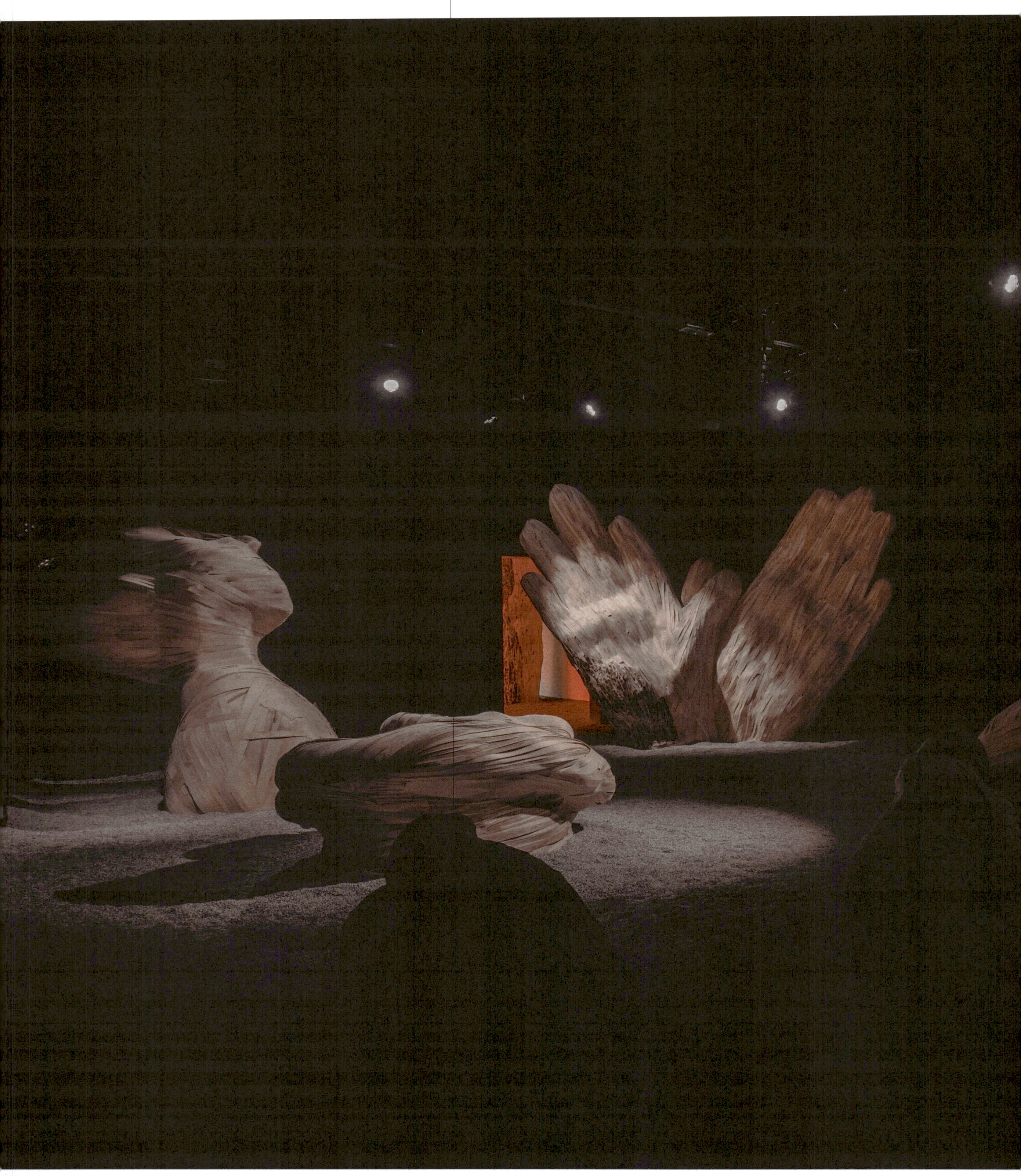

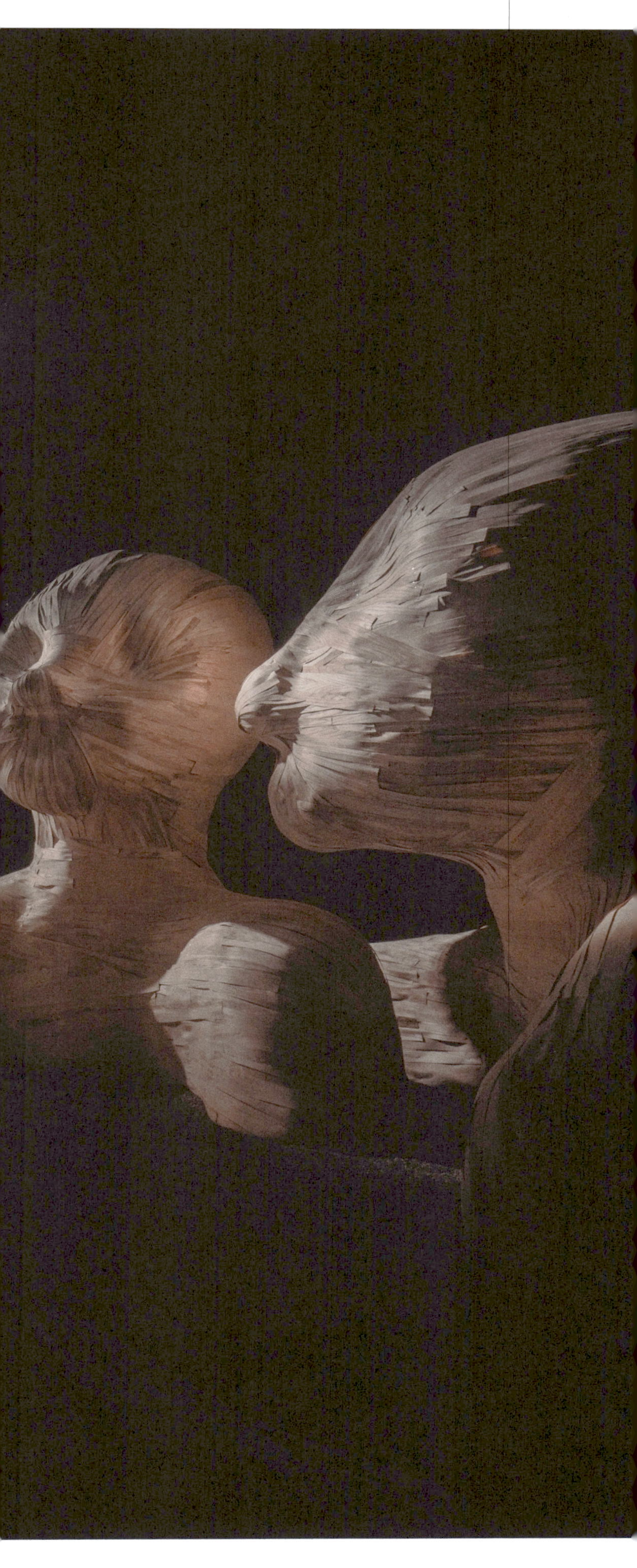

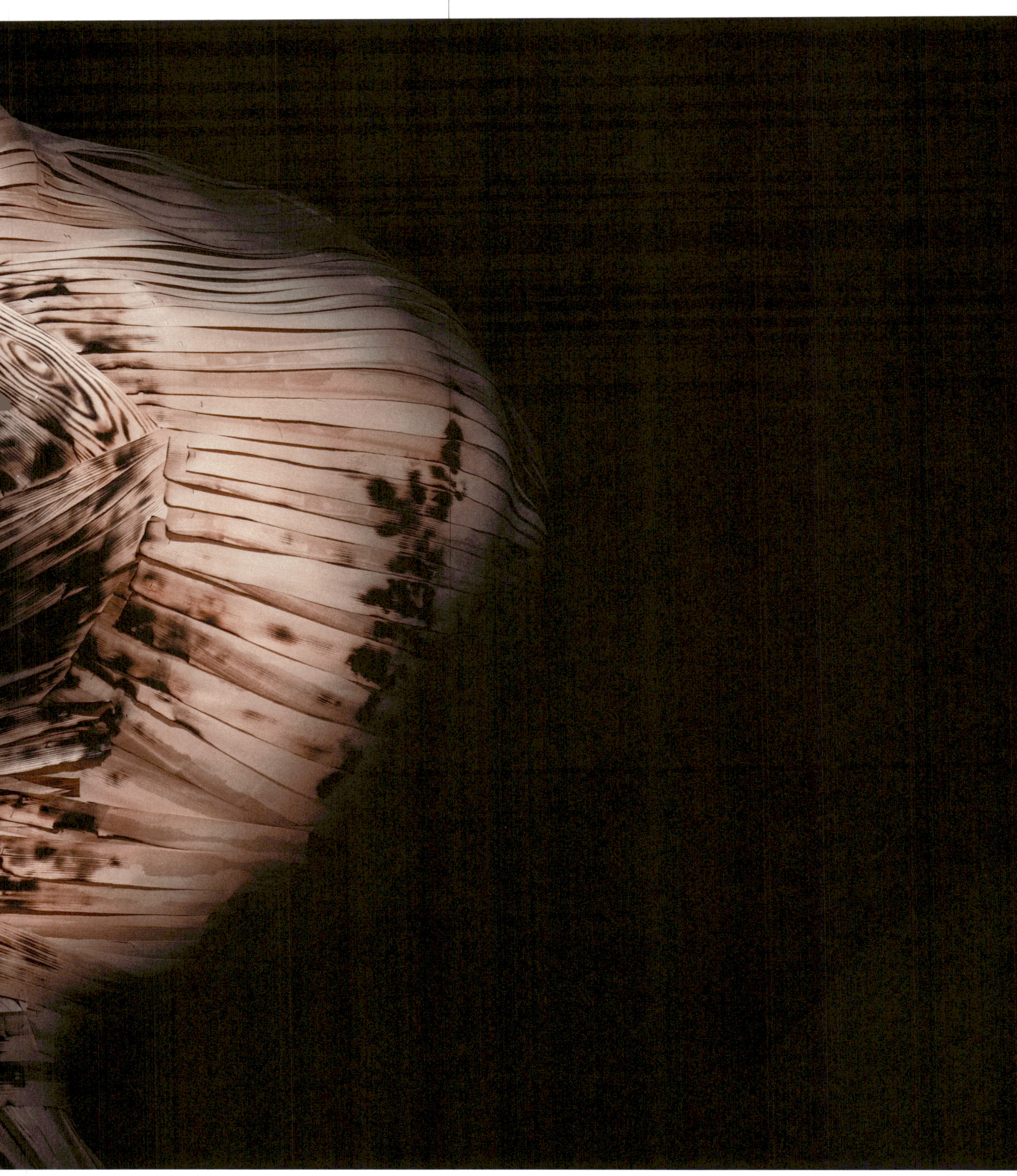

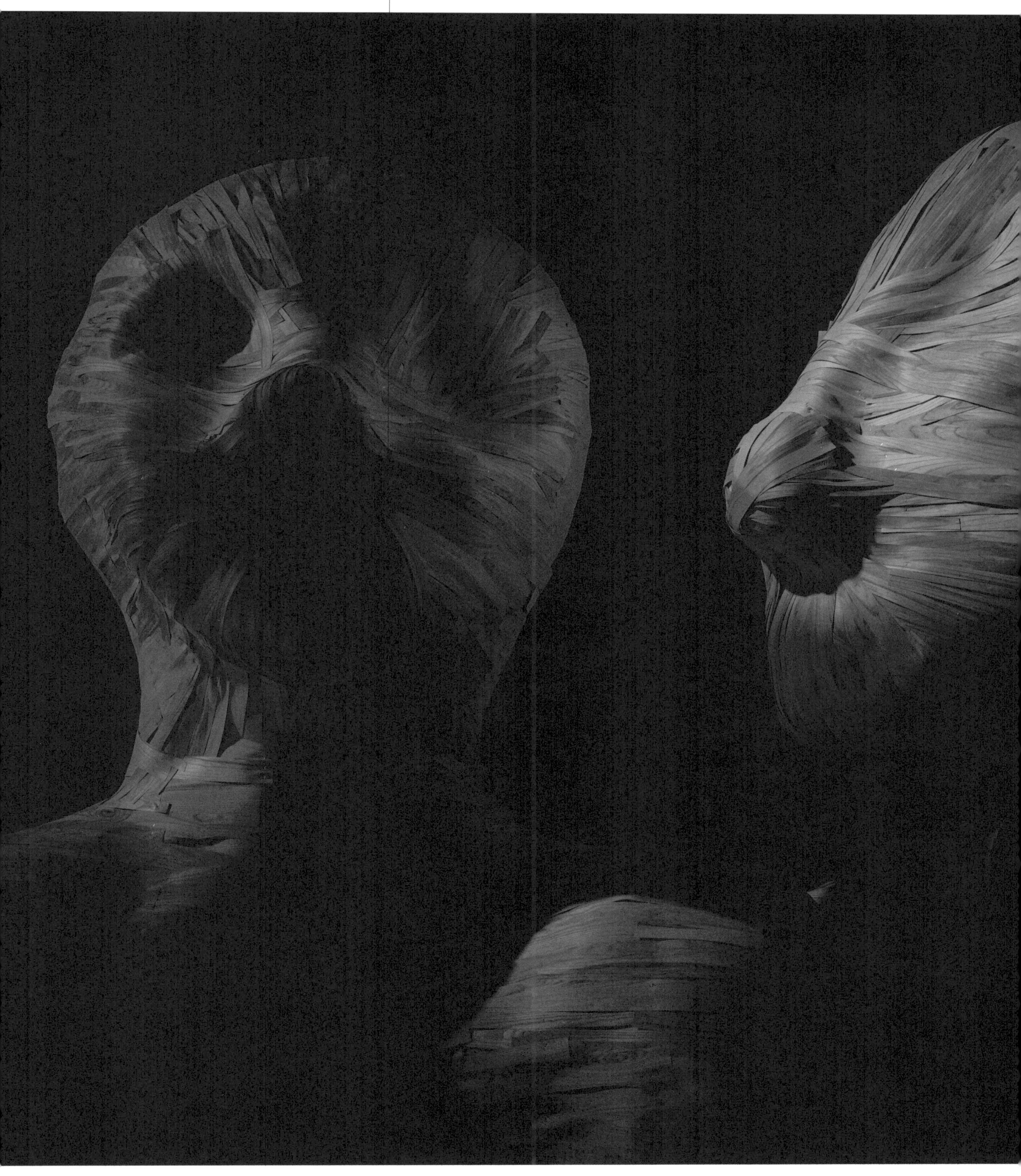

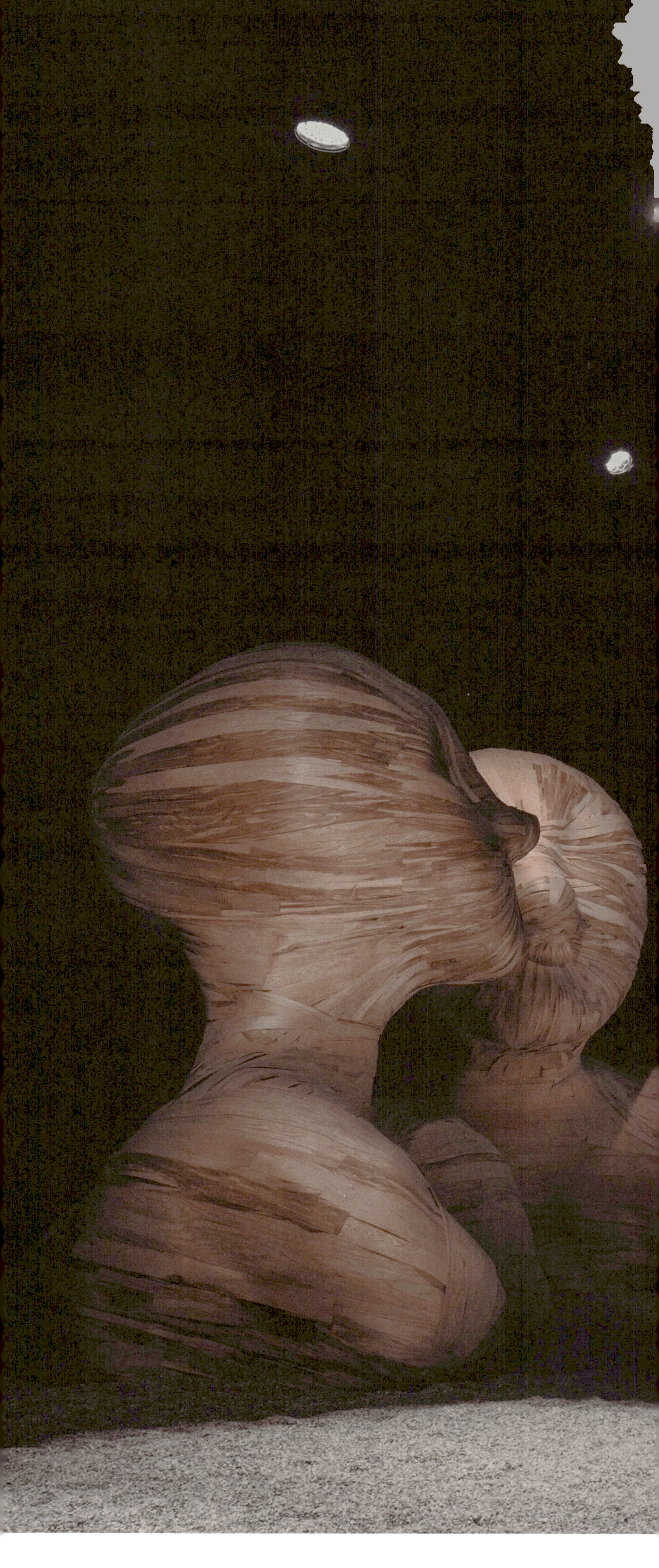

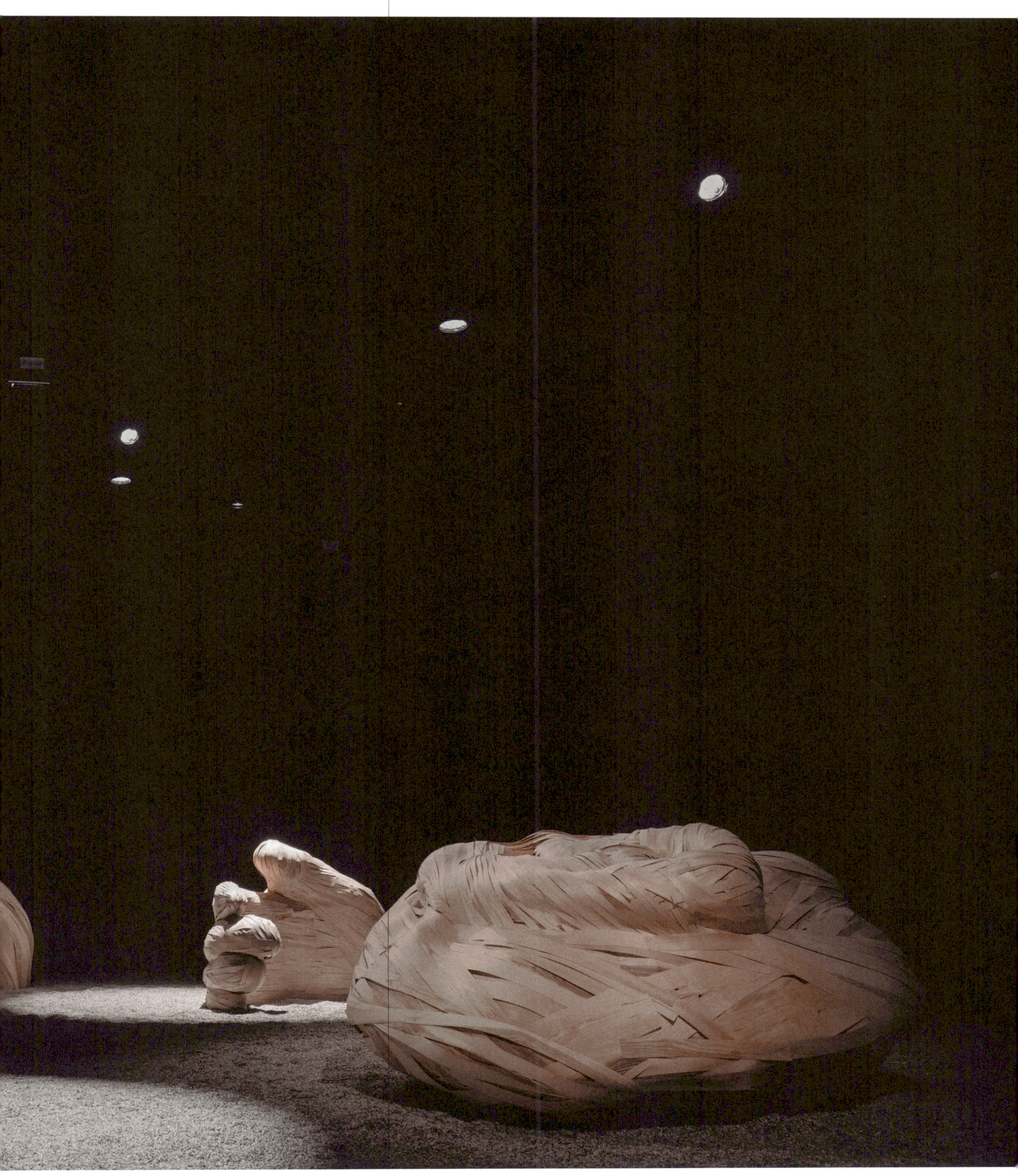

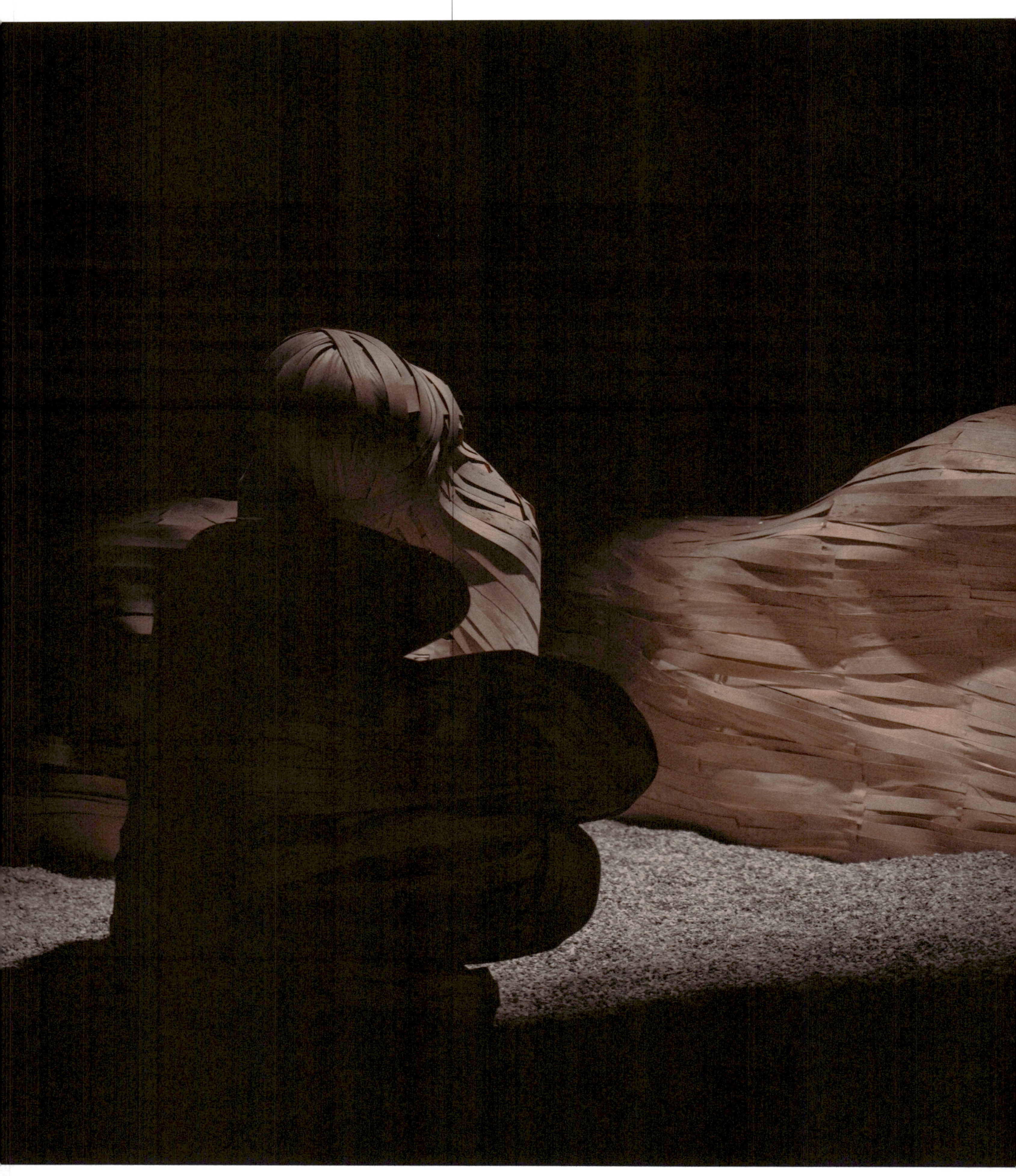

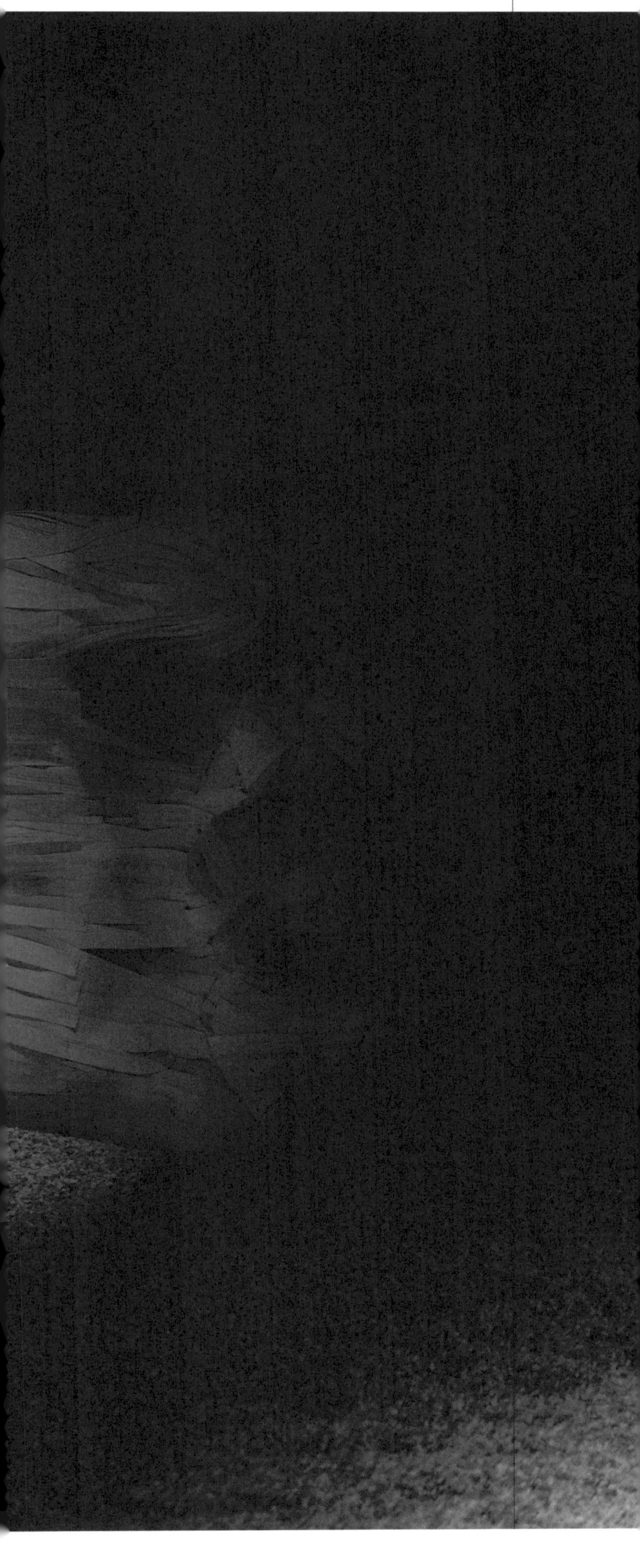

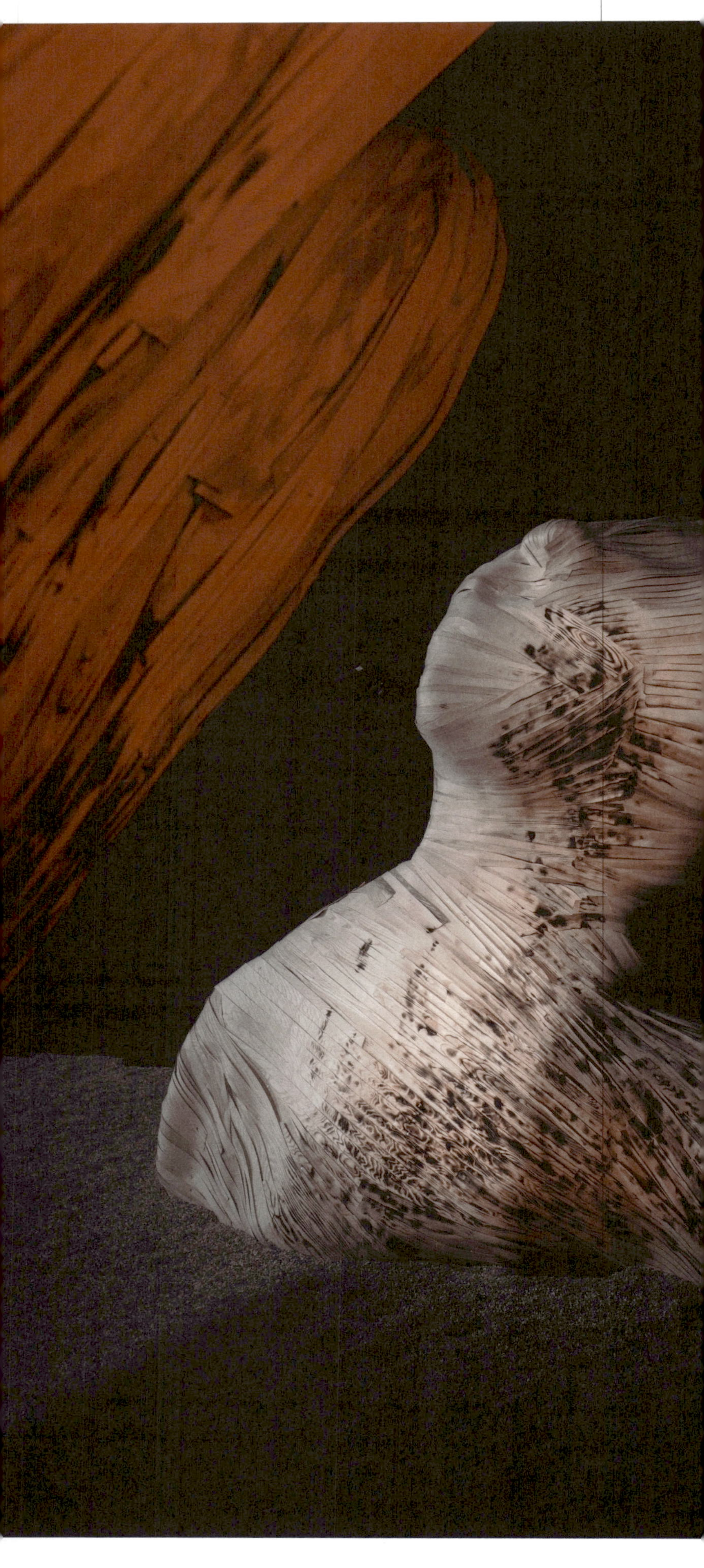

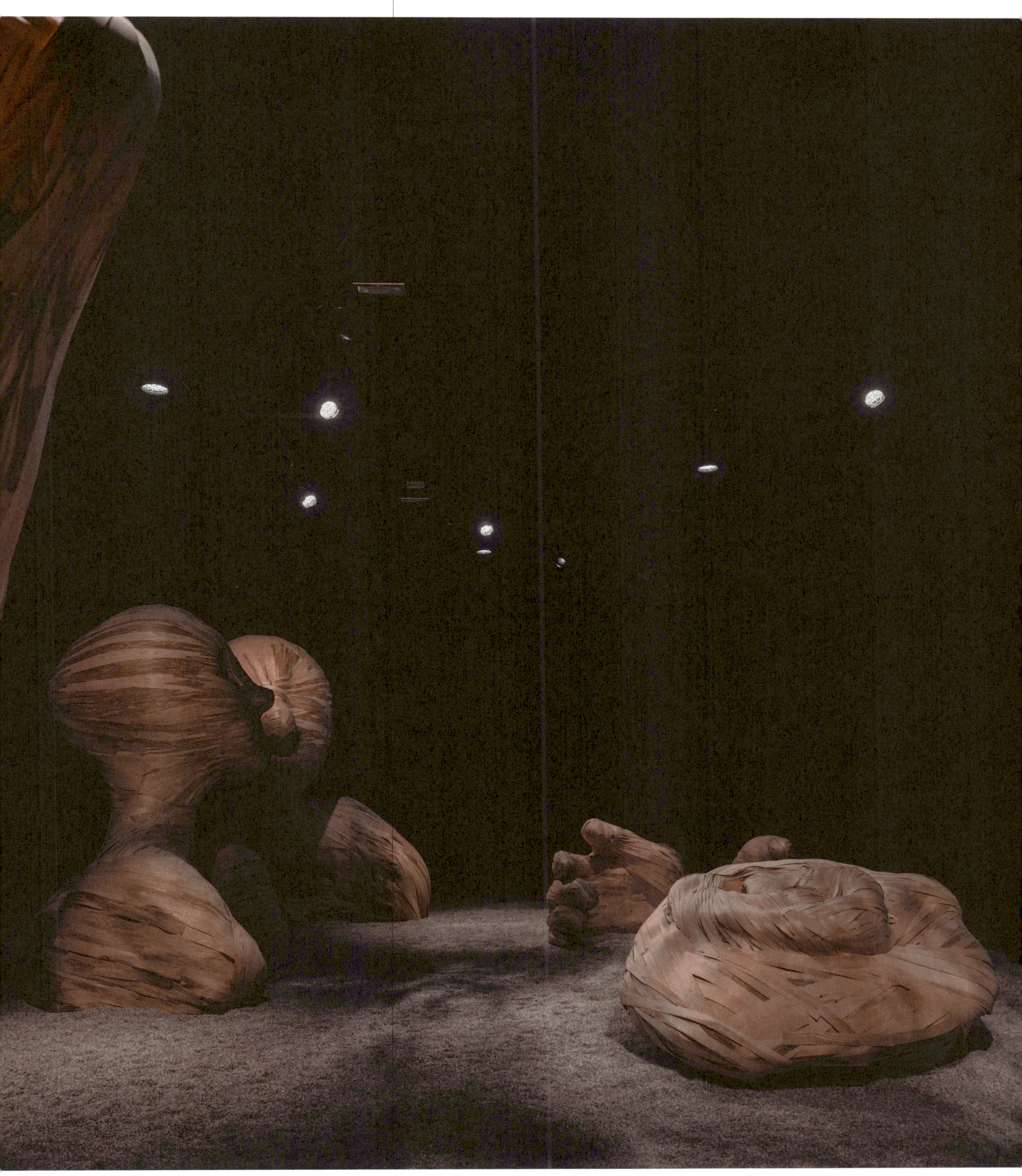

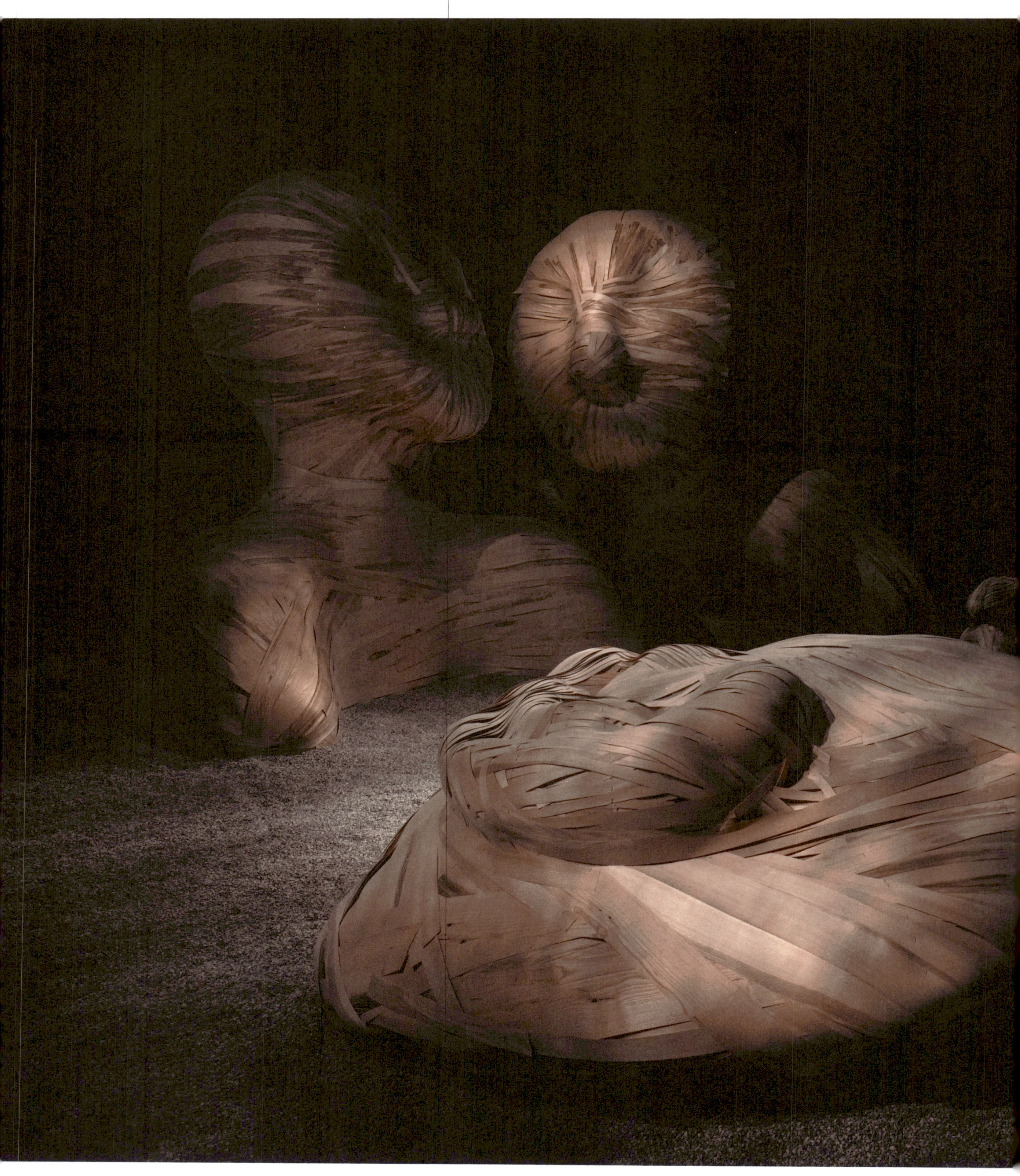

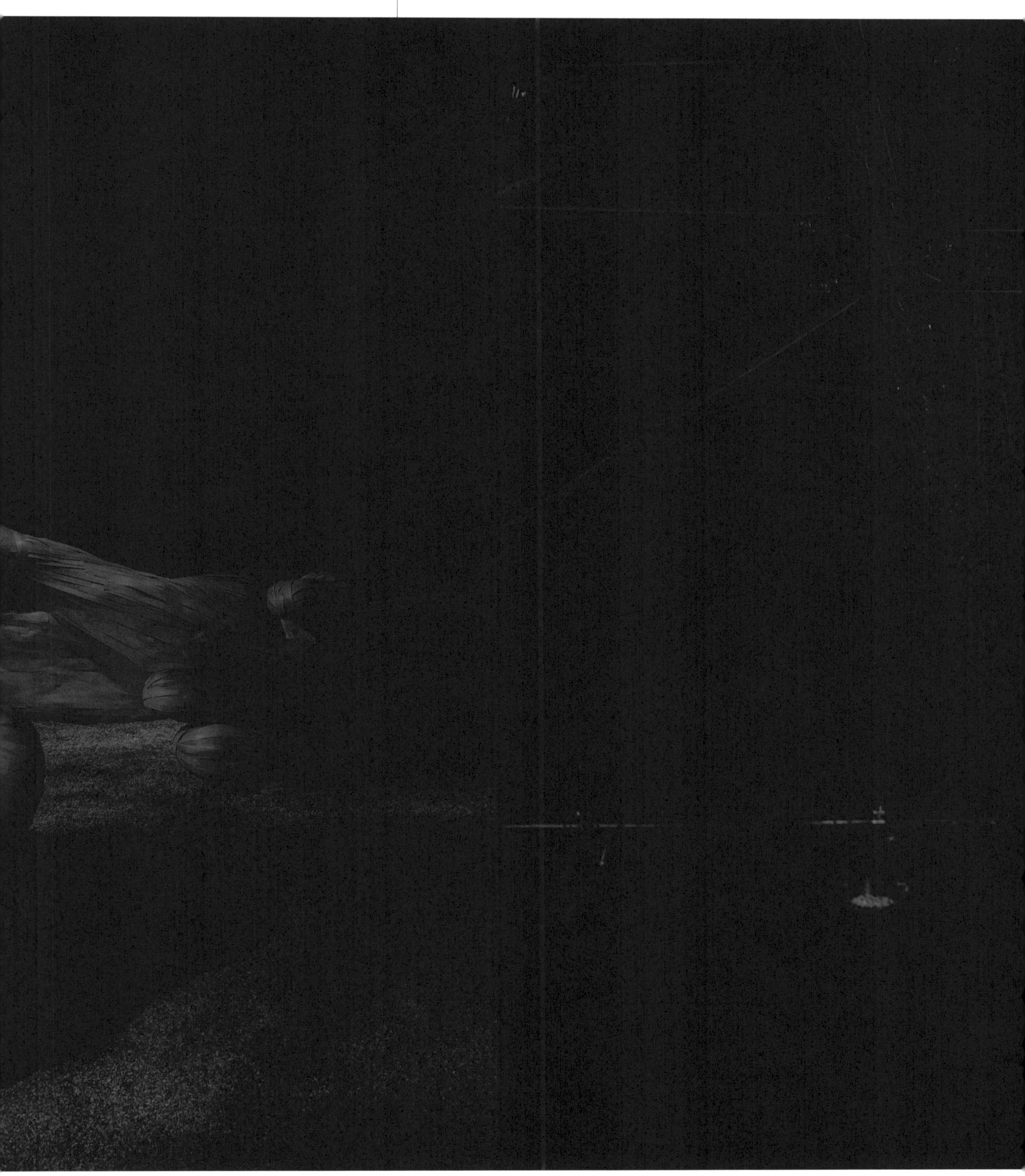

ALEXANDRE BABEL —
(1980, Suisse) vit et travaille à Berlin. Il est percussionniste, compositeur et curateur de musique contemporaine. Ses projets redéfinissent les frontières des conventions musicales, déroutant les attentes du public à travers leur conquête de contextes nouveaux. Il est directeur artistique du collectif de percussion contemporaine Eklekto de 2013 à 2022. En 2020, le festival monographique Les Amplitudes à La Chaux-de-Fonds se consacre à son travail de compositeur et de curateur. Il est lauréat d'un Prix suisse de musique de l'Office Fédéral de la culture en 2021.

FRANÇOIS J. BONNET —
(1981, France) vit et travaille à Paris. Il est un compositeur et théoricien franco-suisse. Il dirige le Groupe de Recherches Musicales de l'Institut National de l'Audiovisuel (INA GRM) depuis 2018. Il a publié *Les mots et les sons*, *Un archipel sonore* (2012), *L'Infra-monde* (2015), *Après la mort* (2017) et *La musique à venir* (2020). Il est également producteur sur France Musique et co-éditeur de la revue *Spectres*. Sa musique, souvent diffusée sous le projet Kassel Jaeger, a été présentée dans le monde entier.

RAPHAËL BRUNNER —
(1963, Suisse) vit et travaille à Sion. Docteur de l'EHESS – École des hautes études en sciences sociales, Raphaël Brunner est également licencié en lettres de l'Université de Fribourg et diplômé de l'ENS – École normale supérieure. Bénéficiaire de diverses bourses cantonales et fédérales, il est actuellement Maître d'enseignement à l'EDHEA – École de design et haute école d'art du Valais, HES-SO et Professeur chargé d'enseignement à la HEP-VS – Haute École Pédagogique du Valais, pour laquelle il a récemment dirigé une équipe de recherche suisse romande en didactique des arts et de la technologie pour un projet de SwissUniversities. Informées par les pratiques artistiques historiques et contemporaines, ses recherches observent un réagencement continu des régimes de l'art.

ANTOINE CHESSEX —
(1980, Suisse) vit et travaille à Zurich. Ses travaux explorent différentes formes de fictions sonores brouillant les frontières entre le bruit, les politiques du son et les recherches artistiques. Dans le champ des Sound Studies, ses recherches portent sur les relations possibles entre les dimensions socioculturelles du son et de l'écoute et les pratiques artistiques transversales. Il est également éditeur du magazine *Multiple*. Antoine Chessex est lauréat d'un prix d'artiste « Werkjahr » de la ville de Zurich en 2018 ainsi que d'un prix suisse de musique de l'Office fédéral de la culture en 2020.

ALVIN CURRAN —
(1938, États Unis) est un compositeur, interprète, improvisateur, artiste sonore et écrivain américain qui vit et travaille à Rome. Il est le cofondateur, avec Frederic Rzewski et Richard Teitelbaum, de Musica Elettronica Viva, et un ancien élève d'Elliott Carter. La musique de Curran fait souvent appel à l'électronique, aux sons environnementaux, aux espaces naturels ouverts et à un grand nombre de musiciens. Professeur



ALEXANDRE BABEL —
(1980, Switzerland) lives and works in Berlin. He is a drummer, composer, and curator. His projects redefine the boundaries of musical convention, confounding listener expectations in the conquest of new contexts. Babel has been the artistic director of the contemporary percussion group Eklekto 2013–2022. In 2020, the monographic Festival Les Amplitudes in La Chaux-de-Fonds focused on Babel's compositional and curatorial work. He is a laureate of the Swiss Music Prize from the Federal Office of Culture 2021.

FRANÇOIS J. BONNET —
(1981, France) lives and works in Paris. He is a French-Swiss composer, writer, and theorist. He has been the Director of French Musical Research Institution INA GRM since 2018. He has published several books: *The Order of Sounds* (2016) *The Infra-World* (2017), *The Music to Come* (2020) and *After Death* (2020). He is also a producer for national radio France Musique and is the co-editor of the SPECTRES publication. His music, often released under the Kassel Jaeger project name, has been presented worldwide.

RAPHAËL BRUNNER —
(1963, Switzerland) lives and works in Sion, Switzerland. Raphaël Brunner holds a doctorate from the EHESS – Ecole des hautes études en sciences sociales, a degree in literature from the Universitý of Fribourg and a diploma from the ENS – École normale supérieure. Recipient of various cantonal and federal grants, he is currently a lecturer at EDHEA – The Valais School of Art, HES-SO and a lecturer at HEP-VS – Haute École Pédagogique du Valais, for which he recently led a Swiss research team in didactics of arts and technology for a swissuniversities project. Informed by historical and contemporary art practices, his research observes a continuous rearrangement of art regimes.

ANTOINE CHESSEX —
(1980, Switzerland) lives and works in Zurich. His works blur the boundaries between noise, politics of sound, audio deconstruction, and artistic research while transversally exploring sonic imaginations. In the field of Sound Studies, his research focuses on the possible relations between sound, listening, artistic practices and cultural analysis. He is also the editor of the publication "Multiple". Antoine Chessex is the recipient of an Artist Prize "Werkjahr" from the City of Zurich in 2018, as well as Swiss Music Prize from the Federal Office of Culture in 2020.

ALVIN CURRAN —
(1938, United States) is an American composer, performer, improviser, sound artist, and writer who lives and works in Rome. He is the co-founder, with Frederic Rzewski and Richard Teitelbaum,

titulaire de la chaire Milhaud de composition au Mills College en Californie de 1991 à 2006, Alvin Curran reste très actif dans le monde entier. www.alvincurran.com

LATIFA ECHAKHCH —

(1974, Maroc) vit et travaille à Vevey en Suisse. Elle est diplômée de l'École nationale supérieure d'arts de Cergy-Pontoise et de l'École nationale des beaux-arts de Lyon. Elle est représentée par les galeries Kamel Mennour (Paris/Londres), Kaufmann Repetto (Milan/New York), Dvir Gallery (Tel-Aviv/Bruxelles) et Pace (New York). Elle a participé à l'exposition centrale de la Biennale de Venise en 2011, et a obtenu le prix Marcel-Duchamp en 2013 ainsi que le Zurich Art Prize en 2015. À travers ses installations interdisciplinaires, l'artiste est reconnue pour l'équilibre, entre force et fragilité, de son langage visuel, insérant des éléments surréalistes et conceptuels, ainsi que pour l'importance des symboles, qu'elle conjugue elle-même entre « politique et poésie ».

MAXIME GUITTON —

(1977, France) vit et travaille à Marseille. Il est coordinateur de la recherche et programmateur artistique et culturel de l'École des Beaux-Arts de Marseille. Depuis 2003, il mène des activités indépendantes de programmation et de recherche. Il est auteur d'une centaine de programmations musicales entre lieux indépendants et institutions. Il a assisté la compositrice Éliane Radigue entre 2009 et 2011. Ses champs de recherche principaux l'amènent à intervenir en écoles supérieures d'art, centres d'art et musées. Pensionnaire de la Villa Médicis - Académie de France à Rome en histoire et théorie des arts (2017-2018), il poursuit depuis un travail sur les archives du compositeur Alvin Curran.

EMANUELE QUINZ —

(1973, Italie) vit et travaille à Paris. Il est historien de l'art et du design et commissaire d'exposition. Maître de conférences à l'université Paris 8 et chercheur associé à l'EnsadLab, École nationale supérieure des Arts Décoratifs, ses recherches explorent les convergences entre les disciplines dans les pratiques artistiques contemporaines : des arts plastiques à la musique, de la danse au design. Il est l'auteur de *Le cercle invisible. Environnements, systèmes, dispositifs* (2017) et il a dirigé ou codirigé plusieurs ouvrages dont *Strange Design* (avec J. Dautrey, 2014), *Esthétique des systèmes* (2015), *Behavioural Objects I* (avec S. Bianchini, 2016), *Uchronia* (avec F. Apertet et A. Vigier, 2017) et *Le comportement des choses* (2021).

MADELEINE SCHUPPLI —

(1965, Suisse) vit et travaille à Zurich. Elle est Responsable Arts visuels à la Fondation Suisse pour la culture Pro Helvetia. Auparavant commissaire d'exposition à la Kunsthalle de Bâle, directrice du Kunstmuseum de Thoune et directrice de l'Aargauer Kunsthaus. Madeleine Schuppli a été commissaire d'un grand nombre d'expositions avec des artistes comme Mona Hatoum, Maurizio Cattelan, Julie Mehretu, Manon, Christian Marclay, Su-Mei Tse, Jean-Luc Mylayne et a été présidente de l'ICOM Suisse (Conseil international des musées).

JONATHAN STERNE —

(1970, États-Unis) vit et travaille à Montréal au Québec. Il enseigne au département d'histoire de l'art et d'études en communication de l'Université McGill à Montréal. Il est l'auteur de *The Audible Past : Cultural Origins of Sound Reproduction* (2003), *MP3 : The Meaning of a Format* (2012), *Diminished Faculties : A Political Phenomenology of Impairment* (2021) et de

of Musica Elettronica Viva, and a former student of Elliott Carter. Curran's music often makes use of electronics, environmental sounds, natural open spaces and large numbers of musicians. He was the Milhaud Professor of Composition at Mills College in California from 1991 until 2006 and remains highly active around the world. www.alvincurran.com

LATIFA ECHAKHCH —

(1974, Morocco) lives and works in Vevey, Switzerland. She graduated from the École nationale supérieure d'arts in Cergy-Pontoise and the École nationale des beaux-arts in Lyon. Galleries representing her include kamel mennour (Paris and London), kaufmann repetto (Milan and New York), Dvir Gallery (Tel Aviv/Brussels) and Pace (New York). She took part in the main exhibition of the Venice Biennale Arte in 2011 and was awarded the prix Marcel-Duchamp in 2013 and the Zurich Art Prize in 2015. Through her interdisciplinary installations, Latifa Echakhch is recognized for the fine balance between forcefulness and fragility of her visual language, inserting surrealist and conceptual elements, and her use of symbols that–in her own words–are both "political and poetic".

MAXIME GUITTON —

(1977, France) lives and works in Marseille. He is the research coordinator and artistic and cultural programmer of the École des Beaux-Arts de Marseille. Since 2003, he has been carrying out independent programming and research activities. He is the programmer of around one hundred musical events in independent venues and institutions. He assisted the composer Éliane Radigue between 2009 and 2011. His main fields of research lead him to work in art schools, art centres and museums. A resident at the Villa Médicis - Académie de France in Rome in the history and theory of the arts (2017–2018), he has since been working on the archives of the composer Alvin Curran.

EMANUELE QUINZ —

(1973, Italy) lives and works in Paris. He is an art and design historian and a curator. He is an Associate Professor at the University of Paris 8 and at EnsadLab, Ecole Nationale Supérieure des Arts décoratifs. His research explores the convergences between disciplines in contemporary artistic practices: from visual arts to music, from dance to design. He is the author of *Le cercle invisible. Environnements, systèmes, dispositifs* (2017) and he has edited and co-edited several books including *Strange Design* (with J. Dautrey, 2014), *Esthétique des systèmes* (2015), *Behavioural Objects I* (with S. Bianchini, 2016), *Uchronia* (with F. Apertet and A. Vigier, 2017) and *Le comportement des choses* (2021).

MADELEINE SCHUPPLI —

(1965, Switzerland) lives and works in Zurich. She is Head of Visual Arts at the Swiss Arts Council Pro Helvetia. Previously she was a curator at Kunsthalle Basel, Director of Kunstmuseum Thun,

nombreux articles sur les médias, les technologies et la politique de la culture. Il travaille actuellement à un projet sur l'intelligence artificielle et la politique de la culture. Avec sa co-autrice Mara Mills, il écrit *Tuning Time : Histories of Sound and Speed*. sterneworks.org

FRANCESCO STOCCHI —

(1975, Italie) vit et travaille entre Rome et Amsterdam. Il est conservateur d'art moderne et contemporain au Musée Boijmans Van Beuningen de Rotterdam depuis 2012 et responsable du programme artistique de la Fondazione Memmo à Rome. Il a organisé des expositions saluées par la critique dans le monde entier, notamment aux États-Unis, en France, en Autriche, en Hollande, en Allemagne, en Italie et au Royaume-Uni. En 2020, il a coorganisé la 34e édition de la Biennale de São Paulo, intitulée *Faz escuro mas eu canto*. Il écrit et tient régulièrement des conférences sur l'art et la culture visuelle.

SALOMÉ VOEGELIN —

(1972, Suisse) vit et travaille entre Berlin et Londres. Elle est professeur de son à l'UAL, University of the Arts London. Elle est une artiste et une écrivaine qui travaille avec la logique relationnelle du son pour pratiquer une connaissance désordonnée et chercher la transversalité dans ses géographies enchevêtrées. Elle écrit des essais et des partitions-textes pour la performance et la publication. Ses livres incluent *Listening to Noise and Silence* (2010), *The Political Possibility of Sound* (2018) et *Sonic Possible Worlds* (2014/21). Sa pratique inclut des approches participatives et des modes performatifs.

JULIETTE VOLCLER —

(1977, France) vit et travaille à Rouen. Elle est chercheuse indépendante, autrice, critique et curatrice sonore. Elle travaille sur la critique sociale du son, l'histoire de la création sonore et la façon dont ces deux champs s'entremêlent. Elle est notamment l'autrice de trois essais aux éditions La Découverte : *Le son comme arme* (2011), *Contrôle* (2017) et *L'orchestration du quotidien* (2022). Elle produit, seule ou avec d'autres, des créations radiophoniques et des performances au croisement de l'art et de la science.

and Director of Aargauer Kunsthaus. Madeleine Schuppli curated a large number of exhibitions with artists including Mona Hatoum, Maurizio Cattelan, Julie Mehretu, Manon, Christian Marclay, Su-Mei Tse, Jean-Luc Mylayne. She was also President ICOM Switzerland (International Council of Museums).

JONATHAN STERNE —

(1970, United States) lives and works in Montreal, Quebec. He teaches in the Department of Art History and Communication Studies at McGill University, Montreal. He is the author of *The Audible Past: Cultural Origins of Sound Reproduction* (2003), *MP3: The Meaning of a Format* (2012), *Diminished Faculties: A Political Phenomenology of Impairment* (2021), and numerous articles on media, technologies, and the politics of culture. He is currently working on a project about artificial intelligence and the politics of culture. And with co-author Mara Mills, he is writing *Tuning Time: Histories of Sound and Speed*. www.sterneworks.org

FRANCESCO STOCCHI —

(1975, Italy) lives and works between Rome and Amsterdam. He has been a curator of Modern and Contemporary Art at the Museum Boijmans Van Beuningen in Rotterdam since 2012 and responsible for the artistic program for the Fondazione Memmo in Rome. He organized critically acclaimed exhibitions around the world, notably in the US, France, Austria, Holland, Germany, Italy, and the UK. In 2020 he co-curated the 34th edition of the São Paulo Bienal entitled *Faz escuro mas eu canto*. He writes and gives conferences on art and visual culture.

SALOMÉ VOEGELIN —

(1972, Switzerland) lives and works between Berlin and London. She is a Professor of Sound at UAL, University of the Arts London. She is an artist and writer who works with the relational logic of sound to practice a disordered knowledge and look for the transversal in its entangled geographies. She writes essays and text-scores for performance and publication. Her books include *Listening to Noise and Silence* (2010), *The Political Possibility of Sound* (2018) and *Sonic Possible Worlds* (2014/21). Her practice includes participatory approaches and performative modes.

JULIETTE VOLCLER —

(1977, France) lives and works in Rouen. She is an independent researcher, author, critic, and sound curator. She works on the social critique of sound, the history of sound creation and the way these two fields intertwine. She is the author of three essays published by La Découverte: *Le son comme arme* (2011), *Contrôle* (2017) and *L'orchestration du quotidien* (2022). She produces, alone or with others, radio creations and performances at the intersection of art and science.

Cette publication est accompagnée de l'édition vinyle de la composition "The Concert" d'Alexandre Babel sur le label Shelter Press.

Vous pouvez écouter la pièce sur:
https://shelter-press.com/theconcert

Le disque est disponible chez
https://shelter-press.com/.

Concept et composition
Alexandre Babel avec Latifa Echakhch

Musiciens
Alexandre Babel, percussion
Nikolaus Schlierf, alto
Jonathan Heilbronn, contrebasse
Rebecca Lenton, flûte
Theo Nabicht, clarinette basse et contrebasse
Enregistrement
Axel Reinemer, Jazzanova Studio, Berlin
Enregistrements additionnels par Alexandre Babel, Fahrbereitschaft, Berlin
Mixage
Antoine Etter, les Ateliers du Simplon, Renens
Mastering
Stefan Mathieu, Schwebung Mastering, Bonn

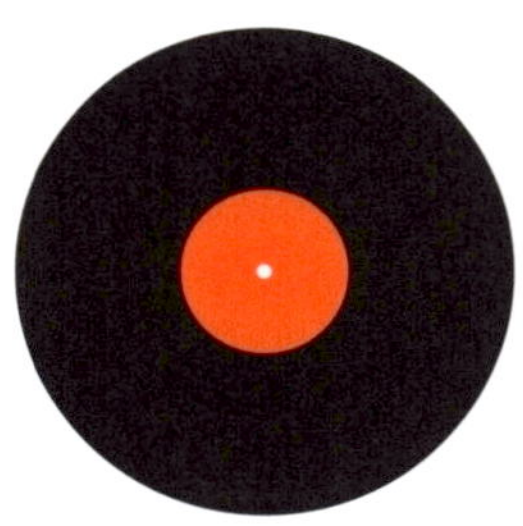

This publication is accompanied by a vinyl edition of the composition "The Concert" by Alexandre Babel under the label Shelter Press.

You can listen to the recording on:
https://shelter-press.com/theconcert

The record is available at
https://shelter-press.com/.

Concept and composition
Alexandre Babel with Latifa Echakhch

Musicians
Alexandre Babel, percussion
Nikolaus Schlierf, viola
Jonathan Heilbronn, contrabass
Rebecca Lenton, flute
Theo Nabicht, bass and contrabass clarinet
Recording
Axel Reinemer, Jazzanova Studio, Berlin
Additional recording by Alexandre Babel, Fahrbereitschaft, Berlin
Mixing
Antoine Etter, les Ateliers du Simplon, Renens
Mastering
Stefan Mathieu, Schwebung Mastering, Bonn

Mandatée par la Confédération suisse, la Fondation suisse pour la culture Pro Helvetia soutient l'art et la culture suisse, encourage sa promotion au niveau national, ainsi qu'à l'étranger, et s'engage pour la médiation culturelle. Pro Helvetia est responsable de la participation suisse aux Biennales d'art et d'architecture. La Suisse participe à la Biennale d'art depuis 1920 et à la Biennale d'architecture depuis 1991.

Ce catalogue est publié à l'occasion de l'exposition « Le Concert » de Latifa Echakhch, sous le commissariat d'Alexandre Babel et Francesco Stocchi, Pavillon suisse, 59e Exposition internationale d'art – La Biennale di Venezia, 2022.

L'exposition est mandatée par la Fondation suisse pour la culture Pro Helvetia.

L'exposition et le catalogue ont été rendus possibles grâce au généreux soutien de

Fondation suisse pour la culture Pro Helvetia.

Dvir Gallery
Kamel Mennour
Kaufmann Repetto
Pace Gallery

Soutien supplémentaire

Allianz Suisse

The Swiss Arts Council Pro Helvetia is mandated by the Swiss Confederation to promote artistic creation in Switzerland to contribute to cultural exchange at home, promote the dissemination of Swiss culture abroad and foster cultural outreach. It is responsible for the Swiss contributions to the Art and Architecture biennials in Venice. Switzerland has taken part in the Biennale Arte since 1920 and in the Biennale Architettura since 1991.

This catalogue is published on the occasion of the exhibition "The Concert" by Latifa Echakhch, curated by Alexandre Babel and Francesco Stocchi, Swiss Pavilion, 59th International Art Exhibition – La Biennale di Venezia, 2022.

The exhibition is mandated by the Swiss Arts Council Pro Helvetia.

The exhibition and the catalogue were made possible thanks to the generous support of

Swiss Arts Council Pro Helvetia

Dvir Gallery
Kamel Mennour
Kaufmann Repetto
Pace Gallery

Additional Support

Allianz Suisse

Latifa Echakhch's warmest thanks go to
Francesca Kaufmann, Chiara Repetto, Astrid Welter, Paolo Ripamonti, Marc Glimcher, Karine Haimo, Adam Rutledge, Rebecca Riegelhaupt, Kamel Mennour, Emma-Charlotte Gobry-Laurencin, Jeanne Barral, Jessy Mansuy, Dvir Intrator, Shifra Shalit, Yotam Shalit-Intrator, Chely Hauert, Sylvie Théraulaz, Jennifer Santschy, Hervé Peitrequin, Sim Ouch, Zélie Vaney, Cyril Porchet, Valentina Gomez, Sonia Bassiz-Boisset, Delphine Besse, Sabrina Tacchini, Stephen O'Malley, Kali Malone, Felicia Atkinson, Bartholomé Sanson, Maite Chénière (aka Chaos Clay), Christophe Fellay, Eric Baudelaire, Jean-Paul Felley, Markus Diebel, Alessio Natalizia (aka Not Waving), Valentin Carron, Hannah Souad Echakhch, Rachel Nour Echakhch, Marie Sophie Eiché, Luc Meier.

Pavillon Suisse
59e Exposition internationale d'art
La Biennale di Venezia

23 avril - 27 novembre 2022

Mandant
Fondation Suisse pour la culture
Madeleine Schuppli,
responsable de la division Arts visuels
Sandi Paucic, chef de projet
Rachele Giudici Legittimo, manager de projet

Jury Pro Helvetia pour la Biennale d'art
Laurence Bonvin, Riccardo Lisi, Federica Martini,
Yvette Mutumba, Rein Wolfs

Assistantes
Anita Magni, Jacqueline Wolf

Service de presse suisse
Swiss Arts Council Pro Helvetia, Ines Flammarion,
Silvia Fleck, Chantal Hirschi, Tania Luchena

Service de presse international
Pickles PR, Zeynep Seyhun, Caroline Widmer

www.biennials.ch
www.prohelvetia.ch

Swiss Pavillion
59th International Art Exhibition
La Biennale di Venezia

Apr 23, 2022 - Nov 27, 2022

Commissioner
Swiss Arts Council Pro Helvetia
Madeleine Schuppli, Head of Visual Arts
Sandi Paucic, Project Leader
Rachele Giudici Legittimo, Project Manager

Pro Helvetia Art Biennale Jury
Laurence Bonvin, Riccardo Lisi, Federica Martini,
Yvette Mutumba, Rein Wolfs

Assistant to the Commissioners
Anita Magni, Jacqueline Wolf

Press Office Switzerland
Swiss Arts Council Pro Helvetia, Ines Flammarion,
Silvia Fleck, Chantal Hirschi, Tania Luchena

Press Office International
Pickles PR, Zeynep Seyhun, Caroline Widmer

www.biennials.ch
www.prohelvetia.ch

swiss arts council
prohelvetia

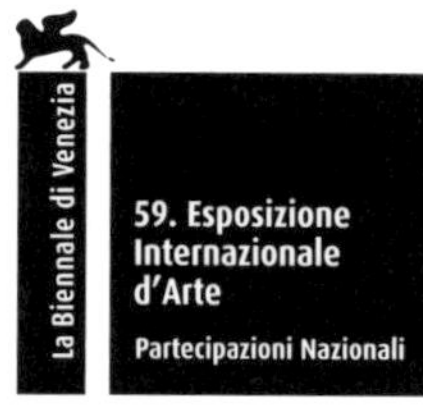

Latifa Echakhch
Le Concert

Exposition

Commissaires d'exposition
Alexandre Babel / Francesco Stocchi

Coordinatrice de la production
Maud Châtelet

Conception lumières
Anne Weckström
Design graphique
Norm, Zurich

Collaborateurs
Tamarine Schreiber
Rebiennale – R3B, Giulio Grillo, Alessandra Dal Mos
Paolo Burinato, Stefano Mandracchia,
Mihovil Markulin, Paolo Ripamonti, Sylvain Croci-Torti,
Guillaume Ehinger, Adrien Chevalley

Supervision architecturale
Maud Châtelet, Alvise Draghi
Manager du Pavillon et coordinateur local
Tommaso Rava

Installations principales, planification 3D
et construction des structures
Rebiennale | R3B, Venise Marghera :
Giulio Grillo, Alessandra Dal Mos, Mirko Pedrotti,
Davide Mozzato, Tommaso Cacciari, Matteo Pavan,
Jacopo Povelato, Alice Montioli, Nicola Ussardi

Installation lumières
Tecnoluci, Venise : Alessandro et Giovanni Bertoli
Film coloré :
EFFEPI, Marcon – Venise: Filippo Pegoraro
Travaux de peinture :
Restauri Rio Marin, Mogliano Veneto : Piero Morello,
Tudor Negruta, Ion Tulbure et Lorenzo Bastoncelli
Travaux d'électricité
Centro Professionale Servizi Elettrici, Salzano-Venise :
Cesare di Rossi
Climatisation
R&F Air Rent

Latifa Echakhch
The Concert

Exhibition

Curators
Alexandre Babel / Francesco Stocchi

Production Coordinator
Maud Châtelet

Light Design
Anne Weckström
Graphic Design
Norm, Zurich

Collaborators
Tamarine Schreiber
Rebiennale – R3B, Giulio Grillo, Alessandra Dal Mos
Paolo Burinato, Stefano Mandracchia,
Mihovil Markulin, Paolo Ripamonti, Sylvain Croci-Torti,
Guillaume Ehinger, Adrien Chevalley

Architectural Supervision
Maud Châtelet, Alvise Draghi
Pavilion Manager and Local Coordinator:
Tommaso Rava

Main installations, 3D planning and
construction of the structures
Rebiennale | R3B, Venezia Marghera:
Giulio Grillo, Alessandra Dal Mos, Mirko Pedrotti,
Davide Mozzato, Tommaso Cacciari, Matteo Pavan,
Jacopo Povelato, Alice Montioli, Nicola Ussardi

Lighting installation
Tecnoluci, Venezia: Alessandro and Giovanni Bertoli and team
Colored film
EFFEPI, Marcon - Venezia: Filippo Pegoraro and team
Painting works
Restauri Rio Marin, Mogliano Veneto:
Piero Morello, Tudor Negruta, Ion Tulbure and
Lorenzo Bastoncelli
Electricity works
Centro Professionale Servizi Elettrici, Salzano-Venezia:
Cesare di Rossi
Air conditioning
R&F Air Rent

Latifa Echakhch
Le Concert

Catalogue

Direction de l'ouvrage
Latifa Echakhch
Coordination éditoriale
Tamarine Schreiber

Traductions
Daniela Almansi, Marie Caillat, Nigel Cave, Simon Cowper, Isabelle Farquet Da Silva Ferreira, Georges Foy, Monique Gross, Gauthier Lesturgie, Émilie Notéris, Mireille Onon, David Radzinowicz, Richard Sadleir
Correctorat et relecture Anglais
Monique Gross
Correctorat et relecture Français
Marc Budin

Design Graphique
Norm, Zurich
Photographie
Samuele Cherubini
Séparation couleur
Color Library
Police
Crabath Book

Impression et reliure
DZA Druckerei zu Altenburg
Altenburg, Germany



ISBN 978-3-95679-648-7

Distribué par
The MIT Press, Art Data et Les presses du réel

Publié par
Sternberg Press
71-75 Shelton Street
London WC2H 9JQ
www.sternberg-press.com

Latifa Echakhch
The Concert

Catalogue

Editor
Latifa Echakhch
Managing Editor
Tamarine Schreiber

Translations
Daniela Almansi, Marie Caillat, Nigel Cave, Simon Cowper, Isabelle Farquet Da Silva Ferreira, Georges Foy, Monique Gross, Gauthier Lesturgie, Émilie Notéris, Mireille Onon, David Radzinowicz, Richard Sadleir
Copyediting and proofreading English
Monique Gross
Copyediting and proofreading French
Marc Budin

Graphic Design
Norm, Zurich
Photography
Samuele Cherubini
Color Separation
Color Library
Typeface
Crabath Book

Printing/Binding
DZA Druckerei zu Altenburg
Altenburg, Germany



ISBN 978-3-95679-648-7

Distributed by
The MIT Press, Art Data, and Les presses du réel

Published by
Sternberg Press
71–75 Shelton Street
London WC2H 9JQ
www.sternberg-press.com

Bibliographic information published by the Deutsche Nationalbibliothek: The Deutsche Nationalbibliothek lists this publication in the Deutsche Nationalbibliografie; detailed bibliographic data are available on the Internet at http://dnb.d-nb.de.